Comentários à Lei de Licitações e Contratos e jurisprudência atualizada do Tribunal de Contas do Estado de Minas Gerais

Conselheira Presidente Adriene Andrade
Luiza Amancio Ferreira
Paulo Jorge Teixeira Nunes
Gisa Barbosa Gambogi Neves

Comentários à Lei de Licitações e Contratos e jurisprudência atualizada do Tribunal de Contas do Estado de Minas Gerais

1ª edição, janeiro - 2015
Tiragem - 1.000 exemplares

Revisão e Diagramação
Maria Luiza Torres

Capa
André Luiz de Oliveira Junior

Produção Gráfica
Editora Forum

F983a

Comentários à Lei de Licitações e Contratos e jurisprudência atualizada do Tribunal de Contas do Estado de Minas Gerais / Conselheira Presidente Adriene Andrade... [et al.] -- 1. ed. Belo Horizonte: 2015.

926 p.

ISBN 978-85-450-0059-4

1. Licitação 2. Direito
I. Conselheira Presidente Adriene Andrade. II. Luiza Amancio Ferreira. III. Paulo Jorge Teixeira Nunes. IV. Gisa Barbosa Gambogi Neves. V. Título.

CDD: 342.05
CDU: 342.9 (81)

Agradecimentos

Agradeço a Deus por ter-me permitido a experiência de trabalhar no Tribunal de Contas do Estado de Minas Gerais, onde, além de vivenciar experiências pessoais muito enriquecedoras, tive a oportunidade de ampliar meus conhecimentos. Aqui tratamos do Direito, da Contabilidade, da Tecnologia da Informação, das Políticas Públicas, da Qualidade e Resultado, das Pessoas e da Cidadania.

Embora o nome do nosso Tribunal possa sugerir que sua função é exclusivamente técnica, estou convicta, hoje, de que, na verdade, trata-se de um Tribunal que atua em defesa da cidadania, porque, em essência, suas competências e atribuições se voltam à boa aplicação dos recursos públicos, o que, por sua vez, se consolida no oferecimento de serviços públicos adequados.

Contudo, as altas funções do nosso Tribunal só se concretizam devido aos profissionais que estruturam o quadro da Instituição. Assim, dedico minha contribuição nesta obra àqueles que detêm verdadeiramente o arcabouço do conhecimento desta Casa: os servidores do Tribunal de Contas do Estado de Minas Gerais.

Conselheira Presidente Adriene Andrade

Participar da elaboração desta obra foi para mim tarefa tão desafiadora quanto gratificante, vê-la editada confirma a ideia de que somos capazes de superar grandes dificuldades quando unimos ao nosso esforço, a determinação e a disciplina.

A todos que me auxiliaram a compor essa fórmula, aos colegas de trabalho que compartilharam comigo seus conhecimentos, e, principalmente, a Deus, meus sinceros agradecimentos.

Luiza Amancio Ferreira

Nem mais me lembro de quem me negou a sua mão, vivem em mim aqueles que me deram a mão. A eles, agradeço.

Gisa Gambogi

Primeiramente, agradeço a Deus, pelo desenvolvimento deste trabalho tão importante para a minha carreira jurídica.

Agradeço, também, aos Conselheiros, aos servidores, aos colegas e aos amigos do Tribunal de Contas do Estado de Minas Gerais (TCEMG) pelo convívio fraternal e pelo incentivo para a publicação deste livro.

Agradeço, finalmente, a todas as pessoas que, direta ou indiretamente, contribuíram para a conclusão deste livro.

Consultor Geral Paulo Jorge Teixeira Nunes

Lista de Siglas

ADI - Ação Direta de Inconstitucionalidade
Anatel - Agência Nacional de Telecomunicações
Art. - Artigo
§ - Parágrafo
MP - Medida Provisória
MPC - Ministério Público junto ao Tribunal de Contas
RDC - Regime Diferenciado de Contratação
TCEMG - Tribunal de Contas do Estado de Minas Gerais
TCU - Tribunal de Contas da União

Sumário

Apresentação.. 11
Prefácio.. 13
Capítulo I – Das Disposições Gerais... 17
Seção I — Dos Princípios.. 17
Seção II — Das Definições.. 97
Seção III — Das Obras e Serviços.. 113
Seção IV — Dos Serviços Técnicos Profissionais Especializados... 155
Seção V — Das Compras.. 169
Seção VI — Das Alienações.. 217

Capítulo II – Da Licitação... 243
Seção I — Das Modalidades, Limites e Dispensa.......................... 243
Seção II — Da Habilitação.. 463
Seção III — Dos Registros Cadastrais.. 557
Seção IV — Do Procedimento e Julgamento................................. 563

Capítulo III – Dos Contratos... 729
Seção I — Disposições Preliminares.. 729
Seção II — Da Formalização dos Contratos.................................. 789
Seção III —Da Alteração dos Contratos...................................... 813
Seção IV —Da Execução dos Contratos....................................... 835
Seção V —Da Inexecução e da Rescisão dos Contratos.................. 853

Capítulo IV – Das Sanções Administrativas e da Tutela Judicial... 869
Seção I — Disposições Gerais.. 869
Seção II — Das Sanções Administrativas...................................... 873
Seção III — Dos Crimes e das Penas... 879
Seção IV — Do Processo e do Procedimento Judicial.................... 885

Capítulo V – Dos Recursos Administrativos.................................. 889
Capítulo VI – Disposições Finais e Transitórias............................ 897
Referências... 923

Apresentação

O Tribunal de Contas do Estado de Minas Gerais (TCE/MG), ao longo de sua história e ciente de sua missão institucional, vem buscando cada vez mais fornecer ao público em geral e, especialmente, aos gestores públicos subsídios para a correta interpretação da legislação sobre licitações e contratos administrativos.

Assim, ao lançarem a presente edição, seus autores o fazem com a esperança de que esta obra seja utilizada amplamente pelos gestores públicos e demais leitores interessados, de modo a contribuir para prevenir a ocorrência de irregularidades, desvios e abusos que resultem prejuízos ao erário estadual.

O livro que ora vem à baila visa assegurar maior eficiência na aplicação dos recursos do erário estadual. Seu texto contempla as orientações e as decisões da Corte de Contas sobre licitações e contratos administrativos, assuntos de grande interesse para o cotidiano daqueles que lidam com dinheiros, bens e valores públicos.

Com isso, fica acrescido à boa literatura jurídica nacional, com especial satisfação e orgulho para os mineiros, o presente livro "Comentários à Lei de Licitações e Jurisprudência atualizada do Tribunal de Contas do Estado de Minas Gerais", de autoria da Conselheira Adriene Barbosa de Faria Andrade, do Consultor-Geral Paulo Jorge Teixeira Nunes, da servidora Luiza Amancio Ferreira e da advogada Gisa Gambogi.

Amandino Teixeira Nunes Junior
Doutor em Direito
Consultor Legislativo da Câmara dos Deputados.

Prefácio

Foi com um misto de apreensão e satisfação que recebi o honroso convite para prefaciar a obra "Comentários à Lei de Licitações e Contratos e jurisprudência atualizada do Tribunal de Contas do Estado de Minas Gerais", escrita a quatro mãos pelos amigos, posso assim dizer, Conselheira Adriene Andrade, Luiza Amancio, Paulo Jorge e Gisa Gambogi. Já me explico. A apreensão, sensação que tanto mobiliza nossas emoções, tem seu lugar a partir da própria etimologia da palavra prefácio. Do latim *prefatio,* seu sentido incorpora a ideia de discorrer, de forma concisa, sobre o foco do trabalho e de buscar seduzir o leitor para os encantos que a leitura da obra por certo lhe trará. Portanto, na verdade, o prefácio é um convite, o que torna a empreitada um evento instigante e desafiador. Por outro lado, a satisfação se materializa na certeza de que a pena que discorreu sobre este tema tão caro àqueles que lidam com a coisa pública foi conduzida pelo singular talento da timoneira, Conselheira Presidente Adriene Andrade, com o apoio de sua equipe, no mesmo espírito de entrega, dedicação, cuidado, carinho e competência com que conduzem o Tribunal de Contas do Estado de Minas Gerais.

Feitas essas considerações iniciais, impende deixar claro que tratar da temática que envolve a licitação no Brasil, ganha contornos especialíssimos nestes tempos em que os escândalos de corrupção nas contratações realizadas pelo Poder Público são expostos quase que diuturnamente na mídia e escancaram as mazelas de uma chaga endêmica, que insiste em não ter fim. Outrossim, essa constatação ganha ares de dramaticidade na medida em que regurgita, nesse cenário pouco alentador, o sentimento de perplexidade de uma sociedade indignada, que não mais suporta a ruptura dos padrões éticos por parte daqueles que lidam com a coisa pública.

Nessa senda, é fundamental que os operadores – em sentido amplo – do instituto licitação contem com um referencial teórico seguro e confiável que lhes sirva de guia para que possam lidar com todas as nuances de um plexo normativo que envolve lógicas distintas a demonstrar o grau de complexidade que envolve a matéria. Nesse particular, vale registrar a evolução legal na regulação procedimental do certame licitatório, atrelada ao vetor eficiência, assertiva que pode ser exemplificada, por um lado, pela edição da Lei 10.520/02, Lei do Pregão, que, como modalidade licitatória autônoma, trouxe uma série de inovações, dentre outras, a inversão de fases, a possibilidade da oferta de lances sucessivos e a simplificação dos procedimentos recursais, e, por outro, mais recentemente, pelo advento do chamado RDC – Regime diferenciado de Contratação, regulamentado pela Lei 12.462/11, que, apesar da abrangência ainda restrita, foi concebida a partir de pontos positivos, hauridos da experiência jurisprudencial das leis do Pregão, das concessões e das parcerias público-privadas, de modo a atingir, dentre outros objetivos, a simplificação dos procedimentos, a ampliação da agilidade nas contratações, a redução de custos, o incentivo da inovação tecnológica, o compartilhamento de riscos com a iniciativa privada.

Entretanto, não obstante as novidades trazidas por esse novo repertório de normas, quem não perde a majestade na regência da licitação no Brasil é a Lei 8.666/93, também chamada de Estatuto Nacional de Licitações. Gerada na época em que o Brasil ainda vivenciava o trauma do *impeachment* do então Presidente Fernando Collor, veio regulamentar o artigo 37, inciso XXI, da nossa Constituição cidadã. Sob o ponto de vista estrutural, a norma segue fielmente a codificação própria do modelo romano germânico de construção do Direito, assentada na premissa de que cabe ao legislador ser o mais explicativo possível, o que se materializa em seu perfil extremamente analítico, que, ao buscar tecer em minúcias a matéria a ser regulada, mitifica e concebe a lei quase como um fetiche, em especial quando da constatação de que texto é linguagem e, portanto, constituído de uma tessitura aberta, que sempre exige a intervenção hermenêutica do intérprete. Assim, muitas críticas são feitas ao diploma, muitos projetos tramitam no Congresso bradando por seu fim, mas o certo é que a Lei 8.666/93, passados mais de 20 anos de sua edição, continua plena de normatividade, o que exige de quem tem a incumbência de conhecer seu conteúdo, um sofisticado cabedal de conhecimento.

Nesse contexto insere-se a obra, na medida em que a partir de um cuidadoso e minucioso trabalho de pesquisa, busca conciliar teoria e *práxis*, presenteia o leitor com um robusto manancial teórico associado à atualizada jurisprudência do Tribunal de Contas do Estado de Minas Gerais, tornando-o apto a desvelar os intrincados meandros e especificidades de um sem número de artigos, incisos, parágrafos e alíneas que compõem a norma. Não poderia ser diferente. As Cortes de Contas, no exercício da inquebrantável atribuição constitucional de guardiãs da escorreita gestão dos recursos públicos, desempenham papel fundamental na interpretação do Estatuto Nacional das Licitações, uma vez detentoras de expertise inquestionável e inigualável, dado seu corpo técnico multidisciplinar, que, agregando especialidades de diferentes matizes, desde o Direito até a Engenharia, complementamse, formando um todo incindível nos proferimentos exarados pelos Tribunais. O resultado é um repertório jurisprudencial único, que serve de referencial para todos aqueles que lidam com o instituto licitação no Brasil.

Já me alonguei demais, até porque o convite para sorver e apreender cada linha da obra não precisa ser refeito. Muito mais interessante do que esse breve excurso introdutório é debruçar-se sobre a inteireza dos ensinamentos que a Conselheira Adriene Andrade e sua equipe oferecem nestas páginas a todos nós, privilegiados leitores.

Leonardo de Araújo Ferraz
Mestre e Doutor em Direito. Servidor do TCE/MG

CAPÍTULO I

DAS DISPOSIÇÕES GERAIS

SEÇÃO I – DOS PRINCÍPIOS

Art. 1° Esta Lei estabelece normas gerais sobre licitações e contratos administrativos pertinentes a obras, serviços, inclusive de publicidade, compras, alienações e locações no âmbito dos Poderes da União, dos Estados, do Distrito Federal e dos Municípios.

Licitação é o procedimento administrativo para contratação de obras, serviços, alienações, compras e locações pela Administração Pública, cujo resultado pode gerar um contrato administrativo. Vê-se, pois, que a licitação, em regra, precede o contrato administrativo.

Com o advento da Constituição de 1988, mais especificamente no artigo 37, inciso XXI, a licitação passou a ser de caráter obrigatório para a Administração Pública, tanto a direta quanto a indireta, observada às possibilidades de exceção advindas de previsão legal, vejamos:

> Art. 37 A administração pública direta e indireta de qualquer dos Poderes da União, dos Estados, do Distrito federal e dos Municípios obedecerá aos princípios da legalidade, impessoalidade, moralidade, publicidade e eficiência, e também ao seguinte:
>
> (...)
>
> XXI – ressalvados os casos especificados na legislação, as obras, serviços, compras e alienações serão contratados

> mediante processo de licitação pública que assegure igualdade de condições a todos os concorrentes, com cláusulas que estabeleçam obrigações de pagamento, mantidas as condições efetivas da proposta, nos termos da lei, o qual somente permitirá as exigências de qualificação técnica e econômica indispensáveis à garantia do cumprimento das obrigações.

A Carta Magna em seu artigo 22, inciso XXVII, estabeleceu que a competência para legislar sobre normas gerais de licitação e contratação, em todas as modalidades, para a Administração Pública Direta e Indireta, é privativa da União, entretanto, lei complementar poderá autorizar os Estados a legislar sobre questões específicas relacionadas à matéria[1], vejamos:

[**Constitucional. Ação direta de inconstitucionalidade. Lei distrital n. 5.028/2013. Licitação. Criação de exceção. Ofensa ao princípio da isonomia. Norma de caráter geral. Cláusula de caráter remissivo.**] 1. Quando o parâmetro invocado na petição inicial não for a Constituição Federal, mas sim a Lei Orgânica do Distrito Federal, a qual possui dispositivos aptos a se fazer o cotejo paramétrico com a lei violadora, é competente este egrégio Conselho Especial para examinar ação direta de inconstitucionalidade, tendo em vista que a LO/DF tornou-se paradigma, mesmo em se tratando de norma de reprodução obrigatória e/ou norma incorporada pelo constituinte decorrente por meio de técnica de remissão. 2. Assenta-se a inconstitucionalidade de lei distrital que trata de norma de caráter geral consubstanciada na

---

[1] Art. 22, parágrafo único da Constituição Federal de 1988: "Lei complementar poderá autorizar os Estados a legislar sobre questões específicas das matérias relacionadas neste artigo."

criação de direito de preferência a empresas de construção civil que fomentar a alfabetização de seus trabalhadores, porquanto tal exceção ofende o princípio da isonomia e atenta contra a competência da União de legislar sobre normas gerais de licitação, consoante expressa previsão constitucional trazida no artigo23, inciso XXVII, da Carta Magna. 3. Ação direta julgada procedente para declarar a inconstitucionalidade da Lei Distrital n. 5.028/2013, com efeitos erga omnes e ex tunc. [ADI 20140020024919 DF 0002503-37.2014.8.07.0000. Rel. João Timóteo de Oliveira. 05/08/2014, Conselho Especial.]

A licitação visa assegurar aos administrados a oportunidade de participar dos negócios que a Administração Pública pretenda realizar, bem como, assegurar que a contratação seja a mais vantajosa a todos os entes administrativos que dela se utilizam.

Consiste numa sequência de atos preparatórios e, por isso, não pode se exaurir com instantaneidade. Daí por que sua natureza jurídica é a de procedimento administrativo com fim seletivo, cujo escopo é o de anteceder e fundamentar uma decisão administrativa e as providências necessárias à sua execução.

Parágrafo único. Subordinam-se ao regime desta Lei, além dos órgãos da administração direta, os fundos especiais, as autarquias, as fundações públicas, as empresas públicas, as sociedades de economia mista e demais entidades controladas direta ou indiretamente pela União, Estados, Distrito Federal e Municípios.

Submetem-se à Lei de Licitações, tanto os órgãos da Administração Direta quanto as entidades da Administração Indireta.

A Administração Indireta é composta por entes dotados de personalidade jurídica de direito público e de direito privado. Importante ressaltar que as empresas públicas, as sociedades de economia mista e suas subsidiárias, conforme o artigo 173, § 1º, inciso III da Constituição da República, quando exploradoras de atividade econômica de produção ou comercialização de bens ou de prestação de serviços, deverão se sujeitar à Lei de Licitações, até ser instituído o regime jurídico de que trata o citado dispositivo constitucional.

Outro ponto importante são os Conselhos Profissionais. Tendo em vista que exercem poder de polícia, uma vez que fiscalizam as atividades desenvolvidas pelos seus profissionais, o STF reconheceu sua natureza autárquica, o que via de consequência os submeteu aos ditames da Lei Federal n.º 8.666/93. Entre os Conselhos Profissionais existentes, o STF optou por reconhecer à OAB um regime jurídico diferenciado, o que faz com que não esteja submetida ao regime jurídico de direito público, e consequentemente a exime da obrigatoriedade de licitar.

Em decorrência do julgamento da ADI 1.668, verifica-se que as agências reguladoras se encontram subordinadas à Lei n.º 8.666/93. Assim, conforme determinação do TCU, tanto o Regulamento de Contratação da agência quanto qualquer outra norma vigente, deve se adaptar às normas gerais e específicas da Lei de Licitações. Embora o julgamento tenha se dado em uma ação referente à ANATEL, por se tratar de agência reguladora, as demais devem também se adequar.

Ressalte-se que as demais entidades controladas direta ou indiretamente pela União, Estados, Distrito Federal e Municípios, também devem observar os ditames desta Lei.

ARTIGO 164, § 3º, DA CONSTITUIÇÃO FEDERAL 1) A contratação de instituição financeira para operacionalização e gerenciamento da folha de pagamento de servidores públicos deve ser precedida do devido procedimento licitatório, ressalvadas as hipóteses de contratação direta, em razão de dispensa legal, em obediência ao art. 37, XXI, da CR/88; [Consulta n. 862.333 Rel. Conselheiro Sebastião Helvécio. Sessão do dia 17/10/2012]

[**Associação de municípios. Natureza jurídica similar aos consórcios públicos.**] I. Contratação com terceiros. Obrigatoriedade de celebração de convênios e do processo licitatório. II. Contratação de pessoal. Obrigatoriedade de realização de concurso público. III. Utilização de recursos. Obrigatoriedade de prestação de contas aos municípios repassadores e ao tribunal de contas. As associações de municípios, que são entidades de direito privado (controladas e mantidas pelos municípios) estão sujeitas à licitação para contratar com municípios, bem como com terceiros. [...] em sendo públicos os recursos, essas entidades, em que pese serem instituídas como pessoas de direito privado, ao aplicá-los, estão obrigadas a observar os princípios básicos constitucionais da legalidade, impessoalidade, moralidade e publicidade, incluindo o dever de licitar, que são impostergáveis a todos aqueles que utilizem ou administrem bens e valores públicos.[Consulta n. 731.118. Rel. Conselheiro Eduardo Carone Costa. Sessão do dia 10/12/2008]

[**Civil. Contrato. Rescisão. Indenização. Associação de servidores de sociedade de economia mista. Sociedade civil. Licitação. Dispensa.**] A sociedade civil sem fins lucrativos que congrega, em associação, servidores de sociedade de economia mista, não está sob o foco de incidência do § 1º do art. 1º da Lei n. 8.666/93. Recurso conhecido e provido. STJ. [REsp 264062 SP 2000/0061421-1Relator(a): Ministro CESAR ASFOR ROCHA Julgamento: 21/06/2001 Órgão Julgador:T4 - QUARTA TURMA Publicação: DJ 22.04.2002 p. 211 RSTJ vol. 158 p. 398]

[**Mandado de segurança. Direito administrativo e processual civil. Licitação. Entidade civil. Associação sem fins lucrativos. Mero ato de gestão. Inadequação da via para impugnar o ato. Extinção do processo. Sentença confirmada.**] 1 - Em que pese os argumentos da peça recursal, é imperativo o reconhecimento de que o ato impugnado neste mandamus não se reveste de qualidade de ato de império, qual seja, aquele praticado na atividade-fim do Estado, capaz de modificar fatos e situações coercitivamente, nem provém de autoridade em função delegada do Poder Público, constituindo mero ato de gestão. 2 - Trata-se de uma associação civil sem fins lucrativos, vinculada ao Ministério de Minas e Energia. Se a referida Empresa, que não possui a natureza jurídica de sociedade de economia mista ao contrário do que afirma a apelante, optou por se vincular às normas contidas na Lei n. 8666/93 para promover licitação, o fez por interesse próprio, não havendo a incidência do regime jurídico de direito público tampouco a abertura da via mandamental. 3 - Mesmo que fosse uma sociedade de economia mista, com o advento da Lei nº 12.016/09, o art. 1º, § 2º, expressamente consigna que "não cabe mandado de segurança contra os atos de gestão comercial praticados pelos administradores de empresas públicas, de sociedades de economia mista e de concessionárias de serviço público". 4 - O entendimento doutrinário e jurisprudencial é de que não é possível afirmar que todo ato praticado por dirigente de empresa pública ou de sociedade de economia mista seja considerado ato de autoridade (ou ato tipicamente administrativo), suscetível de ser impugnado via mandado de segurança. 5 - Independentemente de a CEPEL ser associação civil sem fins lucrativos ou sociedade de economia mista, ao considerar a impetrante desclassificada na licitação, a autoridade impetrada não se encontrava no exercício da função pública delegada, eis que o objeto da licitação é a contratação de mão-de-obra para a prestação de serviços gerais nas dependências da empresa-apelada. O ato impugnado foi praticado sem vinculação à finalidade da entidade, realizado como qualquer entidade privada. 6 - Apelação improvida. Sentença mantida na íntegra. [TRF-2. AC 200751010002125 RJ 2007.51.01.000212-5, Rel. Des. Fed. Guilherme Calmon Nogueira da Gama. Julgamento 01/03/2010. Sexta Turma Especializada.]

[Administrativo e processual civil. Ação civil pública. Intervenção de terceiros. Conselhos de fiscalização profissional. Natureza jurídica. Concurso público, licitação e prestação de contas ao tcu.

Obrigatoriedade.] 1. Se o terceiro formulou pedido de intervenção no feito antes de escoado o prazo para a apresentação de contestação, a inobservância do comando do art. 51 do CPC pelo julgador não poderá prejudicá-lo. Deve, portanto, ser admitida a apresentação de contestação, ainda que a intervenção tenha sido deferida apenas após o escoamento do prazo. **2.** O Supremo Tribunal Federal, no julgamento do MS 21.797/RJ, reconheceu a natureza de autarquias dos conselhos de fiscalização profissional. 3. O regime jurídico das autarquias é público e, a não ser que haja expressa previsão constitucional, não há razão para que sofra qualquer diferenciação, independentemente da sua forma de financiamento. 4. Dada a natureza autárquica do réu, é imperativa a necessidade de realização de concurso público para a contratação de servidores, de licitação para a aquisição de bens e serviços e de prestação de contas ao TCU. [TRF-4. ApelReex 024652 PR 2007.70.00.024652-6. Rel. Luís Alberto D'Azevedo Aurvalle. Julgamento 17/10/2013. Quarta Turma. Publicação 25/10/2013.]

[**Alienação de bens imóveis sem o devido processo licitatório. Impossibilidade.**] Deve o consulente ser informado da impossibilidade da alienação de bens imóveis pela Seguradora sem o devido processo licitatório, uma vez que, mesmo sendo ela pessoa Jurídica de Direito Privado, o controle indireto pertence ao Estado de Minas Gerais como seu acionista majoritário. Assim, sujeita-se às disposições da Lei 8.666/93, alterada pela Lei 8883/94, e de tal forma, deve obedecer aos seus dispositivos. [Consulta n. 454.581. Rel. Conselheiro Sylo Costa. Sessão do dia 08/10/1997]

[**Consulta - município - serviços de saúde não disponibilizados pelo município - possibilidade de contratação de prestadores particulares em caráter complementar - legalidade das contratações, mediante licitação, de laboratórios e instituições particulares para consultas, cirurgias e exames laboratoriais - o credenciamento**

como procedimento preferencial - hipótese de inexigibilidade - fixação prévia das condições para a participação de interessados - necessidade de observância dos princípios da administração pública - consórcios públicos de saúde como opção - alerta aos gestores - reforma das teses com entendimento contrário.] 1) O procedimento que vem sendo admitido com frequência nesta Corte de Contas para assegurar aos usuários do SUS a realização de exames médicos e laboratoriais não disponibilizados é o credenciamento, por se tratar de uma forma que se afigura mais vantajosa para a Administração e para quem utiliza tais serviços, devendo ser precedido de procedimento formal de inexigibilidade de licitação, nos termos do art. 5º, caput, c/c o parágrafo único do art. 26, ambos da Lei n. 8666/93. 2) É legal a contratação, mediante licitação, de laboratórios ou instituições particulares para a execução de procedimentos na área de saúde (consulta, cirurgias e exames laboratoriais), entretanto, não é a forma mais recomendável, pois o credenciamento, mediante inexigibilidade de licitação, assegura a possibilidade de o usuário contar com uma maior gama de profissionais ao seu dispor, podendo escolher aquele que entender mais adequado. 3) O credenciamento deve ser precedido da prévia fixação de condições para a participação dos possíveis interessados, porque esse procedimento pressupõe o direito de a ele se candidatar todo aquele que possa implementar a prestação de serviço. 4) Alerta-se que os Municípios têm a possibilidade de formação de consórcios públicos de saúde; e, ainda, que os gestores demonstrem, nas buscas e escolhas das soluções administrativas, os princípios da economicidade e da eficiência em especial, na condução das políticas públicas de saúde. [Consulta n. 833.253. Rel. Conselheiro Antônio Carlos Andrada. Sessão do dia 19/10/2011]

[**Empresa regional de habitação de juiz de fora s.A. Repasse de contribuição e doações. Obediência às leis federais nºs 8666/93 e 6404/76.**] A Lei Federal 8.666/93, por sua vez, prevê em seu art. 1º, parágrafo único, que se subordinam ao seu regime, além dos órgãos da administração direta, os fundos especiais, as autarquias, as fundações públicas, as empresas públicas, as sociedades de economia mista e demais entidades controladas direta ou indiretamente pela União, Estados, Distrito Federal e Municípios. E o art. 116 da mesma lei prevê que as suas disposições, no que couber, aplicam-se aos convênios, acordos, ajustes e outros instrumentos congêneres celebrados por órgãos e entidades da Administração. Por fim, o art. 235 da Lei Federal nº 6.404/76, Lei das Sociedades Anônimas, estabelece que as companhias mistas estão sujeitas às suas normas, sem prejuízo das disposições especiais da lei federal, caso em que se enquadra a Lei 8.666/93. De forma que, ainda que se trate de convênio objetivando o repasse de contribuições e doações, a empresa está sujeita às normas e procedimentos previstos na Lei 8.666/93 e alterações posteriores, "no que couber", frise-se, naqueles aspectos que seriam aplicáveis aos convênios. É evidente que o escopo da Lei 8.666/93 é regular as normas gerais sobre licitações e contratos administrativos, as quais em sua totalidade não se aplicariam aos convênios, dada a sua natureza de mero acordo e não de contrato. Isto porque no convênio, sabe-se, os partícipes têm interesses comuns e coincidentes, é ato de colaboração mútua. Registre-se, todavia, que, visando o convênio ao repasse financeiro de contribuições e doações de entidade pública, tem a beneficiária o dever de prestar contas ao ente repassador, conforme prescreve o parágrafo único do art. 70 da Constituição Federal, para posterior fiscalização desta Corte de Contas, no exercício imprescindível de suas atribuições constitucionais. [Consulta n. 485.143. Rel. Conselheiro Sylo Costa. Sessão do dia 30/09/1998]

Art. 2° As obras, serviços, inclusive de publicidade, compras, alienações, concessões, permissões e locações da Administração Pública, quando contratadas com terceiros, serão necessariamente precedidas de licitação, ressalvadas as hipóteses previstas nesta Lei.

Para que o Poder Público contrate com terceiros, faz-se necessária a instauração de um procedimento licitatório. Esse artigo decorre diretamente do próprio texto constitucional, uma vez que o artigo 37, inciso XXI da Carta Magna, prevê que as contratações serão necessariamente precedidas de licitação pública.

As hipóteses de contratação direta dependem de expressa previsão legal, o que não significa dizer que somente esta Lei irá defini-las. Embora o artigo expresse que as ressalvas estarão presentes nesta Lei, há outros diplomas legais que também fazem menção a esta dispensa, devendo para tanto, ser observado o disposto no parágrafo primeiro do artigo 24 da Constituição da República de 1988.

ENUNCIADO DE SÚMULA N. 89. Quem ordenar despesa pública sem a observância do prévio procedimento licitatório, quando este for exigível, poderá ser responsabilizado civil, penal e administrativamente, sem prejuízo da multa pecuniária a que se referem os artigos 71, inciso VIII, da Constituição Federal e 76, inciso XIII, da Carta Estadual.

[Consulta - câmara municipal - 1) contrato de publicidade de atos oficiais - serviço de natureza continuada - necessidade pública permanente - vigência contratual nos termos do inciso II do art. 57 Da lei n. 8.666/93 - 2) Contrato de publicidade com agência de propaganda - não enquadramento como serviço de natureza continuada - vigência contratual nos termos do caput do art. 57 da lei n. 8.666/9 - 3) Nem todo serviço contínuo é, necessariamente, essencial.] 1) Os serviços de publicidade de atos oficiais, de natureza administrativa ou legal, tais como, leis, atos normativos, atos de pessoal, publicidade de licitações e contratos, podem ser incluídos no rol dos serviços de natureza contínua.2) Os contratos de publicidade institucional de programas, obras, serviços e campanhas de orientação social ou de caráter informativo com agências de publicidade não são contratos que possam ser considerados de natureza contínua, devendo observância à regra prescrita pelo caput do art. 57 da Lei n. 8.666/93. 3) Nem todo serviço contínuo, de que trata a Lei n. 8.666/93, é, necessariamente, essencial. [Consulta n. 839.016. Rel. Conselheiro Wanderley Ávila. Sessão do dia 25/06/2014]

[**Observância da Lei Federal n. 8.666/93 para contratação de empresa fornecedora de vales-alimentação.**] Possibilidade de concessão de vale-alimentação aos servidores públicos em geral, abrangendo os cargos de livre nomeação e exoneração, e aos detentores de mandato eletivo, com a natureza de verba indenizatória. O benefício do vale-alimentação deve ser precedido de lei municipal, estar previsto na lei de diretrizes orçamentárias, bem como seguir os procedimentos da Lei de Licitação e Contratos para contratação da empresa responsável pelo seu fornecimento, conforme entendimento assentado nas Consultas n. 737.713, de 04/03/09; 759.623, de 08/10/08; 716.011, de 12/03/08; 730.772, de 06/06/07; 657.567, de 16/02/05; 684.998, de 15/12/04 e 687.023, de 01/12/04. [Consulta n. 850.363. Rel. Conselheiro Cláudio Couto Terrão. Publicado no DOC de 24/10/2011]

[**Contratação de instituição financeira. Observância ao procedimento licitatório.**] A contratação de instituição financeira para operacionalização e gerenciamento da folha de pagamento de servidores públicos deve ser precedida do devido procedimento licitatório, em obediência ao art. 37, XXI, da CR/88 e art. 2º da Lei n. 8.666/93. As cooperativas de crédito podem prestar aos municípios operações e atividades relacionadas à cobrança, custódia e serviços de recebimentos e pagamentos por conta de terceiros, conforme art. 35, VI, *a*, da Resolução Bacen n. 3.859/2010. As cooperativas de crédito podem, mediante prévio procedimento licitatório, efetuar o pagamento dos servidores públicos municipais, desde que o objeto da licitação faça parte do objeto social da instituição e sejam verificados os serviços que podem ser ofertados a associados e não associados. [Consulta n. 839.150. Rel. Conselheiro Sebastião Helvecio. Sessão do dia 11/07/2012]

[**Locação de veículos pelo Município com cláusula de doação ao final do contrato.**] Em suma, entendo que a modalidade de locação com doação ao final do contrato não se coaduna com o princípio básico da licitação, que é imprescindível para a contratação, e que corresponde à ampla competitividade do certame, podendo ocasionar, sobretudo, verdadeira restrição à oferta da proposta mais vantajosa para a Administração. [...] O entendimento do Tribunal sobre a matéria, em linhas gerais, é de que o Município pode celebrar contrato de arrendamento mercantil ou *leasing*, desde que, observados os seguintes pré-requisitos: — autorização legislativa e procedimento licitatório. [...] Nesse caso, sem sombra de dúvidas, seria atendido o princípio da economicidade pela Administração municipal, o que não ocorrerá na situação hipotética ora colocada. [Consulta n. 748.953. Rel. Conselheiro Eduardo Carone Costa. Sessão do dia 30/03/2011]

[**Critérios de apuração da classificação dos licitantes para serviço de táxi. Licitação tipo melhor técnica.**] A permissão para exploração de serviço de táxi deve ocorrer por meio de processo de licitação, podendo ser adotado o tipo melhor técnica e estipulado, como critério de classificação técnica, pontuação relativa ao tempo de efetivo exercício como motorista profissional, desde que não seja fixada restrição territorial,[...]. Não é possível a estipulação de reserva de vaga, através de cláusula de preferência a condutor com determinado tempo de experiência, nos procedimentos licitatórios para permissão do serviço de táxi, devendo o administrador evitar cláusulas restritivas injustificadas ou inadequadas que estabeleçam condições que beneficiem alguns particulares, haja vista a obrigação de respeitar o princípio da ampla competitividade,[...]. [Consulta n. 841.512. Rel. Conselheiro Mauri Torres. Sessão do dia 16/11/2011]

[**Ilegalidade do pagamento de adicional de férias e décimo terceiro salário a servidores prestadores de serviços.**] Proponho resposta baseada em premissa já assentada por este Plenário no dia 18/05/2011, quando da apreciação da Consulta n. 840.204 [...] Neste caso, o que se tem é um ajuste bilateral entre a Administração Pública e particulares, onde predomina um acordo de vontades para a formação de vínculo e a estipulação de obrigações recíprocas, nos termos e condições do contrato celebrado. Nesta hipótese, temos a Lei Federal n. 8.666/93, a chamada de Lei de Licitações e Contratos Administrativos, que disciplina e orienta contratos desta natureza. [...] Portanto, claro está que o contratante não pode ser equiparado a servidor público. [...] Adoto, na íntegra, o entendimento proferido pelo conselheiro relator Eduardo Carone Costa na Consulta n. 840.204, que é o da impossibilidade de se estabelecer, em contrato de prestação de serviços, cláusula estipulando o pagamento de décimo terceiro salário para advogados e contadores, pelo fato de prestarem serviços eventuais, por prazo determinado, mediante acordo de vontades entre as partes, nos termos do contrato celebrado. [...] Pelas mesmas razões e na mesma linha de raciocínio, manifesto-me, também, pela impossibilidade de se estabelecer cláusula estipulando o pagamento de adicional de férias para os mesmos. [...] respondo à consulta formulada pelo *[omissis]*, manifestando-me pela ilegalidade do pagamento de adicional de férias e décimo terceiro salários aos prestadores de serviço, contratados por meio de processo licitatório, para a execução de serviços contábeis e de assessoria jurídica, os quais não fazem jus aos benefícios, pelo fato de prestarem serviços eventuais, por prazo determinado, mediante acordo de vontades entre as partes, nos termos do contrato celebrado. [Consulta n. 850.079. Rel. Conselheiro Sebastião Helvecio. Sessão do dia 21/03/2012]

[**Contratação de serviços de contabilidade.**] [...] o cargo de técnico em contabilidade e/ou contador deve estar previsto entre aqueles constantes do Quadro de servidores efetivos da administração, cujas atribuições devem elencar todos os atos necessários ao acompanhamento da execução orçamentária, financeira e patrimonial, que vão desde os registros contábeis, os serviços de confecção de balanços, auditoria contábil, operacional, etc., necessários à sua operacionalização, respeitadas as atribuições privativas, no caso de contador. Na hipótese de não constarem no quadro permanente tais cargos e serem estes serviços considerados rotineiros, portanto, não singulares, já que podem ser realizados por qualquer um que possua habilitação específica e competência para fazê-los, para sua contratação, impõe-se a licitação, nos termos previstos na Lei n. 8.666/93 [...]. Não há no ordenamento jurídico ou na jurisprudência desta Corte determinação de que, para se efetuar a execução orçamentária e financeira em cada Secretaria Municipal, seja exigida a contratação de um profissional em ciências contábeis, tampouco a obrigatoriedade de que as notas de empenho sejam assinadas por profissional em ciências contábeis. O que se exige é que no município tenha pelo menos um contabilista, nos termos do art. 1º da Resolução CFC n. 560/83, competente para o exercício das atividades compreendidas na contabilidade, que será o responsável pelo serviço de contabilidade do Município. [Consulta n. 742.250. Rel. Conselheiro Eduardo Carone Costa. Sessão do dia 10/09/2008]

[**Necessidade de motivação e de licitação para a aquisição de bens usados.**] [É] indispensável que sejam elencadas razões aptas a justificar a opção pela aquisição de bens usados, merecendo destaque o aspecto relativo à economicidade e também como será assegurada a qualidade do produto usado. Assim, se após as análises necessárias a Administração concluir que a melhor opção para satisfazer a necessidade pública é a aquisição de bens usados, é necessária a realização de uma licitação na modalidade compatível com o valor do bem a adquirir. [...] deve constar também do edital sua especificação, por exemplo, uma data-limite de fabricação, quilometragem máxima admitida e outras características, além da realização de laudo de avaliação atestando o valor de mercado que viabilize a competição, já que o critério único de menor preço não conduz à melhor seleção. Se, entretanto, o valor estimado do bem permitir a dispensa da licitação, devem ser obedecidas as determinações do art. 26 da Lei n. 8.666/93. Entendimento idêntico teve o Tribunal de Contas da União no Processo TC n. 275.050-5, cujo relator foi o ministro Fernando Gonçalves, sendo seu Acórdão n. 818 publicado no *Diário Oficial da União* de 03/12/96. [Consulta n. 696.405. Rel. Conselheiro Elmo Braz. Sessão do dia 26/04/2006]

[**Licitação. Contratação Direta. Irregularidade.**] A licitação, como regra, tem previsão constitucional. Conforme estabelece o art. 2º da Lei Federal n. 8.666/93, [o processo licitatório] visa à garantia da obtenção da proposta mais vantajosa para a Administração, devendo ser processada nos moldes estabelecidos no art. 3º da referida lei. Isso posto, considero irregulares as contratações realizadas sem licitação [...] em razão da inobservância ao art. 2º da Lei Federal n. 8.666/93. [Processo Administrativo n. 690.909. Rel. Conselheiro José Alves Viana. Sessão do dia 04/12/2012]

[**Despesas sem realização de processo licitatório.**] Trata-se de contratações que, pela natureza e pelas circunstâncias fáticas, demandariam os devidos procedimentos licitatórios, uma vez que são serviços comuns e rotineiros à administração pública, serviços de transporte escolar, [...] e aquisição de móveis e equipamentos variados, como refrigerador, mesa, cadeiras, armário, cadeira de dentista, microscópio, para atender às atividades de posto de saúde, [...]. Levando-se em conta o fato de as despesas terem sido realizadas sem o devido procedimento licitatório, não há que se falar, em princípio, em responsabilização dos membros das Comissões de Licitação. [...] a Lei de Licitações e Contratos não restringe o certame à localidade em que se processa a contratação. [...] as peculiaridades do serviço de transporte de estudantes não inviabilizam a prévia licitação. [...] para o posto de saúde, diversamente do alegado pelo defendente, sequer foram adquiridos medicamentos. [...] devem ser consideradas irregulares as contratações em análise, por violação aos arts. 2º e 3º da Lei Federal n. 8.666, de 1993, e, [...], por violação também ao parágrafo único do art. 61 e ao art. 60, ambos da referida lei. [Processo Administrativo n. 674704. Rel. Auditor Gilberto Diniz. Sessão do dia 10/05/2012]

[**Licitação. Aquisição direta de passagens aéreas. Irregularidade.**] A aquisição direta de passagens aéreas, nos moldes efetuados pela *[omissis]*, obrigatoriamente, deveria ter sido precedida do competente processo licitatório, nos termos do art. 2º da Lei n. 8.666/93. Assim, não podem prosperar a ausência de culpa ou dolo alegada pelo recorrente como forma de justificar a contratação direta. [...] Quanto à justificativa do recorrente no sentido de que "o objeto não foi licitado ante a falta de interesse das agências de viagens para participar dos certames", não legitima o procedimento adotado totalmente à revelia da legislação em vigor, visto que situou sua defesa no plano das argumentações, sem carrear aos autos elementos para corroborar a assertiva. Dessa forma, a falta de interessados em participar do certame não pode ser aceita como permissivo para não licitar. No que se refere à afirmativa de que as falhas apontadas não acarretaram prejuízo ao erário municipal, também não deve prosperar, pois, como se sabe, a licitação objetiva alcançar o caráter mais amplo possível, de modo que viabilize a participação de interessados, assegura a ampla competitividade, atenda plenamente ao princípio da igualdade e alcance o objetivo maior da licitação que é selecionar a proposta mais vantajosa para a Administração, conforme estabelece o art. 3º da Lei n. 8.666/93, que exige certame licitatório para a realização de despesas com aquisição de passagens aéreas. [Recurso Ordinário n. 862155. Rel. Conselheiro Sebastião Helvecio. Sessão do dia 10/10/2012]

[**Contratações irregulares. Ausência de procedimento licitatório.**] Compulsando os autos, observo que a natureza e os valores dessas despesas implicavam realização de procedimento licitatório, porque os ordenadores das despesas não apresentarem nenhuma comprovação do enquadramento dessas despesas em uma das exceções para a contratação direta, mediante procedimento formal de dispensa ou inexigibilidade de licitação da Lei n. 8.666, de 1993, entendo que as contratações ora examinadas sem o prévio certame afrontaram o disposto no inciso XXI do art. 37 da Constituição da República c/c os arts. 2º e 3º da Lei n. 8.666, de 1993. [Processo Administrativo n. 703.134. Rel. Auditor Gilberto Diniz. Sessão do dia 04/10/2012]

[**Multa decorrente de despesas realizadas sem o devido procedimento licitatório.**] [...] a ausência de licitações, nas hipóteses dos autos, viola o art. 37, XXI, da Constituição da República, o art. 2º da Lei n. 8.666/93 e os princípios da isonomia, da impessoalidade, da legalidade e da moralidade. Tal entendimento, ademais, já está consolidado na jurisprudência desta Corte por meio da Súmula TC n. 89. Com tais fundamentos, consideramos irregulares, com as ressalvas acima explicitadas, as despesas analisadas, porquanto violaram os preceitos contidos no art. 37, XXI, da Constituição da República e nos arts. 2° e 3° da Lei de Licitações, além da Súmula TC n. 89. [...] É interessante notar que, nesses casos, temos tanto a assessoria contábil como a jurídica ao arrepio do mandamento constitucional de se realizar procedimento licitatório. Então, a própria consultoria é contratada sem observar um aspecto basilar. Assim, questiono-me sobre a qualidade dessas consultorias. [...] Então, conforme no relatório exposto, fica imputada, ao *[omissis]*, multa no valor total de R$71.400,00 (setenta e um mil e quatrocentos reais). [Processo Administrativo n. 715980. Rel. Auditor Licurgo Mourão. Sessão do dia 09/02/2010]

[**Convênio entre o Município e a companhia de saneamento básico para exploração de serviços de água e saneamento. Inadequação**

do regime de concessão.] [O denunciante] alega, sucintamente, [...] que a [omissis] deteria, de forma imoral e ilegal, a concessão para a exploração dos serviços de água e esgoto no Município. [...] Aduz que tal ilegalidade decorre do fato de ter havido [...] Termo Aditivo ao Termo de re-ratificação do contrato de concessão celebrado sem qualquer autorização legislativa [...], afirmando que este instrumento só poderia ser assinado com o 'competente e necessário procedimento licitatório'. [...] Incumbe-me decidir se o contrato em comento, do modo como foi firmado, teria violentado o princípio constitucional da isonomia, submetendo a municipalidade a condições piores do que poderia obter, tendo como executora do serviço outra empresa, que não a [omissis]. [...] Manifestou-se Maria Sylvia Zanella Di Pietro, em parecer que se tornou uma referência na matéria, ao opinar em favor da inexigibilidade para contratações desta natureza, nos seguintes termos, que recordo in litteris: 'No caso da SABESP, os vários aspectos analisados permitem a conclusão de que se trata de hipótese de inexigibilidade de licitação: quer porque a empresa foi criada por lei com o objetivo específico de prestar o serviço público em todo o território do Estado, estando à disposição dos municípios que queiram dispor de seus serviços, quer porque a sua qualificação técnica, nessa área de atuação, em termos de estrutura, de organização, de recursos humanos e técnicos, torna inviável a competição; quer porque os acordos celebrados com os municípios se inserem mal no conceito de concessão, mais se aproximando dos convênios na medida em que visam a atender a resultado que se insere na competência comum da União, Estados e Municípios; quer porque a empresa, por prestar serviço público, sem objetivo específico de lucro, não atua em atividade competitiva no domínio econômico da iniciativa privada'. [...] [Todavia], à leitura do suposto contrato que tenho sob apreço, afasta-se a hipótese de concessão de serviços públicos, seja ela antecedida por dispensa ou por inexigibilidade, e entende-se claramente representada a tese encabeçada por Marçal Justen Filho, a exemplo de tantos outros, defendendo o convênio como a forma mais genuína de se executar, no município, serviços como o de saneamento, por empresas componentes da Administração Pública estadual. [...] Entende o citado administrativista que, nesses casos, não se configura uma concessão, existindo, na realidade, convênio entre entes políticos diversos e, nestas circunstâncias, ensina Di Pietro que tal instrumento 'não é abrangido pelas normas do art. 2º da Lei n. 8.666/93'. [...] Quanto a prorrogações de convênios, não é diferente sua exclusão à regra licitatória, decaindo de razões, neste único golpe de inteligência, os seis apontamentos constantes da denúncia em comento, [...] [pois] todos eles partiram da premissa de que se tratava, ali, [de] um contrato ordinário de concessão. Não existindo tal contrato, [...] não há que se analisá-lo do ponto de vista da Lei n. 8.987/95, afastando-se, igualmente, os dispositivos da Lei n. 8.666/93. Nesse diapasão, é ínsito ao instrumento do convênio, como critério para decidir sobre a sua legítima prorrogação ou rescisão, o atendimento do interesse objetivado pela parceria público-privada firmada [na ocasião]. Não estou com isto pretendendo que o município esteja eternamente obrigado aos convênios que firma. Ao contrário, no novo contexto constitucional, após o reconhecimento do município como ente federativo, é [dado a este] propor metas próprias para o trato do saneamento e das águas em sua localidade, metas estas que podem, naturalmente, divergir daquelas firmadas [originalmente] no Convênio [...]. Sem, contudo, ter se apresentado esse novo programa, substitutivo do original, que tinha como executora a [*omissis*], continua prevalecendo a adesão do município aos termos do antigo Planasa, conforme declara no convênio por ela firmado nos idos de 1973. [Denúncia n. 719.412. Rel. Conselheira Adriene Andrade. Sessão do dia 11/09/2007]

[**Coordenação do princípio da licitação com outros princípios.**] [O art. 37 da CR/88] estabelece o princípio da licitação, que deve ser observado pela esfera pública, e é assim definido por Lúcia Valle Figueiredo: '[...] a licitação, sobre constituir um instrumento técnico-procedimental, representa, na configuração do regime jurídico das contratações da Administração, um princípio em si. Em verdade, o princípio da licitação é uma realidade categórica, que conforma, em nosso País, o sistema jurídico das contratações administrativas. E, como tal, obteve ele expressa consagração, no inciso XXI do art. 37 da Constituição Federal'. (in: FIGUEIREDO, Lúcia Valle; FERRAZ, Sérgio. *Dispensa e Inexigibilidade de Licitação*, São Paulo: Malheiros Editores, 1994) [...] O legislador, contudo, ao editar esta lei, vislumbrou hipóteses em que a coordenação do princípio da licitação com outros princípios do nosso ordenamento jurídico possibilita a ocorrência de exceções à regra geral de licitar. Jorge Ulisses Jacoby Fernandes trata a matéria da seguinte forma: "Assim, em alguns casos previamente estabelecidos pelo legislador, o princípio da licitação cede espaço ao princípio da economicidade ou para o primado da segurança nacional ou ainda para garantir o interesse público maior, concernente à necessidade do Estado intervir na economia. Em todos os casos delineados pela Lei n. 8666/93, em que a licitação foi dispensada ou considerada inexigível, pelo menos no plano teórico, entende o legislador estar em confronto o princípio jurídico da licitação e outros valores igualmente tutelados pela ordem jurídica, tendo sido aquele subjugado por um desses". [...]. [Recurso de Reconsideração n. 726.023. Rel. Conselheiro Antônio Carlos Andrada. Sessão do dia 17/04/2007]

Parágrafo único. Para os fins desta Lei, considera-se contrato todo e qualquer ajuste entre órgãos ou entidades da Administração Pública e particulares, em que haja um acordo de vontades para a formação de vínculo e a estipulação de obrigações recíprocas, seja qual for a denominação utilizada.

O termo contrato deve ser entendido como um ato jurídico bilateral, que necessariamente estabelecerá as obrigações das partes e em especial deve ser realizado de forma consensual, este é o maior requisito para a aplicação do regime licitatório.

O que a lei quis deixar claro nesse artigo é que a denominação atribuída ao instrumento que irá estabelecer as regras da contratação é meramente formal, pois o que será levado em conta é o conteúdo da relação jurídica. Ademais, existem prestações de serviços que dispensam a formalização de um contrato.

Art. 3° A licitação destina-se a garantir a observância do princípio constitucional da isonomia, a seleção da proposta mais vantajosa para a administração e a promoção do desenvolvimento nacional sustentável e será processada e julgada em estrita conformidade com os princípios básicos da legalidade, da impessoalidade, da moralidade, da igualdade, da publicidade, da probidade administrativa, da vinculação ao instrumento convocatório, do julgamento objetivo e dos que lhes são correlatos. (Redação dada pela Lei nº 12.349, de 2010)

Os princípios são a síntese dos valores mais relevantes do sistema normativo, seus postulados básicos e seus fins. São os fundamentos ou as qualificações essenciais do ordenamento positivo.

O objetivo da Administração Pública consiste sempre no atendimento do interesse público, com a observância permanente e obrigatória, entre outros, de cinco princípios básicos, consagrados pela doutrina administrativa e atualmente explicitados no artigo 37, caput, da Constituição República, a saber: legalidade, impessoalidade, moralidade, publicidade e eficiência, princípios esses aplicáveis à licitação.

O princípio da legalidade significa que a Administração Pública se subordina ao poder da lei. Trata-se de limitação à atividade administrativa, visando a coibir o arbítrio, no intuito de que prevaleça a vontade geral. É, pois, na lei, que o administrador público encontra seu fundamento, orientação e limite, dela não podendo se afastar, sob pena de praticar ato inválido. Segundo o referido princípio, exige-se da Administração Pública no que tange a licitação, a escolha da modalidade certa, a clareza quanto aos critérios seletivos, a realização da licitação, salvo nos casos previstos em lei, e, por fim o alcance de seus objetivos sempre agindo em conformidade com a lei.

O princípio da impessoalidade constitui desdobramento do anterior e impõe que a Administração Pública aja de forma imparcial e anônima, quanto a si própria e quanto ao seu administrado, não dando espaço à vontade pessoal do agente que, subordinado aos ditames legais, não pode se desviar da finalidade pública para satisfazer interesses privados.

O princípio da moralidade, por sua vez, constitui pressuposto de validade do ato administrativo e exige que o administrador e o administrado conduzam as relações públicas de forma honesta, ética. Tal princípio está associado ao princípio da legalidade, assim, se a conduta praticada for imoral, esta deverá ser invalidada, pois, a Administração Pública deve observar os valores morais que a norma jurídica consagra. Atenta à finalidade pública, a moral administrativa é composta por regras de boa administração, além de traduzir a vontade de obter o "máximo de eficiência administrativa", no ensinamento de Antônio José Brandão[2].

O princípio da publicidade busca assegurar a divulgação oficial dos atos e contratos administrativos, para conhecimento público e início de seus efeitos externos. Impõe ao administrador a transparência obrigatória dos atos administrativos, a fim de possibilitar o conhecimento de suas regras a um maior número possível de pessoas e por uma simples razão, quanto maior o número de pessoas a ter conhecimento da licitação, mais eficiente poderá ser a forma de seleção e por consequência, a Administração Pública poderá contratar a proposta mais vantajosa.

---

[2] BRANDÃO, Antônio José, apud MEIRELLES, op cit., p. 90.

O princípio da eficiência exige que a Administração Pública atue com presteza, economicidade e rendimento funcional, de modo a otimizar os recursos públicos e evitar os desperdícios, buscando sempre a qualidade e a celeridade no atendimento das demandas e das necessidades dos administrados. É possível verificar tal princípio no artigo 43, § 3º e no artigo 48, § 3º, da Lei de Licitações. Ambas as previsões são ferramentas na proteção da eficiência da atividade administrativa na licitação.

O princípio da isonomia (ou da Igualdade), de modo geral, significa o livre acesso a todos e quaisquer interessados em participar dos procedimentos realizados pela Administração Pública. Como decorrência desse princípio, é vedado à Administração selecionar determinado particular sem observar o procedimento adequado e prévio. A igualdade na licitação significa que todos os interessados deverão competir em igualdade de condições, sem que a nenhum se ofereça vantagem.

Outro princípio que merece destaque e que é correlato ao princípio da moralidade, é o princípio da probidade administrativa, que, exige que o administrador atue de forma honesta com os licitantes e, sobretudo com a própria Administração. Em nenhuma hipótese é permitido que as condutas adotadas ofendam os valores fundamentais consagrados pelo sistema jurídico, exige-se a preservação do interesse público acima dos interesses dos participantes da licitação.

Por sua vez, o princípio da vinculação ao instrumento convocatório impõe a fiel observância das regras previamente fixadas no ato convocatório, garantindo a todos que não haja alterações de critérios e possíveis surpresas na condução do procedimento.

O ato convocatório na maioria das vezes é o edital, que, nas palavras de Hely Lopes Meirelles[3], "é a lei interna da licitação", devendo

---

[3] MEIRELLES, Hely Lopes. Op. cit., p .250.

este ser observado sob pena de violação à moralidade administrativa, à impessoalidade e à probidade administrativa.

O princípio do julgamento objetivo exclui o subjetivismo do agente administrativo, devendo a decisão ser de caráter impessoal. É um princípio corolário ao anterior, já que o julgamento deve se ater aos fatores e critérios previstos no instrumento convocatório.

Todas as decisões adotadas pela Administração Pública, desde a fase interna até a finalização do certame, devem traduzir um julgamento imparcial e objetivo, afastando inclusive, a conveniência política.

O princípio da ampla competitividade por sua vez exige que a administração não crie regras que restrinjam, comprometam ou frustrem o caráter competitivo da licitação. Tal princípio deve possibilitar a disputa e o confronto entre os licitantes, não podendo a Administração Pública adotar cláusulas discriminatórias fundadas em critérios não relevantes ou não pertinentes ao objeto da contração.

Por fim, temos o princípio da promoção do desenvolvimento nacional sustentável, introduzido no artigo 3° da Lei de Licitações por meio da Lei n.° 12.349/2010, o qual impõe a obrigação ao Poder Público de fomentar o mercado nacional de bens e serviços, bem como atender aos interesses nacionais. É definido pelo Relatório Brundtland de 1987, realizado pela Comissão Mundial sobre Meio Ambiente como aquele que satisfaz as necessidades presentes, sem comprometer a capacidade das gerações futuras de suprir suas próprias necessidades. Ou seja, entende-se que a proteção ao meio ambiente não é um fim em si mesmo, pois visa promover a dignidade da pessoa humana.

Cumpre ressaltar que por ser o princípio um valor, este não possui natureza absoluta, o que significa dizer que não a como eleger um princípio como superior, que esteja acima dos demais. O que se deve fazer é conjugar os valores e aplicá-los de forma satisfatória, não podendo aplicar um único princípio como critério de solução jurídica.

O artigo 3° traz a finalidade que se busca em uma licitação, além de veicular normas aplicáveis à todo e qualquer procedimento licitatório.

Em decorrência deste artigo verifica-se que cabe ao administrador buscar os fins determinados pelo Direito, mas sempre observando os limites a ele impostos, o que é demonstrado nos incisos e parágrafos que se seguem.

[**Exigência de que os pneus sejam de 1ª linha. Restrição à participação e competitividade. Irregularidade.**] Verifiquei que no item [...] do edital, que descreve o objeto licitado, há a exigência de que os pneus fornecidos sejam de '1ª linha', o que, apesar de não ter sido apontado como possível irregularidade na presente denúncia, reputo irregular, considerando que este Tribunal em inúmeras assentadas já decidiu que o conceito de primeira linha carece da precisão necessária para a efetivação do princípio do julgamento objetivo previsto nos arts. 3º e 45 da Lei n. 8666/93. Nesse contexto, tendo verificado de ofício que o edital continha irregularidade que poderia afetar a competitividade da licitação e entendendo presentes o perigo da demora e a fumaça do bom direito, adotei de ofício medida cautelar determinando a suspensão do Pregão Eletrônico [...] , a ser referendada pela Segunda Câmara, com fulcro no art. 264, §1º, do Regimento Interno. [...] Eis o fundamento da decisão por mim exarada, na íntegra: Diante do acima exposto, entendo que exigência de que os pneus sejam de primeira linha não se mostra razoável posto que desprovida da necessária clareza, devendo ser excluída do instrumento convocatório. [...] Dessa forma, considerando a expressão constante na descrição do objeto do edital de licitação, denota a existência da fumaça do bom direito, e considerando ainda o perigo da demora, [...], entendo ser caso de se proceder à suspensão do Pregão Eletrônico nº [...]. Em face do acima exposto, determino a suspensão do Pregão Eletrônico n. [...], realizado pela Secretaria Municipal de Saúde de [...], decisão a ser referendada pela Segunda Câmara, com fundamento no art. 267 da citada norma regimental, sob pena de multa. Assim, diante da iminente abertura das propostas [...], determino que se intime com urgência, via fax e e-mail, o Secretário Municipal de Saúde Gestor do SUS [...], e o pregoeiro, para que suspendam o referido procedimento licitatório na fase em que se encontra, mediante comprovação de tal medida a esta Corte, com publicação em diário oficial e jornal de grande circulação, no prazo de 5 (cinco dias), contados na forma do art. 168 do Regimento Interno, bem como encaminhem, no mesmo prazo, toda a documentação relativa ao certame (fase interna e externa). Advirtam-se os interessados de que o não cumprimento da determinação acima importará a imposição de multa diária no valor de R$ 500,00 (quinhentos reais). [Denúncia n. 885.970. Rel. Conselheiro Mauri Torres. Sessão do dia 29/11/2012]

[**Licitação. Prazo exíguo para entrega. Restrição à competitividade. Irregularidade.**] [...] para que a licitação cumpra efetivamente um dos fins a que se destina, qual seja, "proporcionar às entidades governamentais possibilidades de realizarem o negócio mais vantajoso", mostra-se indispensável a realização de adequado planejamento com vistas à ampliação da competitividade e, assim, se obter no mercado a maior vantagem possível à Administração. Assim, apenas em situações excepcionais e de emergência a exigência de cumprimento de prazo tão exíguo e de condição tão rígida se justificaria. Trata-se de exceção, que não pode ser tomada como regra geral para a contratação em tela, uma vez que a vida útil de um pneu está condicionada à sua utilização, sendo, portanto, possível detectar o seu desgaste de forma antecipada. Constata-se, pois, verdadeira afronta aos princípios insculpidos no art. 3º da Lei n. 8.666/93, em especial, o da legalidade e, sobretudo, o da isonomia, já que a competitividade é, sem dúvida, essencial para que seja garantida a igualdade aos interessados na licitação pública e para que a Administração Pública selecione a proposta mais vantajosa. [...] Em face do exposto, com base no poder geral de cautela, nos termos do art. 60 da Lei Orgânica e do art. 197, c/c art. 264 do Regimento Interno, determino, *ad referendum* da Primeira Câmara, a suspensão liminar do certame, na fase em que se encontra, devendo os responsáveis se absterem de praticar qualquer ato tendente a efetivar a contratação do objeto licitado, sob pena de multa de R$10.000,00 (dez mil reais), nos termos do art. 85, III, da Lei Orgânica do Tribunal, sem prejuízo da adoção de outras medidas legais cabíveis. [Denúncia n. 885928. Rel. Conselheiro Cláudio Couto Terrão. Sessão do dia 27/11/2012]

[**Princípio da publicidade. Inobservância.**] Como é trivialmente sabido, os atos e contratos administrativos devem, por força do princípio da supremacia constitucional, reverência aos dispositivos da Constituição da República e, por força do princípio da legalidade administrativa, obediência à Lei n. 8.666, de 1993. No que concerne ao caso em análise, cabe lembrar que a Administração deve estrita obediência aos princípios insertos na Constituição da República, nomeadamente no caput do art. 37, e também aos princípios da Lei n. 8.666, de 1993, especificamente àqueles constantes do art. 3° e no § 1° do art. 61, dispositivos que fazem explícita referência ao princípio da publicidade, o qual decorre do princípio democrático. [...] Nos termos do § 1° do art. 61, a publicação resumida do instrumento de contrato ou de seus aditamentos na imprensa oficial, condição indispensável para sua eficácia, será providenciada pela Administração até o quinto dia do mês seguinte à sua assinatura, qualquer que seja o seu valor, ainda que sem ônus. Assim, aos contratos administrativos, para produzirem efeitos jurídicos e regulares, devem ser dados publicidade. [...] Em regra, a omissão ou retardamento do agente quanto à publicação resumida do instrumento de contrato impede ou adia a produção de seus efeitos na ordem jurídica, porquanto, como sabido, a publicação é condição de eficácia. No caso em análise, o contrato foi executado e, portanto, não há como negar que produziu efeitos na ordem jurídica. Ocorre que o descumprimento dos dispositivos constitucionais e legais referenciados também produz efeitos ou consequências jurídicas, uma vez que provoca a responsabilização do agente público. [...] A publicação resumida do termo do contrato e de aditamentos na imprensa oficial, qualquer que seja o valor envolvido, ainda que se trate de contrato sem ônus é condição indispensável para eficácia legal e para o asseguramento do controle social da moralidade administrativa. Entendo que são relevantes as irregularidades apontadas no contrato, as quais, a meu juízo, são absorvidas pela ilegalidade mais grave, no caso, a contratação mediante procedimento licitatório irregular, como sobejamente demonstrado. Assim, deve ser considerado irregular o procedimento licitatório, Concorrência [...] visto que violadas disposições da Lei n. 8.666, de 1993, devendo ser cominada sanção legal ao responsável. [Processo Administrativo n.766.551. Rel. Auditor Gilberto Diniz. Sessão do dia 30/10/2012]

[**Princípio da legalidade. Observância pelo administrador público.**] Os atos do administrador público cingem-se de formalidades que os integram e que não podem ser olvidadas, sob pena de desvio do trilho da legalidade. Observado o princípio da legalidade, o administrador público deve praticar atos dentro dos limites estabelecidos pelo dispositivo legal, não podendo usar a alegação de formalidade como suporte para o descumprimento da lei, pois a prática dos atos administrativos deve se dar em observância aos elementos que o constitui, e a forma é um deles. No caso, os responsáveis deixaram de cumprir preceitos da Lei n. 8.666, de 1993, e, consequentemente, deixaram de observar o referido princípio. [Processo Administrativo n. 711.014. Rel. Auditor Gilberto Diniz. Sessão do dia 30/10/2012]

[**Contratação irregular por ausência de procedimento licitatório.**] [...] se trata de falha de gestão por ausência de planejamento das compras de medicamentos, notadamente daqueles de demanda constante para atendimento da população em postos de saúde do município. [...] a Lei n. 8.666, de 1993, oferece instrumentos hábeis à aquisição de medicamentos na medida da necessidade, dispensando a manutenção de estoques, admitindo, pois, a compra direta excepcionalmente para aqueles medicamentos cuja previsibilidade de aquisição seja impossível. [...] não houve circunstâncias fáticas ensejadoras de contratação direta, até porque não se formalizou procedimento de inexigibilidade de licitação com esse propósito. Por tais razões, considero que as despesas em questão, pela natureza e valor excedente ao limite de dispensa, demandariam o devido procedimento licitatório, no caso, na modalidade convite. Não tendo sido observado o devido procedimento licitatório, entendo que deve ser considerada irregular a contratação em análise, por flagrante violação ao inciso XXI do art. 37 da Constituição da República de 1988 e dos arts. 2° e 3° da Lei n. 8.666, de 1993. [Processo Administrativo n. 694.177. Rel. Auditor Gilberto Diniz. Sessão do dia 13/09/2012]

[**Contratações realizadas sem o devido procedimento licitatório.**] O dever constitucional de licitar tem razão de ser. A licitação é o procedimento que tem por finalidade assegurar condições de isonomia a todos aqueles que desejam contratar com a Administração. [...] Sendo viável e exigível a competição, a contratação de bens ou serviços sem o atendimento ao dever de licitar ou mediante o processamento de licitação que não assegure de modo efetivo a isonomia não será reputada lícita, por mais vantajosa que possa se revelar. Isso posto, considero irregulares as contratações elencadas. [...] — pelas contratações realizadas sem a formalização de procedimento licitatório elencadas nos itens 2.2.1 e 2.2.2, haja vista a contrariedade ao prescrito no art. 2° da Lei Federal n. 8.666/93, aplico multa no valor de R$4.000,00 (quatro mil reais), sendo R$2.000,00 (dois mil reais) referentes a cada contratação irregular. [Processo Administrativo n. 739.766. Rel. Conselheiro José Alves Viana. Sessão do dia 28/08/2012]

[**Produtos de fabricação nacional. Restrição indevida da competitividade.**] [...] exigir que os produtos licitados sejam de fabricação nacional restringe o número de participantes no certame, afrontando os princípios insculpidos no art. 3° da Lei n. 8.666/93, em especial o da isonomia e, por conseguinte, o da competitividade, essenciais para que a Administração Pública selecione a proposta mais vantajosa. [Denúncia n. 838.896. Rel. Conselheiro Cláudio Couto Terrão. Sessão do dia 07/08/2012]

[**Afronta aos princípios da isonomia e da competitividade. Suspensão liminar do certame.**] [...] o instrumento convocatório traz previsão que não encontra respaldo na Lei n. 8.666/93, criando verdadeiro óbice à competitividade e comprometendo de plano a continuidade do certame. O edital determina [...], que "os pneus deverão ser novos, originais de fábrica e de primeira linha de fabricação" [...]. A exigência de que os pneus sejam "de primeira linha" além de imprimir subjetividade na definição do produto a ser licitado, compromete a adequada caracterização e especificação do objeto, contrariando o art. 14 e oinciso I do § 7º do art. 15 da Lei de Licitações. Constata-se, pois, afronta aos princípios insculpidos no art. 3º da Lei n. 8.666/93, em especial o da isonomia e, por conseguinte, o da competitividade, essenciais para que a Administração Pública selecione a proposta mais vantajosa. [...] com base no poder geral de cautela, nos termos do art. 60 da Lei Orgânica e no art. 197 c/c art. 264 do Regimento Interno, determino, *ad referendum* da Primeira Câmara, a suspensão liminar do certame, na fase em que se encontra. [Denúncia n. 879872. Rel. Conselheiro Cláudio Couto Terrão. Sessão do dia 31/07/2012]

[**Edital. Irregularidade. Prazo máximo de fabricação.**] Constata-se que tal exigência é desarrazoada e carece de respaldo legal. Já é exigido dos fabricantes que os pneus concedam garantia de cinco anos, sendo esse prazo contado a partir da compra do pneu (emissão de nota fiscal) pelo consumidor. [...] Frise que o prazo de garantia ofertado pelos fabricantes é bem superior à garantia mínima exigida no item "7", XV Dos Prazos, Das Condições e do Local de Prestação dos Serviços Objeto da Licitação [...] repetida no Termo de Referência

[...] e da Minuta do Contrato, Cláusula Segunda, III [...] Destaca-se, que a exigência de certificação pelo Inmetro é suficiente para aferir a segurança dos pneus novos, elidindo, portanto, a necessidade de cumprimento que qualquer outra exigência relativa à qualidade do produto. Isto porque, para o Sistema Brasileiro de Avaliação da Conformidade, as certificações referentes a pneus são compulsórias consoante dispõe a Portaria Inmetro n. 482 de 07/12/2010. Para serem comercializados, no mercado nacional, por fabricantes e importadores, é imprescindível a conformidade com os requisitos definidos na aludida portaria. [...] É indispensável que os princípios que regem o Instituto das Licitações sejam respeitados para evitar máculas em todo o certame. Insta observar que os princípios da legalidade e da isonomia, insertos no art. 37, XXI, da CR/88 e art. 3º da Lei n. 8.666/93, constituem um dos alicerces do procedimento licitatório, haja vista que este tem por escopo, não só possibilitar à Administração Pública a escolha da melhor proposta, como também resguardar a igualdade de direitos a todos os interessados em contratar. Saliente-se que não se pode estabelecer condições não previstas em lei, que resultem preferência ou beneficio de determinados licitantes em detrimento dos demais concorrentes. [Denúncia n. 875.848. Rel. Conselheiro Eduardo Carone Costa. Sessão do dia 24/05/2012]

[Falha na especificação do objeto. Restrição indevida à competitividade.] [...] o edital, na especificação do objeto licitado, traz a exigência de que os pneus sejam de 1ª linha. O conceito de primeira linha carece de precisão necessária para a efetivação do princípio do julgamento objetivo previsto nos arts 3º e 45 da Lei n. 8666/93. Esse tem sido o entendimento majoritário desta Corte de Contas, conforme se verifica no voto do conselheiro em exercício Gilberto Diniz, exarado na Denúncia n. 812398, sessão do dia 28/09/2010: cumpre, também, observar que a elaboração do termo de referência, com a especificação do objeto de forma concisa, clara e precisa, como estabelecido no inciso

II do art. 3º da Lei n. 10.520/02, é muito mais eficaz para garantir a boa qualidade do produto a ser adquirido do que a inclusão de aspectos desprovidos de especificidade como "primeira linha" e "boa qualidade". Dessa forma, constata-se que a regra contida no item 9.7 compromete a clareza do texto e em nada contribui para a eficácia do procedimento, devendo, assim, ser excluída do instrumento convocatório. [...] verifico a existência de vício no procedimento ora focado, com a inclusão de itens que poderiam direcionar o certame, impedindo a participação de maior número de licitantes, em desacordo com os artigos 3º e 45 da Lei de Licitações, o que compromete a sua legalidade, justificando a adoção da medida acautelatória de suspensão do certame. [Denúncia n. 875.657. Rel. Conselheiro Eduardo Carone Costa. Sessão do dia 17/05/2012]

[**Administração pública. Princípios norteadores.**] [...] comungo do entendimento esboçado pela unidade técnica no sentido de ser adotado o menor custo e o faço amparado nos princípios da eficiência e da economicidade, aos quais deve se submeter a administração pública. [...] em que pese vigorar, em âmbito nacional, a legislação afeta ao Regime Diferenciado de Contratações Públicas, o aplicador do direito, ao verificar que a regra legal, no caso concreto, não se compatibiliza com os princípios que fundamentam a atividade administrativa, deve interpretar a norma para dar aplicabilidade aos valores que norteiam a ordem pública. A adoção de tal exegese é devida em razão do fato de que a administração pública está jungida ao princípio da juridicidade, ou seja, sua atuação não se restringe à mera submissão à lei, como produto das fontes legislativas, mas se sujeita a toda a ordem jurídica, devendo reverenciar os princípios indispensáveis à consecução do interesse público. Não se pretende, nesse contexto, exercer o controle de constitucionalidade da norma, visto que não vislumbro, a princípio, a sua inconstitucionalidade, mas, constato, tão somente, a necessidade de se proceder ao exame de sua adequação ao caso concreto, motivo pelo qual os argumentos trazidos pelo agravante não são capazes de alterar a decisão agravada. [Agravo n. 872.252. Rel. Conselheiro Eduardo Carone Costa. Sessão do dia 25/04/2012]

[**Direcionamento da licitação. Ofensa aos princípios da legalidade e da isonomia.**] [...] os princípios da legalidade e da isonomia, inseridos no art. 37, XXI, da CR/88 e art. 3º da Lei n. 8.666/93, constituem um dos alicerces do procedimento licitatório, haja vista que este tem por escopo, não só possibilitar à Administração Pública a escolha da melhor proposta, como também resguardar a igualdade de direitos a todos os interessados em contratar. Disso decorre que é defeso estabelecer de condições não previstas em lei, que resultem preferência em benefício de determinados licitantes em detrimento dos demais concorrentes. [...] A inspetoria técnica, em conclusão, informa que as exigências previstas no edital sugerem direcionamento do processo licitatório para a aquisição do modelo Honda [...], bem como ratifica a irregularidade apontada pelo denunciante quanto à ausência de pesquisa de preços que deveria subsidiar a análise da exequibilidade das propostas, integrando o processo administrativo, em atendimento aos princípios da publicidade e da isonomia, requisito este não preenchido pelo presente edital. Entendo que há indícios suficientes de que as especificações técnicas contidas no item 1.1 do edital sejam restritivas da competição, sugerindo direcionamento do certame, somando-se ainda a injustificável ausência de estimativa de preços para a contratação, passível de gerar uma aquisição mais onerosa desnecessariamente. [...] Assim, no exercício da competência prevista no art. 197 c/c art. 264 do Regimento Interno — Res. n. 12/2008, determino, *inaudita altera parte*, a suspensão liminar do certame, sob pena de multa [...], nos termos do art. 85 da Lei Complementar n. 102/2008, sem prejuízo da adoção de outras medidas legais cabíveis. [Denúncia n. 851.396. Rel. Conselheiro Wanderley Ávila. Sessão do dia 31/05/2011]

[**Inobservância ao princípio da legalidade no procedimento licitatório.**] [...] Cabe ressaltar que a Lei n. 8.666/93 traz de maneira minuciosa todos os atos procedimentais que compõem uma licitação, os quais têm por objetivo garantir os princípios da ampla competitividade e a melhor proposta para a Administração, além de estabelecer normas e condições que irão resguardar a Administração de possível inexecução contratual. Assim, não prospera a alegação de que as falhas são erros formais, pois houve o descumprimento de vários dispositivos, o que demonstra muito mais que falha formal, mas inobservância ao princípio da legalidade. [Processo Administrativo n. 704.105. Rel. Conselheiro Antônio Carlos Andrada. Sessão do dia 06/04/2010]

[**Necessidade de critérios objetivos em edital.**] A doutrina especializada é unânime em repudiar qualquer espécie de subjetividade no julgamento das licitações [...]. Marçal Justen Filho associa-o ao princípio da impessoalidade [...]: 'A 'vantajosidade' da proposta deve ser apurada segundo o julgamento objetivo. O ato convocatório tem de conter critérios objetivos de julgamento que não se fundem nas preferências ou escolhas dos julgadores' [...]. [Denúncia n. 768737. Rel. Conselheiro Subst. Gilberto Diniz. Sessão do dia 04/12/2008]

[**Exigências editalícias contrárias ao princípio da igualdade.**] [...] acerca das exigências editalícias referentes à contratação de pessoas físicas, bem como de outras inseridas na fase de habilitação e proposta técnica, violam flagrantemente o princípio constitucional da igualdade. Não há, definitivamente, dispositivos que amparem a conduta do gestor em estabelecer condições, tais como as previstas no edital fustigado, a exemplo da vedação da participação de ex-permissionário ou ex-condutor auxiliar que tiveram a permissão ou registro de condutor cassado no serviço de transporte individual ou coletivo de passageiros, nos últimos dois anos. Ora, o quesito de habilitação, nos termos do art. 30, III, da Lei n. 8.666/93, deve ser a licença para conduzir à época da contratação, não se podendo desabilitar pessoas que foram cassadas, mas cuja licença foi restaurada pelo órgão competente. Da mesma forma, não se pode exigir, na fase de habilitação, a licença para veículos D e E, sendo essa exigência possível no momento da contratação. Pela mesma razão, não há amparo legal algum que justifique as cláusulas editalícias que discriminam as pessoas físicas não residentes [...], ou que não tenham seus veículos licenciados no Município, bem como aquela que classifica, preferencialmente, os licitantes que comprovem certificado de cooperativado, emitido por cooperativa de transportadores autônomos de passageiros, pois todas as citadas exigências ferem os princípios da legalidade, competitividade e isonomia previstos no art. 3º da Lei n. 8.666/93 [...]. Portanto, são inúmeras as exigências discriminatórias e atentatórias à isonomia e justa competição presentes no edital, mas força-me destacar, ainda, entre elas, a exigência de que as pessoas físicas não residentes no município [...] apresentem Certidão Negativa de Feitos Criminais. Tal exigência, além de ser frontalmente contrária ao disposto na Lei de Licitações, é uma discriminação sem propósito e imperdoável, pois o Poder Público estaria declarando expressamente que um ex-detento não pode se restabelecer dignamente na sociedade. [Representação n.731.022. Rel. Conselheira Adriene Andrade. Sessão do dia 14/10/2008]

[Processo administrativo. Rigor do procedimento licitatório.] [...] somente dentro do rigor das formalidades e regras da lei cumpre [a Administração] a sua missão fundamental de propiciar a todos a participação no processo licitatório, em perfeita condição de igualdade jurídica e econômica. [...] [Portanto], as irregularidades verificadas nos autos do processo administrativo em evidência não podem ser consideradas erros meramente formais, como pretende o recorrente, pois contrariam claramente dispositivos da Lei de Licitações Públicas. [...] O princípio do devido processo legal transforma regra procedimental em formalidade essencial, daí o cabimento de mandado de segurança e de ação cautelar para impedir, prontamente, que se consuma lesão ao direito subjetivo do licitante que veja preterida em seu desfavor, regra de proceder a que a Administração (no mais das vezes, a Comissão de Licitações) está vinculada. [Recurso de Reconsideração n. 693.331. Rel. Conselheiro Antônio Carlos Andrada. Sessão do dia 23/09/2008]

[**Proporcionalidade e requisitos da qualificação técnica dos licitantes.**] [...] a ordem constitucional delega à autoridade administrativa, pelo art. 37, XXI, da CR/88, discricionariedade para incluir, nos instrumentos convocatórios de licitação, as exigências necessárias para comprovar a qualificação técnica dos licitantes, uma vez que tal artigo determina que a igualdade do certame deve se limitar a manter 'as condições efetivas da proposta.' Agiu o constituinte desse modo com o objetivo de permitir a averiguação da real capacidade das contratadas em prestar o serviço, fornecer o produto ou realizar a obra que atenda ao interesse público. Nesse sentido, entendo que as exigências do edital devem guardar proporção entre a natureza do objeto em disputa, as características que lhes são específicas e a complexidade de sua execução. Para tanto, calha o aconselhamento do desembargador do Tribunal de Justiça do Rio de Janeiro, Jessé Torres Pereira, trazendo o entendimento à guisa da análise do serviço a ser contratado como decorrência dessa licitação: 'Para objetos de máxima complexidade e alto custo, o máximo de exigências. Para objetos de menor custo, nível menos rigoroso de exigências.' [...] Natural, portanto, que, para o serviço a ser contratado no certame combatido pela representante, serviço que implica o atendimento de milhares de funcionários [...], lotados nas localidades de todo o Estado de Minas Gerais e até em outros Estados da Federação, faça-se a exigência da rede de estabelecimentos presentes no edital do certame, de maneira compatível com o interesse público a ser atendido na contratação pretendida. [...] Nesse sentido, decidiu o Tribunal de Contas da União em matéria análoga: 'Decisão 1841/1999 — TCU — Relator Ministro Walton Alencar — 'A exigência de relação da rede própria e/ou credenciada, com indicação do nome e do CPF ou CGC do credenciado, em nível nacional, por unidade da Federação, contestada pela Golden Cross, está adequada ao que dispõe o art. 30, § 6°, da Lei n. 8.666/93 [...] O texto legal reserva ao administrador o poder discricionário para estabelecer as exigências mínimas consideradas essenciais para o cumprimento do objeto da licitação. Nesse ponto, o edital está em consonância com o estatuto das licitações.' Tratase, portanto, da aplicação do princípio da proporcionalidade entre as exigências feitas aos licitantes e o atendimento ao interesse público a ser alcançado por meio do procedimento licitatório. [Representação n. 721.497. Rel. Conselheira Adriene Andrade. Sessão do dia 06/02/2007]

§1° É vedado aos agentes públicos:

I — admitir, prever, incluir ou tolerar, nos atos de convocação, cláusulas ou condições que comprometam, restrinjam ou frustrem o seu caráter competitivo, inclusive nos casos de sociedades cooperativas, e estabeleçam preferências ou distinções em razão da naturalidade, da sede ou domicílio dos licitantes ou de qualquer outra circunstância impertinente ou irrelevante para o específico objeto do contrato, ressalvado o disposto nos §§ 5° a 12 deste artigo e no art. 3º da Lei nº 8.248, de 23 de outubro de 1991; (Redação dada pela Lei nº 12.349, de 2010)

A regra aplicada à norma se destina aos elaboradores dos atos de convocação de licitação, bem como àqueles que por ventura o revejam e o aprovem.

Como já visto no *caput* deste artigo, a licitação é um procedimento orientado por critérios objetivos, o que proíbe a adoção de quaisquer práticas que, restrinjam ou dificultem de forma ilegítima a competição.

O artigo 3°, § 1°, inciso I, estabelece que todos os possíveis interessados participem do certame e que participem de forma isonômica, o que não significa dizer que a Administração não possa inserir cláusulas restritivas de participação, uma vez que não existe impedimento de exigências rigorosas nem impossibilidade do serviço ser prestado por apenas um determinado tipo de grupo. O que a norma proíbe é a adoção de medida desnecessária ou inadequada. Essa ideia está prevista na própria Constituição, em seu artigo 37, inciso XXI, quando preceitua que "somente permitirá as exigências de qualificação técnica e econômica indispensáveis à garantia do cumprimento das obrigações".

A carga tributária das cooperativas é mais reduzida em decorrência de dispositivo constitucional, o que reflete diretamente nas propostas apresentadas no procedimento licitatório, entretanto, não é uma situação definida em ato convocatório, o que faz com que o tratamento das sociedades cooperativas deva ser adequado e isonômico, independente de benefícios constitucionais existentes.

Não é válida, como regra, a discriminação em decorrência da naturalidade, da sede ou do domicílio dos licitantes ou de qualquer outra circunstância impertinente ou irrelevante para o específico objeto do contrato. Verifica-se da própria norma que, circunstâncias relevantes para a execução do contrato, podem restringir a participação de interessados, ou seja, é válida a discriminação desde que tenha pertinência e relevância, o que deve ser analisado em cada caso, isso é decorrente do princípio da proporcionalidade.

A exceção contida no inciso I, § 1º do artigo 3º da Lei de Licitações é um rol meramente exemplificativo, uma vez que leis esparsas no ordenamento jurídico trazem outras hipóteses.

[**Suspensão de certame licitatório em razão de cláusula restritiva no edital.**] A denunciante alega, em suma, que a exigência editalícia de que os pneus sejam entregues no prazo de dois dias úteis após a emissão da Autorização de Fornecimento pelo departamento de compras municipal (item 9.1 — fls. 43) se configura como "discriminação fundada em questão da localização geográfica" e, ainda, que a "Municipalidade explicitamente está beneficiando os participantes que residem numa circunferência próxima ao órgão licitador." [...] E, finalmente, afirma sua discordância com a exigência de que os pneus a serem fornecidos somente podem ser de fabricação nacional, como se infere no Anexo I do edital em comento. [...] Assim, em princípio, somente a exigência do edital constante em seu Anexo I (fls. 68/69) de que os pneus têm que ser de fabricação nacional pode restringir ilegalmente a participação de empresas que possuam produtos similares, porém não sejam fabricados no Brasil. Entendo que a exigência de nacionalidade do objeto licitado não se coaduna com a disposição do art. 3º, § 1º, da Lei n. 8.666/93 [...] Assim, a exigência retratada no Edital do Pregão Presencial n. 011/2012, sem dúvida, afronta a impessoalidade, a competitividade e a razoabilidade, uma vez que estabelece distinção dos produtos em razão da sua nacionalidade, sendo contrária, portanto, aos princípios aplicáveis às licitações. Diante do exposto, considerando, neste momento, a plausibilidade das alegações da denunciante, encontrando-se preenchidos os requisitos legais do *periculum in mora* e do *fumus boni iuris*, determino, liminarmente, a suspensão do procedimento licitatório. [Denúncia n. 863.252. Rel. Conselheiro Eduardo Carone Costa. Sessão do dia 08/03/2012]

[**Suspensão do certame em virtude da exigência da nacionalidade do objeto licitado.**] Em síntese, o denunciante reputa ilegal a exigência editalícia de que os pneus a serem fornecidos sejam de fabricação nacional. [...] a exigência de que os produtos ofertados sejam de fabricação nacional restringe o caráter competitivo do certame, em claro descumprimento ao art. 3º, § 1º, da Lei n. 8.666/93. [...] *Além disso, a Emenda Constitucional n. 6/95 revogou o disposto no art. 171, § 2º, da Constituição Federal, não existindo mais subsídio legal para que o Poder Público dê preferência às empresas ou produtos brasileiros nas contratações, salvo no caso de desempate.* (Denúncia n. 838.986. Relatora:

cons. presidente Adriene Andrade. Primeira Câmara. Sessão do dia 22/02/2011). [...] A existência de vício no procedimento ora focado, com a inclusão de item que impede a participação de maior número de licitantes, em desacordo com o art. 3º, § 1º, I, da Lei de Licitações, compromete a sua legalidade, o que justifica, dessa forma, a adoção de medida acautelatória de suspensão do certame. [Denúncia n. 862.635. Rel. Conselheiro Mauri Torres. Sessão do dia 01/12/2011]

[**Licitação. Participação das cooperativas. Redação conferida ao inciso I do §1º do art. 3º da Lei n. 8.666/93 alterada pela Lei n. 12.349/10.**] [...] pela legalidade da participação das cooperativas nas licitações, especialmente a partir da redação dada pela Lei n. 12.349/10 ao inciso I do § 1º do art. 3º da Lei n. 8.666/93, destacando-se que deverá ser observada a compatibilidade do objeto social da cooperativa com o objeto a ser licitado, nos termos da fundamentação. [Consulta n. 841.941. Rel. Conselheiro Cláudio Couto Terrão. Sessão do dia 22/08/2012]

[**Restrição de competitividade. Guia de importação.**] A denunciante alega, em suma, que a exigência editalícia de que as empresas que ofertarem produtos importados deverão apresentar, juntamente com a proposta, a Guia de Importação [...] se configura como exigência que "restringe a participação, pois nem todos os licitantes que comercializam pneus importados são os próprios importadores, pois muitas vezes adquirem tais mercadorias de outros representantes comerciais e por este motivo não possuem essa guia de importação. A guia de Importação é documento particular do importador e ele não é obrigado a fornecê-la para terceiros" e, ainda, que é *irrelevante* a necessidade de tal documento, bem como que a referida exigência é *ilegal*. De fato, em um primeiro momento, entendo que os motivos alegados pela denunciante são suficientes para que se proceda à imediata suspensão do certame, uma vez que o documento de importação é documento do importador, que não é necessariamente o comerciante dos bens. Ademais, entendo, ainda em análise preliminar, que eventual documentação de importação que venha a ser necessária, somente poderá ser exigida do licitante vencedor, e não de todos os participantes da licitação que ofertem produtos importados, ainda na fase de apresentação de propostas. Finalmente, em outra vertente, parece-me incongruente que se exija Guia/Declaração de Importação de bens que ainda não foram comprados pela Administração, o que faria com que todos os licitantes que tivessem produtos importados possuíssem tais bens em estoque simplesmente para participar do Pregão para Registro de Preços. [...] Diante do exposto, considerando, neste momento, a plausibilidade das alegações da denunciante, encontrando-se preenchidos os requisitos legais do *periculum in mora* e do *fumus boni iuris*, determino, liminarmente, a suspensão do procedimento licitatório, com fulcro no art. 76, XIV e XVI, da Constituição Estadual e no art. 60 da Lei Complementar n. 102/2008, bem como no art. 197 c/c art. 264 do Regimento Interno deste Tribunal. [Consulta n. 872.026. Rel. Conselheiro Eduardo Carone Costa. Sessão do dia 29/03/2012]

[**Cláusula editalícia que afronta o princípio da maior competitividade.**] [...] atestados relativos a *softwares* de planejamento de governo, contabilidade pública e tesouraria, gestão de contratações públicas, gestão de patrimônio público, que integram o objeto licitado, conforme item [...] do edital, pela lógica, somente poderão ser emitidos por entes públicos. Isso, na prática, caracteriza restrição à participação de empresas que, porventura, tenham prestado serviços equivalentes apenas para a iniciativa privada, violando-se o §1º do art. 30 da Lei n. 8.666/93, embora, aparentemente, o dispositivo impugnado não traga esta indevida discriminação. Remanesce, assim, a irregularidade em comento. [Denúncia n. 800.679. Rel. Conselheiro Sebastião Helvecio. Sessão do dia 06/12/2012]

[**Pneus. Exigência de homologação do produto pelas montadoras.**] Tal exigência restringe o caráter competitivo do certame, obstando a participação dos fornecedores de todas as demais marcas de pneus que não venham de fábrica, equipando o veículo. Não há dúvida, portanto, que a restrição à oferta de produtos "homologados pelos fabricantes" ou "originais de fábrica" contraria o § 1º do art. 3º da Lei n. 8.666/93. A matéria constitui um dos apontamentos contidos na cartilha elaborada por esta Corte de Contas para orientação dos jurisdicionados na aquisição de pneus, disponibilizada no sítio eletrônico do Tribunal: e se não se admite a exigência de que os pneus sejam homologados pela montadora, não há como permitir também a exigência de uma declaração de que os produtos sejam homologados pela montadora, originais de fábrica, portanto, declaração esta que obriga a submissão dos licitantes a terceiros alheios à disputa, ou seja, a montadora de veículos, condicionando a cotação do produto à apresentação de documento expedido por empresa privada que nem sequer participa da competição (p. 17). [Denúncia n. 838.896. Rel. Conselheiro Cláudio Couto Terrão. Sessão do dia 07/08/2012]

[**Licitação. Prazo para entrega do material. Restrição à competitividade. Irregularidade.**] É que a cláusula [...] da minuta da ata de registro de preços [...] estabelece que a contratada deverá fornecer os pneus, câmaras e protetores no prazo de 24 horas, contado a partir do dia seguinte à data do recebimento da "Requisição/ Pedido", ou instrumento equivalente, pela detentora. A imposição de prazo tão diminuto para entrega do material inviabiliza a participação de empresas que não estejam próximas das imediações do Município, restringindo a competitividade do certame, sendo contrária, portanto, aos princípios insculpidos no art. 3º da Lei n. 8.666/93, que transcrevo: [...] Haja vista a plausibilidade jurídica da denúncia e a urgência da intervenção desta Corte, determino, nos termos do art. 264 do Regimento Interno deste Tribunal, (Res. n. 12/08), liminarmente, a suspensão do Edital do Pregão Presencial [...] promovido pela Prefeitura [...], *ad referendum* desta Segunda Câmara.

Nesta oportunidade, recomendo ao prefeito do município [...] que, ao elaborar editais de licitação para aquisição de pneus destinados aos veículos de suas frotas municipais, observe as irregularidades apontadas na cartilha elaborada pela Coordenadoria de Análise de Editais de Licitação, disponível no sítio eletrônico deste Tribunal. [Denúncia n. 876.724. Rel. Conselheiro Sebastião Helvecio. Sessão do dia 05/07/2012]

[**Licitação. Irregularidades. Suspensão.**] Após análise do instrumento convocatório e constatada a existência de vício no procedimento licitatório capaz de comprometer a legalidade do certame, determinei, liminarmente, sua suspensão, conforme despacho que agora trago para *referendum* nos seguintes termos: "[...] É clarividente que a imposição de prazo tão diminuto para entrega dos produtos inviabiliza a participação de empresas que não estejam nas imediações do Município de *[omissis]*. Ademais, não se mostra razoável que a Administração Municipal, a quem compete o exercício de suas obrigações pautadas em um mínimo de planejamento, submeta empresas com quem contrata a súbitas necessidades, colocando-as em eterno estado de prontidão para atender a demandas em prazo demasiado exíguo. [...] o item 1 e a tabela constante do seu termo de referência também estabelecem que os produtos sejam de "1ª linha". Nesse ponto, destaco que o conceito de "primeira linha" carece de precisão necessária para a efetivação do princípio do julgamento objetivo previsto nos art. 3º e 45 da Lei n. 8.666/93. [...] Verifica-se, portanto, que nas licitações devem ser abolidas todas as expressões que possam acarretar ausência de parâmetros objetivos para identificar e caracterizar corretamente o bem, assegurando, assim, a devida competitividade. Nesse sentido, vislumbra-se, mais uma vez, o caráter restritivo do procedimento ao reduzir o universo de possíveis interessados em participar do certame. Nesse contexto, retomando a análise do presente processo, constata-se que a Administração Municipal violou as disposições contidas no art. 3º, §

1º, I, da Lei n. 8.666/93, [...] Assim, tendo sido averiguado, neste primeiro momento, a existência de vícios no procedimento ora focado, que comprometem a sua legalidade, justifica-se a adoção de medida acautelatória de suspensão do certame, sem prejuízo da análise de outras questões que, posteriormente, possam ser suscitadas nos autos. [...]" Esta é a decisão monocrática que submeto à consideração deste Colegiado para *referendum*. [Denúncia n. 876.489. Rel. Conselheiro Eduardo Carone Costa. Sessão do dia 05/07/2012]

[**Suspensão de certame licitatório em razão de cláusula restritiva no edital.**] A empresa denunciante alega que fere a ampla competitividade do certame a exigência de que a retroescavadeira seja de fabricação nacional. [...] De fato, na descrição do objeto há exigência de que a retroescavadeira a ser adquirida seja de fabricação nacional, não permitindo a participação de outros fornecedores, o que afronta a Lei de licitações, mormente seu artigo 3º, §1º. [...] Por todo o exposto e com fulcro no art. 76, XIV e XVI, da Constituição Estadual; no art. 60, parágrafo único, da Lei Orgânica que rege este Tribunal e no art. 264 da Resolução n. 12/2008, determino liminarmente a suspensão do Pregão Presencial [...] Em face do exposto, nos termos do parágrafo único do art. 60 da Lei Orgânica do Tribunal de Contas e do § 1º do art. 264 do Regimento Interno, submeto as referidas decisões ao referendo deste Colegiado. [Denúncia n. 876.151. Rel. Conselheiro Cláudio Couto Terrão. Sessão do dia 05/06/2012]

[**Restrição à competitividade. Prazo exíguo para entrega. Irregularidade.**] [...] a exigência de prazo exíguo para a entrega dos produtos se mostra desarrazoada e excessiva, o que compromete o caráter competitivo do certame, contribuindo para afastar potenciais fornecedores, incapazes de assumir tais obrigações em razão da distância entre suas sedes e o município. A exigência privilegia, dessa forma, apenas os fornecedores locais, contrariando o inciso I do §1º do art. 3º da Lei n. 8.666/93. Constata-se, pois, afronta a princípios insculpidos no art. 3º da Lei de Licitações, já que a competitividade é, sem dúvida, essencial para que seja garantida a igualdade aos interessados na licitação e para que a Administração Pública selecione a proposta mais vantajosa. Ademais, não se revela razoável fixar prazo de apenas 24 horas para o fornecimento dos produtos licitados, tendo em vista que estes se destinam à manutenção da frota municipal cujo planejamento é indispensável. [Denúncia n. 876.225. Rel. Conselheiro Cláudio Couto Terrão. Sessão do dia 05/06/2012]

[**Prazo máximo para entrega dos pneus. Limitação geográfica descabida.**] [...] consta [no edital] que o prazo máximo para a entrega dos pneus é de dois dias úteis [...] não permitindo a participação de fornecedores de outras localidades, em real limitação geográfica aos participantes, o que afronta a Lei de Licitações, mormente seu artigo 3º, § 1º [...] [Denúncia n. 876.056. Rel. Conselheira Adriene Andrade. Sessão do dia 29/05/2012]

[**Desnecessidade de apresentação do certificado ISO.**] [...] verifica-se a existência de circunstância configuradora de restrição à competitividade do certame, capaz de impor a suspensão do procedimento, merecendo, dessa forma, análise preliminar. Os princípios da legalidade e da isonomia insertos no art. 37, XXI, da Constituição da República e o disposto no art. 3º da Lei n. 8.666/93 constituem alicerces do procedimento licitatório [...] Verifica-se que, de fato, o Anexo I, ao exigir, sem justificativa, que os produtos ofertados estejam alinhados à linha de montagem de acordo com as normas da ISO/TS 16.949, está restringindo a participação igualitária dos interessados, o que constitui ilegalidade que enseja a suspensão liminar do certame no estado em que se encontra. Dessa forma, a exigência de apresentação de certificado ISO mostra-se desarrazoada, pois tal certificado atesta a adoção de sistema de gestão de qualidade pela empresa fornecedora do produto, mas não atesta a aprovação desse produto. Destarte, a aprovação do produto pelo Inmetro é suficiente para atestar a qualidade dos pneus, uma vez que tal reconhecimento encontra-se regulamentado pela Portaria n. 482/2010 do referido Órgão. [Denúncia n. 875.725. Rel. Conselheira Adriene Andrade. Sessão do dia 29/05/2012]

[**Desnecessidade de que os pneus sejam homologados pelo fabricante dos veículos.**] De fato, na especificação do objeto há exigência de que os pneus ofertados sejam homologados pelo fabricante dos veículos, não se permitindo a participação de outros fornecedores, o que afronta a Lei de Licitações, mormente seu art. 3º, § 1º [...] determino liminarmente a suspensão do Pregão [...] pela exigência de que fossem homologados pelos fabricantes de veículos de sua frota. [Denúncia n. 875.649. Rel. Conselheira Adriene Andrade. Sessão do dia 29/05/2012]

[**Licitação. Exigência de tempo mínimo de experiência. Impossibilidade.**] Esclareça-se que o processo da relatoria do conselheiro Mauri Torres foi [...] redistribuído [ao conselheiro Mauri Torres] em 15/05/2012. [...] o conselheiro Mauri Torres determinou, liminarmente, sua suspensão em 09 de maio de 2012, conforme despacho que agora trago para referendum nos seguintes termos: [...] constatada irregularidade consistente na exigência de comprovação de experiência em três Câmaras, pelo período mínimo de um ano, para fins de aferição da capacidade técnica, o que poderia comprometer a competitividade do certame, razão pela qual foi determinada a suspensão do processo licitatório [...] De acordo com a análise técnica, verifica-se que não consta do edital em epígrafe qualquer justificativa para a supracitada exigência editalícia. Cumpre destacar que a devida justificativa pela Administração licitante poderia ensejar a regularidade da exigência do tempo mínimo de um ano para a comprovação da experiência anterior como requisito de qualificação técnico- profissional, caso restasse demonstrada a sua pertinência para a garantia da execução do objeto contratado. Nesse sentido, cabe destacar a seguinte decisão desta Corte: [...] Assim, infere-se a irregularidade do disposto no [...] edital, na medida em que impõe injustificadamente uma exigência não prevista na lei, contrariando o comando constitucional insculpido no inciso XXI do art. 37 da Constituição da República de 1988, in verbis: [...] No juízo monocrático, entendeu o Conselheiro relator que a exigência de comprovação de experiência de prestação de serviço em Câmaras, no período mínimo de um ano para aferição da proposta técnica, seria desarrazoada, e, por isso, restringiria a competitividade de quem tivesse qualificação demonstrada pela apresentação dos títulos. S. Exa. suspendeu a licitação, com o que estou de acordo. [Edital de Licitação n. 873.379. Rel. Conselheiro Eduardo Carone Costa. Sessão do dia 17/05/2012]

[**Suspensão de certame licitatório em razão de cláusula restritiva no edital.**] O edital exige que os produtos contratados sejam de fabricação nacional, além de exigir a apresentação de certificado ISO 9001 pela licitante. Razão assiste, assim, à denunciante, uma vez que estas exigências afastam potenciais fornecedores, restringindo o número de participantes do certame, o que contraria o inciso I do §1º do art. 3º da Lei n. 8.666/93. Constata-se, pois, afronta aos princípios insculpidos no art. 3º da Lei n. 8.666/93, em especial o da isonomia e, por conseguinte, o da competitividade. Presente, assim, o *fumus boni iuris,* consubstanciado na ofensa aos princípios que norteiam o procedimento licitatório, em especial o da legalidade, o da isonomia e o da competitividade. De igual modo, o *periculum in mora* existe diante da premente abertura das propostas, prevista para hoje, dia 14/05/12, às 09h00min horas. Em face do exposto, com base no poder geral de cautela, nos termos do art. 60 da Lei Orgânica e no art. 197 c/c art. 264 do Regimento Interno, determino, *ad referendum* da Primeira Câmara, a suspensão liminar do certame, na fase em que se encontra, devendo os responsáveis se absterem de praticar qualquer ato tendente a efetivar a contratação do objeto licitado. [Denúncia n. 875.658. Rel. Conselheiro Cláudio Couto Terrão. Sessão do dia 15/05/2012]

[**Restrição à competitividade. Exigência de vínculo empregatício. Irregularidade.**] [...] edital contém diversas irregularidades e ilegalidades que comprometem a lisura do certame e impedem o seu prosseguimento [...] a exigência de que os profissionais possuam vínculo empregatício com a empresa licitante está em desconformidade com o art. 30, II, da Lei n. 8.666/93, que determina tão somente a indicação da disponibilidade do pessoal técnico e equipamentos, a serem apresentados em momento oportuno. [...] cumpre destacar que a Lei n. 8.666/93, em seu art. 30, § 1°, I, autoriza a exigência editalícia de que as sociedades participantes do certame comprovem possuir, em seus quadros permanentes, profissional de nível superior ou equivalente na qualidade de responsável técnico. No entanto, deixou de definir o conceito de "quadros permanentes", o que ficou a cargo da doutrina e jurisprudência. [...] esta Corte de Contas em diversas assentadas tem decidido no sentido de ser restritiva a exigência de vínculo empregatício com a empresa licitante para comprovação de capacitação técnico-profissional, conforme destaco a seguir: [...] considero que a exigência constante do item [...] do edital, de que a capacidade técnico-profissional seja comprovada por meio de profissional com vínculo empregatício com a empresa licitante, é restritiva ao caráter competitivo da licitação contrariando o art. 3°, *caput*, §1°, I e o art. 30, §5°, da Lei n. 8666/93. [Denúncia n. 875.345. Rel. Conselheiro Mauri Torres. Sessão do dia 10/05/2012]

[**Licitação. Exigência restritiva de homologação de pneus pelos fabricantes. Indicativo de irregularidade.**] Alega a denunciante, a fs. 01-10, que o edital de licitação é restritivo, pois exige expressamente que os pneus ofertados sejam "homologados pelos fabricantes". Segundo ele, o instrumento convocatório acaba por excluir a participação de outras empresas licitantes, ferindo, desta forma, a isonomia do certame. O órgão técnico, em sua manifestação a fls. 65-73, considerou irregular a exigência de que os produtos fossem homologados pelos fabricantes ao argumento de que esse requisito de qualificação técnica compromete o caráter competitivo do certame, no que foi seguido pelo Ministério Público de Contas, em seu parecer preliminar a fls. 74-83. [...] Sobre a matéria, destaca-se que a exigência de que os produtos licitados sejam homologados pelos fabricantes restringe o número de participantes no certame, o que afronta aos princípios insculpidos no art. 3º da Lei n. 8.666/93, em especial o da isonomia e, por conseguinte, o da competitividade, essenciais para que a Administração Pública selecione a proposta mais vantajosa. No caso, todavia, a Administração demonstrou que a sobredita falha apurada originalmente no ato convocatório foi sanada, já que esta foi suprimida do edital, conforme minuta apresentada a fls. 91-114. [Denúncia n. 839.039. Rel. Conselheiro Cláudio Couto Terrão. Sessão do dia 08/05/2012]

[**Restrição à competitividade. Exigência de número mínimo de atestado de capacidade técnica. Irregularidade.**] [...] exigência que diz respeito a atestados que comprovem quantidades mínimas de qualificação técnica para habilitação da empresa na licitação. Ao exigir que as empresas participantes apresentem atestados neste sentido, o edital fere princípios constitucionais básicos que norteiam o processo licitatório. Na referência de cláusulas que se mostrem desarrazoadas, a legislação específica estabeleceu que somente é permitido no ato convocatório as exigências autorizadas pela Lei n. 8.666/93. Observando o art. 3º da Lei n. 8.666, verifica-se que o legislador procurou observar os parâmetros constitucionais esculpidos no art. 37 da Carta da República para definir que estão excluídas tanto as cláusulas expressamente reprovadas pela lei quanto às não expressamente por ela permitidas. [...] Embora bastasse a observação da regra genérica para se concluir que o item impugnado está sugerindo ilegalidade, a observação do art. 30, incisos I, II, III e IV, e § 5º, define as limitações das exigências do Edital, bem como veda a exigência de comprovação de atividade que acabe restringindo o acesso à licitação. [...] Vale insistir acerca da inconstitucionalidade de exigências excessivas, no tocante à qualificação técnica. Observe-se que a natureza do requisito é incompatível com disciplina precisa, minuciosa e exaustiva por parte da lei. É impossível deixar de remeter à avaliação da Administração a fixação dos requisitos de habilitação técnica. Essa competência discricionária não pode ser utilizada para frustrar a vontade constitucional de garantir o mais amplo acesso de licitantes. [...] Considerando que o subitem impugnado sugere afronta aos princípios da licitação e ainda considerando a possível incompatibilidade do objeto com a exigência do referido subitem [...] entendo que está evidenciado o pressuposto de *fumus boni iuris* e do *periculum in mora*, decorrente da abertura do certame prevista para hoje. [Denúncia n. 873.849. Rel. Conselheira Adriene Andrade. Sessão do dia 08/05/2012]

[**Procedência e prazo para entrega dos produtos. Restrição à competitividade.**] O Edital de Pregão Presencial tem como objeto a contratação de empresa para a aquisição de pneus, câmaras de ar e protetores para a frota municipal em atendimento às Secretarias de Transporte, Saúde e Educação, de acordo com quantitativos e especificações constantes do Termo de Referência (Anexo I), parte integrante do edital. Observo que o item 9.9 do edital do pregão presencial limitou os produtos a serem ofertados aos de procedência nacional, e que o exíguo prazo de 48 horas para entrega dos produtos, após a emissão da requisição, constante no item 3.1 do referido instrumento (fl. 38), excluiu do certame os licitantes que possuem sede em local diverso da execução do contrato, tendo em vista a impossibilidade fática de atendimento à exigência do prazo de entrega. Considerando que, pelo disposto no art. 3º, § 1º, I, da Lei n. 8666/93, é vedada inclusão no edital de cláusulas que frustrem o caráter competitivo e estabeleçam preferências ou distinções em razão da naturalidade, da sede ou do domicilio dos licitantes ou de qualquer outra circunstância impertinente ou irrelevante para o específico objeto do contrato, entendo que há indícios suficientes de que o edital estaria restringindo injustificadamente a competição ao exigir que os pneus sejam de fabricação nacional (já que não é possível afirmar que os produtos nacionais são melhores ou piores que os importados) e estabelecer prazo de entrega de 48 horas (criando distinção entre licitantes em razão de sua sede ou domicílio) o que indica restrição injustificada na concorrência, passível de gerar uma aquisição mais onerosa e desnecessária, razão pela qual está presente o *fumus boni iuris*. [...] Assim, com fulcro no parágrafo único do art. 60 da Lei Orgânica do Tribunal de Contas e no § 2º do art. 197, c/c arts. 264 e 267 do Regimento Interno – Res. n. 12/2008, determino, *inaudita altera parte*, a suspensão liminar do certame na fase em que se encontra, *ad referendum* da Primeira Câmara. Encaminho os autos a essa Secretaria para que proceda à intimação do [*omissis*], respectivamente Prefeito Municipal e Pregoeira, via DOC, meio eletrônico e fac-símile, [...] para que se abstenham da prática de qualquer ato referente ao citado certame, ou da assinatura de contrato, até o pronunciamento conclusivo desta Corte de Contas, comunicando-lhes que deverão encaminhar a este Tribunal o comprovante da publicação da suspensão do Pregão Presencial [...], no prazo de cinco dias, bem como cópia dos documentos integrantes do procedimento licitatório, incluída a fase interna, sob pena de aplicação de multa no valor de R$10.000,00 (dez mil reais), nos termos do art. 318, III, do RITCEMG. [Denúncia n. 872.248. Rel. Conselheiro Wanderley Ávila. Sessão do dia 24/04/2012]

[**Exigência de homologação dos pneus por montadora original de fábrica. Restrição à competitividade. Suspensão do certame.**] [...] ao analisar o instrumento convocatório, verifico que este traz previsão que, em uma análise preliminar, não encontra respaldo na

Lei n. 8.666/93, criando óbice à competitividade, o que compromete de plano a continuidade do certame. Com efeito, o edital exige que os produtos sejam homologados por montadora original de fábrica. Razão assiste à denunciante, pois a exigência de que os pneus sejam homologados por montadora original de fábrica afasta potenciais fornecedores, restringindo o número de participantes do certame, o que contraria o inciso I do §1º do art. 3º da Lei n. 8.666/93. Constata-se, pois, afronta aos princípios insculpidos no art. 3º da Lei n. 8.666/93, em especial o da isonomia e, por conseguinte, o da competitividade, essenciais para que a Administração Pública selecione a proposta mais vantajosa. [...] determino, *ad referendum* da Primeira Câmara, a suspensão liminar do certame, na fase em que se encontra, devendo os responsáveis se absterem de praticar qualquer ato tendente a efetivar a contratação do objeto licitado, sob pena de multa de R$ 10.000,00 (dez mil reais), a cada um dos gestores, nos termos do art. 85, III, da Lei Orgânica do Tribunal, sem prejuízo da adoção de outras medidas legais cabíveis. [Denúncia n. 873.402. Rel. Conselheiro Cláudio Couto Terrão. Sessão do dia 24/04/2012]

[**Vedação a requisitos que restringem a competitividade. Princípios da universalidade e isonomia.**] Ao analisar os autos, cumpre assentar, inicialmente, que os procedimentos licitatórios devem primar pela estrita observância dos princípios que lhe são correlatos, notadamente, os da universalidade e da isonomia. Assim, devem ser rechaçados os requisitos que proporcionam restrição à ampla competitividade. Pelo disposto no art. 3º, §1º, I, da Lei n. 8.666/93, é vedada a inclusão, no edital, de cláusulas que frustrem o caráter competitivo e estabeleçam preferências ou distinções em razão da naturalidade, da sede ou do domicílio dos licitantes ou de qualquer outra circunstância impertinente ou irrelevante para o específico objeto do contrato. A EC n. 6/95 revogou o art. 171, §2º, da CR/88, não existindo mais suporte legal para o Poder Público dar preferência nas contratações às empresas ou produtos brasileiros, salvo no caso de desempate. Ademais, a restrição a marcas e a produtos importados fere a Constituição, em especial o art. 174, IV, que prescreve o direito de livre concorrência, pois este tipo de restrição acaba por infringi-la, não havendo permissivo constitucional para tal. O artigo 3º da Norma Geral de Licitações (Lei n. 8.666/93) tem como escopo garantir a observância do princípio constitucional da isonomia e selecionar a proposta mais vantajosa para a administração pública, devendo ser processada e julgada em estrita conformidade com os princípios básicos da isonomia, da legalidade, da impessoalidade, da moralidade, da igualdade, da publicidade, da probidade administrativa, da vinculação ao instrumento convocatório, do julgamento objetivo, da supremacia do interesse público, da finalidade, da motivação, da razoabilidade e da proporcionalidade. É imprescindível adotar o devido cuidado para que as exigências de qualificação técnica e econômica não extrapolem o limite para a competitividade dos licitantes interessados, uma vez que tais exigências são exceções ao princípio da igualdade entre eles. Ademais, a colocação excessiva de exigências poderá acarretar a nulidade de todo o procedimento licitatório, a deflagração de indícios de direcionamentos do certame, etc. A administração poderá exigir, para a qualificação técnica dos licitantes, a comprovação de aptidão para o desempenho da atividade pertinente ao objeto licitado. Em se tratando de fornecimento de bens, o § 4º do artigo 30 da Lei n. 8.666/93 dispõe que a comprovação de aptidão poderá ser feita por atestados fornecidos por pessoa jurídica de direito público ou privado. Todavia, a exigência de número mínimo de atestados (para a demonstração da aptidão) somente terá validade quando demonstrada pela administração a relevância (desse mínimo), mediante motivação. [...] Diante do exposto, é possível averiguar, neste primeiro momento, a existência de vício no procedimento ora focado que compromete a sua legalidade, justificando a adoção de medida acautelatória de suspensão do certame. [Denúncia n. 873.225. Rel. Conselheiro Eduardo Carone Costa. Sessão do dia 19/04/2012]

[**Suspensão de certame licitatório devido à existência de exigências que frustram o caráter competitivo da licitação.**] Considerando o disposto no art. 3º, § 1º, I, da Lei n. 8666/93 é vedada a inclusão no edital de cláusulas que frustrem o caráter competitivo e estabeleçam preferências ou distinções em razão da naturalidade, da sede ou do domicilio dos licitantes ou de qualquer outra circunstância impertinente ou irrelevante para o específico objeto do contrato. [...] Importa ressaltar que a exigência de limitação quanto à localização de instalação de usina de asfalto ofende expresso texto de lei, uma vez que o § 6º do art. 30 da Lei n. 8.666/93 veda a inclusão de exigências de propriedade e de localização prévia. [...] Além disto, há clara discriminação, já que implica benefício a grupo restrito de indústrias localizadas no perímetro determinado e, por consequência, há afronta ao art. 19, III, da Constituição da República de 1988, que obsta a distinção ou preferências entre brasileiros. Por fim, há clara ofensa a princípios básicos da licitação, quais sejam, da competitividade e da busca da proposta mais vantajosa para a Administração. [Denúncia n. 871.750. Rel. Conselheiro Cláudio Couto Terrão. Sessão do dia 10/04/2012]

[**Suspensão de certame licitatório devido à previsão editalícia de pontuação pelo tempo de atividade no mercado e restrição a empresas com mais de dez anos de existência.**] [...] tais condições não deveriam ser utilizadas como critério para pontuação técnica, pois podem resultar em privilégio às empresas com mais tempo de existência em detrimento da real aferição da técnica para a execução do objeto da licitação. [...] verifica-se que o edital, de fato, contém regra violadora dos princípios da ampla participação e da isonomia, pois ficou comprovado que, dependendo do tempo de existência da empresa, esta poderá ser eliminada do certame, independentemente de sua capacitação técnica-operacional e técnico-profissional. [...] Assim, entendo que os critérios de pontuação da proposta técnica devem ser revistos para que não se permita a exclusão da fase seguinte do certame das empresas que apresentarem pelo menos um dos atestados exigidos para cada um dos itens de pontuação. [...] Isso posto, verifico, nesse primeiro momento, a existência de vícios no procedimento ora focado que comprometem a sua legalidade, razão pela qual se justifica a adoção de medida acautelatória de suspensão do certame. [Edital de Licitação n. 863.753. Rel. Conselheiro Eduardo Carone Costa. Sessão do dia 28/03/2012]

[**Licitação de pneumáticos. Exigência ilegal. Prazo de 24 horas.**] Com relação ao prazo estipulado para entrega dos pneus, tenho entendimento, na mesma linha dos julgados desta Corte de Contas, qual seja, de que a estipulação de um prazo de 24 horas se mostra desarrazoada e excessiva, uma vez que a fixação de prazo exíguo para a entrega dos pneus implicaria restrição à competitividade, pois indiretamente impõe limitação geográfica à localização da sede das licitantes. Já o prazo de cinco dias se mostra plausível podendo permanecer no corpo do instrumento convocatório. [...] [A exigência] contribui para afastar potenciais fornecedores, incapazes de assumir tais obrigações em razão da distância entre suas sedes e o município, privilegiando apenas os fornecedores locais, o que contraria o inciso I do § 1º do art. 3º da Lei n. 8.666/93. [Edital de licitação n. 863.387. Rel. Conselheiro Mauri Torres. Sessão do dia 15/03/2012]

[**Restrição de competitividade. Discriminação quanto à origem de fabricação. Suspensão do certame.**] [...] a exigência no edital constante em seu Anexo I de que os pneus devem ser de "fabricação nacional" pode restringir ilegalmente a participação de empresas que possuam produtos similares, porém não fabricados no Brasil. Entendo que a exigência de nacionalidade do objeto licitado não se coaduna com a disposição do art. 3º, § 1º, da Lei n. 8.666/93 [...]: [...] Assim, a exigência retratada no Edital do Pregão Presencial n. 011/2012, sem dúvida, afronta a impessoalidade, a competitividade e a razoabilidade, uma vez que estabelece distinção dos produtos em razão da sua nacionalidade, sendo contrária, portanto, aos princípios aplicáveis às licitações. Diante do exposto, considerando, neste momento, a plausibilidade das alegações da denunciante, encontrando-se preenchidos os requisitos legais do *periculum in mora* e do *fumus boni iuris*, determino, liminarmente, a suspensão do procedimento licitatório, com fulcro no art. 76, XIV e XVI, da Constituição Estadual e no art. 60 da Lei Complementar n. 102/2008, bem como no art. 197 c/c art. 264 do Regimento Interno deste Tribunal. [Denúncia n. 863.375. Rel. Conselheiro Eduardo Carone Costa. Sessão do dia 08/03/2012]

[**Suspensão de certame licitatório em virtude da existência de cláusula restritiva no edital.**] Ao analisar os autos, cumpre assentar, inicialmente, que os procedimentos licitatórios devem primar pela estrita observância dos princípios que lhe são correlatos, notadamente, os da universalidade e da isonomia. Assim, devem ser rechaçados os requisitos que proporcionam restrição à ampla competitividade. Relativamente à exigência de que os produtos sejam de fabricação nacional, vale anotar que o Órgão Técnico deste Tribunal, ao analisar a Denúncia em face do Edital de Pregão Presencial, assim se manifestou sobre a exigência de produtos de fabricação nacional: "Esta Coordenadoria Técnica entende que a exigência de que os pneus sejam de fabricação nacional, implica restrição na participação de empresas interessadas, ferindo o princípio basilar da competitividade e, por consequência, na busca da proposta mais vantajosa.[...]" o presidente ponderou que, pelo disposto no art. 3º, §1º, I, da Lei n. 8.666/93, é vedada a inclusão, no edital, de cláusulas que frustrem o caráter competitivo e estabeleçam preferências ou distinções em razão da naturalidade, da sede ou do domicílio dos licitantes ou de qualquer outra circunstância impertinente ou irrelevante para o específico objeto do contrato. Argumentou que a EC nº 6/95 revogou o disposto no art. 171, § 2º, da CR/88, não existindo mais suporte legal para o Poder Público dar preferência nas contratações às empresas ou produtos brasileiros, salvo no caso de desempate.[...] Considerados os fundamentos transcritos, vislumbra-se o caráter restritivo do procedimento ao reduzir o universo de possíveis interessados em participar do certame, a exemplo das empresas que adquirem os bens de fornecedores internacionais. [...] Quanto ao prazo de entrega dos produtos, é clarividente que a imposição de prazo tão diminuto para entrega do material inviabiliza a participação de empresas que não estejam próximas das imediações do *[omissis]*. [...] Diante d o exposto, é possível averiguar, neste primeiro momento, a existência de vícios no procedimento ora focado, que comprometem a sua legalidade, o que justifica a adoção de medida acautelatória de suspensão do certame. [Denúncia n. 863.376. Rel. Conselheiro Eduardo Carone Costa. Sessão do dia 08/03/2012]

[**Aquisição de pneus. Edital com cláusula que frustra a competitividade.**] Considerando que pelo disposto no art. 3°, § 1°, I, da Lei n. 8666/93 é vedada a inclusão no edital de cláusulas que frustrem o caráter competitivo e estabeleçam preferências ou distinções em razão da naturalidade, da sede ou do domicilio dos licitantes ou de qualquer outra circunstância impertinente ou irrelevante para o específico objeto do contrato, entendo que há indícios suficientes de que o edital estaria restringindo injustificadamente a competição ao exigir que os pneus sejam de fabricação nacional ou de países integrantes do Mercosul, já que não é possível afirmar que tais produtos sejam melhores ou piores que os fabricados em outros países, o que indica restrição injustificada na concorrência, passível de gerar uma aquisição mais onerosa desnecessária, razão pela qual está presente o *fumus boni iuris*. Observo, ainda, que [...] inexiste tempo necessário à adoção de providências necessárias ao saneamento da irregularidade, razão pela qual está presente o *periculum in mora*. Assim, com fulcro no parágrafo único do art. 60 da Lei Orgânica do Tribunal de Contas e no § 2° do art. 197, c/c arts. 264 e 267 do

Regimento Interno — Resolução n. 12/2008, determino, *inaudita altera parte*, a suspensão liminar do certame na fase em que se encontra, *ad referendum* da Primeira Câmara. [Denúncia n. 863.253. Rel. Conselheiro Cláudio Couto Terrão. Sessão do dia 06/03/2012]

[**Exigência de visto do Crea — MG. Irregularidade. Restrição à competitividade.**] [...] tendo em vista que a exigência de visto do Crea — MG para os responsáveis técnicos e engenheiros, a ser apresentada pelos licitantes para habilitação, extrapola as hipóteses do permissivo legal, pois se baseia em norma regulamentar da entidade de classe profissional. A competência regulamentar do Conselho Regional de Engenharia, Arquitetura e Agronomia de Minas Gerais, por óbvio, não lhe permite modificar o conteúdo da Lei Geral de Licitações e estabelecer condições para seus jurisdicionados participarem de licitações públicas. Ademais, tal exigência encontra óbice no inciso XXI do art. 37 da Constituição da República de 1988, que estabelece o princípio da igualdade de condições para todos os concorrentes. Também, como bem ponderou o Ministério Público junto ao Tribunal, em seu parecer, [...] tal exigência fere o princípio da competitividade, tendo em vista não haver regulamentação em lei para a hipótese de serviços de informática necessitar de inscrição no Conselho citado. Assim, reputo ilegal e restritiva ao caráter competitivo do procedimento licitatório a exigência de registro no Crea dos técnicos e engenheiros. [Denúncia n. 704923. Rel. Conselheiro em exercício Gilberto Diniz. Sessão do dia 19/10/2010]

[**Exigência do edital de doação dos equipamentos de rede de comunicação de dados ao final da execução do contrato.**] O órgão técnico [...] afirma, quanto à exigência de doação [dos equipamentos utilizados] ao final da execução do contrato, [...] que 'não se justifica, podendo, além de ter contribuído para a elevação dos custos da contratação, também ter restringido a ampla participação no certame'. O interessado argumenta, a fl. 313, [ressaltando a] necessidade extrema de segurança dos dados [...]'. O órgão técnico, em relatório de reexame [...], reitera o questionamento da regularidade da referida exigência de doação dos equipamentos, já que a doação não seria o instituto correto para a aquisição de equipamentos, apesar de concluir, também, que tal irregularidade não configurou prejuízo aos cofres públicos. Ocorre que a doação, conforme definida pelo Código Civil, art. 1165, deve ser gratuita e feita por liberalidade de quem está doando, não podendo, desse modo, decorrer de um exigência contida em edital de licitação. Isso, por sua vez, torna esta exigência impertinente em relação ao objeto do contrato, à luz do art. 3, §1°, I, da Lei n. 8.666/93. O Ministério Público junto ao Tribunal de Contas, a fls. 332 a 336, faz outra ressalva, além daquelas já feitas pelo órgão técnico, que é relativa ao cumprimento da Lei de Responsabilidade Fiscal. [...] Diante do exposto, e tendo em vista que a exigência, contida no edital, de doação dos equipamentos utilizados durante a execução do contrato, não observa o que prescreve o Código Civil brasileiro, quanto ao instituto da doação e que, em decorrência disso, não foi observado o art. 3, §1°, I, da Lei n. 8.666/93, que veda a inclusão de circunstâncias impertinentes relacionadas ao objeto licitado, considero irregular o procedimento licitatório. [Representação n. 732.443. Rel. Conselheiro Antônio Carlos Andrada. Sessão do dia 18/11/2008]

[**Licitude de cláusulas restritivas.**] [...] inciso I do §1° do art. 3° da Lei n. 8.666/93 [...] [é] analisado por Marçal Justen Filho, como a seguir: "O disposto não significa, porém, vedação a cláusulas restritivas da participação. Não impede a previsão de exigências rigorosas nem impossibilita exigências que apenas possam ser cumpridas por certas pessoas. Veda-se cláusula desnecessária ou inadequada, cuja previsão seja orientada a não selecionar a proposta mais vantajosa, mas a beneficiar alguns particulares. Se a restrição for necessária para atender ao interesse coletivo, nenhuma irregularidade existirá em sua previsão. Terão que ser analisados conjuntamente a cláusula restritiva e o objeto da licitação. A invalidade não reside na restrição em si mesma, mas na incompatibilidade dessa restrição com o objeto da licitação. Aliás, essa interpretação é ratificada pelo previsto no art. 37, XXI, da CF. [...] A incompatibilidade poderá derivar de a restrição ser excessiva ou desproporcional às necessidades da administração. [...] O ato convocatório tem de estabelecer as regras necessárias para seleção da proposta vantajosa. Se essas exigências serão ou não rigorosas, isso dependerá do tipo de prestação que o particular deverá assumir. Respeitadas as exigências necessárias para assegurar a seleção da proposta mais vantajosa, serão inválidas todas as cláusulas que, ainda que indiretamente, prejudiquem o caráter "competitivo" da licitação". (JUSTEN FILHO, Marçal. Comentários a Lei de Licitações e Contratos Administrativos, 11ª ed., Dialética, p. 62 e 63) [Denúncia n. 747505. Rel. Conselheira Adriene Andrade. Sessão do dia 05/08/2008]

[**Atestados de qualificação técnica.**] [A exigência na habilitação] de dois atestados de qualificação técnica [...] levou à restrição do caráter competitivo do certame. [...] do art. 37, XXI, da Constituição da República e do art. 3°, §1°, I, da Lei de Licitações, depreende-se a impossibilidade de serem feitas exigências imotivadas a serem observadas pelos particulares interessados no certame. [...] as regras previstas na Lei n. 8.666/93 (art. 30, § 1º, I e § 5º, c/c art. 3º, §1º, I) nos mostram que o Poder Público não pode prever no edital a obrigatoriedade na apresentação de um número mínimo de atestados. [...] a administração, ao tecer exigências de qualificação técnica, deve ater-se àquelas suficientes e necessárias para a execução do objeto em licitação. [...] O que está em exame é a aptidão do licitante em executar o objeto semelhante ao da licitação e não quantas vezes já executou objetos semelhantes. [...] o instrumento convocatório não pode estabelecer o número de atestados a serem apresentados. Se um único documento for capaz de comprovar que o particular já executou contrato com características análogas ao objeto licitado, não há por que exigir dois ou mais atestados para a habilitação do participante neste quesito. [Licitação n. 431.587. Rel. Conselheiro Simão Pedro. Sessão do dia 07/04/2007]

[**Excessiva diversidade de itens como objeto de uma única licitação.**] Prestação de serviços básicos de infraestrutura, compreendendo a manutenção de vias urbanas com o fornecimento de mão de obra, materiais e equipamentos para a realização da coleta de lixo e serviços correlatos no Município. "[...] o objeto licitado é amplo e diversificado, composto de itens distintos, o que requer para sua execução empresas de especialidades diversas. [...] A administração, ao concentrar em um único procedimento licitatório objetos diversos, que demandam licitações autônomas, violou o princípio da competitividade, pois certamente, ao englobar itens distintos num mesmo certame, reduziu o universo de possíveis interessados que não dispõem de capacidade para executar tão amplos e diversificados serviços, podendo, inclusive, comprometer a qualidade dos serviços a serem prestados. [...] a diversidade de itens num mesmo certame inviabiliza sua execução por uma mesma empresa." [Licitação n. 627.765. Rel. Conselheiro Moura e Castro. Sessão do dia 03/10/2006]

[**Ilicitude da exigência de registro em duas entidades.**] A exigência de registro simultâneo em duas entidades de classe profissional revela-se, de plano, inconsistente. [...] verifica-se patente violação do inciso I, do § 1° do art. 3° da Lei n. 8.666/93, pois a exigência de registro em duas entidades profissionais configura o comprometimento do caráter competitivo do certame. Tanto assim que, dos três proponentes, dois foram inabilitados. [Representação n. 703753. Rel. Conselheiro Moura e Castro. Sessão do dia 07/02/2006]

II — estabelecer tratamento diferenciado de natureza comercial, legal, trabalhista, previdenciária ou qualquer outra, entre empresas brasileiras e estrangeiras, inclusive no que se refere a moeda, modalidade e local de pagamentos, mesmo quando envolvidos financiamentos de agências internacionais, ressalvado o disposto no parágrafo seguinte e no art. 3º da Lei n. 8.248, de 23 de outubro de 1991.

Em decorrência do "caput" do artigo 5º da Constituição da República é assegurada a isonomia entre brasileiros e estrangeiros domiciliados no País. Dessa forma, qualquer pessoa que preencha os requisitos constantes do ato convocatório, a princípio, poderá participar do certame. O vocábulo "empresa" transcrito na norma deve ser entendido como pessoa jurídica e física.

Não é permitido estabelecer critérios que só possam ser atendidos por um nacional, pois isso se traduziria em tratamento diferenciado entre brasileiro e estrangeiro.

Entretanto, em decorrência do incentivo do desenvolvimento da indústria nacional, é dever do governante diminuir o número de desemprego no País. Dessa forma, deve-se em decorrência da defesa do interesse nacional, adotar um critério de julgamento prevendo vantagens para empresas nacionais, o que não significa dizer que será aceita qualquer forma de discriminação, deve-se levar em consideração o princípio da proporcionalidade.

[**Exigência de que os pneus sejam de fabricação nacional e de primeira linha. Restrição à competitividade. Irregularidade.**] [...] a exigência de que os produtos sejam de "fabricação nacional" configura-se indevidamente restritiva [...] A exigência de que os produtos sejam de "1ª linha" configura-se também indevidamente restritiva [...] Desse modo, remanescendo esse juízo de indevida restritividade sobre o certame, revela-se o cerceio à ampla competitividade, de forma contrária ao art. 3º, § 1º, I e II, da Lei n. 8.666/93, pelo que devido à urgência da demanda e havendo fundado receio de que a permanência do item impugnado possa impor grave lesão à ampla participação de interessados, determino, nos termos do art. 264 do Regimento Interno deste Tribunal (Res. n. 12/08), liminarmente, a suspensão do Pregão Presencial [...] Intimem-se, por meio eletrônico e por *fac-símile*, consoante previsão do art. 166, § 1°, VI e VII, do RITCEMG, o prefeito do município em referência e a pregoeira oficial, para que, sob pena de responsabilização com multa, ora fixada em R$5.000,00 (cinco mil reais), conforme autorização do art. 85, III, LC n. 102/08, suspendam a licitação e, no prazo de cinco dias, encaminhem a esta Corte a comprovação do cumprimento desta decisão, consoante o § 2° do art. 264 do Regimento Interno, bem como toda a documentação relativa à fase interna e externa do processo licitatório em questão. Nesta oportunidade, recomendo ao prefeito do município [...] que, ao elaborar editais de licitação para aquisição de pneus destinados aos veículos de suas frotas municipais, observe as irregularidades apontadas na cartilha elaborada pela Coordenadoria de Análise de Editais de Licitação, disponível no sítio eletrônico deste Tribunal. [Denúncia n. 875724. Rel. Conselheiro Sebastião Helvecio. Sessão do dia 18/12/2012]

[**Vedação ao fornecimento de produtos de origem estrangeira.**] [...] tenho por configurado juízo seguro de injustificada restritividade ao certame que se analisa, por indiscriminada vedação ao fornecimento de produtos de origem estrangeira, motivo pelo qual voto pela procedência da denúncia, afronta ao art. 3°, *caput*, § 1°, I e II, da Lei n. 8.666/93, [*omissis*]. [...] Para efetivo afastamento da irregularidade verificada, determino, com base no art. 64, IV, da Lei Orgânica do Tribunal de Contas, combinado com o art. 277 do Regimento Interno, que os responsáveis pela administração da Prefeitura de [*omissis*] se abstenham de prorrogar ou alterar o quantitativo do Contrato [...], decorrente do Pregão [...], Processo Licitatório [...]. Determino, ainda, aos gestores que, nos futuros procedimentos de licitação e, em especial, nas relativas ao objeto que se analisa: a) registrem-se nos autos próprios os fundamentos técnicos que levem à adoção de cláusulas restritivas à participação de licitantes; b) abstenham-se de inserir cláusulas exageradamente restritivas nas futuras licitações; c) não se insiram restrições discriminatórias, notadamente, quanto à nacionalidade de produtos e empresas potencialmente interessadas. [Denúncia n. 812.454. Rel. Conselheiro Sebastião Helvecio. Sessão do dia 20/10/2011]

[**Exigência editalícia restritiva da competitividade. Exclusão de empresas que adquiram mercadoria de fornecedores internacionais.**] [...] os procedimentos licitatórios devem primar pela estrita observância dos princípios que lhe são correlatos, notadamente, os da universalidade e da isonomia. Assim, devem ser rechaçados os requisitos que proporcionam restrição à ampla competitividade e à busca da proposta mais vantajosa para a administração. No tocante ao argumento apresentado pela denunciante, segundo o qual a expressão "pneus de linha de montagem" significa que sejam pneus homologados pela montadora, vale destacar que este Tribunal, nos autos de n. 838.805, ao examinar, em cautelar, a exigência editalícia pertinente à comprovação de que os produtos apresentados fossem da linha de montagem de qualquer montadora nacional, assentou entendimento de que tal condição excluiu do certame a possibilidade de participação de empresas que pudessem adquirir sua mercadoria de fornecedores internacionais, o que geraria lesão aos princípios da isonomia e da competitividade. [...] A existência de vício no procedimento ora focado, com a inclusão de item com condições que poderiam direcionar o certame, favorecendo empresa específica, impedindo a participação de maior número de licitantes, em desacordo com o art. 3° da Lei de Licitações, compromete a sua legalidade, o que justifica, dessa forma, a adoção de medida acautelatória de suspensão do certame. [Denúncia n. 851.218. Rel. Conselheiro Eduardo Carone Costa. Sessão do dia 26/05/2011]

§2° Em igualdade de condições, como critério de desempate, será assegurada preferência, sucessivamente, aos bens e serviços:

I — (Revogado pela Lei n. 12.349, de 2010)
II — produzidos no País;
III — produzidos ou prestados por empresas brasileiras.
IV — produzidos ou prestados por empresas que invistam em pesquisa e no desenvolvimento de tecnologia no País. (Incluído pela Lei nº 11.196, de 2005)

Ocorrendo empate, devem ser aplicados os critérios discriminados pela norma, lembrando que estes não se aplicam à contratação na área de informática, tendo em vista o disposto no artigo 3° da Lei n.° 8.248, de 23 de outubro de 1991 alterado pela Lei n.° 10.176, de 11 de janeiro de 2001.

Ressalta-se que, com a revogação do artigo 171 da Constituição da República de 1988, que autorizava tratamento diferenciado e privilegiado em favor das empresas brasileiras de capital nacional, o inciso III do § 2° do artigo 3° da Lei 8.666/93 não merece prosperar, haja vista não ser cabível estabelecer critérios discriminatórios entre brasileiros e estrangeiros fundados tão somente na nacionalidade ou na residência dos sócios da empresa. Ademais, como já dito anteriormente, a própria Constituição Federal prevê que não poderá haver discriminação entre brasileiros e estrangeiros.

O § 2° estabelece a ordem sucessiva de preferência a ser seguida, sendo que a primeira está transcrita no inciso II, reservada aos bens produzidos no território brasileiro, o que não deve ser entendido como licitante nacional. Contudo, o inciso IV, prevê que haverá preferência em favor de empresas que invistam em pesquisa e no desenvolvimento de tecnologia do País.

Mesmo quando da aplicação dos critérios estabelecidos no § 2°, poderá ainda haver empate, e a solução será o sorteio, conforme dispõe o artigo 45, § 2° da Lei de Licitações.

§3° A licitação não será sigilosa, sendo públicos e acessíveis ao público os atos de seu procedimento, salvo quanto ao conteúdo das propostas, até a respectiva abertura.

Quanto ao § 3°, cumpre dizer que como já visto no *caput* do artigo 3°, a publicidade é um princípio, o que significa que a não publicidade da licitação é uma afronta a um de seus princípios norteadores.

Assim, todos os atos devem ser publicados, a exceção das propostas, até sua abertura, a fim de se evitar o comprometimento da isonomia e da moralidade do certame. Essa mesma lógica não é utilizada para a modalidade licitatória pregão, entretanto, esse tópico será comentado posteriormente.

[**Licitação. Princípio da publicidade. Divulgação dos preços unitários.**] Razão assiste ao órgão técnico e ao Ministério Público de Contas sobre a necessidade da publicidade dos preços unitários no orçamento estimado, tendo em vista que a ausência de divulgação potencializa os riscos de lesão ao erário, na medida em que o sigilo restringe a competitividade e o efetivo controle sobre os gastos públicos. Além do mais, a ausência dos preços unitários e totais viola o princípio da publicidade, essencial à transparência da administração pública. Nesse sentido, a publicidade deve ser compreendida como uma das mais importantes formas de manifestação do princípio republicano e do princípio democrático, especialmente porquanto possibilita, em uma sociedade pluralista, com interesses muitas vezes contrapostos, a harmonização entre o universo público e o privado. Em outras palavras, a ampla publicidade é essencial à concreção de uma multiplicidade de princípios estruturantes da administração pública, entre eles o da ampla competitividade, da isonomia, da confiança, da segurança jurídica, da legitimidade do procedimento e do controle social, todos decorrentes de uma mesma matriz ética, minimamente exigível num estado democrático e republicano. [Denúncia n. 839.039. Rel. Conselheiro Cláudio Couto Terrão. Sessão do dia 08/05/2012.]

[**Restrição à participação de cidadãos nas sessões relacionadas ao processo licitatório.**] É ilegal a restrição de que qualquer cidadão participe das sessões relacionadas aos atos do processo licitatório. Nesse sentido, Marçal Justen Filho: 'Excluídas as propostas (até sua abertura), os atos da licitação serão públicos. Qualquer pessoa terá acesso ao local onde estiverem sendo praticados. Ainda que seja vedada a sua interferência ou participação, qualquer um terá a faculdade de presenciar os atos praticados pelos titulares de funções públicas. Se for interessado e preencher os requisitos necessários, poderá inclusive participar formalmente. Sua presença terá efeitos jurídicos'. O desrespeito a esse princípio pode acarretar nulidade dos atos da licitação. Frise-se que, ainda que seja razoável a Administração estabelecer um limite de participantes que poderão se manifestar durante a Sessão, visando ao bom andamento e à organização do processo licitatório, é ilegal limitar o número de pessoas que irão apenas presenciar o ato público, sem se manifestar. [Denúncia n. 751396. Rel. Conselheiro Eduardo Carone Costa. Sessão do dia 04/06/2008]

[**Sigilo como exceção.**] Cabe observar que o sigilo de que trata o §3° do art. 3° da Lei n. 8.666/93 não constitui um princípio norteador das licitações, mas uma exceção ao caráter público dos procedimentos de contratação, restringindo-se apenas ao conteúdo das propostas. [Representação n. 706.695. Rel. Conselheiro Moura e Castro. Sessão do dia 08/08/2006]

§4° **(Vetado)**

§5° Nos processos de licitação previstos no *caput*, poderá ser estabelecido margem de preferência para produtos manufaturados e para serviços nacionais que atendam a normas técnicas brasileiras. (Incluído pela Lei nº 12.349, de 2010)

§6° A margem de preferência de que trata o § 5° será estabelecida com base em estudos revistos periodicamente, em prazo não superior a 5 (cinco) anos, que levem em consideração: (Incluído pela Lei nº 12.349, de 2010)

I — geração de emprego e renda; (Incluído pela Lei nº 12.349, de 2010)
II — efeito na arrecadação de tributos federais, estaduais e municipais; (Incluído pela Lei nº 12.349, de 2010)
III — desenvolvimento e inovação tecnológica realizados no País; (Incluído pela Lei nº 12.349, de 2010)
IV — custo adicional dos produtos e serviços; e (Incluído pela Lei nº 12.349, de 2010)
V — em suas revisões, análise retrospectiva de resultados. (Incluído pela Lei nº 12.349, de 2010)

§7° Para os produtos manufaturados e serviços nacionais resultantes de desenvolvimento e inovação tecnológica realizados no País, poderá ser estabelecido margem de preferência adicional àquela prevista no §5°. (Incluído pela Lei nº 12.349, de 2010)

§8° As margens de preferência por produto, serviço, grupo de produtos ou grupo de serviços, a que se referem os §§ 5° e 7°, serão definidas pelo Poder Executivo federal, não podendo a soma delas ultrapassar o montante de 25% (vinte e cinco por cento) sobre o preço dos produtos manufaturados e serviços estrangeiros. (Incluído pela Lei nº 12.349, de 2010)

§9° As disposições contidas nos §§ 5° e 7° deste artigo não se aplicam aos bens e aos serviços cuja capacidade de produção ou prestação no País seja inferior: (Incluído pela Lei nº 12.349, de 2010)

I — à quantidade a ser adquirida ou contratada; ou (Incluído pela Lei nº 12.349, de 2010)
II — ao quantitativo fixado com fundamento no § 7° do art. 23 desta Lei, quando for o caso. (Incluído pela Lei nº 12.349, de 2010).

§10. A margem de preferência a que se refere o § 5° poderá ser estendida, total ou parcialmente, aos bens e serviços originários dos Estados Partes do Mercado Comum do Sul — Mercosul. (Incluído pela Lei nº 12.349, de 2010)

Nos §§ 5° a 10°, há a previsão de margem de preferência para produtos manufaturados e para serviços nacionais em situações diferenciadas. Vale dizer que se trata de normas gerais e sua regulamentação está a cargo do Poder Executivo Federal, o qual editou o Decreto n. 7.546/2011 definindo as regras para sua aplicação.

§11. Os editais de licitação para a contratação de bens, serviços e obras poderão, mediante prévia justificativa da autoridade competente, exigir que o contratado promova, em favor de órgão ou entidade integrante da administração pública ou daqueles por ela indicados a partir de processo isonômico, medidas de compensação comercial, industrial, tecnológica ou acesso a condições vantajosas de financiamento, cumulativamente ou não, na forma estabelecida pelo Poder Executivo federal. (Incluído pela Lei nº 12.349, de 2010)

O termo "compensação" não deve ser confundido com a extinção de uma obrigação, mas sim como uma atuação adicional, previamente estipulada no edital de licitação. Tal medida só é válida quando não puder ser considerada como integrante do objeto do contrato. Trata-se de um benefício adicional exigido pela Administração a fim de que o particular seja contratado, como também seja mantido o contrato sob pena de inadimplência.

As medidas de compensação devem ocorrer por meio de decreto presidencial.

§12. Nas contratações destinadas à implantação, manutenção e ao aperfeiçoamento dos sistemas de tecnologia de informação e comunicação, considerados estratégicos em ato do Poder Executivo federal, a licitação poderá ser restrita a bens e serviços com tecnologia desenvolvida no País e produzidos de acordo com o processo produtivo básico de que trata a Lei nº 10.176, de 11 de janeiro de 2001. (Incluído pela Lei nº 12.349, de 2010)

A ideia passada por essa norma consiste em dizer que, se estiverem presentes os pressupostos de uma licitação, pode-se aplicar a preferência em questão, o que não afasta a possibilidade de cabimento de inviabilidade de competição.

§13. Será divulgada na internet, a cada exercício financeiro, a relação de empresas favorecidas em decorrência do disposto nos §§ 5°, 7°, 10, 11 e 12 deste artigo, com indicação do volume de recursos destinados a cada uma delas. (Incluído pela Lei nº 12.349, de 2010)

Trata-se meramente de um instrumento de controle da Administração atrelada à transparência. Não está relacionada com a eficácia das contratações.

§14. As preferências definidas neste artigo e nas demais normas de licitação e contratos devem privilegiar o tratamento diferenciado e favorecido às microempresas e empresas de pequeno porte na forma da lei. (Incluído pela Lei Complementar n° 147, 2014)

§15. As preferências dispostas neste artigo prevalecem sobre as demais preferências previstas na legislação quando estas forem

aplicadas sobre produtos ou serviços estrangeiros. (**Incluído pela Lei Complementar n° 147, 2014**)

Com a edição da Lei Complementar n.º 147, de 07 de agosto de 2014 que alterou a Lei Complementar n.º 123, de 14 de dezembro de 2006, foi inserida nas preferências dispostas do artigo 3º da Lei n.º 8.666/93, o tratamento diferenciado às microempresas e empresas de pequeno porte. Não se trata de uma inconstitucionalidade, haja vista, que a própria Constituição nos artigos 170, inciso IX e 179, prevê o tratamento favorecido às empresas de pequeno porte e às microempresas, a fim de incentivá-las pela simplificação de suas obrigações administrativas, tributárias, previdenciárias e creditícias, ou pela eliminação ou redução destas por meio de lei.

Note-se que o artigo 3º visa demonstrar que o certame deve efetivamente atingir tanto os fins de cunho social quanto econômico, o que significa dizer que deve haver uma adequação entre os fins e os meios a fim de buscar a maior vantagem à Administração Pública.

Art. 4° Todos quantos participem de licitação promovida pelos órgãos ou entidades a que se refere o art. 1º têm direito público subjetivo à fiel observância do pertinente procedimento estabelecido nesta lei, podendo qualquer cidadão acompanhar o seu desenvolvimento, desde que não interfira de modo a perturbar ou impedir a realização dos trabalhos.

Parágrafo único. O procedimento licitatório previsto nesta lei caracteriza ato administrativo formal, seja ele praticado em qualquer esfera da Administração Pública.

A licitação é um procedimento administrativo formal, que possui uma ordem preestabelecida de atos a serem seguidos, sob pena de nulidade. É dever do agente, agir em conformidade com a lei, seguindo uma série de formalidades, a fim de que se evite o poder arbitrário pessoal do administrador. É o que se pode chamar de direito público subjetivo, pois não se trata de uma faculdade, mas sim de um dever, uma vez que se trata de interesse público.

Qualquer cidadão poderá acompanhar o desenvolvimento da licitação, desde que não interfira de modo a perturbar ou impedir a realização dos trabalhos. Ressalta-se que as autoridades que presidem os trabalhos da licitação possuem poder de polícia, o que os dotam de autonomia para excluir quem quer que atrapalhe a normalidade das atividades.

[**Princípio da legalidade. Observância pelo administrador público.**] Os atos do administrador público cingem-se de formalidades que os integram e que não podem ser olvidadas, sob pena de desvio do trilho da legalidade. Observado o princípio da legalidade, o administrador público deve praticar atos dentro dos limites estabelecidos pelo dispositivo legal, não podendo usar a alegação de formalidade como suporte para o descumprimento da lei, pois a prática dos atos administrativos deve se dar em observância aos elementos que o constitui, e a forma é um deles. No caso, os responsáveis deixaram de cumprir preceitos da Lei n. 8.666, de 1993, e, consequentemente, deixaram de observar o referido princípio. [Processo Administrativo n. 711.014. Rel. Auditor Gilberto Diniz. Sessão do dia 30/10/2012]

[**Irregularidade por inobservância das formalidades impostas ao procedimento licitatório.**] As falhas apontadas pela unidade técnica demonstram que não foram observadas as normas licitatórias, que afrontam o escopo do certame e os princípios da impessoalidade e da legalidade, comprometendo o julgamento objetivo. Não se pode olvidar que o procedimento licitatório caracteriza, por excelência, nos termos da lei, ato administrativo formal, sendo, pois, imprescindível a observância das formalidades impostas pela Lei n. 8.666, de 1993, as quais, obviamente, não se afiguram como um fim em si mesmas, haja vista o alcance dos dispositivos, que visam, entre outros objetivos, garantir os aspectos inerentes à transparência e impessoalidade atinentes ao certame. [...] reporto-me ao disposto no parágrafo único do art. 4º da referida lei, segundo o qual "o procedimento licitatório previsto nesta Lei caracteriza ato administrativo formal, seja ele praticado em qualquer esfera da Administração Pública". [...] entendo que os Convites [...], devem ser considerados irregulares, sujeitando o prefeito municipal à época, às sanções impostas pela lei, haja vista que não foram observados atos básicos e indispensáveis para a formalização de tais procedimentos licitatórios. [Processo Administrativo n. 694.500. Rel. Auditor Gilberto Diniz. Sessão do dia 27/09/2012]

[**Licitação. Procedimento. Formalidade.**] Nos termos do parágrafo único do art. 4º da Lei n. 8.666/93, o procedimento licitatório se caracteriza por uma série de atos administrativos formais, seja ele praticado em qualquer esfera da administração pública, devendo o administrador se submeter aos preceitos legais que regem sua atuação, alicerçado no princípio da legalidade, o que não se verificou nos procedimentos analisados. [Recurso Ordinário n. 837.471. Rel. Conselheiro Eduardo Carone Costa. Sessão do dia 28/03/2012]

[**Procedimento licitatório julgado irregular em decorrência da ausência de ato formal de autorização de abertura do certame.**] De fato, trata-se de falha que implica vício ao certame como um todo. Não é por ser considerado de natureza formal que a realização de determinado ato do procedimento possa ser desprezada ou considerada como de menos importância. [...] Assim, não pode a Administração negligenciar os aspectos formais atinentes ao certame, sob a alegação de ser ato formal que não implica prejuízo. [...]proponho, no mérito, ao Colegiado da Segunda Câmara que sejam julgados irregulares os procedimentos licitatórios, conforme descrito no item 2, razão pela qual proponho a aplicação de multa no valor total de R$3.250,00 (três mil duzentos e cinquenta reais) a cada um dos responsáveis. [...] Convite [...], subitem 2.2, para pavimentação, capeamento e recapeamento asfáltico, uma vez que violado o *caput* do art. 38, bem como a execução do contrato dele decorrente, por inobservância do art. 65, todos da Lei n. 8.666, de 1993, multa no valor de R$2.500,00 (dois mil e quinhentos reais), a cada um dos responsáveis. [Processo Administrativo n. 764.735. Rel. Auditor Gilberto Diniz. Sessão do dia 25/10/2012]

[**Importância do rigor formal nas licitações.**] Não se pode simplesmente deduzir que tenha havido avaliação dos bens apenas porque o edital atribui preços mínimos aos lotes levados a leilão, nem que tenha havido publicidade porque houve comparecimento de interessados ao certame e muito menos que houve ampla divulgação do resultado porque o recorrente diz que houve. O ato administrativo é formal por excelência e a formalidade, como tenho dito, não deriva do capricho do legislador, mas da necessidade de se registrar o ato. A natureza pública impõe ao administrador o dever de prestar contas de seus atos e a demonstração da lisura com que se procede só é possível por meio documental. A importância dada à formalidade pelo legislador revela-se na medida em que este reputa criminosa sua inobservância, conforme capitulado no art. 89 do Estatuto das Licitações. [Recurso de Revisão n. 640.463. Rel. Conselheiro Moura e Castro. Sessão do dia 13/08/2003]

[**Importância do rigor formal nas licitações.**] [Não é suficiente a alegação de que] 'a então Comissão Permanente de Licitação deixou de observar determinados preceitos legais [...] [devido] à inexperiência da maioria dos seus membros [...] [e de que tal ato] não foi contaminado de má-fé e nem causou prejuízo, de qualquer ordem, nem para a [Administração] [...], nem para terceiros'. [...] por estar adstrita ao princípio da legalidade, a [entidade] [...] deveria ter observado os preceitos legais pertinentes, independentemente de o fato não ter sido contaminado de má-fé e nem ter causado prejuízo, e, ainda, da alegada inexperiência da Comissão de Licitação. [Licitação n. 446.582. Rel. Conselheiro Antônio Carlos Andrada. Sessão do dia 27/02/2007]

Art. 5° Todos os valores, preços e custos utilizados nas licitações terão como expressão monetária a moeda corrente nacional, ressalvado o disposto no art. 42 desta Lei, devendo cada unidade da Administração, no pagamento das obrigações relativas ao fornecimento de bens, locações, realização de obras e prestação de serviços, obedecer, para cada fonte diferenciada de recursos, a estrita ordem cronológica das datas de suas exigibilidades, salvo quando presentes relevantes razões de interesse público e mediante prévia justificativa da autoridade competente, devidamente publicada.

Por força de lei as obrigações decorrentes de licitação deverão ser pagas em moeda corrente nacional, a exceção do que dispõe o artigo 42 da Lei de Licitações.

O fato de a Administração ter que se atentar à ordem cronológica das exigibilidades para pagamento, significa que não pode simplesmente escolher a quem pagar, pois não pode beneficiar determinados particulares, escolhendo como e quando pagar a obrigação contraída.

Constitucionalmente há previsão de que os contratos administrativos estabelecerão as obrigações de pagamento, mantidas as condições efetivas da proposta. Dessa forma, verifica-se que a Administração não poderá agir em desconformidade com aquilo que foi pactuado, ela deverá cumprir suas obrigações nos prazos devidos, desde que haja o adimplemento do particular.

A exigibilidade consiste no poder do credor pleitear o pagamento face à Administração, haja vista que a obrigação por ele assumida cumpriu com o estabelecido no contrato administrativo.

Determina-se a exigibilidade no momento em que se exaure o período de adimplemento. A ordem de preferência é estabelecida quando da aquisição da exigibilidade, o que faz com que a Administração se atente para o cumprimento de suas obrigações, observando essa ordem, sob pena de caracterização de crime, conforme dispõe o artigo 92 desta Lei.

A exceção contida no *caput* do artigo 5º deve ser utilizada com cautela, pois não é válido simplesmente invocar o interesse público para se eximir de cumprir suas obrigações, faz-se necessária uma justificativa plausível, sob pena de ofensa ao princípio da isonomia.

[**Credenciamento de serviços de saúde.**] O município pode realizar sistema de credenciamento de consultas médicas, desde que precedido de procedimento formal de inexigibilidade de licitação, nos termos do art. 5º, *caput*, c/c o parágrafo único do art. 26 da Lei n. 8.666/93. A remuneração dos serviços prestados por particulares poderá ser fixada acima dos valores mínimos estabelecidos pela direção nacional do SUS, cuja complementação deverá ser efetuada com recursos do próprio município e levando-se em conta as circunstâncias locais e as disponibilidades financeiras, sob pena de ver-se frustrado o modelo adotado pelo município para a prestação de serviços de saúde. A consulta poderá ser prestada no próprio consultório médico, após marcação feita pela Secretaria Municipal de Saúde, haja vista que o profissional credenciado não possui vínculo profissional com o ente federativo, não havendo necessidade de prestar o atendimento em local especificado pelo contratante, desde que a escolha do profissional fique a cargo do usuário. [Consulta n. 811.980. Rel. Conselheiro Antônio Carlos Andrada. Sessão do dia 05/05/2010]

[**Ordem cronológica de pagamentos. Valores inscritos em Restos a Pagar de exercícios anteriores. Realização dos investimentos previstos na lei orçamentária.**] [...] não devem ser preteridos os valores inscritos em Restos a Pagar originários, especialmente, das despesas processadas, isto é, as que já estavam em fase de pagamento quando se esgotou o exercício financeiro em favor da realização de investimentos previstos na lei orçamentária, sob pena de infringência ao preceito licitatório correspondente à observância da ordem cronológica das datas de exigibilidade das obrigações. [...] Por oportuno, registro que o art. 42, *caput*, da Lei Complementar n. 101, de 04/05/00, proíbe ao titular de Poder ou órgão referido no art. 20, nos últimos dois quadrimestres do seu mandato, contrair obrigação de despesa que não possa ser cumprida integralmente dentro deles, ou que tenha parcelas a serem pagas no exercício seguinte sem que haja suficiente disponibilidade de caixa para este efeito. [...] Considerando, então, a disponibilidade de caixa para o pagamento dos Restos a Pagar, não há fundamento legal da ocorrência de sua preterição a favor da realização de investimentos previstos na lei orçamentária. [Consulta n. 635.993. Rel. Conselheiro Simão Pedro Toledo. Sessão do dia 07/03/2001]

[**Ordem cronológica e requisitos para o pagamento.**] Explicitando o dispositivo enfocado, o citado administrativista, Marçal Justen Filho, pondera o seguinte: 'a [...] Lei impôs que os pagamentos devidos pela Administração atentem para a ordem cronológica das exigibilidades. Isso significa que a Administração não pode *escolher* a quem *beneficiará* com o pagamento. Não é possível alterar a ordem cronológica dos pagamentos. Isso evita práticas reprováveis que já foram denunciadas, onde a liberação do pagamento ficava na dependência de gestões políticas, etc. A previsão de alteração da ordem cronológica dos pagamentos em razão de *relevantes razões de interesse público* ofende o princípio da isonomia. A Administração não pode beneficiar determinados particulares e estabelecer privilégios no tocante aos pagamentos. Muito menos poderia fazê-lo mediante invocação do *interesse público*, o qual exige, isto sim, que a Administração trate os particulares de modo isonômico.' (*In ob. cit.*, p. 45). [...] oportuna se apresenta a reprodução do entendimento do Auditor, Eduardo Carone Costa, sobre a matéria [...]: 'No caso em apreço, se ficar documentadamente comprovada a impossibilidade do pagamento, por culpa exclusiva do credor, é evidente que a falta cometida por ele não pode resultar em prejuízo para os demais. Todavia, os impedimentos provocados pelo credor não se caracterizam apenas por meio de simples alegações do administrador. Em casos dessa natureza, o [...] Responsável pelo pagamento deve comprovar, documentadamente, que intimou, deu conhecimento pleno ao credor para que lhe apresentasse a documentação necessária para legitimar o pagamento que lhe fará o Poder Público, assinando-lhe prazo razoável para exibição daquilo que a legislação em vigor estabelece como exigência a ser suprida por quem tem crédito a receber dos cofres públicos. Somente o que está na lei ou no ato convocatório da licitação e no respectivo contrato é que pode constituir exigência a legitimar o pagamento. [...] Caracterizado, de forma iniludível, que o pagamento do crédito não se pode efetuar, por culpa exclusiva do credor, observadas as cautelas assinaladas, entendo que a obrigação do Poder Público, inscrita imediatamente após, poderá ser legitimada, e a anterior, após a regularização das exigências legais e regulamentares será satisfeita. [...] toda vez que a ordem cronológica dos pagamentos sofrer alteração, o ato do gestor deverá ser motivado e publicado, tendo em vista o princípio da publicidade a que a administração está sujeita (art. 37 da CF). [Consulta n. 470.269. Rel. Conselheiro Simão Pedro Toledo. Sessão do dia 18/03/1998]

§1º Os créditos a que se refere este artigo terão seus valores corrigidos por critérios previstos no ato convocatório e que lhes preservem o valor.

[**Ausência de cláusulas contendo previsão de penalidades por atraso nos pagamentos pela Administração. Irregularidade formal. Sem prejuízo à execução do contrato.**] [...] decorre das normas que regem a administração pública a obrigatoriedade de se atualizar monetariamente os valores devidos por esta e pagos em atraso, independentemente de previsão expressa no edital e no contrato. De toda sorte, como o § 1º do art. 5º, o § 7º do art. 7º e o inciso III do art. 55, todos da Lei n. 8.666/93, estabelecem a obrigatoriedade de tal cláusula no edital e nos contratos da Administração, [...] a ausência de sua previsão nesses instrumentos configura irregularidade formal que [...] não justificaria por si só a suspensão liminar do certame ou a aplicação de multa. Isso porque essa falha não tem o condão de cercear a competitividade do procedimento licitatório, nem de gerar potencial prejuízo ao contratado na execução do contrato. Todavia, entendo ser válida a recomendação apontada pela CAEL para que o denunciado adote em futuras licitações todas as cautelas legais previstas. [Denúncia n. 862.880. Rel. Conselheiro Mauri Torres. Sessão do dia 04/10/2012]

§2° A correção de que trata o parágrafo anterior cujo pagamento será feito junto com o principal, correrá à conta das mesmas dotações orçamentárias que atenderam aos créditos a que se referem. (Redação dada pela Lei nº 8.883, de 1994)

As atualizações monetárias não implicam aumentos reais de valor do crédito ao particular, mas sim, correções a fim de que se mantenham as condições efetivas da proposta, haja vista a variação inflacionária.

§3° Observados o disposto no *caput*, os pagamentos decorrentes de despesas cujos valores não ultrapassem o limite de que trata o inciso II do art. 24, sem prejuízo do que dispõe seu parágrafo único, deverão ser efetuados no prazo de até 5 (cinco) dias úteis, contados da apresentação da fatura. (Incluído pela Lei nº 9.648, de 1998)

A norma em referência destina-se a evitar trâmites burocráticos para o pagamento de despesas de valor mais reduzido. Entretanto, ainda sim, deve ser observada a ordem cronológica da apresentação das faturas.

Art. 5º-A. As normas de licitações e contratos devem privilegiar o tratamento diferenciado e favorecido às microempresas e empresas de pequeno porte na forma da lei. (Incluído pela Lei Complementar nº 147, 2014)

Conforme já dito anteriormente, deve-se privilegiar o tratamento diferenciado e favorecido às microempresas e empresas de pequeno porte, devendo se atentar aos dispositivos legais.

SEÇÃO II – DAS DEFINIÇÕES

Art. 6° Para os fins desta Lei, considera-se:

I — Obra — toda construção, reforma, fabricação, recuperação ou ampliação, realizada por execução direta ou indireta;

Não há um conceito do que seja obra, mas sim uma definição exaustiva, sendo entendido como obra toda construção, reforma, fabricação, recuperação ou ampliação, realizada por execução direta ou indireta.

II—Serviço - toda atividade destinada a obter determinada utilidade de interesse para a Administração, tais como: demolição, conserto, instalação, montagem, operação, conservação, reparação, adaptação, manutenção, transporte, locação de bens, publicidade, seguro ou trabalhos técnico-profissionais;

Serviço deve ser entendido de forma ampla, pois a lei não o limitou apenas a serviço de engenharia, afinal temos ainda, transporte, locação de bens, publicidade, seguro ou trabalhos técnico-profissionais. Em que pese o referido inciso tenha dito que serviço é toda atividade destinada a obter determinada utilidade de interesse para a Administração, temos que entender que toda e qualquer tipo de contratação que seja realizada pela Administração deverá ser útil ao seu interesse.

[**Fornecimento de refeições nas unidades penais. Prestação de serviço.**] [...] embora omissa a legislação de regência, predomina, na doutrina, entendimento segundo o qual a natureza jurídica do fornecimento de alimento é de prestação de serviços e não compra. Na espécie, os ingredientes, por exemplo, o arroz, feijão, carne, etc., não são objetos do contrato licitado, mas sim o esforço pessoal do licitante no preparo e fornecimento da refeição, o que configura um serviço a ser prestado. [...] não devemos confundir compras de natureza ininterrupta com serviços de caráter contínuo, pois os contratos destes, ao contrário dos daquelas, que têm prazo de vigência limitados aos respectivos exercícios financeiros (art. 57, *caput*), podem ser celebrados por períodos superiores (Lei n. 8.666/93, art. 57, II). [...] Este tipo de serviço [...] enquadra-se nos contratos de execução continuada, que admite a prorrogação por iguais e sucessivos períodos até o limite máximo de sessenta meses (art. 57, II), desde que prevista expressamente no termo de ajuste, justificada por escrito e previamente autorizada pela autoridade competente (§2°, art. 57). [Consulta n. 678.606. Rel. Conselheiro Moura e Castro. Sessão do dia 13/08/2003]

III— Compra — toda aquisição remunerada de bens para fornecimento de uma só vez ou parceladamente;

Compra é o instrumento pelo qual a Administração adquire definitivamente o bem. Não haverá compra quando a Administração tiver apenas a posse temporária do bem, isso poderia ser considerado locação.

Não se pode confundir compra com obras e serviços, pois estas são obrigações de fazer, enquanto aquela é obrigação de dar. Obrigações são conceitos do direito civil, mas basicamente, se entende por obrigação de dar, quando o devedor transfere a posse, enquanto a obrigação de fazer implica em um conceito residual, ou seja, aquilo que não for obrigação de dar. Obrigação de fazer é quando as prestações impostas a um sujeito não sejam a de transferir o domínio ou a posse de um bem.

[**Impossibilidade de licitar mediante cláusula de opção de compra durante o contrato ou ao seu término.**] A questão [...] trata de hipótese semelhante de locação de bens, que propõe estabelecerem-se, contratualmente, ao invés da cláusula obrigatória de doação, as condições para exercício de opção de compra dos bens locados ao final ou durante o contrato, se antecipadas todas as parcelas. Na hipótese descrita, percebo, com a devida vênia, certa confusão entre pagamento de aluguel por locação e de prestação por compra, sendo necessária a separação entre as figuras potencialmente aplicáveis ao questionamento. O que o consulente chama de parcela — que seria devida em razão da locação —, a toda evidência, na esteira da resposta dada à questão n. [...] desta consulta, também funde as duas figuras, desnaturando o contrato locatício, o que não pode ser admitido frente ao regime estabelecido para as contratações públicas pela Lei n. 8.666/93, que estabelece distinção clara entre serviço e compra, art. 6º, II e III, os quais devem estar transparentemente descritos na definição do objeto a ser licitado, art. 40, I. [...] Não vejo com bons olhos a deflagração de uma licitação para locação de bens que traga embutida uma opção de compra futura dissociada do indispensável prélio licitatório específico, merecendo a questão [...] ser respondida também de forma negativa. A inadequação da hipótese aventada se mostra mais evidente quando se analisa a proposição, dentro de um licitado contrato de locação — leia-se: serviço —, do exercício imediato da opção de compra do bem pela Administração, por meio do pagamento de prestações relativas ao seu custo, concomitantemente aos aluguéis. Revela-se, assim, severa confusão entre as figuras da locação e da operação de compra e venda mediante pagamento em prestações e, por consequência, entre pagamento de despesa de aluguel e preço de compra do bem, que atentaria contra o regime de transparência e de publicidade imposto pela Lei de Licitações e violaria diversos de seus dispositivos queprotegem seus procedimentos contra a obscuridade. [Consulta n. 833.285. Rel. Conselheiro SebastiãoHelvecio. Sessão do dia 08/08/2012]

IV — Alienação — toda transferência de domínio de bens a terceiros;

Alienação por sua vez se trata de qualquer hipótese de disposição voluntária, parcial ou total de direitos. Seus requisitos estão constantes do artigo 17 desta Lei, o qual será abordado oportunamente.

V— Obras, serviços e compras de grande vulto — aquelas cujo valor estimado seja superior a 25 (vinte e cinco) vezes o limite estabelecido na alínea "c" do inciso I do art. 23 desta Lei;

Haverá a incidência de regras especiais quando o valor estimado da contratação for superior a 25 (vinte e cinco) vezes o limite estabelecido na alínea "c" do inciso I do artigo 23 desta Lei. Não foi em vão que a Lei distinguiu as obras de grande vulto, afinal estas estão sujeitas a diversas formas de execução, o que via de consequência atinge a produtividade, o rendimento e a qualidade.

VI— Seguro-Garantia — o seguro que garante o fiel cumprimento das obrigações assumidas por empresas em licitações e contratos;

Seguro garantia nada mais é do que um contrato de seguro feito pelo vencedor da licitação que visa assegurar as obrigações contratuais assumidas em favor da Administração. Por se tratar de licitação, caberá ao edital informar a modalidade de seguro-garantia que será exigida. A ideia é que a Administração não venha a sofrer prejuízos, o que como consequência, estará se resguardando o interesse público.

VII — Execução direta — a que é feita pelos órgãos e entidades da Administração, pelos próprios meios;

A própria Administração, por seus próprios meios, executará os serviços ou obras, isso quer dizer que, a princípio, não precisará da participação de terceiros, não havendo que se falar em licitação. Entretanto poderá a Administração recorrer a terceiros caso entenda relevante para o prosseguimento da execução. Cite-se que as hipóteses de convênio e outras modalidades de conjugação de esforços entre os entes da Administração Pública, desde que na condição específica correspondente, também são considerados como execução direta, a exceção de atividade econômica reconduzível (artigo 173, da Constituição da República de 1988).

[**Serviços de limpeza urbana. Interesse público local. Execução por associação de moradores de bairro. Concessão e permissão. Licitação. Repasse de subvenções.**] Sem se questionar a verdadeira intenção acobertada atrás desse negócio jurídico [convênio], sua inconstitucionalidade emerge com a força de um titã.[...].O constituinte de 1988 houve por bem deferir aos municípios a competência para organizar e prestar os serviços de interesse local, entre os quais, [...] o de limpeza urbana e seus correlatos. Todavia, impôs que a execução desse serviço se desse, obrigatoriamente, ou de forma direta — pelo próprio município por sua conta e risco, ou de forma indireta — mediante concessão ou permissão de serviços públicos. [...] para que haja a transferência da execução de qualquer serviço público de competência do município a terceiros, exige-se [...] que tal serviço seja, contratualmente (e não mediante convênio), concedido ou permitido. [...] Do dispositivo em epígrafe [art. 175, CF/88], infere-se, ainda, que, para que se opere a concessão ou permissão de serviço público, é imprescindível a realização do certame licitatório, nos moldes definidos nas Leis n. 8.987, de 13/02/1995, e n. 9.074, de 07/07/1995, que definem normas gerais (e somente estas — art. 22, XXVII, da CF/88) acerca das concessões e permissões de serviços públicos.[...] [conselheiro José Ferraz] [...] devemos é aconselhar que essas entidades de bairro [...] promovam realmente uma colaboração intensa com o serviço público. E que o serviço público, partindo da sua boa-fé, [...] possa repassar a verba na forma de subvenção.[conselheiro Moura e Castro] [Consulta n. 447.842. Rel. Conselheiro José Ferraz. Sessão do dia 25/06/19VIII — Execução indireta — a que o órgão ou entidade contrata com terceiros sob qualquer dos seguintes regimes: (Redação dada pela Lei nº 8.883, de 1994)

VIII - Execução indireta - a que o órgão ou entidade contrata com terceiros sob qualquer dos seguintes regimes:

Execução indireta se trata de um instrumento utilizado pela Administração para que as obras e os serviços sejam assumidos por um terceiro. A execução poderá se dar por empreitada por preço global, por preço unitário, integral e por tarefa.

a) empreitada por preço global — quando se contrata a execução da obra ou do serviço por preço certo e total;

A empreitada tem por objeto a contratação da execução de um serviço ou de uma obra, sendo que é dever do contratado fornecer todo material e trabalho necessário, em consonância com as determinações previamente estabelecidas pela Administração. Em contrapartida, a Administração assume a obrigação de remunerar o empreiteiro em razão da sua prestação de serviço.

Empreitada por preço global é aquela em que se contrata a execução da obra ou do serviço por um preço total, que será pago pela Administração ao empreiteiro para a conclusão dos trabalhos em sua totalidade. Não se faz necessária a previsão editalícia dos preços unitários, uma vez que estes, só serão necessários quando da aplicação do artigo 65 desta Lei, ou seja, nos acréscimos e supressões.

Ressalta-se que mesmo que a contratação seja por empreitada por preço global, não está o contratado obrigado a suportar sozinho o ônus em decorrência de caso fortuito ou força maior.

b) empreitada por preço unitário — quando se contrata a execução da obra ou do serviço por preço certo de unidades determinadas;

A empreitada por preço unitário, por sua vez, se traduz na contratação da execução da obra ou do serviço por preço certo de unidades determinadas, ou seja, ajusta-se a remuneração do empreiteiro a cada fração da totalidade do serviço ou obra. Isso não significa que o contratado não está obrigado a executar o objeto na íntegra. A contratação versa sobre o objeto integral e mesmo que a licitação seja por preço unitário, o julgamento se faz em razão do montante total a ser desembolsado pelo Estado e não em itens.

c) (Vetado). (Redação dada pela Lei nº 8.883, de 1994)

d) tarefa — quando se ajusta mão-de-obra para pequenos trabalhos por preço certo, com ou sem fornecimento de materiais;

Tarefa é uma modalidade de empreitada que consiste na contratação de mão-de-obra pela dimensão reduzida do objeto. Não há um valor fixo para contratar em regime de tarefa, a ideia é a de que o particular atue individualmente e sem que o objeto tenha maiores sofisticações.

e) empreitada integral — quando se contrata um empreendimento em sua integralidade, compreendendo todas as etapas das obras, serviços e instalações necessárias, sob inteira responsabilidade da contratada até a sua entrega ao contratante em condições de entrada em operação, atendidos os requisitos técnicos e legais para sua utilização em condições de segurança estrutural e operacional e com as características adequadas às finalidades para que foi contratada;

A empreitada integral, por sua vez, se traduz em uma contratação em que a Administração terá assegurada a execução completa de um determinado empreendimento em condições de funcionamento. O objeto visado pela contratação consiste em uma construção da estrutura, bem como todos os implementos necessários e indispensáveis ao desempenho de uma atividade.

IX — Projeto Básico — conjunto de elementos necessários e suficientes, com nível de precisão adequado, para caracterizar a obra ou serviço, ou complexo de obras ou serviços objeto da licitação, elaborado com base nas indicações dos estudos técnicos preliminares, que assegurem a viabilidade técnica e o adequado tratamento do impacto ambiental do empreendimento, e que possibilite a avaliação do custo da obra e a definição dos métodos e do prazo de execução, devendo conter os seguintes elementos:

a) desenvolvimento da solução escolhida de forma a fornecer visão global da obra e identificar todos os seus elementos constitutivos com clareza;

b) soluções técnicas globais e localizadas, suficientemente detalhadas, de forma a minimizar a necessidade de reformulação ou de variantes durante as fases de elaboração do projeto executivo e de realização das obras e montagem;

c) identificação dos tipos de serviços a executar e de materiais e equipamentos a incorporar à obra, bem como suas especificações que assegurem os melhores resultados para o empreendimento, sem frustrar o caráter competitivo para a sua execução;

d) informações que possibilitem o estudo e a dedução de métodos construtivos, instalações provisórias e condições organizacionais para a obra, sem frustrar o caráter competitivo para a sua execução;

e) subsídios para montagem do plano de licitação e gestão da obra, compreendendo a sua programação, a estratégia de suprimentos, as normas de fiscalização e outros dados necessários em cada caso;

f) orçamento detalhado do custo global da obra, fundamentado em quantitativos de serviços e fornecimentos propriamente avaliados;

Conforme se verificará no próximo artigo, as licitações para contratação de obras e serviços deverão ser precedidas de projeto básico ou equivalente quando não houver serviço de engenharia. Faz-se essa exigência para que a Administração conheça todos os detalhes e características do objeto que se pretende contratar, ou seja, as especificações técnicas, orçamento, cronograma, bem como todos os elementos necessários a execução de uma obra ou serviço.

Esta lei proíbe a contratação sem a real especificação do objeto que se pretende contratar, o qual deverá ser elaborado com minúcias no projeto básico, a fim de que a Administração contrate aquilo que ela realmente necessite e que irá atender às suas necessidades. A função do projeto básico é demonstrar a viabilidade e a conveniência da contratação.

A aprovação da autoridade competente deverá ser realizada, por ato formal e motivado, conforme se verifica no artigo 7º, § 1º desta Lei.

[**Irregularidade de procedimento licitatório decorrente da ausência de desenhos técnicos no projeto básico.**] Não fosse importante o projeto ou desenho, a lei não o teria exigido como parte do projeto básico. Assim, não pode o gestor dele prescindir a seu alvitre, em afronta ao inc. IX do art. 6º; ao inc. I do § 2º do art. 7º; ao inc. I do § 2º do art. 40, todos da Lei n. 8.666, de 1993. [...] proponho, no mérito, ao Colegiado da Segunda Câmara que sejam julgados irregulares os procedimentos licitatórios, conforme descrito no item 2, razão pela qual proponho a aplicação de multa no valor total de R$3.250,00 (três mil duzentos e cinquenta reais) a cada um dos responsáveis. [...] subitem 2.1, para execução de obra de pavimentação asfáltica, uma vez que violado o inc. IX do art. 6º; inc. I do § 2º do art. 7º; inc. I do § 2º do art. 40, bem como o contrato e sua execução, por inobservância do inc. VII do art. 38, VI do art. 43, *caput* do art. 41, *caput* do art. 67 e art. 66, todos da Lei n. 8.666, de 1993, multa no valor de R$750,00 (setecentos e cinquenta reais), a cada um dos responsáveis. [Processo Administrativo n. 764.735. Rel. Auditor Gilberto Diniz. Sessão do dia25/10/2012]

[**Da insuficiência de elementos para elaboração da metodologia da execução dos serviços.Irregularidade.**] As informações constantes dos anexos do edital — tais quais planilha de orçamento,plano de trabalho, planilha de atividades e quantidades, relação dos locais de coleta hospitalar — nãosuprem, por si só, o projeto básico, que deve conter, [...], elementos suficientes para caracterizar a obra ou serviço, ou complexo de obras ou serviços objeto da licitação; deve ser elaborado com base nas indicaçõesdos estudos técnicos preliminares, asseguradores da viabilidade técnica e do adequado tratamento do impacto ambiental do empreendimento; e deve possibilitar a avaliação do custo da obra e a definição dosmétodos e do prazo de execução. Tratando-se de coleta domiciliar, coleta seletiva, varrição manual deruas, fizeram-se ausentes, no certame, a planta das vias de tráfego, rotas e itinerários, setores e frequência de coletas, períodos de execução, dimensionamento de quantitativo de mão de obra operacional e dos veículos e equipamentos a serem utilizados — elementos essenciais à definição do projeto básico, instrumento indispensável à elaboração da metodologia da execução. [...] Portanto — tendo em vista que as obras e serviços somente poderão ser licitados quando houver projeto básico aprovado pela autoridade competente e disponível para exame dos interessados em participar do processo licitatório —, flagrantemente ilegal a ausência, no certame, de tal instrumento, em evidente violação ao §2º, I, do art. 7º da Lei de Licitações e aos princípios da isonomia e da mais ampla competitividade. [Denúncia n. 838.601. Rel. Conselheiro Sebastião Helvecio. Sessão do dia 05/07/2012]

[**Cláusulas essenciais no contrato de concessão de transporte coletivo urbano.**] [...] a Administração deveria disponibilizar, com base em serviços já prestados ou em estudos técnicos previamente elaborados, tal detalhamento do modo como espera ver executado o serviço, tais como o número e as condições de uso de veículos. Nesse sentido, a assertiva de Marcos Jurena Villela Souto, *in litteris*: 'São cláusulas essenciais do contrato de concessão, entre outras presentes nas concessões, as relativas ao número de linhas, nome das linhas e número mínimo de ônibus exigidos, ao modo, forma, condições e prazo de prestação de serviços, ao preço de serviço e aos critérios e procedimentos para o reajuste e a revisão das tarifas, à forma de fiscalização dos ônibus, das instalações, dos equipamentos, dos métodos e práticas de execução do serviço, bem como a indicação dos órgãos competentes para exercê-la'. (SOUTO, Marcos Jurena Villela. *Direito Administrativo das Concessões*, 5. ed., São Paulo: Lumen Juris, 2005, p. 229). [Denúncia n.º 747230. Rel. Conselheira Adriene Andrada. Sessão do dia 25/03/2008]

[**Conteúdo do projeto básico e projeto executivo.**] Por definição, o projeto básico contém os estudos preliminares de viabilidade técnica, possibilitando a avaliação do custo da obra ou dos serviços, bem como os métodos de sua execução. Já o projeto executivo contém o conjunto de elementos necessários e suficientes à execução completa da obra ou serviço, de acordo com as normas técnicas pertinentes da ABNT. [...] o tema requer uma reflexão: os tribunais de contas têm se deparado, frequentemente, com um fato que, infelizmente, não tem merecido a devida atenção dos responsáveis pelas obras públicas: refiro-me à produção de projetos básicos de qualidade e eficiência suficientes para o adequado desenvolvimento técnico e financeiro do empreendimento, sabendo-se que o projeto básico é imprescindível à contratação e o projeto executivo pode ser desenvolvido com a execução do empreendimento. No dizer do min. Marcos Vinícios Vilaça, do TCU, 'um projeto básico deficiente é fórmula infalível para a colheita de toda sorte de problemas na condução da obra' [...]. [Processo Administrativo n. 685.019. Rel. Conselheiro Simão Pedro Toledo. Sessão do dia 14/08/2007]

X — Projeto Executivo — o conjunto dos elementos necessários e suficientes à execução completa da obra, de acordo com as normas pertinentes da Associação Brasileira de Normas Técnicas—ABNT;

O projeto executivo visa determinar de forma minuciosa as condições de execução do objeto licitado. O inciso em referência normatizou as regras técnicas e, portanto, ofendê-las configura violação à lei. Vale citar que a ABNT é uma entidade que tem por finalidade padronizar procedimentos, dentre eles, temos a execução de obras e serviços.

XI — Administração Pública — a administração direta e indireta da União, dos Estados, do Distrito Federal e dos Municípios, abrangendo inclusive as entidades com personalidade jurídica de direito privado sob controle do poder público e das fundações por ele instituídas ou mantidas;

Esse inciso discrimina as entidades pertencentes à Administração Pública, sendo que temos tanto a administração direta que é composta pela União, Estados, Municípios e Distrito Federal, quanto a administração indireta composta pelas autarquias, empresas públicas, sociedades de economia mista e fundações.

XII — Administração — órgão, entidade ou unidade administrativa pela qual a Administração Pública opera e atua concretamente;

A expressão "administração", utilizada de forma isolada, é utilizada para demonstrar qual o órgão, entidade ou unidade administrativa que está atuando no caso específico.

XIII — Imprensa Oficial — veículo oficial de divulgação da Administração Pública, sendo para a União o Diário Oficial da União, e, para os Estados, o Distrito Federal e os Municípios, o que for definido nas respectivas leis; (Redação dada pela Lei nº 8.883, de 1994)

Cada uma das entidades acima relacionadas, a exceção da União, têm autonomia para determinar o órgão que exercerá a função de divulgação de seus atos.

[**Publicidade dos atos do município. Meio eletrônico. Operacionalização pela iniciativa privada. Sítio oficial do Poder Público. Disponibilização dos atos municipais exclusivamente pela administração pública.**] Princípio da publicidade resta indubitavelmente atendido quando houver publicação do ato em órgão oficial. [...] com a inexorável tendência à incorporação da tecnologia da informação em todos os domínios da administração pública, afigura-se perfeitamente possível que as publicações oficiais de Poderes ou Órgãos Públicos sejam feitas por meio eletrônico (internet), a exemplo do TJMG e da iniciativa deste Tribunal, desde que haja amparo legal, situação diversa de uma publicação pura e simples na internet, como parece perquirir o consulente. [...] A publicação dos atos oficiais municipais deve fazer-se na conformidade não apenas da lei local, mas também da legislação heterônoma porventura aplicável; e que, havendo dispositivo legal impondo a publicação no *Diário Oficial do Estado* e/ou no *Diário Oficial da União*, tem de ser feita naqueles jornais, sob a forma legalmente prevista. [...] Não pode o município terceirizar serviços que abrangem sua atividade-fim, traduzindo atribuições típicas de cargos permanentes, que só podem ser preenchidos por concurso público. [...] não seria razoável utilizar de um veículo já existente para ser sítio oficial de publicação de atos municipais. Para tanto, faz-se necessário que o município tenha um sítio oficial do Poder Público, para ser utilizado como meio eletrônico de divulgação oficial dos seus atos. [...] compreendo que apenas a operacionalização de um diário eletrônico municipal possa pertencer à iniciativa privada, visto que a disponibilização dos atos municipais, considerando que sua autenticidade e integridade hão de ser preservadas, deve ser de responsabilidade exclusiva da administração pública, observando as normas referentes à Infraestrutura de Chaves Públicas (ICP), por exemplo. [...] 4 — É possível, quando da publicação do extrato do edital nos Diários Oficiais do Estado ou da União, fazer remissão de que o texto integral do instrumento convocatório estará disponível no diário eletrônico oficial do município, desde que esse seja definido como veículo da imprensa oficial. [Consulta n. 837.145. Rel. Conselheiro Antônio Carlos Andrada. Sessão do dia 19/10/2011]

[**Quadro de avisos como veículo oficial de publicidade.**] Ressalto que a Lei n. 8.666/93 considera como imprensa oficial para os municípios, nos termos do inciso XIII do art. 6º, o que for definido nas respectivas leis. E, nestes termos, a publicação dos atos efetuada por meio de afixação no quadro de aviso encontra respaldo legal, desde que o município tenha definido esse veículo como o oficial de publicação de seus atos administrativos. Todavia, no caso em tela, o defendente não apresentou nenhum dispositivo legal elegendo tal veículo como o oficial. [Recurso de Revisão n.º 667.629. Rel. Conselheiro Wanderley Ávila. Sessão do dia 02/05/2007]

XIV — Contratante — é o órgão ou entidade signatária do instrumento contratual;

Contratante é aquele que está contratando, ou seja, é o órgão ou ente da Administração que participa da contratação.

XV — Contratado — a pessoa física ou jurídica signatária de contrato com a Administração Pública;

Contratado é aquele que está sendo contratado pelo ente ou órgão da Administração Pública.

XVI — Comissão — comissão, permanente ou especial, criada pela Administração com a função de receber, examinar e julgar todos os documentos e procedimentos relativos às licitações e ao cadastramento de licitantes.

Comissão é o órgão responsável por examinar, receber e julgar os procedimentos de um certame. Ressalte-se que as modalidades leilão e convite admitem que a licitação seja conduzida por órgão unipessoal.

XVII — produtos manufaturados nacionais — produtos manufaturados, produzidos no território nacional de acordo com o processo produtivo básico ou com as regras de origem estabelecidas pelo Poder Executivo federal; (Incluído pela Lei nº 12.349, de 2010)

Trata-se de produtos produzidos em território nacional que devem estar de acordo com as regras estabelecidas pelo Poder

Executivo Federal ou com o processo produtivo básico definido na Lei nº 9.387 de 30 de dezembro de 1991 e na Lei **nº** 8.248 de 23 de outubro de 1991.

XVIII - serviços nacionais — serviços prestados no País, nas condições estabelecidas pelo Poder Executivo federal; (Incluído pela Lei nº 12.349, de 2010)

São serviços prestados no País nos limites estabelecidos pelo Poder Executivo Federal.

XIX — sistemas de tecnologia de informação e comunicação estratégicos — bens e serviços de tecnologia da informação e comunicação cuja descontinuidade provoque dano significativo à administração pública e que envolvam pelo menos um dos seguintes requisitos relacionados às informações críticas: disponibilidade, confiabilidade, segurança e confidencialidade. (Incluído pela Lei nº 12.349, de 2010)

Para que se configurem estratégicos sistemas de tecnologia da informação e comunicação, faz-se necessário aplicar ao menos um dos requisitos apresentados. A disponibilidade deve ser entendida como a ausência de interrupções dos serviços a serem prestados; a confiabilidade está atrelada à ausência de demandas, de defeitos; a segurança evita o acesso de pessoas não autorizadas e, a confidencialidade está ligada à ideia de privacidade.

SEÇÃO III – DAS OBRAS E SERVIÇOS

Art. 7° As licitações para a execução de obras e para a prestação de serviços obedecerão ao disposto neste artigo e, em particular, à seguinte sequência:

Em decorrência dos recursos públicos utilizados nas contratações, estas devem seguir regras para que os cofres públicos não sejam lesados, dessa forma para que a licitação ocorra, ela deve seguir exigências a fim de que se chegue à finalidade pretendida. Afinal, o que se pretende com tais exigências é evitar contratações administrativas defeituosas, resguardando os recursos públicos.

O artigo em referência contempla normas que se aplicam a todas as contratações públicas, a exceção das hipóteses de concessão e permissão, bem como ao RDC – Regime Diferenciado de Contratação, no qual se admite a figura da contratação integrada, ou seja, cabe ao contratado elaborar o projeto básico.

I — projeto básico;

Projeto básico como já dito no inciso anterior se trata de um conjunto de elementos necessários, para viabilizar a contratação pretendida e principalmente demonstrar a real necessidade de contratação, afinal para instaurar uma licitação é necessário conhecer os detalhes e as características do objeto a ser contratado.

A função do projeto básico é demonstrar a conveniência e viabilidade da contratação, evidenciando que os custos são compatíveis com a disponibilidade financeira, bem como demonstrando que a contratação pretendida é a mais interessante para a Administração.

A ausência de projeto básico ou sua insuficiência configura defeito insanável. Entretanto, há hipóteses em que, excepcionalmente e eventualmente, a contratação poderá se dar sem um projeto básico, o que seria o caso, por exemplo, de uma urgência, entretanto todas as medidas necessárias a evitar riscos de uma contratação desvairada devem ser tomadas. Em uma contratação que não necessite de muita complexidade também não é necessário um projeto básico complexo.

[**Edital. Ausência de previsão no edital do orçamento e do projeto básico.**] O relatório e o parecer conclusivos, respectivamente da unidade técnica e do MPC, apontam que a ausência de projeto básico e do orçamento, com relevante implicação na execução contratual, violam os arts. 7°, I, e §2°, II, e 40 da Lei de Licitações e os arts. 5°, I, e 6°, II, do Decreto Estadual n. 42.408/02, uma vez que são imprescindíveis para a adequada formulação das propostas para contratação de prestação de serviços. Embora haja entendimentos divergentes nesta Casa, de que o projeto básico é elemento obrigatório a ser anexado ao edital, sendo ele parte integrante para contratações envolvendo obras e serviços de qualquer natureza, entendo que a questão está relacionada à fase interna do certame, sendo o § 2º do art. 40 da Lei de Licitações um dispositivo exemplificativo, não vinculante, devendo ser interpretado pelo gestor, caso a caso, conforme suas peculiaridades, como, a propósito, defende Marçal Justen Filho. [...] pode haver casos em que a divulgação da planilha detalhada signifique influência indevida sobre a formulação das propostas de preços pelos licitantes, criando uma espécie de piso e mantendo as propostas indevidamente elevadas.

Tanto, que o Tribunal de Contas da União entende como dependente da conveniência e da oportunidade do gestor a decisão de incluir os orçamentos no edital: [...] Logo, entendo que, para se configurar a irregularidade denunciada, necessária seria a análise da fase interna da licitação, incabível no momento, por desbordar dos limites da controvérsia instalada, devendo ser afastada a alegação denunciada, porém, ratificando a necessidade e a importância de se inserir nos autos do procedimento administrativo da licitação a estimativa e o detalhamento dos serviços a serem executados em planilha orçamentária, o que é absolutamente indispensável, nos termos do art. 7º, § 2º, da Lei n. 8.666/1993. [Denúncia n. 724.834. Rel. Conselheiro Sebastião Helvecio. Sessão do dia 03/05/2012]

[**Qualidade do projeto básico.**] Por definição, o projeto básico contém os estudos preliminares de viabilidade técnica, possibilitando a avaliação do custo da obra ou dos serviços, bem como os métodos de sua execução. Já o projeto executivo contém o conjunto de elementos necessários e suficientes à execução completa da obra ou serviço, de acordo com as normas técnicas pertinentes da ABNT. [...] o tema requer uma reflexão: os tribunais de contas têm se deparado, frequentemente, com um fato que, infelizmente, não tem merecido a devida atenção dos responsáveis pelas obras públicas: refiro-me à produção de projetos básicos de qualidade e eficiência suficientes para o adequado desenvolvimento técnico e financeiro do empreendimento, sabendo-se que o projeto básico é imprescindível à contratação e o projeto executivo pode ser desenvolvido com a execução do empreendimento. No dizer do min. Marcos Vinícius Vilaça, do TCU, 'um projeto básico deficiente é fórmula infalível para a colheita de toda sorte de problemas na condução da obra' [...]. [Processo Administrativo n. 685.019. Rel. Conselheiro Simão Pedro Toledo. Sessão do dia 14/08/2007]

[**Dispensa do projeto básico e executivo para contratações não relacionadas às obras e serviços de engenharia.**] [...] entendo que a exigência dos projetos básico e executivo não se restringe às obras e serviços de engenharia. Também adoto o entendimento de que tais projetos podem ser dispensados para contratações não relacionadas às obras e serviços de engenharia, desde que o edital seja detalhado e exaustivo o suficiente, de forma que indique claramente o tipo de serviço, o custo, o prazo de execução, a viabilidade técnica e orçamentária dos serviços. [Consulta n. 772.606. Rel. Conselheiro em exercício Licurgo Mourão. Sessão do dia 30/11/2011]

II — projeto executivo;

O projeto executivo por sua vez, tem como função determinar minuciosamente as condições do objeto licitado, inclusive quanto aos custos, principalmente no que tange a contratação de grande complexidade. Esse instrumento visa resguardar o interesse coletivo.

A ausência do projeto executivo pode acarretar em licitações frustradas, uma vez que toda e qualquer contratação precede de disponibilidade de recursos financeiros e, não havendo um projeto executivo que discrimine o valor a ser gasto com a contratação, poderão os recursos ser insuficientes e a obra ficar paralisada, o que confronta com o interesse público. A existência de um projeto executivo pressupõe uma correta estimativa dos elementos componentes do custo.

[**Conteúdo do projeto executivo na construção de escola pública.**] [...] o documento denominado 'Projeto Executivo' trata-se na verdade de planilha de quantitativos e preços dos serviços a serem executados na construção das escolas. Desta feita, os dois instrumentos convocatórios não contêm os elementos necessários para caracterização da obra, como determina o art. 7°, §2°, I, da Lei n. 8.666/93. [Representação n. 710.647. Rel. Conselheiro Moura e Castro. Sessão do dia 08/08/2006]

III — execução das obras e serviços.

[Publicidade institucional em eventos festivos. Recursos públicos.] [...] a utilização de recurso público para realização de publicidade institucional é possível, desde que tenha caráter educativo, informativo ou de orientação social, dela não podendo constar nomes, símbolos ou imagens que caracterizem promoção pessoal de autoridades ou servidores públicos. [...] a redação do §2° do art. 2° da Lei n. 12.232/2010 [...] veda a inclusão de quaisquer outras atividades nos contratos públicos de publicidade, em especial assessoria de imprensa, comunicação, relações públicas e realização de eventos festivos de qualquer natureza. Para contratar esses serviços, a Administração Pública deverá promover licitações próprias, obedecendo ao regramento da Lei n. 8.666/93. A exigência de licitação para a administração pública tem previsão constitucional no art. 37, XXI, não podendo a sua observância ser preterida a pretexto de divulgação institucional do município. [...] Assim, no caso específico de serviços de publicidade ou propaganda institucional, deverá a administração pública municipal definir, na fase de projeto (básico e executivo), em observância às disposições do art. 7° da Lei n. 8.666/93, a qual ato, programa, obra, serviço ou campanha vai dar publicidade, obedecidas as disposições do § 1° do art. 37 da Constituição Federal, e em quais veículos de comunicação será feita a divulgação, se na televisão, no rádio, no jornal, etc. [...] Pode ocorrer, ainda, que o montante da contratação se enquadre naquele valor previsto no inciso II do art. 24 da Lei n. 8.666/93, com a nova redação dada pela Lei n. 9.648, de 27/05/98, que assim dispõe: "para outros serviços e compras de valor até 10% do limite previsto na alínea a do inciso II do artigo anterior, e para alienações, nos casos previstos nesta Lei, desde que não se refiram a parcelas de um mesmo serviço, compra ou alienação de maior vulto que possa ser realizada de uma só vez." [...] Todavia, há de se ressaltar que, mesmo no caso da dispensa de licitação acima referido, a contratação de serviços deve obedecer àquelas disposições do art. 7º da Lei n. 8.666/93, anteriormente explicitadas. Isso ocorre por força do § 9º do referido dispositivo [...]. "Além disso, o ato de dispensa deve ser devidamente motivado, por força do princípio da motivação dos atos administrativos". Cabe acentuar, também, e por último, que o valor global da contratação deverá ser estimado, levando-se em consideração todos os veículos de comunicação (rádio, televisão, jornal) por meio dos quais se quer fazer a publicidade ou divulgação de ato, programa, obra, serviço ou campanha do órgão público, obedecidas as disposições do § 1º do art. 37 da Constituição Federal. [Consulta n. 778.003. Rel. Conselheiro Sebastião Helvecio. Sessão do dia 18/08/2010].

§1º A execução de cada etapa será obrigatoriamente precedida da conclusão e aprovação, pela autoridade competente, dos trabalhos relativos às etapas anteriores, à exceção do projeto executivo, o qual poderá ser desenvolvido concomitantemente com a execução das obras e serviços, desde que também autorizado pela Administração.

A aprovação da autoridade competente deve se dar por ato formal e motivado, sendo que esta autorização não se confunde com a autorização para elaboração do edital.

§2ºAs obras e os serviços somente poderão ser licitados quando:

I — houver projeto básico aprovado pela autoridade competente e disponível para exame dos interessados em participar do processo licitatório;

A aprovação do projeto básico é condição para início da licitação, ademais sua disponibilização está atrelada ao princípio da publicidade e da isonomia. Via de consequência a sua publicidade evita que sejam realizadas alterações no objeto em momento posterior ao início do certame.

[**Projeto básico. Necessidade.**] [...] lição abalizada do professor Jorge Ulisses Jacoby Fernandes em seu artigo intitulado *A nova dimensão do projeto básico nas licitações*,[...]: "Entre as boas inovações trazidas pela Lei n. 8.666/93, que disciplinou no âmbito da administração pública o tema da licitação e contratos, está a obrigatoriedade do projeto básico, para a contratação de qualquer obra ou serviço." [...] o projeto básico é exigência legal para contratação de obras e serviços, sem qualquer distinção. A inobservância desse requisito, essencial à fase interna e que reflete na fase externa da licitação, pode ensejar a nulidade de todo o certame, haja vista que a ausência desse detalhamento prévio é considerado vício insanável. [Consulta n. 657.018. Rel. Conselheiro Eduardo Carone Costa. Sessão do dia 07/08/2002]

II — existir orçamento detalhado em planilhas que expressem a composição de todos os seus custos unitários;

Como o artigo 6º, inciso IX, alínea "f" determina que deve haver orçamento detalhado do custo global da obra, fundamentado em quantitativos de serviços e fornecimentos propriamente avaliados, a licitação também exige a especificação de planilhas contendo todos os seus custos unitários, afinal essas planilhas são essenciais para que a Administração controle a execução de qualquer objeto de seu interesse.

O demonstrativo completo dos custos diretos para a execução de qualquer prestação envolve ainda o BDI – Benefícios e Despesas Indiretas, que é composto por despesas indiretas.

[**Previsão do valor da contratação pela Administração.**] [O contrato administrativo] não se verga aos princípios privatistas do *pacta sunt servanda* ou da livre negociação, sendo suas cláusulas, em nome da supremacia do interesse público sobre o particular, restritas aos termos da Lei n. 8.666/93, como doutrina José dos Santos Carvalho Filho, em suas palavras: '[...] pode-se conceituar o contrato administrativo como o ajuste firmado entre a administração e um particular, regulado basicamente pelo direito público, e tendo por objeto uma atividade que, de alguma forma, traduza interesse público [...]'. (CARVALHO FILHO, José dos Santos. *Manual de Direito Administrativo*. 17. ed. Rio de Janeiro: Lumen Juris. 2007. p. 160, 162 e 163). [...] Há de ser, portanto, absolutamente previsto o valor de um contrato com a Administração, não se admitindo, nele, as oscilações de valores, que, no ambiente da negociação privada, são comuns porque, no campo da administração pública, todos os gastos licitados têm que ser previstos, hermeticamente, no orçamento próprio, como determina o art. 7º, §2º, II e III, da Lei n. 8.666/93. [Consulta n. 743.662. Rel. Conselheira Adriene Andrade. Sessão do dia 10/09/2008]

[**Obrigatoriedade de dar publicidade aos preços unitários no orçamento estimado.**] [...] a publicidade dos preços unitários no orçamento estimado é obrigatória, tendo em vista que a ausência de divulgação potencializa os riscos de lesão ao erário, na medida em que o sigilo restringe a competitividade e o efetivo controle sobre os gastos públicos. Além disso, a ausência dos preços unitários e totais viola o princípio da publicidade, essencial à transparência da administração pública. [...] a publicidade deve ser compreendida como uma das mais importantes formas de manifestação do princípio republicano e do princípio democrático, especialmente porquanto possibilita, em uma sociedade pluralista, com interesses muitas vezes contrapostos, a harmonização entre o universo público e o privado. [...] a ampla publicidade é essencial à concreção de uma multiplicidade de princípios estruturantes da Administração Pública, entre eles o da ampla competitividade, da isonomia, da confiança, da segurança jurídica, da legitimidade do procedimento e do controle social, todos decorrentes de uma mesma matriz ética, minimamente exigível num estado democrático e republicano. Nesse caso, entendo que não há irregularidade, bastando que o município, quando da publicação do edital, preencha a planilha de custos estimados com os itens enumerados na tabela constante no Anexo I da minuta de edital, para que o art. 7º, §2º, II, da Lei n. 8.666/93 seja respeitado. [Denúncia n. 804.626. Rel. Conselheiro Cláudio Couto Terrão. Sessão do dia 11/12/2012]

[**Irregularidade por ausência de detalhamento dos custos unitários e da pesquisa de mercado.**] No que se refere tão somente às licitações na modalidade pregão, venho entendendo, com a devida vênia, que tal questão está relacionada à fase interna do certame, não sendo obrigatória a inclusão da planilha de quantitativos e preços unitários no edital, por força dos arts. 3º, I e III, 4º, III, da Lei n. 10.520/2002. Todavia, para as demais modalidades, considero obrigatória sua presença no instrumento convocatório, por força do art. 40, § 2º, II, da Lei n. 8.666/93. [...] nos termos do art. 7º, §2º, II, da Lei n. 8.666/93, as obras e serviços somente poderão ser licitadas se "existir orçamento detalhado em planilhas que expressem a composição de todos os seus custos unitários" e, conforme salientou o órgão técnico, não há comprovação da existência desse instrumento imprescindível ao planejamento do certame, bem como da pesquisa de mercado, na fase interna do procedimento. [...] inconteste a falta de zelo da administração com o planejamento do procedimento, pela falta de determinação dos custos efetivos do objeto a ser contratado. A previsão dos custos detalhados, bem como a pesquisa de mercado são instrumentos balizadores na escolha da proposta mais vantajosa e essencial para a análise da exequibilidade dos valores ofertados. [...] considero irregular a ausência da planilha com detalhamento dos custos unitários e das obrigações acessórias no edital em análise e na fase preparatória do prélio seletivo, como, também, a ausência de elaboração prévia de pesquisa de mercado. [Denúncia n. 800.679. Rel. Conselheiro Sebastião Helvecio. Sessão do dia 06/12/2012]

[**Licitação. Ausência de preenchimento da planilha de preço global. Irregularidade.**] A unidade técnica, neste ponto, ressaltou que encontrou no item [...] do edital — referente ao valor total anual estimado, dos preços unitários e global — a palavra preencher e indícios de que foi utilizado edital publicado por outro, deixando a comissão de completar a tabela constante deste item. [...] De fato, verifico que, apesar de constar do edital, o item [...] não foi devidamente preenchido e que o seu preenchimento, ou melhor, a inclusão, no edital do orçamento estimado em planilhas se faz obrigatória, nos termos da fundamentação constante do item anterior deste voto e por expressa disposição legal, ínsita nos arts. 7º, § 2º, II, e 40, § 2º, II, da Lei n. 8.666/93. [Denúncia n. 811.915. Rel. Conselheiro Sebastião Helvecio. Sessão do dia04/10/2012]

[**Detalhamento dos custos unitários no edital.**] [...] a questão está relacionada à fase interna do certame, sendo o § 2º do art. 40 da Lei de Licitações um dispositivo exemplificativo, não vinculante, devendo ser interpretado pelo gestor caso a caso, conforme suas peculiaridades, como, a propósito, defende Marçal Justen Filho. [...] O TCU entende como dependente da conveniência e da oportunidade do gestor a decisão de inclusão dos orçamentos no edital: Na licitação na modalidade pregão, o orçamento estimado em planilhas de quantitativos e preços unitários deverá constar obrigatoriamente do Termo de Referência, ficando a critério do gestor, no caso concreto, a avaliação da oportunidade e conveniência de incluir tal Termo de Referência ou o próprio orçamento no edital ou de informar, no ato convocatório, a disponibilidade do orçamento aos interessados e os meios para obtê-lo. (Acórdão n. 1925/2006. Plenário) Assim, entendo que, para se configurar a irregularidade, necessária seria a análise da fase interna da licitação, incabível no momento, por desbordar dos limites da controvérsia instalada, sendo de se afastar a alegação, porém, ratificando a necessidade e a importância de se inserir nos autos do procedimento administrativo da licitação a composição dos custos unitários expressos em planilha orçamentária, o que é absolutamente indispensável, nos termos do art. 7º, § 2º, da Lei n. 8.666/1993. [Denúncia n. 812.054. Rel. Conselheiro Sebastião Helvecio. Sessão do dia 27/09/2011]

[**Ausência de detalhamento do orçamento.**] Com relação à ausência de orçamento detalhado em planilhas, que expressassem a composição de todos os seus custos unitários, entendo que essa falha é grave, contrariando o art. 7º, §2º, II, da Lei de Licitações [...]. Penso que essa exigência, além de ser derivada da lei, é cuidado essencial do administrador público para possibilitar, através do detalhamento do que irá contratar, questionamento da devida quitação do contrato, por parte dele e por parte dos controles externo e interno, aos quais está submetido. Sem esta documentação, fica ferida a transparência administrativa, além do citado inciso II do §2º do art. 7º da Lei n. 8.666/93. [Processo Administrativo n. 690.536. Rel. Conselheira Adriene Andrade. Sessão do dia 31/07/2007]

III — houver previsão de recursos orçamentários que assegurem o pagamento das obrigações decorrentes de obras ou serviços a serem executadas no exercício financeiro em curso, de acordo com o respectivo cronograma;

Nenhuma licitação poderá ser realizada sem que haja previsão dos recursos orçamentários que assegurem o pagamento das obrigações a serem contraídas pela administração no exercício financeiro em curso. Esse inciso decorre de norma constitucional, pois o próprio artigo 167, incisos I e II da Constituição da República de 1988 veda a realização de despesas sem a prévia estimativa orçamentária. Essa exigência também está consignada na Lei de Responsabilidade Fiscal, a qual estipula ainda condições para a criação de despesa.

ENUNCIADO DE SÚMULA N. 23. A indicação da dotação orçamentária, que irá comportar os gastos públicos decorrentes da execução de convênios, contratos, acordos ou ajustes firmados pelo Estado, é exigência legal que não pode ser desprezada, eis que visa a demonstrar e promover, respectivamente, a existência e a reserva de recursos e acompanhar a execução do plano plurianual, o cumprimento das diretrizes orçamentárias, bem como do respectivo orçamento.

[**Condicionamento de prévia dotação orçamentária. Requisito para procedimento licitatório.**] O inciso I do § 4° do art. 16 da LRF dispõe que as normas contidas no 'caput' são condições prévias para o empenho e licitação de serviços, fornecimento de bens ou execução de obras. [...] Com efeito, essas disposições devem ser combinadas com a norma inserta no art. 15 também da Lei de Responsabilidade Fiscal, que considera não autorizadas, irregulares e lesivas ao patrimônio público as despesas públicas realizadas com inobservância dos artigos 16 e 17. Dessa forma, na fase interna da licitação, além de observar as disposições contidas na Lei Federal n. 8.666/93, o gestor público deverá acautelar-se com o cumprimento das regras contidas na Lei Complementar n. 101/2000, sobretudo aquelas estatuídas no mencionado art. 16. [...] Vale dizer, além de comprovar a existência de recursos orçamentários e a adequação da despesa com as leis de natureza orçamentária (LOA, LDO e PP), é preciso que se demonstre a viabilidade financeira para a assunção da nova obrigação, com a possibilidade real de pagamento das obrigações assumidas durante o exercício financeiro, a fim de evitar o desequilíbrio das contas públicas. [...] Diante do exposto, pelas razões elencadas no parecer da Auditoria, ratifico o entendimento de que "à Administração Pública é vedado iniciar procedimento licitatório sem prévia dotação orçamentária suficiente para suportar a respectiva despesa", bem como "sem verificar a estimativa do impacto orçamentário-financeiro da despesa a ser gerada, no exercício em que deva entrar em vigor e nos dois subsequentes, como também se *o* aumento da despesa tem adequação orçamentária e financeira com a Lei Orçamentária Anual e compatibilidade com o Plano Plurianual e com a Lei de Diretrizes Orçamentárias". (grifos nossos) Consoante se depreende da Consulta supracitada, o início do procedimento licitatório, tanto para obras e serviços como para compra de bens, fica condicionado: a) à comprovação da prévia existência de dotação orçamentária para suportar a despesa; b) à estimativa de impacto orçamentário-financeiro da despesa a ser gerada no exercício em que a Lei Orçamentária Anual entrará em vigor e nos dois subsequentes; c) à adequação das despesas com a Lei Orçamentária Anual e compatibilidade com a Lei de Diretrizes Orçamentárias e com o Plano Plurianual. [Consulta n. 838.556. Rel. Conselheiro Mauri Torres. Sessão do dia 28/03/2012]

[**Previsão de recursos orçamentários para a contratação do objeto do certame.**] É na fase interna [...] que a Administração verificará o atendimento dos pressupostos legais para a contratação pretendida, entre os quais, a existência de recursos orçamentários. A prévia existência de recursos orçamentários, como requisito necessário à instauração da licitação, ressai com clareza da Lei Federal n. 8.666/93. [...] a existência de dotação orçamentária é condição *sine qua non* para a instauração de procedimento licitatório, tanto para obras e serviços, quanto para compra de bens. [...] na fase interna da licitação, além de observar as disposições contidas na Lei Federal n. 8.666/93, o gestor público deverá acautelar-se com o cumprimento das regras contidas na Lei Complementar n. 101/2000, sobretudo aquelas estatuídas no mencionado art. 16. É que [...] os incisos I e II do *caput* do art. 16 da Lei Complementar n. 101/2000 determinam novas providências a serem observadas na fase interna da licitação, exigências, essas, que deverão se agregar àquelas contidas nos arts. 7º, 14 e 38 da Lei Federal n. 8.666/93. [...] além de comprovar a existência de recursos orçamentários e a adequação da despesa às leis de natureza orçamentária (LOA, LDO e PPA), é preciso que se demonstre a viabilidade financeira para a assunção da nova obrigação, com a possibilidade real de pagamento das obrigações assumidas durante o exercício financeiro, a fim de evitar o desequilíbrio das contas públicas. [...] à Administração Pública é vedado iniciar procedimento licitatório sem prévia dotação orçamentária suficiente para suportar a respectiva despesa, bem como sem verificar a estimativa do impacto orçamentário - financeiro da despesa a ser gerada, no exercício em que deva entrar em vigor e nos dois subsequentes, como também se o aumento da despesa tem adequação orçamentária e financeira com a lei orçamentária anual e compatibilidade com o plano plurianual e com a lei de diretrizes orçamentárias. [Consulta n. 706.745. Rel. Conselheiro Antônio Carlos Andrada. Sessão do dia 28/02/2007]

[**Contratação sem indicação de dotação orçamentária específica e atual.**] Analisando o edital, observo que [...] apresenta incorreção ao estabelecer como fonte de recursos para as despesas decorrentes da execução do contrato dotação orçamentária da prefeitura para os exercícios de 1997 e 1998 e os convênios celebrados no decorrer do prazo contratual, sem, entretanto, especificar as dotações e os convênios, logo não houve a efetiva indicação dos recursos orçamentários que suportariam as despesas [...]. Considero que, definido o objeto da contratação, impõe-se ao administrador o dever de indicar o elemento que responderia pela futura despesa com dotação orçamentária estimada, demonstrando, desta forma, planejamento quando da realização do certame licitatório, requisito necessário ao aproveitamento dos recursos disponíveis. Nesse sentido, obtempera o professor Marçal Justen Filho: '[...]é necessário verificar não apenas a previsão teórica do orçamento, mas também examinar a evolução dos fatos e apurar a existência de (ou dados indiretos relacionados com) recursos financeiros efetivos para liquidação da despesa. Daí se extrai que a instauração da licitação não depende propriamente da efetiva disponibilidade dos recursos necessários para opagamento. Dependerá da previsão de recursos orçamentários, mas não apenas disso. [...]. É indispensável verificar-se adequação financeira da futura contratação. Isso significa exame dos recursos efetivamente disponíveis no momento da abertura da licitação e da consideração às receitas e despesas futuras...

O ordenador das despesas tem o dever de manifestar-se, indicando se a realização das despesas e o ritmo das receitas permitem estimar a existência de recursos suficientes para propiciar a liquidação oportuna das despesas derivadas da contratação' (Comentários *à Lei de Licitações e Contratos Administrativos* — 11. ed. — São Paulo: Dialética, 2005. p. 109). [...] Importa relevar que a regra contida no [...] edital, fixando que as despesas decorrentes da execução do contrato correrão por conta de convênios a serem celebrados no decorrer do prazo contratual, condiciona-o a recurso futuro, o que reputo ser incompatível com os princípios norteadores da administração pública, tornando o contrato administrativo refém de eventos imprevisíveis e desprotegido quando da ocorrência de eventual frustração das receitas, pela não celebração dos convênios. [Processo Administrativo n. 650.422. Rel. Conselheiro Moura e Castro. Sessão do dia 19/12/2006]

IV — o produto dela esperado estiver contemplado nas metas estabelecidas no Plano Plurianual de que trata o art. 165 da Constituição Federal, quando for o caso.

A ideia deste artigo é estabelecer uma forma de execução do contrato, caso viesse a ultrapassar mais de um exercício financeiro. Se o projeto for incluído no plano plurianual significa dizer que sua execução cabe ao administrador, sendo assim as parcelas correspondentes ao projeto serão executadas a cada exercício. Dessa forma, verifica-se que a inclusão do projeto no plano plurianual produz efeito jurídico de legitimar sua execução.

[**Câmara municipal. Despesas de capital.**] [...] possibilidade legal de se construir uma sede própria para a Câmara Municipal, por meio do Poder Legislativo, tendo em vista a autonomia administrativa e financeira dos Poderes, mas, desde que observadas determinadas condições de natureza orçamentária e financeira. [...] Por se tratar a obra em questão da construção da sede do Poder Legislativo, portanto, de despesa de capital, provavelmente ultrapassando um exercício financeiro, faz-se necessário então, em primeiro lugar, sua previsão no plano plurianual, de que trata o art. 165 da Constituição da República [...]. Cumpre registrar que a referida exigência — inclusão da obra na relação das metas previstas no plano plurianual — consta, também, do art. 7º, § 2º, IV, da Lei n. 8.666/93. Em segundo lugar, a lei orçamentária anual do município deverá consignar, na unidade orçamentária do Poder Legislativo, dotação própria para a despesa a ser executada. Em terceiro lugar, observadas as exigências orçamentárias, impõe-se o cumprimento das exigências da Lei Nacional de Licitações para a execução da obra, observando-se, previamente à realização do certame licitatório, as regras previstas nos arts. 7º e 8º da Lei n. 8.666/93. [Consulta n. 611.381. Rel. Conselheiro Fued Dib. Sessão do dia 29/09/1999]

§3º É vedado incluir no objeto da licitação a obtenção de recursos financeiros para sua execução, qualquer que seja a sua origem, exceto nos casos de empreendimentos executados e explorados sob o regime de concessão, nos termos da legislação específica.

Recursos financeiros são pressupostos para o início da licitação, entretanto essa norma quis deixar claro que não haverá práticas reprováveis, ou seja, não haverá intermediação para a obtenção de recursos, ressalvados os casos de concessão em que deverá se atentar à legislação específica.

§4º É vedada, ainda, a inclusão, no objeto da licitação, de fornecimento de materiais e serviços sem previsão de quantidades ou cujos quantitativos não correspondam às previsões reais do projeto básico ou executivo.

Não é lícito qualquer procedimento licitatório que não preveja de antemão o quantitativo do material ou serviço a serem prestados.

Por esse motivo é que se faz necessário a elaboração de um projeto básico para estabelecer a real necessidade da Administração e, via de consequência não poderá o instrumento convocatório ser diferente daquilo que foi previsto no projeto básico.

Poderá haver contratações em que não se consegue estimar a quantia certa, e por isso deverá ser feita uma estimativa. Caso não seja suficiente a Administração poderá realizar uma alteração no contrato dentro dos limites legais ou ainda realizar uma nova licitação.

[**Realização de procedimento licitatório sem observância de requisitos fundamentais.**] [...] a Administração Pública efetuou procedimento licitatório sem observar requisitos fundamentais, a destacar-se a realização de planejamento que possibilitasse estimar o valor real da contratação e que produzisse um estudo pormenorizado, fundamentando a necessidade de contratação, a economicidade, a relação entre a demanda prevista e a quantidade de serviço a ser contratado. Tais omissões macularam o procedimento, uma vez que o valor aposto no edital não correspondia à realidade fática, podendo ter afastado incontáveis concorrentes. A realização do certame incluindo dois objetos distintos — prestação de serviços e aquisição de medicamentos — também limitou a participação, pois são poucos os que detêm as características que possibilitam a realização dos dois objetos em conjunto. [...] Diante do exposto, manifesto-me, em proposta de voto, pela irregularidade dos atos examinados e, com amparo nos ditames do art. 85, II, da Lei Complementar n. 102/08, por aplicação de multa de R$ 70.000,00 (setenta mil reais) ao *(omissis)*, Prefeito Municipal à época, sendo: a) R$ 35.000,00 pela inobservância de formalidades exigidas na Lei Nacional de Licitações e Contratos [...] entre as quais destaco a omissão de orçamento detalhado em planilhas de custos (art. 7°, § 2°, I), previsão do volume de mão de obra a ser contratado (art. 7°, § 2°, II e § 4°) e a inclusão posterior das cotações dos serviços licitados (art. 43, § 3°), bem como a ausência de estimativa do impacto orçamentário-financeiro nos exercícios de 2003 e 2004; de declaração de compatibilidade da despesa decorrente com o plano plurianual, a lei de diretrizes orçamentárias e a lei orçamentária anual, com grave transgressão ao comando do art. 16, I e II, e § 4º, I, da Lei Complementar n. 101/00 (item 1). [Processo Administrativo n. 701.635. Rel. Auditor Hamilton Coelho. Sessão do dia 12/11/2009]

[**Prestação de serviços de consultoria, auditoria, assessoria e treinamentos multidisciplinares em Contabilidade Pública.**] Não é razoável que ajuste entre o órgão público e entidade privada funcione como um contrato 'guarda-chuva', de tal modo que tudo o que o primeiro necessite seja possível estender ao segundo. A possibilidade de se ampliar a prestação dos serviços torna o objeto indeterminado e, dessa forma, vedado pelo art. 7º, § 4º c/c o § 9º. da Lei n. 8.666/93, manifestando-se burla aos princípios que orientam o procedimento licitatório, em especial, o da competitividade. [Licitação n. 695.860. Rel. Auditor Hamilton Coelho. Sessão do dia 28/08/2008]

§5º É vedada a realização de licitação cujo objeto inclua bens e serviços sem similaridade ou de marcas, características e especificações exclusivas, salvo nos casos em que for tecnicamente justificável, ou ainda quando o fornecimento de tais materiais e serviços for feito sob o regime de administração contratada, previsto e discriminado no ato convocatório.

Em decorrência do princípio da isonomia, não poderá a Administração realizar licitação cujo objeto inclua bens e serviços sem similaridade ou de marca, características e especificações exclusivas. Entretanto, em decorrência de real necessidade e com a devida justificativa poderá a administração contratar de forma específica, desde que não haja uma preferência arbitrária.

[**Indicação de marca como mera exemplificação.**] [...] a denominação da marca serviria apenas para exemplificar a especificação do material. Nesse sentido, a interpretação do professor Marçal Justen Filho, a qual colaciono, *in litteris*: 'Ora, é imperioso que o ato convocatório indique as características relevantes para fins de similaridade. Para tanto, deverá indicar o padrão mínimo de qualidade necessário. Dito de outro modo, a referência a uma marca funcionará como uma mera exemplificação da qualidade mínima admitida.' (JUSTEN FILHO, Marçal. *Comentários à Lei de Licitações e Contratos Administrativos,* 11. ed. São Paulo: Dialética, 2005, p. 165). [Denúncia n. 747.505. Rel. Conselheira Adriene Andrade. Sessão do dia 13/05/2008]

[**Definição da marca dos componentes dos equipamentos e exigência de certificações irrelevantes ao objeto do fornecimento.**] Quanto à exigência da marca do processador no edital, [...] não se configura irregularidade nesta escolha, pois foram apresentadas as justificativas técnicas que demonstraram que a marca indicada apresentava o melhor desempenho, em consonância com o art. 7°, § 5°, da Lei n. 8.666/93. [...] Quanto à exigência de certificações, verifica-se que, por ocasião da alteração promovida no edital, estas foram excluídas do Anexo I como exigência obrigatória para participação no certame e transferidas para o Anexo II (Proposta Técnica), para efeito de pontuação, juntamente a outras especificações técnicas pontuáveis, ficando desta forma, sanada a irregularidade. [Representação n. 685.828. Rel. Conselheiro Antônio Carlos Andrada. Sessão do dia 04/03/2008]

[**Necessidade de padronização.**] Já decidiu o Tribunal de Contas da União, nos seguintes termos: 'A invocação do princípio da padronização como argumento para estreitar o campo da competição licitatória, ou mesmo para torná-la inexigível, requer justificação circunstanciada e objetiva dos motivos e condições [...] É indispensável exigir-se essa comprovação' (TCU — 020.605/91-9 — Relator: min. Carlos Átila).

Este é também o entendimento do administrativista Jessé Torres, ao enumerar os requisitos para aceitação de uma padronização como essa do tipo de chassi, que, em princípio, macularia os certames em comento. Seriam estes requisitos: 'a — a padronização depende de estudo técnico que sustente, fundamentadamente, ser a solução correta para aquisição de determinado produto [...]; b — a padronização não pode ser, toda evidência, o disfarce de um capricho do administrador [...], c — [...] estudos, lançados em relatórios técnico-científicos, constituem requisito da padronização' (Jessé Torres, in Comentário à Lei de Licitações e Contratações da Administração. p. 174 e 175). [Denúncia n. 719.754. Rel. Conselheira Adriene Andrade. Sessão do dia 03/4/2007]

§6° A infringência do disposto neste artigo implica a nulidade dos atos ou contratos realizados e a responsabilidade de quem lhes tenha dado causa.

A regra contida neste artigo visa ao interesse público, uma vez que a Administração não pode gerir mal os recursos públicos e, se assim o fizer haverá responsabilização por quem lhe tenha dado causa.

§7° Não será ainda computado como valor da obra ou serviço, para fins de julgamento das propostas de preços, a atualização monetária das obrigações de pagamento, desde a data final de cada período de aferição até a do respectivo pagamento, que será calculada pelos mesmos critérios estabelecidos obrigatoriamente no ato convocatório.

A atualização monetária compensatória das obrigações de pagamento não caracteriza modificação ou alteração do valor do contrato.

[Ausência de cláusulas contendo previsão de penalidades por atraso nos pagamentos pela Administração. Irregularidade formal. Sem

prejuízo à execução do contrato.] [...] decorre das normas que regem a Administração Pública a obrigatoriedade de se atualizar monetariamente os valores devidos por esta e pagos em atraso, independentemente de previsão expressa no edital e no contrato. De toda sorte, como o § 1° do art. 5°, o § 7° do art. 7° e o inciso III do art. 55, todos da Lei n. 8.666/93, estabelecem a obrigatoriedade de tal cláusula no edital e nos contratos da Administração, [...] a ausência de sua previsão nesses instrumentos configura irregularidade formal que [...] não justificaria por si só a suspensão liminar do certame ou a aplicação de multa. Isso porque essa falha não tem o condão de cercear a competitividade do procedimento licitatório, nem de gerar potencial prejuízo ao contratado na execução do contrato. Todavia, entendo ser válida a recomendação apontada pela CAEL para que o denunciado adote em futuras licitações todas as cautelas legais previstas. [Denúncia n. 862.880. Rel. Conselheiro Mauri Torres. Sessão do dia 04/10/2012]

§8° Qualquer cidadão poderá requerer à Administração Pública os quantitativos das obras e preços unitários de determinada obra executada.

Em atendimento aos princípios da transparência e da publicidade, poderá o cidadão requerer à Administração os quantitativos das obras e preços unitários de obras executadas. Não poderá a Administração negar em fornecer tais dados sob pena de responsabilização do agente público.

§9° O disposto neste artigo aplica-se também, no que couber, aos casos de dispensa e de inexigibilidade de licitação.

Os casos de dispensa e de inexigibilidade de licitação, embora sejam situações específicas, devem se atentar naquilo que couber as regras contidas neste artigo, afinal o princípio do devido processo licitatório, que é o de seguir as finalidades para a qual foi criada a licitação, deverá ser observado também por procedimentos.

Art. 8° A execução das obras e dos serviços deve programar-se, sempre, em sua totalidade, previstos seus custos atual e final e considerados os prazos de sua execução.

É o chamado planejamento. A Administração tem o dever de planejar a fim de tomar providências adequadas para se obter uma contratação satisfatória e apropriada.

A lei prevê como regra, a execução integral da obra ou do serviço, afinal somente a parcela não traz benefícios ao interesse público. Só se permitirá a execução parcial de uma obra ou serviço, quando esta trouxer benefícios compensadores ou quando o custo for muito elevado e não houver condições para serem efetivados em curto prazo.

O que não se admite é o desperdício de dinheiro público. Se uma obra ou serviço não tiver perspectiva de se chegar ao final é vedada sua execução.

[**Prazo para reajuste do contrato e ausência de estimativa das despesas.**] Conforme se infere dos autos, a correção monetária do contrato se deu em período inferior a um ano, em flagrante violação ao art. 2° da Lei n. 10.192/2001. Verifica-se, ainda, que na fixação do preço contratual não foi feita a estimativa das despesas realizadas com o deslocamento dos profissionais da contratada para a execução do objeto do contrato, tornando o preço indeterminado e contrariando o art. 8° e inc. III do art. 55 da Lei n. 8.666/93. Conclusão: Desse modo, considero irregular o contrato [...], uma vez que violado o art. 2°, § 1°, da Lei n. 10.192/2001, bem como o art. 8° e inciso III do art. 55 da Lei de Licitações. [Processo Administrativo n. 704.105. Rel. Conselheiro Antônio Carlos Andrada. Sessão do dia 06/04/2010]

[**Ausência de estimativa de custos e duração.**] [...] tendo em vista que as quantias não foram estimadas no contrato e no seu valor total no exercício de 2005, [e que] seu curso foi elastecido até o exercício seguinte, [...] [houve] ilegalidade na contratação. A propósito, Jessé Torres Pereira Júnior assim se posiciona: 'Os créditos orçamentários são anuais; em cada contrato é obrigatória a inserção de cláusula que identifique o crédito orçamentário que responderá pelas respectivas despesas (art. 55, V); logo, como regra geral, a duração dos contratos também será ânua.' Ainda no dizer do citado mestre, 'ALei Federal n. 4.320/64, que consolida as normas gerais de direito financeiro brasileiro, estabelece, em seu art. 34, que o 'exercício financeiro coincidirá com o ano civil'. Por conseguinte, os contratos da Administração Pública brasileira devem acomodar-se a tais termos inicial e final do exercício financeiro, que são os mesmos do ano civil' [...]. [Licitação n. 695.860. Rel. Auditor Hamilton Coelho. Sessão do dia 28/08/2008]

[**Contratações supervenientes imprevisíveis.**] [...] transcrevemos lição do prof. Marçal Justen Filho, que nos subsidia em caso análogo: '[...] tem-se discutido longamente acerca de contratações supervenientes imprevisíveis, que escapam à programação inicial da administração. Os exemplos são frequentes na atividade diuturna da administração. Suponha-se que um órgão não disponha de sistema de registro de preços e tenha estimado a necessidade de adquirir certa quantidade de material de expediente. Por questões supervenientes, impossíveis de previsão antecipada, torna-se necessário produzir outras contratações. Qual a solução para a contratação posterior? Muitos sustentam que o valor do contrato posterior deve ser somado ao dos contratos já praticados, adotando-se a modalidade cabível de licitação em face do somatório. A solução se afigura indefensável, com todo o respeito aos seus partidários. É que, se a modalidade cabível devesse ser adotada em face do valor global das contratações, como poderia legitimar-se a primeira aquisição?... No caso, existem apenas duas alternativas teóricas, a meu ver. A primeira é tratar globalmente as duas contratações, aplicando-lhe o mesmo regime jurídico. A segunda é considerá-la como eventos autônomos, dando a cada qual tratamento isolado... Ou seja, se a segunda contratação era imprevisível, configura-se como impossível seu tratamento conjugado com a primeira. Não há como estabelecer o dever de prever o imprevisível, nem de tratar conjuntamente dois contratos quando nem se podia imaginar a existência de um deles. Portanto, se a segunda aquisição era imprevisível, a primeira deve ser tratada como autônoma. A primeira contratação foi realizada validamente na modalidade convite. A segunda contratação não apresenta vínculo algum com a primeira e, considerando exclusivamente seu valor, o caso é de dispensa'. (JUSTEN FILHO, Marçal. *Comentários à Lei de Licitações e Contratos Administrativos*. São Paulo: Dialética, 2005, p. 215-216). [Processo Administrativo n. 627.344. Rel. Conselheiro Simão Pedro Toledo. Sessão do dia 29/05/2007]

Parágrafo único. É proibido o retardamento imotivado da execução de obra ou serviço, ou de suas parcelas, se existente previsão orçamentária para sua execução total, salvo insuficiência financeira ou comprovado motivo de ordem técnica, justificados em despacho circunstanciado da autoridade a que se refere o art. 26 desta Lei. (Redação dada pela Lei nº 8.883, de 1994)

Como visto no *caput* o dever de programação integral da obra é obrigatório, entretanto poderá haver situações excepcionais justificáveis que admitem a programação de execução parcial. A decisão de promover o parcelamento da execução deve ser motivada, incluindo os elementos que justifiquem o desembolso dos cofres públicos para a execução parcial. O artigo 23 trata de algumas hipóteses, as quais serão estudadas em momento oportuno.

Não se deve confundir a programação de execução parcial com o fracionamento. Por fracionamento entende-se que é utilizado para repartir a execução de um único objeto em diversos contratos, ou seja, a Administração contrata o mesmo objeto em vários contratos com valor mais reduzido ao invés de realizar uma única licitação, de maior complexidade, que abranja suas necessidades reais. A programação de execução parcial, também não contrata o objeto necessário na sua integralidade em decorrência de motivos relevantes, mas a perspectiva é de que o objeto seja complementado em um futuro.

A diferença prática é que no fracionamento a Administração tem sua pretensão alcançada, em decorrência de contratos distintos que são executados conjuntamente, enquanto a programação parcial de execução só contrata o restante do objeto em execução quando a etapa anterior tiver sido concluída.

Em regra, a programação de execução parcial é proibida, haja vista que não se tem certeza que haverá uma complementação do objeto que se deu início. Ela só será aceita se demonstrar que trará benefícios para o interesse público. O parágrafo único do artigo 8° admite duas hipóteses, que não são taxativas. A inviabilidade financeira traduz-se na ideia de que existe dificuldade na execução orçamentária, o que não deve ser confundindo com ausência de previsão orçamentária, mas trata-se de uma situação indesejável que impacta diretamente nos recursos da obra ou serviço.

No que se refere ao motivo de ordem técnica, deve-se levar em consideração um caso fortuito ou força maior, pois se subentende que antes de contratar foi realizado um planejamento.

A parte final do dispositivo demonstra que para haver a programação de execução parcial, esta deve se ater aos requisitos do artigo 26, o qual prevê, dentre outros, que a decisão tem de ser comunicada em três dias à autoridade superior, para ratificação, como condição de eficácia. O retardamento envolve ainda a aplicação dos artigos 57, §1°, 65 e 78 desta Lei.

Art. 9° Não poderá participar, direta ou indiretamente, da licitação ou da execução de obra ou serviço e do fornecimento de bens a eles necessários:

As hipóteses previstas neste artigo têm o condão de resguardar a finalidade da licitação, uma vez que relações pessoais entre sujeitos que definem as regras da licitação e o particular que participará da licitação podem produzir distorções incompatíveis com o princípio da isonomia. A ideia que se traduz é que poderá haver benefícios indevidos e reprováveis.

[**Abastecimento de combustível por único fornecedor existente no município, sendo o posto de gasolina de propriedade da vice-prefeita e seu marido, que exerce o cargo de Secretário Municipal de Agricultura.**] [...] o legislador, rigorosamente, objetivou impedir aquelas pessoas, naturais ou jurídicas, que poderiam, ainda que por hipótese ou teoria, obstaculizar ou mesmo frustrar a competitividade, que é ínsita ao certame licitatório, e que tivessem por intuito, ainda que de forma dissimulada, auferir benefícios escusos, de participar da licitação — art. 9° da Lei n. 8.666/93 — É, sem dúvida, a observância plena do princípio da moralidade insculpido no art. 37 da Carta Federal. De outra parte, se o agente público, de forma inequívoca, demonstrada à exaustão, até documentadamente, não puder frustrar a competitividade, por ação ou omissão, creio que a exegese que se deve fazer do dispositivo legal não pode desconsiderar outros balizamentos importantes que dão consistência jurídica às aquisições ou fornecimentos a serem contratados pelo Poder Público. Sei que a questão é melindrosa, requer ampla cautela, mas o interesse público deve sempre prevalecer, de tal sorte que a proposta verdadeiramente mais adequada ou vantajosa para a administração pública seja de fato aceita. [...] Ora, se o agente público, comprovadamente, não dispõe de meios para frustrar a competitividade, tenho que a executoriedade da contratação poderá dar resposta legítima ao interesse público, que está sempre exigindo que a administração não fique inerte ou tolhida na sua eficácia. [...] Se ficar certificado formalmente pela Junta do Comércio local ou regional e por outras entidades que fiscalizam as atividades comerciais que impliquem arrecadação de receitas, Agência Fazendárias (inciso I do art. 25 da Lei n. 8.666/93) que o fornecedor é exclusivo, fica oficialmente evidenciada a inviabilidade de competição. [...] Finalmente, é de se concluir que o princípio da moralidade, ideia filosófica de observância intransponível, tanto prevalece quando se veda a participação do agente público no processo licitatório, quando se dá suporte à contratação decorrente de comprovada e inequívoca falta absoluta de competitividade, para o fornecimento do serviço, compra de bem ou realização de obra de interesse público. [Consulta n. 455505. Rel. Conselheiro Eduardo Carone Costa. Sessão do dia 17/09/1997]

[**Impedimentos como normas gerais.**] [...] os impedimentos à participação na licitação que estão delineados nos incisos do art. 9º da Lei n. 8.666/93 não podem ser restringidos ou estendidos por lei local, por se tratar de Lei Federal que estabelece normas gerais e fixa princípios do instituto que devem ser respeitados por toda a Administração Pública direta e indireta, autárquicas e fundacionais da União, Estado, Distrito Federal e Municípios. [Recurso de Revisão n. 657.946. Rel. Conselheiro Elmo Braz. Sessão do dia 22/09/2004]

I — o autor do projeto, básico ou executivo, pessoa física ou jurídica;

Uma vez que os projetos delineiam os contornos da obra ou do serviço, seus autores teriam condições de visualizar de antemão seus concorrentes, o que possibilitaria tentar dificultar o acesso a todos os interessados ou incluir condições que os beneficiem.

II — empresa, isoladamente ou em consórcio, responsável pela elaboração do projeto básico ou executivo ou da qual o autor do projeto seja dirigente, gerente, acionista ou detentor de mais de

5% (cinco por cento) do capital com direito a voto ou controlador, responsável técnico ou subcontratado;

A palavra empresa é utilizada como sinônimo de pessoa jurídica e não necessariamente deverá existir uma empresa no sentido próprio da expressão, que seria o caso das pessoas jurídicas de direito civil que prestam serviços, mas que não são reconhecidos pelo Direito Comercial como empresas.

A lei impõe impedimentos quando houver vínculo direto entre o autor do projeto e a pessoa jurídica, sendo que por dirigentes e gerentes entendem-se as pessoas que possuem poderes de representação da pessoa jurídica.

Acionista significa ser sócio de uma determinada sociedade. Dessa forma os acionistas ou detentores de mais de 5% do capital com direito a voto ou controlador (artigo 116 da Lei 6.404/76 – todo controlador é acionista), não poderá participar das licitações, nem executar obras, prestar serviços ou fornecer bens.

Mesmo nas situações em que o autor do projeto não seja sócio da empresa, mas possa interferir na sociedade, ele também estará incluído na vedação desse inciso.

Responsável técnico ou subcontratado são hipóteses em que o autor do projeto não é sócio da empresa, mas é contratado pela empresa para realizar os projetos e por esse motivo também se encaixam na vedação legal.

III — servidor ou dirigente de órgão ou entidade contratante ou responsável pela licitação.

Essa vedação tem fundamento no princípio da moralidade, que é um dos pressupostos da licitação. Essa vedação atinge também o servidor que esteja licenciado.

[**Aquisição de combustível. Contratação de único posto de gasolina de propriedade de vereador. Necessidade de comprovação da vantagem financeira e do interesse público. Contratação por inexigibilidade.**] [...] na hipótese de o único posto de combustível do município pertencer a agente político local e o deslocamento dos veículos para abastecimento em cidades vizinhas implicar gastos excessivos, é possível que se realize contratação direta por inexigibilidade de licitação desse estabelecimento, desde que comprovada a vantagem financeira e preservado o interesse público, sobrepondo-se os princípios da economicidade e da razoabilidade ao da impessoalidade e à regra do art. 9º, III, da Lei n. 8.666/93,e, em caso de credenciamento de outro fornecedor de combustível durante a execução do contrato, deverá ser instaurado procedimento licitatório. Consultas ns. 767.269 (29/04/2009), 675.252 (04/08/2004), 440.512 (06/09/2000), 456.861 (11/11/1998), 455.505 (17/09/1997), 167.160 (15/06/1994), 116.009 (28/04/1994) e 98.310 (18/11/1993). [Consulta 898.397. Rel. Conselheiro Wanderley Ávila. Publicado no DOC do dia 23/10/2013]

[**Participação de empresa do gestor.**] 1) Em regra, é vedada a participação de empresa de propriedade do prefeito em processo licitatório do próprio município, em respeito aos princípios da moralidade e da impessoalidade insertos no art. 37, *caput*, da Constituição da República, e no art. 9º, III, da Lei n. 8.666/93. 2) Entretanto, tal exegese não se mostra intransponível pois, na hipótese de o único posto de combustível do município pertencer a agente político local, o deslocamento dos veículos da prefeitura para abastecimento em cidades vizinhas poderá implicar gastos excessivos. Nesse caso, os princípios da economicidade e da razoabilidade poderão se sobrepor ao da impessoalidade e à regra do art. 9º, III, da Lei n. 8.666/93, de modo a permitir a contratação direta por inexigibilidade de licitação de posto de gasolina de propriedade do agente político, desde que comprovada a vantagem financeira e preservado o interesse público, conforme reconhecido nas Consultas TC n. 440512 e n. 675252. 3) Se no decorrer da execução do contrato for credenciado outro fornecedor de combustível no município, a Prefeitura deverá instaurar imediatamente procedimento licitatório. [...] no momento da formalização do processo de inexigibilidade, em cada caso concreto, deverá o gestor expor as razões que motivaram a sua opção pela inexigibilidade mediante contratação direta. [Consulta n. 767.269. Rel. Conselheiro em exercício Licurgo Mourão. Sessão do dia 29/04/2009]

[**Único fornecedor no município não implica, necessariamente, inviabilidade de competição.**] Essas obrigações de não fazer, dirigidas aos agentes públicos, parentes seus e cônjuge, visam a garantir a moralidade no processo de contratação com o Poder Público e, igualmente, coibir tráfico de influência; enfim, evitar todo e qualquer desvio da conduta administrativa, crime político pelo Decreto-lei n. 201/67 e de improbidade pela Lei n. 8.429/92. [...] as vedações constantes nas Leis de Licitação e Orgânica do Município sobrepõem a suposta hipótese de inexigibilidade, que só poderá ser examinada em cada caso concreto, por serem exemplificativos os casos do art. 25 da Lei n. 8.666/93. Logo, a [...] existência de único fornecedor no município não implica, de pronto, a possibilidade de contratação direta, pois, também nesse caso, haverá de a Administração comprovar, em regular procedimento licitatório, a inviabilidade fática de competição, a vantagem custo-benefício e a compatível oferta com o mercado, que não se restringe ao do município. A propósito, é bom não se esquecer de que [...] o universo de contratação não se limita à circunscrição territorial do município; ao contrário, é bem mais amplo, abrangendo outros municípios, estados-membros e até países. [Consulta n. 700.280. Rel. Conselheiro Moura e Castro. Sessão do dia 26/10/2005]

[**Contratação de posto de combustível. Sócio vice-prefeito. Ausência de outros postos de combustível.**] [...] analisada efetivamente a vantagem em adquirir a mercadoria do único posto do município, em razão da qualidade e do preço ofertado, e a aquisição no posto de gasolina pertencente ao vice-prefeito, único da localidade, revelar-se mais vantajosa, entendo que os princípios da economicidade e razoabilidade sobrepor-se-ão ao da impessoalidade e à regra do art. 9º, III, da Lei Orgânica do Município. Entendo, assim, que mediante fiscalização rigorosa dos preços, durante a vigência do contrato, que justifique a sua permanência, com a efetiva atuação do controle interno do Município, e do controle externo, pela Câmara Municipal, a contratação com o único posto de gasolina da localidade poderá ser realizada. [Consulta n. 675.252. Rel. Conselheiro José Ferraz. Sessão do dia 04/08/2004]

[**Parceria entre o Estado e os consórcios intermunicipais de saúde.**] No âmbito dos municípios, mais precisamente na área de saúde, esse instrumento de cooperação, que permite a conjugação de esforços para realizar o que sozinho um ente local não conseguiria, vem recebendo o nome de Consórcios Intermunicipais de Saúde. A formação desses consórcios encontra respaldo no próprio texto do art. 241 da Constituição da República, alterado pela Emenda n. 19/98, verbis: [...] esta disposição autoriza, expressamente, a possibilidade de cooperação entre os entes da federação, na gestão dos serviços públicos e transferência de encargos. No caso da saúde pública, constam da Lei n. 8.080/90 os seguintes comandos [art. 10, §1º, art. 18, VII]: [...] a formação de tais consórcios é de iniciativa autônoma de municípios contíguos. Esta espécie de consórcio público é uma forma inovadora e descentralizada de gestão do Sistema Único de Saúde (SUS). Sua operacionalização é possível graças à combinação de recursos financeiros dos próprios municípios consorciados, do SUS e da Secretaria Estadual de Saúde. E mais, os consórcios, por permitirem uma administração mais flexível das ações de saúde, facilitam a implementação do SUS, reduzem custos e padronizam os procedimentos médicos, na medida em que interligam diferentes municípios. Assim sendo, os consórcios intermunicipais, além de promoverem a articulação e a integração dos serviços de saúde municipais, são um tipo novo e eficiente de oferta de serviços públicos. Nesse passo, [...] os consórcios, legalmente previstos em lei, são partes integrantes do plano nacional de unificação da saúde, cabendo ao Estado-membro, por intermédio de sua Secretaria de Saúde, não contratá-los, mas conveniar com eles, pois aqui não há interesses antagônicos e sim convergentes. Logo, a vedação inserta no inciso III do art. 9º do Estatuto Nacional de Licitação não alcança tais consórcios, porque o caso não é de contratação. E o que a citada norma proíbe é a participação, na licitação, de servidor ou dirigente de órgão ou entidade contratante ou responsável pela licitação; [...]: [...] o referido impedimento é dirigido aos serviços precedidos de licitação e os consórcios em discussão não participam de licitação para poderem prestar serviços de saúde ao SUS, do qual fazem parte por determinação da Lei Nacional de Saúde (Lei Federal n. 8.080/90). Nesta circunstância, o convênio, ou qualquer outro ajuste de parceria, a ser celebrado entre os consórcios intermunicipais de saúde e a Secretaria Estadual da Saúde não atentará contra o princípio da moralidade pública e muito menos contra o inciso III do art. 9º da Lei n. 8.666/93, pelo contrário, irá ao encontro dos direitos sociais inscritos nos arts. 196 e seguintes da Carta Política de 1988. Igualmente, convém não esquecer que as normas da lei de licitação retrocitada são aplicáveis aos convênios, no que couber, como se depreende do art. 116. [...] A dúvida do consulente consiste no fato de os conselhos de municípios ou de diretores, que fazem parte da estrutura administrativa dos consórcios, serem compostos pelos prefeitos ou secretários municipais de saúde. Em verdade, tais conselhos, [...] congregam os representantes dos municípios consorciados e são os responsáveis pela condução da política do consórcio. Logo, a vedação inserida no § 4º do art. 26 [da Lei n. 8.080/90] [...] não alcança os membros daqueles conselhos, pois eles atuam como representantes dos municípios nos consórcios. [...] os proprietários, administradores e dirigentes de entidades privadas, contratadas para prestação de serviços de saúde de forma complementar, não poderão exercer cargo de chefia ou função de confiança no Sistema Único de Saúde (SUS). [...] Assim, vislumbrando nos consórcios intermunicipais não um fim em si próprio, mas indispensável meio para a consolidação do Sistema Único de Saúde, no que se refere à administração e orientação das ações e serviços de saúde, entendo que a Secretaria de Estado da Saúde pode com eles formar parceira para desenvolverem, em conjunto, serviços ligados ao SUS, não se aplicando as vedações contidas no inciso III do art. 9º da Lei n. 8.666/93 e no § 4º do art. 26 da Lei n. 8.080/90. [Consulta n. 657.031. Rel. Conselheiro Moura e Castro. Sessão do dia 18/09/2002]

[**Contratação de empresa de parente de servidor ou dirigente.**] A clareza do dispositivo [art. 9º, III, da Lei n. 8.666/93] não deixa dúvida quanto ao impedimento da participação de determinadas pessoas na licitação. O referido artigo retrata os princípios da moralidade pública e da isonomia. O inciso III proíbe expressamente de participar da licitação o servidor ou dirigente do órgão ou entidade contratante responsável pelo certame. Também proíbe a participação de empresas cujos sócios, administradores, empregados, controladores, etc., sejam servidores ou dirigentes dos órgãos contratantes. Por oportuno, deve-se esclarecer que tal vedação alcança as contratações entre prefeitos e a municipalidade e, por extensão, a sua participação em processos licitatórios. Alcança também a aquisição de bens por parte da municipalidade de único estabelecimento existente no município do qual seja proprietário o prefeito, visto que ele representa diretamente a municipalidade nas contratações e autoriza as licitações. Mesmo que haja delegação, os impedimentos para a contratação permanecem, visto que poderão estar presentes riscos do relacionamento pessoal produzir distorções incompatíveis com o princípio da isonomia. Como ensina Marçal Justen Filho, "a simples potencialidade do dano é suficiente para que a lei se acautele." Por força do disposto no art. 29, IX, c/c com o art. 54, I e II, da Constituição Federal, e art. 57, II, da Constituição Estadual, também é vedada a participação em licitação e a consequente realização de obra ou fornecimento de bens e serviços — decorrente de contrato firmado com pessoa jurídica de direito público do município — de pessoa física do vereador ou de empresa da qual seja proprietário, diretor ou que nela exerça função remunerada. Essas vedações consagram o princípio da moralidade, impessoalidade e da isonomia. Entretanto, não existe na lei nenhum dispositivo que impeça de participar de contratação com a Administração parentes de servidores ou de dirigentes de órgãos, desde que o contrato obedeça às cláusulas uniformes e seja precedido do procedimento licitatório nos termos regidos pela Lei n. 8.666/93. Com relação à contratação de parentes de servidores e dirigentes com dispensa da licitação, especificamente para obras e serviços de engenharia de valor até 5% do limite previsto na alínea *a* do inciso I do art. 23 da Lei n. 8.666/93, e para outros serviços e compras de valor de até 5% do limite previsto no inciso II, *a*, do mesmo art. 23, entendo que, se existirem outras empresas que possam atender a administração, é prudente que se estabeleça a licitação, para evitar risco à isonomia que venha comprometer a lisura da contratação e, principalmente, ferir os princípios da moralidade e impessoalidade, consagrados pela Constituição Federal em seu art. 37. [Consulta n. 646.988. Rel. Conselheiro Elmo Braz Soares. Sessão do dia 05/12/2001]

[**Impossibilidade de contratação de emissora de rádio para anúncios de caráter informativo, em razão de ser o prefeito sócio quotista da emissora.**] O fato de não ter o consulente retirada pró-labore ou poder de gestão sobre a empresa não afasta o impedimento legal do art. 9º da Lei n. 8.666/93. [...] Na hipótese levantada pelo consulente, evidente o vínculo de natureza comercial/econômica. [...] o professor

Jessé Torres Pereira Júnior, ao analisar o dispositivo, entende que: 'Têm caráter geral as normas do art. 9º e seus incisos porque tendentes a assegurar a observância dos princípios da igualdade e da moralidade, seja na licitação ou na execução de contrato, tanto de obra ou serviço quanto de fornecimento de bens a eles necessários' (in *Comentários à Lei das Licitações e Contratações da Administração Pública*, 1994, p. 74). [...] O relator do processo (Ação Civil Pública — Ap. Cível n. 229.630-1/9), desembargador Cunha Cintra, abordou a questão nos seguintes termos: 'Como ensina Celso Antônio Bandeira de Mello (*Curso de Direito Administrativo*, 6. ed., Malheiros, p. 59), de acordo com o princípio da moralidade administrativa, a administração e seus agentes têm que atuar em conformidade com os princípios éticos; violá-los implicará violação ao próprio direito, configurando ilicitude. Não se pode admitir, na administração pública, que um administrador participe de licitação, especialmente no sistema de carta-convite, em que sua própria empresa é convidada, participa e sai vencedora, ainda que outra concorrente apresente preço maior. [...] O réu *(omissis)*, se não era licitante, confundindo-se com a pessoa jurídica *(omissis)*, era, pelo menos, interessado no julgamento em favor dela' [...]. [Consulta n. 440.529. Voto do Conselheiro Moura e Castro. Rel. Conselheiro Fued Dib. Sessão do dia 02/07/1997]

[**Contratação de obras e serviços pelo município com empresa de que é sócio o prefeito.**] [...] impossibilidade de o prefeito municipal contratar serviços de empresa de sua propriedade com a prefeitura, uma vez que tal ato atenta contra os princípios da legalidade, impessoalidade e moralidade que norteiam a administração pública. Os art. 54 e 29, VII, da Carta Federal, bem como a Carta Estadual em seus arts. 57, I, e l75, §3º vedam expressamente tal contratação. [...] Da mesma forma, respondo pela impossibilidade de contratação de empresa de propriedade do prefeito, mesmo estando arrendada a um terceiro. [Consulta n. 43.273. Rel. Conselheiro Sylo Costa. Sessão do dia 30/10/1996]

[Requisitos para configuração da vedação do art. 9º, III, da Lei n. 8.666/93.] Cumpre ressaltar que o art. 9º, III, da Lei n. 8.666/93, norteado pelo princípio da moralidade, visa afastar objetivamente o risco de comprometimento da seriedade das licitações e da probidade na execução do contrato. Previne, sobretudo, o conflito de interesses em contratação cujas partes possuem integrantes em comum, resguardando também o princípio da isonomia que deve orientar todo o procedimento licitatório. [...] Desse modo, [...] extrai-se que o edital [...], ao proibir somente a participação na licitação de servidores do município que tenham percentual de participação superior a 5% nas empresas interessadas, e que são ou foram participantes da Comissão Especial de Licitação — padece de vício de legalidade, podendo comprometer o certame. [Representação n. 721.510. Rel. Conselheiro Antônio Carlos Andrada. Sessão do dia 23/01/2007]

§1° É permitida a participação do autor do projeto ou da empresa a que se refere o inciso II deste artigo, na licitação de obra ou serviço, ou na execução, como consultor ou técnico, nas funções de fiscalização, supervisão ou gerenciamento, exclusivamente a serviço da Administração interessada.

Chamada participação acessória, é vantajoso para a Administração contratar o autor do projeto para fiscalizar, supervisionar ou gerenciar a obra que projetou, haja vista seu amplo conhecimento no meio, o que fará com que ele atue de forma mais eficiente e satisfatória do que aqueles que não dominam o projeto tão bem quanto quem o projetou.

§2° O disposto neste artigo não impede a licitação ou contratação de obra ou serviço que inclua a elaboração de projeto executivo como encargo do contratado ou pelo preço previamente fixado pela Administração.

Admite-se que a licitação se desenvolva apenas com o projeto básico, atribuindo ao licitante vencedor a obrigatoriedade de elaborar o projeto executivo.

[**Exceção à vedação imposta ao autor do projeto executivo de participar da licitação ou da execução do contrato.**] Marçal Justen Filho [...] assim doutrina: 'A vedação legal não impede que a licitação abranja também a elaboração do projeto executivo. Logo, o autor do projeto pode ser o executor, desde que os interessados sejam convidados a formular propostas abrangentes da elaboração do projeto e de sua execução. Eventualmente, a Administração pode determinar, de antemão, o valor que corresponderá ao projeto, cuja elaboração será encargo obrigatório para os interessados em executar a obra ou o serviço' [...]. [Denúncia n. Rel. Conselheiro Eduardo Carone Costa. Sessão do dia 04/06/2008]

§3° Considera-se participação indireta, para fins do disposto neste artigo, a existência de qualquer vínculo de natureza técnica, comercial, econômica, financeira ou trabalhista entre o autor do projeto, pessoa física ou jurídica, e o licitante ou responsável pelos serviços, fornecimentos e obras, incluindo-se os fornecimentos de bens e serviços a estes necessários.

A regra é meramente exemplificativa, e demonstra que, qualquer vínculo entre o autor do projeto e o licitante ou responsável pelos serviços, fornecimentos e obras, veda sua participação no certame, pois sempre que houver possibilidade de influência sobre a licitação haverá o risco de comprometimento do princípio da moralidade, o que já é suficiente para comprometer a licitação.

O TCU tem ampliado a vedação legal para alcançar as hipóteses em que existam vínculos familiares.

[**Contratação de parentes do chefe do Poder Executivo caso empresa seja escolhida em certame licitatório.**] Admitir-se, em tese, que inexiste na Lei n. 8.666/93 dispositivo que impeça que parentes próximos de servidores ou agentes políticos participem de procedimentos licitatórios para a contratação de fornecimento, prestação de serviços ou execução de obras para a Administração Pública não confere ao gestor público, a meu ver, ampla liberdade nas contratações. [...] É o que se pode constatar no que foi decidido pelo Plenário do TCU no Acórdão n. 607/2011, relator ministro substituto André Luís Carvalho, Sessão de 16/03/2011, em apreciação de Representação articulada pela Câmara do Município de Marataízes/ ES, sendo destacado, desse decisório, o seguinte trecho: A irregularidade verificada no item 3.4 acima afronta os princípios constitucionais da moralidade e da impessoalidade que devem orientar a atuação da administração pública e, mesmo que a Lei n. 8.666, de 1993, não possua dispositivo vedando expressamente a participação de parentes em licitações em que o servidor público atue na condição de autoridade responsável pela homologação do certame, vê-se que foi essa a intenção axiológica do legislador ao estabelecer o art. 9º dessa Lei, em especial nos §§ 3º e 4º, vedando a prática de conflito de interesse nas licitações públicas, ainda mais em casos como o ora apreciado em que se promoveu a contratação de empresa do sobrinho do prefeito mediante convite em que apenas essa empresa compareceu ao certame. [...] a hipótese não prescinde da observância dos princípios da moralidade, isonomia, impessoalidade e da maior competitividade possível, sendo recomendável que, nessa espécie de contratação, o gestor deve demonstrar, nos autos do procedimento licitatório, de forma consistente, que foram respeitados esses princípios, de modo a se afastarem possíveis questionamentos sobre a ocorrência de influências nocivas na condução dos certames. [Consulta n. 862.735. Rel. Conselheiro Sebastião Helvecio. Sessão do dia 18/04/2012]

§4º O disposto no parágrafo anterior aplica-se aos membros da comissão de licitação.

Tendo em vista que a comissão de licitação é quem organiza e julga os procedimentos da licitação, a vedação também abrange os membros da comissão de licitação.

Art. 10. As obras e serviços poderão ser executados nas seguintes formas: (Redação dada pela Lei nº 8.883, de 1994)

I — execução direta;
II — execução indireta, nos seguintes regimes: (Redação dada pela Lei nº 8.883, de 1994)

a) empreitada por preço global;

[**Contratação de empresa terceirizada mediante processo licitatório por preço global.**] Em relação à contratação de empresa terceirizada para realizar os serviços dispostos nos itens 1 a 5 [energia, pavimentação de rodovias, abastecimento de água, recuperação e proteção ao meio ambiente e saneamento básico], mediante licitação por preço global, objetivando a aquisição de materiais e mão de obra, a opção pelo preço global somente será legítima quando se mostrar inviável o parcelamento do objeto, nos termos do §1º do art. 23 da Lei n. 8.666/93. [Consulta n. 838.756. Rel. Conselheiro Cláudio Couto Terrão. Sessão do dia 14/09/2011]

b) empreitada por preço unitário;
c) (Vetado). (Redação dada pela Lei nº 8.883, de 1994)
d) tarefa;
e) empreitada integral.

Parágrafo único. (Vetado). (Redação dada pela Lei nº 8.883, de 1994)

O objeto desse dispositivo já foi mencionado no artigo 6º desta Lei, cujos comentários se remetem.

Art. 11. As obras e serviços destinados aos mesmos fins terão projetos padronizados por tipos, categorias ou classes, exceto quando o projeto-padrão não atender às condições peculiares do local ou às exigências específicas do empreendimento.

A razão de se ter um projeto padronizado é em função da redução dos custos, uma vez que dispensa a multiplicação de estoques de reposição ou diversificação de mão de obra, o que via de consequência amplia o universo de fornecedores.

A administração deve estipular um prazo de validade para a padronização, mas poderá revogá-lo por ato motivado. Qualquer interessado pode pleitear à Administração que se desconstitua a padronização e, a Administração deve responder motivadamente.

Se o projeto-padrão não puder atender a determinada situação específica, poderá a Administração, justificadamente, promover contratação fora do âmbito da padronização.

A padronização é regra imposta pela Lei, não podendo o administrador invocar o princípio da discricionariedade e deixar de aplicá-lo. Ele só poderá deixar de ser observado em situações peculiares.

Art. 12. Nos projetos básicos e projetos executivos de obras e serviços serão considerados principalmente os seguintes requisitos: (Redação dada pela Lei nº 8.883, de 1994)

I — segurança;
II — funcionalidade e adequação ao interesse público;
III — economia na execução, conservação e operação;
IV — possibilidade de emprego de mão-de-obra, materiais, tecnologia e matérias-primas existentes no local para execução, conservação e operação;
V — facilidade na execução, conservação e operação, sem prejuízo da durabilidade da obra ou do serviço;

VI — adoção das normas técnicas, de saúde e de segurança do trabalho adequadas; (Redação dada pela Lei nº 8.883, de 1994)
VII — impacto ambiental.

Os critérios abarcados pela norma têm a função de restringir a liberdade da Administração e preceitua quais os fins que devem ser buscados.

Não se trata de um rol taxativo, a depender do caso concreto, outros critérios deverão ser seguidos, lembrando que todos devem atingir ao único objetivo, qual seja o interesse público.

O inciso VII decorre diretamente do artigo 225, inciso IV da Constituição da República de 1988, que impõe a realização de prévio estudo de impacto ambiental para a instalação de obra ou atividade potencialmente danosa ao meio ambiente.

SEÇÃO IV – DOS SERVIÇOS TÉCNICOS PROFISSIONAIS ESPECIALIZADOS

Art. 13. Para os fins desta Lei, consideram-se serviços técnicos profissionais especializados os trabalhos relativos a:

Serviço é tudo aquilo que pode ser prestado por pessoa física ou jurídica, que necessite de esforço humano sem vínculo empregatício com a Administração. Em síntese serviço é a prestação que satisfaz a obrigação.

O serviço descrito no artigo 13 trata dos serviços técnicos profissionais especializados, ou seja, de serviços que necessitam de capacitação, de habilidade, as quais não estão investidas em todos os profissionais.

A especialização torna o indivíduo apto a solucionar problemas complexos e de difícil resolução, afinal tem como finalidade capacitar o prestador de serviços a desenvolver habilidades que ultrapassem o conhecimento da média dos profissionais.

Serviço técnico é tudo aquilo que envolve planejamento, elaboração, bem como a execução ou a prestação dos serviços propriamente ditos.

O rol constante no artigo 13 não é taxativo, afinal não seria possível a lei prever todas as hipóteses de serviços técnicos profissionais especializados. A análise deve ser feita no caso concreto.

[**Ausência de singularidade do objeto. Contratação direta. Impossibilidade.**] No tocante à contratação realizada por meio do procedimento de inexigibilidade de licitação [...] o responsável argumentou que aquela estava fundamentada no grau de confiabilidade e no respeitável currículo do Sr. [...] Entretanto, cumpre observar que a hipótese de inexigibilidade prevista no art. 25, II, c/c o art. 13 da Lei n. 8.666/93 exige o preenchimento dos seguintes requisitos, conjuntamente: a) que se trate de serviço técnico profissional especializado; b) que o serviço seja de natureza singular; c) que o serviço seja prestado por profissional ou empresa de notória especialização; d) que o trabalho seja essencial e indiscutivelmente o mais adequado à plena satisfação do objeto do contrato. Há que se ressaltar que a notória especialização se refere ao profissional contratado, ao passo que a singularidade diz respeito ao serviço avençado. Nesse sentido, em relação aos procedimentos de inexigibilidade ora analisados, observa-se não ter sido demonstrada a singularidade dos serviços contratados, visto tratar-se de serviços comuns, relacionados à atividade rotineira da Administração Pública. Desse modo, não ficou comprovada a inviabilidade do certame, pois, além de não ter sido demonstrada a singularidade dos serviços, não se verificou que os trabalhos dos prestadores de serviços contratados fossem essencial e indiscutivelmente os mais adequados à plena satisfação do objeto das avenças. [Processo Administrativo n. 692.224. Rel. Auditor Licurgo Mourão. Sessão do dia 11/12/2012]

[**Contratação irregular de serviços de advocacia por inexigibilidade de licitação.**] Depreende-se do objeto do contrato, [...] que os serviços a serem executados pelo favorecido seriam comuns à advocacia, sem maiores complexidades, pois se resumem em propor ações judiciais no âmbito do direito tributário, financeiro e previdenciário, interpor recursos, contestações, o que não demanda nenhuma especificidade que possa destacá-los como singulares. [...] a inexigibilidade de licitação pressupõe a inviabilidade de competição, bem como, neste caso, da conjugação simultânea da natureza singular do objeto e da notória especialização do favorecido, consoante inciso II do art. 25, além de ser o objeto da contratação serviços técnicos profissionais especializados, nos termos do *caput* do art. 13 da Lei n. 8.666, de 1993. [...] configurada a inexigibilidade, deve-se atentar para a razão da escolha do executante e, por fim, para a justificativa do preço, nos termos dos incisos II e III do art. 26 da citada Lei, o que também não se observou a contento no caso sob análise, como se constata nos apontamentos da equipe inspetora, à fls. 13, o que não sanaria a falha caso o fizesse, uma vez que o correto seria proceder ao certame. [...] por não se proceder ao devido procedimento licitatório na modalidade convite, optando-se pela inexigibilidade, a contratação se configurou irregular. [...] por se tratar de contratação direta, faz-se imperioso esclarecer que os membros da comissão de licitação não devem ser responsabilizados pelas falhas em tela, uma que eles apenas respondem pela efetiva participação no certame licitatório, o que não ocorreu. [Processo Administrativo n. 694.177. Rel. Auditor Gilberto Diniz. Sessão do dia 13/09/2012]

[**Serviços de assessoria e consultoria contratados sem o devido procedimento licitatório.**] [...] a contratação direta de serviços somente poderá ser efetivada com base no art. 25 quando houver inviabilidade de competição. Ademais, o inciso II do referido artigo, em cuja hipótese os defendentes se baseiam, condiciona esse tipo de contratação à interação de 3 pressupostos básicos: prestação de serviço técnico previsto no art. 13; natureza singular do serviço e notória especialização do prestador de serviço. Nesse sentido, serviços de natureza singular são aqueles que, não sendo únicos, a execução somente pode ser atribuída a determinado profissional ou empresa especializada. Não há singularidade em face de atividades elementares, de manifesta simplicidade, ou que podem ser executadas por profissional padrão. [...] A continuidade de tais serviços, sem prender-se a um objeto excepcional e inédito, pressupõe serviços comuns, ordinários, corriqueiros de qualquer Administração Pública, incompatíveis com a singularidade indispensável para que a licitação deixe de ser exigível. [...] considerando que as contratações ocorreram ao arrepio da lei, por não ter sido precedida do devido certame licitatório, julgo ilegais os procedimentos adotados e aplico multa no valor de R$5.000,00 (cinco mil reais) ao *[omissis]*, que autorizou as contratações e assinou os contratos. [Processo Administrativo n. 695.224. Rel. Conselheiro em exercício Gilberto Diniz. Sessão do dia27/04/2010]

I — estudos técnicos, planejamentos e projetos básicos ou executivos;

São trabalhos destinados a possibilitar a atividade pretendida, ou seja, são estudos prévios, afinal a Administração para adquirir qualquer serviço ou obra, deve previamente analisar sua necessidade e avaliar o meio mais benéfico para contratá-la.

Os tipos citados no inciso I não são taxativos, pois o que deve ser levado em consideração não é o nome dado ao trabalho, mas sim a natureza da atividade desenvolvida.

II — pareceres, perícias e avaliações em geral;

O inciso II traz a ideia de diagnóstico, uma vez que pareceres, perícias, avaliações, entre outros, têm como objetivo verificar todas as circunstâncias de um determinado caso, visando extrair conclusões e fornecer meios à Administração para que adote a medida adequada em suas decisões.

III — assessorias ou consultorias técnicas e auditorias financeiras ou tributárias; (Redação dada pela Lei nº 8.883, de 1994)

Possui a mesma ideia do inciso anterior, mas com maior abrangência, uma vez que atinge ainda auditoria financeira ou tributária, o que corresponde ao acompanhamento das práticas de gestão financeira e a verificação acerca do cumprimento da legislação tributária.

ENUNCIADO DE SÚMULA N. 106. Nas contratações de serviços técnicos celebradas pela Administração com fundamento no artigo 25, inciso II, combinado com o art. 13 da Lei n. 8.666, de 21 de junho de 1993, é indispensável a comprovação tanto da notória especialização dos profissionais ou empresas contratadas como da singularidade dos serviços a serem prestados, os quais, por sua especificidade, diferem dos que, habitualmente, são afetos à Administração.

[**Assessoria e consultoria jurídica.**] [...] todo município deve possuir, no seu quadro de pessoal, um corpo jurídico mínimo de advogados, de acordo com a complexidade da máquina administrativa, que possa exercer tarefas rotineiras, permanentes e não-excepcionais do ente. Em regra, não devem ser objeto de execução indireta as atividades inerentes às categorias funcionais que fazem parte do plano de cargos do órgão ou entidade. Contudo, essa regra comporta exceções, diante das situações concretas, cabendo ao administrador público, em cada caso, ater-se aos termos da lei e aos princípios norteadores da administração pública. Se o serviço advocatício for de natureza singular, por exemplo, não se inserindo nas atividades rotineiras ou habituais dos procuradores municipais, poderá o ente recorrer à contratação de advogado, valendo-se da hipótese do art. 25, II, da Lei n. 8.666/93 — que remete à inexigibilidade de licitação para contratação de serviços técnicos enumerados no seu art. 13, de natureza singular. Os motivos da contratação devem ser prévia e claramente expressos, observando-se as formalidades do art. 26 da citada Lei Nacional de Licitações. Trata-se de hipótese que tem sua regularidade vinculada não apenas à singularidade ou invulgaridade do serviço — que constituiu atributo do objeto contratado — como também à notória especialização do profissional, mediante comprovado desempenho anterior, reconhecimento no seu campo de atuação e formação jurídica especializada. [...] quando o Poder Público não possui profissionais especializados para a tarefa, de natureza singular, ou, se possuindo, a natureza da tarefa pretendida, pelo volume não puder ser realizada pelos profissionais do quadro, é possível a contratação de advogado [...]. [...] a solução possível e adequada é o sistema de credenciamento para contratação dos serviços advocatícios, mediante a pré-qualificação dos advogados ou sociedades de advogados, quando existam demandas judiciais em que o ente seja parte e se mostre desarrazoado ou economicamente inviável o deslocamento do procurador do próprio órgão, para prestação dos serviços advocatícios. [Consulta n. 765.192. Rel. Conselheiro Wanderley Ávila. Sessão do dia 27/11/2008]

[**Assessoria e consultoria jurídica.**] Em síntese, é necessário ressaltar que o entendimento desta Corte sobre a contratação de serviços advocatícios pela Administração Pública [...] é de que se deve observar, em princípio, a regra geral contida na Lei n. 8.666/93, que é licitar e, em caso específico, o disposto em seu art. 25, que remete para o art. 13, no qual estão catalogados os serviços técnicos, entre eles, os serviços advocatícios. Este Tribunal considera que nem todos os serviços advocatícios podem ser considerados singulares; aliás, poucos têm esta característica. Somente as causas que, por sua complexidade, ou pelo montante isolado que cada uma representa, ou circunstância especial, marcante para a população ou para a administração pública, revestem-se desse caráter singular. Se estão no dia-a-dia da administração, não podem ser considerados eventuais, mas sim serviços rotineiros, ou seja, aqueles que podem ser prestados pela esmagadora maioria de advogados e são passíveis de licitação. Assim, não basta que o serviço esteja listado no art. 13; é necessário que seja singular. [...] Ressalte-se, também, que a confiança do administrador não é fator caracterizador da inexigibilidade. Pelo contrário, o que deve nortear a sua escolha é o interesse público que alcança toda a coletividade, portanto, impessoal. [Consulta n. 688701. Rel. Conselheiro Elmo Braz Soares. Sessão do dia 15/12/2004]

[**Assessoria contábil e jurídica e natureza fiduciária da relação.**] Entendo que os serviços de assessoria contábil e jurídica atendem, em tese, às exatas aspirações do legislador ao tratar dos requisitos para a inexigibilidade, nos termos do art. 25, II, da Lei de Licitações, uma vez que são serviços especializados e que, pela própria natureza da relação de fidúcia entre seu prestador e o contratante, perfazem a ideia de singularidade [...]. Pelo exposto, pactuo com o entendimento [de] que a singularidade exigida pela lei não diz respeito à quantidade de serviços a serem executados, tampouco à sua descrição enumerativa. O que faz do serviço de um contador ou de um jurista, em face das armadilhas técnicas que surpreendem qualquer gestor à frente de problemas de variadas gamas, é a confiança que deve depositar nesse técnico, uma vez que, devido à peculiaridade da situação, uma mera informação omitida ou transmitida levianamente pode levar à ruína seu empreendimento de gestão e causar-lhe todas as responsabilidades da lei. [...] No mesmo sentido, é farta a jurisprudência pátria, que ecoa ao aludir que o contrato com assessoria contábil ou jurídica é de natureza personalíssima, fiduciária e, portanto, singular, como expressam, melhor do que eu, os seguintes julgados: 'Entidade Detentora de Quadro Próprio de Advogados — Contratação Direta — Licitação Inexigível. [...] A circunstância de entidade pública ou órgão governamental contar com quadro próprio de advogados não constitui impedimento legal para contratar advogado particular a fim de prestar-lhe serviços específicos, desde que a natureza e as características de singularidade e de complexidade desses serviços sejam de tal ordem que se evidencie não poderem ser normalmente executados pelos profissionais de seus quadros próprios, justificando-se portanto a contratação de pessoa cujo nível de especialização a recomende para a causa. [...] A natureza singular, por seu turno, não significa a existência de um único notório especializado, mas pressupõe sem dúvida uma qualificação incomum, algum trabalho que se realizado por outro produzirá um resultado substancialmente diferente'. (TCU. Processo n.000.760/98-6, Relator: ministro Bento José Bugarin). [...] Insisto, no entanto, em lembrar que o fato de se poder fazer uma contratação amparada pela inexigibilidade não dispensa o administrador de todas as formalidades e do zelo legalista, que deve manter em todos os seus atos. [Processo Administrativo n. 703842. Rel. Conselheira Adriene Andrade. Sessão do dia 22/05/2007]

[**Prestação de serviços rotineiros de Consultoria Técnico-Contábil.**] A aludida contratação deu-se para assistência rotineira, de natureza contábil, à administração municipal. Observe-se que a contratação de pessoal para o exercício de função, cargo ou emprego de caráter permanente pressupõe a observância do princípio constitucional do concurso público — art. 37, II, da CF. Fato que merece ser destacado é a impropriedade da contratação com base nos arts. 25, II, e 13, III, da referida Lei das Licitações. É que não se pode banalizar o instituto da inexigibilidade, pois este diz respeito a situações nas quais é impossível a competição e o confronto de propostas, o que, *data venia*, não ocorre no caso vertente. O referido dispositivo legal impõe que o objeto da contratação seja de natureza singular, vale dizer, incomum, peculiar, não corriqueiro. A habitualidade da contratação, que vem se operando desde 1980, [informa-nos que se trata] de serviço não singular, uma vez que comum, frequente. [Processo Administrativo n. 616.173. Rel. Conselheiro Simão Pedro Toledo. Sessão do dia 10/08/2000]

IV — fiscalização, supervisão ou gerenciamento de obras ou serviços;

As obras ou serviços contratados pela Administração devem ser fiscalizados, a fim de que seja verificado se obedecem às regras exigidas pelas técnicas, bem como se os recursos públicos estão sendo bem aplicados.

V — patrocínio ou defesa de causas judiciais ou administrativas;

Trata-se de contratações de serviços de advocacia, tema esse que deve ser analisado conjuntamente com o artigo 25 desta mesma Lei.

[**Impossibilidade de contratação direta de empresa de advocacia para serviços da área fiscal, como recuperações de crédito, impugnações de atuações fiscais, embargos de execuções fiscais.**] [...] esta Corte já se manifestou sobre a matéria em várias ocasiões, sendo que, no trato específico desta, citam-se a Consulta de n. 652.069 [...] e a Consulta de n. 684.672. [...] o entendimento desta Corte sobre a contratação de serviços advocatícios pela administração pública, exarado nas consultas citadas e em várias outras decisões, é de que se deve observar, em princípio, a regra geral contida na Lei n. 8.666/93, que é licitar e, em caso específico, o disposto em seu art. 25, que remete para o art. 13, no qual estão catalogados os serviços técnicos, entre eles, os serviços advocatícios. Este Tribunal considera que nem todos os serviços advocatícios podem ser considerados singulares; aliás, poucos têm esta característica. Somente as causas que, por sua complexidade, ou pelo montante isolado que cada uma representa, ou circunstância especial, marcante para a população ou para a administração pública, revestem-se desse caráter singular. Se estão no dia a dia da administração, não podem ser considerados eventuais, mas sim serviços rotineiros, ou seja, aqueles que podem ser prestados pela esmagadora maioria de advogados e são passíveis de licitação. Assim, não basta que o serviço esteja listado no art. 13; é necessário que seja singular. [...] Sabemos que a notoriedade não é inerente ao profissional do direito ou operador do direito, como chamado por alguns. É adquirida, personalíssima e depende da capacidade de cada um e, às vezes, pode permitir a contratação direta com o Poder Público, desde que o serviço a ser contratado esteja revestido do caráter singular. Ressalte-se, também, que a confiança do administrador não é fator caracterizador da inexigibilidade. Pelo contrário, o que deve nortear a sua escolha é o interesse público que alcança toda a coletividade, portanto, impessoal. [...] quanto aos serviços da área fiscal, como recuperações de crédito e outros, a Consulta de n. 684.672 [...] dirimiu todas as dúvidas. Entendeu-se que é vedada a transferência a terceiro ou a terceirização da cobrança de arrecadação da dívida ativa tributária, por se tratar de serviço essencial, permanente, coordenado e especializado, devendo ser executado pela própria administração pública, por seus agentes especializados. E, no caso de não estruturado ainda, poderá ser feita a contratação de terceiros, mediante prévio certame licitatório, nos termos da Lei n. 8.666/93, pelo prazo estritamente necessário para que se providencie estrutura própria para que seus próprios agentes executem os serviços. [Consulta n. 688.701. Rel. Conselheiro Elmo Braz. Sessão do dia 15/12/2004]

VI — treinamento e aperfeiçoamento de pessoal;

São espécies de serviços técnicos especializados que visam ao aperfeiçoamento e treinamento dos servidores, desde que estejam ligados à função desempenhada por estes.

[**Celebração de contrato com fundação. Treinamento de pessoal.**] [...] a supremacia do interesse público fundamenta a exigência, como regra geral, de licitação prévia para as contratações da administração pública. No entanto, existem hipóteses em que a licitação formal seria impossível ou frustraria a própria consecução do interesse público. Por isso, autoriza-se a administração, nos casos expressos estabelecidos em lei, a não incidência do regime formal de licitação. Mas a despeito disso, mesmo quando há a contratação direta, conforme nos alerta Marçal

Justen Filho, "permanece para o Administrador Público o dever de realizar a melhor contratação possível, dando tratamento igualitário a todos os possíveis contratantes, de forma a atender os princípios básicos estabelecidos pelo art. 37, *caput*, da Constituição Federal, que devem permear a atuação administrativa." (in *Comentários à Lei de Licitações*, 2. ed., 1994, p. 132). No presente caso, não esclareceu a consulente se a fundação em apreço seria pública ou privada. Isso seria necessário, porque em sendo uma fundação pública, constituída com o objetivo de prestar serviços na área de treinamento e aperfeiçoamento de pessoal, estaria caracterizada a hipótese de dispensa de licitação, com fulcro no art. 24, VIII, da Lei n. 8666/93, com a redação dada pela Lei n. 8.883/94 [...] Por outro lado, se a Fundação for entidade privada, em se tratando o objeto a ser contratado de serviços técnicos profissionais considerados especializados, *ex* vi do art. 13, VI, da Lei n. 8.666/93, ou seja, treinamento e aperfeiçoamento de pessoal, a licitação seria inexigível para a contratação desses serviços, quando de natureza singular e com profissionais ou empresas de notória especialização. [Consulta n. 451.105. Rel. Conselheiro Sylo Costa. Sessão do dia 26/08/1998]

VII — restauração de obras de arte e bens de valor histórico.

É utilizado para não deixar os bens ou obras perderem seu valor, entretanto essa restauração deve ser realizada por um profissional que se diferencie dos demais em razão de sua técnica.

VIII — (Vetado). (Incluído pela Lei nº 8.883, de 1994)

§1º Ressalvados os casos de inexigibilidade de licitação, os contratos para a prestação de serviços técnicos profissionais especializados deverão, preferencialmente, ser celebrados mediante a realização de concurso, com estipulação prévia de prêmio ou remuneração.

Como o concurso é uma modalidade que exige evidências concretas das habilidades do interessado, ressalvados os casos de inexigibilidade de licitação, é a modalidade mais adequada.

§2° Aos serviços técnicos previstos neste artigo aplica-se, no que couber, o disposto no art. 111 desta Lei.

O artigo 111 preceitua que para que a Administração pague, contrate, premie ou receba o projeto ou serviço técnico especializado, deverá o autor ceder os direitos patrimoniais relacionados aos serviços.

§3° A empresa de prestação de serviços técnicos especializados que apresente relação de integrantes de seu corpo técnico em procedimento licitatório ou como elemento de justificação de dispensa ou inexigibilidade de licitação, ficará obrigada a garantir que os referidos integrantes realizem pessoal e diretamente os serviços objeto do contrato.

Em razão de o serviço técnico especializado ser de caráter personalíssimo, haja vista a habilitação específica do profissional, a empresa prestadora do serviço deverá garantir que o seu corpo técnico especializado é que irá realizar pessoalmente e de forma direta os serviços objeto do contrato. Caso haja a alteração do corpo técnico da empresa, poderá ela, a fim de manter o contrato com a Administração, aplicar o disposto no artigo 30, § 10, o qual preceitua que "os profissionais indicados pelo licitante para fins de comprovação da capacitação técnico-profissional de que trata o inciso I do § 1º deste artigo deverão participar da obra ou serviço objeto da licitação, admitindo-se a substituição por profissionais de experiência equivalente ou superior, desde que aprovada pela administração".

[**Contratação de empresas de sistemas de informação sem licitação.**] A equipe de inspeção apontou que foi pago o total de

R$2.644,73 à empresa [de Sistemas de Informatização] sem o devido procedimento licitatório. O defendente considerou improcedente o apontamento e apresentou o Processo de Inexigibilidade de Licitação [...], que estaria fundamentado nos arts. 13, II, III e § 3º; 25, II e § 1º; e 26 da Lei n. 8.666/93, o que o eximiria de responsabilidade, a fls. 95-97. [...] Mantenho a irregularidade de "realização de despesas sem acobertamento por procedimento licitatório", por entender que os serviços contratados não se revestiam do caráter de especificidade, não sendo atípicos ou incomuns, existindo outras empresas e profissionais no mercado em condições de executar tais atividades. A continuidade dos serviços está inserida no parágrafo único da Cláusula 5ª do instrumento contratual, que dispõe: "nos exercícios seguintes, por tratar-se de prestação de serviços continuados, [...]". No caso sob crivo, os serviços deveriam ser desempenhados por servidores da própria Câmara e, devido à ausência de estrutura adequada, admitida pela administração, tornar-se-ia indispensável realizar a competente licitação. [Processo Administrativo n. 486.121. Rel. Auditor Hamilton Coelho. Sessão do dia 13/12/2011]

SEÇÃO V – DAS COMPRAS

Art. 14. Nenhuma compra será feita sem a adequada caracterização de seu objeto e indicação dos recursos orçamentários para seu pagamento, sob pena de nulidade do ato e responsabilidade de quem lhe tiver dado causa.

Como já dito anteriormente, deve ser entendido como compra, quando a Administração adquire a propriedade do bem. É imprescindível a adequada caracterização do objeto, bem como a existência de previsão orçamentária para pagamento em decorrência do princípio do planejamento, uma vez que a aquisição do produto só deverá ser realizada se houver necessidade e utilidade do objeto a ser adquirido. A não observância do dispositivo acarretará em nulidade do ato, bem como a responsabilidade de quem lhe tiver dado causa.

ENUNCIADO DE SÚMULA N. 23. A indicação da dotação orçamentária, que irá comportar os gastos públicos decorrentes da execução de convênios, contratos, acordos ou ajustes firmados pelo Estado, é exigência legal que não pode ser desprezada, eis que visa a demonstrar e promover, respectivamente, a existência e a reserva de recursos e acompanhar a execução do plano plurianual, o cumprimento das diretrizes orçamentárias, bem como do respectivo orçamento.

[**Condicionamento de prévia dotação orçamentária. Requisito para procedimento licitatório.**] [...] peço vênia para transcrever trecho do voto da Consulta n. 706745, *in verbis*: A prévia existência de recursos orçamentários, como requisito necessário à instauração da licitação, ressai com clareza da Lei Federal n. 8.666/93, conforme se verifica nos arts. 7º, § 2º, III, 14 e 38, *caput*, que assim prescrevem, respectivamente: [...] Essa exigência tem fundo constitucional, tendo em vista que encontra lastro nas disposições dos incisos I e II do art. 167 da Carta da República de 1988, que vedam, respectivamente, "o início de programas ou projetos não incluídos na lei orçamentária anual" e "a realização de despesas ou a assunção de obrigações diretas que excedam os créditos orçamentários ou adicionais". Dos dispositivos constitucionais e legais reproduzidos, verifica-se que a existência de dotação orçamentária é condição *sine qua non* para a instauração de procedimento licitatório, tanto para obras e serviços quanto para compra de bens. [...] O inciso I do § 4° do art. 16 da LRF dispõe que as normas contidas no *caput* são condições prévias para o empenho e licitação de serviços, fornecimento de bens ou execução de obras. [...] Com efeito, essas disposições devem ser combinadas com a norma inserta no art. 15 também da Lei de Responsabilidade Fiscal, que considera não autorizadas, irregulares e lesivas ao patrimônio público as despesas públicas realizadas com inobservância dos art. 16 e 17. Dessa forma, na fase interna da licitação, além de observar as disposições contidas na Lei Federal n. 8.666/93, o gestor público deverá acautelar-se com o cumprimento das regras contidas na Lei Complementar n. 101/2000, sobretudo aquelas estatuídas no mencionado art. 16. [...] Vale dizer, além de comprovar a existência de recursos orçamentários e a adequação da despesa com as leis de natureza orçamentária (LOA, LDO e PP), é preciso que se demonstre a viabilidade financeira para a assunção da nova obrigação, com a possibilidade real de pagamento das obrigações assumidas durante o exercício financeiro, a fim de evitar o desequilíbrio

das contas públicas.[...] Diante do exposto, pelas razões elencadas no parecer da auditoria, ratifico o entendimento de que "à Administração Pública é vedado iniciar procedimento licitatório sem prévia dotação orçamentária suficiente para suportar a respectiva despesa", bem como "sem verificar a estimativa do impacto orçamentário-financeiro da despesa a ser gerada, no exercício em que deva entrar em vigor e nos dois subsequentes, como também se o aumento da despesa tem adequação orçamentária e financeira com a Lei Orçamentária Anual e compatibilidade com o Plano Plurianual e com a Lei de Diretrizes Orçamentárias". Consoante se depreende da consulta supracitada, o início do procedimento licitatório, tanto para obras e serviços como para compra de bens, fica condicionado:
a) à comprovação da prévia existência de dotação orçamentária para suportar a despesa; b) à estimativa de impacto orçamentário-financeiro da despesa a ser gerada no exercício em que a Lei Orçamentária Anual entrará em vigor e nos dois subsequentes; c) à adequação das despesas com a Lei Orçamentária Anual e compatibilidade com a Lei de Diretrizes Orçamentárias e com o Plano Plurianual. [Consulta n. 838.556. Rel. Conselheiro Mauri Torres. Sessão do dia 28/03/2012]

[**Início do procedimento licitatório. Prévia dotação orçamentária. Estimativa do impacto orçamentário- financeiro.**] [...] a existência de dotação orçamentária é condição *sine qua non* para a instauração de procedimento licitatório, tanto para obras e serviços quanto para compra de bens. [...] o aumento de despesa gerado a partir de criação, expansão ou aperfeiçoamento de ação governamental será acompanhado de: a) estimativa do impacto orçamentário-financeiro no exercício em que deva entrar em vigor e nos dois subsequentes; e b) declaração do ordenador da despesa de que o aumento tem adequação orçamentária anual e compatibilidade com o plano plurianual e com a lei de diretrizes orçamentárias. [...] na fase interna da licitação, além de observar as disposições contidas na Lei Federal n. 8.666/93, o gestor público deverá acautelar-se com o cumprimento das regras contidas na Lei Complementar n. 101/2000, sobretudo aquelas estatuídas no mencionado art. 16. [...] "à Administração Pública é vedado iniciar procedimento licitatório sem prévia dotação orçamentária suficiente para suportar a respectiva despesa", bem como "sem verificar a estimativa do impacto orçamentário-financeiro da despesa a ser gerada, no exercício em que deva entrar em vigor e nos dois subsequentes, como também se o aumento da despesa tem adequação orçamentária e financeira com a Lei Orçamentária Anual e compatibilidade com o Plano Plurianual e com a Lei de Diretrizes Orçamentárias". [Consulta n. 706.745. Rel. Conselheiro Antônio Carlos Andrada. Sessão do dia 28/02/2007]

[**Ausência da indicação da dotação orçamentária.**] [...] o apontamento se refere à falta de indicação da dotação orçamentária no edital, na forma exigida pelo art. 14 da Lei n. 8.666, 1993, e, em análise às cartas-convite que instruíram os procedimentos licitatórios, constato que foi informado apenas que a despesa correria por conta de dotação própria existente no orçamento vigente, sem fazer referência à classificação orçamentária. [...] Em que pese ter sido confirmada a falha, entendo que ela teve caráter formal e que não comprometeu o objetivo do certame, ou seja, ampla competitividade e melhor proposta para a Administração. Por isso, relevo o apontamento, cabendo apenas recomendação para que, em futuros procedimentos licitatórios, a Administração Municipal indique a dotação orçamentária pela qual correrá a despesa. [...] Diante do exposto na fundamentação, proponho, no mérito, ao Colegiado da Segunda Câmara: — sejam desconsiderados os apontamentos técnicos relacionados aos Convites n. 23/2003, 029/2003, 035/2003, 054/2003 e 004/2004, item 3, e seja recomendado ao gestor atual que promova a indicação da dotação orçamentária nos atos convocatórios das licitações e a juntada das notas de empenho e dos comprovantes legais aos processos licitatórios, em observâncias às disposições da Lei n. 8.666, de 1993, e Instruções

Normativas desta Corte. [Processo Administrativo n. 699.096. Rel. Auditor Gilberto Diniz. Sessão do dia 09/10/2012]

[**Pneus. Exigência de produtos de "primeira linha". Ofensa ao princípio do julgamento objetivo.**] [...] a exigência de produto de "primeira linha" configura irregularidade por se tratar de denominação obscura e subjetiva da especificação dos produtos a serem ofertados. Consequentemente, resulta na impropriedade da identificação do objeto da licitação. A matéria também já foi pacificada em precedentes desta Corte, conforme anotado na mencionada cartilha: a ausência de definição de parâmetros objetivos para identificação do que vem a ser um produto de "1ª linha" e/ou "boa qualidade" contraria os arts. 14 e 15 da Lei n. 8.666/93, contaminando, consequentemente, o edital por vício de ilegalidade (p. 12). [Denúncia n. 838.896. Rel. Conselheiro Cláudio Couto Terrão. Sessão do dia 07/08/2012]

[**Critérios subjetivos. Restrição da competitividade.**] [...] examinando o instrumento convocatório, verifico que este traz outras previsões que, nessa mesma análise preliminar, não encontram respaldo na Lei n. 8.666/93, criando verdadeiro óbice à competitividade, o que compromete de plano a continuidade do certame. O edital determina, em seu Anexo I, que não serão aceitos óleos que não sejam de primeira linha e que todos os produtos cotados deverão ser de "boa qualidade". Ora, tais exigências são subjetivas e comprometem a adequada caracterização e especificação do objeto, contrariando o art. 14 e o inciso I do § 7º do art. 15 da Lei de Licitações, além de possibilitar o direcionamento do certame. Constata-se, pois, afronta aos princípios insculpidos no art. 3º da Lei n. 8.666/93, em especial o da isonomia e, por conseguinte, o da competitividade, essenciais para que a Administração Pública selecione a proposta mais vantajosa. Presente, assim, o *fumus boni iuris*, consubstanciado na ofensa aos princípios que norteiam o procedimento licitatório em razão da exigência de oferta de produtos exclusivamente de primeira linha e de "boa qualidade", restringindo o caráter competitivo do certame. De igual modo, o *periculum in mora* existe diante da premente abertura das propostas [...]. Em face do exposto, com base no poder geral de cautela, nos termos do art. 60 da Lei Orgânica e no art. 197 c/c art. 264 do Regimento Interno, determino, *ad referendum* da Primeira Câmara, a suspensão liminar do certame, na fase em que se encontra, devendo os responsáveis se absterem de praticar qualquer ato tendente a efetivar a contratação do objeto licitado, sob pena de multa de R$ 10.000,00 (dez mil reais), nos termos do art. 85, III, da Lei Orgânica do Tribunal, sem prejuízo da adoção de outras medidas legais cabíveis. [Denúncia n. 873.370. Rel. Conselheiro Cláudio Couto Terrão. Sessão do dia 24/04/2012]

[**Multa decorrente de inúmeros vícios apontados no certame licitatório.**] [...] a) escolha incorreta de convite, ao invés de tomada de preço — art. 23, II; b) impressão de informação indevida nos convites endereçados aos candidatos — arts. 3º, 21, § 2º, IV, 38, II, 44, § 1º; c) processo sem autuação, numeração e indicação da dotação orçamentária — arts. 14 e 38, *caput*; d) edital não rubricado em todas as páginas — art. 40, § 1º; e) falta do termo de designação da comissão de licitação — art. 51; f) falta de autorização para abertura do processo licitatório — art. 38, parágrafo único; g) falta de validade, condições de pagamento e prazo de entrega — art. 48, I; h) falta de rubrica de todos os licitantes presentes — art. 43, §§ 1º e 2º; i) não consta do processo a publicação do resumo do edital — art. 21, IV; j) em face da desistência do 1º colocado, contratou- se o 2º colocado, mas por preço superior — art. 64, § 2º; l) falta de cláusulas necessárias nos contratos — art. 55, V, VI, XII e XIII; m) falta de extrato de publicação do contrato — art. 61, parágrafo único. [...] Nesse sentido é o magistério de Jessé Torres Pereira Júnior: O cumprimento exato do procedimento previsto na lei, no regulamento e no edital é dever da Administração (também por força do princípio da igualdade), ao qual corresponde o direito público subjetivo dos licitantes de exigirem que ela assim se conduza. [...] Ante o exposto, anuindo com os apontamentos do órgão técnico, consideramos irregulares, com a ressalva acima explicitada, o procedimento licitatório sob exame, porquanto ficou amplamente comprovada a violação dos supracitados dispositivos legais. [Processo Administrativo n. 715980. Rel. Auditor Licurgo Mourão. Sessão do dia 09/02/2010]

[**Ausência de indicação de recurso para realização de despesa.**] Quanto [...] à ausência de indicação do recurso para a realização da despesa [...]. Essa suposta omissão formal, no entanto, é afrontosa à exigência contida no art. 14, bem como no art. 38, *caput*, ambos da Lei de Licitações [...]. Entendo, portanto, tratar-se, essa, de uma exigência relevante. Sua ausência, naturalmente, vicia o processo e afeta a lisura da contratação, tendo em vista que sua finalidade é demonstrar que o Órgão terá como honrar com o pagamento da despesa, submetendo-se ao princípio da anterioridade, inafastável em matéria orçamentária. Desse modo, considero grave a falta de indicação do recurso para a realização da despesa, por infringir o art. 14, c/c o art. 38, *caput*, da Lei n. 8.666/93. [Processo Administrativo n. 707.561. Rel. Conselheira Adriene Andrade. Sessão do dia 25/11/2008]

[**Alteração do objeto durante o certame.**] [...] é exigência formal definir e estipular a quantidade do objeto a ser licitado (art. 14 e §7°, II, do art. 15 da Lei n. 8.666/93), quando da formulação de um edital. Alterá-lo quantitativamente durante o curso do certame, após conhecida a proposta do licitante, é desrespeitar não só o mandamento legal, mas também um conjunto de princípios (vinculação ao ato convocatório, igualdade entre os licitantes, impessoalidade, legalidade). Só é cabível promover acréscimos e supressões, nos limites estipulados no §1° do art. 65 da Lei n. 8.666/93, após a contratação, ou seja, após o encerramento do procedimento licitatório. [Licitação n. 54.842. Rel. Conselheiro Moura e Castro. Sessão do dia 19/06/1997]

[**Ausência de indicação dos recursos orçamentários.**] [Não procede a] justificativa de que não houve indicação dos recursos orçamentários para pagamento da compra por esta ter sido à vista e ainda por se tratar de despesas extra-orçamentárias e com recursos vinculados a sua realização, [...] uma vez que o art. [14] [...] da Lei n. 8.666/93 é claro ao dizer que: 'nenhuma compra será feita sem a adequada caracterização de seu objeto e indicação dos recursos orçamentários para seu pagamento' [...]. [Licitação n. 24.013. Rel. Conselheiro José Ferraz. Sessão do dia 07/11/1996]

Art. 15. As compras, sempre que possível, deverão:

A expressão "sempre que possível" não traduz a ideia de que é facultativo ao agente seguir as regras quando quiser, mas sim quando for possível, ou seja, a aplicação é obrigatória, mas quando não puder ser aplicada, a Administração deverá justificar a ausência da aplicação da norma. Tanto o artigo 11 quanto o artigo 12 desta Lei também deverão ser observados e aplicados naquilo que couberem.

[**Deficiência na descrição do objeto.**] [...] a exigência de que os produtos licitados sejam de "1ª qualidade" configura irregularidade, por se tratar de denominação obscura e subjetiva da especificação dos produtos a serem ofertados. Consequentemente, resulta na impropriedade da identificação do objeto da licitação. [...] A matéria já foi pacificada em precedentes desta Corte, em apontamentos contidos na cartilha elaborada por esta Corte de Contas para orientação dos jurisdicionados na aquisição de pneus, disponibilizada no sítio eletrônico[1] do Tribunal: A ausência de definição de parâmetros objetivos para identificação do que vem a ser um produto de "1ª linha" e/ou "boa qualidade" contraria os arts. 14 e 15 da Lei n. 8.666/93, contaminando, consequentemente, o edital por vício de ilegalidade (p. 12).[...] No entanto [...] o órgão técnico não foi claro o suficiente com relação à necessidade dos gestores retirarem do edital a expressão "1ª qualidade", [...] uma vez que consignou como "irregular a exigência contida no edital, de se incluir as expressões "1ª linha", "boa qualidade" ou similares a estas" [...], o que leva a crer que os responsáveis incorreram em um equívoco. Assim, diante da boa fé dos gestores, evidenciada pela retificação do edital e pela promoção das adequações sugeridas pelo órgão técnico e pelo Ministério Público, deixo de aplicar multa aos responsáveis.[Denúncia n. 873.370. Rel. Conselheiro Cláudio Couto Terrão. Sessão do dia 04/12/2012]

[**Pneus. Exigência de produtos de "primeira linha". Ofensa ao princípio do julgamento objetivo.**] [...] a exigência de produto de "primeira linha" configura irregularidade por se tratar de denominação obscura e subjetiva da especificação dos produtos a serem ofertados. Consequentemente, resulta na impropriedade da identificação do objeto da licitação. A matéria também já foi pacificada em precedentes desta Corte, conforme anotado na mencionada cartilha: A ausência de definição de parâmetros objetivos para identificação do que vem a ser um produto de "1ª linha" e/ou "boa qualidade" contraria os arts. 14 e 15 da Lei n. 8.666/93, contaminando, consequentemente, o edital por vício de ilegalidade (p.12). [Denúncia n. 838.896. Rel. Conselheiro Cláudio Couto Terrão. Sessão do dia 07/08/2012]

I — atender ao princípio da padronização, que imponha compatibilidade de especificações técnicas e de desempenho, observadas, quando for o caso, as condições de manutenção, assistência técnica e garantia oferecidas;

A padronização que é a uniformização, como já dito anteriormente, é obrigatória. É a regra, a qual tem como finalidade ir ao encontro com a economicidade, contudo deve estar prevista no edital. A padronização elimina variações, há menor consumo de tempo e de esforços quando da contratação, uma vez que o produto já é conhecido pela Administração. Quando de sua aplicação deve-se fazer uma análise e verificar se esta se encontra em consonância com os princípios da isonomia e da vantajosidade. A decisão pela padronização deverá ser motivada e fundamentada, principalmente no benefício em que trará à Administração, uma vez que ao escolhê-la, automaticamente serão excluídos de participar das contratações aqueles fornecedores que não possuem os produtos com as características escolhidas pela Administração. Vale lembrar que a padronização é a regra, entretanto a mera invocação para a padronização não é suficiente, ela deverá vir munida com justificativas.

A padronização poderá acarretar na contratação de uma determinada marca, entretanto não haverá que se falar em ilegalidade, haja vista que a contratação não se baseia em uma preferência subjetiva e arbitrária, fundamentada única e exclusivamente na marca, mas sim em estudos e benefícios que o produto de determinada marca trará para a Administração.

[**Possibilidade de contratação direta de veículos para a padronização da frota.**] [...] a aquisição direta de veículos do fabricante, quando objetiva a padronização de frota, é legítima, e pode ser efetivada por meio do processo formal de inexigibilidade de licitação. [...] A padronização de veículos mostra-se vantajosa para a Administração, pois implica o barateamento do custo de manutenção, na compra de peças de reposição com economia, facilitando, também, a substituição. [...] [Assim,] atendendo-se aos princípios da economicidade e legalidade, é viável, do ponto de vista jurídico, a aquisição de veículos diretamente do fabricante pelos municípios, desde que vise à padronização de frota, com fulcro no art. 25, I, da Lei n. 8.666/93 [...]. Por oportuno, os municípios, nas situações de inexigibilidade previstas no art. 25, devem obedecer ao art. 26 do aludido diploma legal, o qual determina as fases do processo formal, bem como a sua instrução respectiva. [Consulta n. 455.236. Rel. Conselheiro Simão Pedro Toledo. Sessão do dia 03/12/1997]

II — ser processadas através de sistema de registro de preços;

O sistema de registro de preços é o sistema de compras mais adequado a fim de assegurar a flexibilidade em contratações administrativas, haja vista que os interessados em fornecer produtos à Administração mantêm os valores registrados em órgãos competentes por um determinado período e os fornecem quando solicitados pela Administração no prazo previamente estabelecido. É um instrumento que agiliza as contratações e não vincula à Administração a contratar com a entidade que dele faça parte.

[**Aquisição de medicamentos. Convênio entre a entidade pública e farmácias. Possibilidade. Observância do procedimento licitatório, preferencialmente sistema de registro de preços.**] O fornecimento de medicamentos a servidores, que serão pagos mediante desconto na folha de pagamentos, poderá ser feito por meio de convênio celebrado entre as entidades públicas de qualquer espécie e as farmácias. As retenções de valores realizadas nas "Folhas de Pagamento" dos servidores para repasse futuro a farmácias conveniadas para pagamento dos medicamentos por eles adquiridos deverão ser contabilizadas de forma extra-orçamentária. As empresas conveniadas só receberão os valores que lhe forem devidos após o desconto em folha de pagamento dos servidores, pois o desembolso antecipado das referidas quantias caracteriza adiantamento indevido, contrariando o art. 68, da Lei n. 4.320/64. 2) A aquisição dos medicamentos pela autarquia para incorporação ao seu patrimônio não se enquadra no art. 25 da Lei n. 8.666/93, devendo ser feita por meio de licitação, adotando-se, preferencialmente, o Sistema de Registro de Preços, para viabilizar a competição entre outros fornecedores interessados em participar do certame, que ofereçam preços e condições mais favoráveis, e para permitir que a Administração adquira medicamentos de acordo com a exigência da demanda, exonerando-se do controle e da guarda de estoques de medicamentos. 3) Precedentes: Consultas de n. 483.285, 424.833, 107.360, 607.555, 190.731, 225.514, 492.702 e Processo Administrativo 604.816. [Consulta n. 862.974. Rel. Conselheiro Mauri Torres. Data da Publicação: 31/05/2012]

[**Possibilidade de autarquia municipal utilizar como "carona" o sistema de registro de preços elaborado pelo Poder Executivo do Município.**] [...] o §3º do art. 15 da Lei Federal n. 8.666/93 estatui que o sistema de registro de preços será regulamentado por decreto [...]. Em Minas Gerais, o assunto [foi] [...] disciplinado pelo Decreto n. 42.652/03, alterado pelo Decreto n. 43.979/05, [sendo ambos posteriormente revogados pelo Decreto n. 44.787/08]. [...] mister esclarecer sobre as figuras que integram esse sistema: Gerenciador é o órgão ou entidade da Administração Pública responsável pela condução do conjunto de procedimentos do certame [...] e [pelo] gerenciamento da Ata de Registro de Preços dele decorrente, que, por sua vez, é o documento vinculativo, obrigacional, com característica de compromisso para a futura contratação, em que se registram os preços, os fornecedores, os órgãos participantes e as condições a serem praticadas [...]. A seu termo, participante é aquele órgão que, sob a coordenação do gerenciador, participa da implantação do sistema de registro de preços, informando as quantidades e qualidade dos objetos pretendidos. 'Carona' é o apelido do órgão ou entidade que não participou da licitação que deu origem à Ata de Registro de Preços, [mas que] aderiu a ela durante a sua vigência. [...] as contratações para o sistema de registro de preço são realizadas mediante uma única licitação, nas modalidades concorrência pública, do tipo 'menor preço', ou pregão. Nessa licitação, o órgão gerenciador e os participantes deverão estabelecer os serviços ou quantidade aproximada de material que pretendem adquirir nos próximos 12 meses e estimar o quantitativo mensal do consumo. Realizada a licitação, a Administração deverá firmar a Ata de Registro de Preços, válida por um ano, na qual ficará registrado o preço oferecido pelos fornecedores, que estarão obrigados a mantê-lo fixo por esse prazo, contado da data da apresentação da proposta. Assim, a Administração terá a liberdade de, a qualquer momento em que precisar de uma determinada quantidade daquele material/serviço constante no sistema de registro de preço, fazer o pedido ao fornecedor, que estará obrigado a entregá-lo exatamente pelo preço registrado, podendo a Administração adquirir o quantitativo total previsto no edital ou quantidade inferior, ou até deixar de adquirir o produto, sem que isso implique qualquer compromisso de indenização ao fornecedor, caso aquele material/serviço por motivo justificado, deixe de ser por ela utilizado. Conforme consignado fartamente na doutrina, o sistema de registro de preço apresenta uma série de vantagens, como a diminuição do número de licitações, melhor organização e otimização das estratégias de suprimento, facilitação na execução do orçamento, celeridade na aquisição de bens, etc. Entretanto, ao lado dos aspectos positivos, a figura do 'carona' é polêmica, pois poderia representar o avesso do princípio licitatório [...]. O 'carona' apenas se beneficia da Ata de outrem, a ela aderindo mediante o cumprimento de algumas exigências formais. [...] nos ensina o mestre Marçal Justen Filho: 'Em primeiro lugar, incumbe ao órgão que pretende valer-se do sistema alheio justificar cumpridamente os motivos pelos quais não integrou desde o início a implantação do sistema. [...] Em segundo lugar, deve comprovar-se que o empréstimo não acarretará a frustração de qualquer dos requisitos de validade da licitação cabível'. (*Comentários à Lei de Licitações e Contratos Administrativos*, 11. edição, São Paulo: Dialética, 2000, p.159). [...] De toda sorte, deverá o interessado (carona) elaborar processo administrativo por sua iniciativa, qual seja, providenciar termo de referência no qual constem as especificações do objeto que deseja adquirir, após ampla pesquisa de preços de mercado, e, ainda, informações relativas à existência de Ata de Registro de Preço sobre o objeto desejado, para fins de acionar o órgão/entidade gerenciador, externando sua intenção de utilizar a respectiva Ata. O órgão gerenciador consultará o fornecedor acerca da possibilidade de atender àquela adesão, uma vez que haverá acréscimo ao quantitativo pactuado. A justificativa apresentada deverá demonstrar a vantagem econômica da adesão à referida Ata, mencionando, ainda, a similitude de condições, tempestividade do prazo, suficiência das quantidades e qualidade do bem. A esse processo administrativo deve ser agregada, também, a anuência formal da entidade/órgão gerenciador sobre a possibilidade de utilização da Ata de Registro de Preços, para a adesão ao preço registrado, bem como dos fornecedores, obedecendo-se à ordem de classificação. Quanto à publicidade do instrumento de adesão e das aquisições que dele decorrerem prevalece, a meu juízo, o dever de observar a regra geral da licitação contida na legislação de regência, em especial a Lei Federal n. 8.666/93, valendo para o 'carona' as mesmas regras impostas às outras entidades/ órgãos envolvidos no certame. [Consulta n. 757.978. Rel. Conselheiro Subst. Gilberto Diniz. Sessão do dia 08/10/2008]

[**Inclusão de pequenas obras no sistema de registro de preços.**] Quanto à possibilidade de inclusão na regulamentação municipal do sistema de registro de preços dos *serviços comuns e de engenharia ou obras de pequena complexidade*, tal matéria é assaz controvertida, devido à interpretação literal da norma do art. 15, II, da Lei n. 8.666/93, de que somente as compras poderiam se realizar pelo sistema de registro de preços. [...] atualmente, prevalece a interpretação sistemática do referido dispositivo legal, tendo em vista que o sistema de registro de preços foi criado para conferir efetividade aos princípios constitucionais da eficiência e da economicidade. O seu uso não pode ficar restrito às compras, deve ser estendido a contratações de outra natureza, como os serviços e eventualmente, obras. Segundo o mestre Marçal Justen Filho [...]: 'O grande problema do registro de preços é a ausência de definição precisa e exata das contratações futuras. Mas essa dificuldade não se põe apenas quanto a serviços. Trata-se de obstáculo que, se fosse insuperável, conduziria à vedação absoluta à utilização do sistema. [...] Afasta-se, ademais, o argumento que [...] dizia que o registro de preços era solução apropriada apenas para compras porque os serviços eram atendidos pela via da prorrogação contratual prevista no art. 57, II. Deve-se reconhecer a debilidade da construção, visto que as necessidades enfrentadas por via do registro de preços nem sempre correspondem àquelas que produziriam o instituto da prorrogação contratual. Algumas necessidades permanentes e contínuas podem ser satisfeitas mediante prorrogação de contratos. Mas há situações diversas, em que a dimensão dos serviços é impossível de ser determinada de antemão e a aplicação da regra do art. 57, II, não é suficiente para assegurar ao Estado o desempenho satisfatório e eficiente de suas funções. A sistemática do registro de preços possibilita uma atuação rápida e imediata da Administração Pública, com observância ao princípio da isonomia e garantindo a persecução objetiva da contratação mais vantajosa. Sem o registro de preços na área de obras e serviços, a Administração será constrangida a optar por solução mais vagarosa e menos satisfatória. Essa não é a vontade da Lei n. 8.666'. [...] A regulamentação municipal do sistema de registro de preços poderá incluir a execução de obras e serviços comuns de engenharia, desde que satisfeitos os critérios de divisibilidade do objeto, imprevisibilidade da demanda e que esta seja repetida e rotineira para a Administração Pública, observados, ainda, os princípios que regem as licitações. [Consulta n. 732.557. Rel. Conselheiro Eduardo Carone Costa. Sessão do dia 11/06/2008]

[**Aquisições de medicamentos por meio de licitação. Registro de preços. Diversas fontes de recursos. Prestação de contas.**] A demanda contínua de material e de medicamentos necessários àquela fundação [...] faz-nos crer que o melhor sistema para a aquisição de material, gêneros e equipamentos de uso comum [...] é o do Registro de Preços [...]. [...] recomenda-se o Registro de Preços como forma de agilizar as compras públicas e de possibilitar a aquisição parcelada dos bens de que o Poder Público necessita, a preços previamente selecionados, mediante a modalidade especial de concorrência. [...] No tocante às vantagens do Sistema de Registro de Preços, destacamos: — a economia procedimental, mediante a realização de uma única licitação, evitando-se, assim, a repetição, ao longo do ano, de licitações, nas mais diversas modalidades, demandando inúmeros procedimentos; — prazo de validade das propostas por até doze meses, ocorrendo o reajustamento dos preços registrados, de conformidade com as disposições do edital e do ato regulamentar, enquanto que nas licitações rotineiras, as propostas valem por, no máximo, 60 dias: — desnecessidade de fixação da quantidade física a ser contratada, que pode ser diferente da real necessidade das atividades e projetos em curso, uma vez que, no sistema de registro, o Poder Público, se o quiser, estabelece previamente as quantidades mínimas e máximas que poderão ser compradas, conferindo, assim, maior nível de reserva para o suprimento de materiais e serviços. [...] a aplicabilidade do Registro de Preços é notável quanto a bens uniformes e padronizados, entendidos como tais aqueles cujo preço seja o único elemento de comparação, como é o caso de medicamentos [...].[...] os produtos medicamentosos exigem seguro e eficiente controle dos seus estoques no almoxarifado [...].[...] o Registro de Preços permite à Administração adquirir de acordo com a exigência da demanda, exonerando-se, assim, do controle e guarda de estoques vultosos. [...] não há impedimento legal para que [a fundação] possa agrupar pedidos semelhantes em um mesmo procedimento licitatório, muito embora a origem dos recursos seja diferente. Basta que, no diploma editalício, sejam indicadas as diversas fontes de recursos que deverão fazer em face das despesas, e que este procedimento seletivo não interfira no prazo de apresentação das prestações de contas dos diversos convênios. As prestações de contas devem vir instruídas com os procedimentos licitatórios pertinentes às diversas aquisições realizadas. [...] Não há impedimento, entretanto, para que o ente convenente, repassador dos recursos, venha a exigir em cláusula do instrumento, que seja feita licitação específica para o objeto do convênio [...]. [Consulta n. 492.702. Rel. Conselheiro Fued Dib. Sessão do dia 21/10/1998]

[**Ausência de cadastro atualizado de fornecedores e de controle de preço dos principais produtos consumidos.**] No tocante ao controle atualizado de registro de preços e produtos, previsto no art. 15 da Lei Federal n. 8.666/93, é importante ressaltar sua relevância e obrigatoriedade, fazendo com que a Administração atente para a economicidade da contratação, independentemente da ampla participação no procedimento licitatório. [...] voto pela irregularidade: do apontamento referente ao sistema de controle interno, por inobservância aos arts. 1º e 5º, II, da IN TC n. 08/2003, 15, §1º, e 43, IV, da Lei n. 8.666/93. [...] Aplico multa, nos termos do art. 236, II, da Res. n. 10/96 do TCEMG, ao *(omissis)*, no valor de R$8.563,45 (oito mil, quinhentos e sessenta e três reais e quarenta e cinco centavos), sendo, R$700,00 (setecentos reais) pela falha de controle interno. [Processo Administrativo n. 743.977. Rel. Conselheiro Sebastião Helvecio. Sessão do dia 18/10/2012]

[**Licitação. Ausência de registros de preços dos principais produtos consumidos ou serviços contratados. Ausência de planejamento de compras. Inexistência de prejuízo.**] O órgão técnico em sua análise ressaltou que, quanto ao registro de preços, a sua utilização pela administração pública seria obrigatória, e não uma mera faculdade. Entretanto, de acordo com o disposto no art. 15, II, da Lei n. 8.666/93 o sistema de registro de preços deve ser utilizado sempre que possível. [...] Entendo que, pelo fato de a Câmara Municipal não ter realizado o registro de preços dos principais produtos consumidos ou serviços, não se pode presumir a ocorrência de prejuízo ao erário. Conforme se verifica dos autos, não ficou comprovado tal prejuízo, sendo assim, entendo não subsistir a irregularidade. [Recurso Ordinário n. 837.471. Rel. Conselheiro Eduardo Carone Costa. Sessão do dia 28/03/2012]

[**Soma de todas as aquisições no exercício para fins de aferição do limite do art. 24.**] Além do necessário planejamento, indispensável no trato da coisa pública, a Lei de Licitações prevê instrumentos que permitem minorar as consequências econômicas da imprevisão dos eventos a que está sujeita a atividade administrativa, tais como o registro de preços, por exemplo. Nessa esteira de entendimento já pacificado e adotado pelos tribunais, torna-se imperioso concluir que, em se tratando do mesmo objeto de compras, deve ser considerado o seu valor total, somando-se o fracionamento de todas as aquisições realizadas. Nesse mesmo sentido, é mister colacionar o entendimento do Tribunal de Contas do Estado de Pernambuco: 'Os valores estabelecidos no art. 24, I e II, da Lei n. 8.666/93, devem ser obedecidos, computando-se todas as contratações do mesmo objeto no exercício financeiro' (Processo n. 0104604-4, Conselheiro Auditor Marcos Antônio Rios da Nóbrega). [Recurso de Reconsideração n. 716.476. Rel. Conselheira Adriene Andrade. Sessão do dia 22/05/2007]

[**Registro de preços e parcelamento de compras.**] A Lei de Licitações cuida, em seu art. 15, da possibilidade, sempre que possível, de as compras serem processadas pelo sistema de registro de preços (inciso II) ou serem subdivididas em tantas parcelas quantas forem necessárias para aproveitar as peculiaridades do mercado, visando à economicidade (inciso IV). O registro de preços é o sistema pelo qual, mediante licitação modalidade concorrência ou de pregão, a Administração seleciona as propostas de preços unitários a serem utilizadas nas aquisições futuras. Nesse caso, a Administração tem a possibilidade de estipular um quantitativo estimado, pode adquirir os bens que tiverem seus preços registrados na medida da sua necessidade, e não tem o dever de contratar a totalidade dos quantitativos registrados. Com o registro de preços, a Administração poderá obter propostas mais vantajosas, em vista da economia de escala. O §1° do art. 23 da Lei de Licitações trata da possibilidade de divisão do objeto a ser contratado em várias licitações com vistas a ampliar a competitividade e obter a proposta mais vantajosa. Para isto é necessária a análise prévia do mercado para que a divisão do objeto amplie efetivamente a competitividade e viabilize a contratação pelo melhor preço à vista da realidade do mercado e das peculiaridades de ordem técnica. [...] [Deve ser] preservada a modalidade pertinente para a execução do objeto licitado. [Processo Administrativo n. 493.017. Rel. Conselheiro Moura e Castro. Sessão do dia 31/10/2006]

III — submeter-se às condições de aquisição e pagamento semelhantes às do setor privado;

A Administração não poderá ter condições diferentes daquelas praticadas no setor privado. Um ponto que deve ser levado em consideração é o pagamento antecipado, para posterior recebimento do produto. Como os recursos são públicos deve ser seguida uma série de regras para que não haja prejuízo aos cofres públicos, dessa forma, o pagamento antecipado só poderá ser realizado se devidamente justificado e se restar demonstrada as vantagens dessa medida. A Lei n.° 4.320/64 deve ser levada em consideração para aplicação dessa forma de pagamento. Ademais, essa possibilidade deverá estar prevista no edital.

IV — ser subdivididas em tantas parcelas quantas necessárias para aproveitar as peculiaridades do mercado, visando economicidade;

Toda vez que se encontre economicamente viável, desde que em conformidade com estudos prévios econômicos e técnicos, deverá ser aplicado o fracionamento da contratação, que nada mais é do que a licitação por lotes ou itens, visando aumentar a competitividade, já que em tese, o menor porte da aquisição pode ampliar a disputa. Deverá ser feita a análise em cada caso concreto. Lembrando de que o parcelamento não poderá se dar a fim de que se burle a modalidade licitatória.

É válida ainda a compra programada, ou seja, a Administração poderá prever no instrumento convocatório a entrega do objeto em parcelas e efetuar o pagamento à medida que for entregue o produto, desde que essa operação seja a mais viável economicamente.

[**Parcelamento do objeto. Registro de preços.**] [...] o parcelamento [...] de obras, serviços e compras na Administração Pública deve obedecer, estritamente, às disposições dos §§ 1º e 2º do art. 23 da Lei n. 8666/93, pois, caso contrário, poderá ocorrer descumprimento de princípios específicos da licitação, bem como desvio de finalidade. [...] a municipalidade poderá dinamizar a reposição de seus estoques de materiais hospitalares utilizando o sistema de registro de preços previsto no art. 15 da Lei n. 8.666/93, especificamente no seu inciso II e §§ 1º — 6º. Desta feita, o sistema de registro de preços apresenta-se como meio eficaz de agilização dos procedimentos de compras, precipuamente quando se tratar de materiais de uso constante e cuja estimativa de consumo é problemática. [Consulta n. 604.337. Rel. Conselheiro Simão Pedro Toledo. Sessão do dia 05/05/1999]

[**Parcelamento do objeto da licitação. Vantagem para a administração.**] [...] a lei dispõe que as obras, serviços e compras serão divididos em tantas parcelas quantas se comprovarem técnica e economicamente viáveis, procedendo-se à licitação com vistas ao melhor aproveitamento dos recursos disponíveis no mercado e à ampliação da competitividade sem perda da economia de escala. E mais, a cada parcela corresponderá licitação distinta, preservada a modalidade pertinente para a execução do objeto da licitação.

[...] Nesse diapasão, o parcelamento somente deverá ocorrer quando resultar em vantagem efetiva para a Administração Pública. O parcelamento ou fracionamento, por exemplo, para tornar mais célere a contratação não tem amparo legal. [...] Entretanto, [no meu entendimento], a municipalidade poderá dinamizar a reposição de seus estoques de materiais hospitalares utilizando o sistema de registro de preços previsto no art. 15 da Lei n. 8.666/93, especificamente no seu inciso II e §§ 1º a 6º. [Consulta n. 434.216. Rel. Conselheiro José Ferraz. Sessão do dia 17/09/1997]

[**Licitação. Justificativa para o não parcelamento do objeto. Regularidade.**] A unidade técnica, [...], indicou como irregularidade a não adoção de solução que possibilite aquisição dos módulos de *softwares* de fornecedores distintos, com fundamento no art. 23, § 1º, da Lei de Licitações, o que permitiria a participação de empresas de menor porte nas licitações, ampliaria a competitividade e contribuiria para a obtenção de menor preço. [...] Entendo, entretanto, que devem ser aferidas as condições para esse parcelamento caso a caso, cuja opção deve estar sujeita à devida explicitação de suas razões, [...]. Com a devida vênia ao estudo elaborado pela área técnica, entendo que a solução tecnológica pretendida pelo município — embora para utilização ampla, em diversas áreas da administração — não prescinde da operacionalização integrada, ou seja, deve facilitar a gestão coordenada das diversas áreas, o que significa dizer que os *softwares* devem necessariamente "conversar entre si", possibilitando ao gestor uma visão articulada. Essa necessidade, à primeira vista, sem aprofundamento fático e técnico, indica a dificuldade de se franquear a contratação dos diferentes módulos a diversas empresas distintas, vez que a operacionalização da gestão integrada seria bastante complexa. Desse modo, entendo que não está efetivamente configurada a irregularidade, porém cabe a recomendação ao gestor para que avalie e registre, neste certame e nos futuros, nos autos dos procedimentos licitatórios, os estudos devidos, para que se adote, ou não, a solução de subdivisão em parcelas do objeto a ser licitado. [Denúncia n. 811.915. Rel. Conselheiro Sebastião Helvecio. Sessão do dia 04/10/2012]

[**Licitação por itens.**] [A] licitação por itens, no meu entendimento, é muito útil, pois reduz tempo e traz economia à Administração Pública. Nesse sentido, assim escreveu Marçal Justen Filho: 'A licitação por itens deriva do interesse em economizar tempo e recursos materiais da Administração Pública, agilizando a atividade licitatória. Na licitação por itens, há um único ato convocatório, que estabelece condições gerais para realização de certames que se processarão conjuntamente, mas de modo autônomo.' (JUSTEN FILHO, Marçal. Comentários à Lei de Licitações e Contratos Administrativos, 11ª edição, 2006, pág. 208). [Processo Administrativo n. 627801. Rel. Conselheira Adriene Andrade. Sessão do dia 08/05/2007]

[**Necessidade de fracionamento do objeto na contratação para fornecimento de produtos betuminosos e serviços de manutenção de pavimento e de engenharia em vias urbanas.**] A verificação da coexistência de três objetos em um único certame reforça a necessidade de melhor detalhamento dos projetos, valendo transcrever do parecer da Coordenadoria de Perícia desta Corte [...] a ênfase na conceituação de projeto como 'um empreendimento que visa atingir um objetivo claro e definido, caracterizado por uma sequência lógica de procedimentos técnicos, conduzidos por profissionais especializados, com parâmetros pré-definidos de tempo, custo, recursos envolvidos e qualidade desejada'. De toda sorte, ainda que o fracionamento do objeto, no que diz respeito ao serviço de manutenção, dependa de melhores estudos de sua viabilidade no contexto da economia de escala, considero irrefutável que o objeto do presente edital deve ser fracionado em no mínimo três certames, sendo um para a prestação de serviços de pavimentação, outro para os serviços de manutenção e um terceiro para aquisição de materiais para uso direto da Administração

Municipal, de modo que atenda a diretriz contida no comando do art. 23, §1°, da Lei n. 8.666/93. [...] Evidentemente, a elaboração de projetos mais detalhados e precisos demanda grande labor da equipe técnica da Administração Municipal, mas esse esforço é imprescindível, pois possibilita o exato dimensionamento e fiscalização do serviço e, consequentemente, a obtenção da melhor satisfação das necessidades públicas com redução de custos. [Licitação n. 696.088. Rel. Conselheiro Moura e Castro. Sessão do dia 20/09/2005]

[**Justificativa de preço em inexigibilidade.**] Um dos princípios norteadores da administração pública é o da economicidade, que visa ao menor dispêndio de recursos para o pleno atendimento do interesse público, [de modo que] até mesmo o processo de inexigibilidade deve ser instruído com a justificativa de preço. [Licitação n. 616.273. Rel. Conselheiro Elmo Braz. Sessão do dia 04/03/2004]

V — balizar-se pelos preços praticados no âmbito dos órgãos e entidades da Administração Pública.

É imperioso demonstrar que além da Administração ter que verificar os preços praticados no mercado, é necessário verificar ainda se os preços a serem contratados são compatíveis com os contratados nos demais órgãos e entidades da Administração Pública. Se houver distorções monetárias caberá ao gestor do recurso público rejeitar a contratação em razão de o preço ser superior ao adotado em outros órgãos.

[**Insuficiência de potenciais licitantes para formação de cotação de preços. Regularidade dos atos praticados pelo administrador. Princípio da maior competitividade possível.**] [...] a regra vigente é a da maior competitividade possível, a qual impõe a tarefa de configuração, pelo gestor, de objetos licitados bem definidos e atraentes e de editais o menos possível restritivos, para que acorra ao certame o maior número possível de interessados, viabilizando, assim, ampla cotação para uma definição consistente e clara de que preços orçados e, também, os contratados estão compatíveis com os praticados no mercado, como, aliás, impõem o art. 15, V, § 1°, e o art. 43, IV, da Lei n. 8.666/93 e, também, o art. 3°, III, da Lei n. 10.520/02. [...] nos casos eventuais em que não acorram suficientes potenciais licitantes aos procedimentos de aquisição de bens e serviços pela Administração, tanto para a fase interna quanto para a externa, de modo que se configure clara compatibilidade com os preços praticados no mercado, ser imprescindível que se faça demonstrar, nos autos, nas oportunidades processuais cabíveis, que o gestor envidou os esforços possíveis, dentro do razoável, para obter as cotações e outros documentos que comporiam esse juízo e que observou o princípio da maior competitividade possível na fixação do objeto licitado e na composição do edital do certame. [Consulta n. 812.445. Rel. Conselheiro Sebastião Helvecio. Sessão do dia 21/07/2010]

§1° O registro de preços será precedido de ampla pesquisa de mercado.

O sistema de registro de preços é um contrato que se traduz num cadastro de fornecedores e produtos, selecionados mediante processo licitatório, que constitui uma relação jurídica entre a Administração Pública e o particular. A Administração recorrerá aos fornecedores cadastrados à medida que necessitar de um produto ou serviço selecionado pela licitação. A vantagem é que a Administração realiza uma única licitação, a qual produzirá resultados que poderão ser utilizados em quantas contratações necessitarem, respeitados os limites estabelecidos no ato convocatório. Os preços deverão ser precedidos de ampla pesquisa de mercado.

[Fase interna do procedimento licitatório. Obrigatoriedade da ampla pesquisa de preços de mercado pela Administração Pública.

Necessidade de comprovação da regularidade fiscal dos interessados.] [...] a) a Administração Pública, por determinação do § 1º do art. 15 e do inciso IV do art. 43 da Lei Nacional de Licitações n. 8.666/93, deve efetuar, na fase interna da licitação, um minucioso procedimento de cotação prévia de preços para composição da estimativa, que demonstre, nos autos, valores inequivocamente adequados aos praticados no mercado. Consulta n. 812.445 (21/07/2010); e b) a comprovação de regularidade fiscal perante a Fazenda Pública federal, estadual e municipal, com espeque nos arts. 27, IV, e 29 da Lei n. 8.666/93, constitui requisito de habilitação. Consultas ns. 862.995 (06/03/2013), 863.637 (05/09/2012), 862.776 (29/08/2012), 735.385 (17/10/2007), 724.015 (23/05/2007), 459.267 (03/12/1997) e 439.155 (02/04/1997). [Consulta 896.448. Rel. Conselheiro Mauri Torres. Publicado no DOC do dia 29/08/2013]

[**Contratação realizada sem o devido procedimento licitatório.**] No que tange à tabela de registro de preço do Ministério da Saúde a que recorreram os defendentes, há de se ressaltar que esse registro seria mero parâmetro para estimativa de despesas ou contrações afins, sem qualquer vinculação a outros órgãos públicos, haja vista que o correto, em termos de despesas públicas, é sempre licitar, não ocorrendo aquelas situações especiais que justifiquem contratações diretas, observados os regramentos em questão. Assim, caso o Município entenda ser plausível proceder ao registro de preço, o art. 15 da Lei n. 8.666, de 1993, prevê essa possibilidade, desde que devidamente ancorado por ampla pesquisa de preço, com a devida publicação do procedimento, consoante dispõem, respectivamente, os §§ 1º e 2º do referido dispositivo. Entendo, pois, que as contratações em tela se deram ao arrepio da Lei, visto que o correto seria proceder ao certame licitatório, ou, de outra forma, mediante registro de preço, nos termos do art. 15 supracitado. [Processo Administrativo n. 694674. Rel. Auditor Gilberto Diniz. Sessão do dia 18/10/2012]

[**Inexistência de indicação da fonte utilizada nas pesquisas de mercado.**] [...] em relação à irregularidade pertinente à ausência de indicação da fonte utilizada nas pesquisas de mercado, reitero meu posicionamento de que a Administração tem o dever de estimar os custos antes de iniciar o procedimento licitatório, até porque é esta estimativa que subsidiará diversos aspectos do procedimento, tais como a verificação da existência de recursos orçamentários, a definição da modalidade licitatória, entre outros. Todavia, considerando o tempo decorrido desde a realização dos certames e a inexistência de má-fé ou dano ao erário, entendo possível isentar o gestor de responsabilidade em relação a esse aspecto. [Recurso Ordinário n. 811.956. Rel. Conselheiro Eduardo Carone Costa. Sessão do dia 17/10/2012]

[**Pesquisa de preços no mercado.**] [...] a ausência de pesquisa de mercado é uma falta grave, pois a verificação da compatibilidade do preço contratado, com o valor rotineiramente praticado, é dever que independe de exigência legal, estando afeto ao cuidado do administrador para com o dinheiro público. [...] o Tribunal de Contas da União orientou que se deve realizar ampla pesquisa de preços no mercado, a fim de estimar o custo do objeto a ser contratado, conforme reitera em inúmeras decisões, com destaque para o Acórdão n. 1182/04, produzido na Sessão plenária de 18/9/04. Desta forma, [...] ao infringir o art. 43, IV, da Lei de Licitações, [...] [criou a Administração o] risco de uma contratação onerosa, fora dos padrões de mercado. [Licitação n. 704.186. Rel. Conselheira Adriene Andrade. Sessão do dia 06/05/2008]

[**Pesquisa de preços no mercado.**] [...] não constou dos autos a comprovação da realização de ampla pesquisa de mercado, objetivando a aferição de compatibilidade dos preços ofertados pelos licitantes. [...] A pesquisa apresentada limitou-se a um fornecedor para cada marca do produto [...], não sendo, portanto, observada a amplitude exigida no art. 3º do Decreto Municipal n. 2.302/99, c/c o

§1° do art. 15 da Lei n. 8.666/93. Apesar da realização de pesquisa em três empresas distintas, cada uma delas cotou uma marca diferente e, nestes termos, a amplitude da pesquisa ficou prejudicada. [Licitação n. 696.116. Rel. Conselheiro Wanderley Ávila. Sessão do dia 03/05/2006]

§2° Os preços registrados serão publicados trimestralmente para orientação da Administração, na imprensa oficial.

[**Contratação realizada sem o devido procedimento licitatório.**] No que tange à tabela de registro de preço do Ministério da Saúde a que recorreram os defendentes, há de se ressaltar que esse registro seria mero parâmetro para estimativa de despesas ou contrações afins, sem qualquer vinculação a outros órgãos públicos, haja vista que o correto, em termos de despesas públicas, é sempre licitar, não ocorrendo aquelas situações especiais que justifiquem contratações diretas, observados os regramentos em questão. Assim, caso o município entenda ser plausível proceder ao registro de preço, o art. 15 da Lei n. 8.666, de 1993, prevê essa possibilidade, desde que devidamente ancorado por ampla pesquisa de preço, com a devida publicação do procedimento, consoante dispõem, respectivamente, os §§ 1° e 2° do referido dispositivo. Entendo, pois, que as contratações em apreço se deram ao arrepio da Lei, visto que o correto seria proceder ao certame licitatório, ou, de outra forma, mediante registro de preço, nos termos do art. 15 supracitado. [Processo Administrativo n. 694.674. Rel. Auditor Gilberto Diniz. Sessão do dia 18/10/2012]

§3° O sistema de registro de preços será regulamentado por decreto, atendidas as peculiaridades regionais, observadas as seguintes condições:

O sistema de registro de preço deverá ser regulamentado por meio de decreto no âmbito de cada entidade federativa, o que não significa dizer que o artigo 15 não será autoaplicável. O dispositivo mencionado é perfeitamente suficiente para instituir o sistema de registro de preços, entretanto há certos tópicos que somente poderão ser solucionados mediante a aplicação de prévia regulamentação. Ademais a própria regulamentação deverá se ater as regras da própria Lei de Licitações.

[**Regulamentação do registro de preços e autoaplicabilidade do art. 15 da Lei n. 8.666/93.**] [...] faz-se necessário colacionar lição doutrinária pertinente ao sistema de registro de preços. Segundo o professor Celso Antônio Bandeira de Mello: 'O registro de preços é um procedimento que a Administração pode adotar perante compras rotineiras de bens padronizados ou mesmo na obtenção de serviços. Neste caso, como presume que irá adquirir os bens ou recorrer a estes serviços não uma, mas múltiplas vezes, abre um certame licitatório em que o vencedor, isto é, o que ofereceu a cotação mais baixa, terá seus preços registrados. Quando a promotora do certame necessitar destes bens ou serviços, irá obtê-los, sucessivas vezes se for o caso, pelo preço cotado e registrado.' [...] a doutrina é unânime em afirmar que o art. 15 da Lei n. 8.666/93 é autoaplicável, aludindo-se à regulamentação por decreto somente para fins de adequação às peculiaridades regionais. Nesse sentido, os ensinamentos de Marçal Justen Filho, *verbis*: 'O art. 15 prevê a regulamentação do sistema de registro de preços por meio de decreto, a ser editado no âmbito de cada entidade federativa. Isso não significa que o dispositivo não seja autoaplicável. A afirmativa decorre de que a disciplina da lei é perfeitamente suficiente para instituir-se o sistema de registro de preços. Não há necessidade de veiculação de outras regras complementares. A quase totalidade das soluções nele contidas pode ser explícita ou implicitamente extraída do sistema da Lei n. 8.666/93. Aliás, inúmeras inovações trazidas na regulamentação se caracterizam como ilegais, uma vez que ultrapassam os limites previstos legislativamente' [...]. [Consulta n. 732.557. Rel. Conselheiro Eduardo Carone Costa. Sessão do dia 11/06/2008]

[**Registro de preços. Transferência da atividade de licitação.**] [...] cada ente federado regulamentará para a sua Administração o sistema de registro de preços, atendidas as peculiaridades regionais e observadas as condições ali insertas, dentre as quais não visualizo a possibilidade de terceirização ou delegação dos serviços de licitação. [...] sendo a licitação uma atividade inerente ao Poder Público, somente a ele cabe realizá-la, sem qualquer possibilidade de transferência a pessoa estranha a sua estrutura, por mais vantajosa que seja a terceirização desses serviços. Assim, leis ou decretos municipais que delegam às Associações de Municípios, pessoa jurídica de direito privado não integrante da Administração Pública Municipal, a atribuição de realizar o registro de preços para as suas futuras contratações, fere de morte o limite regulamentatório inserido nos incisos I a III do § 3º do art. 15 da Lei 8.666/93. [...] Isto posto, retorno à dúvida encetada nesta consulta para concluir e reafirmar o meu convencimento de ser juridicamente impossível atribuir a terceiro a realização do procedimento de licitação e muito menos o registro de preços, atividade peculiar e própria da Administração Pública. [Consulta n. 661712. Rel. Conselheiro Moura e Castro. Sessão do dia 18/09/2002]

[**Registro de preços. Regulamentação.**] De acordo com o § 3º do art. 15, o sistema de registro de preços será regulamentado por decreto, atendidas as peculiaridades regionais, em conformidade com as seguintes condições: (I) os preços registrados serão selecionados por meio da modalidade concorrência; (II) será estabelecida prévia estipulação do sistema de controle e de atualização dos preços registrados; (III) a validade dos registros não excederá de um ano. [...] ante o exposto, entendo que, na espécie, a aquisição dos insumos indicados pelo órgão consulente, por intermédio do sistema de registro de preços do Ministério da Saúde, encontra supedâneo legal e regulamentar, razão pela qual respondo positivamente à pretensão. [Consulta n. 647.431. Rel. Conselheiro Simão Pedro Toledo. Sessão do dia 06/03/2002]

I — seleção feita mediante concorrência;

A modalidade de licitação que deverá ser utilizada para cadastrar os produtos e fornecedores deverá ser feita mediante concorrência.

II — estipulação prévia do sistema de controle e atualização dos preços registrados;

Deverá haver uma estipulação prévia do sistema de controle a ser adotado, bem como da atualização dos preços registrados. Tal hipótese deverá ser disciplinada em ato normativo próprio.

III — validade do registro não superior a um ano.

Concluída a licitação, as condições serão estabelecidas num documento denominado ata de registro de preço, no qual serão estabelecidas as condições obtidas na licitação, formalizando ainda a obrigação do particular e da Administração. A função da ata é formalizar um contrato preliminar. Vale ressaltar que a validade do registro não poderá ter prazo superior a um ano.

O art. 22 do Decreto nº 7.892/2013 estabelece que:

> "Desde que devidamente justificada a vantagem, a ata de registro de preços, durante sua vigência, poderá ser utilizada por qualquer órgão ou entidade da administração pública federal que não tenha participado do certame licitatório, mediante anuência do órgão gerenciador."

Esse tipo de participação é denominado de "carona" e pode ocorrer entre órgãos da mesma esfera de governo ou entre entes governamentais diferentes.

No conceito de Jorge Ulisses Jacoby Fernandes:

> "o carona no processo de licitação é um órgão que antes de proceder à contratação direta sem licitação ou a licitação, verifica já possuir, em outro órgão público, da mesma esfera ou de outra, o produto desejado em condições de vantagem de oferta sobre om mercado já comprovadas. Permite-se ao carona que diante da prévia licitação do objeto semelhante por outros órgãos, com acatamento das mesmas regras que aplicaria em seu procedimento, reduzir os custos operacionais de uma ação seletiva".

[**Procedimento para contratação em sistema de registro de preços. Vantagens do sistema. Adesão do "carona" à ata de registro de preços.**] Diante disso, conclui-se que as contratações para o sistema de registro de preço são realizadas mediante uma única licitação, nas modalidades concorrência pública, do tipo "menor preço", ou pregão. Nessa licitação, o órgão gerenciador e os participantes deverão estabelecer os serviços ou quantidade aproximada de material que pretendem adquirir nos próximos 12 meses e estimar o quantitativo mensal do consumo. Realizada a licitação, a Administração deverá firmar a Ata de Registro de Preços, válida por um ano, na qual ficará registrado o preço oferecido pelos fornecedores, que estarão obrigados a mantê-lo fixo por esse prazo, contado da data da apresentação da proposta. Assim, a Administração terá a liberdade de, a qualquer momento em que precisar de uma determinada quantidade daquele material/serviço constante no sistema de registro de preço, fazer o pedido ao fornecedor, que estará obrigado a entregá-lo exatamente pelo preço registrado, podendo a Administração adquirir o quantitativo total previsto no edital ou quantidade inferior, ou até deixar de adquirir o produto, sem que isso implique qualquer compromisso de indenização ao fornecedor, caso aquele material/serviço por motivo justificado, deixe de ser por ela utilizado. [...] ao lado dos aspectos positivos, a figura do "carona" é polêmica, pois poderia representar o avesso do princípio licitatório, uma vez que consiste na permissão dada àquela unidade administrativa que não promoveu o sistema de registro de preço ou tampouco dele participou (ou seja, não é gerenciador, nem participante). O "carona" apenas se beneficia da Ata de outrem, a ela aderindo mediante o cumprimento de algumas exigências formais. [...] deverá o interessado (carona) elaborar processo administrativo por sua iniciativa, qual seja, providenciar termo de referência no qual constem as especificações do objeto que deseja adquirir, após ampla pesquisa de preços de mercado, e, ainda, informações relativas à existência de Ata de Registro de Preço sobre o objeto desejado, para fins de acionar o órgão/entidade gerenciador, externando sua intenção de utilizar a respectiva Ata. O órgão gerenciador consultará ao fornecedor acerca da possibilidade de atender àquela adesão uma vez que haverá acréscimo ao quantitativo pactuado. A justificativa apresentada deverá demonstrar a vantagem econômica da adesão à referida Ata, mencionando, ainda, a similitude de condições, tempestividade do prazo, suficiência das quantidades e qualidade do bem. [Consulta n. 757.978. Rel. Conselheiro Moura e Castro. Sessão do dia 08/10/2008]

[**Adesão à ata de registro de preços com prazo de validade expirado.**] [...] a adesão à ata de registro de preços, prática conhecida como 'carona', e a concordância por parte da contratada, na verdade são meros procedimentos adotados no curso do processo administrativo que deve ser formalizado pela Administração que pretende contratar. Nesse contexto, considero que todos os procedimentos, inclusive a celebração do contrato, devem ser formalizados dentro do prazo de validade da ata. [...] Nesse contexto, há que se reconhecer que, caso se admita que a Administração Pública firme contratos utilizando atas de registro de preços com validade expirada, estar-se-ia prorrogando por prazo indefinido tanto as atas como as licitações realizadas para o registro delas, o que viola os princípios que devem reger as licitações. Cumpre lembrar que os procedimentos licitatórios não visam somente à contratação mais vantajosa para a Administração, mas devem observar os demais princípios como os da isonomia e da impessoalidade, e também devem resguardar o direito à ampla participação nas contratações públicas. [...] cabe destacar, por relevante e oportuno, [...] trecho do mesmo Acórdão 0991-18/09-P em que o Tribunal de Contas da União responde consulta acerca da impossibilidade de se renovar o quantitativo do objeto licitado para registro em ata: Durante a vigência da ata de registro de preços, os contratos poderão ser celebrados até que se esgotem os quantitativos registrados. Se, ao se aproximar o fim da vigência da ata, a Administração perceber que os quantitativos foram superestimados, poderá prorrogá-la (desde que dentro do período de um ano), a fim de possibilitar novas contratações pelo quantitativo remanescente. Caso não haja quantitativo remanescente, ou este seja pouco para justificar uma prorrogação da ata, a Administração deverá, então, realizar nova licitação, para registrar os preços dos produtos/serviços a serem contratados no próximo período. A realização de nova licitação, nessa última hipótese, em vez de uma prorrogação da ata com o restabelecimento de quantitativos, é o que melhor atende aos princípios da isonomia, da economicidade e da vinculação ao instrumento convocatório. [...] Nesse contexto, considerando que a 'adesão' e a 'concordância do contratado' são algumas das formalidades que compõem o processo administrativo para a contratação pelo Sistema de Registro de Preços e, ainda, considerando que o prazo de validade da Ata de Registro de Preços não pode ser superior a 12 meses, respondo, em consonância com a citada jurisprudência e com a melhor doutrina aplicável à matéria, que não é possível promover contratações com base em Ata de Registro de Preços com prazo de vigência vencido. [Consulta n. 872.262. Rel. Conselheiro Mauri Torres. Sessão do dia 09/05/2012]

§4° A existência de preços registrados não obriga a Administração a firmar as contratações que deles poderão advir, ficando-lhe facultada a utilização de outros meios, respeitada a legislação relativa às licitações, sendo assegurado ao beneficiário do registro preferência em igualdade de condições.

§5° O sistema de controle originado no quadro geral de preços, quando possível, deverá ser informatizado.

§6° Qualquer cidadão é parte legítima para impugnar preço constante do quadro geral em razão de incompatibilidade desse com o preço vigente no mercado.

Não há maiores considerações acerca desses dispositivos, haja vista que são autoaplicáveis.

§7° Nas compras deverão ser observadas, ainda:

I — a especificação completa do bem a ser adquirido sem indicação de marca;

Como já mencionado anteriormente não poderá a lei fazer referência à marca de forma indiscriminada, o que não impede que a Administração contrate determinada marca, desde que fique demonstrada que há necessidade de tal contratação.

[**Afronta aos princípios da isonomia e da competitividade. Suspensão liminar do certame.**] [...] o instrumento convocatório traz previsão que não encontra respaldo na Lei n. 8.666/93, criando verdadeiro óbice à competitividade e comprometendo de plano a continuidade do certame. O edital determina [...], que "os pneus deverão ser novos, originais de fábrica e de primeira linha de fabricação" [...]. A exigência de que os pneus sejam "de primeira linha" além de imprimir subjetividade na definição do produto a ser licitado, compromete a adequada caracterização e especificação do objeto, contrariando o disposto no art. 14 e no inciso I do §7° do art. 15 da Lei de Licitações. Constata-se, pois, afronta aos princípios insculpidos no art. 3° da Lei n. 8.666/93, em especial o da isonomia e, por conseguinte, o da competitividade, essenciais para que a Administração Pública selecione a proposta mais vantajosa. [...] com base no poder geral de cautela, nos termos do art. 60 da Lei Orgânica e no art. 197 c/c art. 264 do Regimento Interno, determino, *ad referendum* da Primeira Câmara, a suspensão liminar do certame, na fase em que se encontra. [Denúncia n. 879.872. Rel. Conselheiro Cláudio Couto Terrão. Sessão do dia 31/07/2012]

[**Critérios subjetivos. Restrição da competitividade.**] [...] examinando o instrumento convocatório, verifico que este traz outras previsões que, nessa mesma análise preliminar, não encontram respaldo na Lei n. 8.666/93, criando verdadeiro óbice à competitividade, o que compromete de plano a continuidade do certame. O edital determina, em seu Anexo I, que não serão aceitos óleos que não sejam de primeira linha e que todos os produtos cotados deverão ser de "boa qualidade". Ora, tais exigências são subjetivas e comprometem a adequada caracterização e especificação do objeto, contrariando o disposto no art. 14 e no inciso I do § 7° do art. 15 da Lei de Licitações, além de possibilitar o direcionamento do certame. Constata-se, pois, afronta aos princípios insculpidos no art. 3° da Lei n. 8.666/93, em especial o da isonomia e, por conseguinte, o da competitividade, essenciais para que a Administração Pública selecione a proposta mais vantajosa. Presente, assim, o *fumus boni iuris*, consubstanciado na ofensa aos princípios que norteiam o procedimento licitatório em virtude da exigência de oferta de produtos exclusivamente de primeira linha e de "boa qualidade", restringindo o caráter competitivo do certame. De igual modo, o *periculum in mora* existe diante da premente abertura das propostas [...].

Em face do exposto, com base no poder geral de cautela, nos termos do art. 60 da Lei Orgânica e o art. 197 c/c art. 264 do Regimento Interno, determino, *ad referendum* da Primeira Câmara, a suspensão liminar do certame, na fase em que se encontra, devendo os responsáveis se absterem de praticar qualquer ato tendente a efetivar a contratação do objeto licitado, sob pena de multa de R$ 10.000,00 (dez mil reais), nos termos do art. 85, III, da Lei Orgânica do Tribunal, sem prejuízo da adoção de outras medidas legais cabíveis. [Denúncia n. 873.370. Rel. Conselheiro Cláudio Couto Terrão. Sessão do dia 24/04/2012]

[**Indicação de marca.**] Quanto ao art. 15 da Lei n. 8.666/93, que dispõe que as compras, sempre que possível, deverão ser adquiridas sem indicação de marcas, cabe notar que é cediço, na doutrina, que a lei veda a preferência subjetiva e arbitrária de um produto a outro, sem nenhum rigor técnico ou econômico, sendo, no entanto, possível, à Administração Pública, indicar marcas para fins de padronização, se tal indicação for calçada em razões de ordem técnica e constantes do processo licitatório. [Denúncia n. 747.505. Rel. Conselheira Adriene Andrade. Sessão do dia 05/08/2008]

[**Indicação de marca.**] [...] a denominação da marca serviria apenas para exemplificar a especificação do material. Nesse sentido, a interpretação do professor Marçal Justen Filho, a qual colaciono, *in litteris*: 'Ora, é imperioso que o ato convocatório indique as características relevantes para fins de similaridade. Para tanto, deverá indicar o padrão mínimo de qualidade necessário. Dito de outro modo, a referência a uma marca funcionará como uma mera exemplificação da qualidade mínima admitida.' (JUSTEN FILHO, Marçal. Comentários à Lei de Licitações e Contratos Administrativos, 11. edição, São Paulo: Dialética, 2005, p. 165). [Denúncia n. 747.505. Rel. Conselheira Adriene Andrade. Sessão do dia 13/05/2008]

II — a definição das unidades e das quantidades a serem adquiridas em função do consumo e utilização prováveis, cuja estimativa

será obtida, sempre que possível, mediante adequadas técnicas quantitativas de estimação;

Em decorrência do princípio do planejamento, caberá à Administração definir a quantidade a ser adquirida segundo as estimativas de consumo e utilização prováveis, com a utilização de técnicas quantitativas de estimação. O quantitativo total não impede o fracionamento. A finalidade da definição do quantitativo está pautada na determinação da modalidade de licitação a ser realizada.

[**Licitação. Fracionamento. Impossibilidade.**] Ora, entendo que, no caso dos autos, não se justificava a realização fracionada das despesas, pois, pela análise dos objetos contratados (aquisição de peças e prestação de serviços mecânicos para veículos e máquinas), verifico que as despesas foram realizadas mensalmente ao longo de todo o exercício financeiro e que a soma dos valores ultrapassou o limite do valor de dispensa de licitação. As notas de empenho que instruíram o processo demonstram que os bens adquiridos são peças de reposição, como pneus, correia, óleo, jogo de velas, bomba, filtro, cuja aquisição é passível de planejamento. Portanto, tratando-se de aquisição de peças de reposição e conhecidos os veículos e máquinas pela quantidade, qualidade, ano de fabricação, durabilidade, conservação e reparabilidade, fácil seria o planejamento estimativo das necessidades de peças e serviços de manutenção, preventiva ou corretiva. Ademais, o inciso II do § 7º do art. 15 da Lei n. 8.666, de 1993, dispõe que, nas compras, deverá ser observada "a definição das unidades e das quantidades a serem adquiridas em função do consumo e utilização prováveis, cuja estimativa será obtida, sempre que possível, mediante adequadas técnicas quantitativas de estimação." Desse modo, considerando a demanda ocorrida no exercício anterior, a Administração tem plena condição de estimar o valor a ser despendido no exercício subsequente. Assim, a par das questões fáticas verificadas nos autos, tenho que, *in casu,* não se concebe o gestor prescindir do certame licitatório, pois o planejamento da totalidade das despesas realizados no exercício financeiro é viável e necessário para otimizar a utilização dos recursos públicos, garantindo o aumento da competitividade, com a redução dos gastos efetuados pelo Poder Público. Pelo exposto, entendo que a aquisição de peças, bem como a prestação de serviços mecânicos para veículos e máquinas, sem a prévia realização do certame licitatório, devem ser consideradas irregulares, visto que houve flagrante violação ao inciso XXI do art. 37 da Constituição da República e aos arts. 2º-3º da Lei n. 8.666, de 1993, sujeitando o responsável, no caso, o prefeito municipal à época, às sanções impostas pela lei. [Processo Administrativo n. 690.210. Rel. Auditor Gilberto Diniz. Sessão do dia 18/10/2012]

[**Licitação. Contratação direta. Impossibilidade.**] Verifica-se que as compras realizadas pela Prefeitura Municipal [...] não eram imprevisíveis nem tinham caráter esporádico, uma vez que foram realizadas ao longo de todo o exercício. Portanto, o gestor descumpriu os mandamentos da Lei de Licitações ao deixar de realizar o devido procedimento licitatório, mesmo porque as aquisições no exercício ultrapassaram o limite para dispensa de licitação. [...] Destaco que cabe à Administração Pública planejar e dimensionar suas compras, notadamente ao que se refere à reposição de estoques, de forma a melhor aproveitar os recursos públicos, conforme preceitua o art. 15, §7º, II, da Lei Federal n. 8.666/93. Os procedimentos adotados pela Administração Pública devem ser principalmente preventivos e não corretivos. [Recurso Ordinário n. 812.208. Rel. Conselheira Adriene Andrade. Sessão do dia 17/10/2012]

[**Contratação direta justificada pela existência de apenas um fornecedor.**] [...] a alegação do recorrente de que existiria naquele município tão somente um fornecedor de medicamentos, o que justificaria, em princípio, a compra por inexigibilidade de licitação, não pode prosperar [...] houve outras despesas com a aquisição de medicamentos, realizadas por meio da Tomada de Preços [...], na qual foram contratadas outras duas empresas; fato esse, que afasta a exclusividade de fornecedor na localidade. [...] cabe ao administrador, diante da necessidade rotineira de bens da mesma natureza, estabelecer um planejamento geral para compras, em que os fatores técnicos, operacionais e financeiros sejam corretamente avaliados, embasando-se nos valores anualmente gastos, em média. Após esse planejamento, as compras devem ser efetivadas mediante procedimento licitatório na modalidade que respeite o valor global das aquisições durante o exercício financeiro. [...] voto pela manutenção da irregularidade e da multa cominada no importe de R$ 2.000,00 (dois mil reais), haja vista a irregularidade das compras efetuadas sem o devido procedimento licitatório. [Recurso Ordinário n. 811.956. Rel. Conselheiro Eduardo Carone Costa. Sessão do dia 17/10/2012]

[**Irregularidade por falta de procedimento licitatório. Ausência de planejamento.**] [...] cabe ao administrador promover o planejamento da contratação levando em consideração o consumo e utilizações prováveis, com base na demanda verificada nos exercícios anteriores, na forma prevista no inciso II do § 7º do art. 15 da Lei n. 8.666, de 1993. [...] o planejamento propicia a otimização do dispêndio dos recursos públicos e a redução dos gastos despendidos pelo Poder Público. [...] proponho, no mérito, ao Colegiado da Segunda Câmara que [...] sejam julgadas irregulares as contratações realizadas sem a observância do devido procedimento licitatório, item 2, por afronta ao inciso XXI do art. 37 da Constituição da República e aos arts. 2º-3º da Lei n. 8.666, de 1993, cominando multa no valor total de R$ 3.500,00 (três mil e quinhentos reais) ao [...] prefeito municipal à época, com fundamento no inciso II do art. 95 da Lei Complementar n. 33, de 1994, então vigente, cujo correspondente na Lei Complementar n. 102, de 2008, é o inciso II do art. 85. [Processo Administrativo n. 689.917. Rel. Auditor Gilberto Diniz. Sessão do dia 04/09/2012]

[**Falha na gestão do órgão devido à constatação de fracionamento de despesas.**] [...] a Administração deve considerar o valor de todos os produtos da mesma natureza a serem adquiridos durante o exercício financeiro, levando em conta as quantidades e os valores, e não cada aquisição. Isso posto, foi verificada infringência aos ditames do § 7º, II, do art. 15 da Lei de Licitações e Contratos, segundo a qual, nas compras, deverão ser observadas a definição das unidades e da quantidade a serem adquiridas em função do consumo e utilização prováveis, cujo cálculo será obtido mediante adequadas técnicas quantitativas de estimação. [...] Assim, deve ser considerado o valor global da compra para concluir se a dispensa de licitação poderá ou não ser utilizada, não se devendo tomar como referência o dispêndio relativo a apenas um mês quando é sabido que as aquisições ou fornecimentos ultrapassarão aquele período. [...] proponho aplicação de multa no total de R$64.600,00 (sessenta e quatro mil e seiscentos reais) ao *[omissis]*, sendo: R$1.000,00 por falhas na gestão do órgão, com ênfase para a ausência de planejamento e publicação de compras, inexistência de almoxarifado e desatualização do cadastro de fornecedores, contrariando os arts. 15 – 16 da Lei de Licitações e Contratos e os arts 5º e 6º da INTC n. 08/03. [Processo Administrativo n. 752.415. Rel. Auditor Hamilton Coelho. Sessão do dia 04/08/2011]

[**Termos aditivos. Valor limite para contratação na modalidade convite.**] Verifica-se que o valor total [...] não ultrapassou o limite de 25%, conforme § 1º do art. 65 da Lei n. 8.666/93, porém o valor aditado acrescido do valor contratado eleva o valor da contratação [...], ultrapassando, assim, o limite para a modalidade convite, que, de acordo com a tabela de licitação publicada no *DOU* em 28.05.98, é de R$80.000,00. Impõe-se deixar claro que o inciso II do § 7º do art. 15 da Lei de Licitações dispõe que nas compras deverão ser observadas "a definição das unidades e das quantidades a serem adquiridas em função do consumo e utilização prováveis, cuja estimativa será obtida, sempre que possível, mediante adequadas técnicas quantitativas de estimação." A finalidade da disposição legal é otimizar o dispêndio dos recursos públicos e impor a programação das compras em sua totalidade, o que implica aquisição mediante a realização do devido processo licitatório, com a escolha da modalidade licitatória própria, garantindo o aumento da competitividade, com a redução dos gastos despendidos pelo Poder Público. Assim, a falta de programação da totalidade da compra, com escolha de modalidade licitatória inadequada, viola o § 5º do art. 23 da Lei n. 8.666/93. [...] [Processo Administrativo n. 704.105. Rel. Conselheiro Antônio Carlos Andrada. Sessão do dia 06/04/2010]

[**Alteração da quantidade do objeto.**] [...] é exigência formal definir e estipular a quantidade do objeto a ser licitado (art. 14 e §7º, II, do art. 15 da Lei n. 8.666/93), quando da formulação de um edital. Alterá-lo quantitativamente durante o curso do certame, após conhecida a proposta do licitante, é desrespeitar não só o mandamento legal, mas um conjunto de princípios (vinculação ao ato convocatório, igualdade entre os licitantes, impessoalidade, legalidade). Só é cabível promover acréscimos e supressões, nos limites estipulados no §1º do art. 65 da Lei n. 8.666/93, após a contratação, ou seja, após o encerramento do procedimento licitatório. [Licitação n. 54.842. Rel. Conselheiro Moura e Castro. Sessão do dia 19/06/1997]

III — as condições de guarda e armazenamento que não permitam a deterioração do material.

Em se tratando de dispêndio de recursos públicos deverá a Administração baseada na própria Lei de Licitações, estabelecer condições de guarda e armazenamento dos produtos adquiridos, a fim de que não haja deterioração do material.

[**Legislativo municipal. Instituição de órgão de almoxarifado na estrutura da administração. Controle patrimonial e de almoxari-**

fado.] A instituição de um almoxarifado gera um custo e, portanto, para que seja efetivada deve-se verificar se o custo de manutenção de estoques a justifica. Se a manutenção de bens em estoques se mostra vantajosa, de forma que reduza os custos que representam solicitações de fornecimento feitas com elevada frequência, bem como reduza os eventuais prejuízos com falta de produtos de uso contínuo, a resposta é positiva quanto à necessidade de sua instituição. Mas se, por exemplo, os bens adquiridos por uma Câmara de um pequeno município são tão poucos que a sua guarda e controle implicam custos desproporcionais à sua implantação, então a resposta deve ser negativa. [...] independentemente da existência de um almoxarifado propriamente dito, há a necessidade de controle efetivo de todas as aquisições procedidas pela Administração Pública [...] exercido na forma prevista pelo inciso IV do art. 5º da INTC n. 08/2003, com a redação dada pelo art. 2º da INTC n. 06/2004, que estabelece medida de caráter gerencial que não se confunde com a implantação de um "departamento de patrimônio e almoxarifado". [...] a não instituição de um setor de patrimônio e almoxarifado quando ele se fizer necessário, abrangendo inclusive a disponibilização de espaço físico para o estoque, se for o caso, seria um atentado ao princípio da eficiência, podendo o responsável, caso isso ocorra, vir a ser responsabilizado pela sua omissão e pelos prejuízos dela decorrentes. [Consulta n. 859.097. Rel. Conselheiro Wanderley Ávila. Sessão do dia 26/10/2011]

§8º O recebimento de material de valor superior ao limite estabelecido no art. 23 desta Lei, para a modalidade de convite, deverá ser confiado a uma comissão de, no mínimo, 3 (três) membros.

A fim de que sejam realizados testes, verificar se há algum defeito, analisar as especificações técnicas, as quantidades, o recebimento do material deverá ser confiado a uma comissão de, no mínimo, três membros.

Art. 16. Será dada publicidade, mensalmente, em órgão de divulgação oficial ou em quadro de avisos de amplo acesso público, à relação de todas as compras feitas pela Administração Direta ou Indireta, de maneira a clarificar a identificação do bem comprado, seu preço unitário, a quantidade adquirida, o nome do vendedor e o valor total da operação, podendo ser aglutinadas por itens as compras feitas com dispensa e inexigibilidade de licitação. (Redação dada pela Lei nº 8.883, de 1994)

Em decorrência do princípio da publicidade e da transparência, deverá a Administração divulgar mensalmente, em órgão oficial ou em quadro de avisos de acesso amplo a relação de todas as compras por ela realizadas. A ausência dessa divulgação não interfere na validade ou na eficácia das contratações.

A utilização do quadro de avisos, só deverá ser utilizada em casos de órgãos menores, uma vez que possuem uma relação direta e física com os cidadãos. O mesmo não pode ser dito para as grandes unidades administrativas.

[**Licitação. Irregularidade do procedimento. Fracionamento do objeto.**] Em relação à atuação do órgão de controle interno, a unidade técnica apurou as seguintes falhas: 1.1) Não foi implantado o regime de almoxarifado para o controle de entrada e saída de bens, contrariando o art. 7º, IV, da INTC n. 05/99 e o art. 5º, IV, da INTC n. 08/03, [...]; 1.2) A prefeitura possui cadastro informatizado de fornecedores, porém não foi ainda implantado o controle de preços dos principais produtos e serviços consumidos e contratados, contrariando o art. 7º, II, da INTC n. 05/99 e o art. 5º, II, da INTC n. 08/03, [...]; 1.3) As compras realizadas não estavam sendo divulgadas, contrariando o art. 16 da Lei n. 8.666/93 [...] Contratações realizadas sem apresentação dos respectivos procedimentos licitatórios, no valor total de [...], violando os arts. 2º e 3º da Lei n. 8.666/93. [...]

considerando a natureza das falhas [no controle interno e contratações realizadas sem apresentação dos processos licitatórios] e o fato de o gestor responsável ter tomado providências para a devida correção dos apontamentos relacionados ao controle interno, entendo que o atual gestor deve ser alertado para o cumprimento das disposições estabelecidas na Lei n. 8.666/93, bem como aquelas contidas nas instruções normativas editadas por este Tribunal de Contas, evitando práticas que comprometam a gestão administrativa em geral. [...] as compras efetuadas por entidades e órgãos públicos devem ser planejadas, verificando a demanda para o exercício financeiro, visando adquirir montante capaz de atender às unidades administrativas que compõem o órgão, sem incorrer em fracionamento da contratação. Assim, não se observou o escopo preconizado pela Lei n. 8.666/93, mormente o que dispõem os §§ 1º e 2º do art. 23, que admitem que as compras sejam divididas em parcelas, quando tecnicamente viável, visando ao melhor aproveitamento dos recursos disponíveis e à ampliação da competitividade, sem, contudo, prescindir do devido certame licitatório. Pelo exposto, considerando que não se observou o disposto no inciso XXI do art. 37 da Constituição da República de 1988, nem o disposto nos arts. 2º e 3º da Lei n. 8.666/93, que impõem o certame nas contratações entre o Poder Público e o particular, não sendo situações que admitam a dispensa ou inexigibilidade licitatória, tampouco que as compras fossem divididas em parcelas, proponho que sejam consideradas irregulares as contratações em análise, sujeitando o responsável às sanções impostas pela lei. [Processo Administrativo n. 696.213. Rel. Auditor Gilberto Diniz. Sessão do dia 19/04/2012]

[**Falha na gestão do órgão em razão de falta de publicidade da relação mensal de compras.**] [...] a prefeitura realizava a publicidade das compras no quadro de avisos, pelo tempo necessário ao cumprimento do princípio da publicidade. Entretanto, compulsando os autos, verifica-se que não há comprovação da realização das publicações, razão pela qual fica configurada a transgressão ao art. 16 da Lei Nacional de Licitações e Contratos [...] proponho aplicação de multa no total de R$64.600,00 (sessenta e quatro mil e seiscentos reais) ao *[omissis]*, sendo: R$1.000,00 por falhas na gestão do órgão, com ênfase para a ausência de planejamento e publicação de compras, inexistência de almoxarifado e desatualização do cadastro de fornecedores, contrariando os arts. 15-16 da Lei de Licitações e Contratos e os arts. 5º-6º da INTC n. 08/03. [Processo Administrativo n. 752.415. Rel. Auditor Hamilton Coelho. Sessão do dia 04/08/2011]

[**Publicidade das compras efetuadas pela Administração.**] Quanto à ausência de publicidade das compras efetuadas pelo Departamento de Compras, a defesa não se manifestou. [...] Lembro, nesta oportunidade, que os citados dispositivos são altamente moralizadores, na medida em que impõem, ao administrador, a obrigatoriedade de divulgar a qualquer interessado o destino dado aos recursos públicos, em sintonia com o princípio da publicidade [...] Assim, a ausência de publicidade, em afronta ao art. 16 da Lei de Licitações c/c o art. 37, *caput,* da Constituição Federal de 1988, é de natureza grave, na medida em que restringe o direito dos cidadãos de ter acesso a essa informação, prevista em Lei, para verificarem a real necessidade dos produtos adquiridos, bem como a razoabilidade dos preços pagos pela Administração Pública. [Processo Administrativo n. 707.561. Rel. Conselheira Adriene Andrade. Sessão do dia 25/11/2008]

[**Ausência de publicidade.**] Entendo que o legislador, ao exigir a publicidade das compras efetuadas, impôs à Administração Pública o dever de prestar contas ao público. Assim, a ausência de publicidade, em ferimento ao art. 16 da Lei de Licitações, deve ser considerada falta de natureza grave, na medida em que se ocultaria, por ela, a real necessidade dos produtos adquiridos, bem como deixaria de ser demonstrada a razoabilidade dos preços pagos pela Administração

Pública. [Processo Administrativo n. 715.979. Rel. Conselheira Adriene Andrade. Sessão do dia 30/10/2007]

[**Ausência de publicidade.**] [...] não foi cumprida a exigência prevista no art. 16 da Lei n. 8.666/93 [...]. Considero que tal dispositivo é de cumprimento obrigatório e que não se trata de falha meramente formal, uma vez que o seu descumprimento fere o interesse público, na medida em que impossibilita o acompanhamento dos gastos da Administração [...]. [Encontram-se] na Lei de Licitações as exigências de publicação dos extratos de contratos e de seus respectivos termos aditivos, [e que] a publicidade traduz-se em mais uma oportunidade dada aos munícipes de fiscalizarem os gastos da Administração, demonstrando a ênfase que o legislador deu à necessidade de transparência dos atos de gestão referentes às despesas públicas, pelo que considero falta grave o descumprimento do citado dispositivo. [Processo Administrativo n. 691.931. Rel. Conselheira Adriene Andrade. Sessão do dia 30/10/2007]

Parágrafo único. O disposto neste artigo não se aplica aos casos de dispensa de licitação previstos no inciso IX do art. 24. (Incluído pela Lei nº 8.883, de 1994)

Quando houver envolver a segurança nacional, as compras diretas não serão divulgadas, haja vista o comprometimento dos interesses que estão sendo protegidos. Outras normas também podem se adequar a esta regra caso haja a frustação dos interesses públicos.

[**Município. Atos de dispensa e inexigibilidade de licitação. Publicação na imprensa oficial.**] [...] é possível à Administração optar pelo procedimento de dispensa de licitação previsto no art. 24, I e II, da Lei n. 8.666/93, nos casos em que a contratação, ainda que se enquadre na hipótese de inexigibilidade, tenha valores inferiores aos limites previstos no citado dispositivo legal, sendo desnecessárias a ratificação e a publicação do ato de dispensa em órgão oficial de imprensa. [...] Deve, porém, motivar o ato de dispensa de licitação e dar publicidade à contratação, nos termos do art. 16 da Lei de Licitações e Contratos. [...] Da análise do dispositivo acima transcrito [art. 26, Lei n. 8.666/93], constata-se que, para as despesas de pequeno valor, nos termos do art. 24, I e II, da Lei n. 8.666/93, a Administração pode desobrigar-se das formalidades de ratificação do ato de dispensa pela autoridade superior e de sua publicação na imprensa oficial, haja vista a simplicidade e a pequena relevância dessas contratações. [Consulta n. 812.005. Rel. Conselheira Adriene Andrade. Sessão do dia 12/05/2012]

SEÇÃO VI – DAS ALIENAÇÕES

Art. 17. A alienação de bens da Administração Pública, subordinada à existência de interesse público devidamente justificado, será precedida de avaliação e obedecerá às seguintes normas:

Esse dispositivo disciplina a alienação de bens da Administração, a qual deverá ser precedida de avaliação e obedecerá às normas vigentes a espécie, além do mais deverá ser demonstrada a existência do interesse público.

Alienação como se sabe é a transferência de domínio de bens de um indivíduo a terceiros. Esse artigo utiliza a palavra "alienação" de forma ampla, o que significa dizer que, deverá ser aplicada tanto no sentido técnico da palavra quanto a qualquer instrumento que possibilite a transferência de bens ou direitos de titularidade pública para um particular.

A alienação de bens tem duas funções, a própria e direta que consiste na obtenção pela Administração Pública de recursos econômicos por meio da transferência de bens e direitos para terceiros, e, a indireta, ou seja, a manifestação do cumprimento de outras funções estatais. A Administração utiliza da alienação para realizar fins específicos e determinados. Não há obtenção de recursos econômicos, mas sim o funcionamento do mercado.

Essa distinção deve ser feita, pois são regimes jurídicos distintos, afinal quando houver a obtenção de recursos econômicos, será passível de licitação do tipo maior lance, enquanto que o desempenho de outras funções estatais será realizado por contratação direta. As hipóteses de contratação direta previstas neste artigo buscam o desempenho da função indireta da alienação estatal.

[**Alienação de bens móveis. Requisitos. Exceção nas hipóteses do art. 17, II, da Lei 8.666/1993.**] A alienação de bens móveis da Administração Pública depende do interesse público devidamente justificado, prévia avaliação e licitação, sendo esta dispensada somente nas hipóteses elencadas no inciso II do art. 17 da Lei 8.666/1993. [Consultas n. 793.762 (17/03/2010), 720.900 (27/05/2009), 753.232 (10/09/2008), 708.593 (28/11/2007) e 671.349 (20/11/2002)] Ficando comprovado que o bem não é de utilidade para a Administração Municipal, o prefeito municipal, como representante legal do município, e em observância ao princípio da cooperação que deve existir entre entes públicos, poderá fazer a cessão de uso para órgão ou entidade pública integrante de outra esfera, mediante formalização de termo de cessão com prazo determinado, renovável ou não, podendo, no entanto, ser rescindido a qualquer tempo, de acordo com o interesse da Administração Municipal. Ademais, a cessão de uso entre órgãos da mesma entidade pode ser realizada sem autorização legislativa, sendo feito por simples termos e anotação cadastral, já que se trata de ato ordinário de administração por meio do qual o Poder Executivo distribui os seus bens entre suas repartições para melhor atendimento do serviço. Consultas n. 448.949 (20/08/1997) e n. 653.876 (26/02/2003). [Consulta n. 886.302. Rel. Conselheiro Mauri Torres. Data da Publicação: 20/03/2013]

[**Bens móveis públicos inservíveis. Desincorporação. Possibilidade. Não ingerência do Poder Executivo.**] As desincorporações de bens móveis públicos inservíveis podem ser realizadas por meio de empréstimo, alienação e doação, devendo os bens serem oferecidos inicialmente aos demais órgãos da Administração Pública Municipal e, só em um segundo plano, serem ofertados a entidades particulares de interesse público. Consultas n. 671.349 (20/11/2002) e 793.762 (17/03/2010). É obrigatória a realização de leilão, conforme previsto no art. 17 da Lei Federal n. 8.666/93, para alienação de bens móveis inservíveis, desde que haja interesse público devidamente justificado e avaliação do bem, e que não haja exigência na Lei Federal de autorização legislativa. Consultas n. 793.762 (17/03/2010), 720.900 (06/05/2009); 708.593 (28/11/2007) e 671.349 (20/11/2002). As desincorporações de bens móveis públicos realizadas por doação estão condicionadas à existência de interesse público justificado, avaliação e licitação, sendo a última dispensada quando os fins e a utilização têm interesse social, vedada a doação em proveito pessoal ou particular. Consulta 671.349 (20/11/2002). A receita obtida com a alienação de bens móveis públicos deve ser classificada contabilmente como receita de capital. Consultas n. 780.944 (18/08/2010) e 720.900 (06/05/2009). A Câmara Municipal pode emprestar, alienar ou doar bens móveis inservíveis que estão sob seu controle patrimonial sem ingerência do Poder Executivo. Consultas n. 793.762 (17/03/2010) e 671.349 (20/11/2002). [Consulta n. 838.957. Rel. Conselheiro Mauri Torres. Data da Publicação: 24/10/2011]

[**Pagamento da folha de servidores da administração municipal por meio de instituição financeira privada.**] [...] a Administração Pública Municipal pode proceder ao pagamento da folha de seus servidores por meio de instituição bancária privada, porque, com a quitação da folha de pagamento, a titularidade dos recursos passa ao particular, *in casu*, o servidor, em contraprestação aos seus serviços prestados à Administração Pública Municipal. Sobre a questão relativa à manutenção de contas e movimentação bancárias em instituição financeira privatizada, inicialmente, cumpre esclarecer que o Pleno desta Corte, em Sessão do dia 03/02/94, em resposta à Consulta n. 53198-7, [...] versando sobre a possibilidade de movimentação de contas-correntes em bancos particulares, entendeu, em síntese, que: "é de se responder ao consulente que, *a priori*, tanto a movimentação bancária e a aplicação financeira das disponibilidades hão de se efetivar em agências locais de instituições financeiras oficiais. Em não existindo essas no município, entenderíamos que é de se lhe facultar, mediante autorização específica em norma municipal, dentro de sua competência concorrente, proceder à movimentação bancária com instituições financeiras privadas, bem como ali efetuar aplicações financeiras, desde que unicamente com base em títulos e papéis com lastro oficial (artigo 76, XIX, c/c art. 161, XI, ambos da Constituição Estadual)" (grifos no original). A exigência de que as disponibilidades de caixa da Administração Pública sejam depositadas e movimentadas em instituições financeiras oficiais tem sede constitucional, conforme disposições do § 3º do art. 164 da vigente Constituição da República [...]. [...] A meu ver, essa obrigatoriedade atinge tanto a movimentação bancária em conta corrente como as aplicações financeiras da Administração Pública [...]. Por sua vez, a competência para que a Câmara Municipal, mediante lei específica, autorize a abertura ou a manutenção de conta e movimentação bancárias da Administração Pública em bancos privados, na ausência de instituição financeira oficial em funcionamento no município, está prescrita no art. 30 da vigente Constituição Federal, sobretudo em seus incisos II e III [...]. [...] entendo que a Administração Pública Municipal, mediante autorização da Câmara de Vereadores, poderá manter conta e respectiva movimentação bancária em instituição financeira privatizada ou privada, caso não funcione, no município, instituição financeira oficial. [...] no tocante à necessidade de licitação para a manutenção ou abertura de conta e movimentação bancárias pela Administração Pública, concluo o seguinte: a) Em se tratando de instituição financeira privada, a licitação é necessária, nos termos do inciso XXI do art.

37 da Lei n. 8.666/93; b) No caso de instituição financeira oficial, entendida aqui aquela integrante da Administração Pública, a licitação é dispensada, atendidas as exigências estabelecidas no inciso VIII do art. 24 da Lei n. 8.666/93, com a redação dada pela Lei n. 8.883/94; c) Pode ocorrer que, mesmo em se tratando de instituição financeira privada, não seja necessária a licitação, em virtude de o valor global da contratação ficar abaixo do limite mínimo legal exigido para se licitar; d) Ocorrendo as hipóteses de contratação direta, seja em razão de valor inferior ao limite mínimo legal, ou em virtude de dispensa de licitação, deverão ser observadas as formalidades estabelecidas nos arts. 7º, 14 ou 17, dependendo da espécie de contratação, e 26 da Lei n. 8.666/93, com suas alterações posteriores; e) Mesmo se o valor global estimado da contratação ficar abaixo do limite legal, poderá a autoridade promover a licitação, devendo, nesse caso, observar a relação custo/benefício para a deflagração do certame. [Consulta n. 616.661. Rel. Conselheiro Eduardo Carone Costa. Sessão do dia 15/03/2000]

[**Doação de bem imóvel.**] [...] os requisitos a serem observados pelo Poder Executivo Municipal, visando à efetivação de doação de bem imóvel, são os seguintes: 1 — existência de interesse público justificado (art. 17, *caput*, do aludido diploma legal); 2 — autorização legislativa; e 3 — avaliação prévia (art. 17, I). Assim sendo, em que pese ser dispensada a licitação, são aplicáveis à espécie as normas insculpidas no art. 17, I, alínea *b*, considerando que se encontra suspensa apenas a exclusividade da doação para o Poder Público, pelo que pode ser feita a doação, também, a particulares; suspensão esta, entretanto, vigente até que ocorra o julgamento final da Ação Direta de Inconstitucionalidade ajuizada pelo Governador do Estado do Rio Grande do Sul. No tocante à oportunidade de ser apresentado um projeto de lei criando condições para futuras doações de lotes para construção de casa própria, a existência prévia de lei é pressuposto indispensável à realização de doação de bem imóvel, como acima exposto. [Consulta n. 498.790. Rel. Conselheiro Simão Pedro Toledo. Sessão do dia 24/02/1999]

[**Necessidade de decisão motivada para a alienação de bens públicos.**] Registra-se que a alienação de qualquer bem público pressupõe a observância de certas formalidades, as quais se relacionam com a verificação da compatibilidade do ato como interesse público. Marçal Justen Filho [...] assevera que 'a alienação de bens e direitos de titularidade do Estado não pode ser configurada como uma atividade intrínseca ou inerente ao desempenho das funções estatais. A alienação tende a ser uma anomalia, envolvendo potencial risco de redução da órbita dos bens públicos, o que é muito sério a propósito dos imóveis (por razões evidentes). As regras comuns atinentes à alienação de móveis e imóveis exteriorizam a preocupação comum de evitar a destruição do Estado, sua redução a dimensões insuficientes para execução de suas funções e a transplantação para a órbita privada de bens e direitos de interesse comum.' Exige-se, pois, a evidenciação prévia pela Administração do cabimento da alienação e esta decisão deverá ser motivada para indicar a compatibilidade com o interesse público. [Denúncia n. 768.810. Rel. Conselheiro Eduardo Carone Costa. Sessão do dia 27/11/2008]

I — quando imóveis, dependerá de autorização legislativa para órgãos da administração direta e entidades autárquicas e fundacionais, e, para todos, inclusive as entidades paraestatais, dependerá de avaliação prévia e de licitação na modalidade de concorrência, dispensada esta nos seguintes casos:

Tanto para os bens imóveis, quanto para os móveis existem regras comuns para a alienação, as quais evitam destruir o Estado, ou seja, visam evitar que o Estado não possua mais capacidade de exercer suas funções e acabe por envolver a privatização em competências estatais inalienáveis. Não estão previstos na Lei de licitações todos os pressupostos para a alienação dos bens, as previsões constantes são exceções à regra. No entanto, para que ocorra a alienação é exigida à evidenciação prévia pela Administração de que os requisitos constantes na legislação própria foram atendidos.

Quando se tratar de bens imóveis, deverão ser observados, como regra, além do interesse público, a autorização legislativa, para órgãos da administração direta e entidades autárquicas e fundacionais, e, para todos, inclusive as entidades paraestatais, a avalição prévia; e o procedimento licitatório deverá ser a concorrência, a exceção dos casos previstos em lei.

A autorização legislativa é necessária, pois, somente será permitida a alienação dos bens imóveis quando não estiverem afetados à satisfação de necessidades coletivas. A competência para autorização é do ente político, titular do bem imóvel, objeto da alienação.

A alienação, como já dito, faz-se mediante uma contrapartida a ser desembolsada pelo particular em favor da Administração. E o valor a ser pago, depende de prévia avaliação, ou seja, mesmo que o particular ofereça um preço maior que o dos outros, ele não está apto a alienar o bem, se o valor oferecido não for maior que o valor avaliado.

Deve ser observada a modalidade concorrência para a alienação de imóveis, devendo ser observada a regra das formas e dos prazos de divulgação e a possibilidade de participação de qualquer interessado.

a) dação em pagamento;

A administração transfere o domínio de um imóvel ao seu credor a fim de quitar uma dívida. Entretanto não poderá ser utilizado esse instrumento se houver outro meio mais vantajoso.

Trata-se de modalidade de dispensa de licitação, haja vista não haver outra possibilidade de selecionar a proposta mais vantajosa para a Administração. Não deve se falar em ofensa ao princípio da isonomia se não houver outro sujeito na mesma situação. Não poderá ser aplicada a mesma ideia, caso a Administração possua mais credores, pois esta não poderá escolher um credor em detrimento dos outros para quitar a sua obrigação. Nessas condições a Administração terá o dever de promover a licitação e selecionar dentre os seus credores, aquele que oferecer melhor condição para a dação em pagamento.

[**Utilização do pregão para contratação de instituição financeira para processamento das folhas de pagamento mediante dação em pagamento em bens imóveis.**] Admite-se, pois, em princípio, a utilização do pregão para o processamento das folhas de pagamento; e mesmo a utilização do critério de maior valor de oferta, desde que bem justificado e fundamentado, combinando os arts. 4º, VIII, e 9º da Lei n. 10.520/02 com os arts. 3º e 45, IV, da Lei n. 8.666/93. Esse tipo de certame está sendo denominado, em círculos especializados, como "pregão negativo" [...] sobre a possibilidade de o maior lance ser pago ao Poder Público contratante mediante a transmissão de bem imóvel. Compulsando a Lei Federal n. 10.520/2002 e a Lei Estadual n. 14.167/2002, que regulamentam o pregão, bem como a Lei Federal n. 8.666/93, de aplicação subsidiária, não se encontra diretriz normativa que esclareça o problema [...]. Assim sendo, se a Fazenda Pública pode receber um bem imóvel de contribuinte para o adimplemento de uma obrigação tributária, não vislumbro óbice na utilização do mesmo procedimento na seara administrativa, por analogia, em que o particular contratado pagaria o lance ofertado no "pregão negativo" mediante a transmissão de bem imóvel, desde que a operação atenda ao interesse público da Administração contratante. [...] entendo que o edital da licitação deverá prever como forma de adimplemento do contrato administrativo a dação em pagamento em imóveis, estabelecendo regras referentes à avaliação do bem e sua aceitação, condicionando-se ao consentimento da Administração contratante e ao atendimento do interesse público, além de prévia autorização legislativa no âmbito da respectiva entidade federativa. [Consulta n. 837.554. Rel. Conselheiro Antônio Carlos Andrada. Sessão do dia 25/05/2011]

b) doação, permitida exclusivamente para outro órgão ou entidade da administração pública, de qualquer esfera de governo, ressalvado o disposto nas alíneas *f, h e i;* (Redação dada pela Lei nº 11.952, de 2009)

Trata-se de dispensa de licitação, a qual poderá ser realizada, somente para outro órgão ou entidade da administração pública, de qualquer esfera de governo, ressalvado, o disposto nas alíneas f, h e i. A norma, em conformidade com o entendimento do STF (ADI 927), vale apenas para a União, uma vez que como a norma foi editada por lei ordinária, outras leis também poderão prever requisitos de modo diverso, não podendo a União veicular norma geral em face dos Estados, Municípios e DF.

[**Vedação legal à doação de imóvel a particular está suspensa por decisão do STF em medida cautelar.**] [...] em que pese a clareza da norma, parte do comando da citada alínea *b*, qual seja, 'permitida exclusivamente para outro órgão ou entidade de Administração Pública', quanto aos Estados, Distrito Federal e Municípios, foi, pela Adin 927-3 (*DJU* de 10/11/1993), suspenso [por medida cautelar] pelo Supremo Tribunal Federal. Portanto, a proibição de doação de bens imóveis a particulares encontra-se, provisoriamente, suspensa. Diante do que, até a decisão final do STF, os bens públicos, quaisquer que sejam, podem ser alienados, por meio de doação a particulares, desde que satisfeitas determinadas condições, tais como desafetação, se for o caso, autorização legislativa e, sobretudo, o reconhecimento de interesse público, pois, na Administração, não se faz o que se quer, mas apenas o autorizado em lei. Por outro lado, convém não olvidar que, quando o incentivo envolver a disponibilização de terrenos públicos a particulares para, por exemplo, instalação de indústrias, empresas, etc., deve-se privilegiar o instituto da concessão do direito real de uso, que melhor resguarda o interesse e o patrimônio públicos. Observa-se que, além da demonstração do interesse público, a lei autorizativa da concessão, ao tratar das condições de transferência do bem, deve vinculá-lo à atividade empresarial e à sua reversão ao patrimônio público, quando cessada a ação do particular. [Consulta n. 700.280. Rel. Conselheiro Moura e Castro. Sessão do dia 26/10/2005]

c) permuta, por outro imóvel que atenda aos requisitos constantes do inciso X do art. 24 desta Lei;

Na permuta não haverá uma contrapartida em dinheiro, o que ocorrerá será a transferência do domínio de um imóvel em decorrência da aquisição do domínio de outro imóvel.

Essa dispensa de licitação impõe que o imóvel adquirido deva ser dotado de especificidades que atinjam a finalidade pública para a qual será destinado.

d) investidura;

A investidura, conforme dispõe o § 3º deste mesmo artigo, nada mais é do que a alienação de bem público em favor de particular em situações específicas, sendo uma delas: para se caracterizar a dispensa de licitação é necessário que sejam imóveis lindeiros de área remanescente ou resultante de obra pública, desde que a área não seja aproveitada para fins específicos e que seja feita a alienação aos proprietários lindeiros. A dispensa de licitação só será cabível se a avaliação não ultrapassar 50% (cinquenta por cento) do valor constante da alínea "a" do inciso II do artigo 23 desta Lei. Se ultrapassar será obrigatória a licitação.

A outra situação específica diz respeito à alienação de imóveis para fins residenciais construídos em núcleos urbanos anexos a usinas hidrelétricas. Tem-se como requisito para a alienação que os imóveis sejam considerados dispensáveis na fase de operação dessas unidades e que também não integrem a categoria de bens reversíveis ao final da concessão. Ademais, deve se tratar de imóveis para fins residenciais. Dessa forma, entende-se que, se as residências puderem ser utilizadas no interesse da Administração Pública não caberá à investidura.

e) venda a outro órgão ou entidade da administração pública, de qualquer esfera de governo; (Incluída pela Lei nº 8.883, de 1994)

Também dispensa a licitação quando houver a alienação onerosa a outro órgão ou entidade da administração pública. Deve-se aplicar, no entanto, todas as ressalvas contidas no artigo 24, incisos VIII e XXIII desta Lei. Vale ressaltar que só é permitida a aplicação deste artigo, quando for a solução mais vantajosa para a realização das funções estatais.

f) alienação gratuita ou onerosa, aforamento, concessão de direito real de uso, locação ou permissão de uso de bens imóveis residenciais construídos, destinados ou efetivamente utilizados no âmbito de programas habitacionais ou de regularização fundiária de interesse social desenvolvidos por órgãos ou entidades da administração pública; (Redação dada pela Lei nº 11.481, de 2007)

Trata-se de dispensa de licitação de imóveis residenciais, a serem alienados apenas em favor de pessoas que sejam economicamente hipossuficientes. Cumpre ressaltar que tais imóveis deverão ser efetivamente utilizados no âmbito de programas habitacionais, onde há investimentos realizados pelo poder público ou ainda de regularização fundiária, ou seja, deverá haver vinculação ao interesse social. Em síntese, esse dispositivo deverá ser utilizado no intuito de regularizar as áreas ocupadas de forma irregular e integrar seus ocupantes na vida comunitária e social.

[Imóveis ocupados há décadas por pessoas carentes. Procedimento legal para regularizar a situação. Possibilidade de doação em caráter

excepcional.] No que diz respeito aos bens imóveis de propriedade do município ocupados por pessoas carentes, que estabeleceram lá sua residência, sob o ponto de vista do interesse público, é mais vantajoso para o município a adoção do instituto da concessão de direito real de uso e da concessão especial para fins de moradia, que permitem maior controle quanto à preservação da finalidade social do uso pelo particular e não configuram mera disponibilidade do patrimônio público. Consultas n. 812.400 (06/10/2010), 835.894 (07/07/2010) e 168.165 (02/08/1995). Possibilidade de o município realizar doação, em caráter excepcional, dos imóveis de sua propriedade, ocupados por pessoas carentes, desde que vinculada a políticas públicas consistentes, sob autorização legislativa, avaliação prévia, indiscutível demonstração de interesse social e licitação (dispensada nos casos do art. 17, I, *f*, da Lei Federal n. 8.666/93), observados os princípios administrativos, notadamente os da impessoalidade e da moralidade. Consultas n. 812.400 (06/10/2010) e 835.894 (07/07/2010). [Consulta n. 862.440. Rel. Conselheiro Mauri Torres. Sessão do dia: 24/11/2011]

[**Município. Doação de imóveis a pessoas carentes. Concessão real de uso e especial para fins de moradia.**] Diante do exposto, concluo pela possibilidade, em tese, de município efetuar doação de imóveis a pessoas comprovadamente carentes, sob autorização legislativa, avaliação prévia, irrefutável demonstração de interesse social e licitação (dispensada nos casos do art. 17, I, *f*, da Lei n. 8.666/93), devendo essa modalidade ser utilizada excepcionalmente, sendo, pois, preferível a adoção, para os mesmos fins de interesse social, dos institutos da concessão de direito real de uso e da concessão especial para fins de moradia, que admitem maior controle quanto à preservação da finalidade social do uso pelo particular e não se traduzem em mera disponibilidade do patrimônio público. Em qualquer dos casos, deve ficar devidamente demonstrado pelo gestor público, nos atos dessa operacionalização, que os atos da disposição do patrimônio público estão vinculados a políticas públicas consistentes, de interesse social, e que, ainda, estão sendo respeitados todos os princípios administrativos, notadamente os da impessoalidade e da moralidade. [Consulta n. 835.894. Rel. Conselheiro Sebastião Helvecio. Sessão do dia07/07/2010]

[**Licitação dispensada quando o imóvel alienado servirá a programa de interesse social.**] [...] diversamente do que ocorre nas hipóteses do art. 24 da mesma lei, onde a licitação é dispensável, aqui é ela dispensada pela própria lei, vale dizer, ninguém precisa buscar autorização para dispensá-la. [...] Na verdade, os motivos que autorizam a alienação sem licitação ligam-se ao interesse social, voltado à melhoria da qualidade de vida da população. Assim, é legal a dispensa de licitação quando a Administração tiver por fim o cumprimento de programa de interesse social. Todavia, não se pode perder de vista que as alienações em questão devem pautar-se pelo fiel cumprimento do interesse público, devidamente justificado, que se harmoniza com a finalidade do programa. [...] nos casos de alienações de bens imóveis construídos pela Cohab-MG, entidade da Administração Pública criada especificamente para este fim, destinados ou efetivamente utilizados em programas de construção de moradias, voltados para a melhoria das condições habitacionais e de saneamento básico, é dispensado o certame licitatório, salvo se envolver utilização para fins econômicos, fato que descaracteriza o interesse público. [Consulta n. 390916. Rel. Conselheiro Moura e Castro. Sessão do dia 02/04/1997]

g) procedimentos de legitimação de posse de que trata o art. 29 da Lei nº 6.383, de 7 de dezembro de 1976, mediante iniciativa e deliberação dos órgãos da Administração Pública em cuja competência legal inclua-se tal atribuição; (Incluído pela Lei nº 11.196, de 2005)

Trata-se dos casos em que o particular, ocupa uma área pública e a torna produtiva. O artigo 29 da Lei n.º 6.383/76, prevê os requisitos para a legitimação da posse, e dentre eles se encontra a comprovação da capacidade do sujeito de promover o desenvolvimento da área.

h) alienação gratuita ou onerosa, aforamento, concessão de direito real de uso, locação ou permissão de uso de bens imóveis de uso comercial de âmbito local com área de até 250 m² (duzentos e cinquenta metros quadrados) e inseridos no âmbito de programas de regularização fundiária de interesse social desenvolvidos por órgãos ou entidades da administração pública; (Incluído pela Lei nº 11.481, de 2007)

A ideia trazida pelo dispositivo é a de que, é dispensada a licitação, quando da alienação do bem imóvel de uso comercial de âmbito local com área de até 250 m², desde que inseridos no âmbito de programas de regularização fundiária de interesse social, desenvolvidos por órgãos ou entidades da administração pública.

i) alienação e concessão de direito real de uso, gratuita ou onerosa, de terras públicas rurais da União na Amazônia Legal onde incidam ocupações até o limite de 15 (quinze) módulos fiscais ou 1.500ha (mil e quinhentos hectares), para fins de regularização fundiária, atendidos os requisitos legais; (Incluído pela Lei nº 11.952, de 2009)

Tanto esse dispositivo, quanto o § 2º, inciso II e § 2º-A, disciplinam regras sobre a titulação ou outorga de direito real de uso para pessoas naturais ocupantes de terras públicas rurais da União, com área até o limite de quinze módulos fiscais não excedentes a mil e quinhentos hectares, com o intuito de regularização fundiária, desde que sejam atendidas todas as regras aplicáveis à espécie. Não serão necessárias autorizações legislativas se houver o cumprimento dos requisitos estabelecidos no § 2º-A deste mesmo artigo. Dentre eles destacam-se que se houver a submissão aos demais requisitos e impedimento do regimento legal e administrativo da destinação e da regularização fundiária de terras públicas, não será necessária a autorização legislativa. A regra do inciso III visa vedar a utilização do benefício em casos de exploração indevida ou inadequada das terras. Por fim, temos ainda o inciso IV que prevê a rescisão automática da concessão quando houver a declaração de utilidade da área, necessidade pública ou interesse social, nesse caso, além de dispensada a autorização legislativa, também é dispensada a notificação para rescisão da concessão.

II — quando móveis, dependerá de avaliação prévia e de licitação, dispensada esta nos seguintes casos:

É livre a participação de qualquer interessado na licitação para alienação de bens, dessa forma para a alienação de bens móveis, devem ser utilizadas somente as modalidades de licitação que permitam a todos os interessados apresentar propostas.

[**PDV. Licença não remunerada. Alienação de bens aos servidores.**] [...] a concessão de licença sem vencimento, conforme previsto em lei, não rompe o vínculo que une o servidor à Administração Pública. A desinvestidura somente se concretiza por meio da demissão ou da exoneração, com o que já se tornaria impossível a pretensão do consulente. [...] este, mantendo, como de fato mantém, o vínculo funcional, está absolutamente impossibilitado de participar de qualquer modalidade licitatória. [...] Essa inteligência está estampada no art. 9º, III, da Lei n. 8666/93, que veda a participação na licitação do servidor ou dirigente de órgão ou entidade contratante ou responsável. Procedendo desta forma, quis o legislador coibir o protecionismo, o tráfico de influência e o favorecimento pessoal. Ademais, pretende-se a dispensa do leilão em hipótese que não se encontra arrolada entre as previstas no art. 17, II, da Lei n. 8.666/93, que dispõe (*numerus clausus*) as hipóteses possíveis. Na gestão da coisa pública, não dispõe o administrador de liberdade para dela dispor ao seu talante. [Consulta n. 441.908. Rel. Conselheiro José Ferraz. Sessão do dia 28/05/1997]

a) **doação, permitida exclusivamente para fins e uso de interesse social, após avaliação de sua oportunidade e conveniência sócio-econômica, relativamente à escolha de outra forma de alienação;**

A ideia é a mesma do inciso anterior, ou seja, a Administração só poderá doar o bem se esta for a melhor opção. O dispositivo em comento permite a dispensa de licitação para doação de bens móveis que sejam destinados ao interesse social, o que não significa dizer que não haverá outra forma de doação de bens móveis, afinal poderá a Administração fazê-lo, desde que, mediante licitação.

[**Doação ou empréstimo de bens móveis de propriedade da Câmara Municipal a entidades reconhecidas de interesse público.**] [...] pode a Câmara, fulcrada no princípio da razoabilidade, emprestar, alienar ou doar bens móveis inservíveis que estão sob o seu controle patrimonial, sem nenhuma ingerência do Poder Executivo. Com essa delineação, entendo que é razoável que os bens obsoletos e inservíveis sejam, primeiro, oferecidos aos demais órgãos da Administração Pública Municipal e só num segundo plano ofertado a entidades particulares de interesse público. [...] Portanto, a doação de bens móveis encontra-se sujeita aos seguintes requisitos legais: existência de interesse público exaustivamente justificado, avaliação e licitação, sendo esta dispensada quando os fins e a utilização têm interesse social. Não poderá, pois, ser realizada em proveito pessoal ou particular. [Consulta n. 671.349. Rel. Conselheiro Moura e Castro. Sessão do dia 20/11/2002]

b) **permuta, permitida exclusivamente entre órgãos ou entidades da Administração Pública;**

Trata-se de troca, como já foi dito no inciso I, alínea c, deste mesmo artigo. Vale ressaltar que, a mesma ADI que retirou a eficácia da alínea b do inciso I, também retirou a eficácia da expressão "permitida exclusivamente entre órgãos ou entidades da Administração Pública" para os Municípios, Estados e Distrito Federal.

[**Impossibilidade de a Câmara Municipal realizar permuta de veículos com empresa privada.**] [...] a regra é que a disposição desses bens se subordina ao interesse público devidamente justificado, prévia avaliação e licitação, só estando esta dispensada para o caso de bens móveis, nas hipóteses enunciadas nas alíneas do inciso II do mencionado dispositivo legal. [...] Ao contrário do que ocorre com a alienação de bens imóveis, cuja disciplina se encontra claramente definida na lei, processando-se por meio de concorrência, o legislador não deixou clara a situação em relação aos bens móveis, ou seja, qual seria a modalidade a ser adotada. Vejamos: 'O §6º do art. 17 da Lei n. 8.666/93 dispõe que, para a venda de bens móveis avaliados, isolada ou globalmente, em quantia não superior ao limite previsto na alínea *b*, inciso II, art. 23, desta Lei, a Administração poderá permitir o leilão. Assim, o dispositivo mencionado autoriza a Administração a adotar a modalidade leilão para a alienação de bens móveis, até o limite da tomada de preços, qual seja: R$650.000,00 [...]. Ultrapassado esse limite, impõe-se a modalidade concorrência. Frisa-se, todavia, que a lei confere uma faculdade ao administrador público e não uma obrigação.' Apesar de alguns doutrinadores entenderem que a modalidade de licitação a ser adotada depende do valor obtido na avaliação dos bens, de acordo com os critérios da Lei n. 8.666/93, alinho-me ao posicionamento do professor Marçal Justen Filho, segundo o qual a regra é a participação de quaisquer interessados na licitação para alienação de bens, que terá como critério o maior preço, sob pena de ofender o princípio da isonomia. Assim, tanto o convite como a tomada de preços, por restringirem a livre participação (um depende de haver sido convidado e o outro de inscrição em registro cadastral), são inapropriados para alienar bens da Administração Pública. [...] Pelo exposto, [...] inexiste possibilidade de se realizar permuta de veículos diretamente com empresa privada, por depender a alienação de bens móveis de avaliação prévia e licitação pública, só estando esta dispensada nos casos previstos nas alíneas do inciso II do art. 17 da Lei n. 8.666/93. [Consulta n. 708.593. Rel. Conselheiro Substituto Gilberto Diniz. Sessão do dia 28/11/2007]

c) **venda de ações, que poderão ser negociadas em bolsa, observada a legislação específica;**

Esse dispositivo trata da venda de ações por meio de bolsas de valores, o que deverá ser realizado com ampla publicidade, sendo este um dos requisitos da legislação específica. Ademais, o fato da Administração se desfazer de valores mobiliários é uma questão relevante que deverá ser divulgada no mercado.

d) **venda de títulos, na forma da legislação pertinente;**

A venda de títulos é uma prática corriqueira, dessa forma é incabível a licitação, entretanto deve ser observada a legislação aplicável à espécie.

e) **venda de bens produzidos ou comercializados por órgãos ou entidades da Administração Pública, em virtude de suas finalidades;**

Esse dispositivo se relaciona com o artigo 173 da Constituição da República de 1988, que trata da intervenção do Estado no domínio econômico. Dessa forma, os órgãos ou entidades da Administração

Pública que desenvolvam atividade peculiar ao seu objeto, não se sujeitam à licitação, devendo adotar as práticas do mercado, o que não as exime de observar as condutas aplicadas sob pena de responsabilização.

f) venda de materiais e equipamentos para outros órgãos ou entidades da Administração Pública, sem utilização previsível por quem deles dispõe.

O dispositivo não exige que o bem seja inservível, mas sim que ele não tenha utilização previsível por quem o tem. A alienação deverá ser feita por preço praticado no mercado.

§1° Os imóveis doados com base na alínea "b" do inciso I deste artigo, cessadas as razões que justificaram a sua doação, reverterão ao patrimônio da pessoa jurídica doadora, vedada a sua alienação pelo beneficiário.

Os beneficiários das doações, não poderão dispor dos imóveis recebidos, estes devem ser revertidos ao patrimônio de quem o doou, quando cessarem as razões que justificaram a sua doação. Verifica-se dessa forma, que ficou descaracterizada a doação, passando a caracterizar a concessão. Como já ressaltado anteriormente, em decorrência da ADI 927, em sede de cautelar, o inciso I, alínea b, no que tange a expressão "permitida exclusivamente para outros órgão ou entidade da Administração Pública, de qualquer esfera de governo", não se aplica aos Estados, Municípios e Distrito Federal.

§2° A Administração também poderá conceder título de propriedade ou de direito real de uso de imóveis, dispensada licitação, quando o uso destinar-se: (Redação dada pela Lei nº 11.196, de 2005)

I — a outro órgão ou entidade da Administração Pública, qualquer que seja a localização do imóvel; (Incluído pela Lei nº 11.196, de 2005)

Desde que o imóvel não possua utilidade para a Administração cedente, poderá esta conceder a título de propriedade ou de direito real de uso, imóveis a outro órgão ou entidade da Administração Pública, qualquer que seja a localização do imóvel.

II — a pessoa natural que, nos termos da lei, regulamento ou ato normativo do órgão competente, haja implementado os requisitos mínimos de cultura, ocupação mansa e pacífica e exploração direta sobre área rural situada na Amazônia Legal, superior a 1 (um) módulo fiscal e limitada a 15 (quinze) módulos fiscais, desde que não exceda 1.500ha (mil e quinhentos hectares); (Redação dada pela Lei nº 11.952, de 2009)

Cumpre ressaltar que o regulamento ou ato normativo descrito neste inciso deverá ser realizado nos limites fixados em lei sob pena de inconstitucionalidade, afinal é competência de lei fixar pressupostos para legitimação de posse de terras públicas.

§2° -A. As hipóteses do inciso II do § 2° ficam dispensadas de autorização legislativa, porém submetem-se aos seguintes condicionamentos: (Redação dada pela Lei nº 11.952, de 2009)

I — aplicação exclusivamente às áreas em que a detenção por particular seja comprovadamente anterior a 1° de dezembro de 2004; (Incluído pela Lei nº 11.196, de 2005)
II — submissão aos demais requisitos e impedimentos do regime legal e administrativo da destinação e da regularização fundiária de terras públicas; (Incluído pela Lei nº 11.196, de 2005)
III — vedação de concessões para hipóteses de exploração não-contempladas na lei agrária, nas leis de destinação de terras

públicas, ou nas normas legais ou administrativas de zoneamento ecológico- econômico; e (Incluído pela Lei nº 11.196, de 2005)
IV — previsão de rescisão automática da concessão, dispensada notificação, em caso de declaração de utilidade, ou necessidade pública ou interesse social. (Incluído pela Lei nº 11.196, de 2005)

Vide comentários do artigo 17, inciso I, alínea i.

§2°-B. A hipótese do inciso II do § 2° deste artigo: (Incluído pela Lei nº 11.196, de 2005)

I — só se aplica a imóvel situado em zona rural, não sujeito a vedação, impedimento ou inconveniente a sua exploração mediante atividades agropecuárias; (Incluído pela Lei nº 11.196, de 2005)
II — fica limitada a áreas de até quinze módulos fiscais, desde que não exceda mil e quinhentos hectares, vedada a dispensa de licitação para áreas superiores a esse limite; (Redação dada pela Lei nº 11.763, de 2008)
III — pode ser cumulada com o quantitativo de área decorrente da figura prevista na alínea *g* do inciso I do *caput* deste artigo, até o limite previsto no inciso II deste parágrafo. (Incluído pela Lei nº 11.196, de 2005)
IV — (VETADO) (Incluído pela Lei nº 11.763, de 2008)

Deve ser interpretado com o disposto no artigo 17, inciso I, alínea i.

§3° Entende-se por investidura, para os fins desta lei: (Redação dada pela Lei nº 9.648, de 1998)

I — a alienação aos proprietários de imóveis lindeiros de área remanescente ou resultante de obra pública, área esta que se tornar inaproveitável isoladamente, por preço nunca inferior ao

da avaliação e desde que esse não ultrapasse a 50% (cinquenta por cento) do valor constante da alínea "a" do inciso II do art. 23 desta lei; (Incluído pela Lei nº 9.648, de 1998)
II — a alienação, aos legítimos possuidores diretos ou, na falta destes, ao Poder Público, de imóveis para fins residenciais construídos em núcleos urbanos anexos a usinas hidrelétricas, desde que considerados dispensáveis na fase de operação dessas unidades e não integrem a categoria de bens reversíveis ao final da concessão. (Incluído pela Lei nº 9.648, de 1998)

Vide artigo 17, inciso I, alínea d.

§4° A doação com encargo será licitada e de seu instrumento constarão, obrigatoriamente os encargos, o prazo de seu cumprimento e cláusula de reversão, sob pena de nulidade do ato, sendo dispensada a licitação no caso de interesse público devidamente justificado; (Redação dada pela Lei nº 8.883, de 1994)

Em decorrência do princípio da isonomia poderá haver doações que deverão ser precedidas de licitação, pois não poderá a Administração escolher um donatário em detrimento de outros. Deve constar no instrumento os encargos da doação, o prazo para cumprimento da execução, bem como a cláusula de reversão do bem para o patrimônio público. Esses requisitos deverão constar tanto da licitação quanto dos casos de dispensa de licitação, uma vez que, como se observa na parte final deste parágrafo, é possível que seja dispensada a licitação de doação com encargo, desde que devidamente justificado o interesse público. Vale citar que essa regra será conjugada com o disposto no artigo 37, inciso XXI da Constituição da República de 1988, o qual prevê que lei deverá dispor sobre as hipóteses de dispensa de licitação. Dessa forma, não poderá o Administrador a seu bel prazer invocar o interesse público e deixar de observar a licitação. Cada ente federativo deverá editar lei e avaliar as hipóteses de doação com encargo que serão dispensadas de licitação sob o argumento de interesse público.

§5° Na hipótese do parágrafo anterior, caso o donatário necessite oferecer o imóvel em garantia de financiamento, a cláusula de reversão e demais obrigações serão garantidas por hipoteca em segundo grau em favor do doador. (Incluído pela Lei nº 8.883, de 1994)

Esse dispositivo traz as regras para que, se houver necessidade do donatário oferecer em garantia para fins de financiamento o imóvel doado, a cláusula de reversão e demais obrigações serão garantidas por hipoteca em segundo grau em favor do doador.

§6° Para a venda de bens móveis avaliados, isolada ou globalmente, em quantia não superior ao limite previsto no art. 23, inciso II, alínea "b" desta Lei, a Administração poderá permitir o leilão. (Incluído pela Lei nº 8.883, de 1994)

Quando a avaliação de bens móveis, isolada ou globalmente, não for superior ao limite previsto no artigo 23, inciso II, alínea b desta Lei, a venda dos bens poderá ser realizada por leilão.

Leilão é a modalidade de licitação destinada à alienação de bens móveis inservíveis que tenham sido empenhados ou apreendidos perante a Administração Pública.

[**Impossibilidade de a Câmara Municipal realizar permuta de veículos com empresa privada.**] [...] a regra é que a disposição desses bens se subordina ao interesse público devidamente justificado, prévia avaliação e licitação, só estando esta dispensada para o caso de bens móveis, nas hipóteses enunciadas nas alíneas do inciso II do mencionado dispositivo legal. [...] Ao contrário do que ocorre com a alienação de bens imóveis, cuja disciplina se encontra claramente definida na lei, processando-se por meio de concorrência, o legislador não deixou clara a situação em relação aos bens móveis, ou seja, qual seria a modalidade a ser adotada. Vejamos: 'O §6º do art. 17 da Lei n. 8.666/93 dispõe que, para a venda de bens móveis avaliados, isolada ou globalmente, em quantia não superior ao limite previsto na alínea *b*, inciso II, art. 23, desta Lei, a Administração poderá permitir o leilão. Assim, o dispositivo mencionado autoriza a Administração a adotar a modalidade leilão para a alienação de bens móveis, até o limite da tomada de preços, qual seja: R$650.000,00 [...]. Ultrapassado esse limite, impõe-se a modalidade concorrência. Frisa-se, todavia, que a lei confere uma faculdade ao administrador público e não uma obrigação.' Apesar de alguns doutrinadores entenderem que a modalidade de licitação a ser adotada depende do valor obtido na avaliação dos bens, de acordo com os critérios da Lei n. 8.666/93, alinho-me ao posicionamento do professor Marçal Justen Filho, segundo o qual a regra é a participação de quaisquer interessados na licitação para alienação de bens, que terá como critério o maior preço, sob pena de ofender o princípio da isonomia. Assim, tanto o convite como a tomada de preços, por restringirem a livre participação (um depende de haver sido convidado e o outro de inscrição em registro cadastral), são inapropriados para alienar bens da Administração Pública. [...] Pelo exposto, [...] inexiste possibilidade de se realizar permuta de veículos diretamente com empresa privada, por depender a alienação de bens móveis de avaliação prévia e licitação pública, só estando esta dispensada nos casos previstos nas alíneas do inciso II do art. 17 da Lei n. 8.666/93. [Consulta n. 708.593. Rel. Conselheiro Substituto Gilberto Diniz. Sessão do dia 28/11/2007]

§7º (VETADO). (Incluído pela Lei n. 11.481, de 2007)

Art. 18. Na concorrência para a venda de bens imóveis, a fase de habilitação limitar-se-á à comprovação do recolhimento de quantia correspondente a 5% (cinco por cento) da avaliação.

Parágrafo único (Revogado pela Lei n. 8.883, de 1994)

O ato convocatório deverá estabelecer as regras para o depósito, bem como a devolução dos valores para aqueles que não lograrem êxito na licitação. Há quem entenda que se trata de um dispositivo inconstitucional, pois fere o princípio da isonomia uma vez que a exigência do depósito prévio pode inviabilizar a participação de vários interessados. Ademais, a própria lei, em seu artigo 32, § 5º não exige o pagamento de taxas ou emolumentos para habilitação do interessado.

Art. 19. Os bens imóveis da Administração Pública, cuja aquisição haja derivado de procedimentos judiciais ou de dação em pagamento, poderão ser alienados por ato da autoridade competente, observadas as seguintes regras:

I — avaliação dos bens alienáveis;
II — comprovação da necessidade ou utilidade da alienação;
III — adoção do procedimento licitatório, sob a modalidade de concorrência ou leilão. (Redação dada pela Lei n. 8.883, de 1994)

Os bens imóveis adquiridos por processo judicial ou por dação em pagamento devem ser liquidados, afinal o pagamento à Administração deveria ter sido feito em dinheiro, entretanto a aquisição de bens imóveis torna-se menos lesivo do que não receber nada, por esse motivo que manter esses bens no patrimônio público deve ser exceção. Assim, para que haja a alienação, deve-se realizar a avaliação dos bens, comprovar a sua necessidade ou utilidade e a promover por meio de procedimento licitatório, ou concorrência ou leilão, devendo a Administração, por meio de seu poder discricionário escolher aquela que melhor atender suas necessidades, mediante decisão fundamentada.

[**Alienação de bens imóveis da Administração Pública. Requisitos**]
[...] a) a alienação de bens imóveis da Administração Pública encontra-

se devidamente disciplinada na Lei n. 8.666, de 1993, devendo processar- se, por via de regra, por meio de concorrência. Os bens imóveis da Administração Pública, cuja aquisição haja derivado de procedimentos judiciais ou de dação em pagamento, poderão ser alienados por meio de leilão, conforme o disposto no art. 22 c/c 19 da Lei de Licitações. Consultas ns. 837.554 (25/05/2011), 708.593 (28/11/2007), 498.790 (24/02/1999), 454.581 (08/10/1997), 390.916 (02/04/1997), 108.720(03/03/1994) e 95.678 (06/10/1993); b) a alienação de bens imóveis, nos termos do inciso I do art. 17 da Lei n. 8.666/93, depende de autorização legislativa para órgãos da Administração direta, e entidades autárquicas e fundacionais, e, para todos, incluídas as entidades paraestatais, depende de avaliação prévia. Consultas ns. 793.762 (17/03/2010), 720.900 (27/05/2009) e 454.581 (08/10/1997). [Consulta 898.352. Rel. Conselheiro em exercício Gilberto Diniz. Sessão do dia 08/11/2013]

CAPÍTULO II
DA LICITAÇÃO

SEÇÃO I – DAS MODALIDADES, LIMITES E DISPENSA

Art. 20. As licitações serão efetuadas no local onde se situar a repartição interessada, salvo por motivo de interesse público, devidamentejustificado.

Por ser a licitação um procedimento que necessita de várias atividades, as administrativas internas, deverão ser realizadas no lugar onde se situa a repartição interessada, o que não impede a realização de diligências em outras localidades ou até mesmo visitas quando se fizer necessário. Entretanto, o objeto desse artigo consiste em estabelecer o local para recebimento das propostas e onde se encontrará a autoridade responsável pela condução do certame, ou seja, é utilizado para as modalidades presenciais. Ademais, a documentação necessária à licitação se encontra na repartição interessada, o que agiliza o processo licitatório.

Este artigo não deve ser aplicado às licitações eletrônicas, uma vez que estas se processam por meio da Internet, o que faz com que todos os atos sejam eletrônicos.

Ressalta-se que a determinação do local da licitação deverá também ser o local da publicação dos atos da licitação, pois a lei preceitua que a licitação será divulgada em órgãos da imprensa local.

Não é vedado que a licitação se processe em outro lugar que não aquele em que se sedia a repartição interessada, entretanto deverá ser devidamente justificada.

[Alteração no edital. Prazo para apresentação de propostas.] [...] [além de a] alteração poder repercutir, sem sombra de dúvida, na formulação das propostas, fato que ensejaria a modificação do prazo para abertura dos envelopes (art. 21, §4º, da Lei n. 8.666/93), deveria ela ter ocorrido observando o mesmo meio de publicidade utilizado para publicação do edital, qual seja, publicação na imprensa oficial, e não somente mediante comunicação direta à empresa de que tal modificação teria sido promovida (art. 20 da Lei n. 8.666/93), fato que fere claramente o princípio da ampla publicidade. [...] considerando a plausibilidade das alegações [...], denotada pela existência da fumaça do bom direito [...] em razão das irregularidades por ora constatadas nesse juízo sumário de cognição e considerando ainda o *periculum in mora*, porquanto o recebimento das propostas ocorrerá na próxima segunda, 28/11/11, às 09 horas, entendo ser caso de se proceder à suspensão do Pregão Presencial [...]. [Denúncia n. 862658. Rel. Conselheiro Mauri Torres. Sessão do dia 01/12/2011]

Parágrafo único. O disposto neste artigo não impedirá a habilitação de interessados residentes ou sediados em outros locais.

O domicílio do licitante não é relevante para fins da licitação. Se ele atender as condições do edital poderá participar normalmente do certame. O que não pode é a licitação ser em local diferente do local da repartição interessada, a fim de que seja restringida a competitividade ou a publicidade do certame.

[Aquisição de combustíveis e lubrificantes para abastecimento dos veículos da Prefeitura.] De acordo com o parágrafo único do art. 20 da Lei n. 8.666, de 1993, o fato de o certame ser realizado no local onde se situa a repartição interessada não impedirá a habilitação de interessados residentes ou sediados em outros locais. O parâmetro para realização do certame não se deve restringir ao perímetro urbano do município, mas compreender também sua área rural, além de postos de combustíveis situados nas rodovias que circundam a cidade, ainda que situados em municípios vizinhos, desde que a distância não inviabilize o binômio custo-benefício. Verifico, nesse caso, inconsistências que inviabilizariam a contratação direta com base no inciso V do art. 24 da Lei n. 8.666, de 1993, por exemplo, a ausência de publicidade da tomada de preços, na forma determinada no art. 21, e considerando que a justificativa utilizada para a não repetição da licitação foi de que o município tem apenas uma sociedade empresária interessada, o que não é verdade, considerando que o recibo [...] demonstra que a sociedade empresarial [...] também é sediada no município. Assim, deserta a tomada de preços, necessária a repetição da licitação, pois não foi apresentada justificativa que demonstrasse prejuízo para a Administração na adoção dessa providência. [...] somente se prescinde do certame licitatório quando se comprovar nos autos que não existem concorrentes em um raio de 30 quilômetros do município, e que, sendo o caso, se demonstre o motivo da escolha do fornecedor e a justificativa do preço, nos termos dos incisos II e III do art. 26, da Lei n. 8.666, de 1993, o que, na espécie, não se fez. [Processo Administrativo n. 700.967. Rel. Auditor Gilberto Diniz. Sessão do dia 29/11/2012]

[**Alegação de inexistência de profissionais capacitados no local não autoriza contratação direta.**] Não procede a alegação do recorrente de que a inexistência de profissionais capacitados na região o impossibilitou de realizar a licitação para atender às necessidades do município, uma vez que o comando legal admite a habilitação no procedimento licitatório de interessados residentes ou sediados em outros locais (Lei n. 8.666/93, art. 20, parágrafo único). [Recurso de Revisão n. 688740. Rel. Conselheiro Substituto Gilberto Diniz. Sessão do dia 02/07/2008]

[**Contratação direta irregular de médico, sem facultar a habilitação de outros interessados.**] O defendente alega que o município em referência não possuía serviço próprio ou disponibilidade de profissionais. Sustenta, ainda, que realizou o procedimento de inexigibilidade pela inviabilidade de competição. [...] [Todavia,] a simples ausência de profissionais no município não obsta a realização do certame, uma vez que, conforme preceituado no parágrafo único do art. 20 da Lei Federal n. 8.666/93, faculta-se a habilitação de interessados residentes em outros locais. [...] [Quanto ao requisito de notória especialização,] a especialização médica é necessária para habilitação profissional, [de modo que não comprova notória especialização, para fins de inexigibilidade, e] os serviços prestados em referência não se caracterizam como singulares proporcionando sua individualização em face dos demais. [...] Desta feita, entendo irregulares os procedimentos licitatórios elencados. [Processo Administrativo n. 614567. Rel. Conselheiro Antônio Carlos Andrada. Sessão do dia 29/05/2007]

[**Alegação de notória especialização pelo fato de o fornecedor ser único na localidade.**] [...] a notória especialização do contratado não pode ser inferida pelo fato de o prestador do serviço ser o único na localidade, pois essa justificativa contraria o disposto no art. 20, parágrafo único, da Lei n. 8.666/93, que determina que a licitação deve ser feita da maneira mais ampla possível, com a oportunidade de participação de interessados residentes ou mesmo sediados em outros locais. [...] [A notória especialização se infere do fato de o] trabalho ser essencial e indiscutivelmente o mais adequado à satisfação do objeto contratado. [Processo Administrativo n. 612.455. Rel. Conselheiro Antônio Carlos Andrada. Sessão do dia 21/11/2006]

Art. 21. Os avisos contendo os resumos dos editais das concorrências, das tomadas de preços, dos concursos e dos leilões, embora realizados no local da repartição interessada, deverão ser publicados com antecedência, no mínimo, por uma vez: (Redação dada pela Lei nº 8.883, de 1994)

Em busca do interesse público, deverá a licitação ser amplamente divulgada a fim de que seja assegurada a participação de todos os interessados, o que por via de consequência faz com que a Administração possua mais propostas e dentre elas escolha aquela que melhor satisfaça as suas necessidades.

Além do mais, a ausência de ampla divulgação caracteriza vício de nulidade do certame.

Cumpre ressaltar que, embora a lei determine que seja divulgada a licitação por meio de aviso, o edital na íntegra deverá ser afixado na repartição interessada, em ponto de fácil acesso, para consulta e cópia.

Verifica-se da leitura do dispositivo em comento, que a lei não fez menção a exigência de publicação pela imprensa dos avisos de licitação na modalidade convite.

[**Ausência de comprovante de entrega dos convites.**] O comprovante de entrega do convite ao lado da publicação do edital tem por objetivo a divulgação da licitação e a observância aos prazos e forma fixadas no art. 21 da Lei n. 8.666, de 1993. [...] No caso dos autos, ficou comprovado que três licitantes encaminharam propostas que, segundo o defendente, foram os convidados. Portanto, é forçoso concluir que o número mínimo de convidados foi observado e, por consequência, a divulgação foi realizada. Assim, apesar de os comprovantes do recebimento do convite não terem sido anexados ao processo licitatório, a instalação do certame com o número mínimo de licitantes foi observada, razão pela qual entendo que a falha pode ser relevada. [Processo Administrativo n. 688.722. Rel. Auditor Gilberto Diniz. Sessão do dia 27/09/2012]

[**Licitação. Contratação direta. Impossibilidade. Ausência de publicidade. Multa.**] Com efeito, o que se apurou nos [...] procedimentos foi a violação de diversos artigos da Lei n. 8.666/93, em que ficou comprovada a inobservância dos procedimentos previstos na Lei de Licitações por parte da Câmara Municipal durante a gestão do recorrente. [...] não assiste razão ao recorrente, pois de fato a despesa referente à aquisição de água mineral no exercício de [...], no valor de [...], não foi precedida de licitação, nem tampouco do procedimento exigido para as contratações por meio de dispensa de licitação prevista no art. 24, XII, da Lei n. 8.666/93, consoante o art. 26 do referido diploma legal. [...] Ademais, o fundamento por ele aduzido de que a aquisição de água mineral se enquadraria no conceito de "gênero perecível" [e encontraria amparo no art. 24 da Lei n. 8.666/93] também não merece acolhida, pois [...] não se amolda ao conceito contido na orientação [...] da Anvisa [...] No tocante às irregularidades apontadas [...], especificamente quanto à ausência de publicidade levantada em relação aos Editais de Tomada de Preços [...] Entendo que, no presente caso, houve a violação do disposto no art. 21 da Lei n. 8.666/93 na medida em que a Câmara Municipal deixou de publicar os avisos contendo os resumos dos editais em jornal de grande circulação. [...] Diante de todo o exposto, nego provimento ao recurso interposto, mantendo incólume a decisão prolatada pela Primeira Câmara deste Tribunal [...] O recolhimento da multa imputada deverá ser feito pelo responsável, no prazo de 30 (trinta) dias a contar da ciência da decisão. Transcorrido o prazo sem o cumprimento dessa determinação ou sem manifestação do interessado, o Tribunal passará certidão de débito contendo o valor da multa imputada, devidamente atualizada, e a remeterá ao Ministério Público junto ao Tribunal de Contas para as providências necessárias à execução da decisão, nos termos do art. 364, parágrafo único, da Res. TC n. 12/2008. [Recurso Ordinário n. 859.043. Rel. Conselheiro Eduardo Carone Costa. Sessão do dia 20/06/2012]

I — no Diário Oficial da União, quando se tratar de licitação feita por órgão ou entidade da Administração Pública Federal e, ainda, quando se tratar de obras financiadas parcial ou totalmente com recursos federais ou garantidas por instituições federais; (Redação dada pela Lei nº 8.883, de 1994)

II — no Diário Oficial do Estado, ou do Distrito Federal quando se tratar, respectivamente, de licitação feita por órgão ou entidade da Administração Pública Estadual ou Municipal, ou do Distrito Federal; (Redação dada pela Lei nº 8.883, de 1994)

O Diário Oficial tem a função de tornar pública todas as ações dos órgãos. Quando se tratar de licitações que envolvam recursos federais, a publicação deverá ser realizada no Diário Oficial da União. Quando se tratar de licitações feitas por órgãos ou entidades da Administração Pública Estadual ou Municipal deverá ser publicada no Diário Oficial do Estado e quando se tratar de Distrito Federal, no Diário Oficial do Distrito Federal.

Ressalta-se que, quando da existência de diário oficial no órgão, as publicações deverão se dar nesse instrumento.

[**Publicação no Diário quando da convocação.**] Não menos importante para a transparência da competição é a publicação no *Diário Oficial do Estado*, pelo BDMG, do aviso ou convocação para cadastramento dos interessados, nos termos do art. 21, II, da Lei n. 8.666/93. Contudo, consta nos autos somente a publicação na *Gazeta Mercantil* [...]. [Configura-se, portanto], infringência ao princípio da publicidade, já que não houve a divulgação quando da convocação, publicada somente após a fase da habilitação. [Contrato n. 450.851. Rel. Conselheiro Moura e Castro. Sessão do dia 05/12/2006]

[**Exigência de publicação municipal em Diário Oficial do Estado.**] [**...**] o princípio da publicidade, como qualquer outro, deve ser harmonizado com a autonomia administrativa do Município, ambos os aspectos de natureza constitucional. Conforme Marçal Justen Filho, em Comentários à Lei de Licitações e Contratos Administrativos, 6 ed., p. 180, 'O inc. II do caput contém regra parcialmente inconstitucional, que impõe aos municípios o dever de divulgar concorrências e tomada de preços no Diário Oficial do Estado. Ora, cabe ao Município determinar o órgão de imprensa oficial, onde serão divulgados os seus atos administrativos e legislativos. O dispositivo viola a autonomia municipal: a lei federal poderia, quando muito, determinar a obrigatoriedade da publicidade por meio da imprensa oficial municipal' [...]. [Processo Administrativo n. 654.996. Rel. Conselheiro Moura e Castro. Sessão do dia 23/05/2005]

III – em jornal diário de grande circulação no Estado e também, se houver, em jornal de circulação no Município ou na região onde será realizada a obra, prestado o serviço, fornecido, alienado ou alugado o bem, podendo ainda a Administração, conforme o vulto da licitação, utilizar-se de outros meios de divulgação para ampliar a área de competição. (Redação dada pela Lei nº 8.883, de 1994)

É obrigatória a publicação da licitação em jornal de grande circulação no Estado e também no Município se houver, podendo a Administração se valer ainda de outros meios na busca de ampliar a competição. A intenção deste artigo é fazer com que a Administração divulgue amplamente a licitação, a fim de que obtenha o maior número de interessados. Entretanto, em decorrência da era digital, é perfeitamente viável que a Administração torne pública a licitação em sítios oficiais do próprio órgão, desde que legalmente instituídos, pois a finalidade para a qual se vale as publicações será atingida.

[**Publicidade dos atos do Município. Meio eletrônico. Operacionalização pela iniciativa privada. Sítio oficial do poder público. Disponibilização dos atos municipais exclusivamente pela administração pública.**] Princípio da publicidade fica indubitavelmente atendido quando houver publicação do ato em órgão oficial. [...] com a inexorável tendência à incorporação da tecnologia da informação em todos os domínios da administração pública, afigura-se perfeitamente possível que as publicações oficiais de Poderes ou órgãos públicos sejam feitas por meio eletrônico (internet), a exemplo do TJMG e da iniciativa deste Tribunal, desde que haja amparo legal, situação diversa de uma publicação pura e simples na Internet, como parece perquirir o consulente. [...] A publicação dos atos oficiais municipais deve fazer-se na conformidade não apenas da lei local, mas também da legislação heterônoma porventura aplicável; e que, havendo dispositivo legal impondo a publicação no *Diário Oficial do Estado* e/ou no *Diário Oficial da União*, tem ela de ser feita naqueles jornais, sob a forma legalmente prevista. [...] Não pode o Município terceirizar serviços que abrangem sua atividade-fim, traduzindo atribuições típicas de cargos permanentes, que só podem ser preenchidos por concurso público. [...] não seria razoável utilizar-se de um veículo já existente para ser sítio oficial de publicação de atos municipais. Para tanto, faz-se necessário que o Município tenha um sítio oficial do Poder Público, para ser utilizado como meio eletrônico de divulgação oficial dos seus atos. [...] compreendo que apenas a operacionalização de um diário eletrônico municipal possa pertencer à iniciativa privada, visto que a disponibilização dos atos municipais, considerando que sua autenticidade e integridade hão de ser preservadas, deve ser de responsabilidade exclusiva da Administração Pública, observando as normas referentes à Infraestrutura de Chaves Públicas (ICP), por exemplo. [...] 4 — É possível, quando da publicação do extrato do edital nos diários oficiais do Estado ou da União, fazer remissão de que o texto integral do instrumento convocatório estará disponível no diário eletrônico oficial do Município, desde que esse seja definido como veículo da imprensa oficial. [Consulta n. 837.145. Rel. Conselheiro Antônio Carlos Andrada. Sessão do dia 19/10/2011]

[**Licitação. Ausência de ampla divulgação de tomada de preços.**] Quanto ao apontamento relativo à ausência de ampla divulgação da tomada de preços, o gestor afirmou que a Lei de Licitações não obriga a publicação de edital por mais de uma vez. Não merece prosperar a alegação da defesa, tendo em vista que o inciso III do art. 21 da Lei de Licitações estabelece a obrigatoriedade de se publicar o edital em jornal diário de grande circulação no Estado, diverso do Diário Oficial, no caso, o *Minas Gerais*, em que o resumo do edital foi publicado. O inciso II do art. 21 da mesma lei é claro ao prescrever de forma específica a publicação no *Minas Gerais,* assim, não basta a publicação do aviso no órgão oficial. Impõe-se, também, a sua publicação em jornal diário de grande circulação no Estado, conforme o inciso III do mesmo artigo. Ressalto que acorreu à licitação apenas uma única empresa, levando-me a crer que a inobservância do dispositivo legal feriu o princípio da ampla competição e da publicidade, reduzindo o conhecimento de outros possíveis licitantes que poderiam acudir ao certame. Sendo assim, considero irregular a ausência de ampla divulgação da Tomada de Preços [...], por infringir o disposto no inciso III do art. 21 da Lei de Licitações. Por todo o exposto, julgo irregular a Tomada de Preços [...], que teve por objeto a aquisição de combustível para utilização na frota de veículos do município, no período de [...], pelo descumprimento do disposto no inciso III do art. 21 [...]. [Processo Administrativo n. 702.593. Rel. Conselheira Adriene Andrade. Sessão do dia 25/05/2010]

[**Meio permitido para o município dar publicidade aos atos municipais.**] [...] os municípios têm autonomia para fixar, por meio de lei municipal, o veículo de publicação dos atos praticados pela Administração. Assim, tendo em vista que a Lei Orgânica do Município [...] permite que a publicação dasleis e dos atos municipais seja feita por afixação na sede da prefeitura, considero sanado o apontamento do órgão técnico sobre a ausência de publicação do contrato e do termo aditivo. [Processo Administrativo n. 707.561. Rel. Conselheira Adriene Andrade. Sessão do dia 25/11/2008]

[**Publicação do extrato do edital apenas uma vez, no Diário. Licitação para aquisição de veículos com recursos do Programa Nacional de**

Transporte Escolar — PNTE/Comunidade Solidária.] No tocante ao processo licitatório, a defesa anexou apenas o comprovante de publicação do extrato do edital de tomada de preços no *Minas Gerais*, justificando que, assim, teria sido atendida a Lei n. 8.666/93. Segundo Maria Sylvia Zanella Di Pietro: 'A publicidade é tanto maior quanto maior for a competição propiciada pela modalidade de licitação; ela é a mais ampla possível na concorrência, em que o interesse maior da Administração é o de atrair maior número de licitantes, e se reduz ao mínimo no convite, em que o valor do contrato dispensa maior divulgação.' (DI PIETRO, Maria Sylvia Zanella. *Direito Administrativo,* 17 ed., São Paulo: Atlas S.A., 2004. P. 307.) Portanto, sendo o presente caso de tomada de preços, além de contrariar o dispositivo em tela, entendo que uma única publicação do extrato do edital no *Minas Gerais*, conforme cópia à fls. 199, não seria suficiente para divulgar uma licitação, cujos recursos foram oriundos de um programa federal. [Processo Administrativo n. 687.137. Rel. Conselheira Adriene Andrade. Sessão do dia 10/04/2007]

[**Publicação do edital de tomada de preços em jornal de grande licitação.**] No caso da tomada de preços, a Lei n. 8.666/93 é clara, em seu art. 21, III, no tocante à obrigatoriedade de [publicar o edital] [...] em jornal diário de grande circulação no Estado. Este jornal não pode ser o *Minas Gerais*, visto que outro inciso, o inciso II do art. 21, é claro ao prescrever de forma específica e destaca a obrigatoriedade de publicar o aviso no Diário Oficial. Assim, não basta a publicação do aviso no órgão oficial. Impõe-se [também] a sua publicação em jornal diário de grande circulação no Estado. [...] Ressalte-se que acorreu à licitação apenas uma única empresa [...]. Assim sendo, tendo em vista a inobservância do inciso III do art. 21 da Lei n. 8.666/93, irregularidade formal de natureza grave, por ferir o princípio da ampla competição e da publicidade, reduzindo o conhecimento de outros possíveis licitantes que poderiam acudir ao certame, voto pela irregularidade do procedimento licitatório. [Denúncia n. 687.372. Rel. Conselheiro José Ferraz. Sessão do dia 17/06/2004]

§1° O aviso publicado conterá a indicação do local em que os interessados poderão ler e obter o texto integral do edital e todas as informações sobre a licitação.

Não é necessária a publicação do texto integral do edital, basta o aviso da licitação, que deverá conter as principais informações, tal como objeto, datas e prazos, além de indicar o local em que todos os interessados poderão ter acesso à íntegra do edital.

[**Conteúdo do aviso de edital.**] O legislador pátrio, portanto, não determinou o nível de detalhamento das informações que devem constar em um aviso de edital, ficando a cargo da doutrina e da jurisprudência ditarem o que seria razoável. Jessé Torres Pereira Júnior, por exemplo, entende ser a seguinte a extensão dessas informações: 'Não o explica a lei, todavia há seis elementos que devem compor o resumo do edital, a ser veiculado por aviso: a modalidade da licitação (concorrência, tomada de preços, concurso ou leilão); a síntese de seu objeto, definindo-lhe o núcleo; o regime de execução deste, se indireta (empreitada por preço global, empreitada por preço unitário, tarefa ou empreitada integral); o tipo de licitação (menor preço, melhor técnica, técnica e preço, ou maior lance); a data e o horário da sessão de julgamento; e a indicação do local em que os interessados poderão ler e obter o texto integral do instrumento convocatório com as demais informações sobre o certame' (PEREIRA JÚNIOR, Jessé Torres. *Comentários à Lei das Licitações e Contratações da Administração Pública*, p. 228). [Representação n. 706.390. Rel. Conselheira Adriene Andrade. Sessão do dia 17/04]

[**Necessidade de visita técnica.**] Quanto às questões relativas à visita técnica, a representante alegou que a obrigatoriedade do evento não constava do aviso do certame, o que, em momento algum, configuraria, a nosso ver e de acordo com a Lei de Regimento das Licitações, qualquer ilicitude. [...] Ora, 'todas as informações sobre a licitação' não é expressão que obriga, sob o condão da ilegalidade, a descrever a exigência de uma visita técnica no desenrolar do processo licitatório, o que, aliás, deveria ser previsão lógica de quem participa de uma licitação cujo objeto é a execução de obras de pavimentação de ruas e logradouros. Afinal, para estes casos, não haveria outro modo de se informar das possibilidades de execução das obras, pelo licitante, senão o reconhecimento do local. Ademais, o acesso a informações específicas e às exigências impostas para a participação no certame dar-se-á por meio do edital, que deverá estar disponível na sede do órgão ou entidade realizadora do certame. [Representação n. 721.373. Rel. Conselheira Adriene Andrade. Sessão do dia 03/04/2007]

[**Ilicitude da exigência de compra de cópia do edital.**] A participação da licitação não pode estar, absolutamente, condicionada à aquisição de cópia do edital na Administração, porque o princípio constitucional da publicidade aliado ao §1° do art. 21 da Lei n. 8.666/93 assegura a qualquer cidadão a possibilidade de adquirir ou examinar, na Administração, o edital e seus anexos, bem como obter todas as informações sobre o procedimento licitatório. Tal aquisição extrapola o rol das exigências previstas na Lei n. 8.666/93 que dispõem sobre a documentação relativa à participação de interessados em certames licitatórios, sendo, portanto, regra abusiva e prejudicial ao caráter competitivo da licitação. [Representação n. 713.737. Rel. Conselheiro Moura e Castro. Sessão do dia 08/08/2006]

§2° O prazo mínimo até o recebimento das propostas ou da realização do evento será:

Estipula-se um prazo mínimo da publicação até o recebimento das propostas ou realização do evento, a fim de que seja dada a oportunidade ao possível interessado de avaliar as condições do certame e de verificar se lhe é conveniente participar. O prazo deverá ser contado entre a última remessa do convite ou última publicação do aviso, afinal o aviso poderá ser republicado em decorrência de alterações no procedimento licitatório, e o primeiro ato formal da licitação.

[**Procedimento licitatório considerado irregular por inobservância aos requisitos formais previstos na lei de licitações e na lei de responsabilidade fiscal.**] Não se pode olvidar que o procedimento licitatório caracteriza, por excelência, nos termos da lei, ato administrativo formal, sendo, pois, imprescindível a observância das formalidades impostas pela Lei n. 8.666, de 1993. [...] Pelo exposto, entendo que a Tomada de Preços [...] deve ser considerada irregular, visto que violados dispositivos da Lei n. 8.666, de 1993, e da Lei Complementar n. 101, de 2000, Lei de Responsabilidade Fiscal, sujeitando o Prefeito Municipal, à época, e os membros da comissão de licitação às sanções impostas pela lei. [...] seja julgado irregular o procedimento licitatório, [...] bem como o contrato dele decorrente, para aquisição de tubos, blocos e bloquetes, conforme descrito no item 3, por violação ao inc. II do art. 16 da Lei Complementar n. 101, de 2000; e parágrafo único do art. 38, art. 43, III e § 2º do art. 21, alínea *a* do inc. I do art. 109, e parágrafo único do art. 61, todos da Lei n. 8.666, de 1993, razão pela qual proponho a aplicação de multa no valor de R$11.300,00 (onze mil e trezentos reais) ao *(omissis)*, bem como multa no valor de R$1.600,00 (um mil e seiscentos reais) a cada um dos membros da Comissão de Licitação, à época. [Processo Administrativo n. 691.703. Rel. Auditor Gilberto Diniz. Sessão do dia 09/10/2012]

[**Prazos na licitação.**] Como se vê, a lei não estabelece quando deve se realizar o primeiro ato externo de uma licitação e, sim, trata do lapso que deve respeitar a comissão licitante entre a publicação do último aviso e a abertura das propostas, lapso esse que foi devidamente guardado na concorrência em análise. Quanto ao outro prazo, entre a publicação do aviso e o primeiro ato externo da licitação, que, no caso em apreço, foi a visita técnica, como a lei não estabelece o tamanho desse intervalo, considero bastante razoáveis os seis dias que, nesta concorrência, separaram o momento entre a visita e essa publicação. Afinal, se a empresa interessada em um certame dessa monta e importância para o município não possui meios para programar seu deslocamento até o local da realização das obras com quase uma semana de antecedência, concordo que este seja um fator de sua exclusão, uma vez que teria demonstrado, ali, sua incapacidade ou desinteresse na prestação do serviço. [Representação n. 706.390. Rel. Conselheira Adriene Andrade. Sessão do dia 17/04/2007]

I — quarenta e cinco dias para: (Redação dada pela Lei nº 8.883, de 1994)

a) concurso; (Incluída pela Lei nº 8.883, de 1994)
b) concorrência, quando o contrato a ser celebrado contemplar o regime de empreitada integral ou quando a licitação for do tipo "melhor técnica" ou "técnica e preço"; (Incluída pela Lei nº 8.883, de 1994)

[**Obrigatoriedade do prazo mínimo na concorrência.**] A Lei de Licitações no §2º, *b*, do art. 21 impõe o prazo mínimo para o tipo de certame em comento, assegurando desse modo que haja participação de todos os eventuais interessados mediante ampla divulgação, permitindo-lhes que avaliem ser oportuno ou não tomar parte do certame, não facultando à Administração adotar prazos diferentes e garantindo, assim, a eficácia dos procedimentos. [Contrato n. 450.851. Rel. Conselheiro Moura e Castro. Sessão do dia 05/12/2006]

II — trinta dias para: (Redação dada pela Lei nº 8.883, de 1994)

a) concorrência, nos casos não especificados na alínea "b" do inciso anterior; (Incluída pela Lei nº 8.883, de 1994)

[**Distinção de prazos na empreitada integral e na global.**] A diferença entre os conceitos [de empreitada integral e empreitada global] existe e é ressaltada por Marçal Justen, que, sobre a empreitada global, ensina: 'A empreitada integral é uma variação da empreitada por preço global. O que a torna peculiar é a abrangência da prestação imposta ao contratado, que tem o dever de executar e entregar um empreendimento em sua integralidade, pronto, acabado e em condições de funcionamento. A expressão empreendimento indica uma obra ou um serviço não consumível que serve de instrumento para produzir outras utilidades. A diferença entre os conceitos de empreitada por preço global e de empreitada integral fica evidente no caso do fracionamento da obra. Nesse caso, não haverá empreitada integral, pois o contratado executará apenas uma parte do empreendimento. Nesse caso, não haverá empreitada integral, pois o contratado executará apenas uma parte do empreendimento. No entanto, poderá existir empreitada por preço global. Basta que a fração da obra seja contratada por um preço que abranja todas as prestações do particular. Aplicam-se à empreitada integral todas as considerações acerca da empreitada por preço global, relativamente à natureza não aleatória do contrato.' (Marçal Justen Filho, *Comentários à Lei de Licitações e Contratos Administrativos*, 11 ed., 2005, p. 100). A importância da distinção é tal que a própria Lei de Licitações cuidou de definir esses tipos de execução em apartado [...]. Assim, fica evidente que, [...] por tratar esta de uma licitação por preço global e não por empreitada integral, o prazo a ser respeitado é o de 30 dias entre o último aviso e a abertura dos envelopes e não o de 45 dias. [Representação n. 706.390. Rel. Conselheira Adriene Andrade. Sessão do dia 17/04/2007]

[**Ampliação das oportunidades de visita técnica.**] Sobre a exigência de atestado de visita técnica, a previsão de uma única data para sua realização, mesmo sendo conveniência da Administração Municipal, pode comprometer a participação de um maior número de interessados, já que se trata de condição excludente do certame. Ademais, assim procedendo, o edital retira o sentido do prazo do inciso II do §2° do art. 21 da Lei n. 8.666/93, que prevê o interstício [...] entre a publicação do ato convocatório e a apresentação de propostas não só para permitir a elaboração destas, mas também para possibilitar que o maior número de interessados tome conhecimento da licitação e possa dela participar. Dessa forma, para evitar a restrição à ampla participação de interessados, o edital deve ampliar as oportunidades de visita técnica, podendo adotar maior número de datas fixadas ou um período em que serão realizadas ou, ainda, permitir que sejam feitas a qualquer momento, dentro do prazo entre a publicação e a apresentação das propostas, mediante agendamento prévio, o que melhor atender a conveniência administrativa. [Representação n. 711.879. Rel. Conselheiro Moura e Castro. Sessão do dia 08/08/2006]

b) tomada de preços, quando a licitação for do tipo "melhor técnica" ou "técnica e preço"; (Incluída pela Lei nº 8.883, de 1994)

III — quinze dias para a tomada de preços, nos casos não especificados na alínea "b" do inciso anterior, ou leilão; (Redação dada pela Lei nº 8.883, de 1994)

[**Não cumprimento do prazo legal de quinze dias entre a publicação do resumo do Edital e o recebimento das propostas.**] Quanto ao não cumprimento do prazo legal de quinze dias entre a publicação do resumo do edital e o recebimento das propostas dos licitantes [...]. Apesar do lapso de tempo ser inferior em um dia ao tempo mínimo estabelecido na legislação, entendo que tal fato não maculou o certame e nem trouxe prejuízo ao erário, pelo que o considero como irregularidade formal, uma vez que, neste caso, a minoração indevida do prazo, de fato, não é significativa o bastante para se cogitar de óbice à competitividade. [Processo Administrativo n. 707.561. Rel. Conselheira Adriene Andrade. Sessão do dia 25/11/2008]

[**Publicidade de Edital de licitação em diário oficial.**] Compulsando os autos, não encontrei comprovante de publicação do Edital em diário oficial, neste caso imprescindível, para que se tenha conferido ampla e livre competitividade no certame, de forma que considero essa uma irregularidade grave, por infringir a Lei de Licitações em seu art. 21, § 2º, item III, da Lei de Licitações. [Processo Administrativo n. 707.561. Rel. Conselheira Adriene Andrade. Sessão do dia 25/11/2008]

[**Contagem de prazo e prova da ausência de disponibilidade do edital.**] Como relatado, a representante se insurgiu [...] contra a contagem do prazo, por parte da Comissão de Licitação, [...] [entendendo] que ela contrariou o inciso III do §2º do art. 21 da Lei n. 8.666/93 [...]. Ocorre que a Lei de Licitação explicita que este prazo quinzenal será contado a partir da última publicação do edital resumido, melhor entendido como aviso de edital, ou da efetiva disponibilização da convocação editalícia, na íntegra, prevalecendo o que ocorrer mais tarde, nos termos do §3º do mesmo art. 21 da Lei Geral de Licitações. Neste caso, diante da falta de meios de comprovação do momento exato da disponibilidade do edital, foi requisitada documentação da prefeitura [...], para que comprovasse o dia em que os licitantes tiveram acesso a este edital. Diante de tais documentos, perdurou o conflito [...]. Assim, estamos diante de confronto de argumentos de difícil solução, uma vez que se trata de fato distante no tempo, sobre o qual não há como resgatar a verdade material. Diante dessa circunstância, a melhor doutrina jurídica orienta a perseguir o princípio da verdade formal e, consubstanciando na presunção da fé pública, neste caso, confiar que a data em que o edital ficou disponível será aquela afirmada pela Administração em documentos acostados aos autos. Assim também já se manifestou Marçal Justen, no trecho que se segue: 'Como se comprova ausência da disponibilidade do edital e dos documentos? Em princípio, a Administração Pública tem o dever de certificar a ocorrência. Em caso de recusa a tanto, deverão ser adotadas as providências compatíveis com a certificação da ocorrência ou inocorrência de atos (tais como notificações, produções antecipadas de provas, etc.).' (Marçal Justen Filho, *Comentário à Lei de Licitações e Contratos Administrativos*. P. 192). Neste caso, a Administração, respondendo à diligência da lavra desta relatoria, afirmou que teria sido o dia 01/12/2006 o momento da publicidade do edital. Não há, por outro lado, prova bastante para me opor à fé pública de tal declaração, uma vez que a empresa que ora representa anexou, em seu favor, apenas uma precária impressão da lavra da Central de Editais Prestação de Serviço LTDA (Cened), uma empresa privada, cujo fim social é disponibilizar informações sobre certames, à qual, por óbvio, a prefeitura não tinha nenhuma obrigação de comunicar sua licitação. Diante destes fatos, é imperativo concluir que, a partir da data declarada pela prefeitura, qual fora o dia 01/12/2006, estava o edital disponível à aquisição dos licitantes. [Representação n. 721.373. Rel. Conselheira Adriene Andrade. Sessão do dia 03/04/2007]

IV — cinco dias úteis para convite. (Redação dada pela Lei nº 8.883, de 1994)

[**Multa em razão de procedimento licitatório irregular.**] Tratam os presentes autos de processo administrativo decorrente de inspeção ordinária realizada na *[omissis]*, para exame da regularidade do sistema de controle interno e dos procedimentos de licitação, no período compreendido entre janeiro a dezembro de 2000. A Constituição Federal e a Lei Federal n. 4.320, de 1964, estabelecem que o controle interno fará a fiscalização contábil, financeira, orçamentária, operacional e patrimonial, de forma preventiva, assegurando o cumprimento das metas planejadas, evitando atos administrativos que denotem mera improvisação. No que se refere ao apontamento da alínea *a*, retro, tenho que não deve prevalecer o apontamento técnico, visto que estão documentados, a fls. 17-verso e a fls. 18, elementos que permitem concluir que os convites foram recebidos em 17/04/2000; portanto, considerando que a abertura das propostas ocorreu em 26/04/2000, houve observância do prazo mínimo de cinco dias úteis prescrito no inciso IV do § 2º do art. 21 da Lei Federal n. 8.666, de 1993. Em relação ao número mínimo de licitantes, as alegações do defendente são insuficientes para sanar o apontamento, pois não foram acompanhadas da indispensável prova de que a [empresa]. – que teria sido uma das três convidadas — não encerrara suas atividades em 7/04/1998. Quanto à participação de empresas do mesmo grupo familiar, o defendente não apresentou nenhum argumento tendente que demonstra — se não ter havido comprometimento do caráter competitivo do certame. Entendo que os elementos existentes nos autos são suficientes para demonstrar que a conduta adotada pela Administração violou o princípio da ampla competitividade e o § 3º do art. 22 da Lei Federal n. 8.666, de 1993. Pelo exposto, proponho que seja considerado irregular o procedimento licitatório, Convite[...], para contratação de empresa para a prestação de serviço de limpeza, conservação e auxiliar de administração, no valor contratado anual de R$8.450,64 (oito mil quatrocentos e cinquenta reais, sessenta e quatro centavos), pelo descumprimento das disposições legais referente às licitações e por não terem sido observados os princípios da isonomia e da seleção da proposta mais vantajosa para a administração, impondo-se a aplicação de multa ao ordenador. [Processo Administrativo n. 684.881. Rel. Auditor Gilberto Diniz. Sessão do dia 03/05/2012]

[**Multa decorrente de inúmeros vícios apontados no certame licitatório.**] [...] escolha incorreta de convite, ao invés de tomada de preço — art. 23, II; b) impressão de informação indevida nos convites endereçados aos candidatos — arts. 3º, 21, § 2º, IV, 38, II, 44, § 1º; c) processo sem autuação, numeração e indicação da dotação orçamentária — arts. 14 e 38, *caput*; d) edital não rubricado em todas as páginas — art. 40, § 1º; e) falta do termo de designação da comissão de licitação — art. 51; f) falta de autorização para abertura do processo licitatório — art. 38, parágrafo único; g) falta de validade, condições de pagamento e prazo de entrega — art. 48, I; h) falta de rubrica de todos os licitantes presentes — art. 43, §§ 1º - 2º; i) não consta do processo a publicação do resumo do edital — art. 21, IV; j) em face da desistência do 1º colocado, contratou-se o 2º colocado, mas por preço superior — art. 64, § 2º; l) falta de cláusulas necessárias nos contratos — art. 55, V, VI, XII e XIII; m) falta de extrato de publicação do contrato — art. 61, parágrafo único. [...] Nesse sentido é o magistério de Jessé Torres Pereira Júnior: O cumprimento exato do procedimento previsto na lei, no regulamento e no edital é dever da Administração (também por força do princípio da igualdade), ao qual corresponde o direito público subjetivo dos licitantes de exigirem que ela assim se conduza. [...] Ante o exposto, anuindo com os apontamentos do órgão técnico, consideramos irregulares, com a ressalva acima explicitada, o procedimento licitatório sob exame, porquanto ficou amplamente comprovada a violação dos supracitados dispositivos legais. [Processo Administrativo n. 715.980. Rel. Auditor Licurgo Mourão. Sessão do dia 09/02/2010]

§ 3º Os prazos estabelecidos no parágrafo anterior serão contados a partir da última publicação do edital resumido ou da expedição do convite, ou ainda da efetiva disponibilidade do edital ou do convite e respectivos anexos, prevalecendo a data que ocorrer mais tarde. (Redação dada pela Lei nº 8.883, de 1994)

Vide comentário do parágrafo anterior.

§ 4° Qualquer modificação no edital exige divulgação pela mesma forma que se deu o texto original, reabrindo-se o prazo inicialmente estabelecido, exceto quando, inquestionavelmente, a alteração não afetar a formulação das propostas.

Quando houver alterações do edital que não comportem prejuízo aos licitantes, não haverá necessidade em se reabrir o prazo. Entretanto deve ser observado o princípio da publicidade, o que faz com que toda e qualquer alteração deva ser devidamente divulgada.

Alterações irrelevantes no edital são aquelas em que o licitante tem condição de elaborar sua proposta mesmo que o prazo não seja reaberto.

[**Desnecessidade de republicação do edital e de reabertura de prazos.**] Como bem salienta o parecer da CAEL, [...], a revogação de somente um lote, do total de 71 lotes licitados, não afetou a formulação das propostas, visto que se trata de licitação do tipo menor preço por lote, dispensando a remarcação da data da licitação ou correção do edital em face da aplicação subsidiária do art. 21, § 4°, da Lei n. 8666/93. Desta forma, tendo em vista que a impugnação apresentada pela empresa [...] , conforme analisado no item [...], foi intempestiva, e que, apesar de intempestiva, foi analisada e respondida, tendo sido revogado o lote 22 e mantido o edital no que tange aos demais itens, considero improcedente a denúncia quanto à ausência de remarcação da data de abertura da licitação — Pregão [...]. [Denúncia n. 811.281. Rel. Conselheiro Sebastião Helvecio. Sessão do dia 12/03/2013]

[**Revogação da suspensão de certame licitatório em virtude dos princípios da razoável duração do processo e da economia processual.**] A licitação em apreço foi suspensa antes da abertura das propostas, portanto, não vislumbro nenhum prejuízo em se dar prosseguimento ao feito. [...] entendo que não há justificativas para a manutenção da suspensão do certame, desde que sejam promovidas as adequações determinadas, devendo o edital ser republicado, nos termos do art. 21, §4º, da Lei n. 8.666/93. [...] considerando que o certame se encontra suspenso desde o dia 12/09/2011 e tendo em vista que a atuação deste Tribunal não pode ser empecilho às atividades da Administração, sob pena de desatender o interesse público, bem como que os Denunciados demonstraram boa-fé ao promoverem as alterações que lhe foram determinadas, voto pela revogação da suspensão do certame. [Denúncia n. 857.110. Rel. Conselheiro Mauri Torres. Sessão do dia 18/10/2012]

[**Exigência de que os pneus sejam de primeira linha e de fabricação nacional. Restrição à competitividade. Irregularidade.**] A questão relacionada à restritividade no certame para aquisição de pneus encontra-se, de certa forma, bem discutida no âmbito desta Corte, que fixou o entendimento de que não se pode exigir nos editais que os pneus a serem fornecidos sejam de 1ª linha, pela imprecisão da expressão, tampouco sejam necessariamente nacionais, por injustificada discriminação de produtos estrangeiros. A autarquia agravante alega que essas exigências foram inseridas [...] por erro material,[...]. Entretanto, reconhece que os requisitos restritivos constaram do anexo, [...]não havendo como desconsiderar que carregam potencial restritivo à participação de eventuais fornecedores interessados, merecendo ser rechaçados. O alegado equívoco material, com a devida vênia, não pode ser assim considerado, sendo as expressões levadas ao Anexo IX do edital absolutamente passíveis de gerarem indesejados efeitos restritivos na licitação e, de fato, violarem os princípios da maior competitividade possível, sendo irrelevante, ainda, o fato de a Administração ter-se expressado, internamente, nos autos do procedimento, no sentido de que desconsideraria as exigências veiculadas no citado anexo do edital. O fato configura modificação relevante no instrumento convocatório e na essência da especificação do objeto a ser licitado, o que pode acarretar prejuízo à formulação de propostas por eventuais licitantes, razão pela qual deveria ter sido o anexo do edital corrigido e republicado, reabrindo-se todos os prazos do certame, nos termos do art. 21, § 4º, da Lei n. 8.666/93. [...] Diante do exposto, ratifico o entendimento de que o edital suspenso conferiu restritividade indevida ao certame, o que se configura plausibilidade jurídica a ensejar a manutenção da medida liminar que se questiona neste recurso. [Agravo n. 876.620. Rel. Conselheiro Sebastião Helvecio. Sessão do dia 08/08/2012.

[**Alteração no edital. Prazo para apresentação de propostas.**] [...] [além de a] alteração poder repercutir, sem sombra de dúvida, na formulação das propostas, fato que ensejaria a modificação do prazo para abertura dos envelopes (art. 21, §4º, da Lei n. 8.666/93), deveria ela ter ocorrido observando o mesmo meio de publicidade utilizado para publicação do edital, qual seja, publicação na imprensa oficial, e não somente mediante comunicação direta à empresa de que tal modificação teria sido promovida (art. 20 da Lei n. 8.666/93), fato que fere claramente o princípio da ampla publicidade. [...] considerando a plausibilidade das alegações [...], denotada pela existência da fumaça do bom direito [...] em razão das irregularidades por ora constatadas nesse juízo sumário de cognição e considerando ainda o *periculum in mora*, porquanto o recebimento das propostas ocorrerá na próxima segunda, 28/11/11, às 09 horas, entendo ser caso de se proceder à suspensão do Pregão Presencial [...]. [Denúncia n. 862.658. Rel. Conselheiro Mauri Torres. Sessão do dia 01/12/2011]

[**Certame licitatório. Inocorrência de prejuízos ao erário. Limites à atuação do Tribunal.**] A medida cautelar que suspendeu o curso do procedimento licitatório fundou-se na constatação de que o aumento do valor estimado da contratação em 20%, às vésperas da entrega de envelopes, sem adequada divulgação e restituição de prazo na forma prevista no § 4º do art. 21 da Lei n. 8.666/93, cercearia a participação de potenciais interessados e, por consequência, prejudicaria o caráter competitivo. [...] [Todavia, a] análise da documentação trazida aos autos demonstra que o resultado alcançado pelo procedimento licitatório sob exame afasta o risco de prejuízo ao erário e que a manutenção da medida cautelar, ao contrário, impõe custo mais elevado no atendimento das necessidades da Administração, conforme bem anotado no parecer do *Parquet* de Contas, uma vez que o valor da proposta vencedora é menor que o preço praticado pela atual fornecedora do serviço. [...] Nessa circunstância, impende observar que a atuação deste Tribunal, em controle concomitante, não pode impor a suspensão dos procedimentos fiscalizados sem que o risco de prejuízo para os cofres públicos se mostre plausível, sob pena de criar transtornos despropositados, muito mais prejudiciais à Administração do que o contrato resultante da licitação fiscalizada. Em síntese, o foco principal da atuação preventiva é o risco à competitividade do certame e, por consequência, aos resultados almejados. [...] Dessa forma, tendo em vista que o procedimento licitatório já se encontra em estágio avançado, com o sigilo das propostas revelado e, principalmente, por não haver sido concretizado o risco de prejuízo pelas falhas apuradas pelo órgão técnico, entendo que não deve ser anulado o procedimento, por analogia ao princípio *pas de nullité sans grief*, segundo o qual não se anula ato processual sem que haja prejuízo. [Denúncia n. 839.893. Rel. Conselheiro Cláudio Couto Terrão. Sessão do dia 29/03/2011]

[**Publicidade da alteração no edital não se resume ao aviso àqueles que adquiriram cópia do edital.**] A administração tem liberdade para alterar as condições inseridas no instrumento convocatório, devendo, para tanto, renovar a publicação. Admite-se a desnecessidade da nova publicação quando a alteração for irrelevante para formulação das propostas, o que não é o caso. Como assevera Marçal Justen Filho, in *Comentário à Lei de Licitações*, 'não se pode invocar a comunicação a todos que 'compraram' o edital. É usual a prática da Administração de considerar suficiente a ciência e a concordância dos sujeitos que 'compraram' o ato convocatório para superar óbice da alteração do ato convocatório. Esse enfoque é incorreto' (p. 244, 12. ed. 2008). [Denúncia n. 756.551. Rel. Conselheiro Eduardo Carone Costa. Sessão do dia 20/11/2008]

[**Prazo entre a publicação de retificações no edital e a data de recebimento das propostas.**] [...] não foi observado o prazo estabelecido pelo §2º, I, *b*, c/c o §4º do art. 21 da Lei n. 8666/93, entre a data de publicação de retificações feitas em itens do edital [...] e a data de abertura dos envelopes contendo habilitação e propostas. O prazo definido nesses dispositivos deve ser observado nos casos em que as retificações feitas no edital possam afetar a formulação das propostas apresentadas pelos licitantes. [...] o prazo inicialmente estabelecido deveria ter sido reaberto, a menos que a alteração não tivesse afetado a formulação das propostas. [...] como esclarece Marçal Justen Filho: 'Em princípio, toda e qualquer alteração do edital afeta a formulação das propostas. Excluídas questões totalmente irrelevantes, que nem precisam ser objeto de disciplina no edital, a quase totalidade das regras ali previstas são consideradas para fins de elaboração de propostas' [...]. [Licitação n. 685.144. Rel. Conselheiro Antônio Carlos Andrada. Sessão do dia 14/10/2008]

[**Publicidade de alterações no edital.**] Qualquer alteração que porventura venha sofrer o instrumento convocatório exige sua republicação, sob pena de aquebrantamento dos princípios da isonomia e da publicidade dos atos e de tornar o processo nulo. [...] Frisa-se que o princípio da publicidade impõe a obrigatoriedade de publicação dos principais atos e instrumentos do procedimento, inclusive a motivação das decisões, possibilitando o conhecimento dos interessados e de todos os cidadãos. Cuida-se de oferecer transparência ao procedimento licitatório, em que é vedado o sigilo, exceto quanto ao conteúdo das propostas. [Representação n. 715.719. Rel. Conselheiro Antônio Carlos Andrada. Sessão do dia 07/08/2007]

[**Publicidade da dispensa de exigência de documentos.**] A dispensa de exigências de documentos previstos no edital deveria ter sido divulgada pela mesma forma em que se deu o texto original, reabrindo-se o prazo inicialmente estabelecido. De fato, a publicação da alteração das condições para habilitação ampliaria a possibilidade de participação de empresas que preenchessem as condições de fato exigidas pela Administração, e que, diante da exigência de comprovação da qualificação técnico-operacional, não participaram do certame. Demais disso, essa decisão da Comissão Permanente de Licitação infringiu o princípio da vinculação ao instrumento convocatório, pelo qual o edital é a lei da licitação, devendo ser observado em todos os seus aspectos, sob pena de nulidade do certame. [Licitação n. 627.765. Rel. Conselheiro Moura e Castro. Sessão do dia 03/10/2006]

Art. 22. São modalidades de licitação:

As modalidades de licitação são as formas em que é possível realizar o procedimento. Cada uma delas tem suas peculiaridades, e a escolha irá depender do tipo de contratação que se pretende.

[**Definição da modalidade de licitação.**] Para definir a modalidade de licitação, pode a Administração partir de dois critérios, um quantitativo e outro qualitativo. O primeiro leva em conta o valor estimado da contratação. Uma vez conhecido, pois, o valor global da obra, serviço ou compra, a Administração definirá a modalidade de licitação adequada ao caso. Segundo o critério qualitativo, deve-se atentar para a natureza do objeto do contrato. Assim, na hipótese de concessão de direito real de uso, a modalidade de licitação será a concorrência; havendo bens inservíveis para serem alienados, a Administração promoverá o leilão. [Consulta n. 391.114. Rel. Conselheiro Murta Lages. Sessão do dia 06/11/1996]

[**Definição do valor da contratação para fins de escolha da modalidade.**] Marçal Justen Filho ensina: 'Outra questão que desperta dúvida envolve contratos de duração continuada, que comportam prorrogação. A hipótese se relaciona com o disposto no art. 57, II. Suponha-se previsão de contrato por doze meses, prorrogáveis até sessenta meses. Imagine-se que o valor estimado para 12 meses conduz a uma modalidade de licitação, mas a prorrogação produzirá superação do limite previsto para a modalidade. Em tais situações, parece que [a] melhor alternativa é adotar a modalidade compatível com o valor correspondente ao prazo total possível de vigência do contrato. Ou seja, adota-se a modalidade adequada ao valor dos sessenta meses'. (*Comentários à Lei de Licitações e Contratos Administrativos*, 10. ed., Dialética, 2005, p. 208). O Tribunal de Contas da União se situa nessa mesma linha, [...] [pois], no Acórdão 2048/2006, referente a contrato com prazo mínimo de vigência de 24 meses para prestação de serviços contínuos, [definiu que] o valor da licitação [...] [deveria] ser estimado considerando-se o prazo total de sessenta meses. [Representação n. 735.337. Rel. Conselheiro Substituto Licurgo Mourão. Sessão do dia 24/07/2007]

I — concorrência;

É a modalidade de licitação destinada a contratações de grande vulto, devendo ser amplamente divulgada. Qualquer interessado poderá participar da licitação desde que preencha os requisitos de habilitação exigidos no edital. Há uma fase preliminar de habilitação, e se o interessado comprovar que possui todas as condições exigidas sua proposta é analisada.

É utilizada para contratação de obras, serviços ou compras de grande valor, bem como para alienação ou compra de bens imóveis, concessões de direito real de uso e nas licitações internacionais. É uma modalidade que exige um maior rigor formal, prevista no artigo 22, inciso I, §1º, c/c artigo 23, inciso I, alínea c, e inciso II, alínea c, todos da Lei de Licitações.

II — tomada de preços;

Conforme preceitua o § 2º deste artigo, tomada de preços é a modalidade de licitação que será realizada entre os interessados devidamente cadastrados ou aqueles que possuam as condições exigidas para o cadastramento até o terceiro dia anterior à data do recebimento das propostas.

É utilizada para contratações de valores inferiores ao previstos para a concorrência e destinada a transações de vulto médio, cujos valores estão disciplinados no artigo 23, inciso I, alínea b, e inciso II, alínea b, da Lei de Licitações.

Sua finalidade é tornar a licitação mais célere, afinal a habilitação é realizada antes da licitação propriamente dita. Só poderão participar da licitação os previamente aprovados. Essa aprovação depende do prévio cadastramento, que poderá ser feito até o terceiro dia antes da apresentação das propostas. Deve-se deixar claro que, o cadastramento é concomitante com a fase de habilitação.

Existindo recurso do interessado, com efeito suspensivo, não haverá alteração da data prevista para entrega das propostas, uma vez que a data da abertura das propostas, não conflita com os direitos dos licitantes e via de consequência não trará nenhum prejuízo a eles.

III — convite;

O Convite é o procedimento mais simples para se efetivar uma licitação, pois prevê a faculdade de a Administração Pública convidar, no mínimo, três interessados, cadastrados ou não, para participarem do procedimento licitatório. É admitida a participação de quaisquer outros interessados, desde que tenham manifestado interesse com antecedência mínima de até 24 (vinte e quatro) horas da apresentação das propostas. Dispensa-se o edital, sendo o instrumento convocatório chamado de carta-convite. É utilizado para contratações de menor valor e está previsto no artigo 22, inciso III, §3° c/c artigo 23, inciso I, alínea a e inciso II, alínea a, desta Lei.

A escolha dos convidados deve se pautar no interesse da Administração, com o cuidado de não ser infringido os princípios atinentes à licitação. Ademais os interessados deverão ser do ramo pertinente ao objeto que se pretende contratar.

O convite poderá ser realizado por meio de fax, e-mail, desde que haja comprovação do recebimento da mensagem pelos destinatários.

Deverá a Administração afixar em local apropriado a cópia do instrumento convocatório, bem como divulgar os avisos em periódicos oficiais ou particulares, a fim de que, além de ser atendido o princípio da publicidade, possam aumentar o número de interessados, aumentando a competitividade.

[**Ausência da comprovação da entrega de convite a um dos participantes do certame licitatório.**] [...] a Administração, ao escolher a modalidade licitatória convite, deve convidar três licitantes, por exigência do §3° do art. 22 da Lei n. 8.666, de 1993, e o comprovante de entrega do convite é fundamental para verificar o cumprimento da norma. Assim, entendo que, no caso dos autos, a ausência de identificação do recebedor no convite encaminhado à *[omissis]*, comprometeu a aferição da ocorrência do terceiro convite, mesmo porque essa empresa não apresentou proposta. [...] Por todo o exposto, entendo que o procedimento licitatório [...] deve ser considerado irregular, uma vez que ficou comprovada violação às normas estabelecidas na Lei n. 8.666, de 1993, cabendo a responsabilização do agente que deu ensejo às ilegalidades perpetradas. [...] Convite n° 028/2002, subitem 3.1, por violação aos incisos II e VI do art. 38 da Lei n. 8.666, de 1993, multa no valor de R$3.500,00 (três mil e quinhentos reais); [Processo Administrativo n. 695.215. Rel. Auditor Gilberto Diniz. Sessão do dia 04/10/2012]

IV — concurso;

Concurso destina-se à escolha de trabalho técnico, artístico ou científico, cuja intenção não é a de se contratar, em princípio, com alguém, mas sim de selecionar um projeto intelectual, mediante a instituição de prêmios ou remuneração ao vencedor. A diferença entre esta modalidade e as demais é que, no concurso, o interessado deverá apresentar, como regra, o trabalho artístico ou técnico pronto e acabado. Não haverá seleção de propostas para futura execução. É necessário que a Administração estabeleça previamente critérios para a escolha do vencedor. A fase de habilitação será posterior ao julgamento.

Em observância ao estipulado no § 4° deste artigo, o prazo de apresentação do trabalho será de no mínimo 45 dias, contados da publicação do edital na imprensa oficial.

V — leilão.

O Leilão se caracteriza por ser a modalidade utilizada para a venda de bens inservíveis para a Administração, para produtos legalmente apreendidos ou penhorados, bem como para a alienação de bens imóveis adquiridos em procedimento judicial ou por meio de dação em pagamento. Os interessados comparecem em data preestabelecida para o ato, formulando verbalmente as suas propostas que devem ser igual ou superior à avaliação, sendo vencedor aquele que oferecer o maior lance. Existe uma peculiaridade no que tange as demais modalidades, pois se admite a multiplicação de propostas por parte de um mesmo interessado. O leilão é regido por regulamento próprio, o qual detalhará os procedimentos que deverão ser seguidos.

§1° Concorrência é a modalidade de licitação entre quaisquer interessados que, na fase inicial de habilitação preliminar,

comprovem possuir os requisitos mínimos de qualificação exigidos no edital para execução de seu objeto.

[Desnecessidade de cadastramento na modalidade concorrência.]
[...] a exigência de cadastramento até o terceiro dia anterior ao recebimento das propostas somente encontra respaldo para as licitações na modalidade Tomada de Preços, conforme o disposto no art. 22, §2º, da Lei n. 8.666/93, não sendo, portanto, aplicável em licitações realizadas sob a modalidade Concorrência Pública. [Licitação n. 708.958. Rel. Conselheiro Wanderley Ávila. Sessão do dia 16/05/2006]

[Desnecessidade de cadastramento na modalidade concorrência.]
[...] releva notar que o instrumento convocatório exigiu [...] o prévio cadastro como condição para participação da licitação, em desacordo com o art. 22 da Lei n. 8.666/93, o qual prevê tal exigência para a modalidade Tomada de Preços. É que nos termos do §1º do citado artigo, que define a modalidade Concorrência, é permitido ao licitante habilitar-se no início do procedimento e não previamente, como estabeleceu o edital. Tal exigência só é cabível quando se tratar de Tomada de Preços, na medida em que, nessa modalidade, admite-se o cadastramento até o terceiro dia anterior à data do recebimento das propostas. Cumpre esclarecer que o §3º do art. 32 da norma licitatória prevê que os documentos necessários à habilitação poderão ser substituídos por registro cadastral emitido por órgão ou entidade pública, desde que previsto no edital e o registro tenha sido feito em obediência aos termos da Lei n. 8.666/93. Neste contexto, os citados itens devem ser retificados, de forma que admita a apresentação da documentação exigida para emissão do registro cadastral, no caso de não ser possível a comprovação daquele registro na fase de habilitação. [Licitação n. 696.169. Rel. Conselheiro Moura e Castro. Sessão do dia 20/12/2005]

§2° Tomada de preços é a modalidade de licitação entre interessados devidamente cadastrados ou que atenderem a todas as condições exigidas para cadastramento até o terceiro dia anterior à data do recebimento das propostas, observada a necessária qualificação.

[**Prazo mínimo para a efetivação do cadastro na tomada de preços.**] Por fim, com relação ao fato de a efetivação do cadastro de uma das empresas licitantes ter ocorrido no mesmo dia do julgamento do certame, entendo que tal procedimento contrariou o disposto no §2° do art. 22 da Lei n. 8.666/93 [...]. Como se vê, o referido parágrafo prevê o prazo de três dias antes da data de recebimento das propostas para cadastramento dos interessados na modalidade de licitação Tomada de Preços. Neste caso, esta falha não poderia considerada meramente formal, pois, diante de várias empresas cadastradas, a vencedora não pertencia aos registros municipais tratados pelo citado §2° do art. 22 da Lei das Licitações. Portanto, a admissão de empresa licitante, fora do prazo previsto na Lei n. 8.666/93, influenciou diretamente no resultado da Tomada de Preços, uma vez que a empresa extemporaneamente cadastrada foi, justamente, vencedora do certame. [Processo Administrativo n. 690.536. Rel. Conselheira Adriene Andrade. Sessão do dia 31/07/2007]

[**Necessidade de cadastramento na tomada de preços.**] A partir do citado texto legal [§2° do art. 22 da Lei n. 8.666/93], observa-se que o prévio cadastramento é inerente à modalidade Tomada de Preço, exigência esta para aquisição do quantitativo de aparelhos de ar condicionado pelo Tribunal de Justiça de Minas Gerais. Quando a Lei de Licitação faculta ao administrador público a dispensa, de todo ou em parte, dos documentos enumerados nos arts. 28 a 31, para os casos de fornecimento de bens para pronta entrega, que é o do presente caso, faz-se necessário o cadastramento das empresas participantes do certame, independentemente da documentação apresentada, que é exigência constitucional no seu art. 195, §3°, e da Lei Federal n. 9.012, de 30/03/95. [Contrato n. 353.083. Rel. Conselheiro Elmo Braz. Sessão do dia 21/10/2004]

§3° Convite é a modalidade de licitação entre interessados do ramo pertinente ao seu objeto, cadastrados ou não, escolhidos e convidados em número mínimo de 3 (três) pela unidade administrativa, a qual afixará, em local apropriado, cópia do instrumento convocatório e o estenderá aos demais cadastrados na correspondente especialidade que manifestarem seu interesse com antecedência de até 24 (vinte e quatro) horas da apresentação das propostas.

[**Multa em razão de procedimento licitatório irregular.**] Tratam os presentes autos de Processo Administrativo decorrente de Inspeção Ordinária realizada na [*omissis*], para exame da regularidade do sistema de controle interno e dos procedimentos de licitação, no período compreendido entre janeiro a dezembro de 2000. A Constituição Federal e a Lei Federal n. 4.320, de 1964, estabelecem que o controle interno fará a fiscalização contábil, financeira, orçamentária, operacional e patrimonial, de forma preventiva, assegurando o cumprimento das metas planejadas, evitando atos administrativos que denotem mera improvisação. No que se refere ao apontamento da alínea *a*, retro, tenho que não deve prevalecer o apontamento técnico, uma vez que estão documentados, a fl. 17-verso e à fls. 18, elementos que permitem concluir que os convites foram recebidos em 17/04/2000; portanto, considerando que a abertura das propostas ocorreu em 26/04/2000, houve observância do prazo mínimo de cinco dias úteis prescrito no inciso IV do §2° do art. 21 da Lei Federal n. 8.666, de 1993. Em relação ao número mínimo de licitantes, as alegações do defendente são insuficientes para sanar o apontamento, pois não foram acompanhadas da indispensável prova de que a [*omissis*]. — que teria sido uma das três convidadas — não encerrara suas atividades em 07/04/1998. Quanto à participação de empresas do mesmo grupo familiar, o defendente não apresentou nenhum argumento tendente que demonstrasse não ter havido comprometimento do caráter competitivo do certame. Entendo que os elementos existentes nos autos são suficientes para demonstrar que a conduta adotada pela Administração violou o princípio da ampla competitividade e o §3° do art. 22 da Lei Federal n. 8.666, de 1993. Pelo exposto, proponho seja considerado irregular o procedimento licitatório [...] para contratação de empresa para a prestação de serviço de limpeza, conservação e auxiliar de administração, no valor contratado anual de R$8.450,64 (oito mil quatrocentos e cinquenta reais, sessenta e quatro centavos), pelo descumprimento das disposições legais referente às licitações e por não terem sido observados os princípios da isonomia e da seleção da proposta mais vantajosa para a administração, impondo-se a aplicação de multa ao ordenador. [Processo Administrativo n. 684.881. Rel. Auditor Gilberto Diniz. Sessão do dia 03/05/2012]

[**Convite. Obrigatoriedade de chamamento de três participantes para o certame pela Administração.**] Quanto à ausência de comprovação da presença de, no mínimo, três interessados na licitação em comento, a defesa alegou que houve dificuldade em realizar o certame, diante da existência de uma única emissora de rádio AM no município, sendo que a Lei de Licitação veda a contratação de serviços de publicidade e divulgação mediante inexigibilidade de licitação. Em que pese a alegação da defesa, entendo que a Administração poderia ter promovido o cadastramento de outros prestadores de serviços existentes na região ou mesmo tê-los convidado a participar do certame. Resta, inclusive, lembrar que as emissoras de rádio são muito utilizadas como veículo publicitário no interior de Minas Gerais, além de que o sinal de uma rádio localizada em região próxima poderia alcançar os ouvintes do município. Diante do exposto, considero o chamamento de um único participante ao certame, uma irregularidade grave, por infringir o dispositivo do §3º do art. 22 da Lei n. 8.666/93. [Processo Administrativo n. 707.561. Rel. Conselheira Adriene Andrade. Sessão do dia 25/11/2008]

[**Número mínimo de licitantes na modalidade Convite.**] [...] apontou-se a participação de apenas 02 licitantes, sem a comprovação de envio das cartas-convite a outros interessados. Das demais empresas constam dos autos apenas propostas em branco. A defesa justifica que as firmas convidadas não se interessaram em participar do certame, situação que acontece dependendo do objeto da licitação. O procedimento foi relatado nas atas de julgamento, fato que a seu ver torna regulares os processos licitatórios. Todavia, não houve juntada de documentos comprovando o cumprimento dos §§ 3º e 6º do art. 22 da Lei n. 8.666/93. Dessa forma, lembrando que o processo da licitação está sujeito à estrita observância aos princípios da legalidade e igualdade e como não ficou comprovado o envio das cartas-convite a no mínimo 03 licitantes, permanece a falha apontada. [Licitação n. 487.454. Rel. Conselheiro Wanderley Ávila. Sessão do dia 06/09/2005]

[**Afixação de cópia de instrumento convocatório em local apropriado. Convite.**] A carta-convite é o instrumento da modalidade convite. Nela deve estar identificada a obra, o serviço ou a compra a se realizar, e expressar com clareza as condições estabelecidas pela Administração. [...] Como se pode observar, o princípio da publicidade faz-se, também, indispensável nos processos licitatórios na modalidade convite. A afixação do edital em local apropriado, a divulgação de avisos em periódicos oficiais ou particulares, objetivando a participação não apenas daqueles convidados pela administração, atendem ao princípio de competitividade, isonomia e seleção da proposta mais vantajosa. Assim, [...], deve a Administração afixar em local apropriado cópia do instrumento convocatório. [Consulta n. 351.135. Rel. Conselheiro José Ferraz. Sessão do dia 26/04/2000]

§4° Concurso é a modalidade de licitação entre quaisquer interessados para escolha de trabalho técnico, científico ou artístico, mediante a instituição de prêmios ou remuneração aos vencedores, conforme critérios constantes de edital publicado na imprensa oficial com antecedência mínima de 45 (quarenta e cinco) dias.

§5° Leilão é a modalidade de licitação entre quaisquer interessados para a venda de bens móveis inservíveis para a administração ou de produtos legalmente apreendidos ou penhorados, ou para a alienação de bens imóveis prevista no art. 19, a quem oferecer o maior lance, igual ou superior ao valor da avaliação. (Redação dada pela Lei nº 8.883, de 1994)

[**Importância do rigor formal nas Licitações.**] Não se pode simplesmente deduzir que tenha havido avaliação dos bens apenas porque o edital atribui preços mínimos aos lotes levados a leilão, nem que tenha havido publicidade porque houve comparecimento de interessados ao certame e muito menos que houve ampla divulgação do resultado porque o recorrente diz que houve. O ato administrativo é formal por excelência, e a formalidade, como tenho dito, não deriva do capricho do legislador, mas da necessidade de se registrar o ato. A natureza pública impõe ao administrador o dever de prestar contas de seus atos e a demonstração da lisura com que se procede só é possível por meio documental. A importância dada à formalidade pelo legislador revela-se na medida em que este reputa criminosa sua inobservância, conforme capitulado no art. 89 do Estatuto das Licitações. [Recurso de Revisão n. 640.463. Rel. Conselheiro Moura e Castro. Sessão do dia 13/08/2003]

§6° Na hipótese do §3° deste artigo, existindo na praça mais de 3 (três) possíveis interessados, a cada novo convite, realizado para objeto idêntico ou assemelhado, é obrigatório o convite a, no

mínimo, mais um interessado, enquanto existirem cadastrados não convidados nas últimas licitações. (Redação dada pela Lei nº 8.883, de 1994)

O dispositivo visa evitar que, quando forem realizadas licitações sucessivas, de objetos semelhantes ou idênticos, sejam convidados somente os mesmos 3 (três) possíveis interessados. Assim, a Administração poderá encaminhar o convite às mesmas pessoas, entretanto deverá encaminhá-lo também a, no mínimo, mais um interessado. Também será atendido esse diploma legal, se houver a troca de pelo menos um interessado já convidado em outra licitação, ou seja, se for convidado 3 (três) particulares, e dentre eles, apenas um for diferente daqueles últimos convidados, a regra está sendo observada.

§7° Quando, por limitações do mercado ou manifesto desinteresse dos convidados, for impossível a obtenção do número mínimo de licitantes exigidos no §3° deste artigo, essas circunstâncias deverão ser devidamente justificadas no processo, sob pena de repetição do convite.

É possível que a Administração realize o convite, sem que seja encaminhada a carta-convite a no mínimo 3 (três) interessados, desde que devidamente justificada as circunstâncias que demonstram tal impossibilidade sob pena de repetição do convite.

[**Desinteresse de licitantes convidados.**] Tratando-se de hipótese de desinteresse dos convidados e comparecendo apenas um licitante com proposta válida, a obrigatoriedade de repetição do convite somente subsiste se não houver no processo licitatório a justificativa a que alude o §7° do art. 22 da Lei n. 8.666/93. A ausência das empresas convidadas não é o bastante para caracterizar o manifesto desinteresse preconizado no §7º do art. 22 da Lei n. 8.666/93, deve a Administração, observadas as particularidades de cada caso, justificá-lo comprovando, no mínimo, a convocação de número significativo de interessados, atestadamente atuantes no ramo pertinente ao objeto licitado, bem como a efetiva entrega e recepção das cartas-convite ou de outro documento que comprove o desinteresse dos participantes. [Consulta n. 862.126. Rel. Conselheiro Sebastião Helvecio. Sessão do dia 28/03/2012]

[**Convite. Inabilitação ou não comparecimento dos convidados, restando menos de três participantes.**] [...] se proceder o administrador, ao licitar por Convite, com todas as cautelas aqui recomendadas, e ainda assim um número inferior a três licitantes comparecer apresentando proposta válida, será possível contratar com um desses ofertantes, se devidamente justificada e comprovada nos autos a configuração de uma das excepcionalidades previstas no art. 22, §7º, do Estatuto Nacional de Licitações e Contratos. A par disto, convém anotar que, se, à mesma licitação, não acudirem interessados (nenhum licitante com proposta válida), estar-se-á diante da hipótese de dispensa prevista no art. 24, V, da Lei n. 8.666/93, uma vez comprovados outros requisitos, a saber: a) risco de prejuízo determinado ou agravado pela demora inerente à repetição do certame; b) afastamento desta possibilidade de prejuízo pela contratação direta; c) manutenção das condições anteriormente estabelecidas no edital. [...] não é possível subordinar a validade da licitação à escolha, totalmente subjetiva e arbitrária, dos particulares a quem foi dirigido o convite. Se os particulares não desejarem apresentar proposta ou se o fizerem em termos inadequados, não se pode atribuir a consequência da automática invalidação do certame. [...] a expressa referência à figura do convite, contida no art. 48, §3º, impõe o raciocínio de que a licitação deverá continuar normalmente quando existir pelo menos uma proposta válida e formalmente aceitável. [Consulta n. 778.098. Rel. Conselheiro Eduardo Carone Costa. Sessão do dia 10/06/2009]

[**Convite com menos de três licitantes.**] Quanto à possibilidade de continuar a licitação no caso de comparecerem menos de três convidados, o Tribunal de Contas da União, com a entrada em vigor da Lei n. 8.666/93, decidiu que 'para a regularidade da licitação na modalidade convite é imprescindível que se apresentem no mínimo três licitantes, devidamente qualificados. Não se obtendo esse número legal de propostas aptas a seleção, impõe-se a repetição do ato, com a convocação de outros possíveis interessados, de modo a se garantir, nesse aspecto, a legitimidade do certame' (*DOU* de 11/08/1993, p. 11.635). Registre-se que o fato do não comparecimento de no mínimo três interessados não ensejará necessariamente repetição do convite. A orientação exarada pelo TCU deve ser entendida em termos que a tornem compatível com o art. 22, §7º, da Lei n. 8.666/93 [...]. Assim, será possível prosseguir na licitação se ficar demonstrada a omissão do convidado em atender ao convite, inexistir outros possíveis interessados na praça ou, ainda, as empresas existentes não atenderem às exigências da administração. Para tanto, deverá a administração anexar ao processo comprovante de entrega dos convites ou apresentar as justificativas pertinentes ao caso. Como bem ensina Maria Sylvia Zanella Di Pietro, em *Temas Polêmicos sobre Licitações e Contratos* (p. 71), 'para evitar a repetição do convite, é sempre aconselhável que o mesmo se dirija, desde logo, a número de possíveis interessados bem superior ao mínimo exigido. Desse modo, ficará mais fácil justificar a continuidade do procedimento com menos de três licitantes e demonstrar a boa-fé do responsável pelo convite' [...]. [Consulta n. 448.548. Rel. Conselheiro Elmo Braz. Sessão do dia 08/10/1997]

[**Procedimento licitatório com apenas dois convidados.**] [...] o objeto licitado foi material de construção, e nesse ramo existem inúmeras empresas estabelecidas nas mais diversas localidades. A questão é como a administração deve delimitar o mercado, tendo por parâmetro o município, a região, o estado, enfim, o que parece mais razoável diante do caso concreto. [...] apesar de a Administração ter dado cumprimento ao §7º do art. 22 da Lei n. 8.666, de 1993, entendo que a variedade de empresas atuantes no comércio de material de construção, o valor significativo da licitação (R$70.000,00), impõe que a expressão limitação de mercado seja interpretada de modo amplo a abranger a região na qual se insere o município [*omissis*]. Assim, como não ficou demonstrado que houve limitação de mercado que impossibilitasse a Administração Pública lograr a participação de outros interessados com sede em outras localidades, entendo que foi violado o §3º do art. 22 da Lei n. 8.666, de 1993. [Processo Administrativo n. 688.722. Rel. Auditor Gilberto Diniz. Sessão do dia 27/09/2012]

[**Ausência de justificativa para a continuação do certame com apenas um licitante, por desinteresse de outros interessados.**] [...] o recebimento da proposta por apenas um licitante, dos três que foram convidados, não invalida o procedimento licitatório, já feito e consolidado. Para corroborar meu entendimento, trago à colação a lição do administrativista Hely Lopes Meirelles, transcrito *in litteris*: 'Se comparecer apenas um licitante, qualificado para o contrato, a Administração pode adjudicar-lhe o objeto pretendido. O essencial é que este único pretendente tenha condições para contratar, segundo as exigências do edital ou do convite, no que tange à personalidade jurídica, à capacidade técnica e à idoneidade financeira, que hão de ser verificadas antes da contratação, e que o contrato seja vantajoso para a Administração.' (MEIRELLES, Hely Lopes. *Licitação e Contrato Administrativo*, 3. ed., p. 103). É indiscutível, nos autos, que os licitantes convidados tiveram conhecimento do edital, pois assinaram um termo de recebimento do ato convocatório, conforme consta a fls. 340 – 341. Assim, diante deste fato, deixo de considerar a transgressão apontada. No entanto, entendo que o art. 22, §7º, da Lei n. 8.666/93, exige uma justificativa plausível [...]. Nesse certame, como não se apresentou tal justificativa, entendo ter sido contrariado o art. 22, §7º, da Lei de Licitações. Apesar de tal infringência, entendo que, nesse caso, essa falha não constitui condição que possa acarretar nulidade de um regular procedimento licitatório, como também entende Jorge Ulisses Jacoby: 'Razoável, portanto, a corrente de pensamento que sustenta que a ausência de justificativa no processo, quando de fato configurada a limitação do mercado ou o manifesto desinteresse, não constitui vício capaz de anular o procedimento licitatório.' (JACOBY, Jorge Ulisses. *Contratação Direta Sem Licitação*, 6. ed., 2007, p. 105). Desse modo, considerando, mais uma vez, que o administrador não pode ser responsabilizado pelo desinteresse alheio, entendo que o fato de não haver justificado, nestes termos, sua necessidade em continuar o certame, mesmo com uma só licitante, constitui mera falha formal. [Processo Administrativo n. 715.979. Rel. Conselheira Adriene Andrade. Sessão do dia 30/10/2007]

[**Não comparecimento do número mínimo de interessados.**] [...] o fato do não-comparecimento de no mínimo três interessados não ensejará necessariamente repetição do convite. Para tanto, deverá a Administração anexar ao processo comprovante de entrega dos convites ou apresentar as justificativas pertinentes ao caso, de conformidade com o disposto no art. 22, §7°, da Lei n. 8.666/93. [Consulta n. 439791. Rel. Conselheiro José Ferraz. Sessão do dia 29/03/2000]

§8° É vedada a criação de outras modalidades de licitação ou a combinação das referidas neste artigo.

Esse artigo demonstra que é vedada a criação de outras modalidades de licitação ou a combinação para produzir novas figuras, o que significa dizer, que o rol constante deste artigo é exaustivo. Entretanto, será possível a criação de outras modalidades se consignadas por meio de lei federal específica. É o caso do Pregão, instituído pela Lei n.° 10.520/2002 e do RDC – Regime Diferenciado de Contratação, instituído pela Lei n.° 12.462/2011.

1. PREGÃO

É uma modalidade de licitação destinada a adquirir bens e serviços comuns por meio de lances e propostas feitas em sessão pública, para a classificação do licitante que oferecer o menor preço.

Bens e serviços comuns são aqueles cujos padrões de desempenho e qualidade, possam ser estabelecidos no instrumento convocatório, por meio de especificações que podem ser facilmente encontradas no mercado.

Trata-se, portanto, de bens e serviços oferecidos por diferentes fornecedores, podendo ser comparáveis entre si, de modo a permitir a decisão de compra com base no menor preço.

Com o devido sucesso desta nova modalidade de licitação, sua incidência foi expandida, inicialmente, para a esfera pública federal e, depois, por meio da MP 2.182/01, convertida na Lei 10.520/02, para os demais entes públicos estaduais e municipais.

A figura do pregão traz, dentre suas inovações, uma nova forma de disputa entre os licitantes, na qual, preliminarmente, os participantes apresentam suas propostas e, em um segundo momento, por meio de lances em uma sessão pública, estes reduzem o valor inicial da proposta, saindo vencedor o licitante que apresentar a proposta menos onerosa para a Administração Pública.

Outra inovação trazida pelo pregão é a possibilidade de se utilizar recursos tecnológicos, como por exemplo, a internet, onde tanto as propostas quanto os lances são feitos virtualmente, conferindo, assim, não só uma maior agilidade ao processo licitatório, mas também uma maior participação de interessados, que na forma presencial, muitas vezes estariam impossibilitados de participar, conferindo uma maior democratização do processo licitatório.

Diversos são os benefícios trazidos pela utilização dos meios eletrônicos para a realização do pregão, haja vista a economia de papel, desburocratização do procedimento licitatório, a simplificação das atividades do pregoeiro, a facilidade em realizar licitações por item e o encurtamento de distâncias, uma das maiores vantagens desse sistema, já que por meio da internet o interessado garante sua participação no certame licitatório.

Outra grande novidade trazida pelo pregão, talvez a maior delas, foi quanto à inversão das fases entre habilitação e classificação, visto que nesta nova sistemática, todos os participantes apresentam suas propostas, antes mesmo de estarem habilitados, para somente após a decisão pelo vencedor do certame, se proceder à análise da documentação do vencedor, tornando o procedimento mais célere e dinâmico.

Os benefícios decorrentes da inversão das fases se evidenciam ao inexistir eliminados antes da fase de lances, possibilitando que um número maior de concorrentes esteja presente, o que se mostra vantajoso para a administração, na medida em que este cenário possibilitará uma maior competitividade entre os participantes.

Destaca-se ainda a inovação trazida pelo artigo 4º, inciso XVIII, da Lei 10.520/02, acerca do sistema recursal único, o qual unificou o momento onde os participantes do certame podem externar seu inconformismo e, para tanto, deverão, imediatamente após ser declarado o vencedor, manifestar sua intenção de recorrer.

Neste ponto ressalta-se que ao interessado em recorrer, será concedido o prazo de 3 (três) dias para apresentar suas razões recursais, as quais deverão ser motivadas e fundamentadas, ficando os demais licitantes intimados para, também, no prazo de 3 (três) dias apresentarem contrarrazões, prazo este que se iniciará do término do prazo recursal.

Outra importante característica do pregão é quanto à negociação dos preços ofertados ao final da fase de lances, momento este em que se verifica a existência de Micro Empresas – ME ou Empresas de Pequeno Porte – EPP, as quais, de acordo com a Lei Complementar 123/06, têm garantido o direito de preferência, quando verificado empate.

Sendo assim, encerrada a etapa de lances no pregão, o pregoeiro examinará a aceitabilidade das propostas apresentadas e, se de fato for constatado empate, nos moldes do disposto na mencionada lei complementar, será concedido a ME ou a EPP o direito de preferência, para somente após, se proceder à negociação final com a empresa que apresentou a proposta mais vantajosa.

Posto isto, resta claro a importância da figura do pregão no âmbito da administração pública, visto que esta sistemática, ainda que não passível de ser utilizada para toda e qualquer contratação, para a aquisição de bens e serviços comuns representou um marco, seja pela agilidade imposta aos procedimentos licitatórios, seja pela informatização dos procedimentos, possibilitando que cada vez mais interessados possam participar dos certames, conferindo assim uma maior competitividade ao permitir que os participantes integrem o certame de onde quer que estejam.

2. REGIME DIFERENCIADO DE CONTRATAÇÃO

Criado por meio da Medida Provisória nº 527/2011, posteriormente convertida na Lei nº 12.462/2011, o RDC impôs um novo modelo de licitação e contratação, com objetivo específico de viabilizar a execução das obras de infraestrutura necessárias à realização da Copa das Confederações de 2013, Copa do Mundo de 2014 e Jogos Olímpicos e Paraolímpicos de 2016.

A criação do RDC se deu com o objetivo de suprir a latente necessidade de nossos gestores de imprimir maior celeridade, economia e eficiência aos processos licitatórios, sem, contudo, afastar a transparência e o seu acompanhamento pelos órgãos competentes, visto que a modalidade do pregão, mais célere e dinâmica, não pode ser utilizada para contratações dessa natureza.

Desta forma e, diante da falta de tempo hábil para que a Administração Pública realizasse os procedimentos licitatórios necessários à contratação e execução das obras inerentes aos eventos já programados, em decorrência da morosidade imposta pelas minúcias e detalhes da Lei de Licitações, Lei nº 8.666/93, o que inviabilizaria as contratações, criou-se o RDC.

Temos que esta nova sistemática de contratações se baseou em experiências internacionais, tendo como inspiração as regras de contratação utilizadas pela União Europeia, pelos Estados Unidos da América, pelas diretrizes da Organização para Cooperação e Desenvolvimento Econômico – OCDE, bem como pela legislação pátria que disciplina as contratações por meio do pregão eletrônico.

Após entrar em vigor a Lei 12.462/11, algumas mudanças foram feitas ao seu texto, especialmente em seu artigo 1º, visando assim ampliar o rol de situações onde o regime poderia ser utilizado.

Neste contexto, a Lei 12.688/12 e a Lei 12.745/12, incluíram, respectivamente, os incisos IV e V ao mencionado artigo 1º, passando o RDC a englobar as ações relativas ao Programa de Aceleração do Crescimento (PAC) e as obras e serviços de engenharia no âmbito do Sistema Único de Saúde (SUS). No ano de 2014, a Lei 12.980, incluiu o inciso VI, ampliando mais uma vez o rol de situações abrangidas pela lei, desta vez para englobar as obras e serviços de engenharia para construção, ampliação e reforma de estabelecimentos penais e unidades de atendimento socioeducativo.

Por fim, a Lei 12.722/12 incluiu ao artigo 1º da Lei 12.462/11, o § 3º, dispondo acerca da possibilidade de se utilizar esta nova sistemática de contratação às licitações e aos contratos necessários à realização de obras e serviços de engenharia no âmbito dos sistemas públicos de ensino.

Conforme já fora dito, o RDC surgiu com o objetivo único e exclusivo de se realizar as contratações necessárias à execução dos mencionados eventos esportivos, eventos estes que não perdurariam no tempo, após a sua realização, o instituto do RDC não mais seria necessário, podendo ser extinto, vez que cumprido seu objetivo.

Contudo, ao se promover mudanças na área de abrangência do RDC, para que este abarcasse também obras governamentais desfez-se a ideia de que o mencionado instituto fosse de caráter temporário.

Ao contrário do pregão, que trouxe diversas inovações às licitações, o RDC impôs um novo jeito de pensar as licitações, visto que este se utiliza de mecanismos já utilizados nas modalidades de pregão e regime licitatório simplificado da Petrobrás, sem, contudo, se esquecer de assegurar e garantir os princípios inerentes a esse sistema.

Percebe-se no RDC que seus instrumentos se dividem em dois grupos, o primeiro determina as regras procedimentais, das quais as exceções devem ser expressas no ato de convocação dos participantes, e o segundo tenta implementar os preceitos do regime diferenciado de contratação em sua fase contratual, devendo estes mecanismos serem expressos no ato de convocação.

Sendo assim, toda contratação feita por meio do RDC se fará por meio dos instrumentos básicos de procedimento, salvo os casos expressamente excepcionados, podendo o gestor se utilizar também de outros instrumentos, conforme sua necessidade e conveniência.

Diante do exposto, temos que o RDC possui, além dos mecanismos trazidos pela sua lei de criação, os mesmos instrumentos presentes no pregão, quais sejam, a inversão das fases, fase recursal única e a informatização dos procedimentos, bem como a contratação integrada e o sigilo do orçamento estimado, mecanismos utilizados pela Petrobrás.

Nos certames regulados pelo RDC, a previsão de inversão das fases de habilitação e classificação constitui verdadeira regra, conforme dispõe o artigo 12, da Lei 12.462/11, o qual também traz a ordem procedimental do certame.

Entretanto, diferente do que ocorre no pregão, o parágrafo único do mencionado artigo, prevê a faculdade de o gestor, mediante ato motivado e desde que expressamente previsto no ato convocatório, proceder à fase de habilitação, antes da apresentação das propostas e do julgamento, como é feito na modalidade de concorrência prevista na Lei 8.666/93.

Quanto a informatização dos procedimentos no RDC, esta segue a mesma linha do pregão, porém com a sua abrangência estendida para obras e serviços de engenharia, o que antes não era possível. A forma eletrônica será adotada preferencialmente à presencial, o que implica dizer que cabe ao gestor optar por qual das duas modalidades usar, sendo que na modalidade eletrônica, a administração pública poderá impor como condição de validade e eficácia, que os atos praticados pelos licitantes sejam em formato eletrônico.

Da mesma forma que o pregão, o RDC dispõe de uma fase de lances, a qual se iniciará assim que apresentadas todas as propostas, e se findará com a apresentação por um dos participantes da proposta mais vantajosa, o qual se consagrará vencedor do certame.

Ressalta-se que antes do início da fase de lances, uma comissão de licitação determinará qual será o intervalo entre os lances, para que os participantes possam se preparar melhor, visto que no caso de algum concorrente se ausentar ou não dar um lance, será considerada a proposta apresentada e, sendo esta a mais vantajosa, este sairá vencedor do certame, ainda que não tenha ofertado lance algum.

Ao final da fase de lances, assim como acontece no pregão, as Micro Empresas e as Empresas de Pequeno Porte, terão garantido o seu direito de preferência em casos de empate.

Superada a fase de lances, poderá o gestor se valer da fase de negociação das propostas, fase esta que não se mostra obrigatória, porém, prudente, visto que tem por objeto o melhor aproveitamento do dinheiro público ao se negociar um valor mais baixo para a administração.

A fase de negociação ainda poderá ser utilizada, quando da desclassificação do vencedor pelo fato de sua proposta estar acima do orçamento estimado para a contratação, podendo os demais participantes cobrir a proposta do primeiro colocado. Esta fase visa não só garantir que a Administração consiga preços melhores, mas também, evitar que o processo seja declarado fracassado por não atingir o orçamento estimado.

Temos também no RDC a fase recursal única, mecanismo advindo da Lei do Pregão, com o mesmo objetivo de reunir as oportunidades de recurso, que na Lei 8.666/93 se dava após cada decisão administrativa, desburocratizando o procedimento e empregando uma maior celeridade ao certame.

Dentre os mecanismos utilizados pelo RDC, o mais significativo e, talvez mais polêmico, é o mecanismo da contratação integrada, similar ao modelo usado pela Petrobrás, visto que a elaboração e o desenvolvimento dos projetos básico e executivo, bem como a execução de obras e serviços de engenharia e todas as demais operações necessárias à consecução do objeto ficam a cargo de uma empresa.

As polêmicas que surgiram em torno desta forma de contratação foram devidas ao fato de que a objetividade do julgamento de uma licitação deve valer-se da igualdade entre os participantes, alcançada com base em critérios previamente definidos pelo projeto básico.

O afastamento do projeto básico do instrumento convocatório, substituindo este por um anteprojeto de engenharia, com características insuficientes para a correta identificação de obras e serviços a serem realizados, cria um processo licitatório pautado na subjetividade, uma vez que é a descrição analítica e adequada do objeto que permitirá aos participantes conhecer a obra ou serviço a ser realizado, podendo então apresentar uma proposta pertinente.

Neste diapasão, a Lei 12.980/14 modificou o artigo 9º, da Lei 12.462/11, estabelecendo em seu § 2º, inciso I, que nos casos de contratação integrada, o instrumento convocatório deverá conter o anteprojeto de engenharia que contemple os documentos técnicos que possibilitem a caracterização da obra ou serviço a ser executado.

O anteprojeto se mostra como sendo um documento técnico, menos complexo, trazendo em seu bojo elementos não tão detalhados, como no projeto básico e, realizado pela Administração Pública com o intuito de orientar os licitantes quanto ao oferecimento de suas propostas, bem como quanto aos critérios de julgamento.

Resta claro que a contratação integrada se mostra como sendo uma faculdade do gestor, podendo ser aplicada conforme sua conveniência e discricionariedade, desde que técnica e economicamente justificada, conforme dispõe o supracitado artigo 9º, da Lei 12.462/11.

Outro mecanismo utilizado e que também gerou grande polêmica, foi o do Orçamento Estimado Sigiloso, haja vista que este vai contra o princípio da publicidade, pelo qual qualquer cidadão pode monitorar os atos da administração, como forma de fiscalizar atos de desvio ou mau uso do dinheiro público, sendo que tal informação, quando omissa no instrumento convocatório, restará disponibilizada estrita e permanentemente aos órgãos de controle externo e interno.

Desta forma, ao se disponibilizar tal informação somente aos órgãos de controle, temos um acesso à informação mitigado, fundamentado na busca de um fim maior, qual seja, resguardar o interesse público, promovendo assim, uma competição entre os participantes, o que ensejará uma melhor oferta, tendo como parâmetros os preços praticados no mercado e não o orçamento estimado divulgado pela administração, sendo este divulgado ao público após a adjudicação do objeto ao vencedor do certame.

Temos ainda o mecanismo da Remuneração Variável, o qual visa garantir uma remuneração justa pelo serviço prestado, sendo que por meio deste mecanismo a Administração estipula no edital, metas a serem cumpridas, podendo determinar metas mínimas, as quais se não alcançadas ensejarão um desconto na remuneração final devida ao licitante, bem como poderá adotar um plano de metas contendo bonificações, casos estas sejam cumpridas, como forma de incentivo à consecução do objeto da melhor forma.

Posto isto, a remuneração variável se mostra como sendo uma forma de reajuste no pagamento que será feito pela administração de acordo com o desempenho da contratada na realização do objeto.

Por fim, temos o mecanismo dos Contratos de Experiência, por meio do qual a Administração contrata visando um melhor aproveitamento dos recursos postos, onde o contratado se obriga a garantir melhores resultados com os mesmos gastos, ou até mesmo reduzir os gastos do Poder Público.

Assim, o contrato de experiência vai de acordo com o principio da sustentabilidade, visto que busca otimizar o uso dos mesmos recursos, com a consequente redução de gastos para a administração, tratando-se, portanto, de um contrato de risco, no qual o contratado possui o dever de propiciar uma economia à Administração, tendo sua renumeração vinculada ao percentual do benefício obtido, que caso não seja alcançado, poderá haver desconto em sua remuneração, ou até ser sancionado por inexecução contratual.

§9° Na hipótese do parágrafo 2° deste artigo, a administração somente poderá exigir do licitante não cadastrado os documentos previstos nos arts. 27 a 31, que comprovem habilitação compatível com o objeto da licitação, nos termos do edital. (Incluído pela Lei nº 8.883, de 1994)

Os requisitos para o cadastramento do licitante até o terceiro dia antes da apresentação das propostas, não poderão ser diferentes dos exigidos para a habilitação. Os requisitos deverão se ater ao objeto da licitação, pois quando este exigir técnicas mais complexas, a Administração deverá ser cautelosa e evitar que interessados incapazes de executá-lo satisfatoriamente participem da licitação.

Art. 23. As modalidades de licitação a que se referem os incisos I a III do artigo anterior serão determinadas em função dos seguintes limites, tendo em vista o valor estimado da contratação:

A definição da modalidade a ser escolhida terá também como parâmetro o valor da contratação, afinal também deverá ser levado em consideração a complexidade do objeto que se pretende contratar.

A escolha da correta modalidade da licitação visa garantir o princípio da isonomia e a competitividade do certame, no intuito de se obter a proposta que melhor atenda a Administração Pública.

ENUNCIADO DE SÚMULA N. 16. É exigência legal, e medida essencial para se promover a reserva de recursos orçamentários, que, nos instrumentos de contrato, convênio e acordo, em que figurem como partes pessoas jurídicas de direito público interno, seja indicado, ainda que por estimativa, o valor respectivo.

[**Escolha da modalidade licitatória indevida. Prejuízo.**] As modalidades da licitação são fixadas em razão dos limites determinados em lei. A gradação do art. 23 da Lei n. 8.666/93 deixa claro que há hierarquia entre as modalidades de licitação, distinguíveis segundo o valor do objeto. O convite é utilizado para serviços de pequena monta, até R$ 80.000,00 (oitenta mil reais); para valores intermediários, até R$ 650.000,00, deve-se utilizar a tomada de preços. A concorrência pode substituir qualquer outra modalidade de licitação, por ser mais ampla e completa. A tomada de preços pode ser preferida ao convite, pelo mesmo fundamento. A modalidade de maior quantia pode ser utilizada em lugar da modalidade destinada a objetos de pequeno valor, mas nunca o caminho inverso. Ao optar pela modalidade indevida o responsável limitou a participação, comprometendo o certame. [Processo Administrativo n. 695.230. Rel. Auditor Hamilton Coelho. Sessão do dia 07/08/2008]

[**Valor da contratação.**] Conforme estabelece o art. 23, o critério para seleção da modalidade licitatória é econômico. A seleção é feita em razão do valor da futura contratação. Assim, o objeto deve ser definido com clareza, ser bem especificada a quantidade desejada em virtude da necessidade da Administração, bem como estimado o seu custo mediante pesquisa de mercado. A correta modalidade da licitação é condição necessária para se garantir o princípio da isonomia e a competitividade do certame, com vista a se obter a melhor proposta para a Administração. No caso sob exame, devido ao valor, caberia a realização de tomada de preços, processo licitatório mais amplo, que exige maior divulgação, favorecendo o caráter competitivo do certame. Dessa forma, ao eleger a modalidade convite, a Administração limitou o universo dos interessados, ferindo o caráter competitivo da licitação. [Processo Administrativo n. 701.890. Rel. Conselheiro Moura e Castro. Sessão do dia 28/11/2006]

I — para obras e serviços de engenharia: (Redação dada pela Lei nº 9.648, de 1998)

a) convite — até R$ 150.000,00 (cento e cinqüenta mil reais); (Redação dada pela Lei nº 9.648, de 1998)

[**Dispensa de licitação para obras e serviços.**] [...] diante dos documentos que instruíram o apontamento, é forçoso concluir que assiste razão aos defendentes, pois o total das despesas corresponde ao valor de R$11.085,48, que de fato encontra-se abaixo do valor limite de dispensa de licitação para obras e serviços. Desse modo, deve ser desconsiderado o apontamento, uma vez que comprovado que o objeto se refere a serviços de engenharia, e o valor total da despesa dispensa a realização do certame licitatório. [Processo Administrativo n. 689.083. Rel. Auditor Gilberto Diniz. Sessão do dia 13/09/2012]

b) tomada de preços — até R$ 1.500.000,00 (um milhão e quinhentos mil reais); (Redação dada pela Lei nº 9.648, de 1998)

c) concorrência: acima de R$ 1.500.000,00 (um milhão e quinhentos mil reais); (Redação dada pela Lei nº 9.648, de 1998)

II — para compras e serviços não referidos no inciso anterior: (Redação dada pela Lei nº 9.648, de 1998)

[**Aplicabilidade do princípio da verdade material.**] [...] verifica-se que a demanda da Prefeitura não ultrapassa o limite do valor exigível para a realização do procedimento licitatório. Portanto, não havendo a obrigatoriedade de licitar, não há [que se] falar em procedimento de inexigibilidade. Nessa linha de raciocínio, concluo que, inobstante ter-se apresentado formalmente incorreto o procedimento de inexigibilidade, no caso dos autos a sua formalização sequer caracteriza conduta positiva determinada por lei e, nesse sentido, não me parece acertado punir o gestor. É importante destacar que, embora a equipe de inspeção tenha detectado falhas no procedimento de inexigibilidade, no caso em análise, é aplicável o princípio da verdade real, que permite o julgador ir além da prova constante nos autos. Ora, o papel do julgador nos tribunais de contas é buscar conhecer a gestão pública por meio de fiscalização efetiva e que traduza a realidade, pois sua finalidade última é a proteção do interesse público, não devendo, portanto, se contentar com a verdade trazida aos autos, mas também estender sua atividade investigatória aos elementos além da verdade processual, desde que necessário à solução do caso concreto e atentando para a justa aplicação da norma. [...] Por essas razões, as irregularidades apontadas no procedimento de inexigibilidade, que culminou com a contratação [...] para a prestação de serviços mecânicos, devem ser desconsideradas, visto que o modesto valor da remuneração total paga à contratada — R$6.236,00, por quatro meses de serviços — atrai a incidência da dispensa da licitação, prevista no inc. II do art. 24 c/c a alínea *a* do inc. II do art. 23, ambos da Lei n. 8.666, de 1993. [Processo Administrativo n. 701.762. Rel. Auditor Gilberto Diniz. Sessão do dia 08/11/2012]

[**Contrato. Legislação incorreta.**] [...] no instrumento contratual em análise, foram invocados atos normativos pertinentes à contratação de pessoal por prazo determinado, para atender a necessidade temporária de excepcional interesse público, e não os já referidos dispositivos da Lei n. 8666, de 1993. Isso, porém, não deve impedir o exame do contrato, em sua essência: contratação direta, dispensada a licitação por comportar-se o valor no limite de R$8.000,00 (oito mil reais). Nessa linha de raciocínio, tenho de concluir que, inobstante ter-se apresentado formalmente incorreto o instrumento contratual (por invocação de legislação impertinente), o contrato teve amparo legal (art. 24, II, c/c art. 23, II, *a* da Lei n. 8.666, de 1993). Entendo que, no tocante à incorreção formal do instrumento do contrato, o Tribunal deve recomendar ao responsável, para que os documentos produzidos no âmbito do órgão passem, doravante, a referenciar regras jurídicas consentâneas com os atos normativos de regência, isto é, aplicáveis ao caso concreto. [Contrato n. 696. 777. Rel. Auditor Gilberto Diniz. Sessão do dia 23/08/2012]

[**Multa decorrente de inúmeros vícios apontados no certame licitatório.**] [...] a) escolha incorreta de convite, ao invés de tomada de preço — art. 23, II; b) impressão de informação indevida nos convites endereçados aos candidatos — arts. 3°, 21, §2°, IV, 38, II, 44, §1°; c) processo sem autuação, numeração e indicação da dotação orçamentária — arts. 14 e 38, *caput*; d) edital não rubricado em todas as páginas — art. 40, §1°; e) falta do termo de designação da comissão de licitação — art. 51; f) falta de autorização para abertura do processo licitatório — art. 38, parágrafo único; g) falta de validade, condições de pagamento e prazo de entrega — art. 48, I; h) falta de rubrica de todos os licitantes presentes — art. 43, §§ 1°-2°; i) não consta do processo a publicação do resumo do edital — art. 21, IV; j) em face da desistência do 1° colocado, contratou-se o 2° colocado, mas por preço superior— art. 64,§2°; l) falta de cláusulas necessárias nos contratos — art. 55, V, VI, XII e XIII; m) falta de extrato de publicação do contrato — art. 61, parágrafo único. [...] Nesse sentido é o magistério de Jessé Torres Pereira Júnior: O cumprimento exato do procedimento previsto na lei, no regulamento e no edital é dever da Administração (também por força do princípio da igualdade), ao qual corresponde o direito público subjetivo dos licitantes de exigirem que ela assim se conduza. [...] Ante o exposto, anuindo com os apontamentos do órgão técnico, consideramos irregulares, com a ressalva acima explicitada, o procedimento licitatório sob exame, porquanto ficou amplamente comprovada a violação dos supracitados dispositivos legais. [Processo Administrativo n. 715.980. Rel. Auditor Licurgo Mourão. Sessão do dia 09/02/2010]

a) convite — até R$ 80.000,00 (oitenta mil reais); (Redação dada pela Lei nº 9.648, de 1998)

[**Licitação. Dispensa. Falta de planejamento. Superação de limite. Irregularidade.**] O item II da decisão *a quo* [...] que traz o rol de contratações realizadas sem apresentação de procedimentos licitatórios, refere-se ao somatório de diversas despesas de uma mesma natureza que superam, em muito, o valor de R$8.000,00 (oito mil reais), correspondente a 10% do limite previsto na alínea *a* do inciso II do art. 23 da Lei de Licitações. A realização de despesas de forma fracionada denota a inexistência de planejamento para sua realização, o que resulta na inobservância da obrigação de licitar. [...] a Lei de Licitações permite o fracionamento de despesas em tantas parcelas quantas se mostrarem técnica e economicamente viáveis, para permitir que a Administração obtenha maior vantagem nas contratações, tendo em vista a economia de escala e condições propícias de mercado, conforme prevê o §1º do art. 23, mas isso não se confunde com a falta de planejamento, nem autoriza esquivar-se da obrigação de licitar. [...] As irregularidades que ensejaram a aplicação das sanções são de natureza grave, decorrentes do descumprimento legal e de princípios licitatórios capazes de garantir a isonomia, a impessoalidade, a economicidade e a ampla participação na competição, não se tratando de meros erros formais. [Recurso Ordinário n. 837.933. Rel. Conselheiro Cláudio Couto Terrão. Sessão do dia 28/11/2012]

b) tomada de preços — até R$ 650.000,00 (seiscentos e cinqüenta mil reais); (Redação dada pela Lei nº 9.648, de 1998)

c) concorrência — acima de R$ 650.000,00 (seiscentos e cinqüenta mil reais). (Redação dada pela Lei nº 9.648, de 1998)

§1° As obras, serviços e compras efetuadas pela Administração serão divididas em tantas parcelas quantas se comprovarem técnica e economicamente viáveis, procedendo-se à licitação com vistas ao melhor aproveitamento dos recursos disponíveis no mercado e à ampliação da competitividade sem perda da economia de escala. (Redação dada pela Lei nº 8.883, de 1994)

Quando o objeto for de contratação divisível, a contratação deverá ser realizada em itens ou lotes, sendo que o conjunto atenderá as necessidades da Administração e ampliará a competitividade. O chamado fracionamento é obrigatório e tem como fundamento aumentar as vantagens econômicas para a Administração a fim de reduzir despesas. A ideia é obter o maior número de interessados, o que por consequência, terá a Administração condições de escolher uma melhor proposta. Não é possível fundamentar a utilização do fracionamento quando houver aumento de despesa. Vide comentários do parágrafo único do artigo 8°.

ENUNCIADO DE SÚMULA N. 114. É obrigatória a realização de licitação por itens ou por lotes, com exigências de habilitação proporcionais à dimensão de cada parcela, quando o objeto da contratação for divisível e a medida propiciar melhor aproveitamento dos recursos disponíveis no mercado e a ampla participação de licitantes, sem perda da economia de escala, adotando-se, em cada certame, a modalidade licitatória compatível com o valor global das contratações.

[**Fundação municipal. Dispensa de licitação. Valor da contratação.**] No que tange à apuração do valor da contratação para fins de dispensa de licitação, ou para a escolha da modalidade licitatória a ser utilizada, deverá ser considerada a totalidade de contratações de mesma natureza a serem executadas ao longo de um exercício financeiro, ainda que com pessoas distintas, sendo comprovada a viabilidade técnica e econômica do procedimento, devendo-se preservar a modalidade pertinente para a totalidade do objeto em licitação, em observância aos §§ 1º – 2º do art. 23 da Lei n. 8.666/93.Consultas n. 833.254; 812.471; 741.568; 701.202; 610.717; 620.546. [Consulta n. 858.218. Rel. Conselheira Adriene Andrade. Publicado no DOC de 21/11/2011]

[**Possibilidade de realizar licitações "parciais" para construção de uma mesma obra.**] [...] o 'parcelamento' do objeto das licitações, em si mesmo, não configura irregularidade, pelo contrário, estando preenchidos os requisitos da lei, sendo o objeto divisível, trata-se de medida a ser observada, para evitar a centralização, favorecer a competição [...]. Ressalte-se que o parcelamento pode ser inviável, mesmo tratando de objeto divisível, quando ficar comprovado pela Administração que poderá trazer prejuízo financeiro e operacional e inviabilidade técnica e econômica, hipótese em que deve ser realizado um único procedimento licitatório, pela totalidade do objeto. O que não é admissível, sob nenhuma hipótese, é o 'fracionamento' cuja finalidade é fugir ao processo licitatório ou evitar a modalidade licitatória de valor maior, mediante a realização de várias licitações na modalidade mais simplificada, limitando-se, assim, a ampla competição. É o que se extrai do §5º do art. 23 da Lei n. 8.666/93 [...]. [...] as condições para que possa ocorrer o parcelamento [...] devem ser motivadas pela Administração, na fase interna da licitação: — a escolha da modalidade licitatória a ser adotada em cada licitação deve levar em conta o valor total da obra, somando-se os valores de cada parcela, ou seja: se o somatório dos valores estimados para cada licitação estiver no limite para a realização da 'concorrência', cada parcela a ser licitada será na modalidade 'concorrência' — ainda que o valor de cada uma delas esteja dentro do limite para 'tomada de preços'; — que se trate de uma mesma obra, da mesma natureza e divisível, e que o local de sua realização também seja o mesmo; — que as obras possam ser realizadas no mesmo local, conjunta e concomitantemente. Para Maria Sylvia Zanella Di Pietro, o termo 'realização conjunta' diz respeito a obras que façam parte de um todo, e 'concomitantemente', a obras que possam ser realizadas ao mesmo tempo. [Consulta n. 725.044. Rel. Conselheiro Wanderley Ávila. Sessão do dia 09/05/2007]

[**Merenda Escolar. Gêneros alimentícios.**] [...] o fracionamento das compras deve obedecer às disposições dos §§ 1º – 2º do art. 23 da Lei n. 8.666/93. A lei dispõe que as obras, serviços e compras serão divididos em tantas parcelas quantas se comprovarem técnica e economicamente viáveis, procedendo-se à licitação para melhor aproveitamento dos recursos disponíveis no mercado e à ampliação da competitividade sem perda da economia de escala. E, ainda, a cada parcela corresponderá licitação distinta, preservada a modalidade pertinente para a execução global do objeto. Ressalta-se, por oportuno, que os convênios, referentes à merenda escolar, têm o valor global estimado, e que os repasses é que são feitos em parcelas mensais, o que não impede a Administração de proceder nos termos da lei. Caberá, portanto, à Administração, por meio de técnicas de planejamento, ordenar suas compras, principalmente, no caso em apreço, tendo em vista que as compras de gêneros alimentícios destinados à merenda escolar constituem aquisições perfeitamente planejáveis. Acrescenta-se, ainda, que, para efeito deste planejamento, considerando-se que os gêneros alimentícios são produtos geralmente perecíveis, cujos preços dependem muitas vezes das circunstâncias da safra e entressafra, como no caso de cereais, carnes, hortaliças e verduras, sua aquisição teria bom resultado com a adoção do sistema de registro de preços, previsto no art. 15 da Lei n. 8.666/93, inciso II, e §§ 1º – 6º. [Consulta n. 610.717. Rel. Conselheiro Elmo Braz Soares. Sessão do dia 13/12/2000]

[**Da ausência de justificativa para reunião de serviços distintos em objeto único do certame. Irregularidade.**] O objeto da licitação em análise, consoante cláusula [...] do edital, compreende a contratação de empresa especializada nas atividades de coleta de lixo domiciliar e comercial; coleta seletiva de materiais recicláveis; varrição manual das vias; fornecimento de equipe de serviços diversos (capina, roçada e poda de árvores); fornecimento de equipe de limpeza de bocas de lobo e manutenção de rede de águas pluviais; capinação mecânica; coleta de resíduos de serviços de saúde; implantação, manutenção e operação de tratamento dos resíduos do serviço de saúde; operação e manutenção de aterro controlado; e operação e manutenção de aterro sanitário licenciado. O art. 23, §1º, da Lei n. 8.666/93 determina que as obras, serviços e compras, efetuadas pela Administração, serão divididas em tantas parcelas quantas se comprovarem técnica e economicamente viáveis, procedendo-se à licitação com vistas ao melhor aproveitamento dos recursos disponíveis no mercado e à ampliação da competitividade, sem perda da economia de escala. Do texto legal, depreende-se que a divisibilidade é a regra e só pode ser evitada quando for técnica ou economicamente inviável. Logo, cabe à Administração justificar se algum desses fatores impeditivos encontra-se presente no caso concreto, caso opte pelo não parcelamento. Ademais, o parcelamento formal do objeto amplia a competitividade e o número de possíveis interessados em disputar a licitação, tornando o prélio licitatório mais isonômico e ampliando a probabilidade de obtenção de propostas mais vantajosas. A excepcionalidade, que deve ser devidamente fundamentada, cinge-se, repiso, apenas a questões de ordem técnica — nas quais o parcelamento do objeto importaria em execução insatisfatória — e, de ordem econômica — nas quais o custo do objeto não parcelado, ou seja, em maior quantitativo, reduziria os custos a serem despendidos com a contratação. [...] Não havendo, nos autos, de fato, elementos que motivem a decisão de não parcelamento dos serviços licitados, o que deveria constar da documentação e dos atos que compõem a fase interna do procedimento, considero procedente a denúncia quanto à irregularidade em análise. [Denúncia n. 838.601. Rel. Conselheiro Sebastião Helvecio. Sessão do dia 05/07/2012]

[**Conjugação de mais de um serviço no mesmo procedimento licitatório.**] [...] quando viável técnica e economicamente, o parcelamento é importante, desde que vantajoso para a Administração e que preencha, ainda, outros requisitos como a ampliação da competitividade e não tenha perda da economia de escala. [...] É correto afirmar, portanto, que, via de regra, o parcelamento amplia a competitividade e contribui para a obtenção de menor preço, ao possibilitar também a participação de pequenas e médias empresas nas licitações. [...] Portanto, a formação de lote único para tais serviços encontra-se justificada, tendo-se em vista a inviabilidade técnica e a redução de custos. [Denúncia n. 812.464. Rel. Conselheiro Cláudio Couto Terrão. Sessão do dia 24/04/2012]

[**Licitação. Irregularidade do procedimento. Fracionamento do objeto.**] Em relação à atuação do órgão de controle interno, a unidade técnica apurou as seguintes falhas: 1.1) Não foi implantado o regime de almoxarifado para o controle de entrada e saída de bens, contrariando o art. 7º, IV, da INTC n. 05/99 e o art. 5º, IV, da INTC n. 08/03, [...]; 1.2) A Prefeitura possui cadastro informatizado de fornecedores, porém não foi ainda implantado o controle de preços dos principais produtos e serviços consumidos e contratados, contrariando o art. 7º, II, da INTC n. 05/99 e o art. 5º, II, da INTC n. 08/03, [...]; 1.3) As compras realizadas não estavam sendo divulgadas, contrariando o art. 16 da Lei n. 8.666/93 [...] Contratações realizadas sem apresentação dos respectivos procedimentos licitatórios, no valor total de [...], violando os arts. 2º – 3º da Lei n. 8.666/93. [...] considerando a natureza das falhas [no controle interno e contratações realizadas sem apresentação dos processos licitatórios] e o fato de o gestor responsável ter tomado providências para a devida correção dos apontamentos relacionados ao controle interno, entendo que o atual gestor deve ser alertado para o cumprimento das disposições estabelecidas na Lei n. 8.666/93, bem como aquelas contidas nas instruções normativas editadas por este Tribunal de Contas, evitando práticas que comprometam a gestão administrativa em geral. [...] as compras efetuadas por entidades e órgãos públicos devem ser planejadas, verificando a demanda para o exercício financeiro, visando adquirir montante capaz de atender às unidades administrativas que compõem o órgão, sem incorrer em fracionamento da contratação. Assim, não se observou o escopo preconizado pela Lei n. 8.666/93, mormente o que dispõem os §§ 1º – 2º do art. 23, que admitem que as compras sejam divididas em parcelas, quando tecnicamente viável, visando ao melhor aproveitamento dos recursos disponíveis e à ampliação da competitividade, sem, contudo, prescindir do devido certame licitatório. Pelo exposto, considerando que não se observou o disposto no inciso XXI do art. 37 da Constituição da República de 1988, nem o disposto nos arts. 2º – 3º da Lei n. 8.666/93, que impõem o certame nas contratações entre o Poder Público e o particular, não sendo situações que admitam a dispensa ou inexigibilidade licitatória, tampouco que as compras fossem divididas em parcelas, proponho que sejam consideradas irregulares as contratações em análise, sujeitando o responsável às sanções impostas pela Lei. [Processo Administrativo n. 696.213. Rel. Auditor Gilberto Diniz. Sessão do dia 19/04/2012]

[**Licitação. Justificativa para o não parcelamento do objeto. Regularidade.**] [...] Com efeito, segundo entendimento uníssono da doutrina e posicionamento pacificado por este Tribunal na Súmula n. 114, ambos fundamentados no §1º do art. 23 da Lei n. 8666/93, em se tratando de objeto divisível, conquanto a regra seja o parcelamento, mostra-se legítima a licitação em um único lote quando esta for técnica ou economicamente mais vantajosa para a Administração. [...] Dessa forma, estando demonstrado que a opção [...] pelo não parcelamento do objeto licitado se mostra mais vantajosa, entendo cabível a revogação da decisão liminar para permitir a continuidade do certame, sem prejuízo do prosseguimento do processo principal. [...] À vista do exposto, dou provimento ao agravo para revogar a decisão da Primeira Câmara que suspendeu a Concorrência Pública [...]. [Agravo n. 863.135. Rel. Conselheiro Cláudio Couto Terrão. Sessão do dia 18/04/2012]

[**Fracionamento em lotes.**] [...] o recorrente não alcançou o real espírito da norma [art. 23, §1º da Lei n. 8.666/93,] a qual visa ampliar a competitividade e o universo de possíveis interessados. Nos dizeres de Marçal Justen Filho: 'O fracionamento em lotes deve respeitar a integridade qualitativa do objeto a ser executado. Não é possível desnaturar um certo objeto, fragmentando-o em contratações diversas e que importam o risco de impossibilidade de execução satisfatória' (JUSTEN FILHO, 2000, p. 213). [Recurso de Reconsideração n. 693.331. Rel. Conselheiro Antônio Carlos Andrada. Sessão do dia 23/09/2008]

[**Dever de fracionamento quando permite o aumento da competitividade.**] Nesse sentido, Marçal Justen Filho discorre: 'O art. 23, §1º, impõe o fracionamento como obrigatório. A regra retrata a vontade legislativa de ampliar a competitividade e o universo de possíveis interessados, O fracionamento conduz à licitação e contratação de objetos de menor dimensão quantitativa, qualitativa e econômica. Isso aumenta o número de pessoas em condições de disputar a contratação, inclusive pela redução dos requisitos de habilitação (que serão proporcionados à dimensão dos lotes). Trata-se não apenas de realizar o princípio da isonomia, mas da própria eficiência. A competição produz redução de preços e supõe que a Administração desembolsará menos, em montantes globais, através da realização de uma multiplicidade de contratos de valor inferior do que pela pactuação de contratação única.' No mesmo sentido, Jessé Torres Pereira Júnior: 'Por conseguinte, parcelar a execução, nessas circunstâncias, é dever a que não se furtará a Administração sob pena de descumprir princípios específicos da licitação, tal como o da competitividade. Daí a redação trazida pela Lei n. 8.883/94 haver suprimido do texto anterior a ressalva "a critério e por conveniência da Administração", fortemente indicando que não pode haver discrição (parcelar ou não) quando o interesse público decorrer superiormente atendido do parcelamento.' O Tribunal de Contas da União, editou a Súmula n. 247, cuja redação é a seguinte: 'É obrigatória a admissão da adjudicação por item e não por preço global, nos editais das licitações para a contratação de obras, serviços, compras e alienações, cujo objeto seja divisível, desde que não haja prejuízo para o conjunto ou complexo ou perda de economia de escala, tendo em vista o objetivo de propiciar a ampla participação de licitantes que, embora não dispondo de capacidade para a execução, fornecimento ou aquisição da totalidade do objeto, possam fazê-lo com relação a itens ou unidades autônomas, devendo as exigências de habilitação adequar-se a essa divisibilidade.' Este entendimento encontra guarida, ainda, em julgado recente do Tribunal de Contas da União, o qual dispõe: 'Acórdão 608/2008 — Plenário de 09/04/2008 — TCU — A obrigatoriedade de parcelamento decorre de determinação do parágrafo primeiro do artigo 21(sic) da Lei n. 8.666/93 [...]. Certamente o não parcelamento do objeto é o fator com maior potencial de afastar empresas interessadas na concorrência. [...] Uma licitação que respeitasse o parcelamento obrigatório do objeto teria quesitos de habilitação menos restritivos (valor menor para capital social mínimo, menos tipos de serviços a serem comprovados no acervo técnico dos profissionais, etc.) e propiciaria uma efetiva competição.' [...] Vê-se, pois, que se trata de obras distintas e independentes, não havendo razões para serem licitadas em conjunto. Não se vislumbra razões de ordem técnicas e/ou econômicas que justifiquem a realização de licitação única para objetos tão distintos como construção de unidade habitacional, pavimentação de vias e obras de saneamento. [...] Ademais, caso os gestores tivessem tido o intuito de ampliar a competitividade do certame, teriam inclusive cogitado não só em licitar separadamente as diversas espécies de obra, mas também parcelá-las de acordo com os diversos subsistemas que as compõem. [Denúncia n. 751.396. Rel. Conselheiro Eduardo Carone Costa. Sessão do dia 23/07/2008]

[**Contratação de empresa para a execução de obras e serviços de engenharia de construção de novo edifício e reforma da edificação existente no local.**] [...] o parcelamento do objeto [da licitação] somente deverá ser realizado caso se comprove técnica e economicamente viável para os interesses da Administração, visando à melhor aplicação dos recursos e à ampliação da competitividade. No caso em análise, verificou-se que as novas licitações, deflagradas pelo representado, tiveram os seus objetos delimitados, inclusive com observância da ordem lógico-temporal das obras, haja vista que foram divididos, respectivamente, na contratação de empresa especializada para execução de serviços de demolições, terraplanagem e contenções para implantação da obra [...] e na sucessiva elaboração dos projetos executivos e serviços complementares destinados à mesma construção, ficando, portanto, solucionada a questão suscitada pelo representante, quanto ao recomendável parcelamento. [Representação n. 731.971. Rel. Conselheira Adriene Andrade. Sessão do dia 15/07/2008]

[**Obrigatoriedade do parcelamento quando atende ao interesse público.**] Como se vê, o objeto do certame possui natureza diversificada, divisível, ou seja, especificamente: construção de escola e obra de infraestrutura urbana. [...] Assevera-se que, a princípio, o parcelamento, traduzido na contratação de mais de uma empresa, indica, à luz do artigo retroexposto, o atendimento a dois fatores que devem ser cumulativos: o melhor aproveitamento dos recursos disponíveis no mercado e a ampliação da competitividade, pois, ocorrendo os dois, desponta-se a conveniência para o interesse público em parcelar a execução do objeto, resultando em vantagem, para o município, as contratações. O autor Jessé Torres Pereira Júnior, ao discorrer sobre o tema, também ensina: 'Por conseguinte, parcelar a execução, nessas circunstâncias, é dever a que não se furtará a Administração, sob pena de descumprir princípios específicos da licitação, tal como o da competitividade. Daí a redação trazida pela Lei n. 8.883/94 haver suprimido do texto anterior a ressalva "a critério e por conveniência da Administração", fortemente indicando que não pode haver discricionariedade (parcelar ou não) quando o interesse público decorrer superiormente atendido do parcelamento. Este é de rigor, com evidente apoio no princípio da legalidade'. (*Comentários à Lei das Licitações e Contratações da Administração Pública*, 6. ed., Renovar, 2003, p 250) [...] O mestre Marçal Justen Filho, a respeito do assunto, entende: 'O art. 23, §1°, impõe o fracionamento como obrigatório. [...] O fracionamento conduz à licitação e contratação de objetos de menor dimensão quantitativa, qualitativa e econômica. Isso aumenta o número de pessoas em condições de disputar a contratação, inclusive pela redução dos requisitos de habilitação [...]. Trata-se não apenas de realizar o princípio da isonomia, mas da própria eficiência. A competição produz redução de preços e, supõe-se que a Administração desembolsará menos, em montantes globais, por meio da realização de uma multiplicidade de contratos de valor inferior do que pela *pactuação de contratação única*'. (Comentários à Lei de Licitações e Contratos Administrativos, 8. ed., Dialética, 2000) [...] Impende, assim, colacionar à discussão o entendimento do Tribunal de Contas da União, conforme se extrai da Decisão n. 393/94, *DOU* de 29/06/1994, reiterado nas Decisões n. 381/96, *DOU* de 18/07/1996 e n. 397/96, *DOU* de 23/07/1996: 'É obrigatória à Administração, nas licitações para a contratação de obras, serviços compras e alienações, quando o objeto for de natureza divisível, sem prejuízo do conjunto ou do complexo, a adjudicação por itens e não pelo preço global, com vistas a propiciar a ampla participação dos licitantes que, embora não dispondo de capacidade para execução, fornecimento ou aquisição da totalidade do objeto, possam, contudo, fazê-lo com referência a itens ou unidades autônomas, devendo as exigências de habilitação adequar-se a esta divisibilidade'. [...] O Acórdão n. 1.748/2004 do TCU reproduz, essencialmente, a decisão acima transcrita, citando-a, e ainda acrescenta: '... caso contrário, deve sempre estar devidamente justificado, no processo licitatório, os motivos que levaram a Administração a proceder de outra forma' [...]. [Representação n. 732.112. Rel. Conselheiro Antônio Carlos Andrada. Sessão do dia 05/06/2007]

[**Licitação por itens.**] A aplicabilidade da licitação por itens, no meu entendimento, é muito útil, pois reduz tempo e traz economia à Administração Pública. Nesse sentido, assim escreveu Marçal Justen Filho: 'A licitação por itens deriva do interesse em economizar tempo e recursos materiais da Administração Pública, agilizando a atividade licitatória. Na licitação por itens, há um único ato convocatório, que estabelece condições gerais para realização de certames que se processarão conjuntamente, mas de modo autônomo.' (JUSTEN FILHO, Marçal. *Comentários à Lei de Licitações e Contratos Administrativos*, 11. ed., 2006, p. 208)". [Processo Administrativo n. 627.801. Rel. Conselheira Adriene Andrade. Sessão do dia 08/05/2007]

[**Discricionariedade na decisão pelo não fracionamento.**] Quanto à apontada ilegalidade da contratação para construção das quatro escolas, mediante de um único procedimento licitatório, [...] mais uma vez, entendo que estamos diante de típica situação orquestrada pela discricionariedade do poder público, celebrizada nas palavras de Maria Sylvia Zanella Di Pietro, que nos ensina, sobre o ato discricionário, em oposição ao vinculado: 'Já o ato discricionário constitui ato praticado no exercício do poder-dever discricionário. Como a lei não consegue prever todas as situações que possam ocorrer no mundo dos fatos, ela confere ao administrador público certa margem de liberdade para decidir sobre a conveniência, a oportunidade, justiça, equidade, próprios da autoridade, porque não definidos pelo legislador'. (*Direito Administrativo*, 17. ed., 2004. p. 205). Assim, o ato discricionário é prerrogativa daquele que gerencia o cotidiano específico dos cidadãos sob sua responsabilidade e, no caso em questão, sobre o parcelamento ou globalização de um procedimento licitatório, nenhum legislador haveria de determinar como seria mais adequado licitar em rincões de necessidades tão diversas quanto às vividas pelas municipalidades brasileiras. O legislador se ateve a dispor, sobre o assunto, de forma não vinculativa [...]. Embora a lei não disponha sobre a obrigação de o responsável pela licitação formalizar uma justificativa para a reunião de várias obras em um só procedimento licitatório, Marçal Justen entende que tal motivação é devida e a defende nos seguintes termos: 'A decisão sobre o parcelamento ou a execução global deverá ser orientada ao melhor aproveitamento dos recursos 'disponíveis no mercado' e à ampliação da competitividade. Seria o caso em que o vulto da contratação impossibilitasse os economicamente mais fracos de participar do certame. Em obras e serviços de grande vulto, o licitante deverá dispor de capital de giro elevado, recursos pessoais próprios de monta, etc. [...] Não se admitirá o parcelamento quando não trouxer benefícios para a Administração. [...] Em qualquer caso, a opção pelo fracionamento ou pela execução global deverá ser motivada satisfatoriamente.' (JUSTEN FILHO, Marçal. *Comentários à Lei de Licitações e Contratos Administrativos*, 1998, p. 206/207). [Representação n. 706.390. Rel. Conselheira Adriene Andrade. Sessão do dia 17/04/2007]

[Fracionamento e registro de preços.] A Lei de Licitações cuida, em seu art. 15, da possibilidade, sempre que possível, de as compras serem processadas pelo sistema de registro de preços (inciso II) ou serem subdivididas em tantas parcelas quantas forem necessárias para aproveitar as peculiaridades do mercado, visando à economicidade (inciso IV). O registro de preços é o sistema pelo qual, mediante licitação, modalidade concorrência ou pregão, a Administração seleciona as propostas de preços unitários a serem utilizadas nas aquisições futuras. Nesse caso, a Administração tem a possibilidade de estipular um quantitativo estimado, pode adquirir os bens que tiverem seus preços registrados na medida da sua necessidade, e não tem o dever de contratar a totalidade dos quantitativos registrados. Com o registro de preços, a Administração poderá obter propostas mais vantajosas, em vista da economia de escala. O §1º do art. 23 da Lei de Licitações trata da possibilidade de divisão do objeto a ser contratado em várias licitações, com vistas a ampliar a competitividade e obter a proposta mais vantajosa. Para isso, é necessária a análise prévia do mercado para que a divisão do objeto amplie efetivamente a competitividade e viabilize a contratação pelo melhor preço, à vista da realidade do mercado e das peculiaridades de ordem técnica. [...] É importante ressaltar que cabe à Administração avaliar as diversas possibilidades, [...] planejando melhor a aquisição [...] e verificando qual a forma mais eficiente e econômica de se processar o certame [...]. [Processo Administrativo n. 493.017. Rel. Conselheiro Moura e Castro. Sessão do dia 31/10/2006]

[**Parcelamento do objeto. Ampliação da competitividade e melhor aproveitamento dos recursos.**] [...] o ato convocatório tem de estabelecer as regras necessárias para seleção da proposta mais vantajosa, oportunizando um maior número de interessados a oferecer seus serviços à Administração, assegurando, assim, a licitude do procedimento licitatório, alicerçado nos princípios constitucionais, mormente os princípios da legalidade, competitividade e eficiência. Nessa linha de raciocínio, o administrador deve atender ao comando insculpido no art. 23, §1º, da Lei de Licitações Públicas: *"§1º. As* *obras, serviços e compras efetuadas pela Administração serão divididas em tantas parcelas quantas se comprovarem técnica e economicamente viáveis, procedendo-se à licitação com vistas ao melhor aproveitamento dos recursos disponíveis no mercado e à ampliação da competitividade sem perda da economia de escala."* Ao interpretar a norma, observa-se que o fracionamento se impõe como obrigatório. Ensina Marçal Justen Filho: "A regra retrata a vontade legislativa de ampliar a competitividade e o universo de possíveis interessados. O fracionamento conduz à licitação e contratação de objetos de menor dimensão quantitativa, qualitativa, e econômica. Isso aumenta o número de pessoas em condições de disputar a contratação, inclusive pela redução dos requisitos de habilitação (que serão proporcionados à dimensão dos lotes). Trata-se não apenas de realizar o princípio da isonomia, mas da própria eficiência. A competição produz redução de preços e se supõe que a administração desembolsará menos, em montantes globais, através da realização de uma multiplicidade de contratos de valor inferior do que pela pactuação de contratação única." (*Comentários à Lei de Licitações e Contratos Administrativos*. Dialética, 2002, p. 210). Vale acrescentar ao debate o entendimento do Tribunal de Contas da União constante da Decisão n. 393/94 — *DOU* de 29/06/1994 (reiterado nas Decisões n. 381/96, *DOU* de 18/07/1996 e n. 397/96, *DOU* de 23/07/1996): *"É* obrigatória à Administração, *nas licitações para a contratação de obras, serviços, compras e alienações, quando o objeto for de* natureza divisível, sem prejuízo do conjunto ou complexo, a adjudicação por itens e não pelo preço global, com vistas a propiciar a ampla participação dos licitantes, que, embora não dispondo de capacidade para a execução, fornecimento ou aquisição da totalidade do objeto, possam, contudo, fazê-lo com referência a itens ou unidades autônomas, *devendo as exigências de habilitação adequar-se a esta divisibilidade."* (grifo nosso). [Representação n. 717.103. Rel. Conselheiro Antônio Carlos Andrada. Sessão do dia 03/10/2006]

[**Excessiva diversidade de itens como objeto de uma única licitação. Prestação de serviços básicos de infraestrutura, compreendendo a manutenção de vias urbanas com o fornecimento de mão de obra, materiais e equipamentos para a realização da coleta de lixo e serviços correlatos no município.**] [...] o objeto licitado é amplo e diversificado, composto de itens distintos, o que requer para sua execução empresas de especialidades diversas. [...] A Administração, ao concentrar em um único procedimento licitatório objetos diversos, que demandam licitações autônomas, violou o princípio da competitividade, pois certamente, ao englobar itens distintos num mesmo certame, reduziu o universo de possíveis interessados que não dispõem de capacidade para executar tão amplos e diversificados serviços, podendo, inclusive, comprometer a qualidade dos serviços a serem prestados. [...] a diversidade de itens num mesmo certame inviabiliza sua execução por uma mesma empresa". [Licitação n. 627.765. Rel. Conselheiro Moura e Castro. Sessão do dia 03/10/2006]

§2º Na execução de obras e serviços e nas compras de bens, parceladas nos termos do parágrafo anterior, a cada etapa ou conjunto de etapas da obra, serviço ou compra, há de corresponder licitação distinta, preservada a modalidade pertinente para a execução do objeto em licitação. (Redação dada pela Lei nº 8.883, de 1994)

Não é possível fragmentar a unidade do objeto em contratações diversas, somente quando o objeto for divisível. A licitação por itens se trata de um único procedimento licitatório que irá gerar vários certames com contratos diversos. O que deverá ser levado em conta para escolha da modalidade de licitação é o valor global do objeto. A escolha da modalidade não deverá ser baseada no objeto de forma isolada sob pena de fracionamento ilegal.

ENUNCIADO DE SÚMULA N. 114. É obrigatória a realização de licitação por itens ou por lotes, com exigências de habilitação proporcionais à dimensão de cada parcela, quando o objeto da contratação for divisível e a medida propiciar melhor aproveitamento dos recursos disponíveis no mercado e a ampla participação de licitantes, sem perda da economia de escala, adotando-se, em cada certame, a modalidade licitatória compatível com o valor global das contratações.

[**Fundação municipal. Dispensa de licitação. Valor da contratação.**] No que tange à apuração do valor da contratação para fins de dispensa de licitação, ou para a escolha da modalidade licitatória a ser utilizada, deverá ser considerada a totalidade de contratações de mesma natureza a serem executadas ao longo de um exercício financeiro, ainda que com pessoas distintas, sendo comprovada a viabilidade técnica e econômica do procedimento, devendo-se preservar a modalidade pertinente para a totalidade do objeto em licitação, em observância ao disposto nos §§ 1º e 2º do art. 23 da Lei n. 8.666/93. [Consulta n. 858.218. Rel. Conselheira Adriene Andrade. Sessão do dia 21/11/2011]

[**Desnecessidade de somar os valores de contratações por unidades administrativas desconcentradas para verificar a modalidade licitatória a ser adotada.**] [...] a preocupação do consulente consiste em definir se contratações autônomas, realizadas por unidades administrativas desconcentradas, resultam em fracionamento indevido de despesa. [...] o parcelamento da execução do objeto pretendido pela Administração não é vedado. A vontade legislativa, preconizada nos incisos mencionados do art. 23, impõe ao administrador o dever de parcelar desde que não ocorram impedimentos de ordem técnica e econômica. Com isso se privilegia o princípio da competitividade e o desenvolvimento da economia local na busca pela melhor oferta. Ao prever o respeito à modalidade cabível para o somatório global, na parte final do §2º do art. 23, o legislador acautelou-se contra o fracionamento indevido, que se caracteriza quando o administrador, de forma ilegal, vale-se de exigências e procedimentos menos formais visando, deliberadamente, fugir da modalidade de licitação legalmente determinada pelo valor. [...] [Para que sejam considerados] globalmente os valores das contratações, [a Lei] exige, apenas, que os objetos sejam da mesma natureza e, ainda, os seguintes requisitos legais: execução conjunta, concomitante e no mesmo local. [...] Desse modo, não estando presentes, cumulativamente, os requisitos acima arrolados, não estará a Administração adstrita ao dever de considerar a integralidade do valor a ser contratado. [...] Ademais, não teria sentido desconcentrar a execução de atividades administrativas em órgãos, diretamente integrantes do poder central, cujo objetivo é alcançar a maior plenitude da eficiência administrativa, se entraves de ordem operacional, como falta de material de expediente ou demora na sua entrega, por exemplo, vierem a comprometer o pronto atendimento das necessidades locais. Nesse ponto, trago à colação a doutrina do professor Carlos Ari Sundfeld: 'Devem ser somadas, para fins de determinação da modalidade cabível, as obras e serviços que, tendo objetos semelhantes e podendo ser realizados ao mesmo tempo, estejam a cargo de 'unidades de despesa' (isto é: órgãos dotados de autonomia para a gestão financeira) distintas de uma mesma pessoa jurídica? A resposta é negativa. A desconcentração administrativa é lícita e desejável, agilizando o funcionamento dos serviços. Sua eficácia pressupõe autonomia de gestão, o que leva inevitavelmente ao fracionamento das contratações do ente de que fazem parte os vários órgãos. Não há como, embora com objetivos prezáveis (tal como a ampliação da competitividade entre os fornecedores do Estado), condicionar a determinação das modalidades licitatórias, a serem utilizadas pelos vários órgãos em cada caso, à soma dos valores dos contratos celebrados por todos eles. Seria inviabilizar a própria desconcentração e paralisar a máquina' (SUNDFELD, Carlos Ari, *Licitação e Contrato Administrativo*. São Paulo: Malheiros,

1995, p. 69). Esse também é o entendimento do professor Marçal Justen Filho. Leia-se: '[...] não teria cabimento sustentar que todos os fornecimentos de material de expediente para todas as repartições do Ministério de Educação, no Brasil inteiro, teriam de ser somadas. Se for necessário o fornecimento de quantitativos diminutos para uma escola em pequena cidade afastada, não haverá cabimento de considerar o somatório das aquisições de outras unidades localizadas em cidades diversas. Poderá fazer-se compra com dispensa em virtude do valor ou convite, se for o caso". (JUSTEN FILHO, Marçal, *Comentários à Lei de Licitações e Contratos Administrativos*. 11. ed. São Paulo: Dialética, 2005, p.213). Com efeito, a prevalecer o entendimento de que órgãos desconcentrados devam, obrigatoriamente, somar os valores dos contratos celebrados pelas unidades administrativas e unidade central para o fim de determinar se é, ou não, hipótese de dispensa pelo valor, todos os casos se enquadrariam como de concorrência, o que não se coaduna com a inteligência da lei, que, além dessa modalidade, também prevê contratações com dispensa, convite e tomada de preços. Tal assertiva nos compele, pois, novamente, a transcrever excerto da lição de Marçal Justen Filho, vazado nos seguintes termos: 'O problema não está em avaliar se é proibido somar todas as despesas de um exercício para escolher a modalidade de licitação em face do valor global. O núcleo da controvérsia reside em determinar se tal é obrigatório. [...] tais interpretações [pela obrigatoriedade], levadas às últimas consequências, conduziriam à quase inutilidade de caracterização de hipóteses de dispensa previstas no art. 24, I e (especialmente) II. Reduziriam a hipóteses irrelevantes os casos de convite. Mais ainda, todos os casos acabariam sendo enquadrados como de concorrência. Ora, essa não é a vontade legislativa [...]'. (JUSTEN FILHO, Marçal, Comentários..., cit., p. 212 e 214). Desse modo, é de se concluir que as licitações realizadas por unidades desconcentradas [...] podem ser consideradas de forma autônoma para fim de escolha da modalidade adequada, não precisando somar os valores de seus contratos aos realizados pelas demais unidades. [Consulta n. 741.568. Rel. Conselheiro Subst. Gilberto Diniz. Sessão do dia 06/08/2008]

[**Fracionamento indevido como fuga de licitação.**] No que concerne à aquisição de combustível, verifica-se que o município promovia a compra de forma fracionada, [...] denotando tal procedimento fuga de licitação. A despesa a esse título [...] reclamava o procedimento licitatório na modalidade Tomada de Preços. Portanto, tendo o recorrente optado por parcelar a aquisição [...], com realização de licitação para cada etapa da compra, cumpria-lhe preservar a modalidade pertinente nos estritos termos do §2º do art. 23 da Lei n. 8.666/93. Tendo feito vários convites, fica nítida sua intenção de fracionar a aquisição como forma de fugir da licitação na modalidade pertinente. [Recurso de Revisão n. 658372. Rel. Conselheiro Subst. Gilberto Diniz. Sessão do dia 01/08/2007]

[**Fracionamento indevido levou a dispensa ilegal.**] [...] o caso em questão refere-se a aquisições em que o fracionamento frustrou a realização do procedimento licitatório, conduzindo à dispensa de licitação. Com ausência total de planejamento, a Administração realizou aquisições durante um mesmo exercício, cuja soma do valor dos objetos exigia a realização de certame licitatório, obrigatoriedade do art. 37, *caput* e inciso XXI, da CF [...]. Conforme lição de Marçal Justen Filho (*Comentários à Lei de Licitações e Contratos Administrativos*. São Paulo. 6. ed. Dialética. 1999. p. 223): 'sendo previsíveis diversas aquisições de objetos idênticos, deve considerar-se o valor global. A regra subordina a Administração ao dever de prever todas as contratações que realizará no curso do exercício. Não se vedam contratações isoladas ou fracionadas – proíbe-se que cada contratação seja considerada isoladamente, para fim de determinação do cabimento de licitação ou da modalidade cabível. [...] Existindo pluralidade de contratos homogêneos, de objeto singular, considera-se seu valor global – tanto para fins de aplicação do art. 24, I e II, como relativamente à modalidade cabível de licitação' [...]. [Processo Administrativo n. 616.312. Rel. Conselheiro Wanderley Ávila. Sessão do dia 14/03/2006]

[**Fracionamento de licitação. Alteração de modalidade. Desvio da norma. Dispensa.**] Como dito anteriormente, a Lei n. 8.666/93 impõe obrigatoriamente o dever de fracionar como regra, porém, estabelece a ressalva de que o fracionamento não pode importar alteração da modalidade que seria a devida se não houvesse o fracionamento (art. 23, §2º). Para a aquisição do material escolar, item 1.1, *d* do demonstrativo, foram realizados diversos convites, sendo que as parcelas, somadas, superam o valor permitido para tal modalidade, cabendo a tomada de preço. Esse procedimento é incompatível com o espírito da norma, caracterizando uma fraude à lei, um desvio de poder. Novamente não se encontra demonstrado no processo a motivação da decisão do administrador. A Administração deve, em cada exercício, estimar o total de objetos semelhantes que deverão ser adquiridos e, ainda que esta aquisição venha a ocorrer em épocas distintas, deverá adotar a modalidade determinada pelo valor global, não pelo unitário. No item 1.2, encontram-se demonstrados fracionamentos que conduziram à dispensa da licitação, porque o valor isolado de cada contratação não atingiu o montante mínimo fixado em lei. Não se encontra demonstrado nos autos que as compras não poderiam ser realizadas de uma só vez, nos termos do inciso II do art. 24 da Lei n. 8.666/93. No item 1.3 do demonstrativo, ocorreu a dispensa de licitação fora das hipóteses previstas em lei. Essas são situações potencialmente mais danosas, pois, além de frustrar a incidência de regra constitucional que impõe o dever de licitar, ferem frontalmente os princípios da igualdade, da legalidade, da impessoalidade, da moralidade e da publicidade. No caso específico da aquisição de combustível, utilização de programas de informática e a manutenção desses programas, foi dispensado, indevidamente, o instrumento contratual (art. 62, da Lei n. 8.666/93). [Processo Administrativo n. 441.391. Rel. Conselheiro Moura e Castro. Sessão do dia 30/10/1997]

§3° A concorrência é a modalidade de licitação cabível, qualquer que seja o valor de seu objeto, tanto na compra ou alienação de bens imóveis, ressalvado o disposto no art. 19, como nas concessões de direito real de uso e nas licitações internacionais, admitindo-se neste último caso, observados os limites deste artigo, a tomada de preços, quando o órgão ou entidade dispuser de cadastro internacional de fornecedores ou o convite, quando não houver fornecedor do bem ou serviço no País. (Redação dada pela Lei nº 8.883, de 1994)

Verifica-se neste artigo que a modalidade da licitação a ser escolhida não depende tão somente do valor, mas também de outras circunstâncias. O dispositivo é claro ao mencionar que poderá ser utilizada tomada de preços ou convite, desde que os limites deste artigo sejam observados.

[**Parcelamento de obras em diversas licitações.**] Consoante reiteradas decisões desta Casa e da jurisprudência de outros tribunais de contas, o parcelamento do objeto das licitações em si mesmo não configura irregularidade, pelo contrário, estando preenchidos os requisitos da lei, sendo o objeto divisível, trata-se de medida a ser observada, para evitar a centralização, favorecer a competição e garantir a economia de escala. [...] Extrai-se da regra citada, as condições para que possa ocorrer o parcelamento, as quais devem ser motivadas pela Administração, na fase interna da licitação: — a escolha da modalidade licitatória a ser adotada em cada licitação deve levar em conta o valor total da obra, somando-se os valores de cada parcela, ou seja: se o somatório dos valores estimados para cada licitação, estiver no limite para a realização da concorrência, cada parcela a ser licitada será na modalidade concorrência ainda que o valor de cada uma delas esteja dentro do limite para tomada de preços; — que se trate de uma mesma obra, da mesma natureza e divisível, e que o local de sua realização também seja o mesmo; — que as obras possam ser realizadas no mesmo local, conjunta e concomitantente. [Consulta n. 725.044. Rel. Conselheiro Wanderley Ávila. Sessão do dia 09/05/2007]

§4° Nos casos em que couber convite, a Administração poderá utilizar a tomada de preços e, em qualquer caso, a concorrência.

Ao interpretar este artigo, nota-se que, embora existam valores para a escolha da modalidade da licitação, a Administração poderá escolher procedimentos diferentes, principalmente mais complexos, como é o caso da concorrência, mesmo que seja para contratações de pequeno vulto, que é o que se entende pela modalidade convite.

§5° É vedada a utilização da modalidade "convite" ou "tomada de preços", conforme o caso, para parcelas de uma mesma obra ou serviço, ou ainda para obras e serviços da mesma natureza e no mesmo local que possam ser realizadas conjunta e concomitantemente, sempre que o somatório de seus valores caracterizar o caso de "tomada de preços" ou "concorrência", respectivamente, nos termos deste artigo, exceto para as parcelas de natureza específica que possam ser executadas por pessoas ou empresas de especialidade diversa daquela do executor da obra ou serviço. (Redação dada pela Lei n° 8.883, de 1994)

A pluralidade de licitações não poderá conduzir à modificação da modalidade a ser escolhida. O que for considerado parcela de uma mesma obra ou serviço, não deverá ser tratado de forma isolada. Assim, a modalidade licitatória a ser adotada deverá levar em consideração o valor global, mesmo que a obra ou serviço seja executado de forma parcelada. Isso não se aplica às parcelas de natureza específica, mesmo que integrante da obra ou serviço como um todo, uma vez que a execução dessa parcela, envolve algum tipo de especialização diferente daquela do executor da obra ou do serviço. Dessa forma, não se aplica a essas parcelas o dever do somatório.

[Fracionamento das despesas. Contratações sem procedimento licitatório.] [...] entendo que houve fracionamento das despesas, pois o objeto foi compra de material escolar e de escritório, considerado material de consumo, passível de planejamento para utilização em todo o exercício financeiro. Ademais, o material foi adquirido pelo mesmo fornecedor. O fracionamento fica caracterizado quando se divide a compra para utilizar modalidade de licitação inferior à recomendada pela legislação para o total da contratação, ou para efetuar contratação direta. Em se tratando de compras realizadas dentro de um exercício financeiro, cujo montante ultrapassa o limite de dispensa de licitação pelo valor, é necessária a realização do certame, sob pena de se incorrer na vedação do §5º do art. 23 da Lei n. 8.666, de 1993. [...] planejando eficazmente as aquisições, e estimando-se o consumo anual, a Administração Pública previne contra a realização de gastos de forma intempestiva, inoportuna, sem licitação e sem incorrer em fracionamento de despesa de forma indevida. [...] a compra de materiais para manutenção dos serviços no setor de educação, sem a realização de devido processo licitatório, deve ser considerada irregular, pois houve flagrante violação ao inciso XXI do art. 37 da Constituição da República e aos arts. 2º e 3º da Lei n. 8.666, de 1993, sujeitando o responsável às sanções impostas pela lei. [...] a aquisição de peças e prestação de serviços nos veículos da prefeitura, sem a prévia realização do certame licitatório, deve ser considerada irregular, já que houve flagrante violação ao inciso XXI do art. 37 da Constituição da República e aos arts. 2º e 3º da Lei n. 8.666, de 1993, sujeitando o responsável às sanções impostas pela lei. [...] a contratação do Restaurante [...] para o fornecimento de refeições, sem a prévia realização do certame licitatório, deve ser considerado irregular, pois houve flagrante violação ao inciso XXI do art. 37 da Constituição da República e aos arts. 2º e 3º da Lei n. 8.666, de 1993, sujeitando o responsável às sanções impostas pela lei. [...] a contratação da sociedade empresária de Transporte [...] para prestação de serviços de transporte escolar, em trechos não previstos no ato convocatório do Convite [...], deve ser considerada irregular por violação aos arts. 2º e 3º da Lei n. 8.666, de 1993, cabendo a responsabilização do agente, com a cominação de multa. [...] a aquisição de combustíveis e lubrificantes para abastecimento dos veículos da prefeitura sem a realização do procedimento licitatório deve ser considerada irregular, uma vez que houve flagrante violação ao inciso XXI do art. 37 da Constituição da República e aos arts. 2º e 3º da Lei n. 8.666, de 1993, sujeitando o responsável às sanções impostas pela lei. [Processo Administrativo n. 700.967. Rel. Auditor Gilberto Diniz. Sessão do dia 29/11/2012]

[**Licitação. Modalidade Convite. Superação de limite. Irregularidade.**] Quanto ao procedimento licitatório irregularmente praticado, verifico tratar-se do Convite [...] promovido pelo município com o objetivo de contratar a locação de veículos, cujo valor empenhado é de R$132.501,00 (cento e trinta e dois mil quinhentos e um reais), montante esse previsto inicialmente para a contratação, sem acréscimo por qualquer aditamento. Como facilmente se vê, o valor da contração extrapola o limite máximo para a efetivação por meio da modalidade convite, que é de R$80.000,00 (oitenta mil reais), contrariando a vedação expressa prescrita pelo §5º art. 23 da Lei n. 8.666/93. [...] O que se verifica, na realidade, é a utilização, pura e simples, de modalidade licitatória inadequada, uma vez que o valor estimado para a contratação impunha, para o caso, a sua formalização por meio da modalidade tomada de preços, procedimento notadamente mais complexo e com exigências de garantias mais amplas do que o convite, o que também importa em contrariedade à vedação expressa contida no §5º do art. 23 da Lei de Licitações. [Recurso Ordinário n. 837.933. Rel. Conselheiro Cláudio Couto Terrão. Sessão do dia 28/11/2012]

[**Procedimento licitatório julgado irregular tendo em vista a escolha da modalidade de licitação incorreta.**] [...] o valor total despendido para aquisição de materiais de construção ultrapassou o limite da modalidade Convite, que, por esse motivo, foi utilizada de forma errônea, inviabilizando a participação de maior número de licitantes. [...] entendo que o Convite [...] deve ser considerado irregular, visto que a utilização inadequada da modalidade licitatória constitui vedação expressa no §5° do art. 23 da Lei n. 8.666, de 1993, cabendo a responsabilização do gestor à época e dos membros da Comissão de Licitação. [Processo Administrativo n. 694.373. Rel. Auditor Gilberto Diniz. Sessão do dia 30/10/2012]

[**Fracionamento de despesas constatado após uso de duas modalidades licitatórias para o mesmo objeto.**] [...] a modalidade Convite foi escolhida incorretamente. O Município fez duas licitações para o mesmo objeto em 2003. Fez o Convite [...], em janeiro, e a Tomada de Preços [...], em outubro. [...] Assim, é forçoso concluir que a Administração incorreu no fracionamento indevido do objeto, conduta repudiada pela norma do §5° do art. 23 da Lei n. 8.666, de 1993 [...] Diante do exposto, entendo que os procedimentos licitatórios indicados nos subitens 3.2 e 3.3, Convite [...] e Tomada de Preços [...], respectivamente, devem ser considerados irregulares, uma vez que ficou comprovada violação às normas estabelecidas na Lei n. 8.666, de 1993. [...] Convite [...], subitem 3.2, por não observar a vedação contida no §5° do art. 23 da Lei n. 8.666, de 1993, e violação aos incisos I e II do art. 16 da Lei Complementar n. 101, de 2000, e inciso IV do §2° e inciso XVI do art. 40 da Lei n. 8.666, de 1993, multa no valor de R$3.700,00 (três mil e setecentos reais); Tomada de Preços [...], subitem 3.3, por não observar a vedação contida no §5° do art. 23 da Lei n. 8.666, de 1993, e violação aos incisos I e II do art. 16 da Lei Complementar n. 101, de 2000, e incisos IV do §2° e XVI do art. 40 da Lei n. 8.666, de 1993, multa no valor de R$8.000,00 (oito mil reais). [Processo Administrativo n. 695.215. Rel. Auditor Gilberto Diniz. Sessão do dia 04/10/2012]

[**Fracionamento de despesas na aquisição de medicamentos.**] Em se tratando de compra realizada ao longo do exercício financeiro, cujo montante ultrapassa o limite de dispensa de licitação pelo valor, é importante atentar para o disposto no §5º do art. 23 da Lei n. 8.666, de 1993, que veda o fracionamento de despesa. O fracionamento fica caracterizado quando se divide a compra em várias despesas para utilizar modalidade de licitação inferior à recomendada pela legislação para o total da contratação, ou para efetuar contratação direta. [...] não prevalecem os argumentos dos defendentes na análise do caso concreto, pois as despesas deveriam ser precedidas de planejamento, com a posterior realização do certame licitatório, única hipótese admissível, já que as provas dos autos demonstram que, por meio de utilização de técnicas de estimativa, é plenamente possível fazer a previsão e a programação dos medicamentos a serem adquiridos no exercício. [...] Verifico, também, que, pelo valor total das despesas realizadas no exercício, a licitação seria realizada na modalidade Convite, que constitui procedimento simplificado, cujo tempo para realização não comprometeria a continuidade dos serviços para os quais são destinadas as aquisições. [Processo Administrativo n. 689.083. Rel. Auditor Gilberto Diniz. Sessão do dia 13/09/2012]

[**Possibilidade de somatório de contratos distintos para aferir experiência do licitante.**] Conforme ensinamento de Marçal Justen Filho, é a identidade do objeto licitado que define a necessidade ou não do somatório. Nessa esteira também é o entendimento no Tribunal de Contas da União, quando decide: 'Com relação à proibição da soma de quantitativos de contratos distintos, não vislumbro prejuízo. É usual o estabelecimento de limites, com o intuito de evitar que a adição de quantitativos irrisórios venha a amparar experiência inexistente no *curriculum* do licitante. Apenas excepcionalmente, em razão da natureza dos serviços, tal medida poderia ser restritiva' (TCU — Acórdão n. 2088/2004 — Plenário). [Denúncia n. 751.396. Rel. Conselheiro Eduardo Carone Costa. Sessão do dia 04/06/2008]

[**Fracionamento de despesas.**] Para melhor entendimento do tema em questão, qual seja, fracionamento de despesa, trago à baila o entendimento do jurisconsulto Jorge U. Jacoby: 'Continua, porém, vedado o chamado fracionamento da despesa, como tal entendida a conduta do administrador que, pretendendo definir a modalidade de licitação inferior à devida ou deixar de realizar a licitação — com fundamento no art. 24, I e II —, reduz o objeto para alcançar valor inferior e realiza várias licitações ou dispensas para o mesmo objeto'. (JACOBY, Jorge Ulisses. *Contratação Direta Sem Licitação*, 6. edição, p. 169). Vale ressaltar que já se tornou pacífico, nesta Corte, o entendimento de que compras sucessivas como essa, com objetos idênticos, em um mesmo exercício, devem ser tomadas como uma mesma contratação que, pelo valor, mereceria licitação, como se infere da Consulta n. 610.717/2000, respondida pelo Conselheiro Elmo Braz, nos seguintes termos: 'Diante do exposto, conclui-se que para aferir a modalidade de licitação a ser utilizada ou a possibilidade de se realizar dispensa fundada no art. 24, I e II, da Lei n. 8.666/93, a Administração deverá observar o valor total dos dispêndios previstos para a contratação de objetos da mesma natureza ao longo do respectivo exercício financeiro, se o prazo contratual a ele se restringir, ou no decorrer de toda a sua possível vigência, no caso de contratos que comportem prorrogação' [...]. [Processo Administrativo n. 691.934. Rel. Conselheira Adriene Andrade. Sessão do dia 23/10/2007]

[**Impossibilidade do somatório de contratos para definição de modalidade licitatória quando um deles refere-se à necessidade superveniente imprevisível.**] Nesse sentido, transcrevemos lição do professor Marçal Justen Filho, que nos subsidia em caso análogo: '[...] tem-se discutido longamente acerca de contratações supervenientes imprevisíveis, que escapam à programação inicial da Administração. Os exemplos são frequentes na atividade diuturna da Administração. Suponha-se que um órgão não disponha de sistema de registro de preços e tenha estimado a necessidade de adquirir uma certa quantidade de material de expediente. Por questões supervenientes, impossíveis de previsão antecipada, torna-se necessário produzir outras contratações. Qual a solução para a contratação posterior? Muitos sustentam que o valor do contrato posterior deve ser somado ao dos contratos já praticados, adotando-se a modalidade cabível de licitação em face do somatório. A solução se afigura indefensável, com todo o respeito aos seus partidários. É que, se a modalidade cabível devesse ser adotada em face do valor global das contratações, como poderia legitimar-se a primeira aquisição? No caso, existem apenas duas alternativas teóricas, a meu ver. A primeira é tratar globalmente as duas contratações, aplicando-lhe o mesmo regime jurídico. A segunda é considerá-la como eventos autônomos, dando a cada qual tratamento isolado ... Ou seja, se a segunda contratação era imprevisível, configura-se como impossível seu tratamento conjugado com a primeira. Não há como estabelecer o dever de prever o imprevisível, nem de tratar conjuntamente dois contratos quando nem se podia imaginar a existência de um deles. Portanto, se a segunda aquisição era imprevisível, a primeira deve ser tratada como autônoma. A primeira contratação foi realizada validamente, na modalidade convite. A segunda contratação não apresenta vínculo algum com a primeira e, considerando exclusivamente seu valor, o caso é de dispensa'. (JUSTEN FILHO, Marçal. *Comentários à Lei de Licitações e Contratos Administrativos*. São Paulo: Dialética, 2005, p. 215/216). [Processo Administrativo n. 627.344. Rel. Conselheiro Simão Pedro Toledo. Sessão do dia 29/05/2007]

[**Somatório de valores.**] Além do necessário planejamento, indispensável no trato da coisa pública, a Lei de Licitações prevê instrumentos que permitem minorar as consequências econômicas da imprevisão dos eventos a que está sujeita a atividade administrativa, tais como o registro de preços, por exemplo. Nessa esteira de entendimento já pacificado e adotado pelos tribunais, torna-se imperioso concluir que, em se tratando do mesmo objeto de compras, deve ser considerado o seu valor total, somando-se o fracionamento de todas as aquisições realizadas. Nesse mesmo sentido, é mister colacionar o entendimento do egrégio Tribunal de Contas do Estado de Pernambuco: '[...] Os valores estabelecidos no art. 24, I e II, da Lei n. 8.666/93 devem ser obedecidos, computando-se todas as contratações do mesmo objeto no exercício financeiro'. (Processo n. 0104604-4, Conselheiro Auditor Marcos Antônio Rios da Nóbrega). O Tribunal de Contas do Estado do Rio Grande do Norte deliberou nos mesmos termos: '[...] é vedado o parcelamento ou fragmentação de despesa pública com fito de o respectivo valor ficar dentro do limite legal previsto para dispensa de licitação ou adoção de modalidade mais simples'. (TCE/RN. Súmula n. 10/99. Revista do Tribunal de Contas do Estado, Natal — RN, v. III, ps. 1 — 108, dez/2000). [Recurso de Reconsideração n 716.476. Rel. Conselheira Adriene Andrade. Sessão do dia 22/05/2007]

§6° As organizações industriais da Administração Federal direta, em face de suas peculiaridades, obedecerão aos limites estabelecidos no inciso I deste artigo também para suas compras e serviços em geral, desde que para a aquisição de materiais aplicados exclusivamente na manutenção, reparo ou fabricação de meios operacionais bélicos pertencentes à União. (Incluído pela Lei nº 8.883, de 1994)

Organizações industriais são aquelas que desempenham função pública relacionada à atividades industriais, desenvolvidas no âmbito da Administração Federal. Os limites para compras e serviços em geral para aquisição de materiais, para essas organizações, serão os mesmos estabelecidos no inciso I deste mesmo artigo, desde que seja para aquisição de materiais aplicados exclusivamente na manutenção, no reparo ou na fabricação de meios operacionais bélicos pertencentes à União.

§7° Na compra de bens de natureza divisível e desde que não haja prejuízo para o conjunto ou complexo, é permitida a cotação de quantidade inferior à demandada na licitação, com vistas a ampliação da competitividade, podendo o edital fixar quantitativo mínimo para preservar a economia de escala. (Incluído pela Lei nº 9.648, de 1998)

É o chamado fracionamento interno, pois permite que o interessado apresente proposta parcial, relacionada apenas a fração do objeto total licitado, desde que este seja de natureza divisível e não traga prejuízo ao conjunto.

Chama-se fracionamento interno, pois a divisão do objeto é feita dentro de um único procedimento licitatório.

Como forma de ampliar a competitividade e de a Administração poder adquirir um produto em condições mais favoráveis, aceita-se a cotação de quantidade inferior à demandada na licitação e por consequência cada vencedor será chamado a executar o objeto no limite de sua proposta.

Sendo aceito o lance parcial quando for compatível com o desempenho satisfatório das funções do Estado.

§8° No caso de consórcios públicos, aplicar-se-á o dobro dos valores mencionados no caput deste artigo quando formado por até 3 (três) entes da Federação, e o triplo, quando formado por maior número. (Incluído pela Lei nº 11.107, de 2005)

O consórcio público é formado por associações de diversos entes federativos com a finalidade de cumprir funções de interesse coletivo. Esse dispositivo, incentiva a criação desses consórcios, uma vez que haverá aumento dos limites para adoção das modalidades de licitação.

Art. 24. É dispensável a licitação:

Licitação dispensável é aquela em que o administrador decide se irá ou não dispensar o procedimento licitatório, devendo observar as hipóteses específicas previstas neste artigo. Não lhe cabe optar pela realização ou não de licitação em outras situações, que não as previstas no citado dispositivo legal, uma vez que a criação de outras hipóteses depende do legislador.

A dispensa de licitação, em síntese, ocorre quando o administrador verifica que, embora seja possível a realização da competição, esta não se justifica, pois o custo econômico e o tempo da licitação não trazem vantagens em relação ao custo-benefício, assim, não atende ao interesse público. Nesse caso, torna-se mister a elaboração de parecer jurídico com comunicação à autoridade superior, justificando a dispensa de licitação sob pena de ineficácia do ato.

Ressalta-se que, mesmo que a contratação seja direta, ainda prevalecerá o princípio da isonomia, entretanto este será compatibilizado com a contratação. Quando da contratação, a Administração deverá fundamentar seu ato e agir conforme critérios que sejam compatíveis com a isonomia, não podendo agir de forma arbitrária.

A Administração se utilizará de seu poder discricionário quando estiver diante de potenciais interessados em situações equivalentes, devendo para tanto se pautar na conveniência e oportunidade, circunstâncias que deverão ser analisadas em cada caso concreto. Ademais, deve-se sempre ser levado em conta o interesse público.

O fato de a contratação ser de forma direta não significa que a Administração não deverá observar as formalidades do procedimento.

[**Operacionalização e gerenciamento da folha de pagamento de servidores públicos. Licitação.**] A contratação de instituição financeira para operacionalização e gerenciamento da folha de pagamento de servidores públicos deve ser precedida do devido procedimento licitatório, ressalvadas as hipóteses de contratação direta, em razão de dispensa legal, em obediência ao art. 37, XXI da CR/88. [Consulta n. 862.333. Rel. Conselheiro Sebastião Helvecio. Sessão do dia 17/10/2012]

[**Legalidade de termo de parceria com Organização da Sociedade Civil de Interesse Público a fim de se prestar assessoria jurídica à população carente.**] [...] em uma primeira análise, poder-se-ia afirmar que, em não se tratando de nenhum dos casos previstos pelos arts. 24 ou 25 da Lei de Licitações, a celebração de termo de parceria com Oscip somente poderia ser efetuada mediante procedimento licitatório, porquanto se trata, em certa medida, de repasse de recursos públicos a entidade privada em contrapartida a atividade que esta prestará. No entanto, para melhor deslinde da questão, há que se consignar considerações acerca da natureza jurídica do termo de parceria [...]. Em verdade, por se tratar [o termo de parceria] de um *tertium genus* que transita entre as figuras dos convênios e dos contratos administrativos, o critério para determinar a obrigatoriedade de licitação será a existência de múltiplos parceiros que possam atender satisfatoriamente os objetivos previstos para o termo de parceria. Assim, a não-obrigatoriedade de licitação deve ser vista com reservas, salvo nas hipóteses de dispensa e inexigibilidade de licitação: ou seja, realizar licitação é a regra. Ademais, a desnecessidade de realizar licitação para celebrar termos de parceria há que ser considerada com parcimônia, tendo em vista, especialmente, o montante de recursos que são repassados a essas entidades e a necessidade de se apurar de forma minudenciada a sua capacidade para gerir e cumprir o objeto e o plano de trabalho pactuados. [...] sendo a Lei n. 8.666/93 a lei geral de licitações, não poderia outra norma dispor diferentemente dela ou mesmo inovar seus termos no tocante aos tipos de licitação por ela instituídas — tampouco poderia fazê-lo um decreto [...]. Pelo exposto, entende-se que há necessidade de procedimento prévio de licitação para celebração de termo de parceria com Oscip sempre que não configuradas as hipóteses de dispensa ou inexigibilidade de licitação, consoante prevê a Lei n. 8.666/93. [...] A escorreita formalização dos procedimentos de inexigibilidade e de dispensa possibilita, ainda, que se veja facilitado o controle posterior, já que, não raramente, entidades dessa estirpe, contratadas ao alvedrio de gestores públicos, estão envolvidas em escândalos de desvio de recursos ou mesmo de favorecimento a pessoas ligadas a determinado gestor, por força, justamente, de uma mal interpretada 'discricionariedade' [...]. [Consulta n. 716.238. Rel. Conselheiro Antônio Carlos Andrada. Sessão do dia 27/11/2008]

[**Ongs e Licitação.**] As Ongs são entidades de defesa de direitos e promoção de cidadania que criaram um espaço próprio de atuação na sociedade, o qual se convencionou denominar Terceiro Setor, ao lado do Estado, que ocupa o Primeiro, e da iniciativa privada, o Segundo. Contudo, apesar de as Ongs fazerem parte de uma esfera pública ampliada não estatal, poderem receber recursos do Estado para a realização de sua missão e contratar com a Administração, elas não estão isentas de licitar. Somente nos casos especificados na legislação, como por exemplo nas hipóteses de dispensa ou inexigibilidade, é que as ONGs estarão imunes à licitação. [...] Outra forma de as ONGs interagirem com o Poder Público é por meio de convênios e a estes se aplicam, no que couber, as disposições da Lei de Licitações, conforme estabelece o art. 116 do mencionado diploma legal. O instrumento convenial só poderá ser utilizado se os interesses da Administração e das ONGs forem comuns e direcionados para a obtenção de um benefício público, pois se antagônicos desafiam contratação por licitação. Nesse cenário, poder-se-ia afirmar que a junção governo-ONGs só poderia ser concretizada por convênio, não fosse a edição da Lei n. 9.790, de março de 1999, que dispõe sobre a qualificação de pessoas jurídicas de direito privado, sem fins lucrativos, como organizações da sociedade civil de interesse público (Oscips), institui e disciplina, no âmbito da Administração Pública brasileira, o Termo de Parceria. [...] Já o Decreto [Federal] n. 3.100/99, ao regulamentar a referida Lei das Oscips, explicitou, a partir do art. 8º, os passos a serem seguidos na formalização dessa nova modalidade de cooperação de interesses comuns e não conflitantes entre o Poder Público e as entidades de que cuida a Lei n. 9.790/99. Como se pode ver, o pré-falado Termo é o mais novo instrumento jurídico de regulação das parcerias entre a Administração e as entidades sem fins lucrativos, aí incluídas as ONGs, possuindo ele procedimentos próprios que, no meu entender, o afastam das regras da Lei Nacional de Licitações. Então, o Termo de Parceria, formalizado sob a égide da Lei n. 9.790 e do Decreto [Federal] n. 3.100, não desafia licitação porque foi criado para servir de instrumento de fomento e execução de atividades de interesse público, como ocorre, *exempli gratia*, com os convênios, mas desses se difere, já que o seu uso é exclusivo entre a esfera pública e as organizações da sociedade civil sem fins lucrativos. E mais, os requisitos e procedimentos dessa nova figura jurídica são mais simples que os exigidos para os convênios. [...] Depreende-se, [...] do texto da Lei das Oscips e, também, de seu normativo regulamentador, que o critério de escolha dessa espécie de organização se encontra disciplinado inteiramente por legislação extravagante, não se aplicando ao Termo de Parceria, como já afirmado, as regras da Lei n. 8.666/93, exceto a do art. 116. [...] Concluindo, [...] tenho que as ONGs qualificadas como Organização da Sociedade Civil de Interesse Público pelo Ministério da Justiça não se submetem ao regramento comum da Lei n. 8.666/93, mas ao especial da Lei n. 9.790/99 e do Decreto n. 3.100/99. Todavia, convém asseverar que, considerando a regra do art. 116 da Lei n. 8.666/93, de utilização subsidiária, aplicam-se, no que couber, as disposições dessa lei aos convênios, acordos, ajustes e instrumentos congêneres, inclusive ao Termo de Parceria, por ser ele um instrumento similar aos convênios. [Consulta n. 683.832. Rel. Conselheiro Moura e Castro. Sessão do dia 04/02/2004]

[**Licitação. Contratação direta. Valor superior ao limite permitido para dispensa de licitação. Impossibilidade.**] Cumpre salientar que a Administração Pública deve primar pelos princípios constitucionais insculpidos no *caput* do art. 37 da Constituição da República de 1988, bem assim por outros correlatos, notadamente os da legalidade, impessoalidade, economicidade e isonomia; e conforme estabelece a Lei n. 8.666, de 1993 [...] A esse propósito, pautando-se pelo princípio da legalidade, e, em especial, pelos que foram destacados no texto legal reproduzido, numa interpretação sistemática, há de se considerar que as contratações para aquisições dos bens e serviços arrolados deveriam ter sido precedidas de procedimento licitatório, uma vez que a totalidade da despesa de cada objeto ultrapassou o valor limite de dispensa de licitação. [...] Ademais, não ficou caracterizada inviabilidade de competição, de modo a respaldar as contratações diretas, as quais só podem ser feitas quando se verificarem, de fato, as situações hipoteticamente previstas nos arts. 24 e 25 da Lei n. 8.666, de 1993. Pelo exposto, entendo que devem ser consideradas irregulares as contratações em análise, por violação aos arts. 2º e 3º da Lei n. 8.666, de 1993, sujeitando o responsável às sanções impostas pela lei. [Processo Administrativo n. 711.173. Rel. Auditor Gilberto Diniz. Sessão do dia 22/11/2012]

[**Impossibilidade de dispensa em hipótese não prevista na Lei de Licitações.**] Inexiste no nosso ordenamento juslicitatório possibilidade de ampliação de hipóteses de dispensa, uma vez que o comando geral da Constituição da República é da obrigatoriedade de licitar, pois as exceções já vem delineadas na lei integradora. [Licitação n. 695.860. Rel. Auditor Hamilton Coelho. Sessão do dia 28/08/2008]

[**Coordenação do princípio da licitação com outros princípios.**] [O art. 37 da CR/88] estabelece o princípio da licitação, que deve ser observado pela esfera pública, e é assim definido por Lúcia Valle Figueiredo: '[...] a licitação, sobre constituir um instrumento técnico-procedimental, representa, na configuração do regime jurídico das contratações da Administração, um princípio em si. Em verdade, o princípio da licitação é uma realidade categórica, que conforma, em nosso País, o sistema jurídico das contratações administrativas. E, como tal, obteve ele expressa consagração, no inciso XXI do artigo 37 da Constituição Federal'. (in: FIGUEIREDO, Lúcia Valle; FERRAZ, Sérgio. *Dispensa e Inexigibilidade de Licitação*. São Paulo: Malheiros Editores, 1994) [...] O legislador, contudo, ao editar esta lei, vislumbrou hipóteses em que a coordenação do princípio da licitação com outros princípios do nosso ordenamento jurídico possibilita a ocorrência de exceções à regra geral de licitar. Jorge Ulisses Jacoby Fernandes trata a matéria da seguinte forma: 'Assim, em alguns casos previamente estabelecidos pelo legislador, o princípio da licitação cede espaço ao princípio da economicidade ou para o primado da segurança nacional ou ainda para garantir o interesse público maior, concernente à necessidade do Estado intervir na economia. Em todos os casos delineados pela Lei n. 8666/93, em que a licitação foi dispensada ou considerada inexigível, pelo menos no plano teórico, entende o legislador estar em confronto o princípio jurídico da licitação e outros valores igualmente tutelados pela ordem jurídica, tendo sido aquele subjugado por um desses'. [...] (in: FERNANDES, Jorge Ulisses Jacoby. *Contratação Direta Sem Licitação*, 3. ed., Brasília: Brasília Jurídica, 1997). [Recurso de Reconsideração n. 726.023. Rel. Conselheiro Antônio Carlos Andrada. Sessão do dia 17/04/2007]

I — para obras e serviços de engenharia de valor até 10% (dez por cento) do limite previsto na alínea "a", do inciso I do artigo anterior, desde que não se refiram a parcelas de uma mesma obra ou serviço

ou ainda para obras e serviços da mesma natureza e no mesmo local que possam ser realizadas conjunta e concomitantemente; (Redação dada pela Lei nº 9.648, de 1998)

A contratação direta não deverá ser utilizada como meio para fracionar indevidamente a despesa, pois não poderá ser invocada para aquisições de parcelas de uma mesma obra ou serviço se estas não forem de natureza específica.

Por se tratar de valores cuja relevância não justificaria os gastos de uma licitação comum, poderá a Administração utilizar deste dispositivo para contratar com o particular de forma direta.

É um procedimento mais célere, já que é mais simples do que uma licitação comum.

[**Parcelamento indevido.**] A contratação direta, no caso previsto, não pode ser utilizada como mero artifício para o parcelamento de obras e serviços unos por natureza e que por isso devem ser realizados de uma só vez, importando em nulidade dos atos e em responsabilização do gestor os casos de parcelamento indevido de contratação que caracterizem procedimento para evitar a realização de licitação. [Consulta n. 450.814. Rel. Conselheiro Simão Pedro Toledo. Sessão do dia 25/03/1998]

[**Irregularidade suscitada por inspeção. Realização de despesas sem licitação. Fracionamento de despesas.**] [...] embora a Lei Nacional de Licitações e Contratos não tenha fixado período (anual ou mensal), o limite para dispensa da licitação deve ser observado ao longo do exercício financeiro, e que, para aferir a modalidade de licitação a ser utilizada ou a possibilidade de se realizar dispensa fundada no art. 24, I e II, do Estatuto das Licitações e Contratos, a Administração deverá observar o total dos dispêndios previstos para a contratação de objetos da mesma natureza ao longo do período [...] a Administração deveria ter considerado a soma do valor de todos os produtos da mesma natureza a serem adquiridos ao longo do exercício financeiro para concluir se a licitação poderia ou não ser dispensada. [...] As compras e prestações de serviços deveriam ter sido licitadas globalmente, pois todas são passíveis de planejamento anual por parte da Administração, providência que viabiliza a licitação pelo valor total. [...] O fracionamento das contratações como subterfúgio para dispensa de licitação é prática danosa, pois afasta a possibilidade de competição e dá espaço à escolha arbitrária do fornecedor pelo administrador. [...] em face da constatação de que as despesas de R$614.278,61 foram efetuadas sem o devido planejamento e controle rigoroso, implicando inobservância do art. 37, XXI, da Constituição da República e dos arts. 2º e 24, I, II, da Lei n. 8.666/93, aplico multa de R$61.000,00 ao gestor à época. [Processo Administrativo n. 752.415. Rel. Auditor Hamilton Coelho. Sessão do dia 04/08/2011]

[**Contratação por dispensa para substituir funcionária de licença maternidade.**] [...] No que se refere à contratação da advogada [...], o fato de a entidade ter tomado conhecimento da gravidez da funcionária [...], a menos de três meses de seu afastamento por licença-maternidade, não justifica a contratação por dispensa, e sim demonstra a falta de tempestividade no trato das questões relativas a pessoal. O fato de que a referida dispensa poderia ter sido fundamentada nos incisos I e II do art. 24 da Lei Federal n. 8.666/93, em virtude do valor da contratação, não sanaria a fundamentação como emergência, demonstrando apenas o equívoco da entidade em relação ao embasamento legal de referida contratação. Quanto à existência de pareceres jurídicos prévios acerca das contratações, esta alegação não é suficiente para elidir responsabilidades, uma vez que foram identificadas deficiências na justificativa de emergência por parte da entidade, conforme anteriormente exposto neste item. [Processo Administrativo n. 691.229. Rel. Conselheiro Elmo Braz. Sessão do dia 12/05/2011]

[**Aquisição de produtos, sem licitação, cujo valor ultrapassa o limite legal para sua dispensa.**] Extrapolado o limite estabelecido pela legislação para contratações com dispensa de licitação, a irrisoriedade ou insignificância do valor excedente é uma circunstância que deve ser considerada no que se refere à aplicação de normas punitivas, diante do exame de cada caso concreto. [Consulta n. 833.254. Rel. Conselheiro Sebastião Helvecio. Sessão do dia 02/03/2011]

II — para outros serviços e compras de valor até 10% (dez por cento) do limite previsto na alínea "a", do inciso II do artigo anterior e para alienações, nos casos previstos nesta Lei, desde que não se refiram a parcelas de um mesmo serviço, compra ou alienação de maior vulto que possa ser realizada de uma só vez; (Redação dada pela Lei nº 9.648, de 1998)

Os comentários do inciso anterior devem ser lidos para a interpretação deste dispositivo. Ambos possuem a mesma ideia, entretanto estipulam percentuais para diferentes prestações de serviços, enquanto aquele se limita a obras e serviço de engenharia, este retrata outros serviços e compras. Os valores é que serão levados em consideração para aplicação da compra direta, entretanto esta não deverá ser utilizada como forma de burlar a instauração da licitação ou a modalidade licitatória.

[**Contratação direta de veículos de comunicação. Desnecessidade de intermediação de agência de publicidade. Enquadramento nas normas gerais de licitação. Possibilidade de dispensa em razão do valor**] 1 – Os serviços de publicidade a serem prestados necessariamente por intermédio de agência de propaganda são aqueles elencados expressamente no art. 2º da Lei n. 12.232/2010. (Consulta n. 838377) 2 – A contratação direta dos veículos de comunicação, consubstanciada em serviços de divulgação, não necessita de ser prestada por intermédio de agência de propaganda e deverá ser precedida de procedimento licitatório, exceto quando se enquadrar na dispensa em razão do valor, prevista no art. 24, II, da Lei n. 8.666/93. (Consultas n. 838377, 654156 e 778003). [Consulta 896.591. Rel. Conselheiro Mauri Torres. Publicado no DOC do dia 31/10/2013]

[**Publicidade institucional em eventos festivos. Recursos públicos.**]
[...] a utilização de recurso público para realização de publicidade institucional é possível, desde que tenha caráter educativo, informativo ou de orientação social, dela não podendo constar nomes, símbolos ou imagens que caracterizem promoção pessoal de autoridades ou servidores públicos. [...] a redação do §2º do art. 2º da Lei n. 12.232/2010 [...] veda a inclusão de quaisquer outras atividades nos contratos públicos de publicidade, em especial assessoria de imprensa, comunicação, relações públicas e realização de eventos festivos de qualquer natureza. Para contratar esses serviços, a administração pública deverá promover licitações próprias, obedecendo ao regramento da Lei n. 8.666/93. A exigência de licitação para a Administração Pública tem previsão constitucional no art. 37, XXI, não podendo a sua observância ser preterida sob o pretexto de divulgação institucional do município. [...] Assim, no caso específico de serviços de publicidade ou propaganda institucional, deverá a Administração Pública municipal definir, na fase de projeto (básico e executivo), em observância às disposições do art. 7º da Lei n. 8.666/93, a qual ato, programa, obra, serviço ou campanha vai dar publicidade, obedecidas às disposições do §1º do art. 37 da Constituição Federal, e em quais veículos de comunicação será feita a divulgação, se na televisão, no rádio, no jornal, etc. [...] Pode ocorrer, ainda, que o montante da contratação se enquadre naquele valor previsto no inciso II do art. 24 da Lei n. 8.666/93, com a nova redação dada pela Lei n. 9.648, de 27/05/1998, que assim dispõe: "para outros serviços e compras de valor até 10% (dez por cento) do limite previsto na alínea a do inciso II do artigo anterior, e para alienações, nos casos previstos nesta Lei, desde que não se refiram a parcelas de um mesmo serviço,

compra ou alienação de maior vulto que possa ser realizada de uma só vez." [...] Todavia, há de se ressaltar que, mesmo no caso da dispensa de licitação acima referido, a contratação de serviços deve obedecer àquelas disposições do art. 7º da Lei n. 8.666/93, anteriormente explicitadas. Isso ocorre por força do §9º do referido dispositivo, que assim estabelece: "o disposto neste artigo aplica-se também, no que couber, aos casos de dispensa e de inexigibilidade de licitação". Além disso, o ato de dispensa deve ser devidamente motivado, por força do princípio da motivação dos atos administrativos". Cabe acentuar, também, e por último, que o valor global da contratação deverá ser estimado, levando-se em consideração todos os veículos de comunicação (rádio, televisão, jornal) por meio dos quais se quer fazer a publicidade ou divulgação de ato, programa, obra serviço ou campanha do órgão público, obedecidas às disposições do §1º do art. 37 da Constituição Federal. [Consulta n. 778.003. Rel. Conselheiro Sebastião Helvecio. Sessão do dia 18/08/2010]

[**Município. Atos de dispensa e inexigibilidade de licitação. Publicação na imprensa oficial.**] [...] é possível à Administração optar pelo procedimento de dispensa de licitação previsto no art. 24, I e II, da Lei n. 8.666/93, nos casos em que a contratação, ainda que se enquadre na hipótese de inexigibilidade, tenha valores inferiores aos limites previstos no citado dispositivo legal, sendo desnecessária a ratificação e a publicação do ato de dispensa em órgão oficial de imprensa. [...] Deve, porém, motivar o ato de dispensa de licitação e dar publicidade à contratação, nos termos do art. 16 da Lei de Licitações e Contratos. [...] Da análise do dispositivo acima transcrito [art. 26, Lei n. 8.666/93], constata-se que para as despesas de pequeno valor, nos termos do art. 24, I e II, da Lei n. 8.666/93, a Administração pode desobrigar-se das formalidades de ratificação do ato de dispensa pela autoridade superior e de sua publicação na imprensa oficial, haja vista a simplicidade e a pequena relevância dessas contratações. [Consulta n. 812.005. Rel. Conselheiro Adriene Andrade. Sessão do dia 12/05/2010]

[**Desnecessidade de somar os valores de contratações por unidades administrativas desconcentradas para verificar a modalidade licitatória a ser adotada.**] [...] a preocupação do consulente consiste em definir se contratações autônomas, realizadas por unidades administrativas desconcentradas, resultam em fracionamento indevido de despesa. [...] o parcelamento da execução do objeto pretendido pela Administração não é vedado. A vontade legislativa, preconizada nos incisos mencionados do art. 23, impõe ao administrador o dever de parcelar desde que não ocorram impedimentos de ordem técnica e econômica. Com isso se privilegia o princípio da competitividade e o desenvolvimento da economia local na busca pela melhor oferta. Ao prever o respeito à modalidade cabível para o somatório global, na parte final do §2º do art. 23, o legislador acautelou-se contra o fracionamento indevido, que se caracteriza quando o administrador, de forma ilegal, vale-se de exigências e procedimentos menos formais visando, deliberadamente, a fugir da modalidade de licitação legalmente determinada pelo valor. [...] [Para que sejam considerados] globalmente os valores das contratações, [a lei] exige, apenas, que os objetos sejam da mesma natureza e, ainda, os seguintes requisitos legais: execução conjunta, concomitante e no mesmo local. [...] Desse modo, não estando presentes, cumulativamente, os requisitos acima arrolados, não estará a Administração adstrita ao dever de considerar a integralidade do valor a ser contratado. [...] Ademais, não teria sentido desconcentrar a execução de atividades administrativas em órgãos, diretamente integrantes do poder central, cujo objetivo é alcançar a maior plenitude da eficiência administrativa, se entraves de ordem operacional, como falta de material de expediente ou demora na sua entrega, por exemplo, vierem a comprometer o pronto atendimento das necessidades locais. Nesse ponto, trago à colação a doutrina do professor

Carlos Ari Sundfeld: 'Devem ser somadas, para fins de determinação da modalidade cabível, as obras e serviços que, tendo objetos semelhantes e podendo ser realizados ao mesmo tempo, estejam a cargo de 'unidades de despesa' (isto é: órgãos dotados de autonomia para a gestão financeira) distintas de uma mesma pessoa jurídica? A resposta é negativa. A desconcentração administrativa é lícita e desejável, agilizando o funcionamento dos serviços. Sua eficácia pressupõe autonomia de gestão, o que leva inevitavelmente ao fracionamento das contratações do ente de que fazem parte os vários órgãos. Não há como, embora com objetivos prezáveis (tal como a ampliação da competitividade entre os fornecedores do Estado), condicionar a determinação das modalidades licitatórias, a serem utilizadas pelos vários órgãos em cada caso, à soma dos valores dos contratos celebrados por todos eles. Seria inviabilizar a própria desconcentração e paralisar a máquina' (SUNDFELD, Carlos Ari, *Licitação e Contrato Administrativo*. São Paulo: Malheiros, 1995, p. 69). Esse também é o entendimento do professor Marçal Justen Filho. Leia-se: '[...] não teria cabimento sustentar que todos os fornecimentos de material de expediente para todas as repartições do Ministério de Educação, no Brasil inteiro, teriam de ser somadas. Se for necessário o fornecimento de quantitativos diminutos para uma escola em pequena cidade afastada, não haverá cabimento de considerar o somatório das aquisições de outras unidades localizadas em cidades diversas. Poderá fazer-se compra com dispensa em virtude do valor ou convite, se for o caso". (JUSTEN FILHO, Marçal, *Comentários à Lei de Licitações e Contratos Administrativos*. 11. ed. São Paulo: Dialética, 2005, p. 213). Com efeito, a prevalecer o entendimento de que órgãos desconcentrados devam, obrigatoriamente, somar os valores dos contratos celebrados pelas unidades administrativas e unidade central para o fim de determinar se é, ou não, hipótese de dispensa pelo valor, todos os casos se enquadrariam como de concorrência, o que não se coaduna com a inteligência da lei, que, além dessa modalidade, também prevê contratações com dispensa, convite e tomada de preços. Tal assertiva nos compele, pois, novamente, a transcrever excerto da lição de Marçal Justen Filho, vazado nos seguintes termos: 'O problema não está em avaliar se é proibido somar todas as despesas de um exercício para escolher a modalidade de licitação em face do valor global. O núcleo da controvérsia reside em determinar se tal é obrigatório. [...] tais interpretações [pela obrigatoriedade], levadas às últimas consequências, conduziriam à quase inutilidade de caracterização de hipóteses de dispensa previstas no art. 24, I e (especialmente) II. Reduziriam a hipóteses irrelevantes os casos de convite. Mais ainda, todos os casos acabariam sendo enquadrados como de concorrência. Ora, essa não é a vontade legislativa [...]'. (JUSTEN FILHO, Marçal, Comentários..., cit., p. 212 e 214). Desse modo, é de se concluir que as licitações realizadas por unidades desconcentradas [...] podem ser consideradas de forma autônoma para fim de escolha da modalidade adequada, não precisando somar os valores de seus contratos aos realizados pelas demais unidades. [Consulta n. 741.568. Rel. Conselheiro Subst. Gilberto Diniz. Sessão do dia 06/08/2008]

[**Orientação quanto à efetiva aplicação do art. 164, §3º, da Constituição Federal.**] [...] no que tange à necessidade de procedimento licitatório para manutenção ou abertura de conta e movimentação bancárias pela Administração Pública, concluiu-se: a) Em se tratando de instituição financeira privada, a licitação é necessária, nos termos do inciso XXI do art. 37 da Constituição Federal. [...] c) Pode ocorrer que, mesmo em se tratando de instituição financeira privada, não seja necessária a licitação, em virtude de o valor global da contratação ficar abaixo do limite mínimo legal exigido para se licitar; d) Ocorrendo as hipóteses de contratação direta, seja em razão de valor inferior ao limite mínimo legal ou em virtude de dispensa de licitação, deverão ser observadas as formalidades estabelecidas nos arts. 7º, 14 ou 17, dependendo da espécie de contratação, e 26 da Lei n. 8.666/93, com suas alterações posteriores; e) Mesmo se o valor global estimado da contratação ficar abaixo do limite legal, poderá a autoridade promover a licitação, devendo, nesse caso, observar a relação custo/benefício para a deflagração do certame. [Consulta n. 735.840. Rel. Conselheiro Eduardo Carone Costa. Sessão do dia 05/09/2007]

[**Licitação. Dispensa. Falta de planejamento. Superação de limite. Irregularidade.**] O item II da decisão *a quo* [...] que traz o rol de contratações realizadas sem apresentação de procedimentos licitatórios, refere-se ao somatório de diversas despesas de uma mesma natureza que superam, em muito, o valor de R$8.000,00 (oito mil reais), correspondente a 10% do limite previsto na alínea *a* do inciso II do art. 23 da Lei de Licitações. A realização de despesas de forma fracionada denota a inexistência de planejamento para sua realização, o que resulta na inobservância da obrigação de licitar. [...] a Lei de Licitações permite o fracionamento de despesas em tantas parcelas quantas se mostrarem técnica e economicamente viáveis, para permitir que a Administração obtenha maior vantagem nas contratações, tendo em vista a economia de escala e condições propícias de mercado, conforme prevê o §1° do art. 23, mas isso não se confunde com a falta de planejamento, nem autoriza esquivar-se da obrigação de licitar. [...] As irregularidades que ensejaram a aplicação das sanções são de natureza grave, decorrentes do descumprimento legal e de princípios licitatórios capazes de garantir a isonomia, a impessoalidade, a economicidade e a ampla participação na competição, não se tratando de meros erros formais. [Recurso Ordinário n. 837.933. Rel. Conselheiro Cláudio Couto Terrão. Sessão do dia 28/11/2012]

[**Dispensa de licitação. Valor superior ao previsto em lei. Indevido fracionamento de despesas.**] O valor contratado encontra-se abaixo do limite de R$8.000,00 para dispensa de licitação previsto no art. 24, II, da Lei n. 8.666/93. Todavia, conforme apontado no relatório técnico [...], faz-se mister destacar que a Câmara despendeu, mediante compra direta, o total de R$7.807,41 em combustíveis, no período de janeiro a agosto de 2002. Somando-se tal valor ao montante pago ao estabelecimento comercial contratado por meio do Convite nº [...] , depreende-se que a quantia total gasta com compra de combustível no exercício de 2002 foi de R$12.520,14. Dessa feita, fica evidenciada a deficiência no planejamento das compras de combustível, o que resultou em indevido fracionamento das despesas, uma vez que deveria ter sido efetuado processo licitatório diante do montante despendido. Acrescente-se que a posterior realização do certame em apreço não sana tal irregularidade, em face das contratações diretas executadas em desacordo com os ditames da Lei n. 8.666/93. [Processo Administrativo n. 692.224. Rel. Auditor Licurgo Mourão. Sessão do dia 11/12/2012]

[**Princípio da legalidade. Despesa realizada sem o devido procedimento licitatório.**] [...] foi apurado nos autos que as referidas contratações não estavam amparadas pelo preceito estatuído no art. 24, II, da Lei de Licitações Nacional, o qual estabelece a dispensa do certame para aquisições e serviços de pequena monta, desde que não sejam parcelas de uma mesma compra de maior vulto que possa ser realizada de uma só vez. [...] não é admissível que dispensa de licitação em virtude do parcelamento acarrete prejuízo à administração, estabelecendo-se uma contratação menos favorável ou mais onerosa para o Poder Público. [...] Além disto, a alegação do recorrente de que qualquer punição sem a prova do dolo ou da conduta típica configura lesão aos princípios da justiça e da proporcionalidade, não procede. Isso porque, no âmbito da administração pública, ganha relevo o princípio da legalidade, segundo o qual é dever do gestor público atuar nos limites que a lei lhe impõe. [Recurso Ordinário n. 838.576. Rel. Conselheiro Eduardo Carone Costa. Sessão do dia 07/11/2012]

[**Dispensa de licitação. Ausência dos requisitos autorizadores.**] Cabe ressaltar, primeiramente, no que tange aos procedimentos de dispensa licitatória, que é indispensável à Administração Pública possuir planejamento para a realização das despesas, não utilizando modalidade licitatória inferior àquela exigida pelo total da despesa no ano ou fazendo contratações diretas, para evitar o fracionamento de despesas proibido pelo art. 23, §5°, da Lei Federal n. 8.666/93. [...] Ficou evidenciado que os objetos adquiridos, por meio das dispensas licitatórias, em questão, são de uso contínuo da administração, demonstrando, na verdade, falta de planejamento e controle, em desconformidade com os princípios constitucionais da legalidade e da obrigatoriedade de licitar, insculpidos no art. 37, *caput*, XXI, da Constituição da República de 1988. Ainda, insta destacar que a contratação direta da empresa [...]., foi justificada nas notas de empenho de [...], como caso de dispensa licitatória. Entretanto, caindo em contradição, o ex-prefeito em sua defesa, [...], justificou a contratação direta da empresa como caso de inexigibilidade, diante de sua notória especialização, citando ainda, erroneamente, o art. 24, II, da Lei n. 8.666/93. Destarte, em momento algum, ficou demonstrada nos autos a notoriedade da especialização da empresa, nem a singularidade do objeto e, tampouco, encaixa-se a contratação em quaisquer das hipóteses previstas em lei para a dispensa licitatória. Finalmente, é importante mencionar que tanto os processos de dispensa quanto os de inexigibilidade devem ser numerados, autuados e corretamente formalizados, contendo as razões fundamentadas, a fim de respaldar o procedimento, o que não ocorreu. [...] Portanto, a Administração municipal utilizou-se, indevidamente, do procedimento de dispensa licitatória, com fulcro no art. 24, II e IV, da Lei Federal n. 8.666/93, demonstrando negligência no planejamento das despesas, motivo pelo qual, entendo pela irregularidade dos procedimentos de contratação sem a realização de licitação, por contrariar o disposto no art. 37, XXI, da CR/88, nos arts. 2° e 3° da Lei Federal n. 8.666/93. [Processo Administrativo n. 700.270. Rel. Conselheiro Sebastião Helvecio. Sessão do dia 18/10/2012]

[**Contratação de assessoria jurídica sem o devido procedimento licitatório.**] Em análise às notas de empenho acostadas a fls. 33 – 63, verifico que as despesas decorrentes da contratação, no período de janeiro de 2002 a março de 2003, somam o valor de R$15.350,00, que ultrapassa o limite de dispensa de licitação, previsto no inciso II do art. 24 da Lei n. 8.666, de 1993. Conforme se depreende do inciso XXI do art. 37 da Constituição Federal de 1988 e do art. 2º da Lei n. 8.666, de 1993, o administrador público deve cumprir o princípio da legalidade, devendo agir sempre em conformidade com a lei, o que não ocorreu no presente caso. Diante do exposto, a contratação de serviços de assessoria jurídica, sem a realização do certame licitatório, deve ser considerada irregular, visto que houve flagrante afronta ao inciso XXI do art. 37 da Constituição da República, de 1988, e aos arts. 2º e 3º da Lei n. 8.666, de 1993, sujeitando o gestor, à época, às sanções impostas pela lei. [Processo Administrativo n. 688.722. Rel. Auditor Gilberto Diniz. Sessão do dia 27/09/2012]

[**Contrato. Legislação incorreta.**] [...] no instrumento contratual em análise, foram invocados atos normativos pertinentes à contratação de pessoal por prazo determinado, para atender a necessidade temporária de excepcional interesse público, e não os já referidos dispositivos da Lei n. 8666, de 1993. Isso, porém, não deve impedir o exame do contrato, em sua essência: contratação direta, dispensada a licitação por comportar-se o valor no limite de R$8.000,00 (oito mil reais). Nessa linha de raciocínio, tenho de concluir que, inobstante ter-se apresentado formalmente incorreto o instrumento contratual (por invocação de legislação impertinente), o contrato teve amparo legal (art. 24, II, c/c art. 23, II, *a* da Lei n. 8.666, de 1993). Entendo que, no tocante à incorreção formal do instrumento do contrato, o Tribunal deve recomendar ao responsável que os documentos produzidos no âmbito do órgão passem, doravante, a referenciar regras jurídicas consentâneas com os atos normativos de regência, isto é, aplicáveis ao caso concreto. [Contrato n. 696.777. Rel. Auditor Gilberto Diniz. Sessão do dia 23/08/2012]

[**Fracionamento das despesas. Produtos do mesmo gênero. Irregularidade.**] [...] apesar de não se tratar dos mesmos materiais, depreende-se que se referem a produtos do mesmo gênero, cuja aquisição poderia ter sido realizada com um único fornecedor selecionado por meio do devido processo licitatório. Assim, verifica-se que o Município fracionou as compras de materiais ambulatoriais e de escritório, em afronta ao art. 24, II, da Lei n. 8.666/93, uma vez que o valor global das aquisições não foi considerado para se avaliar a possibilidade de dispensa de licitação. [...] Não se pode admitir que o fracionamento de despesas seja utilizado para justificar a frustração das determinações legais acerca da obrigatoriedade ou da adequada modalidade licitatória, sob pena de violação dos princípios da isonomia, impessoalidade, legalidade e moralidade administrativa. [Processo Administrativo n. 694.174. Rel. Auditor Licurgo Mourão. Sessão do dia 31/07/2012]

[**Valor global das compras decorrentes de programas previstos no orçamento.**] Com a análise detida do fato de serem os mesmos objetos, o mesmo exercício e os mesmos fornecedores, torna-se claro que esses sucessivos contratos deixam de se enquadrar na previsão do já citado art. 24, II, da Lei de Licitações. Como respondeu o Conselheiro Fued Dib, na Consulta n. 441.898/97, que lembro *in verbis*: 'Nas compras de bens de necessidade contínua ou que visem ao cumprimento de determinados programas orçamentariamente previstos, é fundamental que a Administração busque obter, de antemão, o valor global dos bens que deverão, em princípio, ser necessariamente adquiridos. Nenhuma licitação pode ser desencadeada sem que a Administração, previamente, estime os custos da contratação. [...] o valor global da compra deve ser considerado para se saber se poderá ou não ser efetuada a dispensa de licitação, não se devendo tomar como limite o pagamento de apenas um mês, quando se sabe que as compras ou fornecimentos deverão ultrapassar aquele período' [...]. [Processo Administrativo n. 691.934. Rel. Conselheira Adriene Andrade. Sessão do dia 23/10/2007]

[**Fracionamento de despesa.**] Ao Administrador não é dado escolher com quem contrata, ainda que entenda que o preço ofertado é vantajoso, pois ele não está adquirindo para si, e ainda, muito além de estar comprando, está praticando um ato administrativo, que deve ser velado pelos princípios atinentes a tais atos [...]. Assim, quanto a tais aquisições de medicamentos [mediante contratação direta], [...] essas compras foram efetivadas ao longo do ano, conforme notas fiscais [...], o que demonstra, justamente, a continuidade das aquisições, caracterizando fracionamento de despesa, pela ausência de planejamento demonstrada pela Administração do Município [...], cujas compras deveriam ser antecipadas, programadas e devidamente licitadas. [...] o referido fracionamento [...] viciou ainda mais gravemente os procedimentos, passando tais situações a não mais se enquadrar na previsão do art. 24, II, da Lei de Licitações. [Processo Administrativo n. 700.749. Rel. Conselheira Adriene Andrade. Sessão do dia 09/10/2007]

[**Exercício financeiro é o limite de tempo para a análise do valor global do objeto da contratação.**] Entendo que a necessidade da licitação não está adstrita à finalidade de não lesar o patrimônio público ou à sua eficiência, mas, sobretudo, é imperativo constitucional e condição essencial para que se cumpra o requisito da impessoalidade com que a gestão pública deve se primar no relacionamento com os diversos fatores sociais. Ao Administrador não é dado escolher com quem contrata, ainda que entenda que o preço ofertado é vantajoso, [...] [pois] não está adquirindo para si, e ainda, muito além de estar comprando, está praticando um ato administrativo, que deve ser velado pelos princípios atinentes a tais atos [...]. Assim, quanto a tais aquisições de medicamentos, cuja licitação seria imperativo legal, incidiram duas infringências: à Constituição da República/88, art. 37, *caput* e inciso XXI, sobretudo, quanto ao princípio constitucional da impessoalidade, introduzido por tal dispositivo legal e ao art. 2º da Lei de Licitações. Ademais, essas compras foram efetivadas ao longo do ano [...], o que demonstra, justamente, a continuidade das aquisições, caracterizando fracionamento de despesa, pela ausência de planejamento demonstrada pela Administração do município [...] na aquisição de medicamentos [...]. [As] compras deveriam ser antecipadas, programadas e devidamente licitadas, o que evitaria o referido fracionamento, que viciou ainda mais gravemente os procedimentos, passando tais situações a não mais se enquadrar na previsão do art. 24, II, da Lei de Licitações [...]. No tocante a fracionamentos indevidos, como esses aqui tratados, que se referem a objetos de mesma natureza, num mesmo exercício financeiro, posicionou-se este Tribunal, na Consulta n. 610.717/2000, da relatoria do Conselheiro Elmo Braz, nos seguintes termos: 'Por outro lado, os incisos I e II do art. 24 da mesma lei autorizam a dispensa de licitação em razão do valor, desde que, isoladamente, não se refira à parcela de um mesmo objeto. [...] Embora a Lei de Licitação não tenha fixado qual o período (anual ou mensal) que deva ser observado para a utilização do limite permitido para a dispensa da licitação, entende-se que o mesmo vale para todo o exercício financeiro.' É oportuno ressaltar que é uma necessidade contínua a aquisição de medicamentos nos municípios, no entanto, deve ser bem planejada, para evitar situações como o presente caso. Ainda com referência a planejamento, respondeu o Tribunal, na Consulta n. 441.898/97, da lavra do relator Conselheiro Fued Dib: 'Nas compras de bens de necessidade contínua ou que visem ao cumprimento de determinados programas orçamentariamente previstos, é fundamental que a Administração busque obter, de antemão, o valor global dos bens que deverão, em princípio, ser necessariamente adquiridos. Nenhuma licitação pode ser desencadeada sem que a Administração, previamente, estime os custos da contratação. [...] o valor global da compra deve ser considerado para se saber se poderá ou não ser efetuada a dispensa de licitação, não se devendo tomar como limite o pagamento de apenas um mês, quando se sabe que as compras ou fornecimentos deverão ultrapassar aquele período' [...]. [Processo Administrativo n. 700.749. Rel. Conselheira Adriene Andrade. Sessão do dia 09/10/2007]

[**O limite de dispensa de licitação previsto no inciso II do art. 24 da Lei n. 8.666/93 não é anual.**] [...] o art. 24, II, da Lei n. 8.666/93 veda a dispensa quando o parcelamento é para a mesma compra e não expressamente para compras sucessivas. Observo, também, que a Lei de Licitações não determina o prazo em que o limite de dispensa deverá ser observado, cabendo a avaliação conforme o caso concreto. Nesse mesmo sentido, esta Corte de Contas respondeu à Consulta n. 620546, em Sessão de 01/3/00 [...], sendo relator o Conselheiro Eduardo Carone, conforme sua conclusão, *in verbis*: 'Não. O limite de dispensa de licitação previsto no inciso II do art. 24 da Lei n. 8.666/93 não é anual. Esse limite vai depender do valor global da contratação que, por sua vez, deve ser previamente estimado, obedecidas as disposições dos arts. 7° e 8° da Lei n. 8.666/93. O valor global da contratação deverá ser estimado, levando-se em consideração todos os veículos de comunicação (rádio, televisão, jornal) por meio dos quais se quer fazer a publicidade ou divulgação de ato, programa, obra, serviço ou campanha do órgão público, obedecidas as disposições do §1° do art. 37 da vigente Constituição da República' [...]. [Processo Administrativo n. 606.324. Rel. Conselheira Adriene Andrade. Sessão do dia 07/08/2007]

III — nos casos de guerra ou grave perturbação da ordem;

Tanto a guerra quanto a grave perturbação da ordem são suficientes para colocar em risco a integridade de pessoas, de serviços essenciais e de bens, uma vez que impossibilita que a função pública seja exercida, dessa forma, tais hipóteses, desde que decretadas em atendimento aos artigos 136 e 137 da Constituição da República de 1988, serão justificativas para a dispensa de licitação. Entretanto, não são todas as contratações que estarão dispensadas, mas somente aquelas que causarem prejuízos e que comprometerem a segurança nacional.

IV — nos casos de emergência ou de calamidade pública, quando caracterizada urgência de atendimento de situação que possa ocasionar prejuízo ou comprometer a segurança de pessoas, obras, serviços, equipamentos e outros bens, públicos ou particulares, e somente para os bens necessários ao atendimento da situação emergencial ou calamitosa e para as parcelas de obras e serviços que possam ser concluídas no prazo máximo de 180 (cento e oitenta) dias consecutivos e ininterruptos, contados da ocorrência da emergência ou calamidade, vedada a prorrogação dos respectivos contratos;

Tanto a emergência quanto a calamidade pública devem ser entendidas como situações que não são capazes de serem previstas, e não como situações em que, por negligência ou por mau planejamento, ocasionaram a emergência. Não é lícito invocar a contratação direta por emergência ou calamidade pública quando a Administração não tomar as medidas necessárias à realização da licitação a qual era previsível. Isso não quer dizer que não haverá a contratação, pois o que deve ser levado em consideração é o prejuízo que irá ocorrer em razão de sua ausência. Uma vez demonstrado que o prejuízo será irreparável, a contratação direta irá ocorrer, e o agente que deu causa deverá ser responsabilizado.

Não existindo condições de previsibilidade do evento, desde que caracterizado dano irreparável, a dispensa de licitação poderá ser invocada a fim de dirimir ou eliminar eventual prejuízo. E a contratação deverá se dar pelo tempo necessário a atender a situação emergencial ou calamitosa, não podendo ultrapassar o prazo de 180 (cento e oitenta dias).

[**Contratações irregulares. Ausência de procedimento licitatório.**] Ora, o caráter emergencial não se materializa com a mera alegação do administrador, pois a emergência deve existir de fato. E, as causas ou motivos dessa situação, seus efeitos e medidas a serem adotadas para mitigar as consequências, bem como o bloqueio das causas ou correção dos problemas, devem ser levados ao conhecimento do público, principalmente aos munícipes [...]. Nesse sentido, o administrador está obrigado a tornar público o estado de emergência, fazendo publicar o decreto municipal necessário e pertinente, ou mesmo motivar seu ato previamente, tudo em regular e formal procedimento de dispensa de licitação, consoante prescreve o art. 26 da Lei n. 8.666, de 1993. [...] Assim, para que fosse válida a contratação direta, *in casu*, seria necessária a formalização do procedimento de dispensa, na forma estabelecida no art. 26, com a comprovação dos requisitos estabelecidos no inciso IV do art. 24, todos da Lei n. 8.666, de 1993. Dessa forma, tratando-se de contratações realizadas sem os correspondentes procedimentos licitatórios, e considerando que os defendentes não trouxeram à colação fatos ou fundamentos aptos a elidir a ilegalidade, ficou comprovada a violação ao inciso XXI do art. 37 da Constituição da República e aos arts. 2º e 3º da Lei n. 8.666, de 1993, razão pela qual deve ser responsabilizado o gestor, à época. [Processo Administrativo n. 695.704. Rel. Auditor Gilberto Diniz. Sessão do dia 04/10/2012]

[**Não comprovação do estado de emergência. Impossibilidade de dispensa de licitação.**] [...] verifico que estes autos não foram instruídos por nenhum procedimento de dispensa de licitação, com fulcro no inciso IV do art. 24 da Lei n. 8.666, de 1993. E o defendente, instado a se manifestar, limitou-se a alegar que as contratações impugnadas, "conforme relatório técnico", foram efetivadas para atender a situações emergenciais. É importante deixar claro que, caso fossem as contratações necessárias ao atendimento das situações decorrentes do estado de emergência, o administrador deveria formalizar a dispensa da licitação pela situação de emergência, cumprindo os regramentos estabelecidos no inciso IV do art. 24 e parágrafo único do art. 26 da Lei n. 8.666, de 1993. Como dito, não o fez. Em análise aos objetos contratados, verifico que muitos deles não guardam nenhum relação com a situação de emergência, que vise à recuperação ou prevenção de possíveis danos causados ao município. E, quanto às contratações de compra de materiais e prestação de serviços relacionáveis à recuperação dos danos causados pelas chuvas ao município, o defendente não apresentou nenhum documento que demonstre firmemente a aplicação dos objetos contratados nas recuperações ou manutenções preventivas da integridade dos bens públicos e dos munícipes. [...] Dessa forma, embora o município tenha enfrentado situações trágicas que justificariam a decretação da situação de emergência, essa circunstância não se presta para justificar a falta de planejamento e o não cumprimento das normas legais, pois caberia ao gestor, nesse contexto, delimitar as compras e serviços que foram afetados pela força maior motivadora da decretação de emergência assim como apontar as contratações efetivadas com vistas a reparar os efeitos causados pelas chuvas. [Processo Administrativo n. 711.014. Rel. Auditor Gilberto Diniz. Sessão do dia 30/10/2012]

[**Aquisição de medicamentos sem o devido certame licitatório.**] No tocante ao argumento dos defendentes de que a compra visou atender aos casos urgentes e emergenciais, para a qual pode ser invocado o inciso IV do art. 24 da Lei n. 8.666, de 1993, conforme já exposto nesta fundamentação, constato que a alegação não pode ser acolhida, pois as compras realizadas perduraram ao longo do exercício, com aquisição de medicamentos diversos. Impõe-se esclarecer que, para a validade da contratação direta, com fulcro no inciso IV do art. 24 citado, é necessário que sejam comprovados os requisitos para a dispensa, conforme demonstrado na análise do subitem 2.1, quais sejam, comprovação da hipótese de dispensa e cumprimento dos requisitos estabelecidos no art. 26 da Lei n. 8.666, de 1993, o que não ocorreu no caso em exame. [Processo Administrativo n. 689.083. Rel. Auditor Gilberto Diniz. Sessão do dia 13/09/2012]

[**Irregularidade. Contratação direta realizada sem observância do procedimento licitatório.**] [...] para a validade da contratação direta é imprescindível a formalização do procedimento de dispensa, na forma estabelecida no art. 26, com a comprovação dos requisitos estabelecidos no inciso IV do art. 24, todos da Lei n. 8.666, de 1993. [...] não havendo fato, efetivamente comprovado, que evidencie a urgência, não há falar em emergência que justifique prescindir do devido procedimento licitatório, e, ainda que fosse o caso de dispensa, a declaração a fl. 833 é insuficiente, para suprir a formalização do processo. Para respaldar a contratação direta, o legislador disciplinou a formalização do procedimento da inexigibilidade ou dispensa, conforme o caso, de forma que registrasse os fatos, demonstrando as circunstâncias fáticas caracterizadoras da situação excepcional, bem como a razão da escolha do executante, e, por fim, a justificativa do preço, nos termos dos incisos II e III do art. 26 da Lei n. 8.666, de 1993, para autorizar a contratação direta, o que não ocorreu no caso em análise. [...] Pelo exposto na fundamentação, no mérito, proponho ao Colegiado da Segunda Câmara que: — sejam julgadas irregulares as contratações realizadas sem a observância do devido procedimento licitatório, item 2, por afronta ao disposto no inciso XXI do art. 37 da Constituição da República e nos arts. 2º e 3º da Lei n. 8.666, de 1993, cominando multa no valor total de R$5.700,00 (cinco mil e setecentos reais) ao [...] prefeito municipal, à época, com fundamento no inciso II do art. 95 da Lei Complementar n. 33, de 1994, cujo correspondente na Lei Complementar n. 102, de 2008, é o inciso

II do art. 85. [Processo Administrativo n. 694.975. Rel. Auditor Gilberto Diniz. Sessão do dia 30/08/2012]

[**Aquisição emergencial. Necessidade de comprovação de elementos que justifiquem a compra.**][...]não houve demonstração de estado de anormalidade imprevisível que demandasse a pronta atuação estatal, sem tempo hábil para realização de licitação. [...] os elementos dos autos indicam que a aquisição de manilhas para construção de rede pluvial (III.1) e de gêneros alimentícios (III.6), bem como a contratação de assessoria para a área de saúde (III.2), o aluguel de automóvel (III.3), de caminhões caçamba (III.4) e de caminhões de transporte (III.5) eram perfeitamente previsíveis no contexto municipal e, por isso, possível realizar o procedimento licitatório sem prejuízo para o interesse público, o que não ocorreu no momento adequado por falta de planejamento ou desídia administrativa, motivo pelo qual a contratação direta se mostrou indevidamente utilizada. [...] Assim, caracterizada a incúria do gestor na observância das formalidades exigidas pelo art. 37, XXI, da Constituição da República, necessária a sua responsabilização. [Recurso Ordinário n. 835.944. Rel. Conselheiro em exercício Hamilton Coelho. Sessão do dia 18/07/2012]

[**Contratações realizadas mediante procedimentos de dispensa de licitação irregularmente por ausência de urgência de atendimento a situações emergenciais.**] No caso presente, o [...] utilizou-se da relevância dos serviços para reiterar contratações diretas com as empresas contratadas. A "natureza essencial" a "situação emergencial" e o "risco de lesão à Administração" poderiam, a princípio, justificar a contratação inicial, entretanto, o que se vislumbra é a desídia do administrador público e a falta de planejamento, podendo falar-se em negligência e não emergência ou risco, o que não autoriza a dispensa fundamentada no inciso IV do art. 24, da Lei Federal n. 8.666/93. Não ficou comprovada a alegada situação emergencial ou da urgência para justificar as contratações realizadas, que perduraram por mais de 180 dias, em desacordo com o art. 7º, art. 24, IV, art. 26, parágrafo único, I, da Lei Federal n. 8.666/93. Tais contratações podiam ser previstas pelos gestores públicos, mediante um planejamento atento às necessidades da Administração, podendo ser programadas para todo o exercício, observando o que dispõe o art. 7º da Lei Federal n. 8.666/93, tomando-se, ainda, as devidas providências para abertura de licitação em tempo hábil à continuidade dos referidos serviços. A administração pública está vinculada ao princípio da legalidade, ou seja, o administrador só pode e deve fazer aquilo que lhe é permitido por lei. Não constam dos autos os ofícios por meio dos quais a Administração solicitou e reiterou suas solicitações de autorização para abertura de procedimento licitatório, tempestivamente, uma vez que a documentação anexada aos autos refere-se apenas a relatórios de ofícios enviados. Portanto, as contratações de serviços das empresas JR Higienização Ltda. e Sudoeste Serviços Gerais Ltda. foram efetuadas sem a realização de procedimentos licitatórios, contrariando os arts. 2º, 3º, 7º. 23 e 24, IV, da Lei Federal n. 8.666/93 e art. 37, XXI, da Constituição Federal de 1988. [Processo Administrativo n. 691.229. Rel. Conselheiro Elmo Braz. Sessão do dia 12/05/2011]

[**Contrato. Prorrogação contratual. Estado de calamidade pública.**] Quanto ao fato de o contrato firmado ter sido prorrogado por meio de termos aditivos por mais dois anos, a defesa argumentou que a prorrogação do contrato não contrariou a legislação licitatória, pois estava abalizado pelo Decreto de Calamidade Pública. Não assiste razão à defesa que se fundamentou no estado de calamidade pública, declarado no Decreto [...], tendo em vista que o art. 24, IV, da Lei de Licitações, estabelece o prazo de 180 dias para a conclusão das obras e serviços necessários ao atendimento da situação emergencial ou calamitosa, vedada a prorrogação dos respectivos contratos. Ademais, o §2º do art. 57 da mesma lei determina que toda a prorrogação de prazo deverá ser justificada por escrito e previamente autorizada pela autoridade competente. Sendo assim, considero irregular a prorrogação do contrato em comento. [...] considero irregular o Convite [...], bem como o contrato dele decorrente, por contrariarem o disposto no inciso IV do art. 24 c/c o §2º do art. 57 [...]. [Processo Administrativo n. 702.593. Rel. Conselheira Adriene Andrade. Sessão do dia 25/05/2010]

[**Emergência como hipótese de contratação direta.**] [...] cumpre, primeiramente, destacar o entendimento adotado pelo doutrinador Marçal Justen Filho, na 11ª edição de sua obra 'Comentários à Lei de Licitações e Contratos Administrativos', a fls. 238, acerca das hipóteses de contratação direta e do conceito de emergência inserido no inciso IV, do art. 24 da Lei de Licitações, *in verbis*: 'O dispositivo enfocado refere-se aos casos em que o decurso de tempo necessário ao procedimento licitatório normal impediria a adoção de medidas indispensáveis para evitar danos irreparáveis. Quando fosse concluída a licitação, o dano já estaria concretizado. A dispensa de licitação e a contratação imediata representam uma modalidade de atividade acautelatória dos interesses que estão sob a tutela estatal. [...] No caso específico das contratações diretas, emergência significa necessidade de atendimento imediato a certos interesses. Demora em realizar a prestação produziria risco de sacrifício de valores tutelados pelo ordenamento jurídico. Como a licitação pressupõe certa demora para seu trâmite, submeter a contratação ao processo licitatório propiciaria a concretização do sacrifício a esses valores.' Assim, deve ser observado se a contratação emergencial pleiteada pela Administração reveste-se de especificidades que lhe desonerem do dever de ser precedida por toda formalidade atrelada ao procedimento licitatório. [Representações n. 747.109. Rel. Conselheiro Antônio Carlos Andrada. Sessão do dia 19/02/2008]

[**Requisitos para configuração de situação de emergência a autorizar contratação direta.**] No que diz respeito à dispensa de licitação, realizada com fundamento no comando inserto no art. 24, IV, da Lei 8.666/93, que exige a caracterização de emergência ou calamidade pública (fls. 468 e 469 dos autos apensados), não ficou comprovado, *in casu*, a situação de emergência ou calamidade pública, e que a contratação imediata foi capaz de evitar prejuízos, ensejadores de danos à segurança das pessoas, obras, serviços, equipamentos e outros bens. Verifica-se que não consta nos autos a juntada do Decreto municipal que reconhece a situação de emergência do município, nem a justificativa da escolha da empresa contratada, bem como não foi comprovada a publicação na imprensa oficial do extrato da dispensa de licitação, condição para eficácia dos atos, conforme determina o art. 26 da Lei de Licitações. Nesse sentido, ensina o professor Marçal Justen Filho que: 'para dispensa da licitação, incumbe à Administração avaliar a presença de dois requisitos: a) Demonstração concreta efetiva da potencialidade de dano [...], b) Demonstração de que a contratação é via adequada e efetiva para eliminar o risco [...]'. O professor Jessé Torres Pereira Júnior, ao discorrer sobre o assunto, leciona: '[...] são pressupostos da aplicação do caso de dispensa preconizado no art. 24, IV, da mesma Lei: a1) que a situação adversa, dada como de emergência ou de calamidade pública, não se tenha originado, total ou parcialmente, da falta de planejamento, da desídia administrativa ou da má gestão dos recursos disponíveis, ou seja, que ela não possa, em alguma medida, ser atribuída à culpa ou dolo do agente público que tinha o dever de agir para prevenir a ocorrência de tal situação; a2) que exista urgência concreta e efetiva do atendimento à situação decorrente do estado emergencial ou calamitoso, visando afastar risco de danos a bens ou à saúde ou à vida de pessoas; a3) que o risco, além de concreto e efetivamente provável, se mostre iminente e especialmente gravoso; a4) que a imediata efetivação, por meio de contratação com terceiro, de determinadas obras, serviços ou compras, segundo as especificações e quantitativos tecnicamente apurados, seja o meio adequado, efetivo e eficiente de afastar o risco iminente detectado. [Recurso de Reconsideração n. 719.339. Rel. Conselheiro Antônio Carlos Andrada. Sessão do dia 08/05/2007]

[**Reconhecimento formal do estado de emergência.**] O estado de emergência, na concepção do celebrado autor Jorge Ulisses Jacoby Fernandes, em sua obra *Contratação Direta sem Licitação,* ed. Brasília Jurídica, ed., 1995, p. 168-172, ao analisar o inciso IV do art. 24 da Lei n. 8.666/93, 'aproxima-se da calamidade pública, pois seu reconhecimento se faz por ato administrativo formal, do qual participa o chefe do Executivo municipal, estadual ou distrital e o Ministro de Estado. Mas, também é permitida a contratação direta diante da análise de uma determinada situação que pelas suas dimensões não atinge toda uma comunidade, mas apenas uma área de atividade da Administração, órgão ou entidade, num círculo bem mais restrito, independentemente de qualquer ato formal de reconhecimento da situação'. Para ocorrer a contratação direta fulcrada no art. 24, IV, da Lei de Licitações Públicas, segundo o autor Marçal Justen Filho, deve a Administração avaliar a presença dos seguintes requisitos: 'a) Demonstração concreta e efetiva da potencialidade do dano: a urgência deve ser concreta e efetiva. Não se trata de urgência simplesmente teórica. Deve ser evidenciada a situação concreta existente, indicando-se os dados que evidenciam a urgência [...]. O prejuízo deve ser irreparável. Cabe comprovar se a contratação imediata evitará prejuízos que não possam ser recompostos posteriormente. O comprometimento à segurança significa o risco de destruição ou de sequelas à integridade física ou mental de pessoas ou, quanto a bens, o risco de seu perecimento ou deterioração. b) Demonstração de que a contratação é via adequada e efetiva para eliminar o risco: a contratação imediata apenas será admissível se evidenciado que será instrumento adequado e eficiente de eliminar o risco. Se o risco de dano não for suprimido através da contratação, inexiste cabimento da dispensa de licitação. Trata-se, portanto, de expor a relação de causalidade entre a ausência de contratação e a ocorrência de dano — ou, mais, precisamente, a relação de causalidade entre a contratação e a supressão do risco de dano [...]. A contratação deve ser precedida de todas as justificativas não apenas sobre a emergência, mas sobre a viabilidade concreta de atender à necessidade pública'. (JUSTEN FILHO, Marçal, *Comentários à Lei de Licitações e Contratos Administrativos*, São Paulo: Dialética Editora; 6, ed., 1999; Pág. 226.). [Processo Administrativo n. 652.308. Rel. Conselheiro Wanderley Ávila. Sessão do dia 30/05/2006]

V — quando não acudirem interessados à licitação anterior e esta, justificadamente, não puder ser repetida sem prejuízo para a Administração, mantidas, neste caso, todas as condições preestabelecidas;

Extrai-se desse dispositivo que, para haver a contratação direta, deverá ser demonstrado que houve uma licitação anterior, regularmente instituída, na qual não compareceram interessados em participar do certame e não há tempo hábil para a realização de nova licitação sem que haja prejuízo para a Administração Pública. A contratação deverá se dar, nos mesmos moldes em que foi realizado o procedimento licitatório anterior.

É a chamada licitação deserta, ou seja, foi realizado o regular procedimento licitatório sem a presença de interessados, e a realização de uma nova licitação poderá trazer prejuízos imensuráveis ao andamento das atividades públicas.

[**Convite. Inabilitação ou não comparecimento dos convidados, restando menos de três participantes.**] [...] se proceder o administrador, ao licitar por Convite, com todas as cautelas aqui recomendadas, e ainda assim um número inferior a três licitantes comparecer apresentando proposta válida, será possível contratar com um desses ofertantes, se devidamente justificada e comprovada nos autos a configuração de uma das excepcionalidades previstas no art. 22, §7º, do Estatuto Nacional de Licitações e Contratos. A par disto, convém anotar que, se, à mesma licitação, não acudirem interessados (nenhum licitante com proposta válida), estar-se-á diante da hipótese de dispensa prevista no art. 24, V, da Lei n. 8.666/93, uma vez comprovados outros requisitos, a saber: a) risco de prejuízo determinado ou agravado pela demora inerente à repetição do certame; b) afastamento desta possibilidade de prejuízo pela contratação direta; c) manutenção das condições anteriormente estabelecidas no edital. [...] não é possível subordinar a validade da licitação à escolha, totalmente subjetiva e arbitrária, dos particulares a quem foi dirigido o convite. Se os particulares não desejarem apresentar proposta ou se o fizerem em termos inadequados, não se pode atribuir a consequência da automática invalidação do certame . [...] a expressa referência à figura do convite, contida no art. 48, §3º, impõe o raciocínio de que a licitação deverá continuar normalmente quando existir pelo menos uma proposta válida e formalmente aceitável. [Consulta n. 778.098. Rel. Conselheiro Eduardo Carone Costa. Sessão do dia 10/06/2009]

[**Aquisição de combustíveis e lubrificantes para abastecimento dos veículos da Prefeitura.**] De acordo com o parágrafo único do art. 20 da Lei n. 8.666, de 1993, o fato de o certame ser realizado no local onde se situa a repartição interessada não impedirá a habilitação de interessados residentes ou sediados em outros locais. O parâmetro para realização do certame não se deve restringir ao perímetro urbano do município, mas compreender também sua área rural, além de postos de combustíveis situados nas rodovias que circundam a cidade, ainda que situados em municípios vizinhos, desde que a distância não inviabilize o binômio custo-benefício. Verifico, nesse caso, inconsistências que inviabilizariam a contratação direta com base no inciso V do art. 24 da Lei n. 8.666, de 1993, por exemplo, a ausência de publicidade da tomada de preços, na forma determinada no art. 21, e considerando que a justificativa utilizada para a não repetição da licitação foi de que o município tem apenas uma sociedade empresária interessada, o que não é verdade, considerando que o recibo [...] demonstra que a sociedade empresarial [...] também é sediada no município. Assim, deserta a tomada de preços, necessária a repetição da licitação, pois não foi apresentada justificativa que demonstrasse prejuízo para a Administração na adoção dessa providência. [...] somente se prescinde do certame licitatório quando se comprovar nos autos que não existem concorrentes em um raio de 30 quilômetros do município, e que, sendo o caso, se demonstre o motivo da escolha do fornecedor e a justificativa do preço, nos termos dos incisos II e III do art. 26, da Lei n. 8.666, de 1993, o que, na espécie, não se fez. [Processo Administrativo n. 700.967. Rel. Auditor Gilberto Diniz. Sessão do dia 29/11/2012]

[**Impossibilidade de revogação de licitação deserta ou fracassada.**] Fracassada ou deserta [determinada licitação], entendo que nenhuma das situações exige revogação do procedimento, que somente pode ocorrer 'por razões de interesse público decorrente de fato superveniente devidamente comprovado', nos termos do art. 49 da Lei Federal n. 8.666/93. Este é o entendimento da administrativista Maria Sylvia Zanella Di Pietro, *verbis*: 'Nenhuma das duas hipóteses — de licitação deserta ou fracassada exige revogação do procedimento, que está prevista no art. 49 e só pode ocorrer por razões de interesse público decorrentes de fato superveniente devidamente comprovado. A revogação supõe que o procedimento esteja sendo realizado, com a participação de licitantes interessados e dentro das normas legais (se não, seria caso de anulação), porém a Administração quer sustar o seu prosseguimento por razões de interesse público (oportunidade e conveniência, devidamente demonstradas). Na licitação deserta, não é de iniciativa da Administração a sustação do procedimento, uma vez que a Comissão de Licitação ou o responsável pelo Convite estará diante de uma situação de fato — ausência de interessados na Licitação — que terá apenas que declarar. É apenas um ato declaratório, que deve ficar constando no processo para servir de fundamento [...] [para a] abertura de nova licitação, [...] [ou para a] dispensa com base no artigo 24, IV, da Lei Federal n. 8.666/93, desde que estejam presentes os requisitos exigidos por este dispositivo: que se mantenham, na contratação direta, as mesmas condições que constavam do ato convocatório da licitação declarada deserta e que se justifique a impossibilidade de repetir a licitação sem prejuízo para a Administração. No caso de licitação fracassada, o procedimento encerra-se na fase de habilitação, se nenhum licitante estiver com a documentação em ordem, ou na fase de julgamento, se todos forem desclassificados. Tais resultados devem ficar constando da ata pertinente à habilitação e ao julgamento. Não se cogita de ato de revogação'. A invalidação do procedimento, a meu ver, efetivou-se de modo impróprio. A Administração pode revogar a licitação por motivo de conveniência ou oportunidade, mas a conveniência ou oportunidade há de se referir ao objeto da concorrência, não à forma por que esta se processa. Assim, a Administração não deveria revogar o certame, mas, sim, declará-lo deserto, devendo, ainda, pelo princípio da publicidade, publicar o ato na imprensa oficial e, não persistindo o interesse pelo objeto, [...] repeti-lo ou proceder à contratação direta facultada no sobredito art. 24, V. [Representação n. 693.306. Rel. Conselheiro Moura e Castro. Sessão do dia 29/06/2006]

VI — quando a União tiver que intervir no domínio econômico para regular preços ou normalizar o abastecimento;

Em decorrência do previsto no artigo 173 da Constituição da República de 1988, poderá a União intervir no domínio econômico para regular preços ou normalizar o abastecimento. Ressalte-se que essas são as únicas hipóteses previstas para que seja realizada a contratação direta. O que se busca com esse tipo de contratação não é o melhor preço ou o melhor contrato para a Administração, mas sim, reestabelecer as condições do mercado.

VII — quando as propostas apresentadas consignarem preços manifestamente superiores aos praticados no mercado nacional, ou forem incompatíveis com os fixados pelos órgãos oficiais competentes, casos em que, observado o parágrafo único do art. 48 desta Lei e, persistindo a situação, será admitida a adjudicação direta dos bens ou serviços, por valor não superior ao constante do registro de preços, ou dos serviços;

Esse dispositivo visa evitar que haja conluio entre os participantes da licitação e dota de autonomia a Administração, para que esta não se veja obrigada a contratar a fim de que não tenha prejuízos maiores.

Para que se utilize desse dispositivo, deverá verificar se as propostas apresentadas possuem preços superiores ao praticado no mercado, em seguida, dar oportunidade aos licitantes de apresentarem nova proposta, em conformidade com o artigo 48, § 3º desta Lei, e se não houver alteração de valor, contratar diretamente.

VIII — para a aquisição, por pessoa jurídica de direito público interno, de bens produzidos ou serviços prestados por órgão ou entidade que integre a Administração Pública e que tenha sido criado para esse fim específico em data anterior à vigência desta Lei, desde que o preço contratado seja compatível com o praticado no mercado; (Redação dada pela Lei nº 8.883, de 1994)

Esse dispositivo relaciona-se apenas com as entidades prestadoras de serviço público, não abrangendo aquelas que exploram atividade econômica.

[Dispensa de licitação para movimentação bancária em instituição financeira oficial.] [...] no que tange à necessidade de procedimento licitatório para manutenção ou abertura de conta e movimentação bancárias pela Administração Pública, concluiu-se: [...] b) No caso de instituição financeira oficial, entendida aqui aquela integrante da Administração Pública, a licitação é dispensada, atendidas as exigências estabelecidas no inciso VIII do art. 24 da Lei n. 8.666/93, com redação dada pela Lei n. 8.883/94. [Consulta n. 735840. Rel. Conselheiro Eduardo Carone Costa. Sessão do dia 05/09/2007]

[**Dispensa de licitação para a contratação com entidade pública.**] [...] a dispensa da licitação para a contratação com entidade pública — privilégio da entidade pública — é quando a contratação se dá para a finalidade precípua que legitimou a criação dessa entidade. E o que está nos autos, pelo que pude verificar depois que recebi a íntegra da decisão recorrida, é o fornecimento de bens que foram depois acrescidos, mas que não são a fonte básica que legitima a atuação da *(omissis)*. Nesse caso, se foi um acréscimo que sai da finalidade da criação, há que se submeter à licitação, como todos os que podem fazer cotação no fornecimento. [Recurso Ordinário n. 812.343. Rel. Conselheiro José Alves Viana. Sessão do dia 12/09/2012]

[**Possibilidade de contratar a empresa MGS — Minas Gerais Administração e Serviços — por dispensa de licitação.**] Conforme registrado no relatório de inspeção a fls. 153 e 154, esta Corte, na Sessão Plenária de 03/04/1997, em resposta à Consulta nº. 390.863, formulada pela *[omissis]*, adotou o seguinte entendimento: [...] para que a licitação seja dispensável [...] torna-se imperioso o atendimento das seguintes condições: a) seja o adquirente dos bens ou serviços, pessoa jurídica de direito público interno; b) que o órgão ou entidade pública, fornecedor dos bens ou prestador dos serviços, tenha sido criado para esse fim específico em data anterior à vigência da Lei Federal n. 8.666/93; c) que o preço contratado seja compatível com o praticado no mercado. No caso em análise, quanto à aplicabilidade de tais condicionantes à situação em exame temos que: a) o [...] encontra-se incluído na hipótese legal do artigo 24, VIII, da Lei Federal n. 8.666/93, atendendo ao primeiro requisito — letra *a*, por ser uma pessoa jurídica de direito público interno; b) em relação ao segundo requisito — letra *b* do mesmo inciso e artigo, conforme entendimento do Tribunal de Contas expresso na citada Consulta a MGS — Minas Gerais Administração e Serviços, não o atende, tendo em vista que: A MGS não foi criada para o fim específico de prestar serviços às pessoas jurídicas de direito público interno, pois a sua constituição retroage aos idos de 1954, com a razão social de Cia. Federal de Imóveis e Construções S/A e o objeto social de compra e venda, administração e construção de imóveis em geral [...] Quanto ao terceiro requisito — letra *c*, o interessado não apresentou documentos que comprovem o levantamento formal da aferição dos preços contratados com os praticados no mercado. Dessa forma, verifica-se que a contratação da MGS infringiu preceitos da Constituição Federal, ofendendo, entre outros princípios, os da legalidade e isonomia. Em relação ao primeiro preceito, porque a contratação ocorreuem desacordo à Lei n. 8.666/93, uma vez que a MGS não foi criada para o fim específico de prestar serviços às pessoas jurídicas de direito público interno. Em relação ao segundo preceito, porque vários particulares atuantes no mercado, a despeito de terem condições de prestar os mesmos serviços, ficam impossibilitados de contratar com o Estado. [Processo Administrativo n. 691.229. Rel. Conselheiro Elmo Braz. Sessão do dia 12/05/2011]

[**Necessidade de formalização de dispensa baseada no inciso VIII do art. 24 da Lei de Licitações.**] Constata-se que o interessado sustenta que o objeto contratado enquadra-se dentro das hipóteses de dispensa de licitação, uma vez que a aquisição de gêneros alimentícios foi por órgão ou entidade integrante da administração. No entanto, os fundamentos articulados na defesa não foram corretamente capitulados, pois a disposição contida no artigo 24, XVI, da Lei Federal n. 8.666/1993 está relacionada com a impressão de diários oficiais e formulários padronizados de uso da administração, bem como prestação de serviços de informática por órgão ou entidades que integram a administração pública criados para esse fim. Considerando que [...] a favorecida é empresa pública vinculada ao Ministério da Agricultura, Pecuária e Abastecimento, a qual fornece gêneros alimentícios, configura-se, no caso, hipótese de dispensa, nos termos do art. 24, VIII, da referida Lei de Licitações, viabilizando, assim, a contratação direta. Observa-se, contudo, que não é suficiente que fique configurada a hipótese legal, é necessário, ainda, que o interessado formalize o respectivo procedimento de dispensa, nos termos do artigo 26 da Lei n. 8.666/93, o que não foi comprovado nos autos, razão pela qual considero irregular a contratação efetuada. [Processo Administrativo n. 614.567. Rel. Conselheiro Antônio Carlos Andrada. Sessão do dia 29/05/2007]

[**Contratação direta pode ocorrer com entidades de diferente esfera federativa.**] [...] a Lei n. 8.666/93, no art. 24, VIII, não exige que as esferas de governo das partes contratantes sejam as mesmas, o que leva a concluir que não existe a vedação à contratação entre diferentes esferas de governo, [...] [conforme corrobora] Marçal Justen Filho, que tem o seguinte entendimento: 'A dúvida se relaciona com a possibilidade de pessoa de direito público contratar entidade integrante de outra órbita administrativa. Assim, um Estado poderia contratar, sem licitação, uma entidade integrante da Administração Pública federal? A resposta é positiva e deriva da identidade jurídica entre a entidade e o sujeito que a instituiu.' (in: *Comentários à Lei de Licitações e Contratos Administrativos*, Editora Dialética, 6. ed., p. 236). [Recurso de Reconsideração n. 726.023. Rel. Conselheiro Antônio Carlos Andrada. Sessão do dia 17/04/2007]

IX — quando houver possibilidade de comprometimento da segurança nacional, nos casos estabelecidos em decreto do Presidente da República, ouvido o Conselho de Defesa Nacional;

Para que haja a dispensa de licitação, o objeto que se pretende contratar deve ter relação direta com a segurança nacional, ou seja, a contratação ocorrerá quando houver possibilidade de comprometimento da defesa nacional. Os casos deverão ser estabelecidos pelo Presidente da República em decreto, com prévia oitiva do Conselho de Defesa Nacional.

X— para a compra ou locação de imóvel destinado ao atendimento das finalidades precípuas da administração, cujas necessidades de instalação e localização condicionem a sua escolha, desde que o preço seja compatível com o valor de mercado, segundo avaliação prévia; (Redação dada pela Lei nº 8.883, de 1994)

Essa hipótese se enquadra mais numa inviabilidade de competição, haja vista que as características do imóvel são relevantes para que seja atendido o interesse público. Quando for necessária para a Administração a compra ou a locação de um imóvel em determinado lugar, com determinada finalidade, não se torna possível a competição. A ideia é a de que ou a Administração encontra o imóvel que atenda sua finalidade ou não encontra.

[**Poder Legislativo. Aquisição de imóvel para construção de sede.**] a) Não há vedação para a compra de terreno e a construção de sede própria tanto pelo Poder Executivo municipal quanto pela Câmara municipal, desde que tal despesa esteja vinculada a programa governamental inserto no Plano Plurianual e esteja também prevista na Lei de Diretrizes Orçamentárias, devendo ainda existir dotação orçamentária própria na Lei Orçamentária Anual e serem cumpridas as exigências da Lei de Licitações, além de observado o limite constitucional estabelecido no art. 29-A da Constituição da República. b) O registro de propriedade de um bem público, seja ele móvel ou imóvel, não poderá ser feito em nome de órgãos despersonalizados, como são a Prefeitura

Municipal e a Câmara Municipal, mas tão somente em nome da pessoa jurídica de direito público correspondente, isto é, do Município; c) A aquisição de bem imóvel deve ser formalizada por escritura pública, realizando-se, posteriormente, a devida transcrição no Cartório de Registro de Imóveis (art. 531, Código Civil). Em regra, verifica-se que a aquisição de imóvel pela Câmara Municipal e pelo Poder Executivo Municipal opera-se, por meio de desapropriação. Todavia, caso a Câmara Municipal e a Prefeitura optem pelo contrato de compra e venda, o administrador deverá atentar para os requisitos da lei civil (bem, preço, consentimento e forma) e do regime jurídico-administrativo (processo administrativo, prévia avaliação, lei específica de iniciativa do Poder Executivo, demonstração do interesse público, observância do devido procedimento licitatório, ressalvado este último a hipótese do inciso X, do art. 24 da Lei n. 8666/93). [Consulta n. 837.547. Rel. Conselheiro Eduardo Carone Costa. Sessão do dia 24/11/2010]

[**Autonomia financeira da Câmara Municipal.**] Para viabilizar o exercício de suas importantes atribuições, com a autonomia necessária ao *munus* que lhe é conferido, a Câmara deverá dispor de recursos consignados no orçamento municipal, exercendo, assim, sua autonomia financeira. A administração financeira, a contabilidade e a elaboração da proposta orçamentária da Câmara que irá integrar o orçamento anual do município é de responsabilidade do presidente da edilidade, que deverá receber assessoria contábil e técnica de seus servidores. Assim, em primeiro lugar, é preciso que haja previsão orçamentária, em programa próprio com vistas à estruturação material da Câmara, para acobertar as despesas com aquisição de bens móveis e imóveis para uso próprio do Legislativo. Nesse passo, atendendo ao comando constitucional, nos termos do art.165, §§ 1º e 2º, anote-se, ainda, que tais aquisições devem constar do Plano Plurianual e na Lei de Diretrizes Orçamentárias do Município, visto que a aquisição de bens duráveis, inclui-se nas despesas de capital.

Além dos requisitos de natureza orçamentária, impõe-se acrescentar que a aquisição de bens imóveis, a título oneroso, por compra, permuta ou desapropriação, depende de requisitos de natureza administrativo-financeira, à luz da Lei n. 8.666/93. Consoante se infere do art. 6º da citada lei, em princípio, toda compra ou locação de bens, quer móveis ou imóveis, depende de prévia licitação, salvo nas excepcionais hipóteses de dispensa ou inexigibilidade, previstas nos arts. 23 e 24 da Lei de Licitações. No caso de aquisição de imóvel, destaco a dispensabilidade tratada no inciso X do art. 24, quando as necessidades de sua instalação e localização para abrigar as atividades precípuas do órgão, condicionarem a sua escolha. Nesse caso, há que se verificar a compatibilidade com o valor do mercado e a avaliação prévia. Portanto, quanto à possibilidade de aquisição de bens diretamente pela Câmara, observados os requisitos acima mencionados, respondo afirmativamente. No tocante à possibilidade de a Câmara se valer da Comissão Permanente de Licitação do Poder Executivo para realizar as tarefas concernentes ao procedimento licitatório, desde a habilitação até a classificação final, tenho como negativa a resposta. Com efeito, o art. 51 dispõe que no mínimo dois servidores qualificados pertencentes ao órgão responsável pela licitação devem integrar a referida comissão. Além desse óbice legal, entendo que há que se buscar preservar a autonomia do Poder Legislativo e a profissionalização de seu quadro próprio de pessoal. [Consulta n. 726.250. Rel. Conselheiro Wanderley Ávila. Sessão do dia 16/05/2007]

[**Aquisição de imóvel urbano. Ausência de processo licitatório ou de dispensa. Não apuração de valor de mercado. Irregularidade.**] Quanto à ausência de procedimento licitatório ou de dispensa, sustenta que estaria configurada a hipótese do art. 24, X, da Lei n. 8.666/93, pelo que estaria dispensado de realizar o certame. Contudo, não se ateve para o fato de que o ventilado dispositivo exige avaliação prévia para fins de constatação do preço de mercado do bem imóvel, deixando de observar o procedimento, [...] O representado também obrou em manifesta ilegalidade ao ignorar a necessidade de se instaurar procedimento específico para dispensa de licitação, nos termos do art. 26 e seu parágrafo único, da Lei n. 8.666/93. Ademais, nota-se que o Município adquiriu o imóvel em voga por meio do instrumento particular [...], quando se sabe que *a escritura pública é essencial à validade dos negócios jurídicos que visem à constituição, transferência, modificação ou renúncia de direitos reais sobre imóveis de valor superior a trinta vezes o maior salário mínimo vigente no País*, conforme o art. 108 do Código Civil Brasileiro. Constatada, portanto, irregularidade na aquisição do imóvel, aplico multa prevista no art. 318, II, do Regimento Interno ao representado [...]. [Representação n. 772.601. Rel. Conselheiro Cláudio Couto Terrão. Sessão do dia 27/03/2012]

[**Imposição das limitações do art. 9º, III, da Lei de Licitações em relação à contratação e locação.**] [Foram apontadas como irregulares] despesas realizadas para pagamento de aluguéis, referentes a vários imóveis, sem o devido procedimento licitatório e, ainda, [...] [favorecendo pessoa que ocupa] o cargo de Assessor Jurídico da Prefeitura [...]. Entendo que o dispositivo legal em questão [art. 9º, III] está inserido no contexto da moralidade pública. [...] como assinala Marçal Justen Filho, [...] 'o princípio da moralidade exige afastar-se objetivamente o risco de comprometimento da seriedade da licitação e da probidade na execução do contrato. Daí deriva a aplicação do disposto no art. 9º também a contratos cujo objeto não seja nem obra nem serviço'. (JUSTEN FILHO, Marçal. Comentários à Lei de Licitações e Contratos Administrativos. 11. ed., São Paulo: Dialética. p.124-125). Torna-se necessária, portanto, uma análise mais decurada das peculiaridades do caso em tela, o qual suscita indagações sobre a aplicabilidade do impedimento [do art. 9º, III] à contratação direta de locações de imóveis. Para tanto, calha recolher novamente aos ensinamentos de Marçal Justen Filho, para quem, em suas próprias palavras: 'O art. 9º estabelece vedação orientada a excluir a possibilidade de que o exercício por um sujeito de uma certa faculdade, que se relaciona à modelagem da futura contratação, conduza ao surgimento de benefícios e vantagens indevidos, frustrantes do cunho competitivo da licitação. Ora, admitir que o sujeito modele o contrato e, desse modo, produza a não-aplicação da licitação seria muito mais ofensivo aos princípios jurídicos que o art. 9º busca proteger. Portanto e como regra, o impedimento previsto no art. 9º aplica-se também aos casos de contratação direta. Mas há que se estabelecer uma ressalva. É possível que a causa jurídica da dispensa ou da inexigibilidade exista antes ou independentemente da elaboração do projeto. Nesse caso, não incide o impedimento. Um exemplo permite compreender o raciocínio. Suponha-se que uma certa tecnologia seja de titularidade privativa de uma determinada empresa. A Administração realizará a contratação direta com fundamento no art. 25, I, da Lei n. 8.666. Se a Administração contratar o único empresário em condições de executar a obra para elaborar os projetos básico e executivo, é evidente que o impedimento examinado não se aplicará'. (JUSTEN FILHO, Marçal. Comentários *à Lei de Licitações e Contratos Administrativos*. 11. ed., São Paulo: Dialética. p.120) Na esteira do raciocínio do doutrinador, entendo ser possível a aplicação das limitações contidas no art. 9º, III, da Lei de Licitações, no caso da locação de imóveis, acolhendo a tese de que essa contratação em comento poderia, até mesmo, ser efetivada sem a observância da limitação do art. 9º, III, desde que estivesse amplamente demonstrada a exclusividade do imóvel locado, conforme art. 24, X, do mesmo diploma legal. Desse modo, haveria que ser comprovado, de forma irrefutável, que o imóvel em questão é o que preenche as necessidades de instalação e localização, satisfazendo as necessidades precípuas da administração, conforme o art. 24, X, da Lei de Licitações, além de serem também obrigatórios a comprovação do preço de mercado, segundo avaliação prévia, e o cumprimento ao art. 26, II e III, da mesma norma, o que, no caso, não ocorreu, motivo pelo qual se eivou de irregularidade a contratação em apreço. [Processo Administrativo n. 606.324. Rel. Conselheira Adriene Andrade. Sessão do dia 07/08/2007]

[**Requisitos para a contratação direta de locação.**] Marçal Justen Filho (JUSTEN FILHO, Marçal *Comentários à Lei de Licitações e Contratos Administrativos* – 11. Ed. São Paulo: Dialética, 2005, p. 250), em sua obra, leciona que a contratação direta do inciso X do art. 24 da Lei n. 8666/93 depende de três requisitos: a) necessidade de imóvel para desempenho das atividades administrativas; b) adequação de um determinado imóvel para satisfação das necessidades estatais; c) compatibilidade do preço com os parâmetros de mercado. Não pairam dúvidas de que o imóvel [em tela] é essencial para a Administração Pública satisfazer as suas necessidades. [...] A licitação, por mais imprescindível que seja, determinante que é da igualdade entre os participantes, não pode se sobrepor ao interesse público. E, como exposto, os pressupostos para a efetivação do aludido interesse estavam presentes [no caso em exame]. Quando a Administração precisa de um imóvel em localização especial, para uma destinação peculiar, mitigada deverá ser a competição entre os particulares. Exemplo claro de ponderação de interesses. Tamanha a possibilidade de se dispensar o certame que há autores que defendem, inclusive, que o presente caso é de inviabilidade de competição. Como se inexigibilidade fosse. [Processo Administrativo n. 688.057. Rel. Conselheiro Simão Pedro Toledo. Sessão do dia 24/04/2007]

XI — na contratação de remanescente de obra, serviço ou fornecimento, em consequência de rescisão contratual, desde que atendida a ordem de classificação da licitação anterior e aceitas as mesmas condições oferecidas pelo licitante vencedor, inclusive quanto ao preço, devidamente corrigido;

Quando houver uma contratação proveniente de um regular procedimento licitatório e a execução do objeto se tornar interrompida em razão da rescisão do contrato, é possível a contratação do remanescente de forma direta, desde que atendida a ordem de classificação da licitação anterior.

A execução do remanescente dos serviços deverá se dar nas mesmas condições oferecidas pelo licitante vencedor, inclusive quanto ao preço, devidamente corrigido.

Além disso, deve-se considerar o fato de que a administração pública está obrigada legalmente a gerir os recursos públicos de forma razoável e eficiente, devendo ser observado o princípio da economicidade, o qual prevê que a administração adote soluções mais convenientes, eficazes e razoáveis. Tal princípio possibilita que a máquina pública busque gerir seus recursos de forma inteligente sob o enfoque do melhor custo-benefício. Considerando que os recursos são cada vez mais escassos, o administrador deve aplicá-los de forma a gerar melhores resultados, ou seja, de maneira mais econômica e eficaz.

XII — nas compras de hortifrutigranjeiros, pão e outros gêneros perecíveis, no tempo necessário para a realização dos processos licitatórios correspondentes, realizadas diretamente com base no preço do dia; (Redação dada pela Lei nº 8.883, de 1994)

O dispositivo não autoriza a contratação direta, as compras em referências deverão ser precedidas de licitação e o fornecimento dos produtos será realizado mediante uma programação da Administração Pública com o fornecedor. Contudo, até que sejam finalizados os processos licitatórios correspondentes, é lícita a contratação direta dos produtos, é o que se entende por compra eventual.

[Licitação. Contratação direta. Impossibilidade. Ausência de publicidade. Multa.] Com efeito, o que se apurou nos [...] procedimentos foi a violação de diversos artigos da Lei n. 8.666/93, em que ficou comprovada a inobservância dos procedimentos previstos na Lei de Licitações por parte da Câmara Municipal durante a gestão do recorrente. [...] não assiste razão ao recorrente, pois de fato a despesa referente à aquisição de água mineral no exercício de [...], no valor de

[...], não foi precedida de licitação, nem tampouco do procedimento exigido para as contratações por meio de dispensa de licitação prevista no art. 24, XII, da Lei n. 8.666/93, consoante o disposto no art. 26 do referido diploma legal. [...] Ademais, o fundamento por ele aduzido de que a aquisição de água mineral se enquadraria no conceito de "gênero perecível" [e encontraria amparo no art. 24 da Lei n. 8.666/93] também não merece acolhida, pois [...] não se amolda ao conceito contido na orientação [...] da Anvisa [...] No tocante às irregularidades apontadas [...], especificamente quanto à ausência de publicidade levantada em relação aos editais de Tomada de Preços [...] Entendo que, no presente caso, houve a violação do art. 21 da Lei n. 8.666/93 na medida em que a Câmara Municipal deixou de publicar os avisos contendo os resumos dos editais em jornal de grande circulação. [...] Diante de todo o exposto, nego provimento ao Recurso interposto, mantendo incólume a decisão prolatada pela Primeira Câmara deste Tribunal [...] O recolhimento da multa imputada deverá ser feito pelo responsável, no prazo de 30 (trinta) dias a contar da ciência da decisão. Transcorrido o prazo sem o cumprimento dessa determinação ou sem manifestação do interessado, o Tribunal passará certidão de débito contendo o valor da multa imputada, devidamente atualizada, e a remeterá ao Ministério Público junto ao Tribunal de Contas para as providências necessárias à execução da decisão, nos termos do art. 364, parágrafo único, da Res. TC n. 12/2008. [Recurso Ordinário n. 859.043. Rel. Conselheiro Eduardo Carone Costa. Sessão do dia 20/06/2012]

XIII — na contratação de instituição brasileira incumbida regimental ou estatutariamente da pesquisa, do ensino ou do desenvolvimento institucional, ou de instituição dedicada à recuperação social do preso, desde que a contratada detenha inquestionável reputação ético-profissional e não tenha fins lucrativos; (Redação dada pela Lei nº 8.883, de 1994)

A administração pública poderá contratar de forma direta instituições para dar apoio a projeto de ensino, pesquisa, extensão, desenvolvimento institucional, científico e tecnológico, com inquestionável reputação ético-profissional, desde que preste tais serviços com elevado grau de competência e excelência e que não possua fins lucrativos e, ainda, que pratique preços compatíveis com os serviços a serem prestados e com a realidade de mercado.

Contudo, para que seja realizada essa contratação, deverá a Administração se cercar de cautelas e verificar se a contratação atenderá ao interesse público.

Esse dispositivo deve ser aplicado em conjunto com o artigo 218 da Constituição da República de 1988, o qual preceitua que o Estado promoverá e incentivará a pesquisa, a capacitação tecnológica e desenvolvimento científico.

Esse dispositivo tem sido muito usado para contratações de fundações de apoio ligadas à instituições de ensino superior na busca do desenvolvimento institucional.

[**Contratação de terceiros. Atividade a ser prestada por servidor. Carência de estrutura devidamente organizada. Exigência de certame licitatório.**] A contratação direta de instituição brasileira, sem fins lucrativos, dedicada ao ensino, à pesquisa e ao desenvolvimento institucional, com fulcro no inciso XIII do art. 24 da Lei n. 8.666/93 [...] somente é permitida a contratação com dispensa de licitação com fulcro no referido dispositivo quando houver nexo entre o disposto no inciso XIII, a natureza da instituição e o objeto a ser contratado, além de comprovada razoabilidade de preços. Isto é, não basta que a entidade a ser contratada dedique-se, estatutariamente, ao ensino, à pesquisa ou ao desenvolvimento institucional. É imprescindível que o objeto do contrato seja, também, ensino, pesquisa ou desenvolvimento institucional, sob pena de se conceder privilégio indevido a instituições que, embora sem fins lucrativos, dedicam-se a atividades de natureza econômica, o que tornaria o dispositivo da lei inconstitucional, por ferir o princípio da isonomia e os princípios da atividade econômica. [...] Da análise dos procedimentos exigidos para o recebimento da compensação previdenciária, verifica-se que eles não apresentam nenhuma relação com as atividades de pesquisa, de ensino ou de desenvolvimento institucional. Ademais, para que se possa entender pela configuração da hipótese de dispensa em apreço, deve ser evidenciada a inquestionável reputação ético-profissional do contratado, bem como a ausência de fins lucrativos. [...] a compensação previdenciária tem previsão constitucional, nos termos do art. 201, §9º, da CR/88, sendo que os procedimentos previstos para seu recebimento constituem serviços rotineiros, contínuos e comuns, relativos à gerência de dados dos benefícios concedidos pelos respectivos regimes de previdência, tendo, pois, estrita relação com as funções desempenhadas por eles. Assim, os procedimentos exigidos para seu recebimento podem e devem ser executados pelos servidores do próprio instituto de previdência. [...] Por conseguinte, [...] apenas na hipótese de insuficiência ou falta de capacitação de servidores pode-se admitir a contratação de empresa, mediante prévio processo licitatório, em que se garanta a isonomia entre os possíveis interessados na avença, observadas as normas da Lei n. 8.666/93, e até que o instituto de previdência se estruture para o desempenho dos mencionados. [Consulta n. 784.367. Rel. Conselheiro em exercício Licurgo Mourão. Sessão do dia 05/08/2009]

[**Impossibilidade de contratação direta de fundação de fomento da pesquisa, que possui advogados credenciados, para que estes prestem serviços à Administração.**] [...] instituições sob a roupagem de fundações destinadas ao fomento da pesquisa, mas com objetivos outros, de prestação de serviços profissionais, como no caso, de prestação de serviços advocatícios, estão buscando contratar com a Administração Pública diretamente, ao equivocado argumento de que, na qualidade de fundações incumbidas regimental ou estatutariamente da pesquisa, do ensino ou do desenvolvimento institucional, a licitação, neste caso, seria dispensável [...] É preciso frisar que o referido dispositivo é incabível para a hipótese de contratação de serviços advocatícios, ou quaisquer outros que não estejam diretamente ligados à pesquisa, ao ensino ou ao desenvolvimento institucional. [...] o serviço a ser contratado diretamente pela Administração deverá estar voltado objetivamente à pesquisa, ao ensino ou ao desenvolvimento institucional, nunca desbordando desse objeto, sob pena de vir a representar uma porta aberta para qualquer espécie de terceirização de serviços pelo Poder Público. [...] a contratação [direta fundamentada no inciso XIII do art. 24] [...] deverá ocorrer mediante prévio processo formal de dispensa, nos termos do art. 26 da Lei n. 8.666/93, que deve ser instruído com os documentos comprobatórios da regularidade da instituição e de sua forma civil, com os elementos de razão da escolha do prestador ou fornecedor e da justificativa do preço pactuado e sempre observando o princípio da isonomia. [...] Marçal Justen Filho (*Comentários À Lei de Licitações e Contratos Administrativos*. São Paulo: Dialética, 1999. p. 243) assevera: 'o dispositivo abrange contratações que não se orientam diretamente pelo princípio da vantajosidade. Mas a contratação não poderá ofender o princípio da isonomia. Existindo diversas instituições em situação semelhante, caberá a licitação para selecionar aquela que apresente a melhor proposta — ainda que essa proposta deva ser avaliada segundo critérios diversos do menor preço. A opção por uma determinada linha de pesquisa deverá ser justificada por critérios científicos'. [...] Assim, não poderá a Administração contratar diretamente com fundação que possua advogados credenciados, visando a obter serviços advocatícios. [...] em princípio, a prestação de serviço jurídico-advocatício é atividade profissional que deve ser realizada pelo corpo jurídico do próprio município. Na hipótese de este não possuir procuradores suficientes para representá-lo em juízo e promover as ações de competência municipal, determinado serviço, motivadamente, poderá ser terceirizado a uma sociedade civil de advogados, mas, por via de regra, mediante procedimento licitatório prévio). [Consulta n. 708.580. Rel. Conselheiro Wanderley Ávila. Sessão do dia 08/11/2006]

[**Possibilidade de contratação sem licitação da Fundação de Apoio ao Desenvolvimento do Ensino Superior do Norte de Minas, com a devida formalização da dispensa.**] [...] é legal a contratação sem licitação de instituição sem fins lucrativos e voltada para a pesquisa, ensino ou desenvolvimento institucional. [...] Este dispositivo [inciso XIII] permite a contratação direta de instituições universitárias, desde que presentes os requisitos previstos no referido artigo [art. 24], ou seja, aqueles relacionados com os objetivos institucionais, inquestionável reputação ético-profissional e que não tenham fins lucrativos. Ressalta-se, pois, que na dispensa não há, em princípio, afastamento da licitação. Nada impede [...] que o administrador, entendendo conveniente, efetue a licitação, visando selecionar as melhores propostas. Recorrendo o administrador à contratação direta com instituição que preencha os requisitos do art. 24, XIII, da Lei de Licitações, deverá formalizar a dispensa de licitação, observando, no que couber, o disposto no *caput* e parágrafo único do art. 26 da Lei n. 8.666/93, com redação dada pela Lei n. 8.883/94.[Consulta n. 448.191. Rel. Conselheiro Subst. Edson Arger. Sessão do dia 06/08/1997]

[**Contratação que não se enquadra nas hipótese de inexigibilidade realizada sem o devido procedimento licitatório.**] [...] os requisitos necessários para a contratação direta, mediante dispensa de licitação, com fincas no inciso XIII do art. 24 da Lei n. 8.666, de 1993, pressupondo que a contratada se enquadraria no citado dispositivo, não ficaram comprovados nos autos. [...] os serviços prestados pelo *[omissis]* são inerentes à rotina administrativa dos municípios como um todo. Portanto, não apresentam nuanças que pudessem ensejar a hipótese que autorizaria a contratação com o escopo definido no inciso XIII do art. 24 da Lei n. 8.666, de 1993. [...] No mérito, proponho ao Colegiado da Segunda Câmara que: — sejam julgadas irregulares as contratações realizadas sem a observância do devido procedimento licitatório, item 2, por afronta ao disposto no inciso XXI do art. 37 da Constituição da República e nos arts. 2º e 3º da Lei n. 8.666, de 1993, cominando multa no valor total de R$13.200,00 (treze mil e duzentos reais) ao *[omissis]*. [Processo Administrativo n. 691.703. Rel. Auditor Gilberto Diniz. Sessão do dia 09/10/2012]

[**Contratação irregular por dispensa de licitação.**] [...] a despesa foi processada mediante dispensa de licitação, com fincas no inciso XIII do art. 24 da Lei n. 8.666, de 1993, pressupondo que a contratada se enquadraria no citado dispositivo, fato este que não ficou comprovado nos autos. [...] a contratação direta, com fulcro no inc. XIII do art. 24 da Lei n. 8.666, de 1993, exige que a expressão "desenvolvimento institucional" seja interpretada de forma restritiva, ou seja, o objeto da contratação deve estar relacionado com o alcance do "desenvolvimento institucional" a ser perseguido pela contratada, não se esquecendo dos demais requisitos da hipótese, como tratar-se de uma instituição brasileira, sem fins lucrativos e de inquestionável reputação ético-profissional. A hipótese de dispensa, nesse caso, visa a dar cumprimento ao dispositivo constitucional do art. 218 que estabelece caber ao Estado incentivar o desenvolvimento científico, a pesquisa e a capacitação tecnológicas. [...] confirmados os apontamentos da equipe de inspeção e considerando que não houve manifestação do ordenador de despesas, embora tenha ele sido devidamente citado, entendo que devem ser consideradas irregulares as contratações em análise, por violação aos arts. 2º e 3º da Lei n. 8.666, de 1993, e que devem ser cominadas ao responsável, as sanções legais. [Processo Administrativo n. 694.500. Rel. Auditor Gilberto Diniz. Sessão do dia 27/09/2012]

XIV — para a aquisição de bens ou serviços nos termos de acordo internacional específico aprovado pelo Congresso Nacional, quando as condições ofertadas forem manifestamente vantajosas para o Poder Público; (Redação dada pela Lei nº 8.883, de 1994)

O acordo internacional específico aprovado pelo Congresso Nacional é que vai estabelecer os requisitos da contratação direta. Contudo, só será utilizado quando as condições forem vantajosas para a Administração, afinal a relação custo-benefício é a que mais fundamenta a dispensa da licitação. Verifica-se que esse dispositivo não faz menção a obras, apenas a bens e serviços.

XV — para a aquisição ou restauração de obras de arte e objetos históricos, de autenticidade certificada, desde que compatíveis ou inerentes às finalidades do órgão ou entidade.

Deverá ser justificada a aquisição ou restauração de obras de arte e objetos históricos pelo Estado. O bem terá a autenticidade certificada, o que significa dizer que a Administração deverá ter conhecimento de sua procedência. Sendo válida a contratação direta, se a aquisição ou a restauração for compatível às finalidades do órgão ou entidade.

Essa matéria pode ser entendida como inexigibilidade de licitação, haja vista que o próprio artigo 13, inciso VII, desta Lei, considera como serviços técnicos profissionais especializados, os trabalhos relativos à restauração de obras de arte e bens de valor histórico.

[**Comprovação da natureza artística ou da condição de patrimônio histórico.**] [...] não há comprovação de que o prédio da prefeitura possa ser considerado patrimônio histórico ou que o relógio constitua obra de arte ou objeto histórico passíveis de serem restaurados com base no artigo da Lei de Licitações em que se fundamentou o gasto. Além do mais, não se pode aceitar como certificado de autenticidade a mera declaração de que as peças adquiridas 'são antigas, recuperadas, portanto, autênticas da época em que foram fabricadas', apenas carimbada com o CGC da empresa Antiquário Mineiro, sem que tenha sido apresentada a identificação e a qualificação profissional do declarante. [...] Os pareceres e declarações apresentados mostraram-se inábeis para justificar a necessidade da compra de peças antigas, já que não ofereceram nenhum dado objetivo sobre o prédio e o relógio objetos de restauração e sobre os lustres a serem adquiridos. Alegar simplesmente que se cuida de restaurar o patrimônio público e que em virtude da arquitetura do prédio era necessária a compra de peças antigas não é suficiente para justificar a dispensa de licitação invocando a Lei n. 8.666/93. [Processo Administrativo n. 501.309. Rel. Conselheiro Sylo Costa. Sessão do dia 26/06/2003]

XVI — para a impressão dos diários oficiais, de formulários padronizados de uso da administração, e de edições técnicas oficiais, bem como para prestação de serviços de informática a pessoa jurídica de direito público interno, por órgãos ou entidades que integrem a Administração Pública, criados para esse fim específico;(Incluído pela Lei nº 8.883, de 1994)

Somente será aceita a contratação direta para essas hipóteses quando elas tiverem alguma relação com as finalidades do Estado. Importante salientar que este dispositivo não se aplica às empresas estatais que explorem atividade econômica ou que não tenham sido criadas para prestar serviços à Administração.

XVII — para a aquisição de componentes ou peças de origem nacional ou estrangeira, necessários à manutenção de equipamentos durante o período de garantia técnica, junto ao fornecedor original desses equipamentos, quando tal condição de exclusividade for indispensável para a vigência da garantia; (Incluído pela Lei nº 8.883, de 1994)

Para que o bem adquirido pela Administração seja garantido pelo fornecedor durante determinado tempo, é possível que as peças originais, que garantam o produto, sejam adquiridas por dispensa de licitação. Se houver mais de um fornecedor das peças originais, a Administração deverá promover o certame, haja vista que não haverá justificativa para adquirir as peças de um fornecedor em detrimento de outro por se tratarem de peças iguais.

XVIII — nas compras ou contratações de serviços para o abastecimento de navios, embarcações, unidades aéreas ou tropas e seus meios de deslocamento quando em estada eventual de curta duração em portos, aeroportos ou localidades diferentes de suas sedes, por motivo de movimentação operacional ou de adestramento, quando a exiguidade dos prazos legais puder comprometer a normalidade e os propósitos das operações e desde que seu valor não exceda ao limite previsto na alínea "a" do inciso II do art. 23 desta Lei: (Incluído pela Lei nº 8.883, de 1994)

Esse dispositivo visa atender às demandas quando estiverem em movimentação operacional ou adestramento. É um dispositivo ligado as operações militares.

XIX — para as compras de material de uso pelas Forças Armadas, com exceção de materiais de uso pessoal e administrativo, quando houver necessidade de manter a padronização requerida pela estrutura de apoio logístico dos meios navais, aéreos e terrestres, mediante parecer de comissão instituída por decreto; (Incluído pela Lei nº 8.883, de 1994)

Trata-se de uma hipótese de dispensa de licitação que mais se parece com inexigibilidade, haja vista tratar-se de padronização. Não é possível a contratação direta para aquisição de materiais de uso pessoal e administrativo.

XX — na contratação de associação de portadores de deficiência física, sem fins lucrativos e de comprovada idoneidade, por órgãos ou entidades da Administração Pública, para a prestação de serviços ou fornecimento de mão-de-obra, desde que o preço contratado seja compatível com o praticado no mercado. (Incluído pela Lei nº 8.883, de 1994)

Esse dispositivo é ligado ao artigo 203, inciso IV da Constituição da República de 1988, o qual prevê que a assistência social tem por um de seus objetivos habilitar e reabilitar pessoas portadoras de deficiência e promover a sua integração a vida social. Dessa forma, as associações de portadores de deficiência física sem fins lucrativos, idôneas e que pratiquem o preço de mercado poderão ser contratadas de forma direta.

[**Contratação direta de associação de portadores de necessidades especiais para prestar serviço no município.**] No mérito, acolho *in totum* o parecer emitido pela Auditoria, a seguir transcrito: "[...] Diante de todo o exposto, entende esta Auditoria que da interpretação do art. 24, XX, da Lei n. 8.666/93, pode-se dizer que é permitida a contratação de associação de portadores de deficiência, de comprovada idoneidade e que não possua fins lucrativos, mediante a adoção das formalidades previstas no art. 26 da referida norma, principalmente, no que tange ao preço compatível com o praticado no mercado. Além da observância das normas legais, deve o objeto contratado ter correlação com as atividades de ensino, pesquisa ou desenvolvimento institucional, de acordo com entendimentos proferidos pelo Tribunal de Contas da União. No entanto, considerando que o atendimento educacional especializado aos portadores de deficiência é dever da Administração, percebe-se que a prestação de serviços nessa área é uma necessidade contínua, então, deve a Administração tomar as medidas cabíveis para prover os seus quadros com profissionais especializados, em observância ao princípio constitucional do concurso público." [Consulta n. 714.113. Rel. Conselheiro Simão Pedro Toledo. Sessão do dia 11/10/2006]

XXI — para a aquisição de bens e insumos destinados exclusivamente à pesquisa científica e tecnológica com recursos concedidos pela Capes, pela Finep, pelo CNPq ou por outras instituições de fomento a pesquisa credenciadas pelo CNPq para esse fim específico; (Redação dada pela Lei nº 12.349, de 2010)

Só é possível a contratação direta quando os bens e insumos forem destinados exclusivamente à pesquisa científica e tecnológica. Verifica-se que os recursos para tais aquisições são de fontes específicas, o que não elimina o dever de observar a proposta mais vantajosa.

XXII — na contratação de fornecimento ou suprimento de energia elétrica e gás natural com concessionário, permissionário ou autorizado, segundo as normas da legislação específica; (Incluído pela Lei nº 9.648, de 1998)

Trata-se de contratação junto a concessionário, permissionário ou autorizado a prestar serviço público. As contratações deverão se ater às medidas previstas nesta lei e em legislação específica.

XXIII — na contratação realizada por empresa pública ou sociedade de economia mista com suas subsidiárias e controladas, para a aquisição ou alienação de bens, prestação ou obtenção de serviços, desde que o preço contratado seja compatível com o praticado no mercado. (Incluído pela Lei nº 9.648, de 1998)

Visa à contratação pelas empresas públicas ou sociedades de economia mista, de serviços ou bens, prestados por suas subsidiárias e controladas, desde que seja preço praticado no mercado. Nesse tópico vale citar a Súmula 265 do TCU, que preceitua: "A contratação de subsidiárias e controladas com fulcro no artigo 24, inciso XXIII, da Lei 8.666/93 somente é admitida nas hipóteses em que houver, simultaneamente, compatibilidade com os preços de mercado e pertinência entre o serviço a ser prestado ou os bens a serem alienados ou adquiridos e o objeto social das mencionadas entidades".

XXIV — para a celebração de contratos de prestação de serviços com as organizações sociais, qualificadas no âmbito das respectivas esferas de governo, para atividades contempladas no contrato de gestão. (Incluído pela Lei nº 9.648, de 1998)

A contratação das organizações sociais deve se basear no poder-dever da Administração de aplicar a solução mais vantajosa e satisfatória.

XXV — na contratação realizada por Instituição Científica e Tecnológica — ICT ou por agência de fomento para a transferência de tecnologia e para o licenciamento de direito de uso ou de exploração de criação protegida. (Incluído pela Lei nº 10.973, de 2004)

O dispositivo tem como fundamento a capacitação e autonomia tecnológica como forma de fomentar o desenvolvimento industrial brasileiro preceituado no artigo 218 da Constituição da República de 1988.

XXVI — na celebração de contrato de programa com ente da Federação ou com entidade de sua administração indireta, para a prestação de serviços públicos de forma associada nos termos do autorizado em contrato de consórcio público ou em convênio de cooperação. (Incluído pela Lei nº 11.107, de 2005)

Contrato de programa, conforme artigo 13 da Lei 11.107/2007 é aquele que será utilizado como instrumento a fim de constituir obrigações, ou entre os próprios entes da federação ou estes com consórcios públicos para prestarem serviços públicos de forma associada. A gestão associada é aquela em que a prestação do serviço é realizada conjuntamente por entes federativos diversos, haja vista os interesses comuns.

[**Concessão dos serviços públicos municipais de saneamento básico.**] [...] o tema foi objeto da Consulta n. 751.717 [...]. [...] Nesse particular, a gestão associada de serviços públicos [...] formaliza-se por meio de consórcio público ou convênio de cooperação. [...] devidamente formalizado o consórcio público ou o convênio de cooperação, uma entidade da administração pública indireta de um dos entes federativos consorciados poderá ser contratada para a execução dos serviços públicos sem a necessidade de prévio procedimento licitatório, [...] mediante a celebração de contrato de programa. [...] o ordenamento jurídico pátrio impõe aos municípios, titulares dos serviços públicos de saneamento básico, o dever de garantir o acesso da população a esses serviços. [...] a concessão de subsídios constitui instrumento idôneo para a efetivação desse dever legal. [...] o princípio da universalização do acesso coaduna se [...] com o estabelecimento de uma política pública, disciplinada em lei municipal, que autorize o ente governamental a arcar com o pagamento da tarifa de esgoto de determinados usuários, [...] respeitado o princípio da impessoalidade. [...] O Município pode arcar com o pagamento da tarifa de esgoto devida por usuários de baixa renda à [*omissis*], mediante autorização constante de lei municipal, observada a previsão orçamentária e a disponibilidade de recursos financeiros, bem como as demais regras da LRF que tratam do aumento da despesa decorrente de ação governamental. [Consulta n. 727.090. Rel. Conselheiro Antônio Carlos Andrada. Sessão do dia 25/11/2009]

[**Pactuação de convênio de cooperação e de contrato de programa entre os municípios mineiros, o Estado de Minas Gerais e a companhia de saneamento básico para os serviços de abastecimento de água e esgotamento sanitário.**] A respeito da referida hipótese de dispensa de licitação, preleciona o doutrinador Marçal Justen Filho: 'O contrato de programa aproxima-se a uma modalidade de convênio, por meio do qual se produz um instrumento de conjugação de esforços e recursos por entes federativos diversos, tendo por objeto a atribuição ao consórcio ou aos contratantes de direito e obrigações atinentes à gestão associada de serviços públicos. Logo e rigorosamente, a hipótese seria de inexigibilidade de licitação. [...] o legislador federal preferiu qualificar o caso como de dispensa, para eliminar qualquer margem de dúvida'. (JUSTEN FILHO, Marçal. *Comentários à Lei de Licitações e Contratos Administrativos*. 12. ed. São Paulo: Dialética, 2008, p. 335) Verifica-se, portanto, que uma vez autorizada a celebração do contrato de programa no instrumento consorcial ou no convênio de cooperação, o contrato de programa pode ser firmado entre entes da Federação ou entre o ente público e entidades da administração pública indireta. [Consulta n. 751.717. Rel. Conselheiro Eduardo Carone Costa. Sessão do dia 08/10/2008]

[**Convênio entre o Município e a companhia de saneamento básico para exploração de serviços de água e saneamento. Inadequação do regime de concessão.**] [O denunciante] alega, sucintamente, [...] que a [*omissis*] deteria, de forma imoral e ilegal, a concessão para a exploração dos serviços de água e esgoto no Município. [...] Aduz que tal ilegalidade decorre do fato de ter havido [...] Termo Aditivo ao Termo de Re- Ratificação do contrato de concessão celebrado sem qualquer autorização legislativa [...], afirmando que esse instrumento só poderia ser assinado com o 'competente e necessário procedimento licitatório'. [...] Incumbe-me decidir se o contrato em comento, do modo como foi firmado, teria violentado o princípio constitucional da isonomia, submetendo a municipalidade a condições piores do que poderia obter, tendo como executora do serviço outra empresa, que não a [*omissis*]. [...] Manifestou-se Maria Sylvia Zanella Di Pietro, em parecer que se tornou uma referência na matéria, ao opinar em favor da inexigibilidade para contratações desta natureza, nos seguintes termos, que recordo *in litteris*: 'No caso da SABESP, os vários aspectos analisados permitem a conclusão de que se trata de hipótese de inexigibilidade de licitação: quer porque a empresa foi criada por lei com o objetivo específico de prestar o serviço público em todo o território do Estado, estando à disposição dos Municípios que queiram dispor de seus serviços, quer porque a sua qualificação técnica, nessa área de atuação, em termos de estrutura, de organização, de recursos humanos e técnicos, torna-se inviável a competição; quer porque os acordos celebrados com os municípios se inserem mal no conceito de concessão, mais se aproximando dos convênios na medida em que visam a atender a resultado que se insere na competência comum da União, Estados e Municípios; quer porque a empresa, por prestar serviço público, sem objetivo específico de lucro, não atua em atividade competitiva no domínio econômico da iniciativa privada'. [...] [Todavia], à leitura do suposto contrato que tenho sob apreço, afasta-se a hipótese de concessão de serviços públicos, seja ela antecedida por dispensa ou por inexigibilidade, e entende-se claramente representada a tese encabeçada por Marçal Justen Filho, a exemplo de tantos outros, defendendo o convênio como a forma mais genuína de se executar, no município, serviços como o de saneamento, por empresas componentes da administração pública estadual. [...] Entende o citado administrativista que, nesses casos, não se configura uma concessão, existindo, na realidade, convênio entre entes políticos diversos e, nessas circunstâncias, ensina Di Pietro que tal instrumento 'não é abrangido pelas normas do art. 2º da Lei n. 8.666/93'. [...] Quanto a prorrogações de convênios, não é diferente sua exclusão à regra licitatória, decaindo de razões, nesse único golpe de inteligência, os seis apontamentos constantes da denúncia em comento, [...] [pois] todos eles partiram da premissa de que se tratava, ali, [de] um contrato ordinário de concessão. Não existindo tal contrato, [...] não há que se analisá-lo do ponto de vista da Lei n. 8.987/95, afastando-se, igualmente, os dispositivos da Lei n. 8.666/93. Neste diapasão, é ínsito ao instrumento do convênio, como critério para se decidir sobre a sua legítima prorrogação ou rescisão, o atendimento do interesse objetivado pela parceria público-público firmada à época. Não estou com isto pretendendo que o Município esteja eternamente obrigado aos convênios que firma. Ao contrário, no novo contexto constitucional, após o reconhecimento do município como ente federativo, é [dado a este] propor metas próprias para o trato do saneamento e das águas em sua localidade, metas estas que podem, naturalmente, divergir daquelas firmadas [originalmente] no Convênio [...]. Sem, contudo, ter-se apresentado esse novo programa, substitutivo do original, que tinha como executora a [*omissis*], continua prevalecendo a adesão do município aos termos do antigo Planasa, conforme declara no Convênio por ela firmado nos idos de 1973. [Denúncia n. 719412. Rel. Conselheira Adriene Andrade. Sessão do dia 11/09/2007]

XXVII— na contratação da coleta, processamento e comercialização de resíduos sólidos urbanos recicláveis ou reutilizáveis, em áreas com sistema de coleta seletiva de lixo, efetuados por associações ou cooperativas formadas exclusivamente por pessoas físicas de baixa renda reconhecidas pelo poder público como catadores de materiais recicláveis, com o uso de equipamentos compatíveis com as normas técnicas, ambientais e de saúde pública. (Redação dada pela Lei nº 11.445, de 2007).

Esse dispositivo foi incluído pela Lei 11.445/2007 devido a importância econômica e financeira que a coleta de resíduos sólidos se transformou para parte da população brasileira de baixa renda.

A inclusão da coleta, processamento e comercialização dos resíduos sólidos, encontra diversos motivos, tais como: uma maior participação estatal em relação ao manejo dos resíduos sólidos; integração dos catadores de papel ao mercado de trabalho formal;

efetivação de ascensão na qualidade de vida dos catadores e; a proteção do meio ambiente com a correta destinação dos resíduos sólidos.

A participação da Administração Pública na coleta, processamento e comercialização de resíduos sólidos, pode se dar de forma direta ou indireta. Na forma direta, a Administração seria a detentora dos resíduos sólidos, dando a ele sua correta destinação, papel este que, atualmente, é desenvolvido por empresas privadas. Já na forma indireta, as empresas privadas continuariam existindo e exercendo o seu papel, mas a Administração Pública atuaria de forma oblíqua no processo, por meio de uma remuneração dos catadores de papel.

O inciso traz a dispensa de licitação na coleta, processamento e comercialização de resíduos sólidos, efetuados por associações ou cooperativas formadas exclusivamente por pessoas de baixa renda. Isso se deve ao fato da impossibilidade da Administração Pública contratar com cada catador de material reciclável individualmente, como pessoa física.

XXVIII — para o fornecimento de bens e serviços, produzidos ou prestados no País, que envolvam, cumulativamente, alta complexidade tecnológica e defesa nacional, mediante parecer de comissão especialmente designada pela autoridade máxima do órgão. (Incluído pela Lei nº 11.484, de 2007).

Para aplicar esse dispositivo, os dois requisitos existentes devem ser cumulativos: alta complexidade tecnológica e defesa nacional. Essa hipótese está cada vez mais comum devido ao avanço da participação do setor tecnológico na área de segurança e defesa.

Para aplicabilidade do inciso não há necessidade de guerra (inciso III) nem risco a segurança nacional (inciso IX). Trata-se de defesa nacional que deve ser entendida como a proteção de bens e valores essenciais ao país.

Outro destaque importante é a necessidade de parecer de comissão especialmente designada pela autoridade máxima do órgão.

Essa comissão deverá conter membros com conhecimento técnico para analisarem os requisitos legais.

XXIX— na aquisição de bens e contratação de serviços para atender aos contingentes militares das Forças Singulares brasileiras empregadas em operações de paz no exterior, necessariamente justificadas quanto ao preço e à escolha do fornecedor ou executante e ratificadas pelo Comandante da Força. (Incluído pela Lei nº 11.783, de 2008).

Previsão específica, com objeto bem determinado. Para sua aplicação é necessária à existência de contingente militar das forças singulares brasileiras em operações de paz no exterior, a justificativa para a aquisição de bens e a contratação de serviços necessários para o pleno desempenho laboral deste contingente militar.

Além disso, o Comandante da Força deve ratificar todas as contratações e/ou aquisições.

XXX — na contratação de instituição ou organização, pública ou privada, com ou sem fins lucrativos, para a prestação de serviços de assistência técnica e extensão rural no âmbito do Programa Nacional de Assistência Técnica e Extensão Rural na Agricultura Familiar e na Reforma Agrária, instituído por lei federal. (Incluído pela Lei nº 12.188, de 2.010)

O PNATER - Programa Nacional de Assistência Técnica e Extensão Rural na Agricultura Familiar e na Reforma Agrária é um programa que visa apoiar os pequenos produtores rurais e aqueles beneficiados pela Reforma Agrária. A inclusão deste inciso perfaz uma face da instituição de uma política pública. Isso se justifica vez que, caso a licitação não fosse dispensada, poderiam existir diversos problemas nesta contratação.

Entretanto, a Lei 12.188/2010, em seu artigo 19, estabelece que a contratação destes serviços será feita por meio de chamada pública e serão observados os princípios da publicidade, objetividade e vantajosidade.

XXXI — nas contratações visando ao cumprimento do disposto nos arts. 3º, 4º, 5º e 20 da Lei nº 10.973, de 2 de dezembro de 2004, observados os princípios gerais de contratação dela constantes. (Incluído pela Lei nº 12.349, de 2010)

A hipótese em questão nos remete a outras legislações e por isso deve ser analisada com cuidado. Trata-se de hipóteses de estímulo à construção de ambientes especializados e cooperativos de inovação científica e tecnológica.

O artigo 3º da Lei 10.973/2004 dispõe que a Administração Pública poderá incentivar a constituição de alianças estratégicas e o desenvolvimento de projetos de cooperação envolvendo empresas nacionais, ICT – Instituições Científicas e Tecnológicas e, organizações de direito privado sem fins lucrativos, voltadas para atividades de pesquisa e desenvolvimento, que objetivem a geração de produtos e processos inovadores.

O artigo 4º da referida Lei prevê o compartilhamento, mediante remuneração, dos laboratórios e demais bens das ICT com microempresas, empresas de pequeno porte e organizações privadas sem fins lucrativos, para desenvolver pesquisas.

O artigo 5º por sua vez, autoriza a União e suas entidades a participar de forma minoritária do capital de empresa privada que vise o desenvolvimento de projetos científicos ou tecnológicos para obtenção de produto/processo inovadores.

Por fim, o artigo 20 da Lei 10.973/2004 autoriza a Administração Pública a contratar empresas, consórcio de empresas e entidades nacionais de direito privado sem fins lucrativos voltadas para atividades de pesquisa, de reconhecida capacitação tecnológica no setor, visando à realização de atividades de pesquisa e desenvolvimento que envolvam risco tecnológico, para solução de problema técnico específico ou obtenção de produto ou processo inovador.

XXXII— na contratação em que houver transferência de tecnologia de produtos estratégicos para o Sistema Único de Saúde — SUS, no âmbito da Lei nº 8.080, de 19 de setembro de 1990, conforme elencados em ato da direção nacional do SUS, inclusive por ocasião da aquisição destes produtos durante as etapas de absorção tecnológica. (Incluído pela Lei nº 12.715, de 2012)

Trata-se de uma maneira de simplificar a absorção de tecnologia que visa à produção de produtos necessários e estratégicos ao Sistema Único de Saúde. A listagem dos produtos estratégicos está na Portaria 3.089/2013 do Ministério da Saúde.

Ressalta-se que a transferência de tecnologia envolve muitas vezes a questão de patentes e segredos industriais.

XXXIII — na contratação de entidades privadas sem fins lucrativos, para a implementação de cisternas ou outras tecnologias sociais de acesso à água para consumo humano e produção de alimentos, para beneficiar as famílias rurais de baixa renda atingidas pela seca ou falta regular de água. (Incluído pela Lei nº 12.873, de 2013)

Esse inciso também se perfaz numa política pública contra um grande problema enfrentado em nosso país: a seca. De acordo com o dispositivo, a contratação deve ser feita somente com entidades privadas sem fins lucrativos, que visem implementar cisternas e outras tecnologias de acesso à agua, para consumo humano e a produção de alimentos. O objeto da licitação deve ser o acesso a água no sentido coletivo, não podendo utilizar-se do disposto para atender demandas individuais, bem como outras finalidades que não sejam o consumo humano e a produção de alimentos.

§1° Os percentuais referidos nos incisos I e II do caput deste artigo serão 20% (vinte por cento) para compras, obras e servi-

ços contratados por consórcios públicos, sociedade de economia mista, empresa pública e por autarquia ou fundação qualificadas, na forma da lei, como Agências Executivas. (Incluído pela Lei nº 12.715, de 2012)

O limite para compra direta constante nos incisos I e II do caput deste artigo será de 20% para compras, obras e serviços contratados pelos entes citados. Sendo que as autarquias e fundações para gozarem deste benefício deverão ser qualificadas como Agências Executivas.

Agência executiva é uma qualificação que se dá por meio de um contrato de gestão firmado com o Ministério supervisor. Em contrapartida à assinatura deste contrato, deverá a agência constituir um plano estratégico a fim de cumprir metas. Quando extinto o contrato de gestão, não haverá mais que se falar em Agência Executiva.

Não há qualquer impeditivo para aplicação deste dispositivo para as entidades que explorem atividade econômica.

Consórcios Públicos nada mais são do que pessoas de direito público ou privado, criadas por entes federativos, com a finalidade de prestar serviços públicos de interesse coletivo.

§2° O limite temporal de criação do órgão ou entidade que integre a administração pública estabelecido no inciso VIII do caput deste artigo não se aplica aos órgãos ou entidades que produzem produtos estratégicos para o SUS, no âmbito da Lei nº 8.080, de 19 de setembro de 1990, conforme elencados em ato da direção nacional do SUS. (Incluído pela Lei nº 12.715, de 2012)

Não se aplica a expressão "que tenha sido criado para esse fim específico em data anterior à vigência desta Lei" constante do inciso VIII deste artigo. Podendo haver a contratação direta de órgãos ou entidades que produzam produtos estratégicos para o SUS mesmo que criados posteriormente a esta Lei, desde que tenham sido criados com o fim específico de fornecer produtos à Administração. Entretanto, essa contratação não se exime de ter que observar os demais requisitos constantes desta Lei.

Art. 25. É inexigível a licitação quando houver inviabilidade de competição, em especial:

A inexigibilidade de licitação deverá ser utilizada quando houver inviabilidade de competição, especialmente para a contração de serviços técnicos de natureza singular com profissionais ou empresas de notória especialização. Na ocorrência de inexigibilidade, deverá o motivo ser expressamente exarado em processo regulamente aberto, sendo obrigatória sua publicação.

O rol do artigo 25 é meramente exemplificativo, e temos como hipótese a ser citada, o credenciamento, que nada mais é do que o procedimento em que a Administração, por meio de condições previamente definidas, pré-qualifica todos os interessados que atendam aos requisitos estabelecidos, o que faz com que possa haver várias prestações de serviços, simultaneamente, que atendam às necessidades do Poder Público.

[**Pré-qualificação para credenciamento de advogados.**] [...] entendo que o sistema de pré-qualificação para o credenciamento dos advogados deve se dar em consonância com a hipótese do art. 114 da Lei n. 8.666/93, que preconiza a adoção do procedimento de qualificação dos interessados, pela modalidade concorrência. [...] o procedimento licitatório destinado à pré-qualificação dos futuros credenciados deve ser pautado nos princípios da isonomia, impessoalidade, publicidade e eficiência, com ampla divulgação do edital de pré-qualificação aos profissionais interessados na prestação de serviços advocatícios, com a indicação de condições uniformes, tabela única de remuneração, vinculação ao instrumento convocatório, além de previsão de distribuição imparcial das demandas, recomendando-se o uso do sistema de sorteio aleatório entre todos os credenciados, excluindo-se sempre os anteriormente sorteados. [Consulta n. 765.192. Rel. Conselheiro Wanderley Ávila. Sessão do dia 27/11/2008]

[**Assessoria e Consultoria contábil e jurídica.**] [...] deve ser comprovado no caso concreto, por um lado, a caracterização da singularidade do objeto a ser contratado e, por outro lado, que a notória especialização do executor seja elemento essencial para a adequada realização deste objeto. Deste modo, o elemento confiança deve ser considerado de forma complementar, tendo em vista os demais requisitos estabelecidos pela lei. Atendidos esses requisitos, poderá ocorrer a contratação mediante a formalização do processo de inexigibilidade de licitação. Nos casos em que os serviços são considerados atividades corriqueiras, habituais da Administração Pública, a contratação deve ocorrer mediante a realização de procedimento licitatório, como determinam os artigos 2º e 3º da Lei de Licitações. [Consulta n. 746.716. Rel. Conselheiro Antônio Carlos Andrada. Sessão do dia 17/09/2008]

[**Contratação direta de serviços de correios.**] [...] penso que a dúvida suscitada [...] já [foi] apreciada por este Colegiado, na consulta n.º 391.114, relatada pelo Conselheiro Murta Lages [...]. Meritoriamente, naquela ocasião, esta Corte firmara o entendimento segundo o qual '[...] nas contratações de serviços de correios, por exemplo, a licitação é inexigível, pois, em face do monopólio estatal, a competição é inviável. Entretanto, se houver delegação dos serviços, mediante franquia ou *franchising*, a licitação se impõe, uma vez que nesse caso haverá viabilidade de competição entre os prestadores de serviços'[...]. [Consulta n. 740.459. Rel. Conselheiro Simão Pedro Toledo. Sessão do dia 23/04/2008]

[**Único fornecedor no município não implica, necessariamente, inviabilidade de competição.**] Essas obrigações de não fazer, dirigidas aos agentes públicos, parentes seus e cônjuge, visam a garantir a moralidade no processo de contratação com o Poder Público e, igualmente, coibir tráfico de influência; enfim, evitar todo e qualquer desvio da conduta administrativa, crime político pelo DL n. 201/67 e de improbidade pela Lei n. 8.429/92. [...] as vedações constantes nas Leis de Licitação e Orgânica do Município sobrepõem a suposta hipótese de inexigibilidade, que só poderá ser examinada em cada caso concreto, por serem exemplificativos os casos do art. 25 da Lei n. 8.666/93. Logo, a [...] existência de único fornecedor no município não implica, de pronto, a possibilidade de contratação direta, pois, também nesse caso, haverá de a Administração comprovar, em regular procedimento licitatório, a inviabilidade fática de competição, a vantagem custo- benefício e a compatível oferta com o mercado, que não se restringe ao do município. A propósito, é bom não se esquecer de que [...] o universo de contratação não se limita à circunscrição territorial do Município; ao contrário, é ele bem mais amplo, abrangendo outros municípios, estados-membros e até países. [Consulta n. 700.280. Rel. Conselheiro Moura e Castro. Sessão do dia26/10/2005]

[**Licitação. Contratação direta. Valor superior ao limite permitido para dispensa de licitação. Impossibilidade.**] Cumpre salientar que a Administração Pública deve primar pelos princípios constitucionais insculpidos no *caput* do art. 37 da Constituição da República de 1988, bem assim por outros correlatos, notadamente os da legalidade, impessoalidade, economicidade e isonomia; e conforme estabelece a Lei n. 8.666, de 1993 [...] A esse propósito, pautando-se pelo princípio da legalidade, e, em especial, pelos que foram destacados no texto legal reproduzido, numa interpretação sistemática, há de se considerar que as contratações para aquisições dos bens e serviços arrolados deveriam ter sido precedidas de procedimento licitatório, visto que a totalidade da despesa de cada objeto ultrapassou o valor limite de dispensa de licitação. [...] Ademais, não ficou caracterizada inviabilidade de competição, de modo que respaldasse as contratações diretas, as quais só podem ser feitas quando se verificarem, de fato, as situações hipoteticamente previstas nos arts. 24 e 25 da Lei n. 8.666, de 1993. Pelo exposto, entendo que devem ser consideradas irregulares as contratações em análise, por violação aos arts. 2° e 3° da Lei n. 8.666, de 1993, sujeitando o responsável às sanções impostas pela lei. [Processo Administrativo n. 711.173. Rel. Auditor Gilberto Diniz. Sessão do dia 22/11/2012]

[**Credenciamento. Seleção de interessados.**] No credenciamento, a seleção visa a identificar uma pluralidade de pessoas interessadas no objeto a ser contratado e a Administração deverá contratar todos aqueles interessados que satisfaçam os requisitos previamente estabelecidos no instrumento convocatório, não podendo, desta feita, a Administração fazer escolhas ou priorizar uma empresa credenciada em virtude da situação geográfica ou qualquer outra situação que acarretaria a escolha de uma dentre todas as alternativas. O sistema de credenciamento pressupõe, em sua essência e gênese, o cadastro de todos os interessados, sem relação de exclusão ou limitação, de sorte que recebam tratamento equânime, vedada a concessão de benefícios a quaisquer deles. [Denúncia n. 751.882. Rel. Conselheiro Eduardo Carone Costa. Sessão do dia 18/09/2008]

[**Adequabilidade do credenciamento na ausência de competição e possibilidade de credenciamento independentemente do valor do contrato.**] Instada a se manifestar, a CAC/DAC [unidade técnica do TCEMG] [...] informa que: '[...] [A] competição inexiste no sistema de credenciamento. Assim, o credenciamento é possível independentemente do valor do contrato, desde que seja aberto a todos os interessados. Neste sentido, Marçal Justen Filho: 'Não há necessidade de licitação quando houver número ilimitado de contratações [...]. Isso se verifica quando uma alternativa de contratar não for excludente de outras, de modo que todo o particular que desejar pode fazê-lo. O raciocínio não é afastado nem mesmo em face da imposição de certos requisitos ou exigências mínimos. Sempre que a contratação não caracterizar uma 'escolha' ou 'preferência' da Administração por uma dentre diversas alternativas, será desnecessária a licitação. [...] Nas situações de ausência de competição, em que o credenciamento é adequado, a Administração não precisa realizar licitação. Sob um certo ângulo, verifica-se inexigibilidade de licitação, por inviabilidade de competição. Na verdade, a inviabilidade de competição consiste, no caso, na ausência de excludência entre os possíveis interessados.' [...] [Todavia, no caso dos autos, verifica-se que] a contratação não ocorrerá para todos interessados que preencher os requisitos previstos no edital, haja vista a limitação geográfica [indevidamente] imposta pelo instrumento convocatório, desvirtuando, dessa maneira, o instituto do credenciamento e configurando irregularidade. [...] Analisando os autos, e acolhendo o pronunciamento do órgão técnico, verifico, neste primeiro momento, a existência de vício no procedimento ora focado que pode comprometer a sua legalidade, o que justifica a adoção de medida acautelatória de suspensão do certame [...]. [Denúncia n. 751.882. Rel. Conselheiro Eduardo Carone Costa. Sessão do dia 12/06/2008]

[**Exploração de serviços de água e esgoto em município. Inexigibilidade.**] Conforme [...] Carlos Ari Sundfeld [...]: 'é despropositado cogitar de licitação. Esta é evidentemente inexigível. Não há competição possível no caso. O legítimo projeto público de instituir e fortalecer uma grande empresa estatal de saneamento, com abrangência estadual, não pode ser implementado por um licitante privado. Por isso, a disputa em licitação não é possível. Não se trata de escolher a proposta de valor mais baixo, mas de contar com um prestador com características que só um ente estatal possui. A instauração de licitação impediria a realização da política pública escolhida. Daí a inexigibilidade (Lei n. 8.666, de 1993, art. 25, *caput*).' (SUNDFELD, Carlos Ari. *O Saneamento Básico e Sua Execução Por Empresa*

Estadual. In: Revista Diálogo Jurídico. Ano I — vol. I — n. 5 — agosto de 2001, Salvador, p. 5 e 6). No mesmo sentido, manifestou-se Maria Sylvia Zanella Di Pietro, em parecer [...]: 'No caso da SABESP, os vários aspectos analisados permitem a conclusão de que se trata de hipótese de inexigibilidade de licitação: quer porque a empresa foi criada por lei com o objetivo específico de prestar o serviço público em todo o território do Estado, estando à disposição dos Municípios que queiram dispor de seus serviços, quer porque a sua qualificação técnica, nessa área de atuação, em termos de estrutura, de organização, de recursos humanos e técnicos, torna-se inviável a competição; quer porque os acordos celebrados com os municípios se inserem mal no conceito de concessão, mais se aproximando dos convênios, na medida em que visam a atender a resultado que se insere na competência comum da União, Estados e Municípios; quer porque a empresa, por prestar serviço público, sem objetivo específico de lucro, não atua em atividade competitiva no domínio econômico da iniciativa privada.' (DI PIETRO, Maria Sylvia Zanella. Parecer contratado pela SABESP acerca do término do prazo dos contratos de concessão entre a SABESP e Municípios paulistanos. Mimeo. p. 14). [Denúncia n. 719.412. Rel. Conselheira Adriene Andrade. Sessão do dia 11/09/2007]

[**Viabilidade de competição na aquisição de combustível.**] Quanto à irregularidade apontada [...], referente à inexigibilidade de licitação [...] para aquisição de combustível [...], sob o argumento de inviabilidade de competição, tendo em vista que existia apenas um posto de gasolina no município, há que se acrescentar algumas observações [...]. Não bastasse o valor excessivo a que chegou tal contratação, ainda pesa contra ela o seguinte entendimento desta Corte, expresso na Consulta n. 610.717, respondida em 13/12/2000, pelo então Relator, à época, Conselheiro Elmo Braz: 'É exigível a licitação para a aquisição de combustíveis, cabendo ao administrador observar, além do preço e condições de pagamento, se o custo final do produto não anula tais fatores, em decorrência do deslocamento da frota para abastecimento.' Conclui-se, portanto, que a Administração se equivocou ao contratar o fornecimento de combustível por inexigibilidade de licitação e, também, que demonstrou falta de controle com seus gastos ao adquirir quantidades superiores às previstas, pagando valores superiores ao planejado, demonstrando, assim, descuido para com seu patrimônio e infringindo, respectivamente, o art. 2º da Lei n. 8.666/93, o art. 37, XXI, da CR/88, o art. 55, III, da Lei de Licitações e o art. 66 da mesma Lei. [Processo Administrativo n. 705.142. Rel. Conselheiro Subst. Licurgo Mourão. Sessão do dia 24/07/2007]

I — para aquisição de materiais, equipamentos, ou gêneros que só possam ser fornecidos por produtor, empresa ou representante comercial exclusivo, vedada a preferência de marca, devendo a comprovação de exclusividade ser feita através de atestado fornecido pelo órgão de registro do comércio do local em que se realizaria a licitação ou a obra ou o serviço, pelo Sindicato, Federação ou Confederação Patronal, ou, ainda, pelas entidades equivalentes;

A inexigibilidade de licitação será caracterizada quando houver a inviabilidade de competição por ausência de pluralidade de sujeitos em condição de contratação, ou seja, não é possível a competição, pois existe apenas um sujeito com os requisitos necessários à contratação pela Administração Pública.

[**Contratação direta. Não exposição dos motivos da inexigibilidade. Impossibilidade.**] Trata-se de despesas realizadas sem o devido procedimento licitatório. Ocorre que a Administração, ao optar pela contratação direta, respaldando-se no inciso I do art. 25 da Lei n. 8.666, de 1993, adquiriu combustíveis para veículos automotores do Posto [...] — embora existissem mais dois postos no território do município - conforme Ofício [...], da Secretaria de Estado da

Fazenda, [...] — sob o único argumento de que tal contratação direta atenderia aos princípios da economicidade e da razoabilidade. De fato, a justificativa de inexigibilidade de licitação, [...], embora tenha feito alusão aos princípios da economicidade e da razoabilidade, nada mais diz além de mencionar a distância entre os três postos e a prefeitura municipal. [...] É de notar que não houve o devido procedimento administrativo, no que se refere à inexigibilidade em apreço, visto que sequer foram adequadamente motivados os atos administrativos que decidiram pela contratação direta. [...] Vê-se, portanto, que, em relação à inexigibilidade de licitação, é necessário que se demonstre, mediante a instauração do devido e adequado procedimento administrativo, as razões da escolha do contratado e a justificativa de preço, nos termos do art. 26 da Lei n. 8666, de 1993, o que, na espécie, não se fez a contento. Assim, registro, desde já, que o procedimento em análise não atendeu às regras e nem aos princípios basilares da administração pública, motivo pelo qual o considero irregular. [Processo Administrativo n. 692.048. Rel. Auditor Gilberto Diniz. Sessão do dia 25/10/2012]

[**Contratação que não se enquadra nas hipóteses de inexigibilidade realizada sem o devido procedimento licitatório.**] [...] o atestado que comprove a exclusividade do fornecedor ou prestador do serviço deve ser emitido por sindicato, federação ou confederação patronal ou mesmo por entidades equivalentes, o que não aconteceu no caso concreto sob análise. [...] Ademais, não se instruiu o procedimento de inexigibilidade imposto pelo supracitado art. 25, em que ficasse demonstrado, de forma cabal, a inviabilidade de competição, motivada pela exclusividade do prestador, nem mesmo a formalização da suposta inexigibilidade [...] Diante do exposto na fundamentação, no mérito, proponho ao Colegiado da Segunda Câmara que: [...] - Sejam julgadas irregulares as contratações realizadas sem a observância do devido procedimento licitatório, item 2, por afronta ao disposto no inciso XXI do art. 37 da Constituição da República e nos arts. 2º e 3º da Lei n. 8.666, de 1993, cominando multas no valor total de R$56.700,00 (cinquenta e seis mil e setecentos reais) ao *[omissis]* [...] conforme discriminado a seguir, deixando de propor multa aos membros de comissões de licitação por se tratar de contratações diretas. [Processo Administrativo n. 694.674. Rel. Auditor Gilberto Diniz. Sessão do dia 18/10/2012]

[**Contratação direta justificada pela existência de apenas um fornecedor.**] [...] a alegação do recorrente de que existiria naquele município tão somente um fornecedor de medicamentos, o que justificaria, em princípio, a compra por inexigibilidade de licitação, não pode prosperar [...] houve outras despesas com a aquisição de medicamentos, realizadas por meio da Tomada de Preços [...], na qual foram contratadas outras duas empresas; fato esse, que afasta a exclusividade de fornecedor na localidade. [...] cabe ao administrador, diante da necessidade rotineira de bens da mesma natureza, estabelecer um planejamento geral para compras, em que os fatores técnicos, operacionais e financeiros sejam corretamente avaliados, embasando-se nos valores anualmente gastos, em média. Após esse planejamento, as compras devem ser efetivadas mediante procedimento licitatório na modalidade que respeite o valor global das aquisições durante o exercício financeiro. [...] voto pela manutenção da irregularidade e da multa cominada no importe de R$ 2.000,00 (dois mil reais), haja vista a irregularidade das compras efetuadas sem o devido procedimento licitatório. [Recurso Ordinário n. 811.956. Rel. Conselheiro Eduardo Carone Costa. Sessão do dia 17/10/2012]

[**Contratação de empresa para realização de festividades no município sem licitação.**] Refere-se ao pagamento, por serviços contratados, a empresa [...], para a realização de festividades comemorativas do Dia das Mães, naquela comunidade, com a participação da Câmara Municipal. O responsável afirmou que não procede o apontamento técnico, por entender que tal despesa se enquadraria nas disposições do art. 25, I, da Lei de Licitações e Contratos, tendo apresentado o Processo de Inexigibilidade [...]. [...] mantenho a impropriedade como sendo de realização de despesas sem acobertamento por procedimento licitatório, tendo em vista não se justificar a contratação direta, pois interessados sediados em outros municípios poderiam ter sido convidados a participar do certame, conforme bem observou o órgão técnico. [Processo Administrativo n. 486.121. Rel. Auditor Hamilton Coelho. Sessão do dia 13/12/2011]

[**Dispensa de processo licitatório. Estado de calamidade pública do município.**] O defendente fundamentou a ausência de licitação no permissivo do art. 25, *caput* I, da Lei de Licitações e anexou à nota fiscal atestado de exclusividade da empresa contratada, fornecido pela Confederação Nacional da Indústria. Fundamentou, ainda, a ausência de licitação, na decretação do estado de calamidade pública no município, por meio do Decreto Municipal [...], em virtude das fortes chuvas que ocasionaram a cheia dos rios e danificaram pontes, bueiros, postes e casas do município, sancionando, também, o Decreto [...], que dispensou a exigibilidade de processo licitatório durante todo esse período. Não obstante o gestor tenha deixado de comprovar a publicação exigida no art. 26 da Lei de Licitações, conforme apontamento técnico, e, também, deixado de proceder à completa instrução do processo ali determinada, pela situação emergencial pela qual passou o município, desconsidero esta falha e considero regular a dispensa realizada. [Processo Administrativo n. 702.593. Rel. Conselheira Adriene Andrade. Sessão do dia 25/05/2010]

[**Contratação direta para prestação de serviços no desenvolvimento de programas culturais e sociais. Ausência de atestado de exclusividade. Irregularidade.**] [...] ausente o atestado de exclusividade do contratado, considero irregular a contratação, uma vez que não ficou configurada a hipótese do inciso I do art. 25 da Lei n. 8.666/93, por consequência violado o art. 2º da mesma lei. [Processo Administrativo n. 704.105. Rel. Conselheiro Antônio Carlos Andrada. Sessão do dia 06/04/2010]

[**Alegação de exclusividade sem apresentação de provas.**] [...] os requisitos do artigo supracitado [art. 25, I] não devem ser apenas alegados pela Administração Pública, [...] e, sim, comprovados, por meio de atestado fornecido pelo órgão de registro do comércio do local em que se realizaria a licitação, pelo Sindicato, Federação ou Confederação Patronal, ou, ainda, pelas entidades equivalentes, comprovando que a empresa era, de fato, a única a oferecer os produtos. [Licitação n. 447.120. Rel. Conselheira Adriene Andrade. Sessão 07/10/2008].

[**Exclusividade absoluta e exclusividade relativa.**] Observa-se que, se apenas uma empresa fornece determinado produto, não seria possível a realização do certame, no entanto, segundo José dos Santos Carvalho Filho, essa impossibilidade pode ser contemporizada, uma vez que a exclusividade pode serabsoluta ou relativa, *in verbis*: 'De acordo com a correta classificação, pode a exclusividade ser absoluta ou relativa. Aquela ocorre quando só há um produtor ou representante comercial exclusivo no país; a relativa, quando a exclusividade se dá apenas na praça em relação à qual vai haver a aquisição do bem. Na exclusividade relativa, havendo fora da praça mais de um fornecedor ou representante comercial, poderá ser realizado a licitação [...]. Na absoluta, a inexigibilidade é a única alternativa para a contratação'. (CARVALHO FILHO, José dos Santos. *Manual de Direito Administrativo*. 17. ed. Rio de Janeiro: Lumen Juris, 2007. p. 235 e 236.) [...] Compulsando os autos e com base nos ensinamentos do professor José dos Santos Carvalho Filho, pude observar que a referida contratação se enquadra na hipótese de exclusividade relativa, uma vez que, apesar de a empresa contratada para o fornecimento de gasolina ser a única da praça onde fora realizada a aquisição, havia outros fornecedores localizados em municípios vizinhos, que poderiam participar de uma eventual licitação, conforme afirmou o próprio defendente. Assim, entendo que a licitação, no caso em questão, era, de fato, exigível, uma vez que ficou comprovada a existência de mais de um fornecedor, fato este que possibilitaria a competição entre eles, ficando a cargo da Administração Pública Municipal apenas avaliar o custo/benefício do certame. Para melhor esclarecimento da matéria em questão, recorro às lições de Marçal Justen Filho, *in verbis*: 'A decisão de contratar tem de ser antecedida de verificações acerca das diferentes soluções técnico-científicas disponíveis para atender ao interesse sob tutela estatal. Essa atividade administrativa prévia deverá conduzir à seleção de uma das alternativas como a melhor. A melhor alternativa deve ser avaliada não apenas sob o enfoque de critérios técnicos, mas também econômicos. Deve estabelecer-se uma relação entre os benefícios qualitativos que serão obtidos e os possíveis encargos financeiros com que o Estado arcará'. (JUSTEN FILHO, Marçal. *Comentários à lei de licitações e contratos administrativos*.11. ed. São Paulo: Dialética, 2005. p. 276.). [...] Esta Corte de Contas também já expressou seu entendimento sobre a matéria, na Consulta n. 93.700-2/93, respondida em 15/6/93, pelo Conselheiro Moura e Castro, *in verbis*: 'A existência de um único fornecedor de combustível no município não configura hipótese de dispensa ou inexigibilidade de licitação [...]. Em face do exposto, é exigível a licitação para a aquisição de combustível, competindo ao Consulente observar, além do preço e condições de pagamento, se o custo final do produto não anula esses fatores, em decorrência do deslocamento da frota para abastecimento ou do transporte do combustível até o município' [...]. [Processo Administrativo n. 705.142. Rel. Conselheira Adriene Andrade. Sessão do dia 30/10/2007]

[Contratação direta de fornecedor exclusivo de determinado serviço.] Embora o art. 25, I, da Lei de Licitações faça alusão, de forma direta, apenas a compras, entendo ser cabível uma interpretação extensiva do dispositivo, admitindo-se a aplicabilidade, também, quanto à contratação de serviços, como se posiciona Marçal Justen Filho, no seguinte trecho: 'Aliás, a própria redação do inciso I induz a esta amplitude, diante da referência final a local em que se realizaria a licitação ou a obra ou serviço, admitindo implicitamente que também essas espécies de contratações comportam inexigibilidade. (JUSTEN FILHO, Marçal. Comentários à Lei de Licitações e Contratos Administrativo. 11. ed., São Paulo: Dialética, 2005. p. 279). [Processo Administrativo n. 606.324. Rel. Conselheira Adriene Andrade. Sessão do dia 07/08/2007]

[**Impossibilidade de contratação direta de serviços de manutenção preventiva e corretiva de elevadores.**] O Tribunal de Contas da União se manifesta pela obrigatoriedade da realização do procedimento licitatório para se contratar firmas objetivando a prestação de serviços de manutenção e assistência técnica em elevadores, conforme se depreende das seguintes assentadas: Decisão n. 0583-44/1994, DOU de 28/09/1994, p. 14.742; Decisão n. 0323-44/94-2, DOU de 21/12/1994, p. 20.172. [...] Ao discorrer sobre o tema, o professor Jorge Ulisses Jacoby Fernandes (FERNANDES, Jorge Ulisses Jacoby. Contratação Direta sem Licitação. 1. ed. Brasília: DF, 1995, p. 285) leciona: '2.7. serviços de manutenção — elevadores e sistema de telefonia. É comum que, iniciado o processo licitatório para a manutenção de determinado equipamento, apresente-se o próprio fabricante pretendendo demonstrar a inviabilidade de competição. Redobrada cautela deve ser adotada em relação à questão. Poderá determinado fabricante 'credenciar' apenas uma empresa em cada localidade para realizar os serviços de manutenção em seus equipamentos. Esse credenciamento deve ser examinado por agentes especializados da administração, que, independentemente desse ato do fabricante, deverão verificar se existem outros profissionais ou empresas com efetiva capacidade de fazer a manutenção nos equipamentos. O ato de credenciamento do produtor não deve ser acolhido como relevante, mesmo quando registrado em cartório, no Ministério da Indústria e Comércio, porque tais órgãos são uma espécie de depósito oficial dos registros, sem exercer qualquer exame de mérito nos documentos apresentados'. [...] Por oportuno, acrescentam-se, ainda, as seguintes decisões do TCU. [...] Exclusividade — Comprovação. TCU. Processo n. TC-008.818/2003-0. Acórdão n. 838/2004. Plenário. TCU decidiu: 'Trata-se, na verdade, de questão já suscitada neste Tribunal das mais variadas formas: manutenção e assistência técnica em elevadores, suporte e treinamento de sistemas da plataforma Microsoft, manutenção de veículos, itens necessários ao funcionamento de máquinas de reprografia, entre outras. Em primeiro lugar, é sempre necessário avaliar a possibilidade da prestação de serviço por mais de uma empresa, ou seja, a simples declaração de exclusividade fornecida por um sindicato ou junta comercial não basta para comprovar a inviabilidade de competição. Em segundo lugar, a administração deve se cercar de cautelas averiguando a veracidade das informações contidas nas declarações emitidas pelos órgãos competentes. Em terceiro lugar, [...] as declarações emitidas por sindicatos ou por juntas comerciais nada mais representam do que atestado de existência de uma carta de exclusividade, nada garantindo acerca da veracidade do contido na carta.' [...] Inexigibilidade — elevadores — viabilidade da competição. TCU. Processo n. 009.796/97. Decisão n. 575/1998. Plenário. No mesmo sentido: TCU. Processo n. 001.215/93- 0. Decisão n. 392/193 — 2ª Câmara. TCU decidiu: '...é indevida a contratação de empresa de elevadores sem a realização do competente processo licitatório, este considerado indevidamente como inexigível, tendo em vista que não restou comprovada a inviabilidade de competição' [...]. [Contrato n. 160.004. Rel. Auditor Licurgo Mourão. Sessão do dia 08/05/2007]

[**Impossibilidade de contratação direta de serviços de manutenção preventiva e corretiva de elevadores.**] Embora a contratada detenha a exclusividade na fabricação de peças originais da marca

[...], inúmeras empresas estão habilitadas a prestar serviços de manutenção e conservação dos referidos elevadores, e não pode a contratada se negar a comercializar seus componentes às empresas que atuamna área de manutenção de elevadores, em face do disposto na Lei n. 8.002, de 14/03/1990, e, na condiçãode fabricante, deixar de assegurar a oferta de componentes e peças de reposição enquanto perdurar afabricação de seus elevadores, conforme determinam os arts. 32 e 33 da Lei n. 8.078/90. Existem váriasdecisões reiteradas [proferidas] pelo TCU que reconhecem a obrigatoriedade de prévio certame licitatóriopara a referida contratação, haja vista a viabilidade de competição entre concorrentes para a prestação detais serviços [de manutenção de elevadores]. [Contrato n. 353.422. Rel. Conselheiro Elmo Braz. Sessãodo dia 28/10/2004]

II — para a contratação de serviços técnicos enumerados no art. 13 desta Lei, de natureza singular, com profissionais ou empresas de notória especialização, vedada a inexigibilidade para serviços de publicidade e divulgação;

O inciso II prevê a inviabilidade de competição relacionada diretamente com a contratação de serviços técnicos especializados, de natureza singular, realizados por profissionais ou empresas de notória especialização, enumerados no artigo 13 do mesmo diploma legal.

Da leitura do dispositivo citado, verifica-se que apenas os serviços que possuam prestígio e reconhecimento poderão ser contratados de forma direta. É necessário que os serviços possuam natureza singular, bem como que o profissional ou a empresa possua notória especialização.

O § 1º deste artigo define como de notória especialização, o profissional cujo conceito no campo de sua especialidade, decorrente de desempenho anterior, estudo, experiências, publicações, dentre outros, permita inferir que o seu trabalho é essencial e, indiscutivelmente, o mais adequado à plena satisfação do objeto do contrato.

Natureza singular, por sua vez, não está relacionada ao número de pessoas capazes de executar o serviço e nem significa ausência de pluralidade de sujeitos em condições de desempenhar o objeto. Está, na verdade, relacionada à natureza do serviço a ser prestado. Caracteriza-se como uma situação anômala, incomum, impossível de ser prestada por qualquer profissional, mesmo que especializado. Singular não se confunde com único, mas, sim, a notável, especial.

ENUNCIADO DE SÚMULA N. 106. Nas contratações de serviços técnicos celebradas pela Administração com fundamento no artigo 25, II, combinado com o art. 13 da Lei n. 8.666, de 21 de junho de 1993, é indispensável a comprovação tanto da notória especialização dos profissionais ou empresas contratadas como da singularidade dos serviços a serem prestados, os quais, por sua especificidade, diferem dos que, habitualmente, são afetos à Administração.

[**Contratação de assessoria jurídica. Excepcionalidade. Obrigatoriedade de procedimento licitatório, salvo comprovados singularidade do serviço e notória especialização.**] [...] a) os serviços rotineiros, permanentes e não excepcionais devem, em regra, ser realizados pelo corpo jurídico do próprio ente. Consultas ns. 765.192 (27/11/2008), 735.385 (17/10/2007), 708.580 (08/11/2006), 688.701 (15/12/2004), 684.672 (01/09/2004) e 183.486 (21/09/1994); b) admite-se a contratação de serviços advocatícios, por meio de licitação, quando não houver procuradores suficientes para representar o órgão em juízo e promover ações de sua competência. Consultas ns. 746.716 (17/09/2008), 735.385 (17/10/2007), 708.580 (08/11/2006), 688.701 (15/12/2004) e 684.672 (01/09/2004); c) há a possibilidade de utilização do sistema de credenciamento para prestação de serviços jurídicos comuns, mediante a pré-qualificação dos advogados ou sociedades de advogados, quando a licitação para a escolha de um único contratado mostrar-se inviável, observados os princípios da isonomia, impessoalidade, publicidade e eficiência. Consultas ns. 812.006 (30/03/2011), 765.192 (27/11/2008) e 735.385 (17/10/2007); d) nas contratações de serviços técnicos celebradas pela Administração com fundamento no artigo 25, II, combinado com o art. 13 da Lei n. 8.666/93, é indispensável a comprovação tanto da notória especialização dos profissionais ou empresas contratadas quanto da singularidade dos serviços a serem prestados, os quais, por sua especificidade, diferem dos que, habitualmente, são afetos à Administração. Enunciado de Súmula n. 106 e Consultas ns. 765.192 (27/11/2008), 746.716 (17/09/2008), 735.385 (17/10/2007) e 688.701 (15/12/2004); e) a confiança em relação ao contratado para realização de um serviço não é elemento caracterizador da inexigibilidade, incumbindo ao administrador definir os aspectos da contratação, exclusivamente, à luz do interesse público e sob os auspícios dos princípios da impessoalidade, legalidade, moralidade e publicidade, devendo tal elemento ser considerado de forma complementar, tendo em vista os demais requisitos estabelecidos pela Lei Federal n. 8.666/93. Consultas ns. 746.716 (17/09/2008), 688.701 (15/12/2004) e 652.069 (12/12/2001). [Consulta 888.126. Rel. Conselheiro Wanderley Ávila. Sessão do dia 19/08/2013]

[**Contratação de advogados. Caráter excepcional e extraordinário.**] [...] não obstante, admite-se a contratação de advogados, em caráter excepcional e extraordinário, quando o volume do serviço não possa ser absorvido pelos procuradores municipais ou, ainda, na hipótese de inexistência de cargo de advogado nos quadros da administração, até que o Poder Público organize sua estrutura de pessoal, observada, em todo caso, a adequada motivação, bem como as seguintes premissas: b.1. a contratação de serviços de advocacia para resgate de créditos previdenciários indevidamente recolhidos com ajuste de honorários por êxito é possível, devendo a remuneração do profissional ser fixada, no instrumento contratual, em valor estimado, observando-se o princípio da razoabilidade, evitando-se o desembolso de valores exorbitantes; b.2. os honorários de sucumbência, quando vencedor o ente público, pertencem à entidade, e não ao procurador ou representante judicial, devendo ser contabilizado como fonte de receita; b.3. é possível a contratação de honorários por êxito, fixado em percentual sobre o valor auferido com a prestação do serviço, bem como por risco puro, mediante remuneração do advogado exclusivamente por meio dos honorários de sucumbência, devendo constar no contrato o valor estimado dos honorários e a dotação orçamentária própria para o pagamento de serviços de terceiros; b.4. o pagamento deve estar condicionado ao exaurimento do serviço, com o cumprimento da decisão judicial ou ingresso efetivo dos recursos nos cofres públicos, não se podendo considerar, para esse fim, a mera obtenção de medida liminar ou a simples conclusão de fase ou etapa do serviço. [Consulta n. 873.919. Rel. Conselheiro em exercício Hamilton Coelho. Sessão do dia 10/04/2013]

[**Contratação de serviços advocatícios sem licitação.**] Quanto aos serviços de advocacia, efetivamente pagos, juntou o Processo de Inexigibilidade de Licitação [...], que estaria em conformidade com o previsto nos arts. 13, III e V, §3º; 25, II, §1º e 26, parágrafo único, da Lei n. 8.666/93, [...]. [...] Quanto à singularidade, a unidade técnica frisou que a própria especificação detalhada do objeto do contrato demonstraria que os serviços não seriam singulares, pela natureza contínua de sua prestação e previsão de prorrogação contratual. No que tange à notória especialização, observou que, para se configurar a inexigibilidade, além da singularidade exigida, seria indispensável a comprovação da notória especialização da contratada, o que não foi demonstrado pelo defendente, sendo, portanto, imposta a realização do procedimento licitatório. [...] ausentes os pressupostos para a utilização da exceção legal do dever de licitar, que dizem respeito à singularidade e à notória especialização, não comprovados nos presentes autos, consoante informação do próprio órgão técnico. Dessa forma, mantenho o apontamento da equipe de inspeção. [Consulta n. 486.121. Rel. Auditor Hamilton Coelho. Sessão do dia 13/12/2011]

[**Contratação de serviços de contabilidade.**] [...] o cargo de técnico em contabilidade e/ou contador deve estar previsto entre aqueles constantes do Quadro de Servidores Efetivos da Administração, cujas atribuições devem elencar todos os atos necessários ao acompanhamento da execução orçamentária, financeira e patrimonial, que vão desde os registros contábeis, os serviços de confecção de balanços, auditoria contábil, operacional, etc., necessários à sua operacionalização, respeitadas as atribuições privativas, no caso de contador. Na hipótese de não constar no quadro permanente tais cargos e sendo estes serviços considerados rotineiros, portanto, não singulares, já que podem ser realizados por qualquer um que possua habilitação específica e competência para fazê-los, para sua contratação, impõe-se a licitação, nos termos previstos na Lei n. 8.666/93 [...]. Não há no ordenamento jurídico ou na jurisprudência desta Corte determinação de que, para se efetuar a execução orçamentária e financeira em cada Secretaria municipal, seja exigida a contratação de um profissional em ciências contábeis, tampouco a obrigatoriedade de que as notas de empenho sejam assinadas por profissional em ciências contábeis. O que se exige é que no município tenha pelo menos um contabilista, nos termos do art. 1º da Resolução CFC n. 560/83, competente para o exercício das atividades compreendidas na Contabilidade, que será o responsável pelo serviço de contabilidade do Município. [Consulta n. 742.250. Rel. Conselheiro Eduardo Carone Costa. Sessão do dia 10/09/2008]

[**Ausência de singularidade do objeto. Contratação direta. Impossibilidade.**] No tocante à contratação realizada por meio do Procedimento de Inexigibilidade de Licitação [...], o responsável argumentou que aquela estava fundamentada no grau de confiabilidade e no respeitável currículo do Sr. [...] Entretanto, cumpre observar que a hipótese de inexigibilidade prevista no art. 25, II, c/c art. 13, da Lei n. 8.666/93 exige o preenchimento dos seguintes requisitos, conjuntamente: a) que se trate de serviço técnico profissional especializado; b) que o serviço seja de natureza singular; c) que o serviço seja prestado por profissional ou empresa de notória especialização; d) que o trabalho seja essencial e indiscutivelmente o mais adequado à plena satisfação do objeto do contrato. Há que se ressaltar que a notória especialização se refere ao profissional contratado, ao passo que a singularidade diz respeito ao serviço avençado. Nesse sentido, em relação aos procedimentos de inexigibilidade ora analisados, observa-se não ter sido demonstrada a singularidade dos serviços contratados, visto tratar-se de serviços comuns, relacionados à atividade rotineira da administração pública. Desse modo, não ficou comprovada a inviabilidade do certame, pois, além de não ter sido demonstrada a singularidade dos serviços, não se verificou que os trabalhos dos prestadores de serviços contratados fossem essencial e indiscutivelmente os mais adequados à plena satisfação do objeto das avenças. [Processo Administrativo n. 692.224. Rel. Auditor Licurgo Mourão. Sessão do dia 11/12/2012]

[**Ausência de singularidade do objeto da licitação. Contratação direta. Licitação.**] [...] Conforme relatório de inspeção, [...] a contratação do Sr. [...] foi efetuada por meio do procedimento de inexigibilidade de licitação [...], em desacordo com o disposto no art. 25, II, da Lei n. 8.666/93, uma vez que a prestação de serviço de auditoria contábil não possui natureza singular. No tocante à mencionada hipótese de inexigibilidade, há que se ressaltar que a notória especialização se refere ao profissional contratado, ao passo que a singularidade diz respeito ao serviço contratado. Vale dizer, a referida inexigibilidade de licitação exige o preenchimento dos seguintes requisitos, conjuntamente: a) que se trate de serviço técnico profissional especializado; b) que o serviço seja de natureza singular; c) que o serviço seja prestado por profissional ou empresa de notória especialização; d) que o trabalho seja essencial e indiscutivelmente o mais adequado à plena satisfação do objeto do contrato. Conforme cópia do contrato, [...] observa-se que o objeto do contrato, qual seja, a prestação de serviços de auditoria contábil, refere-se à prestação de serviços comuns, relacionados à atividade rotineira da administração pública. Desse modo, não ficou comprovada a inviabilidade do certame, pois, além de não ter sido demonstrada a singularidade do serviço, não se verificou que o trabalho fosse essencial e indiscutivelmente o mais adequado à plena satisfação do objeto do contrato. [Processo Administrativo n. 678.817. Rel. Auditor Licurgo Mourão. Sessão do dia 04/12/2012]

[**Contratações realizadas sem o devido procedimento licitatório.**] [...] não se justifica acatar osargumentos do defendente embasados em posições doutrinárias, consultas e decisões jurisprudenciais, por não se enquadrarem no caso concreto sob análise, mormente no que tange à singularidade do objetoe na suposta inviabilidade de competição. A começar pelo objeto da contratação, verifico que não há nelea singularidade que a distinga de outros correlatos inerentes às atividades da administração pública. Issoporque se refere a serviços comuns, rotineiros, sem maiores complexidades, amplos em sua abrangência,como se depreende da cláusula segunda do contrato, a fls. [...], *in verbis*: "Cláusula Segunda - Do Objeto - Constitui objeto deste a prestação de serviços técnicos profissionais de auditoria e consultoria contábil- financeira e administrativa, elaboração de Planos de Cargos e Salários e Estatuto dos Servidores, bemcomo representar o Município perante órgãos públicos, em especial o Tribunal de Contas do Estado de Minas Gerais." [...] não há nada de especial no objeto da avença passível de distingui-lo de serviços inerentes à rotina administrativa, pois são serviços que, dependendo da logística do município, poderiam ser realizados pelos próprios servidores da administração. Dessa forma, a melhor exegese sugere que, nesse caso, haveria possibilidade de competição entre eventuais interessados, o que se infere da expressão da ausência de singularidade do objeto. Daí não se justificar contratação direta, pois há vários profissionais e empresas do ramo atuando no mercado. [...] não havendo que se cogitar de singularidade do objeto, muito menos de inviabilidade de competição, o certame licitatório seria imprescindível, em consonância com o disposto no inciso XXI do art. 37 da Constituição da República, de 1988. [...] ao prestador do serviço pode-se adequar a característica de notoriedade, mas não se pode olvidar que o objeto da avença necessita ser singular pela sua natureza e complexidade, o que não se comprovou nestes autos. Ao privilegiar a notoriedade do prestador do serviço em detrimento da singularidade do objeto, a Administração Pública iria de encontro ao princípio da impessoalidade a que a Administração Pública está adstrita. [...]. [...] entendo que o procedimento atinente à contratação direta analisada se configurou irregular, pois o correto seria proceder ao certame licitatório na modalidade Convite. Assim, por afronta ao inciso XXI do art. 37 da Constituição da República, c/c os arts. 2° e 3° da Lei n. 8.666, de 1993, dou por irregular a contratação por ausência de licitação, quando as circunstâncias fáticas e jurídicas o impunham. [...] Assim, tratando-se de serviço comum, sem quaisquer nuances de especificidade que lhe confere a singularidade exigida pelo inciso II do art. 25 da Lei n. 8.666, de 1993, o correto, [...] seria formalizar a contratação mediante procedimento licitatório na modalidade específica, o que não ocorreu, em arrepio à legislação vigente. Sejam julgadas irregulares as contratações realizadas sem a observância do devido procedimento licitatório, [...], por afronta ao disposto no inciso XXI do art. 37 da Constituição da República e nos arts. 2° e 3° da Lei n. 8.666, de 1993, cominando multas [...]. [Processo Administrativo n. 703.098. Rel. Auditor Gilberto Diniz. Sessão do dia 08/11/2012]

[Contratação realizada sem o devido procedimento licitatório.] [...] verificou-se, ainda que vislumbrada a notória especialização das contratadas, que os serviços ajustados não se revestem de nenhum tipo de excepcionalidade ou singularidade, pelo contrário, trata-se de serviços corriqueiros e amplos, o que não inviabiliza a competição. [...] não houve a formalização dos procedimentos de inexigibilidade. [...] Nas demais contratações diretas, foram apresentadas apenas notas de empenho, ficando evidenciado que todas as contratações aqui relacionadas não foram precedidas do devido procedimento licitatório. [...] Voto pela irregularidade [...] das despesas efetuadas sem procedimento licitatório, no valor total histórico pago de R$112.335,03 (cento e doze mil, trezentos e trinta e cinco reais e três centavos), em desrespeito ao art. 37, XXI, da CR/88, a Constituição Federal, e art. 2º e 3º da Lei n. 8.666/93. O valor mencionado deve ser corrigido na forma regimental. Aplico multa, nos termos do art. 236, II, da Resolução n. 10/96 do TCEMG, ao *[omissis]*, no valor de R$8.563,45 (oito mil, quinhentos e sessenta e três reais e quarenta e cinco centavos), sendo [...] R$7.863,45 (sete mil oitocentos e sessenta e três reais e quarenta e cinco centavos), em razão das despesas efetuadas sem procedimento licitatório. [Processo Administrativo n. 743.977. Rel. Conselheiro Sebastião Helvecio. Sessão do dia 18/10/2012]

[**Contratação que não se enquadra nas hipóteses de inexigibilidade realizada sem o devido procedimento licitatório. Irregularidade.**] Depreende-se da referida cláusula que não há nenhumas especificidades que tornem esses serviços revestidos de singularidade, ao contrário, são serviços comuns,corriqueiros, que fazem parte da rotina da controladoria contábil de qualquer município. [...] além dea situação não se enquadrar na hipótese, sequer se formalizou o processo de inexigibilidade, conforme preceitua o art. 26 da Lei n. 8.666, de 1993, e, se o fizesse, nem por isso elidiria a irregularidade, visto que, pelas circunstâncias fáticas e jurídicas, o correto seria proceder ao certame licitatório. [...] Diantedo exposto na fundamentação, no mérito, proponho ao Colegiado da Segunda Câmara que: [...] - Sejam julgadas irregulares as contratações realizadas sem a observância do devido procedimento licitatório, item 2, por afronta ao disposto no inciso XXI do art. 37 da Constituição da República e nos arts. 2º e 3º da Lei n. 8.666, de 1993, cominando multas no valor total de R$56.700,00 (cinquenta e seis mil e setecentos reais) ao *[omissis]* [...] conforme discriminado a seguir, deixando de propor multa aos membros de comissões de licitação por se tratar de contratações diretas. [Processo Administrativo n. 694.674. Rel. Auditor Gilberto Diniz. Sessão do dia 18/10/2012]

[**Contratação de assessoria contábil sem o devido procedimento licitatório.**] [...] os mencionados serviços foram contratados pela Prefeitura, por intermédio de procedimento de inexigibilidade de licitação, não anexado aos autos recorridos, e cujos serviços não se enquadravam na hipótese prevista no art. 25, II e §1º, da Lei n. 8666/93 (singularidade e inviabilidade de competição), haja vista que eram comuns, ordinários, corriqueiros e duradouros, não se tratando de caso específico ou singular. [...] embora o serviço contratado seja técnico, e ainda que a contratada comprovasse notória especialização, a inexistência de singularidade do objeto não autoriza a contratação de forma direta por inexigibilidade de licitação, sendo imperiosa a realização do certame licitatório adequado. [...] não se encontra descaracterizada a irregularidade das despesas realizadas, uma vez que eivada de vícios a inexigibilidade mencionada, razão pela qual voto pela manutenção da multa, no importe de R$ 2.000,00 (dois mil reais). [Recurso Ordinário n. 811.956. Rel. Conselheiro Eduardo Carone Costa. Sessão do dia 17/10/2012]

[**Contratação realizada sem o devido procedimento licitatório. Não configurada a hipótese de inexigibilidade.**] [...] a contratação do favorecido foi precedida do Procedimento de Inexigibilidade [...]. Entretanto, não ficou caracterizada a singularidade dos serviços, não ficando configurada a hipótese do inciso II do art. 25 da Lei n. 8.666, de 1993. [...] Desse modo, não ficou configurada a hipótese de inexigibilidade invocada, pois compete à Administração demonstrar não apenas a notória especialização do contratado, que, *in casu*, sequer foi questionada, mas, simultaneamente, que o serviço contratado é singular, o que não ocorreu. [...] a contratação direta da *[omissis]*, sem a realização do procedimento licitatório, afronta o art. 2º da Lei n. 8.666, de 1993, bem como o inciso XXI do art. 37 da Constituição da República de 1988, devendo ser aplicada multa ao gestor responsável. [Processo Administrativo n. 695.215. Rel. Auditor Gilberto Diniz. Sessão do dia 04/10/2012]

[**Contratação de consultoria sem o devido procedimento licitatório. Inexigibilidade.**] De início, é importante deixar claro que a inexigibilidade de licitação pressupõe a inviabilidade de competição, e o inciso II do artigo 25 c/c o art. 13 da Lei n. 8.666, de 1993, como hipótese de inexigibilidade, estabelece como pressuposto da contratação direta a presença simultânea da natureza singular do objeto e da notória especialização do favorecido. Ficando devidamente configurada a situação inexigível, deve-se atentar para a razão da escolha do executante, e, por fim, a justificativa do preço, nos termos dos incisos II e III do artigo 26 da Lei n. 8.666, de 1993, para, finalmente, autorizar-se o contrato por inexigibilidade de licitação. [...] foram apresentados os documentos a fls. 422 a 670, referentes à contratação da empresa [*omissis*]. Observo que os documentos se referem aos currículos dos sócios da contratada, atestados de vários municípios contratantes da empresa, publicações de artigos doutrinários, que são suficientes para comprovar a notória especialização da contratada. [...] Porém, não basta a notória especialização do contratado, devendo ser comprovado que o serviço possui singularidade. [...] Como visto, na contratação em análise, não ficou configurada a hipótese de inexigibilidade estabelecida no inc. II do art. 25 da Lei n. 8.666, de 1993, pois, apesar de ficar comprovada a notoriedade do contratado, o defendente não logrou êxito em comprovar a singularidade do objeto, requisitos indissociáveis, e que devem ser comprovados simultaneamente. [Processo Administrativo n. 688.722. Rel. Auditor Gilberto Diniz. Sessão do dia 27/09/2012]

[**Contratação irregular de serviços de advocacia por inexigibilidade de licitação.**] Depreende-se doobjeto do contrato, [...] que os serviços a serem executados pelo favorecido seriam comuns à advocacia,sem maiores complexidades, pois se resumem a propor ações judiciais no âmbito do direito tributário,financeiro e previdenciário, interpor recursos, contestações, o que não demanda nenhuma especificidade que possa destacá-los como singulares. [...] a inexigibilidade de licitação pressupõe a inviabilidade de competição, bem como, neste caso, da conjugação simultânea da natureza singular do objeto e da notória especialização do favorecido, consoante inciso II do art. 25, além de ser o objeto da contratação serviços técnicos profissionais especializados, nos termos do *caput* do art. 13 da Lei n. 8.666, de 1993. [...] configurada a inexigibilidade, deve-se atentar para a razão da escolha do executante e, por fim, para a justificativa do preço, nos termos dos incisos II e III do art. 26 da citada lei, o que também não se observou a contento no caso sob análise, como se constata nos apontamentos da equipe inspetora, a fls. 13, o que não sanaria a falha caso o fizesse, uma vez que o correto seria proceder ao certame. [...] por não se proceder ao devido procedimento licitatório na modalidade Convite, optando-se pela inexigibilidade, a contratação se configurou irregular. [...] por se tratar de contratação direta, faz-se imperioso esclarecer que os membros da Comissão de Licitação não devem ser responsabilizados pelas falhas em tela, visto que eles apenas respondem pela efetiva participação no certame licitatório, o que não ocorreu. [Processo Administrativo n. 694.177. Rel. Auditor Gilberto Diniz. Sessão do dia 13/09/2012]

[**Multa decorrente de contratação direta de serviços advocatícios.**] Cumpre ressaltar que a contratação direta de advogados, paralelamente aos serviços prestados pelo quadro próprio de profissionais existente no município, justifica-se apenas nos casos de serviços específicos e especializados, cuja natureza e as características de singularidade e de complexidade extrapolem as atividades comuns e rotineiras da administração. [...] Em relação ao objeto contratado com a empresa *[omissis]*, definido genericamente como a prestação de serviços técnico-especializados de assessoria e consultoria jurídica e patrocínio judicial e administrativo, e congêneres, a única alternativa factível ao *(omissis)* seria a realização de certame licitatório. [Recurso Ordinário n. 812.343. Rel. Conselheiro José Alves Viana. Sessão do dia 12/09/2012]

[**Contratação irregular por inexigibilidade de licitação.**] [...] para configurar a hipótese de contratação direta com fulcro no inciso II do art. 25 da Lei de Licitações, dois requisitos são necessários: notória especialização do contratado e singularidade do objeto. [...] para que fosse válida a contratação direta, *in casu*, seria necessária a formalização do procedimento de inexigibilidade, na forma estabelecida no art. 26, com a comprovação dos requisitos estabelecidos no inciso II do art. 25, todos da Lei n. 8.666, de 1993. [...] o elemento confiança não pode ser usado como critério para fundamentar a inexigibilidade da licitação, mas apenas para a escolha do contratante, e desde que esteja configurada a hipótese de contratação direta. [...] proponho, no mérito, ao Colegiado da Segunda Câmara que [...]- sejam julgadas irregulares as contratações realizadas sem a observância do devido procedimento licitatório, item 2, por afronta ao disposto no inciso XXI do art. 37 da Constituição da República e nos arts. 2º e 3º da Lei n. 8.666, de 1993, cominando multa no valor total de R$ 3.500,00 (três mil e quinhentos reais) ao [...] prefeito municipal à época, com fundamento no inciso II do art. 95 da Lei Complementar n. 33, de 1994, então vigente, cujo correspondente na Lei Complementar n. 102, de 2008, é o inciso II do art. 85 [...]. [Processo Administrativo n. 689.917. Rel. Auditor Gilberto Diniz. Sessão do dia 04/09/2012]

[**Licitação. Inexigibilidade. Serviços sem caráter de especificidade. Irregularidade.**] Esta Corte de Contas já firmou seu posicionamento por meio do Incidente de Uniformização de n. 684.973, de 14/04/2004, manifestando-se no seguinte sentido: "*In casu*, os serviços desempenhados [...] não se revestem do caráter de especificidade e, ainda que se vislumbre a notória especialização da empresa, os serviços desempenhados são amplos e corriqueiros, deveriam estar sendo prestados por servidores da própria administração contratante, e, na falta de estrutura adequada, dever-se-ia promover a competente licitação, pois inúmeras são as empresas existentes no mercado capazes de oferecê-los aos municípios mineiros." A matéria encontra- se sumulada nos termos abaixo transcritos: Súmula n. 106 (Publicada no *MG* de 22/10/2008 — p. 40 — mantida no *MG* de 26/11/2008 — p. 72 — mantida no *D.O.C* de 05/05/2011 — p. 08) Nas contratações de serviços técnicos celebradas pela Administração com fundamento no artigo 25, II, combinado com o art. 13 da Lei n. 8.666, de 21 de junho de 1993, é indispensável a comprovação tanto da notória especialização dos profissionais ou empresas contratadas como da singularidade dos serviços a serem prestados, os quais, por sua especificidade, diferem dos que, habitualmente, são afetos à Administração. [Recurso de Revisão n. 679.870. Rel. Conselheiro Mauri Torres. Sessão do dia 29/08/2012]

[**Contratação direta de serviços advocatícios. Ausência de demonstração da singularidade do serviço e da notória especialização.**] [...] as alegações carecem de amparo fático e legal, haja vista que não foram demonstradas a singularidade dos serviços, que consiste nas questões ordinárias enfrentadas pela municipalidade [...] bem como a notória especialização do prestador dos serviços, cuja comprovação de qualificação se restringiu ao diploma de bacharel em Direito e ao certificado de Habilitação no Exame da Ordem dos Advogados do Brasil [...] ou seja, o mínimo necessário ao exercício de qualquer ato privativo de advogado, ainda que da maior singeleza.

Assim, não é difícil reconhecer que a notória especialização vai muito além do mínimo exigido para o exercício da profissão. Desse modo, não estão atendidos os requisitos insculpidos no art. 25, II, §1º, da Lei n. 8.666/93, para a contratação de serviços advocatícios. [Recurso Ordinário n. 835.944. Rel. Conselheiro em exercício Hamilton Coelho. Sessão do dia 18/07/2012]

[**Exigência de singularidade do objeto para possibilitar a contratação direta.**] [...] considerando que as razões recursais não tiveram o condão de elidir a irregularidade na contratação direta, pelo Município de [...] para a prestação de serviços de auditoria e consultoria, haja vista a ausência de singularidade do objeto, nego provimento ao recurso e, tendo em vista que se operou o trânsito em julgado dos demais itens da decisão prolatada na sessão da Segunda Câmara deste Tribunal, [...] nos autos do [...], mantenho incólume a multa de R$6.500,00 (seis mil e quinhentos reais) imputada ao recorrente. [Recurso Ordinário n. 800205. Rel. Conselheiro em exercício Hamilton Coelho. Sessão do dia 04/07/2012]

[**Contratação direta. Prestação de serviço de assessoria e consultoria técnica ao gabinete do prefeito. Habitualidade do serviço.**] [...] o Município contratou o Sr. [...] por meio do instituto de inexigibilidade de licitação, por inviabilidade de competição. O serviço de assessoria e consultoria técnica em administração pública foi prestado "mediante treinamento e aperfeiçoamento dos servidores públicos, acompanhando a implantação de sistema informatizado para execução orçamentária e folha de pagamento", tendo sido alegada a necessidade de experiência singular para sua execução. O recorrente citou consultas e decisões deste Tribunal em que a contratação de prestação de serviços advocatícios foi considerada regular pela notória especialização do contratado e pela característica singular do trabalho prestado. Aduziu que a despesa atendeu ao interesse público, devido à razoabilidade e proporcionalidade da despesa.

E, ainda, que a referida contratação não caracteriza terceirização de servidores públicos, pois ocorreu em um período determinado. [...] não ficou comprovada, conforme informação do órgão técnico [...] a notória especialização do contratado. Verificando o objeto do contrato [...] não se observa a natureza singular dos serviços e a inviabilidade de competição, para que a contratação pudesse ser efetuada nos termos do art. 25, II da Lei n. 8666/93. [...] ofensa ao art. 37, XXI, da Constituição Federal e ao art. 2° da Lei n. 8.666/93. Tais serviços são rotineiramente demandados pelos municípios em geral, havendo no mercado diversas empresas e profissionais habilitados e qualificados para prestá-los. [...] Assim, não ficou comprovada, no presente processo, a notória especialização do contratado, nem a singularidade dos serviços prestados, razão pela qual entendo que a decisão recorrida não merece reforma. [Recurso Ordinário n. 839.017. Rel. Conselheiro Eduardo Carone Costa. Sessão do dia 28/03/2012]

[**Multa por inobservância das formalidades exigidas pela lei de licitações.**] [...] a recorrente salientou, a fls. 9 – 13, tratar-se de prestação de serviços contábeis de forma singular, mediante notória especialização. [...] entendo que a singularidade da citada empresa contábil não ficou comprovada, à vista de realizar serviços comuns, de forma contínua, o que não inviabiliza a competição, ficando, portanto, em desacordo com o art. 25, II da Lei de Licitações. [...] voto pelo provimento parcial do presente recurso interposto pela *[omissis]*, para reformar a decisão recorrida. [...] Confirmo os demais itens do acórdão recorrido (fl. 290/291 dos autos principais), reduzindo o valor da multa aplicada à recorrente acima nominada, do valor de R$17.000,00 (dezessete mil reais) para o total de R$12.000,00 (doze mil reais). [Recurso Ordinário n. 812008. Rel. Conselheiro Sebastião Helvecio. Sessão do dia 16/02/2011]

[**Comprovação dos requisitos do art. 25, II, da Lei n. 8.666/93.**] [...] acerca das alegações de que o contrato decorrente do Processo de Inexigibilidade de Licitação [...] se enquadraria no dispositivo do art. 25, II e art. 13 da Lei n. 8.666/93, entendo que, em tese, assiste razão ao recorrente, [...] uma vez que, em recente decisão, assim se posicionou o Supremo Tribunal Federal, *in verbis*: [...] INEXIGIBILIDADE DE LICITAÇÃO CARACTERIZADA PELA NOTÓRIA ESPECIALIZAÇÃO DOS PROFISSIONAIS CONTRATADOS, COMPROVADA NOS AUTOS, ALIADA À CONFIANÇA DA ADMINISTRAÇÃO POR ELES DESFRUTADA. PREVISÃO LEGAL. [...] (STF — AP 348 / SC — Santa Catarina — Rel. ministro Eros Grau — *DJ* 03/08/2007). [...] No entanto, em que pese meu aceite quanto à singularidade da referida contratação, a análise da aferição da notoriedade da especialização da empresa contratada merece atenção redobrada, nesse caso. Para elucidar meu entendimento, trago à luz deste julgado o princípio da formalidade dos atos públicos, enfocando que a Administração Pública deve observar os procedimentos pertinentes a cada ato. Nesse sentido, considero que a maneira legal de se instruir um processo administrativo, como é o processo de inexigibilidade, é fazê-lo conter documentos que comprovem, repito, a condição de notoriedade do contratado, quais sejam, estudos, experiências, publicações, ou outros documentos da espécie, o que não aconteceu no processo de inexigibilidade [...] , conforme disposto no art. 25, II, e §1° da Lei n. 8.666/93 [...]. Neste caso, o responsável pela formalização do Processo em questão não observou a Lei, ao não acostar os documentos probatórios da notoriedade alegada, e, mais uma vez, em defesa, as justificativas apresentadas não foram suficientes para comprovar a notoriedade da empresa contratada, visto que não se fizeram acompanhar de documento algum que pudesse assegurá-la. Assim, tendo em vista que a Lei de Licitações impõe, para a contratação direta, consubstanciada nessa hipótese legal, que os profissionais ou as empresas possuam a qualificação de notória especialização, e que os serviços tenham natureza singular, entendo que, apesar do meu aceite quanto à singularidade, não foi documentalmente demonstrada no processo de inexigibilidade [...], a notória especialização da empresa contratada [...]. O Tribunal de Justiça do Rio de Janeiro também já firmou decisão nesse sentido, *in verbis*: 'Licitação — Prestação de Serviços [de] Advocacia — Inexigibilidade. É inexigível a licitação para a contratação de serviços técnicos de natureza singular, prestados por profissionais de notória especialização. Serviços singulares são aqueles que apresentam características tais que inviabilizam, ou pelo menos dificultam a sua comparação com outros; notória especialização tem o profissional que, sem ser o único, destaca-se entre os demais da mesma área de atuação. Preenche tais requisitos a prestação de serviços de advocacia junto aos Tribunais Superiores prestados por profissionais de notório saber jurídico e larga experiência na área do Direito Público, na defesa de causas de grande valor patrimonial para a Administração Municipal. Não se pode perder de vista, por outro lado, que o mandato é contrato *intuitu personae*, em que o elemento confiança é essencial, o que o torna incompatível com a licitação' (TJ-RJ — Apelação Cível n. 6648/96 — 2ª Câmara Cível — Rel. des. Sérgio Cavalieri Filho, apud ADCOAS 8154950).[Recurso de Reconsideração decorrente do Processo Administrativo n. 705.142. Rel. Conselheira Adriene Andrade. Sessão do dia 30/10/2007]

[**Possibilidade excepcional de contratação direta de serviços técnicos de desenvolvimento de sistemas de informática.**] [Destaco decisão] aprovada por unanimidade pelo STF [...]: 'Serviços técnicos especializados são serviços que a Administração deve contratar sem licitação, escolhendo o contratado de acordo, em última instância, com o grau de confiança que ela própria, Administração, deposite na especialização desse contratado. Nesses casos, o requisito da confiança da Administração em quem deseje contratar é subjetivo. Daí que a realização de procedimento licitatório para a contratação de tais serviços — procedimento regido, entre outros, pelo princípio do julgamento objetivo — é incompatível com a atribuição de exercício de subjetividade que o direito positivo confere à Administração para a escolha do 'trabalho essencial e indiscutivelmente mais adequada à plena satisfação do objeto do contrato' (cf. o §1° do art. 25 da Lei n. 8.666/93). O que a norma extraída do texto legal exige é a notória especialização, associada ao elemento subjetivo confiança'. (Acórdão do DTF, em Ação Penal n. 348-5, Sessão do Pleno de 15/12/2006, ministro relator Eros Grau). [...] *In casu*, pode parecer estranha a alegação de fidúcia em serviços relacionados à informática, área do saber sempre atingida pela preconcepção de se tratar de serviço prestado à distância, guardada total frieza e neutralidade entre prestador e contratado. No entanto, tal preconcepção esmorece, ao situarmos que estamos falando de um administrador que abre as portas de sua prefeitura para que se implante, ali, um sistema capaz de instruir e delimitar todos os seus atos. Neste caso, não há mais como supor a frieza e neutralidade do serviço prestado. Afinal, devemos lembrar que quem responde pelos negócios da Administração é o seu comandante, e as assessorias contratadas, no árduo momento da prestação de contas, são anônimas perante os órgãos de controle. Daí, pela justiça da própria fiscalização sobre os atos da Administração, entendo que deve ser dada ao gestor oportunidade de escolher quem serão seus orientadores, anônimos para a fiscalização externa, mas fundamentais à integridade de sua gestão. [...] apesar de prestados [...] [através de] sistemas de informática, é da natureza desses serviços de assessoria técnica guardar singularidade em relação a seu prestador, que virá adentrar em sua prefeitura e, muitas vezes, revolucionar suas condutas administrativas, ditando novos paradigmas de gestão e cuidando para que eles sejam mantidos. [Licitação n. 695.862. Rel. Conselheira Adriene Andrade. Sessão 30/10/2007]

[**Possibilidade excepcional de contratação direta de serviços de assessoria jurídica e contábil.**] [Destacam-se] os seguintes julgados:

'Entidade Detentora de Quadro Próprio de Advogados — Contratação direta — Licitação inexigível. [...] A circunstância de entidade pública ou órgão governamental contar com quadro próprio de advogados não constitui impedimento legal a contratar advogado particular parta prestar-lhe serviços específicos, desde que a natureza e as características de singularidade e de complexidade desses serviços sejam de tal ordem que se evidencie não poderem ser normalmente executados pelos profissionais de seus quadros próprios, justificando-se portanto a contratação de pessoa cujo nível de especialização a recomende para a causa. [...] A natureza singular, por seu turno, não significa a existência de um único notório especializado, mas pressupõe sem dúvida uma qualificação incomum, algum trabalho que se realizado por outro produzirá um resultado substancialmente diferente. [...] (TCU-000.760/98-6, Ministro Relator Bento José Bugarin)' [...] Ainda, sob o mesmo enfoque, é mister lembrar a brilhante análise do ministro Eros Graus sobre a questão: [...] 'Por outro lado, impossível acolher-se, em sede extraordinária, a afirmação de que os serviços noticiados nos autos [...] não são daqueles que exigem notória especialização ao ponto de não poderem ser realizados pelos procuradores integrantes do quadro da própria municipalidade [...]. No caso em exame, diante da farta documentação carreada aos autos [...], em primeira instância e, posteriormente, em grau de recurso, neste Tribunal [...], impõe-se considerações atinentes à singularidade dos serviços prestados, cuja prestação não foi negada'. (Recurso Extraordinário, n. 466.705, STF) Insisto, no entanto, em lembrar que o fato de se poder fazer uma contratação amparada pela inexigibilidade não dispensa o administrador de todas as formalidades e do zelo legalista, que deve manter quanto a todos os seus atos. Neste sentido, ao examinar os documentos apresentados na defesa, observei que não foram atendidos, no Processo de Inexigibilidade em análise, os requisitos previstos no art. 26, principalmente quanto à justificativa de preço, falta esta que, como já expus anteriormente, torna-se indesculpável, na medida em que, além de ferir o inciso III do parágrafo único do referido artigo, expõe a prejuízo o Erário, na contratação de valor que pode não ser o praticado pelo mercado corrente. [Processo Administrativo n. 630.583. Rel. Conselheira Adriene Andrade. Sessão do dia 14/08/2007]

[**Ausência de comprovação da singularidade do serviço.**] Em relação à não realização de procedimento licitatório para contratação dos serviços [...], não obstante os argumentos apresentados referentes à qualificação do profissional contratado, entendo não serem os serviços inéditos ou singulares [...], uma vez que [...] a contratação refere-se, genericamente, à assessoria técnico-legislativa, atividade normal e comum a uma Câmara Municipal. Ressalva-se que não se encontra minudenciada nos autos nenhuma característica apta a considerar o serviço incomum ou complexo, seja em função da matéria, da relevância econômica, [...] que demande a contratação direta por inexigibilidade de licitação. Sem embargo dos outros requisitos necessários para legitimar a contratação direta por inexigibilidade de licitação, a escolha direta do contratado pressupõe, necessariamente, a realização de serviço incomum, sendo o profissional escolhido o único em condições de executá-lo. O recorrente não juntou nenhum documento que comprove cabalmente a singularidade do serviço, demandando qualidades profissionais relevantes para sua execução. [Recurso de Revisão n. 684.518. Rel. Conselheiro Subst. Gilberto Diniz. Sessão do dia 08/08/2007]

[**Configuração da notória especialização.**] [...] para a contratação direta, com fulcro no art. 25, II, da Lei n. 8.666/93, é necessária a configuração de três requisitos básicos: o serviço técnico especializado, a notória especialização do contratado e a singularidade do objeto. [...] Quanto à notória especialização do profissional ou da empresa, há que se considerar dois conceitos: especialização, que consiste na titularidade objetiva de requisitos que distinguem o sujeito, conferindo-lhe maior habilitação que outros da mesma área de atuação (tais como cursos de Pós-Graduação, exercício de magistério superior, premiação, etc.) e a notoriedade, significando o reconhecimento da qualificação do sujeito por parte da comunidade (JUSTEN FILHO, Marçal, *Comentários à Lei de Licitações e Contratos Administrativos*, 11. ed., 2005, p. 284). [Licitação n. 700.746. Rel. Conselheiro Antônio Carlos Andrada. Sessão 03/07/2007]

[**Contratação direta de consultoria gerencial em informática. Irregularidade por ausência de comprovação de singularidade e notória especialização.**] Em que pese a realização do procedimento de inexigibilidade, infere-se que não ficou comprovada a exclusividade, singularidade, bem como a notória especialização da empresa contratada para permitir a inexigibilidade de licitação por inviabilidade de competição. Desta feita, faz-se necessária a realização do certame a fim de permitir a ampla concorrência entre os interessados, facultando a habilitação daqueles residentes ou sediados em outros locais. [...] Diante do exposto, considero irregular o procedimento licitatório elencado, uma vez que o objeto contratado não se enquadra entre as hipóteses do art. 25 da Lei n. 8.666/93, bem como o procedimento licitatório não foi devidamente formalizado nos termos do art. 26. [Processo Administrativo n. 614.567. Rel. Conselheiro Antônio Carlos Andrada. Sessão do dia 29/05/2007]

[**Contratação direta irregular de serviços médicos.**] O defendente alega que o município em referência não possuía serviço próprio ou disponibilidade de profissionais. Sustenta, ainda, que realizou o procedimento de inexigibilidade pela inviabilidade de competição. [...] [Todavia,] a simples ausência de profissionais no município não obsta a realização do certame, uma vez que, conforme preceituado no parágrafo único do art. 20 da Lei Federal n. 8.666/93, faculta-se a habilitação de interessados residentes em outros locais. [...] [Quanto ao requisito de notória especialização,] a especialização médica é necessária para habilitação profissional, [de modo que não comprova notória especialização, para fins de inexigibilidade, e] os serviços prestados em referência não se caracterizam como singulares a propiciar sua individualização em face dos demais. [...] Desta feita, entendo irregulares os procedimentos licitatórios elencados. [Processo Administrativo n. 614.567. Rel. Conselheiro Antônio Carlos Andrada. Sessão do dia 29/05/2007]

[**Característica da singularidade do serviço.**] [...] não é a possibilidade de o serviço ser prestado por mais de uma pessoa que lhe tira a natureza de 'singular'. A singularidade de um serviço é aferida, exatamente, no confronto com o prestado por outras pessoas sobre um mesmo assunto ou tema, conforme se depreende da lição do mestre Celso Antônio Bandeira de Mello, em artigo publicado na Revista 'Licitar', vol. 6 — Dezembro/1997, citado pelo próprio órgão técnico, em que leciona: "um serviço deve ser tido como singular quando nele tem que interferir, como requisito de satisfatório atendimento da necessidade administrativa, um componente criativo de seu autor, envolvendo o estilo, o traço, a engenhosidade, a especial habilidade, a contribuição intelectual, artística, ou a argúcia de quem o executa, atributos estes que são precisamente os que a Administração reputa convenientes e necessita para a satisfação do interesse público em causa". [...] a singularidade de um serviço é aferida, exatamente, no que ele excepciona em relação aos serviços comumente encontrados no mercado. [Processo Administrativo n. 682.377. Rel. Conselheiro Antônio Carlos Andrada. Sessão do dia 22/05/2007]

[**Binômio singularidade do objeto/notória especialização. Considerações sobre a singularidade relativa.**] É de se observar [...] que a contratação direta, com fulcro no art. 25, II, da Lei n. 8.666/93, pressupõe duas exigências que devem ser obedecidas conjuntamente, ou seja, a notória especialização é apenas um dos requisitos que legitimam a contratação, restando, ainda, a necessidade de que o serviço seja singular. A lei exige a singularidade dos serviços e não do prestador, ao qual já se impõe a comprovação da notória especialização. [...] Quanto à notória especialização do profissional ou da empresa, há que se considerar dois conceitos: especialização que consiste na titularidade objetiva de requisitos que distinguem o sujeito, conferindo-lhe maior habilitação que outros da mesma área de atuação (tais como: cursos de pós-graduação, exercício de magistério superior, premiação em cursos, etc.) e a notoriedade, significando o reconhecimento da qualificação do sujeito por parte da comunidade (JUSTEN FILHO, Marçal, *Comentários à Lei de Licitações e Contratos Administrativos*, 9. ed. 2002, p. 280). [...] O TCU, no Acórdão n. 410/2001, captou com muita propriedade a sutileza da questão, ao asseverar que 'Singular não significa necessariamente único. A singularidade de um serviço diz respeito a sua invulgaridade, especialidade ou notabilidade, quer dizer que não se trata de algo corriqueiro [...]. A existência de outros profissionais que possam prestar o serviço não basta para retirar sua singularidade'. [...] Nesses termos, é importante frisar que a constatação da singularidade deve ser aferida, em cada caso concreto, em função de especificidades da Administração e das circunstâncias fáticas que envolvem a contratação direta por inexigibilidade e que, em última análise, devem sempre preservar o interesse público. O TCU, no Acórdão n. 85/1997 — Plenário, assim deliberou: 'A singularidade é característica do objeto, que o diferencia dos demais. É o serviço pretendido pela Administração que é singular e não aquele que o executa. A caracterização da singularidade deve visar ao atendimento do interesse público'. Assim, exemplificadamente, no atendimento ao interesse público, pode-se aferir que um serviço considerado não rotineiro ou não habitual — singular — para a União, pode não o ser para um Município ou determinado Estado e vice-versa, em função exatamente das particularidades de cada um. É o que podemos denominar singularidade relativa. [Processo Administrativo n. 468.724. Rel. Conselheiro Antônio Carlos Andrada. Sessão do dia 06/02/2007]

[**Limite da discricionariedade na contratação direta pelo art. 25, II, da Lei de Licitações.**] A discricionariedade do administrador público para a escolha direta de profissional ou empresa especializada é reduzida, devendo ser conjugada a notória especialização à natureza singular do serviço, não se justificando firmar [sem licitação] contratos [...] visando à prestação de serviços de forma continuada [como serviços odontológicos, médicos e contábeis]. [Licitação n. 437.382. Rel. Conselheiro Moura e Castro. Sessão 30/01/2007]

III — para contratação de profissional de qualquer setor artístico, diretamente ou através de empresário exclusivo, desde que consagrado pela crítica especializada ou pela opinião pública.

Trata-se de hipótese de contratação do objeto, uma vez que podem existir diversos sujeitos que desempenham a atividade que satisfaz a necessidade estatal. Entretanto, não viabilizam a competição, pois o trabalho realizado pelo profissional emana diretamente da sua pessoa e da sua criatividade, não se sujeitando a fatores objetivos de avaliação.

[**Despesas realizadas mediante procedimentos de inexigibilidade de licitação irregulares.**] Trata-se de contratações de empresas promotoras de eventos, [...], que representam bandas e conjuntos musicais que apresentariam shows em festividades no município. [...] A equipe inspetora apontou como irregularidades a ausência de pesquisa de preço, nos termos dispostos no inciso IV do art. 43, c/c o inciso II, do §2° do art. 40 da Lei n. 8.666, de 1993, e o fato de as empresas favorecidas não serem representantes exclusivas das respectivas bandas, o que, fosse o caso, daria ensejo à contratação direta por inexigibilidade licitatória, desde, é claro, que ficassem comprovados os demais requisitos impostos pela mencionada lei. [...] verifico que não há nos autos comprovação de que as bandas contratadas para a realização dos eventos tenham reconhecimento perante a crítica especializada ou opinião pública, ou mesmo currículo que justificasse as contratações diretas sem o devido certame licitatório. Não há sequer comprovação de que essas bandas e conjuntos tenham realizado shows em cidades da região, ou de que há CDs ou DVDs por elas gravados, o que, por si, desconstituem as razões que respaldariam as contratações com base no inciso III do art. 25 da Lei n. 8.666, de 1993. [...] Considerando-se a especificidade da situação, reporto-me à doutrina acerca da matéria, precisamente ao que assevera Diógenes Gasparini em sua obra *Direito Administrativo*, 4. ed., 1995, p. 323: "Por força do estabelecido no inciso III do art. 25 do Estatuto Federal Licitatório, é inexigível a licitação para a contratação de profissional de qualquer setor artístico, diretamente ou através de empresário, desde que consagrado pela crítica especializada ou pela opinião pública. O dispositivo em apreço não traz grandes dificuldades de intepretação, salvo no que concerne à consagração pela crítica especializada. Qual é essa crítica especializada? A local? A regional? A nacional? Cremos que se pode dizer que é a crítica local, regional (estadual) ou nacional, em razão do valor do contrato. Assim, se o contrato estiver dentro do limite de convite, será local; se estiver dentro do limite da tomada de preços, será regional; se estiver dentro do limite de concorrência, será nacional. O mesmo deve-se afirmar em relação à opinião pública." [...] ainda que não fossem equivocadas as contratações em pauta por inexigibilidade, elas estariam eivadas de vícios, pois não há, nos autos, justificativas para a escolha dessas bandas, nem justificativa do preço avençado, em consonância com os incisos II e III do art. 26 da referida lei.[...] As contratações em tela, pois, ocorreram ao arrepio da lei, uma vez que, pelas circunstâncias fáticas, não se comprovando tratar-se de bandas consagradas ou sequer reconhecidas pela opinião pública ou pela crítica especializada, a outras bandas o correto seria proceder às contratações mediante processo licitatório, até para que fosse dada oportunidade de contratar com o Município, em consonância com o inciso XXI do art. 37 da Constituição da República c/c os arts. 2º e 3º da Lei n. 8.666, de 1993, o que não ocorreu. Sejam julgados irregulares as contratações diretas formalizadas mediante procedimentos de inexigibilidade, uma vez que deveriam ser precedidas do devido procedimento na modalidade licitatória Convite ou Tomada de Preços, conforme o caso, razão pela qual proponho a aplicação de multas [...], por violação ao inciso XXI do art. 37 da Constituição da República de 1988, c/c os arts. 2º e 3º da Lei n. 8.666, de 1993, [...]. [Processo Administrativo n. 703.098. Rel. Auditor Gilberto Diniz. Sessão do dia 08/11/2012]

[**Contratação que não se enquadra nas hipóteses de inexigibilidade realizada sem o devido procedimento licitatório.**] De sorte que, não se comprovando o reconhecimento da consagração do artista perante a crítica especializada, ou perante a opinião pública, faz-se imperiosa a contratação mediante certame licitatório na modalidade pertinente. [...] Concluo, pois, que as contratações em tela se deram ao arrepio da lei, uma vez que, pelas circunstâncias fáticas, não se comprovando tratar-se debandas consagradas ou sequer reconhecidas pela opinião pública ou pela crítica especializada, o corretoseria proceder às contrações mediante processo licitatório na modalidade Convite. [...] Diante do exposto na fundamentação, no mérito, proponho ao Colegiado da Segunda Câmara que: [...] - Sejam julgadasirregulares as contratações realizadas sem a observância do devido procedimento licitatório, item 2, porafronta ao disposto no inciso XXI do art. 37 da Constituição da República e nos arts. 2º e 3º da Lei n.8.666, de 1993, cominando multas no valor total de R$56.700,00 (cinquenta e seis mil e setecentos reais)ao *(omissis)* [...] conforme discriminado a seguir, deixando de propor multa aos membros de comissões delicitação por se tratar de contratações diretas. [Processo Administrativo n. 694.674. Rel. Auditor GilbertoDiniz. Sessão do dia 18/10/2012]

[**Intermediação por empresário exclusivo no caso de inexigibilidade de licitação.**] Pois bem,depreende-se dos autos que as "Declarações de Exclusividade" colacionadas não atendem ao escopo do dispositivo supracitado. Nelas se constata a exclusividade do contratante para representar os artistas apenas no dia do show, e não uma exclusividade permanente, que é a exigida pela Lei n. 8.666, de 1993. [...] não é dessa exclusividade que a Lei n. 8.666, de 1993, trata, mas sim daquela em que existe a figura do empresário que mantém vínculo contratual com o artista, com cláusula de exclusividade. [...] Sendo exclusivo o representante, não há falar em concorrência, e, por conseguinte, a Administração tem a faculdade de contratar sem licitação, bastando, para tanto, observar todos os requisitos indispensáveis à contratação direta, especialmente indicando razão da escolha do contratado ou executante. [...] Diante do exposto na fundamentação, proponho, no mérito, ao Colegiado da Segunda Câmara: — seja julgada irregular a contratação direta da *[omissis]*, sem a realização do devido procedimento licitatório, item 2, por violação ao inc. XXI do art. 37 da Constituição da República e aos arts. 2º e 3º da Lei n. 8.666, de 1993, cominando multa no valor de R$11.100,00 (onze mil e cem reais). [Processo Administrativo n. 699.096. Rel. Auditor Gilberto Diniz. Sessão do dia 09/10/2012]

[**Documentos essenciais para formalização de procedimento de inexigibilidade.**] [...] o procedimento de inexigibilidade não informa quais foram os artistas contratados, o que impede qualquer avaliação acerca da possibilidade de serem consagrados pela crítica especializada ou pela opinião pública. Não constou, ainda, do processo, o contrato de exclusividade firmado entre o artista e o representante da empresa contratada para o evento. Ressalto que esses documentos são essenciais para a formalização da inexigibilidade com fulcro no inciso III do art. 25 da Lei n. 8.666, de 1993, sem os quais não há falar em procedimento de inexigibilidade. [...] A equipe de inspeção apontou, ainda, outras irregularidades na formalização do procedimento de inexigibilidade, como a ausência dos seguintes documentos: justificativa da inexigibilidade, ato de ratificação pela autoridade competente, razão de escolha do fornecedor, justificativa do preço, certidões do INSS e Caixa Econômica Federal (FGTS), minuta de contrato, publicação do extrato do contrato, parecer jurídico, documentação jurídica e fiscal da contratada. A ausência desses documentos compromete o próprio procedimento de inexigibilidade, pois são atos que compõem o processo. Portanto, apesar de relevante, como já me posicionei, não basta declaração para validar o procedimento, sendo necessária a sua formalização na forma da lei, que envolve a inserção de todos os documentos indicados pela equipe de inspeção. [Processo Administrativo n. 688.722. Rel. Auditor Gilberto Diniz. Sessão do dia 27/09/2012]

[**Contratação direta. Inexigibilidade. Ausência de requisitos.**] [...] o defendente manifestou-se no sentido de que era cabível a inexigibilidade para a contratação em análise, com fundamento no inciso III do art. 25 da Lei n. 8.666, de 1993, pois a licitação é inexigível quando o profissional do setor artístico for consagrado pela crítica especializada e pela opinião pública. [...] Para que a contratação em análise pudesse ocorrer sem o procedimento licitatório, necessária seria a comprovação da exclusividade do empresário intermediador da contratação, o que não ocorreu. Não foi acostada a Declaração de Exclusividade do empresário contratado, tampouco ao contrato de exclusividade firmado entre o favorecido e os artistas contratados. Também não houve a demonstração acerca do cumprimento dos requisitos estabelecidos no art. 26 da Lei n. 8.666, de 1993. [...] Assim, para que fosse válida a contratação direta, *in casu*, seria necessária a formalização do procedimento de inexigibilidade, na forma estabelecida no art. 26, com a comprovação dos requisitos estabelecidos no inciso III do art. 25, todos da Lei n. 8.666, de 1993. [Processo Administrativo n. 715.981. Rel. Auditor Gilberto Diniz. Sessão do dia 30/08/2012]

[**Contratação direta. Ausência de excepcionalidade prevista em lei.**] [...] verifica-se que a contratação em face foi realizada por meio de processo de inexigibilidade de licitação homologado em 16/6/1997 [...] com fundamento no art. 25, III, da Lei n. 8.666/93, tendo havido sucessivas prorrogações contratuais. Cumpre observar, primeiramente, que tal contratação não se ajusta ao disposto no referido dispositivo legal, que se refere à contratação de profissionais do setor artístico, e não à concessão de direito de uso de *software*, prestação de serviços de suporte técnico e consultoria em programas e sistemas, objeto do contrato firmado. Ademais, além da ausência de justificativa para as diversas prorrogações contratuais, a duração do contrato extrapolou os 48 meses, o que contraria, respectivamente, o art. 57, §2°, e o art. 57, IV, da Lei n. 8666/93. Tendo em vista que as despesas examinadas nos presentes autos se referem ao período posterior a dezembro de 2000, realizadas com base em contrato indevidamente prorrogado, mostra-se pertinente concluir por sua irregularidade em face da ausência de processo licitatório. Destaca-se que a alegação do responsável [...] de que a contratação atendia às necessidades do sistema de informática da contabilidade e do setor de pessoal do município e de que a empresa contratada seria nacionalmente conhecida, possuindo preço razoável e compatível com os serviços prestados, o que ensejou a formalização de reiterados termos aditivos ao contrato, não merece prosperar. Insta ressaltar que a realização de processo licitatório constitui exigência constitucional, nos termos do art. 37, XXI, da Constituição da República de 1988, somente sendo admitida a contratação direta em situações excepcionais previstas em lei, o que não ficou demonstrado neste caso, uma vez que não foi comprovada a presença de hipótese de dispensa ou de inexigibilidade que pudesse respaldar a não realização do certame. [Processo Administrativo n. 694.174. Rel. Auditor Licurgo Mourão. Sessão do dia 31/07/2012]

[Contratação direta. Prestação de serviços e realização de show. Ausência de motivação da escolha e justificativa do preço.] [...] A irregularidade constatada se refere à falta de formalização do processo de inexigibilidade referida nos art. 25 e 26 da Lei n. 8.666/93, no qual deveriam constar a razão de escolha do favorecido e a justificativa de preço. O inciso III do art. 25 dispõe sobre a inexigibilidade para contratação de profissional de qualquer setor artístico, diretamente ou através de empresário exclusivo, desde que consagrado pela crítica especializada ou pela opinião pública. Nos presentes autos não há prova da consagração dos artistas, ainda que pelo público da região, não há contrato firmado diretamente e não há prova de que o contratado era seu empresário exclusivo. Portanto, as alegações apresentadas não são capazes de modificar a decisão recorrida. [Recurso Ordinário n. 839.017. Rel. Conselheiro Eduardo Carone Costa. Sessão do dia 28/03/2012]

[**Multa por inobservância das formalidades exigidas pela Lei de Licitações.**] Da análise da documentação apresentada não ficou comprovado o atendimento ao requisito do art. 25, III, da Lei n. 8.666/93, qual seja, consagração pela opinião pública ou pela crítica especializada, para justificar a contratação por inexigibilidade de licitação. Diante do exposto, ficou demonstrada a infringência do art. 3º da Lei Federal n. 8.666/93, diante da ausência de realização de procedimento licitatório. [...] voto pelo provimento parcial do presente recurso interposto pela *[omissis]*, para reformar a decisão recorrida. [...] Confirmo os demais itens do acórdão recorrido (fl. 290/291 dos autos principais), reduzindo o valor da multa aplicada à recorrente acima nominada, do valor de R$17.000,00 (dezessete mil reais) para o total de R$12.000,00 (doze mil reais). [Recurso Ordinário n. 812.008. Rel. Conselheiro Sebastião Helvecio. Sessão do dia 16/02/2011]

[**Contratação de músicos sem licitação só pode se dar diretamente ou através de empresário exclusivo. Distinção entre empresário e intermediário.**] O órgão técnico [...] propugna [...] pela irregularidade da contratação direta dos shows, mediante inexigibilidade de licitação, pelas razões a seguir expostas: [...] a empresa [...] detinha a exclusividade de venda das referidas bandas apenas nas datas dos referidos shows, o que comprova que esta foi apenas uma intermediária na contratação dos grupos. A dita exclusividade seria apenas uma garantia de que naquele dia a empresa [...] levaria o referido grupo para o show de seu interesse, ou seja, a contratada não é empresária exclusiva das bandas em questão, o que contraria o art. 25, III, da Lei de Licitações. Cabe ressaltar trecho [...] do artigo 'Inexigibilidade de Licitação', de Ércio de Arruda Lins: 'Veja que o termo empresário não pode ser confundido com intermediário. Aquele gerencia os negócios de artistas determinados, numa relação contratual duradoura. O último intermedeia qualquer artista, sempre numa relação pontual e efêmera'. Dessa forma, nota-se que a inviabilidade de licitação ocorre quando o artista é contratado diretamente ou através de um EMPRESÁRIO EXCLUSIVO, o que não se confunde com um contratante intermediário. [...] Em caso semelhante, a conselheira Doris Coutinho do Tribunal de Contas do Tocantins assim se manifestou: '[...] a empresa contratada pelo responsável funcionou na presente contratação direta como intermediária, já que, como resta provado nos autos, a 'exclusividade' declarada nos documentos se deu somente nos dias definidos para a apresentação no carnaval de Palmas, o que com certeza não reflete a vontade do legislador, quando exigiu na norma a exclusividade para fundamentar a inexigibilidade'. [...] Como bem anota a Coordenadoria de Área de Exame de Instrumento Convocatório de Licitação — CAIC/DAC, a figura do empresário não se confunde com a do intermediário. Aquele é o profissional que gerencia os negócios do artista de forma permanente, duradoura, enquanto que o intermediário, hipótese tratada nos autos, agencia eventos em datas aprazadas, específicas, eventuais. Como assinala Jorge Ulisses Jacoby Fernandes: 'A contratação ou é feita diretamente com o artista ou com o seu empresário exclusivo, como tal entendendo-se o profissional ou agência que intermedeia, com caráter de exclusividade, o trabalho de determinado artista. Numa analogia, é o fornecedor exclusivo daquela mão de obra' [...]. [Denúncia n. 749.058. Rel. Conselheiro Eduardo Carone Costa. Sessão do dia 09/10/2008]

[**Ausência de comprovação da condição de empresário exclusivo.**] O item 4 do relatório refere-se à contratação de shows artísticos de 'Nando Reis', da empresa Na Moral Produções Artísticas Empreendimentos Ltda., e de 'Milionário e José Rico', da empresa Furacão Promoções e Eventos, [...] mediante as Inexigibilidades de Licitação [...], sobre as quais o órgão técnico questionou a falta de comprovação de que as empresas contratadas eram representantes exclusivas dos artistas que empresariavam. [...] Quanto à consagração dos artistas contratados, não há o que se apontar contra a notoriedade dos nomes [...]. No entanto, não foram devidamente demonstradas as exclusividades dos empresários na contratação com os respectivos artistas [...]. Pode-se considerar que essa prática colocou em risco a utilização dos recursos públicos, comprometendo, inclusive, a efetivação do evento [...]. [Processo Administrativo n. 705.142. Rel. Conselheiro Subst. Licurgo Mourão. Sessão do dia 24/07/2007]

§1º Considera-se de notória especialização o profissional ou empresa cujo conceito no campo de sua especialidade, decorrente de desempenho anterior, estudos, experiências, publicações, organização, aparelhamento, equipe técnica, ou de outros requisitos relacionados com suas atividades, permita inferir que o seu trabalho é essencial e indiscutivelmente o mais adequado à plena satisfação do objeto do contrato.

[**Contratação de assessoria contábil sem o devido procedimento licitatório.**] [...] os mencionados serviços foram contratados pela Prefeitura, por intermédio de procedimento de inexigibilidade de licitação, não anexado aos autos recorridos, e cujos serviços não se enquadravam na hipótese prevista no art. 25, II e §1º, da Lei n. 8.666/93 (singularidade e inviabilidade de competição), haja vista que eram comuns, ordinários, corriqueiros e duradouros, não se tratando de caso específico ou singular. [...] embora o serviço contratado seja técnico, e ainda que a contratada comprovasse notória especialização, a inexistência de singularidade do objeto não autoriza a contratação de forma direta por inexigibilidade de licitação, sendo imperiosa a realização do certame licitatório adequado. [...] não se encontra descaracterizada a irregularidade das despesas realizadas, visto que estava eivada de vícios a inexigibilidade mencionada, razão pela qual voto pela manutenção da multa, no importe de R$ 2.000,00 (dois mil reais). [Recurso Ordinário n. 811.956. Rel. Conselheiro Eduardo Carone Costa. Sessão do dia 17/10/2012]

[**Contratação de empresas de sistemas de informação sem licitação.**] A equipe de inspeção apontou que foi pago o total de R$2.644,73 à empresa [de Sistemas de Informatização] sem o devido procedimento licitatório. O defendente considerou improcedente o apontamento e apresentou o Processo de Inexigibilidade de Licitação [...] que estaria fundamentado nos arts. 13, II, III e §3º; 25, II e §1º e 26 da Lei n. 8.666/93, o que o eximiria de responsabilidade, a fls. 95/97. [...] Mantenho a irregularidade de "realização de despesas sem acobertamento por procedimento licitatório", por entender que os serviços contratados não se revestiam do caráter de especificidade, não sendo atípicos ou incomuns, existindo outras empresas e profissionais no mercado em condições de executar tais atividades. A continuidade dos serviços está inserida no parágrafo único da cláusula 5ª do instrumento contratual, que dispõe: "nos exercícios seguintes, por tratar-se de prestação de serviços continuados, [...]". No caso sob crivo, os serviços deveriam ser desempenhados por servidores da própria Câmara e, devido à ausência de estrutura adequada, admitida pela Administração, tornar-se-ia indispensável realizar a competente licitação. [Processo Administrativo n. 486.121. Rel. Auditor Hamilton Coelho. Sessão do dia 13/12/2011]

[**Comprovação da notória especialização e justificação do preço contratado.**] [...] o conceito do profissional ou empresa, para o efeito de caracterização de notória especialização, será avaliado com fulcro nos parâmetros que estão inseridos no dispositivo citado [art. 25, §1°]. A notoriedade de uma empresa se firma, assim, na sua qualificação e capacitação, que devem ser capazes de diferenciá-la das outras empresas que operam em determinado nicho de mercado, concedendo-lhe inquestionável distinção em mérito. Aqui deve-se ressaltar que tal distinção não deve ser meramente alegada, mas comprovada nos autos do Processo de Inexigibilidade, por meio de currículos, de atestados de experiências prévias e cópias de publicações, o que, de nenhuma forma, foi respeitado quanto à contratação direta em comento. [...] quanto ao Processo de Inexigibilidade, entendo ter falhado o responsável pela contratação, uma vez que, além de não demonstrar a notoriedade do contratado, o que justificaria sua escolha, também não se preocupou em justificar o preço de sua contratação, contrariando, gravemente, o art. 26, parágrafo único, III, da Lei n. 8.666/93. [Processo Administrativo n. 701.008. Rel. Conselheira Adriene Andrade. Sessão do dia 21/08/2007]

§2° Na hipótese deste artigo e em qualquer dos casos de dispensa, se comprovado superfaturamento, respondem solidariamente pelo dano causado à Fazenda Pública o fornecedor ou o prestador de serviços e o agente público responsável, sem prejuízo de outras sanções legais cabíveis.

Mesmo que a lei autorize utilizar tanto à inexigibilidade quanto à dispensa de licitação, o agente deverá se pautar nos princípios atinentes à licitação, não podendo, em hipótese alguma, acarretar prejuízos aos cofres públicos, pois se comprovada tal atitude será responsabilizado.

Art. 26. As dispensas previstas nos §§ 2° e 4° do art. 17 e no inciso III e seguintes do art. 24, as situações de inexigibilidade referidas no art. 25, necessariamente justificadas, e o retardamento previsto no final do parágrafo único do art. 8º desta Lei deverão ser comunicados, dentro

de 3 (três) dias, à autoridade superior, para ratificação e publicação na imprensa oficial, no prazo de 5 (cinco) dias, como condição para a eficácia dos atos. (Redação dada pela Lei nº 11.107, de 2005)

É imprescindível a ratificação da autoridade superior no prazo estipulado em lei, bem como a publicação na imprensa oficial, no prazo de 5 (cinco) dias, nos casos previstos neste artigo, sob pena de ineficácia da contratação. Não se deve confundir a eficácia com a validade. O ato poderá ser válido e perfeito, mas ineficaz, e diante disso, não poderá produzir efeitos até que seja sanado o vício. Dessa forma, verifica-se que o ato é válido, mas não tem condições de ser executado por ausência de eficácia.

[**Dispensa de licitação. Fracionamento de despesas. Análise das contratações de mesma natureza ao longo do exercício financeiro. Desobrigação de formalidades. Desnecessidade de ratificação e publicação na Imprensa Oficial.**] [...] a) A apuração do valor da contratação, para fins de dispensa de licitação ou para a escolha da modalidade licitatória a ser utilizada, deve levar em consideração a totalidade das contratações de mesma natureza a serem executadas ao longo do exercício financeiro, ainda que com pessoas distintas, sendo comprovada a viabilidade técnica e econômica do procedimento, devendo-se preservar a modalidade pertinente para a totalidade do objeto em licitação, em observância ao disposto nos §§ 1º e 2º do art. 23 da Lei Federal n. 8.666/93. Resumo da tese reiteradamente adotada na Consulta n. 858.218 (08/09/2011) e Consultas n. 833.254 (02/03/2011), 812.471 (01/12/2010), 741.568 (06/08/2008), 701.202 (21/12/2005), 701.201 (21/12/2005), 610.717 (13/12/2000) e 620.546 (01/03/2000); b) Ao prever o respeito à modalidade cabível para o somatório global, na parte final do §2º do art. 23 da Lei Federal n. 8.666/93, o legislador acautelou-se contra o fracionamento indevido, que se caracteriza quando o administrador, de forma ilegal, vale-se de exigência e procedimentos menos formais visando, deliberadamente, fugir da modalidade de licitação legalmente determinada pelo valor. Consultas n. 741.568 (06/08/2008) e 725.044 (09/05/2007); c) O lapso temporal a ser considerado como parâmetro de definição da modalidade licitatória cabível às contratações relativas a parcelas de um mesmo objeto ou a objetos de natureza semelhante, cuja duração se encontra regida pelo *caput* do art. 57 da Lei Federal n. 8.666/93, deverá corresponder ao próprio exercício financeiro, adotando-se, nesses casos, a modalidade licitatória compatível com o valor global das contratações. Enunciado de Súmula n. 113; d) Em face das despesas de pequeno valor, contraídas com espeque no art. 24, I e II, da Lei n. 8.666/93, a Administração pode desobrigar-se das formalidades de ratificação do ato de dispensa pela autoridade superior e de sua publicação na imprensa oficial, preceituadas no art. 26 da Lei de Licitações, haja vista a simplicidade e a pequena relevância dessas contratações, devendo, contudo, motivar o ato de dispensa de licitação e dar publicidade à contratação. Consultas n. 812.005(12/05/2010)e489.571(02/09/1998); e) Os municípios podem utilizar-se de meio eletrônico como veículo oficial de publicação, desde que haja previsão em lei municipal e sejam observadas as normas pertinentes. Além disso, a publicação no diário eletrônico deverá atender aos requisitos elencados em lei específica do respectivo município. Consultas n. 837.145 (19/10/2011), 833.157 (02/03/2011) e 742.473 (12/08/2009). [Consulta n. 886.417. Rel. Conselheiro Wanderley Ávila. Sessão do dia 29/04/2013]

[**Município. Atos de dispensa e inexigibilidade de licitação. Publicação na imprensa oficial.**] [...] é possível à Administração optar pelo procedimento de dispensa de licitação previsto no art. 24, I e II, da Lei n. 8.666/93, nos casos em que a contratação, ainda que se enquadre na hipótese de inexigibilidade, tenha valores inferiores aos limites previstos no citado dispositivo legal, sendo desnecessária a ratificação e a publicação do ato de dispensa em órgão oficial de imprensa. [...] Deve, porém, motivar o ato de dispensa de licitação e dar publicidade à contratação, nos termos do art. 16 da Lei de Licitações e Contratos. [...] Da análise do dispositivo acima transcrito [art. 26, Lei n. 8.666/93], constata-se que, para as despesas de pequeno valor, nos termos do art. 24, I e II, da Lei n. 8.666/93, a Administração pode desobrigar-se das formalidades de ratificação do ato de dispensa pela autoridade superior e de sua publicação na imprensa oficial, haja vista a simplicidade e a pequena relevância dessas contratações. [Consulta n. 812.005. Rel. Conselheira Adriene Andrade. Sessão do dia 12/05/2010]

[**Contratação direta. Não exposição dos motivos da inexigibilidade. Impossibilidade.**] Trata-se de despesas realizadas sem o devido procedimento licitatório. Ocorre que a Administração, ao optar pela contratação direta, respaldando-se no inciso I do art. 25 da Lei n. 8.666, de 1993, adquiriu combustíveis para veículos automotores do Posto [...] — embora existissem mais dois postos no território do município - conforme ofício [...], da Secretaria de Estado da Fazenda, [...]—sob o único argumento de que tal contratação direta atenderia aos princípios da economicidade e da razoabilidade. De fato, a justificativa de inexigibilidade de licitação, [...], embora tenha feito alusão aos princípios da economicidade e da razoabilidade, nada mais diz além de mencionar a distância entre os três postos e a prefeitura municipal. [...] É de notar que não houve o devido procedimento administrativo, no que se refere à inexigibilidade em apreço, visto que sequer foram adequadamente motivados os atos administrativos que decidiram pela contratação direta. [...]Vê-se, portanto, que, em relação à inexigibilidade de licitação, é necessário que se demonstre, mediante a instauração do devido e adequado procedimento administrativo, as razões da escolha do contratado e a justificativa de preço, nos termos do art. 26 da Lei n. 8.666, de 1993, o que, na espécie, não se fez a contento. Assim, registro, desde já, que o procedimento em análise não atendeu às regras nem aos princípios basilares da Administração Pública, motivo pelo qual o considero irregular. [Processo Administrativo n. 692.048. Rel. Auditor Gilberto Diniz. Sessão do dia 25/10/2012]

[**Contratação que não se enquadra nas hipóteses de inexigibilidade. Ausência de procedimento licitatório.**] [...] o atestado que comprove a exclusividade do fornecedor ou prestador do serviço deve ser emitido por Sindicato, Federação ou Confederação Patronal ou mesmo por entidades equivalentes, o que não aconteceu no caso concreto sob análise. [...] Ademais, não se instruiu o procedimento de inexigibilidade imposto pelo supracitado art. 25, em que ficasse demonstrado, de forma cabal, a inviabilidade de competição, motivada pela exclusividade do prestador, nem mesmo a formalização da suposta inexigibilidade [...] Diante do exposto na fundamentação, no mérito, proponho ao Colegiado da Segunda Câmara que: [...] — Sejam julgadas irregulares as contratações realizadas sem a observância do devido procedimento licitatório, item 2, por afronta ao disposto no inciso XXI do art. 37 da Constituição da República e nos arts. 2º e 3º da Lei n. 8.666, de 1993, cominando multas no valor total de R$56.700,00 (cinquenta e seis mil e setecentos reais) ao *[omissis]* [...] conforme discriminado a seguir, deixando de propor multa aos membros de comissões de licitação por se tratar de contratações diretas. [Processo Administrativo n. 694.674. Rel. Auditor Gilberto Diniz. Sessão do dia 18/10/2012]

[**Contratações irregulares. Ausência de procedimento licitatório.**] Ora, o caráter emergencial não se materializa com a mera alegação do administrador, pois a emergência deve existir de fato. E, as causas ou motivos dessa situação, seus efeitos e medidas a serem adotadas para mitigar as consequências, bem como o bloqueio das causas ou correção dos problemas, devem ser levados ao conhecimento do público, principalmente dos munícipes [...] . Nesse sentido, o administrador está obrigado a tornar público o estado de emergência, fazendo publicar o decreto municipal necessário e pertinente, ou mesmo motivar seu ato previamente, tudo em regular e formal procedimento de dispensa de licitação, consoante prescreve o art. 26 da Lei n. 8.666, de 1993. [...] Assim, para que fosse válida a contratação direta, *in casu*, seria necessária a formalização do procedimento de dispensa, na forma estabelecida no art. 26, com a comprovação dos requisitos estabelecidos no inciso IV do art. 24, todos da Lei n. 8.666, de 1993. Dessa forma, tratando- se de contratações realizadas sem os correspondentes procedimentos licitatórios, e considerando que os defendentes não trouxeram à colação fatos ou fundamentos aptos a elidir a ilegalidade, ficou comprovada a violação ao inciso XXI do art. 37 da Constituição da República e aos arts. 2º e 3º da Lei n. 8.666, de 1993, razão pela qual deve ser responsabilizado o gestor, à época. [Processo Administrativo n. 695.704. Rel. Auditor Gilberto Diniz. Sessão do dia 04/10/2012]

[**Aquisição de combustível realizada sem o devido procedimento licitatório.**] De fato, o legislador previu a hipótese de contratação direta, nos casos de licitação deserta, mediante prévia realização do procedimento de dispensa e atendidos os requisitos estabelecidos no inc. V do art. 24 e art. 26 da Lei n. 8.666, de 1993, o que não verifico no caso em análise. [...] o caráter emergencial não se materializa com a mera alegação do administrador, pois a emergência deve existir de fato. E as causas ou motivos dessa situação, seus efeitos e medidas a serem adotadas para mitigar as consequências, bem como o bloqueio das causas ou correção dos problemas, devem ser levados ao conhecimento do público. [...] Ademais, ainda que fosse o caso de contratação direta, seja por licitação deserta ou situação de emergência, com fulcro no inc. V e IV do art. 24 da Lei n. 8.666, de 1993, respectivamente, seria necessária a demonstração acerca do cumprimento dos requisitos estabelecidos no art. 26 da mesma lei. [...] Dessa forma, tratando-se de contratação realizada sem o correspondente procedimento licitatório, e considerando que os defendentes não trouxeram à colação fatos ou fundamentos aptos a elidir a ilegalidade, ficou comprovada a violação ao inciso XXI do art. 37 da Constituição da República e aos arts. 2º e 3º da Lei n. 8.666, de 1993, razão pela qual deve ser responsabilizado o gestor, à época. [Processo Administrativo n. 689.083. Rel. Auditor Gilberto Diniz. Sessão do dia 13/09/2012]

[**Contratação irregular por inexigibilidade de licitação.**] [...] para configurar a hipótese de contratação direta com fulcro no inc. II do art. 25 da Lei de Licitações, dois requisitos são necessários: notória especialização do contratado e singularidade do objeto. [...] para que fosse válida a contratação direta, *in casu*, seria necessária a formalização do procedimento de inexigibilidade, na forma estabelecida no art. 26, com a comprovação dos requisitos estabelecidos no inc. II do art. 25, todos da Lei n. 8.666, de 1993. [...] o elemento confiança não pode ser usado como critério para fundamentar a inexigibilidade da licitação, mas apenas para a escolha do contratante, e desde que esteja configurada a hipótese de contratação direta.[...] proponho, no mérito, ao Colegiado da Segunda Câmara que [...] — sejam julgadas irregulares as contratações realizadas sem a observância do devido procedimento licitatório, item 2, por afronta ao disposto no inciso XXI do art. 37 da Constituição da República e nos arts. 2º e 3º da Lei n. 8.666, de 1993, cominando multa no valor total de R$ 3.500,00 (três mil e quinhentos reais) ao [...] prefeito municipal à época, com fundamento no inciso II do art. 95 da Lei Complementar n. 33, de 1994, então vigente, cujo correspondente na Lei Complementar n. 102, de 2008, é o inciso II do art. 85[...]. [Processo Administrativo n. 689.917. Rel. Auditor Gilberto Diniz. Sessão do dia 04/09/2012]

[**Licitação. Contratação direta. Impossibilidade. Ausência de publicidade. Multa.**] Com efeito, o que se apurou nos [...] procedimentos foi a violação de diversos artigos da Lei n 8.666/93, em que ficou comprovada a inobservância dos procedimentos previstos na Lei de Licitações por parte da Câmara Municipal durante a gestão do recorrente. [...] não assiste razão ao recorrente, pois de fato a despesa referente à aquisição de água mineral no exercício de [...], no valor de [...], não foi precedida de licitação, tampouco do procedimento exigido para as contratações por meio de dispensa de licitação prevista no art. 24, XII, da Lei n. 8.666/93, consoante o disposto no art. 26 do referido diploma legal. [...] Ademais, o fundamento por ele aduzido de que a aquisição de água mineral se enquadraria no conceito de "gênero perecível" [e encontraria amparo no art. 24 da Lei n. 8.666/93] também não merece acolhida, pois [...] não se amolda ao conceito contido na orientação [...] da Anvisa [...] No tocante às irregularidades apontadas [...], especificamente quanto à ausência de publicidade levantada em relação aos Editais de Tomada de Preços [...] Entendo que, no presente caso, houve a violação do disposto no art. 21 da Lei n. 8.666/93 na medida em que a Câmara Municipal deixou de publicar os avisos contendo os resumos dos editais em jornal de grande circulação. [...] Diante de todo o exposto, nego provimento ao recurso interposto, mantendo incólume a decisão prolatada pela eg. Primeira Câmara deste Tribunal [...] O recolhimento da multa imputada deverá ser feito pelo responsável, no prazo de 30 dias a contar da ciência da decisão. Transcorrido o prazo sem o cumprimento dessa determinação ou sem manifestação do interessado, o Tribunal passará certidão de débito contendo o valor da multa imputada, devidamente atualizada, e a remeterá ao Ministério Público junto ao Tribunal de Contas para as providências necessárias à execução da decisão, nos termos do art. 364, parágrafo único da Res. TC n. 12/2008. [Recurso Ordinário n. 859.043. Rel. Conselheiro Eduardo Carone Costa. Sessão do dia 20/06/2012]

[**Aquisição de imóvel urbano. Ausência de processo licitatório ou de dispensa. Não apuração de valor de mercado. Irregularidade.**] Quanto à ausência de procedimento licitatório ou de dispensa, sustenta que estaria configurada a hipótese do art. 24, X, da n. 8.666/93, pelo que estaria dispensado de realizar o certame. Contudo, não se ateve para o fato de que o ventilado dispositivo exige avaliação prévia para fins de constatação do preço de mercado do bem imóvel, deixando de observar o procedimento, [...] O representado também obrou em manifesta ilegalidade ao ignorar a necessidade de se instaurar procedimento específico para dispensa de licitação, nos termos do art. 26 e seu parágrafo único da Lei n. 8.666/93. Ademais, nota-se que o município "adquiriu" o imóvel em voga por meio do instrumento particular [...], quando se sabe que "a escritura pública é essencial à validade dos negócios jurídicos que visem à constituição, transferência, modificação ou renúncia de direitos reais sobre imóveis de valor superior a trinta vezes o maior salário mínimo vigente no País", conforme art. 108, do Código Civil Brasileiro. Constatada, portanto, irregularidade na aquisição do imóvel, aplico [ao representado a] multa prevista no art. 318, II, do Regimento Interno [...]. [Representação n. 772.601. Rel. Conselheiro Cláudio Couto Terrão. Sessão do dia 27/03/2012]

[**Procedimento Licitatório. Inexigibilidade. Não caracterização.**] Verificada a irregularidade dos procedimentos, voto com fulcro no art. 85, II, da Lei Complementar n. 102/08, pela aplicação de multa à Sra. [prefeita] pela realização de despesas sem a formalização do processo de inexigibilidade de licitação, quando da aquisição de combustível para a frota de veículo municipal, durante o ano de 1995, [...], contrariando o art. 26 da Lei n. 8.666/93 em decorrência das falhas apuradas no Sistema de Controle Interno. [Processo Administrativo n. 492.616. Rel. Conselheiro Elmo Braz Soares. Sessão do dia 15/10/2009]

[**Existência de procedimento licitatório nas contratações diretas.**] [...] nos casos de dispensa, como nas hipóteses de inexigibilidade, entendo que a Lei n. 8.666/93 impõe procedimentos obrigatórios a serem atendidos pela Administração, conforme disposto pelo art. 26 [...]. Para reforçar meu posicionamento, trago à baila o seguinte entendimento de Marçal Justen Filho: 'Em termos rigorosos, é incorreto afirmar que a contratação direta exclui um 'procedimento licitatório'. Os casos de dispensa e inexigibilidade de licitação envolvem, na verdade, um procedimento especial e simplificado para seleção do contrato mais vantajoso para a Administração Pública. Há uma série ordenada de atos, colimando selecionar a melhor proposta e o contratante mais adequado'. (JUSTEN FILHO, Marçal. *Comentários à Lei de Licitação e Contratos Administrativos*, 8. ed., 1999, p. 295). Cumpre destacar que faltaram a essa contratação [em análise neste processo] todos os requisitos [do art. 26] descritos acima, pelo que considero irregular a despesa, que, por não ter sido precedida do devido processo de inexigibilidade de licitação, não pode se tornar legalizada, não por infringência aos arts. 2° e 3° da Lei de Licitações e 37, XXI, da CF [...], mas por ter contrariado o art. 26 da Lei n. 8.666/93. [Processo Administrativo n. 690.213. Rel. Conselheira Adriene Andrade. Sessão do dia 29/05/2007]

[**Necessidade de observância de formalidades nas dispensas e inexigibilidades.**] [...]'as situações de inexigibilidade referidas no art. 25 devem ser formalmente justificadas, como exige, explicitamente, o art. 26 da mesma lei. A chamada contratação direta não significa ausência ou preterição de formalidades essenciais que possibilitem aferir, com convicção plena, que o objetivo do gestor foi selecionar o contratante mais adequado dentro da conveniência de firmar-se o contrato pela Administração.' A seu turno, Marçal Justen Filho leciona que 'o princípio do devido procedimento licitatório não é afastado, nem eliminado nas situações de dispensa ou inexigibilidade de licitação. Há, apenas, alteração do procedimento a ser seguido' [...]". [Licitação n. 487.454. Rel. Conselheiro Wanderley Ávila. Sessão do dia 06/09/2005]

[**Ausência de instrução do procedimento de contratação direta com as formalidades necessárias.**] A aquisição [...] caracterizou-se por diversas irregularidades [...]. O defendente justifica-se [...] alegando que optou pela contratação direta, nos termos do art. 24, V, da Lei de Licitações, por não terem acudido licitantes interessados. [...] Observa-se, entretanto, que a Prefeitura não observou o disposto no art. 26 da Lei n. 8.666/93, deixando de instruir o procedimento com a justificativa da dispensa da licitação para contratação direta, da escolha do fornecedor e do preço contratado. [Processo Administrativo n. 614.081. Rel. Conselheiro Wanderley Ávila. Sessão do dia 08/03/2005]

Parágrafo único. O processo de dispensa, de inexigibilidade ou de retardamento, previsto neste artigo, será instruído, no que couber, com os seguintes elementos:

Dispensa, inexigibilidade e retardamento já foram objeto de estudo anteriormente, entretanto, para serem executados deverão observar, naquilo que couber, o conteúdo deste parágrafo. Verifica-se neste dispositivo que, mesmo que a contratação seja de forma direta, ela necessariamente deverá ser precedida de um procedimento no qual constarão os documentos referentes ao cumprimento de cada uma das etapas e formalidades que deverão ser observadas.

[**Orientação quanto à efetiva aplicação do art. 164, §3º, da Constituição Federal.**] [...] no que tange à necessidade de procedimento licitatório para manutenção ou abertura de conta e movimentação bancárias pela Administração Pública, concluiu-se: a) Em se tratando de instituição financeira privada, a licitação é necessária, nos termos do inciso XXI do art. 37 da Constituição Federal. [...] c) Pode ocorrer que, mesmo em se tratando de instituição financeira privada, não seja necessária a licitação, em virtude de o valor global da contratação ficar abaixo do limite mínimo legal exigido para se licitar; d) Ocorrendo as hipóteses de contratação direta, seja em função de valor inferior ao limite mínimo legal, seja em virtude de dispensa de licitação, deverão ser observadas as formalidades estabelecidas nos arts. 7º, 14 ou 17, dependendo da espécie de contratação, e art. 26 da Lei n. 8.666/93, com suas alterações posteriores; e) Mesmo se o valor global estimado da contratação ficar abaixo do limite legal, poderá a autoridade promover a licitação, devendo, nesse caso, observar a relação custo/benefício para a deflagração do certame. [Consulta n. 735.840. Rel. Conselheiro Eduardo Carone Costa. Sessão do dia 05/09/2007]

I — caracterização da situação emergencial ou calamitosa que justifique a dispensa, quando for o caso;

O conceito de situação emergencial ou calamitosa foi comentado no artigo 24, mas deve-se mencionar que, quando a contratação por dispensa de licitação tiver como fundamento a situação emergencial ou calamitosa, esta deverá ser caracterizada, quando for o caso.

II — razão da escolha do fornecedor ou executante;

Deve constar no processo que originou a contratação, a justificativa do prestador de serviço escolhido, devendo ser levado em consideração todos os requisitos necessários à contratação.

[**Aquisição de combustíveis e lubrificantes para abastecimento dos veículos da prefeitura.**] De acordo com o parágrafo único do art. 20 da Lei n. 8.666, de 1993, o fato de o certame ser realizado no local onde se situa a repartição interessada não impedirá a habilitação de interessados residentes ou sediados em outros locais. O parâmetro para realização do certame não se deve restringir ao perímetro urbano do município, mas compreender também sua área rural, além de postos de combustíveis situados nas rodovias que circundam a cidade, ainda que situados em municípios vizinhos, desde que a distância não inviabilize o binômio custo-benefício. Verifico, nesse caso, inconsistências que inviabilizariam a contratação direta com base no inciso V do art. 24 da Lei n. 8.666, de 1993, como a ausência de publicidade da tomada de preços, na forma determinada no art. 21, e considerando que a justificativa utilizada para a não repetição da licitação foi de que o município tem apenas uma sociedade empresária interessada, o que não é verdade, considerando que o recibo [...] demonstra que a sociedade empresarial [...] também é sediada no município. Assim, deserta a tomada de preços, necessária a repetição da licitação, pois não foi apresentada justificativa que demonstrasse prejuízo para a Administração na adoção dessa providência. [...] somente se prescinde do certame licitatório quando se comprovar nos autos que não existem concorrentes em um raio de 30 quilômetros do Município, e que, sendo o caso, se demonstre o motivo da escolha do fornecedor e a justificativa do preço, nos termos dos incisos II e III do art. 26 da Lei n. 8.666, de 1993, o que, na espécie, não se fez. [Processo Administrativo n. 700.967. Rel. Auditor Gilberto Diniz. Sessão do dia 29/11/2012]

[**Contratação irregular realizada por inexigibilidade de licitação.**] É importante deixar claro que a inexigibilidade de licitação pressupõe a inviabilidade de competição e que o inciso II do art. 25 c/c o art. 13 da Lei n. 8.666, de 1993, como hipótese de inexigibilidade, estabelece como pressuposto da contratação direta a presença simultânea da natureza singular do objeto e da notória especialização do favorecido. Ficando devidamente configurada a situação inexigível, deve-se atentar para a razão da escolha do executante, e, por fim, para a justificativa do preço, nos termos dos incisos II e III do art. 26 da Lei n. 8.666, de 1993, para, finalmente, se autorizar a contratação direta por inexigibilidade de licitação. Entretanto, tais requisitos não se evidenciaram na contratação da [...]. [...] o elemento confiança não pode ser usado como critério para fundamentar a inexigibilidade da licitação, mas apenas para a escolha do profissional possuidor de notória especialização, e desde que esteja caracterizada a singularidade do serviço. [...] se trata de violação à norma legal, que induz a aplicação de multa ao responsável, portanto, suficiente que o administrador público tenha agido em contrariedade ao determinado pela lei. [...] proponho, no mérito, ao Colegiado da Segunda Câmara que [...] seja julgada irregular a contratação de serviços de assessoria administrativa e orçamentária sem o devido procedimento licitatório, [...], por afronta ao disposto no inciso XXI do art. 37 da Constituição da República e nos arts. 2º e 3º da Lei n. 8.666, de 1993, cominando multa no valor de R$4.300,00 (quatro mil trezentos reais), ao [...], Prefeito Municipal [...]. [Processo Administrativo n. 705.829. Rel. Auditor Gilberto Diniz. Sessão do dia 22/11/2012]

[**Contratação de consultoria sem o devido procedimento licitatório. Inexigibilidade.**] De início, é importante deixar claro que a inexigibilidade de licitação pressupõe a inviabilidade de competição, e o inciso II do art. 25 c/c o art. 13 da Lei n. 8.666, de 1993, como hipótese de inexigibilidade, estabelece como pressuposto da contratação direta a presença simultânea da natureza singular do objeto e da notória especialização do favorecido. Ficando devidamente configurada a situação inexigível, deve-se atentar para a razão da escolha do executante, e, por fim, a justificativa do preço, nos termos dos incisos II e III do art. 26 da Lei n. 8.666, de 1993, para, finalmente, autorizar-se o contrato por inexigibilidade de licitação. [...] foram apresentados os documentos a fls. 422 a 670, referentes à contratação da empresa *[omissis]*. Observo que os documentos se referem aos currículos dos sócios da contratada, atestados de vários municípios contratantes da empresa, publicações de artigos doutrinários, que são suficientes para comprovar a notória especialização da contratada. [...] Porém, não basta a notória especialização do contratado, devendo ser comprovado que o serviço possui singularidade. [...] Como visto, na contratação em análise, não ficou configurada a hipótese de inexigibilidade estabelecida no inc. II do art. 25 da Lei n. 8.666, de 1993, pois, apesar de ficar comprovada a notoriedade do contratado, o defendente não logrou êxito de comprovar a singularidade do objeto, requisitos indissociáveis, e que devem ser comprovados simultaneamente. [Processo Administrativo n. 688.722. Rel. Auditor Gilberto Diniz. Sessão do dia 27/09/2012]

[**Razões da escolha na contratação direta.**] De acordo com a Lei de Licitações, impõe-se ao administrador público a demonstração da situação impositiva da contratação direta, além do fornecimento das razões da escolha do fornecedor, da modicidade do preço, da conveniência do prazo de entrega. etc. Dessa forma, toda decisão administrativa que implique contratação direta haverá de decorrer de ato motivado. [...] o administrador não pode dispensar a licitação pública seguindo o seu alvedrio, sem que se vislumbre justificativa razoável. [Licitação n. 437.382. Rel. Conselheiro Moura e Castro. Sessão do dia 30/01/2007]

III — justificativa do preço.

Como já dito anteriormente, não poderá a Administração contratar, sem verificar se o preço que está sendo cobrado é o praticado no mercado e também em outros órgãos da Administração Pública. Justificar o preço não significa que a Administração deva contratar com aquele que apresentar o menor preço, mas sim que, o preço a ser pago não é desarrazoado, que não trará qualquer tipo de prejuízo ao erário e que o objeto a ser contratado é o que melhor atende ao seu interesse. A Administração tem o dever de cuidar dos cofres públicos, logo se faz essencial a justifica do preço de cada contratação.

[**Despesas realizadas mediante procedimentos de inexigibilidade de licitação irregulares.**] Trata-se de contratações de empresas promotoras de eventos, [...], que representam bandas e conjuntos musicais que apresentariam shows em festividades no município.

[...] A equipe inspetora apontou como irregularidades a ausência de pesquisa de preço, nos termos dispostos no inciso IV do art. 43, c/c o inciso II do §2º do art. 40 da Lei n. 8.666, de 1993, e o fato de as empresas favorecidas não serem representantes exclusivas das respectivas bandas, o que, fosse o caso, daria ensejo à contratação direta por inexigibilidade licitatória, desde, é claro, que ficassem comprovados os demais requisitos impostos pela mencionada lei. [...] verifico que não há nos autos comprovação de que as bandas contratadas para a realização dos eventos tenham reconhecimento perante a crítica especializada ou opinião pública, ou mesmo currículo que justificasse as contratações diretas sem o devido certame licitatório. Não há sequer comprovação de que essas bandas e conjuntos tenham realizado shows em cidades da região, ou de que há CDs ou DVDs por elas gravados, o que, por si, desconstituem as razões que respaldariam as contratações com base no inciso III do art. 25 da Lei n. 8.666, de 1993. [...] Considerando-se a especificidade da situação, reporto-me à doutrina acerca da matéria, precisamente ao que assevera Diógenes Gasparini em sua obra *Direito Administrativo*, 4. ed., 1995, p. 323: "Por força do estabelecido no inciso III do art. 25 do Estatuto Federal Licitatório, é inexigível a licitação para a contratação de profissional de qualquer setor artístico, diretamente ou através de empresário, desde que consagrado pela crítica especializada ou pela opinião pública. O dispositivo em apreço não traz grandes dificuldades de intepretação, salvo no que concerne à consagração pela crítica especializada. Qual é essa crítica especializada? A local? A regional? A nacional? Cremos que se pode dizer que é a crítica local, regional (estadual) ou nacional, em razão do valor do contrato. Assim, se o contrato estiver dentro do limite de convite, será local; se estiver dentro do limite da tomada de preços, será regional; se estiver dentro do limite de concorrência, será nacional. O mesmo deve-se afirmar em relação à opinião pública.". [...] ainda que não fossem equivocadas as contratações em pauta por inexigibilidade, elas estariam eivadas de vícios, pois não há, nos autos, justificativas para a escolha dessas bandas nem justificativa do preço avençado, em consonância com os incisos II e III do art. 26 da referida lei.[...] As contratações em tela, pois, ocorreram ao arrepio da Lei, uma vez que, pelas circunstâncias fáticas, não se comprovando tratar-se de bandas consagradas ou sequer reconhecidas pela opinião pública ou pela crítica especializada, a outras bandas o correto seria proceder às contratações mediante processo licitatório, até para que fosse dada oportunidade de contratar com o Município, em consonância com o inciso XXI do art. 37 da Constituição da República c/c os arts. 2º e 3º da Lei n. 8.666, de 1993, o que não ocorreu. Sejam julgados irregulares as contratações diretas formalizadas mediante procedimentos de inexigibilidade, uma vez que deveriam ser precedidas do devido procedimento na modalidade licitatória Convite ou Tomada de Preços, conforme o caso, razão pela qual proponho a aplicação de multas [...], por violação ao inciso XXI do art. 37 da Constituição da República de 1988, c/c os arts. 2º e 3º da Lei n. 8.666, de 1993, [...]. [Processo Administrativo n. 703.098. Rel. Auditor Gilberto Diniz. Sessão do dia 08/11/2012]

[**Contratação direta. Ausência de justificativa de preço. Irregularidade.**] [...] quanto à justificativa de preço, entendo ser essa uma exigência de caráter relevante, pois, por meio dela, pode-se refrear a coligação maliciosa de qualquer interessado no intento de superfaturar o valor da contratação, e, faltando tal requisito, vê-se prejudicada vitalmente a validade do procedimento. Dessa forma, ao compulsar os autos, notei a ausência de justificativa do preço para tal contratação, o que me leva a considerar a irregularidade do procedimento, por infringir o disposto no art. 26, parágrafo único, III, da Lei de Licitações. [Processo Administrativo n. 702.593. Rel. Conselheira Adriene Andrade. Sessão do dia 25/05/2010]

[**Necessidade de justificativa do preço em qualquer contratação realizada pela Administração Pública.**] [...] a justificativa de preço, comprovando-se os preços de mercado, é exigência de caráter essencial para legitimação das contratações diretas. Através dela, pode-se refrear a coligação maliciosa de qualquer interessado no intento de superfaturar o valor da contratação. Nessa direção, ensina Marçal Justen Filho, *in litteris*: 'A validade da contratação depende da verificação da razoabilidade do preço a ser desembolsado pela Administração Pública. A regra não se vincula precipuamente à contratação direta — afinal, não se admite, em hipótese alguma, que a Administração Pública efetive contratação por valor desarrazoado. Ainda quando exista uma licitação, deve-se verificar se a proposta classificada, em primeiro lugar, apresenta valor compatível com a realização dos interesses protegidos pelo Direito. Proposta de valor excessivo deverá ser desclassificada (Lei n. 8.666/93, art. 48). Mas a questão adquire outros contornos em contratações diretas, em virtude da ausência de oportunidade para fiscalização mais efetiva por parte da comunidade e dos próprios interessados. Diante da ausência da competição, amplia-se o risco de elevação dos valores contratuais'. (JUSTEN FILHO, Marçal. *Comentários à Lei de Licitações e Contratos Administrativos*. 11. ed. São Paulo: Dialética, 2005. p. 295). [Licitação n. 695.862. Rel. Conselheira Adriene Andrade. Sessão do dia 30/10/2007]

[**Verificação da compatibilidade do preço contratado com o preço de mercado.**] No tocante à justificativa de preços, determinada no inciso III do art. 26 da Lei de Licitações, entendo que a verificação da compatibilidade do preço contratado com o valor de mercado é dever que independe de exigência legal, estando afeto ao cuidado do administrador para com o erário. [...] a forma legal para garantir a razoabilidade do contrato é a pesquisa de mercado, com decorrente justificativa de preços. [Processo Administrativo n. 715.979. Rel. Conselheira Adriene Andrade. Sessão do dia 30/10/2007]

[**Necessidade de pesquisa de mercado.**] [...] o Estatuto Nacional das Licitações, Lei n. 8.666/93, estabelece que a pesquisa de mercado é obrigatória para que a Administração possa verificar se o preço apresentado na proposta é vantajoso. Daí a exigência estampada no art. 26, III, que torna obrigatória a justificativa do preço nos processos de dispensa de licitação. Em decorrência da ausência da referida pesquisa [à época da contratação], tornou-se impossível ao Tribunal de Contas aferir se o preço [...] estava de acordo com o preço de mercado. [Licitação n. 138.506. Rel. Conselheiro Simão Pedro Toledo. Sessão do dia30/10/2007]

[**Justificação do preço contratado.**] [...] quanto ao Processo de Inexigibilidade, entendo ter falhado o responsável pela contratação, uma vez que, além de não demonstrar a notoriedade do contratado, o que justificaria sua escolha, também não se preocupou em justificar o preço de sua contratação, contrariando, gravemente, o art. 26, parágrafo único, III, da Lei n. 8.666/93 [...]. Especificamente, quanto à omissão na justificativa de preço, entendo ser esta uma exigência de caráter relevante, pois, através dela, pode-se refrear a coligação maliciosa de qualquer interessado no intento de superfaturar o valor da contratação. Nesse sentido, o Tribunal de Contas da União, ao julgar o Processo n. 009.896/07-5, também enfatizou a observância, nos processos de dispensa e inexigibilidade de licitação, do disposto no parágrafo único do art. 26 da Lei n. 8.666/93, especialmente no que se refere à exigência de justificativas para o preço contratado, que, neste caso, viu-se severamente negligenciada. Assim, apesar de entender que o objeto da contratação é contemplado nas hipóteses de inexigibilidade, considero, no entanto, eivada de vícios a contratação em comento, não por ter ferido a regra da obrigatória licitação, mas por não ter respeitado os requisitos para o regular procedimento de inexigibilidade, conforme dispostos no §1º do art. 25, bem como no inciso III do art. 26, ambos da Lei de Licitações. [Processo Administrativo n. 701.008. Rel. Conselheira Adriene Andrade. Sessão do dia 21/08/2007]

IV — documento de aprovação dos projetos de pesquisa aos quais os bens serão alocados. (Incluído pela Lei nº 9.648, de 1998)

SEÇÃO II – DA HABILITAÇÃO

Art. 27. Para a habilitação nas licitações exigir-se-á dos interessados, exclusivamente, documentação relativa a:

Considera-se habilitado o sujeito que se enquadrar nas condições exigidas pela Administração Pública. Os interessados deverão cumprir as exigências feitas pela lei de Licitações, que deverão ser comprovadas documentalmente, a fim de se tornarem aptos a participarem do procedimento licitatório. Para verificar a habilitação o sujeito deverá apresentar a documentação constante neste artigo.

Há que se fazer uma pequena distinção entre habilitação e condições de participação em sentido restrito, a primeira está relacionada a idoneidade do licitante, já a segunda consiste em requisitos formais e substanciais.

[**Contratação direta. Habilitação.**] Toda empresa tem, abstratamente, o direito de contratar com a Administração. Todavia, o exercício de tal direito está vinculado ao cumprimento de determinadas condições que a lei estabelece (habilitação jurídica, qualificação técnica, qualificação econômico-financeira, regularidade fiscal). Necessita a empresa de estar devidamente capacitada para a contratação e de oferecer a proposta mais vantajosa para a Administração. Sem esses elementos, a contratação, se ocorrer, estará sempre viciada. Assim, uma empresa que não tiver sua documentação legalizada, não poderá contratar com a Administração, ainda que diretamente, sem licitação. [Consulta 391.114 / Sessão Plenária de 06/11/1996] [...] É obrigatória a comprovação da regularidade do contratado para com a Fazenda Federal, Estadual e Municipal, nos casos de dispensa e inexigibilidade de processo licitatório, em respeito aos princípios da igualdade e da legalidade, insertos no art. 5º, *caput,* e art. 37, *caput,* da Constituição da República, e no art. 26, parágrafo único, da Lei n. 8.666/93. [Consulta n. 786.537. Rel. Conselheiro em exercício Licurgo Mourão. Sessão do dia 08/07/2009]

[**Edital. Irregularidade. Ausência de documentação necessária para a habilitação.**] Quanto à irregularidade de o edital não prever que fosse exigida das empresas convidadas, para fins de habilitação, documentação indicada nas Portarias n. 2.814/1998 e 3.716/1998 do Ministério da Saúde, não houve manifestação dos responsáveis. As Portarias n. 2.814/1998 e n. 3.716/1998 do Ministério da Saúde estabelecem que, em compras e licitações públicas de medicamentos, devem ser observadas as seguintes exigências: apresentação de Licença Sanitária Estadual ou Municipal, comprovação de Autorização de Funcionamento da empresa participante da licitação, Certificado de Boas Práticas de Fabricação e Controle, emitido pela Secretaria de Vigilância Sanitária do Ministério da Saúde, Certificado de Registro de Produtos. Verifico que do edital não constam essas exigências para habilitação dos licitantes, havendo, assim, sido descumprida exigência legal, ainda que heterotópica, que tem como objetivo garantir a identidade e qualidade dos medicamentos e produtos destinados aos tratamentos de saúde humana. Essa irregularidade é potencialmente danosa à sanidade dos cidadãos, pois eles podem ficar expostos ao risco de consumo de medicamentos adulterados, falsificados ou alterados, por não se exigirem aqueles certificados previstos nas portarias citadas. [Processo Administrativo n. 695.704. Rel. Auditor Gilberto Diniz. Sessão do dia 04/10/2012]

[**Requisito ilegal na fase de habilitação.**] [...] não se coaduna com as disposições contidas na norma licitatória a [exigência de] apresentação do comprovante de retirada do edital junto à documentação de habilitação, visto que tal condição extrapola as disposições contidas nos arts. 27 a 31 da Lei n. 8.666/93, que regulam essa fase do procedimento. [Licitação n. 696.088. Rel. Conselheiro Moura e Castro. Sessão do dia 20/09/2005]

I — habilitação jurídica;

Habilitação jurídica nada mais é do que a comprovação pelos licitantes de capacidade, de existência e disponibilidade para exercer suas faculdades jurídicas, ou seja, é a comprovação de que o licitante preenche os requisitos necessários à contratação e à execução do objeto. Os documentos relativos à habilitação jurídica se encontram no artigo 28.

Contudo, os requisitos constantes do artigo 28, não devem ser interpretados como sendo imposições a toda e qualquer licitação. A Administração deverá em cada caso, estipular quais serão os requisitos necessários à comprovação da habilitação, nesse sentido, a Administração não poderá ultrapassar os limites constantes da Lei, mas poderá demandar menos do licitante. Essa interpretação deriva de julgamento do próprio STJ.

II — qualificação técnica;

É a comprovação de que o licitante possui conhecimento tanto teórico quanto prático para executar o objeto que se pretende contratar. Os documentos relativos à sua comprovação constam do artigo 30 desta Lei.

ENUNCIADO DE SÚMULA N. 40. A prova de habilitação profissional é um dos requisitos indispensáveis para que seja considerada legal a contratação, pelo Poder Público, de pessoal para prestar serviços técnicos especializados que requeiram formação escolar de nível médio ou superior.

ENUNCIADO DE SÚMULA N. 117. Nos atos convocatórios de licitação, as Administrações Públicas Estadual e Municipais não poderão exigir apresentação de certificado de qualidade ISO ou outro que apresente as mesmas especificidades como requisito para habilitação de interessados e classificação de propostas.

[**Certificação ISO. Exigência indevida. Diligência para apurar o prejuízo ao erário.**] [...] o item 6.2.2 [exigência de documentação que comprove que o produto possua ISO Conformidade do Sistema de Gestão Ambiental da Indústria] do Edital de Pregão é, de fato, restritivo, pois não consta do rol taxativo dos arts. 27 a 31 da Lei n. 8666/93 — que discriminam a documentação que pode ser exigida para a habilitação nos procedimentos licitatórios — a exigência de qualquer certificação ISO, não podendo a Administração Pública fazer exigências que extrapolem os limites ali previstos. [...] Entretanto, considerando que o certame já foi finalizado e que o contrato assinado em sua decorrência já teve sua vigência expirada em 31 de dezembro de 2010 - não havendo no instrumento cláusula que autorize sua prorrogação - não há como reverter o processo. [...] Assim, voto, ainda, por uma diligência interna para que a unidade técnica desta Casa apure o *quantum* do prejuízo ao erário decorrente da contratação retrocitada, para ressarcimento pelo responsável. [Denúncia n. 832.383. Rel. Conselheiro Elmo Braz Soares. Sessão do dia 24/02/2011]

[**Capacitação técnico-profissional.**] [...] a depender das incumbências [...] [dos] profissionais, na execução do contrato, poderia ser exigido deles, na fase de habilitação, apenas os diplomas, certificados ou registros necessários, por lei, para execução de suas tarefas. No máximo, poder-se-ia alinhavar a essa condição mínima necessária aos profissionais envolvidos na execução do contrato, a exigência de que eles detivessem atestados de responsabilidade na execução de tarefas de características semelhantes às licitadas em contratos anteriores. Jamais seria lícito exigir, ainda que na fase de habilitação, um número de mestres e especialistas para executarem não se sabe quais tarefas, sem que tais diplomas fossem irrestritamente necessários para o desempenho dos trabalhos[...]. [Representação n. 775.293. Rel. Conselheira Adriene Andrade. Sessão do dia 17/03/2009]

[**Atestados de qualificação técnica.**] [...] [a exigência na habilitação] de dois atestados de qualificação técnica [...] levou à restrição do caráter competitivo do certame. [...] do art. 37, XXI, da Constituição da República e do art. 3°, §1°, I, da Lei de Licitações, depreende-se a impossibilidade de serem feitas exigências imotivadas a serem observadas pelos particulares interessados no certame. [...] as regras previstas na Lei n. 8.666/93 (art. 30, §1º, I e §5º, c/c art. 3º, §1º, I) nos mostram que o Poder Público não pode prever no edital a obrigatoriedade na apresentação de um número mínimo de atestados. [...] a Administração, ao tecer exigências de qualificação técnica, deve ater-se às suficientes e necessárias para a execução do objeto em licitação. [...] O que está em exame é a aptidão do licitante em executar o objeto semelhante ao da licitação e não quantas vezes já executou objetos semelhantes. [...] o instrumento convocatório não pode estabelecer o número de atestados a serem apresentados. Se um único documento for capaz de comprovar que o particular já executou contrato com características análogas ao objeto licitado, não há porque exigir dois ou mais atestados para a habilitação do participante neste quesito. [Licitação n. 431.587. Rel. Conselheiro Simão Pedro. Sessão do dia 07/04/2007].

[**Qualificação por experiência em contratos de obras de infraestrutura e prestação de serviços de saneamento.**] Entendo [...] ser totalmente justificável a qualificação por experiência limitar-se a um número restrito de atestados, uma vez que é da discricionariedade do administrador, que conhece a fundo as necessidades e especificações de seu município, exigir, dos seus contratados, experiência compatível com o seu intento. A meu ver, a exigência justifica-se pela necessidade da comprovação da capacidade técnico-operacional das licitantes para realizar as obras e prestar os serviços licitados. Entendo que a ordem constitucional delega à autoridade administrativa, pelo art. 37, XXI, da CR/88, discrição para incluir, nos instrumentos convocatórios de licitação, as exigências necessárias a comprovar a qualificação técnica dos licitantes, uma vez que determina tal artigo que a igualdade do certame deve se limitar a que sejam 'mantidas as condições efetivas da proposta'. Agiu o constituinte, desse modo, com o objetivo de permitir a averiguação da real capacidade das contratadas em prestar o serviço, fornecer o produto ou realizar a obra que atenda ao interesse público. Nesse sentido, as exigências do edital devem guardar proporção entre a natureza do objeto em disputa, as características que lhes são específicas e a complexidade de sua execução. [Representação n. 722.236. Rel. Conselheira Adriene Andrade. Sessão do dia 30/01/2007]

III — qualificação econômico-financeira;

É a comprovação de que o licitante possui capacidade financeira para a satisfatória execução do objeto a ser contratado, afinal, a exceção do pagamento antecipado, caberá ao contratado executar o objeto com recursos próprios para depois ser ressarcido pela Administração Pública, mediante comprovação da prestação. A documentação necessária à comprovação da qualificação econômico-financeira consta do artigo 31, lembrando que só serão exigidas aquelas que sejam indispensáveis à garantia do cumprimento das obrigações.

[**Comprovação de qualificação econômico-financeira.**] [...] a comprovação de qualificação econômico- financeira deve eleger aquele ou aqueles incisos do citado art. 31 [da Lei n. 8.666/93], considerados essenciais à confirmação da condição das licitantes em manterem o futuro contrato às suas expensas. [...] A qualificação econômico-financeira corresponde à disponibilidade de recursos econômico-financeiros para a satisfatória execução do objeto da contratação. Excetuadas as hipóteses de pagamento antecipado, incumbirá ao contratado executar com recursos próprios o objeto de sua prestação. Somente perceberá pagamento, de regra, após recebida e aprovada a prestação pela Administração Pública. O interessado deverá dispor de recursos financeiros para custeio das despesas (mão de obra, matérias-primas, maquinário e tecnologia) necessário às obrigações advindas do contrato. [...] Frise-se que o retorno financeiro [...] de empresa, que trabalha com consultorias e assessorias públicas, é quase sempre mensal, vindo através dos pagamentos oriundos de Câmaras e Prefeituras municipais a exemplo do objeto do próprio Edital em comento. Da mesma forma, as despesas desse tipo de empresa se concentram, obviamente, na carteira de empregados, pelo que suas despesas também se sobrecarregam na data das suas remunerações. O alinhamento entre receitas e despesas, neste tipo de empreendimento, demonstra-se, também, na modulação do Edital que estabelece, na sua cláusula 18ª , que *"o pagamento será efetuado no 5º (quinto) dia , após a apresentação e aceitação da Nota Fiscal/ Fatura"*. Portanto, em empresas [...], em que entradas e saídas se concentram e se alinham quase totalmente em um mesmo período do mês, os índices de liquidez corrente poderiam ser bastante baixos e, ainda assim, não demonstrarem a insolvência da empresa, [...]: [...] Para que se tenha uma ideia, os índices superiores a 1,5 de liquidez corrente só são recomendáveis para atestar a saúde de empresas, sobretudo da construção civil, que têm altíssimo investimento em máquinas e materiais, e lentíssimo retorno financeiro, só percebendo esse retorno quando da entrega da obra ou de fase dela. Portanto, os índices de 2,0 e 2,5 de liquidez corrente e geral exigidos das licitantes parecem ser, neste caso, em se tratando de prestadoras de serviços de assessoria pública, injustificados, desnecessários e restritivos à competitividade do certame, [...]. [Consulta n. 775.293. Rel. Conselheira Adriene Andrade. Sessão do dia 17/03/2009]

IV — regularidade fiscal e trabalhista; (Redação dada pela Lei nº 12.440, de 2011)

Quanto à regularidade fiscal se entende que, o licitante deverá comprovar que está em dia com suas obrigações perante o fisco, afinal cabe à Administração verificar a idoneidade da empresa que participa do certame, não sendo plausível que a Administração contrate com empresas que estejam em débito com a Fazenda.

Já a regularidade trabalhista tem por finalidade garantir que o licitante não possua débitos inadimplidos perante a Justiça do Trabalho, sendo aceita a certidão positiva com efeito negativo.

A documentação que poderá ser exigida para fins dessas comprovações estão elencadas no artigo 29 desta mesma Lei.

[**Exigência de regularidade fiscal nas hipóteses de dispensa ou inexigibilidade de licitação.**] O afastamento da exigência de comprovação de regularidade fiscal nos casos de dispensa de licitação por valores considerados baixos pela lei, em termos pragmáticos, significa a admissão para que o Poder Público contrate com devedores da Fazenda Pública, o que encontra vedação expressa no Código Tributário Nacional (CTN), art. 193, na própria Constituição Federal, art. 195, §3º, e, por fim, no art. 29, III e IV, da Lei n. 8.666/93, entre outros dispositivos, ou seja, maculado estaria o princípio da legalidade. [...] segundo o art. 27, IV, e a redação dada ao §1º do art. 32, ambos da Lei n. 8.666/93, aplicáveis aos casos de dispensa e de inexigibilidade de licitação, a regra é a da exigência de comprovação de idoneidade dos contratados pela Administração Pública (art. 28 – 31, Lei n. 8.666/93), que poderá ser dispensada, no todo ou em parte, em certos e determinados casos, nos quais seja considerada inútil para se configurar a garantia do cumprimento das obrigações contratuais. [...] inviável o simples e irrestrito afastamento da exigência de regularidade fiscal, em todas as hipóteses de dispensa de licitação, em razão do valor, levando-se em conta os princípios da igualdade, da legalidade, da isonomia, e da moralidade e, também, os comandos do art. 37, XXI, e do art. 195, §3°, da Constituição Federal, mais, ainda, o disposto nos art. 27, IV, 28, III e IV e 32, §1°, da Lei de Licitações; bem como no art. 193 do Código Tributário Nacional e, ainda, no art. 1°, II, da Lei n. 7.711/88, no art. 27, a, da Lei n. 8.036/90, no art. 2° da Lei n. 9.012/95, no art. 47 da Lei n. 8.212/91, entre outras normas. [...] nos casos de dispensa de licitação baseados nos incisos I e II do art. art. 24 da Lei n. 8.666/93, deve ser exigida a comprovação de regularidade fiscal das empresas contratadas. [Consulta n. 836.952. Rel. Conselheiro Sebastião Helvecio. Sessão do dia 06/10/2010]

V — cumprimento do disposto no inciso XXXIII do art. 7º da Constituição Federal. (Incluído pela Lei nº 9.854, de 1999)

Trata-se de comprovação de que o licitante não emprega menor de idade nas condições estabelecidas pela Constituição Federal.

Art. 28. A documentação relativa à habilitação jurídica, conforme o caso, consistirá em:

A habilitação jurídica como já dito é a prova de que o licitante tem condições de executar o objeto que se pretende contratar. Verifica-se do caput do próprio artigo que, a Administração deverá analisar a documentação conforme o caso, não sendo possível requerer todos os documentos indistintamente.

I — cédula de identidade;
II — registro comercial, no caso de empresa individual;
III — ato constitutivo, estatuto ou contrato social em vigor, devidamente registrado, em se tratando de sociedades comerciais, e, no caso de sociedades por ações, acompanhado de documentos de eleição de seus administradores;
IV — inscrição do ato constitutivo, no caso de sociedades civis, acompanhada de prova de diretoria em exercício;
V — decreto de autorização, em se tratando de empresa ou sociedade estrangeira em funcionamento no País, e ato de registro ou autorização para funcionamento expedido pelo órgão competente, quando a atividade assim o exigir.

A participação de estrangeiros em licitações é possível, desde que em situação regular, munido da devida documentação.

Art. 29. A documentação relativa à regularidade fiscal e trabalhista, conforme o caso, consistirá em: (Redação dada pela Lei nº 12.440, de 2011)

[**Exigência irregular de certidão do Procon.**] No mérito, a cláusula 8.1.2 do instrumento convocatório, atinente à regularidade fiscal, [...] que impõe a apresentação de 'certidão negativa de reclamações contra a empresa no Procon por violação dos direitos do consumidor', extrapola a relação taxativa estabelecida no art. 29 da Lei n. 8.666, de 21 de junho de 1993 [...]. Por oportuno, o professor Marçal Justen Filho preleciona que 'a ampliação desmedida das exigências de regularidade como requisito de contratação infringe o princípio da República e propicia a redução da competitividade, além de caracterizar claro desvio de finalidade. [...] a própria Constituição determinou que os requisitos atinentes à habilitação seriam os mínimos necessários à garantia dos fins buscados pelo Estado [...]'. (in *Comentários à lei de licitações e contratos administrativos*. 11. ed.

São Paulo: Dialética, 2005, p. 320). [Representação n. 732.253. Rel. Conselheiro Simão Pedro Toledo. Sessão do dia 29/05/2007]

I — prova de inscrição no Cadastro de Pessoas Físicas (CPF) ou no Cadastro Geral de Contribuintes (CGC);

[**Ausência de registro no CNPJ.**] [...] a falta do registro da empresa no CNPJ inviabiliza tanto a aferição da experiência no ramo em que postula serviço ou fornecimento, como todas as formalidades fiscais e contábeis exigidas dos negócios estabelecidos por entes públicos. Assim sendo, para o mundo do direito, a empresa contratada simplesmente não existiria, não podendo ao menos assinar validamente um contrato, fornecer notas fiscais ou assinar recibos de qualquer espécie, do que resulta falta gravíssima da Administração, ao contratar pessoa que só existe de fato, não de direito. [Processo Administrativo n. 688.478. Rel. Conselheira Adriene Andrade. Sessão do dia 22/05/2007]

II — prova de inscrição no cadastro de contribuintes estadual ou municipal, se houver, relativo ao domicílio ou sede do licitante, pertinente ao seu ramo de atividade e compatível com o objeto contratual;

[**Cadastro quanto à atividade objeto da licitação.**] [...] negligenciar o ramo em que, formalmente, atua o licitante perante o Cadastro Nacional, além de pôr em risco o contrato vindouro, constitui flagrante desobediência ao art. 29, II, da Lei n. 8.666/93 [...]. A lei se preocupou com tal exigência, pois ela é fundamental para aferição da experiência do participante na licitação. Ademais, o fato de prestar serviço ou fornecer produto para o qual não está a licitante devidamente licenciada tem sérias implicações fiscais, como lembra Marçal Justen Filho: 'Pode (deve) exigir-se do licitante comprovação de regularidade fiscal atinente ao exercício da atividade relacionada com o objeto do contrato que se pretende firmar. [...] O que se demanda é que o particular, no ramo de atividade pertinente ao objeto licitado, encontre-se em situação fiscal regular. Trata-se de evitar contratação de sujeito que descumpre obrigações fiscais relacionadas com o âmbito da atividade a ser executada'. (JUSTEN FILHO, Marçal. *Comentários à Lei de Licitações e Contratos Administrativos*, 2005, p. 316). [Processo Administrativo n. 688.478. Rel. Conselheira Adriene Andrade. Sessão do dia 22/05/2007]

III — prova de regularidade para com a Fazenda Federal, Estadual e Municipal do domicílio ou sede do licitante, ou outra equivalente, na forma da lei;

[**Exigência de regularidade fiscal nas hipóteses de dispensa ou inexigibilidade de licitação.**] O afastamento da exigência de comprovação de regularidade fiscal nos casos de dispensa de licitação por valores considerados baixos pela lei, em termos pragmáticos, significa a admissão para que o Poder Público contrate com devedores da Fazenda Pública, o que encontra vedação expressa no Código Tributário Nacional (CTN), art. 193, na própria Constituição Federal, art. 195, §3º, e, por fim, no art. 29, III e IV, da Lei n. 8.666/93, entre outros dispositivos, ou seja, maculado estaria o princípio da legalidade. [...] [...] segundo o art. 27, IV, e a redação dada ao §1º do art. 32, ambos da Lei n. 8.666/93, aplicáveis aos casos de dispensa e de inexigibilidade de licitação, a regra é a da exigência de comprovação de idoneidade dos contratados pela Administração Pública (arts. 28 a 31, Lei n. 8.666/93), que poderá ser dispensada, no todo ou em parte, em certos e determinados casos, nos quais seja considerada inútil para se configurar a garantia do cumprimento das obrigações contratuais. [...] inviável o simples e irrestrito afastamento da exigência de regularidade fiscal, em todas as hipóteses de dispensa de licitação, em razão do valor, levando-se em conta os princípios da igualdade, da legalidade, da isonomia, e da moralidade e, também, os comandos do art. 37, XXI, e do art. 195, §3°, da Constituição Federal, mais, ainda, o disposto nos arts. 27, IV, 28, III e IV e 32, §1°, da Lei de Licitações; bem como no art. 193 do Código Tributário Nacional e, ainda, no art. 1°, II, da Lei n. 7.711/88, no art. 27, *a*, da Lei n. 8.036/90, no art. 2° da Lei n. 9.012/95, no art. 47 da Lei n. 8.212/91, entre outras normas. [...] nos casos de dispensa de licitação baseados nos incisos I e II do art. 24 da Lei n. 8.666/93, deve ser exigida a comprovação de regularidade fiscal das empresas contratadas. [Consulta n. 836.952. Rel. Conselheiro Sebastião Helvecio. Sessão do dia 06/10/2010]

[**Documentação relativa à regularidade fiscal.**] Assim como a área técnica desta Casa, entendo que a documentação relativa à regularidade fiscal consistirá, com fulcro no art. 29, III e IV, da Lei de Licitações, na prova da regularidade com as Fazendas Públicas, Seguridade Social e FGTS, e não na prova da inexistência de qualquer débito, como quer o Município jurisdicionado ao exigir, dos participantes, certidão negativa e de quitação de tributos. Deste modo, a Administração deve se limitar a exigir do licitante, por imperativo legal, apenas comprovação da situação regular perante a Fazenda Federal, Estadual e Municipal, Seguridade Social e FGTS, pelo que considero irregulares as cláusulas editalícias sob análise. [Denúncia n. 800.679. Rel. Conselheiro Sebastião Helvecio. Sessão do dia 06/12/2012]

[**Irregularidade por exigência de certidão negativa de débito e certidão de quitação a título de comprovação de regularidade fiscal.**] A unidade técnica, ponderou que "apesar da prova de regularidade fiscal, via de regra, ser expedida pelas Administrações Fazendárias Federal, dos Estados e dos Municípios, mediante emissão de documento denominado certidão negativa de débito, quando apurada a existência de débito resultante de acordo de parcelamento definido em processo tributário administrativo ou, de suspensão da cobrança do crédito tributário por concessão de medida liminar, o documento expedido pela Administração Fazendária sempre ressalvará tais condições, certificando, no entanto, a situação de regularidade do contribuinte. Por essas razões, é que no texto correspondente aos incisos III e IV do art. 29 da Lei n. 8.666/93, não foi expressa a exigência de apresentação de "certidão negativa de débito" ou "certidão de quitação", mas sim, de prova de regularidade para com a Fazenda Federal, Estadual e Municipal, a Seguridade Social e o Fundo de Garantia por Tempo de Serviço." Diante do exposto, apesar do pronunciamento dos defendentes, entendo que as razões de justificativa apresentadas neste ponto, não ensejam acolhimento, uma vez que não pode haver margem para interpretação subjetiva do edital. [Denúncia n. 811.101. Rel. Conselheiro Eduardo Carone Costa. Sessão do dia 22/11/2012]

[**Regularidade fiscal.**] [...] entendo ser uma obrigação da Administração Pública promover não só a verificação prévia da regularidade fiscal do contratado, mas também, no curso da execução de qualquer contrato, como contribuição efetiva do administrador municipal ao controle do cumprimento de disposições essenciais. Além disso, a regularidade perante o INSS é exigência que ultrapassa a Lei de Licitações, encontrando previsão constitucional no art. 195, §3º, da CR/88 [...]. Não bastasse, ainda, nesse caso, o ferimento de norma constitucional, a falta da cobrança da regularidade, perante o INSS, contraria, também, o art. 47 da Lei n. 8.212/91, com redação dada pela Lei n. 9.032/95. Com relação à ausência da comprovação de se estar em dia com o FGTS, há violação do art. 2º da Lei Federal n. 9.012/95. [Processo Administrativo n. 715.979. Rel. Conselheira Adriene Andrade. Sessão do dia 30/10/2007]

[**Regularidade fiscal de filial da empresa vencedora da licitação.**] A questão que me parece relevante apreciar é se a prova de regularidade fiscal da empresa matriz alcança sua filial, ou seja, se, perante o fisco, a documentação de habilitação de ambas – filial e matriz – é ou não a mesma. Isso porque, se forem distintas, e se for a filial da empresa licitante a fornecedora do objeto licitado, ter-se-ia, a meu juízo, que dela exigir, na habilitação, a comprovação de sua regularidade fiscal, e não apenas da matriz, sob pena de se incorrer em possível transgressão à finalidade pretendida pela Lei de Licitações. [...] nem sempre a regularidade fiscal da matriz se traduzirá na do estabelecimento filial, e vice-versa. Trazendo à lume a questão, Marçal Justen Filho, ao tratar da regularidade fiscal, entende que, se é a filial que vai executar o contrato, a prova de regularidade deve ser relativa à matriz, sempre, obrigatoriamente, e também do estabelecimento filial executante, afastando, deste modo, em tese, qualquer laivo de irregularidade, no tocante à regularidade fiscal do estabelecimento filial. [...] somente será possível a execução do objeto de um contrato por intermédio do estabelecimento filial se, nas condições de habilitação, o edital tiver exigido a apresentação da comprovação da regularidade fiscal perante todos os fiscos, não apenas do estabelecimento matriz, sede da empresa, como também daqueles pertinentes ao estabelecimento filial, encarregado da execução contratual, e, por óbvio, se estes documentos estiverem regulares. [Consulta n. 724.015. Rel. Conselheiro Wanderley Ávila. Sessão do dia 23/05/2007]

[**Idoneidade do contratado.**] Além de ocorrências flagrantemente atentadoras ao erário, ainda pude detectar alguns procedimentos que, a par de desconhecerem formalidades exigidas pela lei, também atentaram contra o erário e, sobretudo, contra a moralidade pela qual deve se pautar a Administração. Um dos exemplos dessa postura desafiadora das boas condutas administrativas é a contratação de empresas inidôneas ou em situação de irregularidade com a Secretaria Estadual de Fazenda [...]. A contratação de empresas inidôneas demonstra uma atitude que me faz lembrar a fala do conselheiro Moura e Castro, em Sessão de 29 de agosto de 2001, no

Tribunal Pleno desta Casa. Disse ele, a meu ver, acertadamente: 'Se o prefeito vai comprar, ele tem dever de saber de quem está comprando, se a compra vai ser boa, se ela pode ser realizada. Isso é o mínimo que se exige dele'. E, se teve razão o conselheiro Moura e Castro ao responsabilizar, naquela oportunidade, o gestor que contratou ou convidou empresa inidônea para certame licitatório, imaginemos o grau de comprometimento de um administrador que nem sequer submeteu suas aquisições ao procedimento constitucionalmente obrigatório, que é o da licitação. Neste caso, o prefeito escolheu, a seu critério, os fornecedores ou prestadores de serviço, sendo, portanto, absolutamente responsabilizável pela inidoneidade de seus contratados. [Processo Administrativo n. 658.086. Rel. Conselheira Adriene Andrade. Sessão do dia 03/04/2007]

[**Inadequação da exigência de comprovação de quitação fiscal.**] Não pode o ato convocatório exigir apresentação de comprovantes de quitação de tributos, pois esse efeito extrapola a possibilidade legal do inciso II do art. 29 da Lei n. 8.666/93. Trata-se, na verdade, de equívoco comum, até porque a legislação anterior previa a exigência de certidão de quitação de tributos. A norma em vigor, porém, prevê a comprovação de regularidade fiscal, o que amplia as possibilidades como a existência de débitos fiscais com pagamentos parcelados ou com a exigibilidade suspensa, nas hipóteses previstas no art. 151 do CTN: 'Art. 151. Suspendem a exigibilidade do crédito tributário: I — moratória; II — o depósito do seu montante integral; III — as reclamações e os recursos, nos termos das leis reguladoras do processo tributário administrativo; IV — a concessão de medida liminar em mandado de segurança; V — a concessão de medida liminar ou de tutela antecipada, em outras espécies de ação judicial; VI — o parcelamento. Parágrafo único. O disposto neste artigo não dispensa o cumprimento das obrigações acessórios dependentes da obrigação principal cujo crédito seja suspenso, ou dela consequentes'. Nestes casos, não há comprovação de quitação do tributo, mas é admitida a regularidade fiscal, atendendo à forma legal, por meio da certidão positiva com efeito de negativa. [...] Ressalto o voto do relator Marcos Vinícius Vilaça, no Acórdão n. 1708/2003 — Plenário, do Tribunal de Contas da União: 'Cumpre destacar, ainda, a questão da exigência de certidões de quitação junto à Fazenda Pública. [...] Mais recentemente, a Decisão n. 792/2002 — Plenário baseou-se de forma específica na existência de diferença entre regularidade fiscal, requerida pela lei, e quitação, sendo que a primeira, ao contrário da segunda, pode se configurar mesmo no caso de a licitante estar em débito com o fisco, contanto que em situação admitida como de adimplência pela legislação'. Na ocasião, decidiram os ministros do TCU, diante das razões expostas pelo referido relator, que deveria ser utilizada a expressão 'regularidade' no lugar de 'quitação' no item 4.1.2, alínea *c*, do edital, nos termos do art. 29, III, da Lei n. 8.666/93, em representação formulada acerca de irregularidades pertinentes a Edital de Concorrência. No mesmo sentido, tem decidido o STJ, como transcrito, *in verbis*, no Recurso Especial n. 425.400/MG, Segunda Câmara, relatora ministra Eliana Calmon: '1. O art. 29, III, da Lei n. 8.666/93 deve ser interpretado com a flexibilidade preconizada no princípio inserido no art. 37, XXI, da CF/88. 2. Se a empresa tem contra si execução fiscal, mas não se nega a pagar e indica bens à penhora para discutir a dívida, não há, ainda, inadimplência. 3. O devedor, ao indicar bens à penhora, fez a sua parte para garantir o juízo, dependendo da Justiça, unicamente, a formalização da garantia. 4. Situação fática que, no lapso de tempo indicado, satisfaz a exigência do art. 29, III, da Lei de Licitações' [...]. [Representação n. 716.394. Rel. Conselheira Adriene Andrade. Sessão do dia 06/03/2007]

IV — prova de regularidade relativa à Seguridade Social e ao Fundo de Garantia por Tempo de Serviço (FGTS), demonstrando situação regular no cumprimento dos encargos sociais instituídos por lei. (Redação dada pela Lei nº 8.883, de 1994)

[**Documentação relativa à regularidade fiscal.**] Assim como a área técnica desta Casa, entendo que a documentação relativa à regularidade fiscal consistirá, com fulcro no art. 29, III e IV, da Lei de Licitações, na prova da regularidade com as Fazendas Públicas, Seguridade Social e FGTS, e não na prova da inexistência de qualquer débito, como quer o Município jurisdicionado ao exigir, dos participantes, certidão negativa e de quitação de tributos. Desse modo, a Administração deve se limitar a exigir do licitante, por imperativo legal, apenas comprovação da situação regular com a Fazenda Federal, Estadual e Municipal, Seguridade Social e FGTS, pelo que considero irregulares as cláusulas editalícias sob análise. [Denúncia n. 800.679. Rel. Conselheiro Sebastião Helvecio. Sessão do dia 06/12/2012]

[**Irregularidade por exigência de certidão negativa de débito e certidão de quitação a título de comprovação de regularidade fiscal.**] A unidade técnica, ponderou que "apesar da prova de regularidade fiscal, via de regra, ser expedida pelas Administrações Fazendárias Federal, dos Estados e dos Municípios, mediante emissão de documento denominado certidão negativa de débito, quando apurada a existência de débito resultante de acordo de parcelamento definido em processo tributário administrativo ou, de suspensão da cobrança do crédito tributário por concessão de medida liminar, o documento expedido pela Administração Fazendária sempre ressalvará tais condições, certificando, no entanto, a situação de regularidade do contribuinte. Por essas razões, é que no texto correspondente aos incisos III e IV do art. 29 da Lei n. 8.666/93, não foi expressa a exigência de apresentação de "certidão negativa de débito" ou "certidão de quitação", mas sim, de prova de regularidade para com a Fazenda Federal, Estadual e Municipal, a Seguridade Social e o Fundo de Garantia por Tempo de Serviço." Diante do exposto, apesar do pronunciamento dos defendentes, entendo que as razões de justificativa apresentadas nesse ponto, não ensejam acolhimento, uma vez que não pode haver margem para interpretação subjetiva do edital. [Denúncia n. 811.101. Rel. Conselheiro Eduardo Carone Costa. Sessão do dia 22/11/2012]

[**Ausência de apresentação pelo licitante do Certificado de Regularidade do FGTS.**] [...] verifico que não constou do processo licitatório o Certificado de Regularidade do FGTS exigido pelo subitem 1.2 do item VI do ato convocatório, e não foi apresentado, na oportunidade de defesa, o número do certificado emitido pela Caixa Econômica Federal, à época, para validar a habilitação. Assim, considerando que o licitante *[omissis]* foi contratado para fornecer alguns itens da licitação e que não lhe foi exigido o Certificado de Regularidade do FGTS, é forçoso concluir que não foi observado o inc. IV do art. 29 da Lei n 8.666, de 1993. [Processo Administrativo n. 689.083. Rel. Auditor Gilberto Diniz. Sessão do dia 13/09/2012]

[**Licitação. Habilitação. Regularidade com o FGTS. Vencimento do certificado.**] Considero válida a defesa apresentada, visto que os documentos fiscais exigidos na fase de habilitação estavam vigentes, conforme estabelece o inciso IV do art. 29 da Lei de Licitações. O vencimento superveniente do referido certificado não prejudica a análise feita na fase de habilitação e não significa que a empresa estivesse em débito com o FGTS, já que o certificado vencera há quatro dias da assinatura do contrato. Entendo, ainda, que o mais importante seria comprovar se a cada pagamento efetuado pela Administração Pública à empresa, durante a vigência do contrato, foi apresentado novo certificado válido de quitação com o FGTS. Entretanto, como tal aspecto não foi verificado pela equipe técnica, desconsidero o presente apontamento. [Processo Administrativo n. 702.593. Rel. Conselheira Adriene Andrade. Sessão do dia 25/05/2010]

V — prova de inexistência de débitos inadimplidos perante a Justiça do Trabalho, mediante a apresentação de certidão negativa,

nos termos do Título VII-A da Consolidação das Leis do Trabalho, aprovada pelo Decreto-Lei nº 5.452, de 1º de maio de 1943. (Incluído pela Lei nº 12.440, de 2011)

[**Regularidade perante o INSS e FGTS.**] Entendo ser indispensável para a contratação com o Poder Público a regularidade para com o INSS e o FGTS, por serem exigências que ultrapassam a Lei das Licitações, encontrando previsão constitucional no art. 195, §3º, da CR/88 [...]. Não bastasse, ainda, nesses casos, o ferimento de norma constitucional, a falta da cobrança da regularidade perante o INSS contraria, também, o art. 47 da Lei n. 8.212/91, com redação dada pela Lei n. 9.032/95, e a ausência da comprovação de se estar em dia com o FGTS viola o disposto no art. 2º da Lei Federal n. 9.012/95 [...]. Pelo exposto, considero irregular o contrato em comento, por ter desprezado o zelo na observação da regularidade fiscal dos licitantes, conforme definição de normas constitucional e infraconstitucionais, tratando-se de falha de natureza gravíssima. [Processo Administrativo n. 700.749. Rel. Conselheira Adriene Andrade. Sessão do dia 09/10/2007]

[**Apresentação de CND perante o INSS.**] [...] a apresentação da Certidão Negativa de Débito (CND) perante o INSS tem como finalidade a comprovação da regular situação da empresa que está contratando com a Administração Pública e deflui de determinação expressa do art.195, §3º, da Constituição Federal/88. Este Tribunal de Contas já se posicionou quanto a este tema em resposta à Consulta n. 391.114, da lavra do conselheiro relator Murta Lages, [...] em Sessão Plenária realizada em 06/11/96, *in verbis*: 'Toda empresa tem, abstratamente, o direito de contratar com a Administração. Todavia, o exercício de tal direito está vinculado ao cumprimento de determinadas condições que a lei estabelece (habilitação jurídica, qualificação técnica, qualificação econômico-financeira, regularidade fiscal). Necessita a empresa de estar devidamente capacitada para a contratação e de oferecer a proposta mais vantajosa para a Administração. Sem esses elementos, a contratação, se ocorrer, estará sempre viciada. Assim, uma empresa que não tiver sua documentação legalizada, não poderá contratar com a Administração, ainda que diretamente, sem licitação' [...]. [Contrato n. 139.793. Rel. Auditor Licurgo Mourão. Sessão do dia 05/06/2007]

[**Verificação da regularidade na licitação e na execução do contrato.**] [...] os documentos [...] [da contratada] referentes ao FGTS e ao INSS, válidos à época da contratação (14/11/94), ainda que não tenha existido habilitação prévia, não foram apresentados, em descumprimento ao disposto no art. 195, §3°, da Constituição Federal, no art. 47, I, *a*, c/c o art. 95, ambos da Lei n. 8.212/91, no art. 27, item *a*, da Lei n. 8.036/90 e no art. 2° da Lei n. 9.012/95. [...] é imprescindível exigir, não apenas na fase de habilitação, mas também durante a execução do contrato, a comprovação da regularidade com a Seguridade Social e com o Fundo de Garantia por Tempo de Serviço (FGTS), qualquer que seja a modalidade de licitação adotada. [Licitação n. 446.582. Rel. Conselheiro Antônio Carlos Andrada. Sessão do dia 27/02/2007]

[**Exigência de comprovação da regularidade na fase de habilitação e de assinatura do contrato.**] [...] a certidão negativa de débito — CND do INSS e o certificado de regularidade com o FGTS são exigidos em duas fases distintas da licitação: na fase de habilitação, em atendimento ao disposto no art. 29, IV, da Lei n. 8.666/1993 e na época da contratação, por força do previsto no art. 47, I, *a*, da Lei n. 8.212/1991 e do estabelecido no §3° do art. 195 da Constituição Federal de 1988. [Contrato n. 301.423. Rel. Conselheiro Antônio Carlos Andrada. Sessão do dia 13/02/2007]

[**Exigência de comprovação da regularidade na fase de habilitação e de assinatura do contrato.**] Em face da legislação pertinente, pode-se asseverar que a Certidão Negativa de Débito — CND do INSS, requisito legal relativo à regularidade fiscal, é exigida em duas fases distintas da licitação: — na fase de habilitação, em atendimento ao disposto no art. 29, IV, da Lei n. 8.666/93 e na época da contratação, [...] [conforme] art. 47, I, alínea *a*, da Lei n. 8.212, de 24/07/91, e do disposto no §3º do art. 195 da CF/88. [Contrato n. 310.079. Rel. Conselheiro José Ferraz. Sessão do dia 23/09/2004]

Art. 30. A documentação relativa à qualificação técnica limitar-se-á a:

Os conceitos referentes às condições de habilitação já foram dados no artigo 27, cabendo tão somente aos artigos 28 a 31 estipular quais os documentos necessários a comprovar cada uma dessas condições.

Ressalta-se que os requisitos estabelecidos para a qualificação técnica estão intimamente ligados à especificação do objeto a ser contratado.

ENUNCIADO DE SÚMULA N. 40. A prova de habilitação profissional é um dos requisitos indispensáveis para que seja considerada legal a contratação, pelo Poder Público, de pessoal para prestar serviços técnicos especializados que requeiram formação escolar de nível médio ou superior.

ENUNCIADO DE SÚMULA N. 117. Nos atos convocatórios de licitação, as Administrações Públicas Estadual e Municipais não poderão exigir apresentação de certificado de qualidade ISO ou outro que apresente as mesmas especificidades como requisito para habilitação de interessados e classificação de propostas.

[**Suspensão de certame licitatório em decorrência da exigência de comprovação da propriedade do *software*.**] Igualmente irregular é a exigência de comprovação de propriedade do sistema, objeto da licitação, mediante registro no Instituto Nacional de Propriedade Intelectual. [...] a Lei Federal n. 9.609/1998, que dispõe sobre a proteção da propriedade intelectual de programas de computador, estabelece que o registro em órgão ou entidade, como o INPI, é uma faculdade do titular e, também, que a proteção aos direitos de propriedade independe de registro. [...] Dessa forma, ainda que a Administração tencione garantir a eficácia da contratação ou assegurar direitos autorais, tal exigência não conta com previsão nas normas de regência, pois extrapola as possibilidades previstas no art. 30 da Lei n. 8.666/93. [...] Em face do exposto, defiro o pedido de medida liminar, nos termos do art. 60 da Lei Orgânica e do art. 197, c/c art. 264 do Regimento Interno, e determino a suspensão cautelar do certame, na fase em que se encontra. [Denúncia n. 876.181. Rel. Conselheiro Cláudio Couto Terrão. Sessão do dia 05/06/2012]

[**Requisitos de habilitação para a permissão da operação de serviço de transporte público suplementar de média capacidade.**] Não há, definitivamente, dispositivos que amparem a conduta do gestor em estabelecer condições, tais como as previstas no edital fustigado, a exemplo da vedação da participação de ex-permissionário ou ex-condutor auxiliar que tiveram a permissão ou registro de condutor cassado no serviço de transporte individual ou coletivo de passageiros, nos últimos dois anos. Ora, o quesito de habilitação, nos termos do art. 30, III, deve ser a licença para conduzir à época da contratação, não se podendo desabilitar pessoas que foram cassadas, mas cuja licença foi restaurada pelo órgão competente. Da mesma forma, não se pode exigir, na fase de habilitação, a licença para veículos D e E, sendo essa exigência possível no momento da contratação. [Representação n. 731.022. Rel. Conselheira Adriene Andrade. Sessão do dia 14/10/2008]

[**Exigência de Certificado ISO.**] Quanto à exigência de Certificado ISO como critério de pontuação no julgamento das propostas, deverá o edital ser adequado para que a referida pontuação seja dada à empresa como um todo, apenas uma vez, já que tal certificado é concedido à empresa após preenchimento de determinados requisitos de qualificação, advertindo a Administração Municipal que o percentual previsto para tal pontuação não poderá ser exagerado, a ponto de, na prática, transformá-lo em critério de desclassificação. [Denúncia n. 749.054. Rel. Conselheiro Eduardo Carone Costa. Sessão do dia 18/09/2008]

[**Denúncia. Qualificação técnica.**] A qualificação técnica, nas palavras de José Cretella Júnior, em sua obra *Das Licitações Públicas*, se presta ao seguinte fim: '[...] para a concretização plena do objeto do contrato, [...] o licitante deverá apresentar prova de que tem aptidão para contratar, bem como que se apóia em infraestrutura suficientemente idônea para a execução do objeto do ajuste, nas condições e prazos assinalados no edital'. (CRETELLA JÚNIOR, José. *Das Licitações Públicas*. 1993, p. 202). [Denúncia n. 750.321. Rel. Conselheira Adriene Andrade. Sessão do dia 03/06/2008]

[**Confusão entre critérios de julgamento e requisitos da qualificação técnica.**] [...] a Administração estaria confundindo capacitação técnica da fase de habilitação e as exigências técnicas da fase de julgamento. Aquela deverá referir-se à figura do licitante, enquanto essas aludirão ao conteúdo propriamente dito das propostas. [...] o quesito pontuado no item 3.1 do Anexo III do Edital — Certificado NBR ISO 9001:2000, fornecido a empresa que retrata certa concepção de excelência no cumprimento de rotinas e técnicas, espelha a qualificação dessa como um todo, portanto, não seria adequada a sua exigência como quesito a ser pontuado para cada equipamento e/ou sistema. [...] o TCU tem jurisprudência 'no sentido de que a Administração deve abster-se de exigir Certificados da série ISO 9000, por frustrar o caráter competitivo da licitação' (Decisão n. 152/2000. Plenário Rel. min. José Antônio B. de Macedo). [Denúncia n. 749.054. Rel. Conselheiro Eduardo Carone Costa. Sessão do dia 15/05/2008]

[**Exigência de certificação ISO. Risco de vício.**] A matéria encontra guarida na melhor doutrina, destacando-se os comentários do professor Marçal Justen Filho ao art. 30 da Lei de Licitações: 'Tem se cogitado da exigência da certificação ISO (em suas diversas variantes) como requisito de habilitação. O tema envolve grande risco de vício. A certificação ISO retrata uma certa concepção acerca de excelência no cumprimento de rotinas e técnicas. Isso não significa que tal concepção seja necessária ou adequada à execução de um certo contrato administrativo. Ou seja, muitos dos requisitos indispensáveis à aludida certificação podem ser desnecessários à execução satisfatória do objeto contratual. [...] Em outras palavras, o essencial não é a certificação formal, mas o preenchimento dos requisitos necessários à satisfação dos interesses colocados sob tutela do Estado. Se o sujeito preenche os requisitos, mas não dispõe da certificação, não pode ser impedido de participar do certame'. E continua: 'Nessa linha , o TCU tem jurisprudência no sentido de que a Administração deve 'abster-se de exigir Certificados da série ISO 9000, por frustrar o caráter competitivo da licitação' (Decisão n. 152/2000 — Plenário, Rel. Min. José Antônio B. de Macedo). [...] Para concluir, nada impede que o ato convocatório preveja o certificado ISO como evidência de habilitação. O que não se admite é a vedação de participação das empresas não certificadas'. Nesses termos, não encontra resguardo na norma o item 7.1.4.2 do edital sob análise, visto que a exigência da Certificação ISO 9001, como documento obrigatório para a qualificação técnica dos licitantes, apresenta-se como exigência restritiva à ampla participação de licitantes. [Denúncia n. 747.337. Rel. Conselheiro Antonio Carlos Andrada. Sessão do dia 25/03/2008]

I — registro ou inscrição na entidade profissional competente;

É um documento que só poderá ser exigido se houver lei que proíba o livre exercício de atividades.

[Exigência de visto do Crea-MG. Ilegalidade.] O instrumento convocatório [...] poderia exigir o visto do Crea-MG apenas para a prestação do serviço por empresa sediada em outro Estado que, eventualmente, vença o certame, mas nunca para dele participar, por extrapolar a condição de habilitação contida no inciso I do art. 30 da Lei n. 8.666/93. [Representação n. 706.954. Rel. Conselheiro Moura e Castro. Sessão do dia 23/01/2007]

[Exigência de registro no CRA. Ilegalidade.] [...] entendo que a exigência de prova do registro ou inscrição da licitante e de seu responsável técnico no CRA, no caso específico dos autos, não tem respaldo legal. [...] a disposição contida na cláusula editalícia em comento não se justifica, pois a exigência de registro somente se mostra válida quando estiver amparada por lei que restrinja o exercício da atividade, [conforme se depreende da interpretação do art. 170 da CF/88]. [...] a Administração, ao exigir o registro no CRA, como condição de habilitação, não cuidou de demonstrar a exceção constitucional. O doutrinador Marçal Justen Filho elucida de forma cristalina a matéria: 'A primeira ponderação a fazer consiste na impossibilidade de impor limites ao exercício de uma atividade ou profissão a não ser em virtude de lei. Essa é uma garantia consagrada no art. 170, parágrafo único, da CF/88. Já o art. 5º, XIII, assegura a liberdade de profissão, ressalvando apenas qualificações profissionais estabelecidas em lei. Portanto, o inc. I do art. 30 apenas pode ser aplicado se e quando houver uma lei restringindo o livre exercício de atividades'. (JUSTEN FILHO, Marçal. Comentários à Lei de Licitações e Contratos Administrativos. 9. ed. São Paulo: Dialética, 2002, p. 314). [Representação n. 719.380. Rel. Conselheiro Antônio Carlos Andrada. Sessão do dia 05/12/2006]

[Representação. Exigência de visto do Crea-MG. Ilegalidade.] Encontra-se, ainda, estabelecida [...] a exigência de visto do Crea-MG, para empresas com sede em outros estados, na prova de registro ou inscrição na entidade profissional competente, a ser apresentada pelos licitantes para habilitação. [...] A competência regulamentar do Conselho Federal de Engenharia, Arquitetura e Agronomia — Confea não lhe permite modificar o conteúdo da Lei de Licitações e estabelecer condições para seus jurisdicionados participarem de concorrências públicas. Ademais, a Resolução Confea n. 413, de 27/7/97, que cria a obrigatoriedade de visto do Conselho Regional para participação em licitações promovidas por órgãos públicos em outros Estados da Federação, na qual se funda a exigência editalícia, encontra óbice no disposto no inciso XXI do art. 37 da Constituição, que estabeleceu o princípio da igualdade de condições para todos os concorrentes. Por isso, entendo que o instrumento convocatório sob exame poderia exigir o visto do Crea-MG apenas para a prestação do serviço por empresa sediada em outro Estado que, eventualmente, vença o certame, mas nunca para dele participar, por configurar restrição ao exercício de atividade profissional, além de extrapolar a condição de habilitação contida no inciso I do art. 30 da Lei n. 8.666/93. [Representação n. 713.737. Rel. Conselheiro Moura e Castro. Sessão do dia 08/08/2006]

[**Exigência de visto do Crea-MG. Ilegalidade.**] Considero ilegal e restritiva ao caráter competitivo do procedimento a exigência de visto do Crea-MG na certidão de registro da empresa para proponentes sediadas em outros Estados, como condição para habilitação. Igual questão foi examinada em decisão singular proferida liminarmente no processo n. 698.861, relativo a edital de concorrência para contratação de serviços de limpeza urbana [...], posteriormente referendada pela Segunda Câmara deste Tribunal. O art. 69 da Lei n. 5.194/66 não é aplicável, uma vez que o art. 31, I, da Lei de Licitações regulamentou *numerus clausus* as exigências para demonstração da qualificação técnica dos licitantes. Além disso, a exigência de visto do órgão de classe local é contrária ao princípio da igualdade de condições de participação, contido no inciso XXI do art. 37 da Constituição Federal de 1988. Assim, deve a Administração excluir dos editais a referida condição, pois prevista em norma incompatível com a legislação posterior que rege a matéria. [Licitação n. 696.088. Rel. Conselheiro Moura e Castro. Sessão do dia 20/09/2005]

II — comprovação de aptidão para desempenho de atividade pertinente e compatível em características, quantidades e prazos com o objeto da licitação, e indicação das instalações e do aparelhamento e do pessoal técnico adequados e disponíveis para a realização do objeto da licitação, bem como da qualificação de cada um dos membros da equipe técnica que se responsabilizará pelos trabalhos;

A comprovação pode se dar em decorrência de diversos fatores, tais como, especialização, técnicas, equipe especializada, disponibilização de instalações, aparelhamento e pessoal para a realização do objeto. Além do mais, determinadas prestações de serviços, necessitam de comprovação de experiência anterior em razão do aspecto peculiar do objeto a ser contratado. Essa análise vai variar em cada caso, devendo sempre ser levado em consideração que, o que se propõe é a satisfação do interesse público.

[**Restrição à competitividade. Exigência de vínculo empregatício. Irregularidade.**] [...] edital contém diversas irregularidades e ilegalidades que comprometem a lisura do certame e impedem o seu prosseguimento [...] a exigência de que os profissionais possuam vínculo empregatício com a empresa licitante está em desconformidade com o art. 30, II, da Lei n. 8.666/93, que determina tão somente a indicação da disponibilidade do pessoal técnico e equipamentos, a serem apresentados em momento oportuno. [...] cumpre destacar que a Lei n. 8.666/93, em seu art. 30, §1º, I, autoriza a exigência editalícia de que as sociedades participantes do certame comprovem possuir, em seus quadros permanentes, profissional de nível superior ou equivalente na qualidade de responsável técnico. No entanto, deixou de definir o conceito de "quadros permanentes", o que ficou a cargo da doutrina e jurisprudência. [...] esta Corte de Contas em diversas assentadas tem decidido no sentido de ser restritiva a exigência de vínculo empregatício com a empresa licitante para comprovação de capacitação técnico-profissional, conforme destaco a seguir: [...], considero que a exigência constante do item [...]do edital, de que a capacidade técnico-profissional seja comprovada por meio de profissional com vínculo empregatício com a empresa licitante, é restritiva ao caráter competitivo da licitação contrariando o art. 3°, *caput*, §1°, I, e o art. 30, §5°, da Lei n. 8666/93. [Denúncia n. 875.345. Rel. Conselheiro Mauri Torres. Sessão do dia 10/05/2012]

[**Certame licitatório. Inocorrência de irregularidades.**] [...] o edital não exigiu que as empresas licitantes comprovassem a experiência anterior, por meio da apresentação de um único atestado, mas sim por meio de atestados, de conformidade com o disposto no art. 30, II, §1°, da Lei n. 8.666/93, motivo pelo qual não vislumbro nenhuma irregularidade na decisão da Comissão de Licitação que habilitou a empresa Marco XX Construções Ltda. [...] a unidade técnica também constatou que a denúncia é desprovida de fundamento, por estar correta a habilitação da empresa [...] considerando que ficou demonstrada a ausência de fundamentos dos argumentos suscitados pela Denunciante, voto pela improcedência da presente Denúncia. [Denúncia n. 859.113. Rel. Conselheiro Eduardo Carone Costa. Sessão do dia 25/10/2012]

[**Princípio da competitividade. Critérios objetivos em editais de licitação.**] Com efeito, a objetividade dos termos que são inseridos nos editais de licitação é essencial para que não se dê margem a interpretações que tenham o potencial de afastar licitantes com condição para executar satisfatoriamente o objeto pretendido, de modo a se macular o princípio da maior competitividade possível. O Tribunal de Contas da União recomenda que o gestor envide esforços de modo a limitar as exigências editalícias ao mínimo necessário para o cumprimento do objeto licitado e a definir de maneira clara os critérios para avaliação dos documentos habilitatórios e das propostas apresentadas pelas licitantes, evitando restrição ao caráter competitivo do certame e julgamento subjetivo na elaboração de seus editais de licitação, em cumprimento ao art. 37, XXI, da Constituição Federal e aos arts. 3º, 27–31, 40, VII, 44, *caput* e §1º, e 45 da Lei n. 8.666/1993. (Acórdão n. 110/2007 Plenário) A simples transcrição, como bem anota a unidade técnica, da primeira parte do inciso II do art. 30 da Lei de Licitações, confere elevado grau de subjetividade para a avaliação da capacidade técnico-operacional dos licitantes, pelo que deve essa cláusula, de fato, ser modificada, para que se definam os requisitos objetivos para a comprovação de aptidão das empresas para a execução do objeto do contrato. [Denúncia n. 812.054. Rel. Conselheiro Sebastião Helvecio. Sessão do dia 27/09/2011]

[**Exigência de número mínimo de atestados. Restrição à competitividade.**] [...] a exigência de quantitativos mínimos nos atestados de capacitação técnico-operacional é essencial à satisfação do interesse público, dado o aspecto peculiar do objeto, ou seja, deve ser verificada caso a caso, dependendo da complexidade da licitação. Entretanto, esse aspecto somente poderá ser verificado nos documentos que integram a fase interna da licitação, e deve estar tecnicamente justificado. Como tal exigência, se verificada a sua invalidade e desnecessidade, pode restringir a capacidade de competição dos licitantes, vejo razão para determinar a suspensão do certame. [Denúncia n. 760.742. Rel. Conselheiro Wanderley Ávila. Sessão do dia 18/09/2008]

[**Capacidade técnico-operacional.**] A situação do comprovante de capacidade técnico-operacional, cobrada à empresa, [...] poderia, perfeitamente, contar com exigência de atestados máximos e quantidades predefinidas, como distingue Marçal Justen Filho, *in litteris*: 'Qualificação técnica operacional consiste em qualidade pertinente às empresas que participam da licitação. Envolve a comprovação de que a empresa, como unidade jurídica e econômica, participara, anteriormente de contrato cujo objeto era similar ao previsto para a contratação almejada pela Administração Pública. Por outro lado, utiliza-se a expressão *qualificação técnica profissional* para indicar a existência, nos quadros (permanentes) de uma empresa, de profissionais em cujo acervo técnico constasse a responsabilidade pela execução de obra similar àquela pretendida pela Administração'. (JUSTEN FILHO, Marçal. *Comentários à Lei de Licitações e Contratos Administrativos*. Dialética, 2005. p.327). [Denúncia n. 753.244. Rel. Conselheira Adriene Andrade. Sessão do dia 08/07/2008]

[**Qualificação técnica na concessão de serviço de transporte coletivo. Justificativa da exigência de tempo mínimo de atividade.**] [A] exigência de que a licitante demonstre, em seu contrato social, pertencer à atividade de transporte coletivo há no mínimo cinco anos, [...] se configura não só legítima, como necessária, diante da cautela que deve ter o administrador público, para assegurar o cumprimento do contrato, especialmente, nesse caso, em que o serviço é de relevante interesse público, exigindo a comprovação de qualificação técnica e de operação. Faço apenas uma ressalva quanto ao tempo de atividade mínimo exigido, que deveria estar justificado, uma vez que se limitará ao lapso necessário para que a Administração tenha a garantia de que os serviços serão prestados de forma adequada e contínua. Neste caso, portanto, entendo que diante da documentação acostada aos autos, para que estivesse tal exigência completamente acobertada pelo véu da legalidade, faltaria a apresentação desta justificativa, pela Administração promotora da licitação. Este também parece ser o posicionamento de Marçal Justen Filho, *in verbis*: 'O desempenho profissional e permanente da atividade empresarial conduz ao desenvolvimento de atributos próprios da empresa. Um deles seria sua capacidade de executar satisfatoriamente encargos complexos e difíceis. Utiliza-se a expressão *capacitação técnica operacional* para indicar essa modalidade de experiência, relacionada com a ideia de empresa. [...] Não basta para a Administração dispor de informação de que uma certa empresa executou uma obra semelhante, no passado, se não existirem indicações de que esse licitante dispõe, em seus quadros permanente, de um profissional experiente. Por outro lado, é insuficiente uma certa empresa dispor em seus quadros de profissionais experientes sem que ela própria tivesse no passado enfrentado o desafio de executar obra similar' (JUSTEN FILHO, Marçal. *Comentários à Lei de Licitações e Contratos Administrativos*, 11. ed., São Paulo, Dialética, 2005, p. 329). [Denúncia n. 747.230. Rel. Conselheira Adriene Andrade. Sessão do dia 25/03/2008]

[**Verificação da capacidade técnico-profissional e técnico-operacional na contratação de serviços de varrição, coleta, transporte, destinação final de resíduos sólidos e operacionalização do Aterro Sanitário e limpeza de fossas.**] Depreende-se da análise do inciso II do art. 30 da Lei Federal n. 8.666/93 que há duas possibilidades de verificação da capacidade técnica (denominada como capacidade técnica específica), a primeira se refere à capacidade técnico-operacional que é atinente à empresa e a segunda à capacidade técnico-profissional que se destina a apurar as habilidades do profissional que se responsabilizará pela execução dos serviços. É cediço na doutrina que a interpretação deste dispositivo traz dificuldades, [...] [pois] é impossível a lei minudenciar os limites para sua aplicação, fazendo-se necessário ao administrador proceder à análise dos requisitos em face das circunstâncias de cada caso específico, a fim de resguardar o interesse público e assegurar um mínimo de segurança. O ilustre Marçal Justen Filho leciona, in *Comentários à Lei de Licitações e Contratos Administrativos*, 10. ed., p. 323, que 'pode afirmar-se como amplamente majoritária a concepção de que a comprovação da qualificação técnica deve abranger tanto o aspecto operacional como o profissional'. Assevera ainda o doutrinador: 'Diante disso, deve-se adotar para o art. 30 interpretação conforme à Constituição. A ausência de explícita referência, no art. 30, a requisitos de capacitação técnica operacional não significa vedação à sua previsão. A cláusula de fechamento contida no §5º não se aplica à capacitação técnica operacional, mas a outras exigências. [...] Desta feita, as exigências de apresentação de atestados de capacidade técnica (técnico-operacional e técnico-profissional), especificando quantitativos mínimos de serviços, são plenamente aceitáveis e imprescindíveis para o sucesso do certame, valendo lembrar que a Constituição não autoriza nem estimula o aventureirismo, em detrimento da qualidade e da segurança do contrato. Neste sentido, no presente caso, há de se considerar que a exigência de apresentação dos atestados para verificação da capacidade técnico-operacional e técnico-profissional estão em conformidade com o art. 30 da Lei n. 8.666/93 e art. 37, XXI, da Constituição Federal e não violam o princípio da isonomia. [Representações n. 735.337. Rel. Conselheiro Subst. Licurgo Mourão. Sessão do dia 03/07/2007]

[**Comprovação de capacidade técnico-operacional.**] Interpreta [...] Hely Lopes Meirelles, nos seguintes termos: 'É lícito à Administração [...] verificar a capacidade técnica efetiva da execução — capacidade, essa, que se convencionou chamar operatória real. Advirta-se que grande parte dos insucessos dos contratados na execução do objeto do contrato decorre da falta de capacidade operativa real, não verificada pela Administração na fase própria da licitação, que é da habilitação dos proponentes.' (In: Licitação e Contrato Administrativo, p. 138). Nessa mesma esteira, é mister trazer à baila o posicionamento do Tribunal de Justiça de São Paulo: 'Mandado de segurança — Licitação — Contratação de empresa especializada em locação de veículos — Edital que exige a comprovação de propriedade de no mínimo 30 (trinta) veículos tipo Gol ou similar, disponíveis para a execução do futuro contrato — Inexistência de ilegalidade — Requisito necessário à avaliação da capacidade técnica operacional do candidato — Administração que pode verificar não só a capacidade técnica teórica do licitante como sua capacidade técnica efetiva de execução (capacidade operativa real) — Segurança denegada — Recurso Improvido' (Apelação com revisão n. 270.653-5/3, Comarca de São Paulo).[Representação n. 706.954. Rel. Conselheiro Moura e Castro. Sessão do dia 06/03/2007]

III — comprovação, fornecida pelo órgão licitante, de que recebeu os documentos, e, quando exigido, de que tomou conhecimento de todas as informações e das condições locais para o cumprimento das obrigações objeto da licitação;

[**Restrição da competitividade. Indícios de fraude. Direcionamento do certame. Suspensão cautelar do procedimento licitatório.**] Argumenta o denunciante que a exigência [...] para que a empresa apresente atestados de capacidade técnica que comprovem possuir experiência na execução dos serviços similares ao objeto licitado, emitidos por prefeituras municipais de Minas Gerais com mais de 50.000 habitantes, contraria o disposto no artigo 30, III, da Lei n. 8.666/93, que dispõe que os referidos atestados podem ser fornecidos por pessoas jurídicas de direito público ou privado. Alega, também, que o item [...] que trata da qualificação econômico-financeira, mostra-se claramente restritiva, porque extrapola o que contém a Lei n. 8.666/93, que determina em seu art. 27 que, para a habilitação nas licitações, exigir-se-á dos interessados exclusivamente a documentação descrita na Lei. [...] Considerando que o órgão técnico, após análise daqueles editais, salientou a possível existência de graves indícios de fraude à Lei n. 8.666/93, principalmente pela possibilidade de cópia de editais com suspeita de direcionamento da licitação e tendo verificado que o presente edital, apesar de algumas alterações produzidas em seu corpo, grande parte do texto, principalmente aqueles que dizem respeito às especificações e anexos, encontram-se nos mesmos moldes dos editais de [*omissis*] e de outros já suspensos por este Tribunal, entendo que a prudência deve subsidiar as considerações de suspensão acautelatória do certame. [Denúncia n. 804.372. Rel. Conselheiro Elmo Braz Soares. Sessão do dia 20/08/2009]

[**Licitação. Edital. Irregularidade. Parcelamento. Indenização. Visita ao local de fornecimento dos serviços.**] [...] em síntese, que os editais contêm as seguintes irregularidades: 1. disputa por lotes únicos e não divididos em parcelas, na forma do §1° do art. 23 da Lei de Licitações; 2. [...] 3. ausência de previsão de indenização na hipótese de rescisão contratual sem culpa do contratado, além de cláusula de responsabilidade da contratante; 4. ausência de menção à obrigatoriedade da visita aos locais de fornecimento dos serviços. [...] A apresentação das denúncias na véspera do oferecimento das propostas não permite que se faça a análise aprofundada das questões suscitadas pela denunciante, tampouco de aspectos outros do Edital que demandariam a suspensão acautelatória do certame, especialmente, tratando-se de pregão eletrônico, de tramitação notoriamente célere. [...] Com efeito, o §1° do art. 23 da norma geral das licitações, ao determinar que as contratações "serão divididas em tantas parcelas quantas se comprovarem técnica e economicamente viáveis", estabeleceu critério discricionário de fracionamento da licitação, pois é necessário que o administrador sopese diversos aspectos de conveniência e oportunidade na busca do melhor custo/benefício, tal qual a economia de escala. [...] A falta de previsão de visita técnica também não configura ofensa à disposição da Lei nem comprometimento à competitividade, tratando-se de exigência de habilitação facultada à Administração, conforme se depreende do disposto no inciso III do art. 30 da Lei n. 8.666/93. [...] De igual forma, a ausência de cláusula, determinando a indenização ao contratado no caso de rompimento do contrato sem sua culpa, também não demanda a suspensão da licitação, pois a hipótese é tratada no §2º do art. 79 do referido diploma, que prevê o direito à indenização, além do pagamento pelas parcelas executadas do contrato, custos de desmobilização e devolução da garantia. O ressarcimento ao contratado, assim, é direito assegurado em lei, independentemente de previsão em cláusula contratual ou editalícia, o que desautoriza a suspensão do certame por tal motivo. [...] considero juridicamente viável determinar medida acautelatória de suspensão dos certames antes que o contrato seja firmado, a fim de que seja o edital devidamente examinado e determinadas as correções por esta Corte de Contas, nos termos do §2º do art. 113 da Lei n. 8.666/93. [Denúncia n. 803.343. Rel. Conselheiro em exercício Gilberto Diniz. Sessão do dia 18/08/2009]

[**Ilegalidade da previsão de data única para visita.**] [...] o atestado de visita técnica é a forma através da qual se demonstra que o órgão licitante tomou conhecimento de todas as informações e das condições locais para o cumprimento das obrigações objeto da licitação, não prevendo, entretanto, as especificidades para a sua realização. [...] [Quanto à] previsão de uma única data para a realização de visita técnica, isso pode comprometer a participação de um maior número de interessados, já que se trata de condição excludente do certame. Nesse sentido, há entendimento desta Corte, em decisão proferida pela Segunda Câmara, no Processo n. 696.088, em Sessão do dia 10/05/2005: '[...] Ademais, assim procedendo, o edital retira o sentido do prazo do inciso II do §2º do art. 21 da Lei n. 8.666/93, que prevê o interstício de trinta dias entre a publicação do ato convocatório e a apresentação de propostas não só para permitir a elaboração destas, mas também para possibilitar que o maior número de interessados tome conhecimento da licitação e possa dela participar. Assim sendo, para evitar a restrição à ampla participação de interessados, o edital deve ampliar as oportunidades de visita técnica, podendo adotar maior número de datas fixadas ou um período em que serão realizadas, ou, ainda, permitir que sejam feitas a qualquer momento, dentro do prazo entre a publicação e a apresentação das propostas, mediante agendamento prévio, [conforme] o que melhor atender à conveniência administrativa' [...]. [Denúncia n. 757.158. Rel. Conselheiro Antônio Carlos Andrada. Sessão do dia 19/08/2008]

[**Exigência de visita técnica.**] Entende-se ser cabível a exigência da visita, à semelhança de diversos julgados do Tribunal de Contas da União, dos quais cita-se o acórdão referente ao processo n. 010.295/2000-9, em que se decidiu 'que a exigência de vistoria encontra amparo tanto na Lei n. 8.666/93 quanto na jurisprudência do Tribunal.' Também poderia ser destacada, daquela mesma Corte de Contas, a Decisão n. 682/96, que interpretou de forma paradigmática o inciso III do art. 30 da Lei n. 8.666/93, ao declarar: 'A qualificação técnica é um conjunto de requisitos profissionais que o licitante deverá reunir para a concretização plena do objeto da licitação [...]'. O proponente, além de apresentar referência de desempenhos anteriores de atividades semelhantes às que agora pretende executar, deverá conhecer o local onde desenvolverá tais atividades, o que é salutar para que elabore sua proposta com consistência. Não vemos, portanto, em que este quesito fira o princípio constitucional da isonomia [...]. Para participar do procedimento, o licitante precisa realizar vistoria nas instalações onde prestará o serviço. Não é pertinente a alegação de que tal vistoria deveria acompanhar as propostas de preços e não a habilitação. [Representação n. 735.778. Rel. Conselheiro Subst. Licurgo Mourão. Sessão do dia 24/07/2007]

IV — prova de atendimento de requisitos previstos em lei especial, quando for o caso.

Quando o objeto a ser contratado envolver atividades previstas em legislação especial, o edital deverá remeter-se a lei que corresponda às suas necessidades.

[**Restrição à competitividade. Exigência de número mínimo de atestado de capacidade técnica. Irregularidade.**] [...] exigência que diz respeito a atestados que comprovem quantidades mínimas de qualificação técnica para habilitação da empresa na licitação. Ao exigir que as empresas participantes apresentem atestados nesse sentido, o edital fere princípios constitucionais básicos que norteiam o processo licitatório. Na referência de cláusulas que se mostrem desarrazoadas, a legislação específica estabeleceu que somente é permitido no ato convocatório as exigências autorizadas pela Lei n. 8.666/93. Observando o art. 3º da Lei n. 8.666, verifica-se que o legislador procurou observar os parâmetros constitucionais esculpidos no artigo 37 da Carta Federal para definir que estão excluídas tanto as cláusulas expressamente reprovadas pela lei quanto às não expressamente por ela permitidas. [...] Embora bastasse a observação da regra genérica para se concluir que o item impugnado está sugerindo ilegalidade, a observação do art. 30, I, II, III e IV, e §5º define as limitações das exigências do edital, bem como veda a exigência de comprovação de atividade que acabe restringindo o acesso à licitação. [...] Vale insistir acerca da inconstitucionalidade de exigências excessivas, no tocante à qualificação técnica. Observe-se que a natureza do requisito é incompatível com disciplina precisa, minuciosa e exaustiva por parte da lei. É impossível deixar de remeter à avaliação da Administração a fixação dos requisitos de habilitação técnica. Essa competência discricionária não pode ser utilizada para frustrar a vontade constitucional de garantir o mais amplo acesso de licitantes. [...] Considerando que o subitem impugnado sugere afronta aos princípios da licitação e, ainda, considerando a possível incompatibilidade do objeto com a exigência do referido subitem [...] entendo que está evidenciado o pressuposto de *fumus boni iuris* e do *periculum in mora*, decorrente da abertura do certame prevista para hoje. [Denúncia n. 873.849. Rel. Conselheira Adriene Andrade. Sessão do dia 08/05/2012]

§1° A comprovação de aptidão referida no inciso II do "caput" deste artigo, no caso das licitações pertinentes a obras e serviços, será feita por atestados fornecidos por pessoas jurídicas de direito público ou privado, devidamente registrados nas entidades profissionais competentes, limitadas as exigências a: (Redação dada pela Lei nº 8.883, de 1994)

As experiências anteriores serão comprovadas mediantes atestados emitidos por pessoas jurídicas de direito público ou privado, devidamente registradas nas entidades profissionais competentes. Não é válido exigir um número mínimo de atestados, a não ser que a Administração demonstre na exata medida de sua necessidade, ou seja, em conformidade com o objeto a ser contratado, que é necessário exigir um número mínimo, o que por via de regra, se estaria eliminando interessados a participar do certame. Ressalta-se que se trata de uma decisão que deve estar fundamentada.

[**Edital de licitação. Exigência de que os atestados somente sejam emitidos por pessoas jurídica de direito público. Restrição à competitividade. Irregularidade.**] [...] os atestados exigidos pelo edital da licitação, em seu item [...], somente poderiam ser emitidos por entidades de direito público, o que restringiria indevidamente a participação de interessados e afrontaria o princípio da maior competitividade. [...] De fato, como bem anotam o parecer inicial do Ministério Público e o relatório final da unidade técnica, atestados relativos a *softwares* de planejamento de governo, contabilidade pública e tesouraria, gestão de contratações públicas, gestão de patrimônio público, que integram o objeto licitado, conforme item [...] do edital, pela lógica, somente poderão ser emitidos por entes públicos. Isso, na prática, caracteriza restrição à participação de empresas que, porventura, tenham prestado serviços equivalentes apenas para a iniciativa privada, violando-se o §1° do art. 30 da Lei

n. 8.666/93, embora, aparentemente, o dispositivo impugnado não traga esta indevida discriminação. Aliás, como anota o órgão técnico, o imperativo contido no item [...] contradiz o disposto no item [...], tendo em vista que a assessoria técnica se dá no *software*. Por conseguinte, a exigência de capacitação profissional deve ter nexo com as áreas de Tecnologia da Informação (TI) e não com as descritas no objeto. Remanesce, assim, a irregularidade quanto aos critérios para aferição de capacidade técnica. [Denúncia n. 811.915. Rel. Conselheiro Sebastião Helvecio. Sessão do dia04/10/2012]

[**Licitação. Irregularidades. Exigência de atestados de capacidade técnica emitidos somente de pessoas de direito público. Responsabilização do licitante pela recuperação de ISSQN.**] Consiste a denúncia no fato de que o edital se encontra eivado de ilegalidade, em razão das seguintes irregularidades apontadas pelo denunciante: a) Exigências restritivas na comprovação de capacidade técnica: impossibilidade de que os atestados exigidos para qualificação técnica sejam fornecidos também por pessoa de direito privado e que as certidões a serem apresentadas tenham por objeto a prestação de serviços idênticos aos licitados. b) Previsão editalícia de que o licitante vencedor será responsável pelos ônus sucumbenciais, pelas custas judiciais e pelos honorários advocatícios caso o município não consiga êxito na recuperação do ISSQN. [...] De conformidade com o disposto no art. 3º, §1º, I, da Lei n. 8.666/93, é vedada a inclusão, no edital, de cláusulas que frustrem o caráter competitivo e estabeleçam preferências ou distinções em razão da naturalidade, da sede ou do domicílio dos licitantes ou de qualquer outra circunstância impertinente ou irrelevante para o específico objeto do contrato [...] É imprescindível adotar o devido cuidado para que as exigências de qualificação técnica e econômica não extrapolem o limite na competitividade dos licitantes interessados, uma vez que tais exigências são exceções ao princípio da igualdade entre eles. A Administração poderá exigir, para a qualificação técnica dos licitantes, a comprovação de aptidão para o desempenho da atividade pertinente ao objeto licitado. Em se tratando de prestação de serviços, o §1° do art. 30 da Lei n. 8.666/93 dispõe que a comprovação de aptidão poderá ser feita por atestados fornecidos por pessoa jurídica de direito público ou privado. [...] Considerados os fundamentos acima transcritos, vislumbra-se o caráter restritivo do procedimento ao reduzir o universo de possíveis interessados em participar do certame, o que compromete a sua legalidade, justificando, desta feita, a adoção de medida acautelatória de suspensão do certame, para que, posteriormente, possam ser analisadas por esta Corte minuciosamente todas as questões suscitadas nos autos. [Denúncia n. 874.068. Rel. Conselheiro Eduardo Carone Costa. Sessão do dia 10/05/2012]

[**Habilitação técnica. Comprovação de implantação de sistemas de informação de uso exclusivo do Poder Público. Restrição indevida à competitividade.**] [...] atestados relativos a *softwares* de modernização da administração tributária municipal, que integra o objeto licitado [...] somente poderão ser emitidos por entes de direito público, especificamente municípios, pelo que, na prática, caracteriza-se a restrição à participação de empresas que porventura tenham prestado serviços equivalentes, apenas para a iniciativa privada, violando-se o §1° do art. 30 da Lei n. 8.666/93, embora, aparentemente, o dispositivo não traga esta indevida discriminação. [...] Analisando-se de forma percuciente a Lei de Licitações e Contratos, afere-se que o seu artigo 30 fixa limites às exigências relativas à qualificação técnica. Observa-se que o disciplinamento da comprovação de aptidão é feito por meio de dispositivos de cunho geral (inciso II e §§ 5°, 6°, 8° e 9°), bem como mediante dispositivos específicos para obras e serviços (§§ 1°, 2°, 3° e 10) ou compras (§4°). [...] Em nenhum momento, a lei atribui discricionariedade ao administrador para determinar o tipo de atestado exigido. [...] Nesse contexto, a exigência de que o atestado de capacidade técnica seja emitido pela Administração Pública fere o preceito constitucional da isonomia, porque desiguala injustamente concorrentes que apresentam as mesmas condições de qualificação técnica, embora não tenham prestado serviços à pessoa jurídica de direito público. [...] [...] efetivamente, o não enquadramento às exigências do edital teve o condão de inibir o elevado interesse inicial demonstrado por diversos potenciais licitantes, configurando-se a indevida restritividade, em violação ao princípio da maior competitividade possível, à Constituição da República, art. 37, XXI e ao art. 3º, §1º, I, da Lei de Licitações. Considero, assim, procedente a denúncia. [Denúncia n. 812.442. Rel. Conselheiro Sebastião Helvecio. Sessão do dia27/09/2011]

[**Demonstração no edital da necessidade de um certo número de certidões.**] [É irregular a] exigência de um número estabelecido de certidões, sem que se demonstre no edital sua necessidade para a comprovação da aptidão da empresa em cumprir o objeto licitado. [...] o professor Marçal Justen Filho, [...] [na obra] *Comentários à Lei de Licitações e Contratos*, 8. ed., assim se posicionou sobre o tema, *in verbis*: 'Apesar de tudo, há casos em que se exige experiência sobejante. Isso se verifica quando a Administração pretende comprovação de que o sujeito já executou o mesmo objeto em mais de uma oportunidade. Não pretende experiência equivalente, mas sobejante. Essa alternativa é incompatível com a ordem jurídica. Não pode ser legitimada como o argumento de que a Administração necessita segurança maior do que aquela correspondente à execução em uma ocasião. Esse raciocínio ofende ao art. 37, XXI, da CF/88, que autoriza apenas o mínimo de exigências. Nem se diga que o §1º refere-se a 'atestados', no plural. Essa seria uma interpretação absolutamente literal, que ignoraria o próprio estilo redacional. O legislador pode expressar-se de diferentes formas, valendo-se muitas vezes do plural para indicar situações que se repetem narealidade. Muitas vezes, o legislador preocupa-se em evitar indevida restrição da regra. No caso concreto, a simples expressão utilizada no plural não pode ser invocada como fundamento para interpretação que contraria o espírito da Constituição e a razoabilidade da disciplina legislativa. A questão já foi enfrentada pelo TCU. Na Decisão n. 134/98, o respeitado Tribunal acolheu o entendimento de que 'a Administração, ao exigir a apresentação de 2 (dois) atestados de aptidão técnica, contrariou o disposto no §5° do art. 30". Entendimento similar foi consagrado na Decisão n. 292/98. Mas, em outra oportunidade, reconheceu-se válida a exigência de pluralidade, reprovando apenas a previsão de que teriam de ser emitidos por sujeitos distintos (Decisão n. 101/98)'. Nesse contexto, conclui-se que a Administração, ao estabelecer a necessidade de apresentação de certidões para comprovação de experiências anteriores, deve fazê-lo na exata medida da necessidade, ou seja, de forma compatível com o objeto licitado, a fim de evitar a desnecessária exclusão de possíveis participantes, que estariam aptos a atender ao objeto do certame.[Denúncia n. 759.807. Rel. Conselheiro Antônio Carlos Andrada. Sessão do dia 09/09/2008]

[**Ilegalidade da vedação à apresentação de atestados de pessoas privadas.**] Relativamente à matéria, o TRF/1ª R. decidiu: 'Com efeito, a norma contida no item 14.3, alínea b, do edital, que impossibilita a apresentação de atestados fornecidos por pessoas jurídicas de direito privado, é incompatível com o artigo 30, §1°, da Lei n. 8.666/93, que expressamente permite a apresentação de atestados fornecidos por pessoas jurídicas de direito público e privado'. (TRF/1ª Região. 3ª Turma. Supl. MAS n. 01000147527/DF. Proc. n. 1999-01.00.014752-7. *DJ* 18 jun. 2003 p.195). Portanto, pela inteligência do §1° e do §5° do art. 30 da Lei n. 8.666/93, [...] são vedadas as exigências de que o licitante apresente atestado emitido exclusivamente por pessoa jurídica de direito público, e que este atestado seja emitido por prefeituras municipais com pelo menos 100.000 habitantes. [Representação n. 713.057. Rel. Conselheiro Antônio Carlos Andrada. Sessão do dia 01/08/2006]

I — capacitação técnico-profissional: comprovação do licitante de possuir em seu quadro permanente, na data prevista para entrega da proposta, profissional de nível superior ou outro devidamente reconhecido pela entidade competente, detentor de atestado de responsabilidade técnica por execução de obra ou serviço de características semelhantes, limitadas estas exclusivamente às parcelas de maior relevância e valor significativo do objeto da licitação, vedadas as exigências de quantidades mínimas ou prazos máximos; (Incluído pela Lei nº 8.883, de 1994)

A equipe técnica do licitante deverá se manter habilitada a participar do certame, ou seja, em seu quadro de pessoal deverá constar, quando da data prevista para a entrega da proposta, profissional competente detentor de responsabilidade técnica pela execução da obra pretendida ou ao menos que possua características similares, limitadas as parcelas de maior relevância e valor significativo do objeto da licitação, vedada as exigências de quantidades mínimas ou prazos máximos. A capacitação técnico-profissional é requisito referente ao corpo técnico que presta serviço para o licitante.

[**Comprovação de vínculo entre o responsável técnico e a licitante. Quadro permanente.**] O conceito de "quadro permanente", disposto no inciso I do §1º do art. 30 da Lei n. 8.666/93, é controvertido e divide opiniões. A origem desse requisito, conforme ensina Carlos Pinto Coelho Motta, está no Decreto n. 73.140/73 (art. 17, IV) que exigia, expressamente, que os responsáveis técnicos fossem "contratados pela empresa, em regime permanente com os respectivos vínculos profissionais". Esse requisito não permaneceu na vigência do Decreto-Lei n. 2.300/86. Quanto à norma atualmente em vigor, o autor cita as opiniões de Carlos Ari Sundfeld e, em nota de rodapé, de Adilson Abreu Dalari, segundo os quais o quadro permanente dos licitantes é restrito a seus empregados, sócios ou diretores. Não obstante, o administrativista mineiro adere à tese defendida por Marçal Justen Filho, para quem o conceito de quadro permanente admite formas de contratação mais amplas, como a vinculação por contrato de prestação de serviço.[...] Observe-se que, para os fins da lei, o regime contratual por meio do qual o responsável técnico se vincula à licitante é irrelevante. Nenhuma das hipóteses possíveis confere ao vínculo o atributo de "permanente", pois o contrato social pode ser alterado, modificando-se a composição do quadro societário. De outro lado, o contrato de trabalho e o contrato civil de prestação de serviço também podem ser rescindidos, desfazendo-se o vínculo entre as partes. O entendimento de que a integração do responsável técnico ao quadro permanente da empresa só pode se estabelecer por meio do contrato de trabalho ou do contrato social vem de uma época em que essas eram as formas predominantes de vinculação entre profissional e empresa. Nas últimas décadas, contudo, as empresas dinamizaram as relações com os seus colaboradores, buscando maior eficiência e competitividade no mercado, principalmente em relação aos profissionais mais especializados, que também vêm se beneficiando de um mercado de trabalho mais amplo, sem as limitações impostas pelo vínculo empregatício. Nesse passo, o comando contido no inciso I do §1º do art. 30 da Lei n. 8.666/93 é melhor atendido quando o conceito de "quadro permanente" admite que a vinculação entre responsável técnico e licitante seja formalizada por meio de contrato, sem restringir a natureza deste. Assim, a limitação à competitividade imposta pela exigência de qualificação técnica é mitigada, sendo, portanto, mais condizente com o disposto no inciso XXI do art. 30 da Constituição da República. [Edital de Licitação n. 875.554. Rel. Conselheiro Cláudio Couto Terrão. Sessão do dia 19/12/2012]

[**Interpretação ampliativa.**] O edital em análise exige, para comprovação de capacidade técnica, que os licitantes tenham, em "seu quadro permanente", profissionais detentores de atestados específicos quanto ao objeto licitado. Anota, portanto, a unidade técnica, que a exigência seria restritiva, porque daria margem à interpretação de que somente empregados celetistas já contratados pelas empresas interessadas poderiam atendê-la, de modo a se excluírem, desarrazoadamente, profissionais com outros vínculos suficientes à boa execução dos serviços. A questão não é nova e, a toda evidência, dá margem a amplas discussões doutrinárias e jurisprudenciais quanto à interpretação do art. 30, §1º, I, da Lei de Licitações. Esse Tribunal vem entendendo que [...] a interpretação do dispositivo legal deve ser a de que o profissional deve apresentar os requisitos necessários para executar uma obra ou serviço, e que esteja disponível nos momentos da contratação e da execução do objeto contratado. De acordo com Marçal Justen Filho, supre a exigência legal 'a existência de contrato de prestação de serviços, sem vínculo trabalhista e regido pela legislação civil comum' [*op. cit.*, p. 327]". (Representação n. 719647. Rel. Conselheiro Antonio Carlos Andrada. Sessão do dia 19/12/2006) Entendo, seguindo essa linha, na defesa da maior competitividade possível, que cabe no caso a recomendação ao gestor para que se insira no edital o entendimento acima, de modo a se explicitar a interpretação ampliativa do dispositivo, viabilizando a possibilidade de participação na licitação de empresas que disponham de profissionais a ela vinculadas de forma consistente, porém, não necessariamente na forma da Consolidação das Leis do Trabalho. [Denúncia n. 812.054. Rel. Conselheiro Sebastião Helvecio. Sessão do dia 27/09/2011]

[**Comprovação por meio de documentação trabalhista de experiência mínima de 5 anos. Irregularidade. Restrição à participação e competitividade.**] [...] o inciso I do §1º do mesmo artigo 30, que veda as exigências de quantidades mínimas ou prazos máximos na comprovação de capacitação técnico-profissional. Dessa forma, considero ilegal essa exigência, por ferir o caráter competitivo da licitação, ao impor cláusula restritiva não prevista em lei. [Denúncia n. 704.923. Rel. Conselheiro em exercício Gilberto Diniz. Sessão do dia 19/10/2010]

[**Denúncia. Definição de qualificação técnica profissional.**] [...] utiliza-se a expressão 'qualificação técnica profissional' para indicar a existência, nos quadros (permanentes) de uma empresa, de profissionais em cujo acervo técnico constasse a responsabilidade pela execução de obra similar àquela pretendida pela Administração. (JUSTEN FILHO, Marçal. *Comentários à Lei de Licitações e Contratos Administrativos*. Dialética, 2005. p. 327). [Denúncia n. 753.244. Rel. Conselheira Adriene Andrade. Sessão do dia 08/07/2008]

[**Profissional em quadro permanente. Ampliação do conceito de vínculo.**] É necessário que o profissional indicado para acompanhar a execução de objeto da complexidade do objeto ora licitado tenha algum tipo de vínculo com a empresa. Tal vínculo não se restringe ao empregatício ou societário, podendo abranger também profissionais que estejam contratados pela empresa para desempenhar serviços específicos. Seguindo esta linha de raciocínio, colaciono o entendimento do parecerista Paulo Antônio Neder, *in verbis*: Inicialmente, chama-se a atenção para o fato de não se poder confundir 'quadro funcional' com 'quadro permanente'. Os prestadores de serviços que constituem o quadro permanente de uma empresa não são, necessariamente, empregados. Podem pertencer de numerosas maneiras ao quadro permanente: como sócios, diretores, profissionais, autônomos, etc. A expressão 'permanente' não quer dizer outra coisa senão 'constante', 'duradouro', 'estável'. (citado no Processo n. 48500.001181/04-11 — Tomada de Preços n. 07/2004 — Aneel). [Representação n. 712.424. Rel. Conselheira Adriene Andrade. Sessão do dia 13/05/2008]

[**Necessidade de comprovação da capacidade técnica profissional.**] Nesse sentido, a assertiva de Marçal Justen Filho, *in verbis*: 'É que a exigência de capacitação técnica operacional nunca pode dispensar aquela de capacitação técnica profissional. Ou seja, será inútil o licitante dispor da comprovação de que executou, no passado, certa obra ou serviço se não dispuser em seus quadros permanentes de um profissional cujo acervo técnico abranja obras ou serviços equivalentes ao objeto licitado'. (JUSTEN FILHO, Marçal. *Comentários à Lei de Licitações e Contratos Administrativos*, 11. ed., São Paulo, Dialética, 2005, p. 333). [Denúncia n. 747.230. Rel. Conselheira Adriene Andrade. Sessão do dia 25/03/2008]

II — (Vetado). (Incluído pela Lei nº 8.883, de 1994)

a) (Vetado). (Incluído pela Lei nº 8.883, de 1994)
b) (Vetado). (Incluído pela Lei nº 8.883, de 1994)

§2° As parcelas de maior relevância técnica e de valor significativo, mencionadas no parágrafo anterior, serão definidas no instrumento convocatório. (Redação dada pela Lei nº 8.883, de 1994)

Para que o licitante não seja pego de surpresa, caberá à Administração estabelecer no instrumento convocatório o que deverá ser entendido por parcelas de maior relevância e de valor significativo.

[Habilitação técnica. Comprovação de implantação de sistemas de informação de uso exclusivo do Poder Público. Restrição indevida à competitividade.] [...] atestados relativos a *softwares* de modernização da administração tributária municipal, que integra o objeto licitado [...] somente poderão ser emitidos por entes de direito público, especificamente municípios, pelo que, na prática, caracteriza-se a restrição à participação de empresas que porventura tenham prestado serviços equivalentes, apenas para a iniciativa privada, violando-se o §1° do art. 30 da Lei n. 8.666/93, embora, aparentemente, o dispositivo não traga esta indevida discriminação. [...] Analisando-se de forma percuciente a Lei de Licitações e Contratos, afere-se que o seu artigo 30 fixa limites às exigências relativas à qualificação técnica. Observa-se que o disciplinamento da comprovação de aptidão é feito por meio de dispositivos de cunho geral (inciso II e §§ 5°, 6°, 8° e 9°), bem como mediante dispositivos específicos para obras e serviços (§§ 1°, 2°, 3° e 10) ou compras (§4°). [...] Em nenhum momento, a lei atribui discricionariedade ao administrador para determinar o tipo de atestado exigido. [...] Nesse contexto, a exigência de que o atestado de capacidade técnica seja emitido pela Administração Pública, fere o preceito constitucional da isonomia, porque desiguala injustamente concorrentes que apresentam as mesmas condições de qualificação técnica, embora não tenham prestado serviços à pessoa jurídica de direito público. [...] [...] efetivamente, o não enquadramento às exigências do edital teve o condão de inibir o elevado interesse inicial demonstrado por diversos potenciais licitantes, configurando-se a indevida restritividade, em violação ao princípio da maior competitividade possível, à Constituição da República, art. 37, XXI, e ao art. 3°, §1°, I, da Lei de Licitações. Considero, assim, procedente a denúncia. [Denúncia n. 812.442. Rel. Conselheiro Sebastião Helvecio. Sessão do dia27/09/2011]

§3° Será sempre admitida a comprovação de aptidão através de certidões ou atestados de obras ou serviços similares de complexidade tecnológica e operacional equivalente ou superior.

O foco da licitação não é a restrição, logo atestados ou certidões, que comprovem a prestação do serviço cuja complexidade tecnológica e operacional é equivalente ou superior, deverão ser aceitos.

[Da irregular exigência de atestados de capacidade técnico-profissional.] A unidade técnica apontou, em manifestação preliminar, como irregular a exigência do item [...] de apresentação de atestados para capacitação técnico-profissional sem estipulação de limitação àquelas áreas de maior relevância técnica e valor financeiro, em desconformidade com o art. 30, §1º, I, e §3º, da Lei n. 8.666/1993. De fato, tal exigência é irregular, afronta diretamente a Lei de Licitações e Contratos, pelo que deve a Administração corrigi- la, adequando-a aos mandamentos legais que limitam a demonstração da capacidade técnico-profissional a atestados de responsabilidade técnica por execução de obra ou serviço de características semelhantes, restringindo-se, exclusivamente, às parcelas de maior relevância e valor significativo do objeto da licitação, vedadas exigências de quantidades mínimas ou prazos máximos. [Denúncia n. 800.679. Rel. Conselheiro Sebastião Helvecio. Sessão do dia 06/12/2012]

§4º Nas licitações para fornecimento de bens, a comprovação de aptidão, quando for o caso, será feita através de atestados fornecidos por pessoa jurídica de direito público ou privado.

A comprovação de aptidão para o desempenho da atividade pertinente ao objeto licitado poderá ser requerida pela Administração, sendo que essa comprovação se fará mediante apresentação de atestados fornecidos por pessoa jurídica tanto de direito público quanto de direito privado, não podendo a Administração rejeitar atestados emitidos por pessoa jurídica de direito privado sob pena de infringir o princípio da competitividade e o da isonomia.

[**Vedação a requisitos que restringem a competitividade. Princípios da universalidade e isonomia.**] Ao analisar os autos, cumpre assentar, inicialmente, que os procedimentos licitatórios devem primar pela estrita observância dos princípios que lhe são correlatos, notadamente, os da universalidade e da isonomia. Assim, devem ser rechaçados os requisitos que proporcionam restrição à ampla competitividade. Pelo disposto no art. 3º, §1º, I, da Lei n. 8666/93, é vedada a inclusão, no edital, de cláusulas que frustrem o caráter competitivo e estabeleçam preferências ou distinções em razão da naturalidade, da sede ou do domicílio dos licitantes ou de qualquer outra circunstância impertinente ou irrelevante para o específico objeto do contrato. A EC n. 6/95 revogou o disposto no art. 171, §2º, da CR/88, não existindo mais suporte legal para o Poder Público dar preferência nas contratações às empresas ou produtos brasileiros, salvo no caso de desempate. Ademais, a restrição a marcas e os produtos importados fere a Constituição, em especial o art. 174, IV, que prescreve o direito de livre concorrência, pois este tipo de proibição acaba por infringi-la, não havendo permissivo constitucional para tal. O art. 3º da Norma Geral de Licitações (Lei n. 8.666/93) tem como escopo garantir a observância do princípio constitucional da isonomia e selecionar a proposta mais vantajosa para a Administração Pública, devendo ser processada e julgada em estrita conformidade com os princípios básicos da isonomia, da legalidade, da impessoalidade, da moralidade, da igualdade, da publicidade, da probidade administrativa, da vinculação ao instrumento convocatório, do julgamento objetivo, da supremacia do interesse público, da finalidade, da motivação, da razoabilidade e da proporcionalidade. É imprescindível adotar o devido cuidado para que as exigências de qualificação técnica e econômica não extrapolem o limite na competitividade dos licitantes interessados, uma vez que tais exigências são exceções ao princípio da igualdade entre eles. Ademais, a colocação excessiva de exigências poderá acarretar a nulidade de todo o procedimento licitatório, a deflagração de indícios de direcionamentos do certame, etc. A Administração poderá exigir, para a qualificação técnica dos licitantes, a comprovação de aptidão para o desempenho da atividade pertinente ao objeto licitado. Em se tratando de fornecimento de bens, o §4º do artigo 30 da Lei n. 8.666/93 dispõe que a comprovação de aptidão poderá ser feita por atestados fornecidos por pessoa jurídica de direito público ou privado. Todavia, a exigência de número mínimo de atestados (para a demonstração da aptidão) somente terá validade quando demonstrada pela Administração a relevância (desse mínimo), mediante motivação. [...] Diante do exposto, é possível averiguar, neste primeiro momento, a existência de vício no procedimento ora focado, que compromete a sua legalidade, o que justifica a adoção de medida acautelatória de suspensão do certame. [Denúncia n. 873.225. Rel. Conselheiro Eduardo Carone Costa. Sessão do dia 19/04/2012]

[**Motivação demonstrando a relevância do número mínimo de atestados.**] [...] a Administração poderá exigir, para a qualificação técnica dos licitantes, a comprovação de aptidão para o desempenho da atividade pertinente ao objeto licitado. Em se tratando de fornecimento de bens, o §4º do mesmo artigo dispõe que a comprovação de aptidão poderá ser feita por atestados fornecidos por pessoa jurídica de direito público ou privado. [...] Todavia, a exigência de número mínimo de atestados [para a demonstração da aptidão] somente terá validade quando demonstrada pela Administração a relevância [desse mínimo], [mediante] motivação. [...] Nesse sentido, tem se manifestado o TCU, conforme Acórdão n. 1.049/2004 — Plenário, in *Licitações & Contratos* — Orientações Básicas, 3. ed., *in verbis*: '[...] as exigências de quantidades de atestados para comprovação técnica têm por parâmetro as condições peculiares do objeto licitado, tal como definido em seu projeto básico, desde que não se imponham limitações desnecessárias com a inequívoca finalidade de comprometer a amplitude do rol de interessados em participar da licitação' [...]. [Denúncia n. 748.335. Rel. Conselheiro Antônio Carlos Andrada. Sessão do dia 22/04/2008]

§5º É vedada a exigência de comprovação de atividade ou de aptidão com limitações de tempo ou de época ou ainda em locais específicos, ou quaisquer outras não previstas nesta Lei, que inibam a participação na licitação.

A licitação busca o maior número de interessados possíveis, a fim de que seja dada a oportunidade da Administração contratar com um particular que, atenda as necessidades da Administração Pública, por um preço adequado. Dessa forma, não se faz viável que a Administração faça exigências desarrazoadas, o que por via de consequência ferirá o princípio da isonomia.

[**Exigência irregular de comprovação de prazo mínimo de capacidade técnica.**] [...] não há nos autos nenhum estudo a justificar a fixação do prazo de dois anos, contrariando o estabelecido pelo §5º do art. 30 da Lei Federal n. 8.666/93 [...] Citando Marçal Justen Filho, o Ministério Público de Contas, trouxe aos autos valiosa lição: "Deve-se considerar que incumbe à Administração justificar as exigências de experiência anterior que introduz no ato convocatório. Não é dever dos particulares demonstrar que as exigências impostas pela Administração são excessivas. Ou seja, não é possível a Administração invocar algum tipo de presunção de legitimidade de atos administrativos para transferir ao particular o ônus de prova extremamente complexa. Assim o é, porque foi a Constituição que determinou a admissibilidade apenas das mínimas exigências possíveis. Portanto, quando a Administração produzir exigências maiores, recairá sobre ela o dever de evidenciar a conformidade de sua conduta em face da Constituição. Mas há outro motivo para isso. É que, se a Administração impôs exigência rigorosa, fê-lo com base em alguma avaliação interna. Em última análise, a discricionariedade na fixação das exigências de qualificação técnica operacional não significa que a Administração possa escolher as que bem entender. A escolha tem de ser resultado de um processo lógico, fundado em razões técnico-científicas. Portanto, o questionamento do particular conduz, em primeiro lugar, à Administração revelar publicamente os motivos de sua decisão. Depois, conduz à aplicação da teoria dos motivos determinantes. Ou seja, se a Administração tiver avaliado mal a realidade, reputando como indispensável uma experiência que tecnicamente se revela como dispensável, seu ato não pode prevalecer. O que é fundamental destacar é o pleno cabimento do controle jurisdicional acerca das exigências da qualificação técnica-operacional impostas no ato convocatório. Trata-se de restrição ao universo de licitantes, o que somente se revela como constitucional quando for indispensável à segurança da Administração Pública." Voto: Acompanho os órgãos da Casa, voto pela ilegalidade da exigência de experiência anterior de dois anos fixado para a equipe técnica pelo item 8.4.2 do edital e que, por isso, deverá ser suprimido pela [*omissis*]. [Consulta n. 837.099. Rel. Conselheiro Wanderley Ávila. Sessão do dia 27/09/2011]

[**Restrição à competitividade. Exigência de número mínimo de atestado de capacidade técnica. Irregularidade.**] [...] exigência que diz respeito a atestados que comprovem quantidades mínimas de qualificação técnica para habilitação da empresa na licitação. Ao exigir que as empresas participantes apresentem atestados nesse sentido, o edital fere princípios constitucionais básicos que norteiam o processo licitatório. Na referência de cláusulas que se mostrem desarrazoadas, a legislação específica estabeleceu que somente é permitido no ato convocatório as exigências autorizadas pela Lei n. 8.666/93. Observando o artigo 3º da Lei n. 8.666, verifica-se que o legislador procurou observar os parâmetros constitucionais esculpidos no art. 37 da Carta Federal para definir que estão excluídas tanto as cláusulas expressamente reprovadas pela lei quanto às não expressamente por ela permitidas. [...] Embora bastasse a observação da regra genérica para se concluir que o item impugnado está sugerindo ilegalidade, a observação do art. 30, I, II, III e IV, e §5º, define as limitações das exigências do edital, bem como veda a exigência de comprovação de atividade que acabe restringindo o acesso à licitação. [...] Vale insistir acerca da inconstitucionalidade de exigências excessivas, no tocante à qualificação técnica. Observe-se que a natureza do requisito é incompatível com disciplina precisa, minuciosa e exaustiva por parte da lei. É impossível deixar de remeter à avaliação da Administração a fixação dos requisitos de habilitação técnica. Essa competência discricionária não pode ser utilizada para frustrar a vontade constitucional de garantir o mais amplo acesso de licitantes. [...] Considerando que o subitem impugnado sugere afronta aos princípios da licitação e, ainda, considerando a possível incompatibilidade do objeto com a exigência do referido subitem [...]entendo que está evidenciado o pressuposto de *fumus boni iuris* e do *periculum in mora*, decorrente da abertura do certame prevista para hoje. [Denúncia n. 873.849. Rel. Conselheira Adriene Andrade. Sessão do dia08/05/2012]

[**Qualificação técnica na concessão de serviço de transporte coletivo. Justificativa da exigência de tempo mínimo de atividade.**] [A] exigência de que a licitante demonstre, em seu contrato social, pertencer à atividade de transporte coletivo há no mínimo cinco anos, [...] se configura não só legítima, como necessária, diante da cautela que deve ter o Administrador público, para assegurar o cumprimento do contrato, especialmente, nesse caso, em que o serviço é de relevante interesse público, exigindo a comprovação de qualificação técnica e de operação. Faço apenas uma ressalva quanto ao tempo de atividade mínimo exigido, que deveria estar justificado, uma vez que se limitará ao lapso necessário para que a Administração tenha a garantia de que os serviços serão prestados de forma adequada e contínua. Neste caso, portanto, entendo que diante da documentação acostada aos autos, para que estivesse tal exigência completamente acobertada pelo véu da legalidade, faltaria a apresentação desta justificativa, pela Administração promotora da licitação. Este também parece ser o posicionamento de Marçal Justen Filho, *in verbis*: 'O desempenho profissional e permanente da atividade empresarial conduz ao desenvolvimento de atributos próprios da empresa. Um deles seria sua capacidade de executar satisfatoriamente encargos complexos e difíceis. Utiliza-se a expressão *capacitação técnica operacional* para indicar essa modalidade de experiência, relacionada com a ideia de empresa. [...] Não basta para a Administração dispor de informação de que uma certa empresa executou uma obra semelhante, no passado, se não existirem indicações de que esse licitante dispõe, em seus quadros permanente, de um profissional experiente. Por outro lado, é insuficiente uma certa empresa dispor em seus quadros de profissionais experientes sem que ela própria tivesse no passado enfrentado o desafio de executar obra similar' (JUSTEN FILHO, Marçal. *Comentários à Lei de Licitações e Contratos Administrativos*, 11. ed., São Paulo, Dialética, 2005, p. 329). [Denúncia n. 747.230. Rel. Conselheira Adriene Andrade. Sessão do dia 25/03/2008]

[**Exigência de requisito referente a responsabilidade social.**] [...] a cláusula contratual referente à responsabilidade social, pela qual se exige da contratada a aplicação de 2% do seu faturamento bruto mensal em programa social ou cultural, bem como a colocação de educadores para a promoção de palestras no município, se não amparada em Lei Municipal, afigura-nos juridicamente insustentável. [Representação n. 723.948. Rel. Conselheiro Simão Pedro Toledo. Sessão do dia 27/02/2007]

[**Ilegal restrição ao envio de documentos via postal ou fac-símile.**] [O item do Edital em exame], ao vedar a remessa de documentação e proposta via postal ou *fac-símile*, contraria o princípio da ampla competitividade, afrontando o art. 30, §5°, da Lei n. 8.666/93. [Representação n. 719.823. Rel. Conselheiro Antônio Carlos Andrada. Sessão do dia 09/01/2007]

§6° As exigências mínimas relativas a instalações de canteiros, máquinas, equipamentos e pessoal técnico especializado, considerados essenciais para o cumprimento do objeto da licitação, serão atendidas mediante a apresentação de relação explícita e da

declaração formal da sua disponibilidade, sob as penas cabíveis, vedada as exigências de propriedade e de localização prévia.

Se for considerada essencial a instalação de canteiros, máquinas, equipamentos e pessoal técnico especializado para o cumprimento do objeto da licitação, poderá o ato convocatório estabelecer tais necessidades. Essas exigências deverão ser atendidas por meio de apresentação da relação dos bens, bem como da declaração acerca de sua disponibilidade. Contudo, essas exigências têm que ser indispensáveis à execução do objeto, o que não se pode exigir é que o licitante seja proprietário e que os bens estejam em determinado lugar.

[**Suspensão de certame licitatório devido à existência de exigências que frustram o caráter competitivo da licitação.**] Considerando o disposto no art. 3º, §1º, I, da Lei n. 8666/93 é vedado a inclusão no edital de cláusulas que frustrem o caráter competitivo e estabeleçam preferências ou distinções em razão da naturalidade, da sede ou do domicilio dos licitantes ou de qualquer outra circunstância impertinente ou irrelevante para o específico objeto do contrato. [...] Importa ressaltar que a exigência de limitação quanto à localização de instalação de usina de asfalto ofende expresso texto de lei, uma vez que o §6º do art. 30 da Lei n. 8.666/93 veda a inclusão de exigências de propriedade e de localização prévia. [...] Além disto, há clara discriminação, já que implica benefício a grupo restrito de indústrias localizadas no perímetro determinado e, por consequência, há afronta ao art. 19, III, da Constituição da República de 1988, que obsta a distinção ou preferências entre brasileiros. Por fim, há clara ofensa a princípios básicos da licitação, quais sejam, da competitividade e da busca da proposta mais vantajosa para a Administração. [Denúncia n. 871.750. Rel. Conselheiro Cláudio Couto Terrão. Sessão do dia 10/04/2012]

[**Denúncia. Vedação a exigências de anterior propriedade de bens.**] Está claro que a limitação legal da exigência de localização prévia de instrumentos essenciais ao cumprimento do objeto procura evitar o direcionamento da licitação, pela via da individualização de bens de propriedade de algum licitante, que, por possuí-los, estaria exclusivamente apto a participar do certame. Corroborando com esse entendimento, Jessé Torres Pereira Júnior, na sua obra *Comentários à Lei de Licitações e Contratações da Administração Pública*, observa, *in litteris*: '[...] remete comando restritivo para a Administração: o de que não poderá formular a exigência de modo a individualizar bens que já devam ser de propriedade do habilitante, nem situados em determinado local. A vedação é importante para impedir a exigência que direcione a habilitação ao indicar bens certos e determinados, de que somente disporão uma ou algumas das empresas aptas à disputa. (TORRES JUNIOR, Jessé Pereira. *Comentários à Lei das Licitações e Contratações da Administração Púb*lica, 2003. 6. ed., p. 366). [Denúncia n. 753.376. Rel. Conselheira Adriene Andrade. Sessão do dia 01/07/2008]

[**Localização prévia.**] A exigência de localização prévia diz respeito tão somente ao licitante, que em função dela poderá compor seu preço a maior ou a menor, não podendo a Administração, sem motivo justificado, utilizá-la como condição prévia para participação no certame. [Representação n. 742.278. Rel. Conselheiro Antonio Carlos Andrada. Sessão do dia 04/03/2008]

[**Disponibilidade de equipamento.**] [Conforme a] Jurisprudência do Tribunal de Contas da União: 'Licitação. Proposta. Disponibilidade de equipamento. A disponibilidade de equipamento que garanta a execução do contrato não é exigível na habilitação, mas na celebração do contrato. (Acórdão n. 648/2004, *DOU* de 09/06/2004) [...]. [Destaca-se, também, a] Decisão n. 742/95, Processo n. 9.503.318-0, Sessão de 05/07/1995. [Representação n. 706.954. Rel. Conselheiro Moura e Castro. Sessão do dia 13/03/2007]

[**Exigência de localização de usina de asfalto.**] [A] exigência editalícia [...] dispõe, *in verbis*: '7.4.9 – A licitante deverá indicar a Usina de Asfalto devidamente licenciada para funcionamento, que propõe como fornecedora de massa asfáltica para a obra, bem como sua localização. A referida usina deverá estar a uma distância máxima de 60 Km da Prefeitura Municipal de Lavras e [...] [deve] se comprometer a disponibilizar os volumes necessários à conclusão da obra. Caso a licitante não disponha de usina de asfalto própria, deverá ser apresentado documento formal de compromisso de fornecimento de massa asfáltica, (ANEXO XI), na quantidade necessária ao completo cumprimento do contrato, [por] usina [...] devidamente licenciada, [localizada] numa distância máxima de 60 Km da Prefeitura'. Em princípio, esse dispositivo editalício contrariaria o §6º do art. 30 da Lei de Licitação [...]. Nota-se, no entanto, que [...] [a limitação à competitividade vedada pela lei no referido dispositivo] não ocorreu no edital de concorrência [em análise] [...], uma vez que este não [...] [exigiu prévia] propriedade de uma usina asfáltica. Pelo contrário, ofereceu aos licitantes a discricionariedade, se não dispuserem de uma usina de asfalto, de apresentar um documento formal de compromisso de fornecimento de massa asfáltica, podendo, dessa forma, participar da licitação em igualdade de condições com os demais licitantes. [...] Assim, deve-se considerar, no caso em análise, que o disposto no §6º do art. 30 da Lei de Licitação tem como finalidade a proteção da competitividade do certame, competitividade esta que não se presta à defesa do interesse privado dos licitantes e sim ao interesse público. [Representação n. 722.236. Rel. Conselheira Adriene Andrade. Sessão do dia 06/03/2007]

§7º (Vetado). (Redação dada pela Lei nº 8.883, de 1994)

I — (Vetado). (Incluído pela Lei nº 8.883, de 1994)
II — (Vetado). (Incluído pela Lei nº 8.883, de 1994)

§8º No caso de obras, serviços e compras de grande vulto, de alta complexidade técnica, poderá a Administração exigir dos licitantes a metodologia de execução, cuja avaliação, para efeito de sua aceitação ou não, antecederá sempre à análise dos preços e será efetuada exclusivamente por critérios objetivos.

Não se trata de análise acerca da fase de habilitação, mas posteriormente a ela. Assim, nos casos em que o objeto for de alta complexidade técnica, a Administração poderá exigir dos licitantes a metodologia de execução, que nada mais é do que a definição de qual técnica será adotada para a execução do objeto, o que não impede que sejam levadas em consideração as experiências apresentadas. A análise da proposta de metodologia será avaliada antes da proposta comercial e será realizada mediante critérios objetivos.

O conceito de alta complexidade técnica consta no próximo parágrafo.

[**Exigência da metodologia da execução nas licitações do tipo menor preço. Adequação a todas as modalidades de licitação.**] A metodologia de execução está expressamente prevista no art. 30, §8º, da Lei n. 8.666/93, o qual determina que — nos casos de obras, serviços e compras de grande vulto, de alta complexidade técnica — poderá a Administração exigi-la dos licitantes e que sua avaliação, para efeito de aceitação ou não, antecederá sempre à análise dos preços e será efetuada exclusivamente por critérios objetivos. Destarte, apesar da denunciante aduzir que tal exigência é incompatível com a *modalidade de Concorrência Tipo Menor Preço Global*, entendo que a argumentação não se impõe. A metodologia de execução poderá ser adotada independentemente do tipo de licitação, seja menor preço, melhor técnica ou técnica e preço, mas desde que a obra, o serviço ou a compra envolva alta complexidade técnica. [Denúncia n. 838.601. Rel. Conselheiro Sebastião Helvecio. Sessão do dia 05/07/2012]

§9º Entende-se por licitação de alta complexidade técnica aquela que envolva alta especialização, como fator de extrema relevância para garantir a execução do objeto a ser contratado, ou que possa comprometer a continuidade da prestação de serviços públicos essenciais.

§10. Os profissionais indicados pelo licitante para fins de comprovação da capacitação técnico- profissional de que trata o inciso I do §1º deste artigo deverão participar da obra ou serviço objeto da licitação, admitindo-se a substituição por profissionais de experiência equivalente ou superior, desde que aprovada pela administração. (Incluído pela Lei nº 8.883, de 1994)

§11. (Vetado). (Incluído pela Lei nº 8.883, de 1994)

§12. (Vetado). (Incluído pela Lei nº 8.883, de 1994)

Art. 31. A documentação relativa à qualificação econômico-financeira limitar-se-á a:

Como já dito anteriormente, em conformidade com a jurisprudência do STJ, os requisitos constantes deste artigo devem ser exigidos no limite em que seja demonstrada a qualificação econômica-financeira do licitante, ou seja, o edital deverá prever as condições necessárias não podendo ultrapassar o limite previsto neste artigo, entretanto, poderá demandar menos do licitante.

[**Comprovação de qualificação econômico-financeira.**] [...] a comprovação de qualificação econômico- financeira deve eleger aquele ou aqueles incisos do citado art. 31 [da Lei n. 8.666/93], considerados essenciais à confirmação da condição das licitantes em manterem o futuro contrato às suas expensas. [...] A qualificação econômico-financeira corresponde à disponibilidade de recursos econômico-financeiros para a satisfatória execução do objeto da contratação. Excetuadas as hipóteses de pagamento antecipado, incumbirá ao contratado executar com recursos próprios o objeto de sua prestação. Somente perceberá pagamento, de regra, após recebida e aprovada a prestação pela Administração Pública. O interessado deverá dispor de recursos financeiros para custeio das despesas (mão de obra, matérias-primas, maquinário e tecnologia) necessário às obrigações advindas do contrato. [...] Frise-se que o retorno financeiro [...] de empresa, que trabalha com consultorias e assessorias públicas, é quase sempre mensal, obtido com pagamentos oriundos de câmaras e prefeituras municipais a exemplo do objeto do próprio edital em comento. Da mesma forma, as despesas deste tipo de empresa se concentram, obviamente, na carteira de empregados, pelo que suas despesas também se sobrecarregam na data das suas remunerações. O alinhamento entre receitas e despesas, neste tipo de empreendimento, demonstra-se, também, na modulação do edital que estabelece, na sua cláusula 18ª, que "o pagamento será efetuado no 5º (quinto) dia, após a apresentação e aceitação da Nota Fiscal/ Fatura". Portanto, em empresas [...], em que entradas e saídas se concentram e se alinham quase totalmente em um mesmo período do mês, os índices de liquidez corrente poderiam ser bastante baixos e, ainda assim, não demonstrarem a insolvência da empresa, [...]: [...] Para que se tenha uma ideia, os índices superiores a 1,5 de liquidez corrente só são recomendáveis para atestar a saúde de empresas, sobretudo da construção civil, que têm altíssimo investimento em máquinas e materiais, e lentíssimo retorno financeiro, só percebendo este retorno quando da entrega da obra ou de fase dela. Portanto, os índices de 2,0 e 2,5 de liquidez corrente e geral exigidos das licitantes parecem ser, neste caso, em se tratando de prestadoras de serviços de assessoria pública, injustificados, desnecessários e restritivos à competitividade do certame, [...]. [Representação n. 775.293. Rel. Conselheira Adriene Andrade. Sessão do dia 17/03/2009]

I — balanço patrimonial e demonstrações contábeis do último exercício social, já exigíveis e apresentados na forma da lei, que comprovem a boa situação financeira da empresa, vedada a sua substituição por balancetes ou balanços provisórios, podendo ser atualizados por índices oficiais quando encerrado há mais de 3 (três) meses da data de apresentação da proposta;

A atualização por índices oficiais tem o caráter de impedir que a inflação traga distorções dos valores.

[**Ilegal exigência de cópia do Balanço Patrimonial.**] Quanto à exigência de cópia do Balanço Patrimonial da anualidade anterior ao contrato, o que, no entendimento da representante, restringiria a participação de sociedades recém-constituídas, [...] entendo que tal exigência, de fato, não condiz com o princípio da ampla concorrência, na medida em que empresas recém-constituídas, mas com potencial para a execução do serviço, deveriam poder participar do presente certame. Cabe ressaltar que tais empresas, mesmo sendo novas no mercado, poderiam comprovar sua potencialidade de outra forma, como através da apresentação de seus balanços de abertura, conforme decidido nos julgados do Tribunal de Contas do Distrito Federal, nos Processos n. 36.761/05 e n. 36.645/05. No mesmo sentido, o STJ, ao apreciar a exigência do art. 31, I, da Lei de Licitações, concluiu que a comprovação de qualificação econômico-financeira das empresas licitantes pode ser aferida mediante a apresentação de outros documentos, além do balanço patrimonial e das demonstrações contábeis relativas ao último exercício social, para fins de habilitação, conforme decisão da citada Corte no Recurso Especial n. 4025.711/SP, publicado no *Diário da Justiça* de 19/08/2002, p. 145. [Representação n. 712.424. Rel. Conselheira Adriene Andrade. Sessão do dia 13/05/2008]

II — certidão negativa de falência ou concordata expedida pelo distribuidor da sede da pessoa jurídica, ou de execução patrimonial, expedida no domicílio da pessoa física;

A presença dessa certidão permite evitar indícios de ausência de qualificação econômico-financeira.

[**Suspensão de certame licitatório submetida a referendo.**] Submeto à deliberação desta Câmara, para *referendum*, a decisão monocrática por mim proferida no dia 07/03/2013, com fundamento no art. 197, §2º, do Regimento Interno deste Tribunal, nos autos de n. 886.416, que determinou a suspensão do procedimento licitatório mencionado, vazado nos seguintes termos: [...] O edital impugnado, a fim de comprovar a qualificação econômico-financeira das licitantes, determina a apresentação de certidão negativa de falência, concordata, recuperação judicial e extrajudicial expedida pelo distribuidor da sede da pessoa jurídica, ou de execução patrimonial, expedida pelo distribuidor do domicílio da pessoa física, conforme previsto pelo art. 31, II, da Lei n. 8.666/93. Ocorre que a referida previsão legal, em rol taxativo, determina, ainda, em seu inciso I, a apresentação de balanço patrimonial e demonstrações contábeis do último exercício social, já exigíveis e apresentados na forma da Lei [...] No mesmo sentido, entendo que há irregularidade quanto à exigência de apresentação de Certidão Negativa de Débitos Trabalhistas, nos termos previstos pelo item 6.3.1 do edital, sem que haja previsão de possibilidade de apresentação de Certidão Positiva com efeito de Negativa, o que restringe a participação no certame. [...] Desta forma, considerando a plausibilidade das alegações da denunciante, denotada pela existência da fumaça do bom direito por ela invocada em face de evidente arbitrariedade constante do edital e considerando ainda o *periculum in mora*, porquanto o recebimento das propostas ocorre nesta data, entendo ser caso de se proceder à suspensão imediata do Pregão Presencial n. 005/2013, na fase em que se encontra. [Denúncia n. 886.416. Rel. Conselheiro Wanderley Ávila. Sessão do dia 12/03/2013]

[**Critérios objetivos de análise da certidão negativa de falência.**] [Entendo] violado o princípio do julgamento objetivo, em virtude da falta de especificação [...] de parâmetros para a aceitabilidade do 'pedido de falência, enquanto não proferida a sentença', deixando-a a critério da Comissão Permanente de Licitação, para efeito de habilitação da licitante. Por certo, a condição de habilitação estabelecida no inciso II do art. 31 da Lei de Licitações é um tanto vaga, já que a simples existência de ação de falência ajuizada contra um eventual interessado no certame não importa que este venha a tê-la efetivamente decretada, o que somente ocorrerá após as fases contestatória e instrutória do processo, em que se garante ao devedor a oportunidade de elidir a dívida ou demonstrar a sua inexistência. [...] o princípio do julgamento objetivo, contido no *caput* do art. 3º do estatuto das licitações, impede que a avaliação da aceitabilidade da certidão de falência esteja adstrita a critérios subjetivos da Comissão de Licitação. Sem a fixação de critérios bem definidos no edital, a norma é inaceitável. [Licitação n. 703.631. Rel. Conselheiro Moura e Castro. Sessão do dia 08/11/2005]

[**Exigência ilegal de apresentação de declaração com referência a cartórios e ofícios.**] O edital [...] exigiu a apresentação de declaração passada pelo foro da sede da empresa, indicando quais os Cartórios ou Ofícios de Registros que controlam a distribuição de falências e concordatas, o que não demonstra objetividade, visto que a referida declaração não resguarda a Administração quanto à possibilidade de a licitante encontrar-se na situação de falência ou concordata, além de não constituir exigência expressa na lei. [...] [Tal exigência] ultrapassa o comando da norma do art. 31 da Lei n. 8.666/93. [...] a apresentação de tal declaração, conquanto advenha de preocupação legítima da Administração Municipal, não atende à objetividade pretendida [pela Lei]. A administração judiciária dos foros que têm mais de um cartório distribuidor certamente detém o controle das ações ajuizadas na comarca; do contrário, não poderiam sobre elas atestar. [Licitação n. 696.088. Rel. Conselheiro Moura e Castro. Sessão do dia 20/09/2005]

III — garantia, nas mesmas modalidades e critérios previstos no *caput* e §1º do art. 56 desta Lei, limitada a 1% (um por cento) do valor estimado do objeto da contratação.

É uma garantia que poderá ser exigida em qualquer certame. O artigo 56 preceitua que, a Administração poderá exigir garantia para as contratações de obras, serviços e compras, desde que prevista no instrumento convocatório. Quem escolhe a garantia a ser oferecida à Administração é o próprio contratado, sendo que as modalidades a serem escolhidas constam no artigo 56, § 1º.

A Administração ao estipular uma garantia se resguarda, afinal, o que deve estar acima de todas as contratações é o interesse público.

[**Multa por ausência de valor estimado da contratação no edital da licitação.**] Com relação ao argumento do denunciante, de que o item 1.2 do instrumento convocatório restringiu a participação de interessados, ao exigir pneus de primeira linha, com certificado de garantia do fabricante. O item 1.2 deve ser analisado juntamente com o item 15.1 do edital, que exige a apresentação do certificado de garantia apenas pelo licitante vencedor, não havendo, dessa forma, restrição à competitividade. [...] o valor estimado da contratação fornece parâmetros para os licitantes formularem suas propostas, evitando propostas excessivas ou inexequíveis, possibilita que a Administração avalie a compatibilidade entre as propostas ofertadas pelos licitantes e os preços praticados no mercado e verifique a razoabilidade do valor a ser desembolsado. O valor estimado da contratação também serve de parâmetro para a definição da documentação relativa à qualificação-financeira, nos termos do art. 31, III, da Lei n. 8.666/93 e do seu §3º. O valor estimado da contratação deve constar do edital como uma condição indispensável para o julgamento das propostas, fazendo-se imprescindível. [...] Embora a Administração tenha realizado cotação de preços, não constou do edital a estimativa do valor da contratação, imprescindível para que os interessados apresentem propostas mais adequadas ao interesse público, configurando, portanto, a irregularidade. [Denúncia n. 838.976. Rel. Conselheira Adriene Andrade. Sessão do dia 06/03/2012]

[**Fixação de prazo para apresentação da garantia antes da data prevista para entrega dos envelopes de habilitação.**] [...] a Lei n. 8.666/93 prevê que a garantia da proposta poderá ser exigida na fase de habilitação, como qualificação econômico-financeira, de acordo com art. 31, III, não havendo na mesma qualquer previsão de antecipação de apresentação de documentos. Ademais, possibilitar o pagamento antecipado da garantia, ou seja, em data anterior à entrega dos envelopes de habilitação e proposta, poderia ensejar em elevação do valor das propostas a serem apresentadas, já que previamente se saberia quais empresas apresentaram a garantia, portanto, interessadas em apresentar proposta. [...] Nesta esteira tem-se a jurisprudência do Tribunal de Contas da União, trazido à colação no parecer do d. Ministério Público junto ao Tribunal, como se infere do julgado seguinte: "Como já visto acima, a Lei n. 8.666/93, permite, em determinadas situações, que a qualificação econômico-financeira possa ser demonstrada mediante prestação de garantia (art. 31, III, e §2°). Todavia, não faz nenhuma exigência de que esta garantia seja entregue antes da abertura dos envelopes referentes à habilitação dos licitantes." (TCU Acórdão n. 808/2003 - Plenário). [...] Assim, considerando a permanência de irregularidades no texto editalício e, não tendo a Administração promovido a adequação das cláusulas indicadas, voto pela irregularidade do Edital de Concorrência Pública, devendo a Administração Municipal de [*omissis*] adotar as providências necessárias à anulação do certame. [Denúncia n. 793.164. Rel. Conselheiro Eduardo Carone Costa Sessão do dia 24/06/2010]

[**Entrega antecipada de garantia da proposta.**] Relativamente à exigência de entrega antecipada da garantia da proposta, observa-se que o edital [...] previu que a entrega da garantia deveria ocorrer até as 16:00hs do dia 16/07/2007, [...], já as propostas deveriam ser protocoladas até as 8:30hs do dia 19/07/2007[...]. Verifica-se, [portanto], que cabe razão ao representante quanto à ilegalidade da antecipação da garantia da proposta, uma vez que a Lei n. 8.666/93 prevê que a garantia da proposta poderá ser exigida na fase de habilitação, como qualificação econômico-financeira, de acordo com art. 31, III, não havendo na mesma nenhuma previsão de antecipação de apresentação de documentos. Portanto, entendo que todos os documentos de habilitação deverão ser apresentados no envelope de documentos de habilitação na data designada para apresentação deste. Entendo, também, que a antecipação da garantia pode prejudicar a busca da proposta mais vantajosa, tendo em vista que se, eventualmente, apenas um licitante souber que prestou garantia, pode elevar o preço [...]. Dessa forma, caso a Administração prossiga com essa exigência, deverá efetuá-la como requisito de habilitação econômico-financeira, nos termos do art. 31, III, da Lei n. 8.666/93, não cumulando-a com a exigência de capital social mínimo. [Representação n. 742151. Rel. Conselheiro Antônio Carlos Andrada. Sessão do dia 11/12/2007]

[**Entrega antecipada de garantia da proposta.**] Não há violação de sigilo da proposta pelo fato de os licitantes depositarem as garantias antes da apresentação dos envelopes. Conforme previsto no inciso II do art. 31 da Lei de Licitações, a garantia de proposta limita-se a 1% do valor estimado do serviço e não do valor da proposta. [Representação n. 706.695. Rel. Conselheiro Moura e Castro. Sessão do dia 08/08/2006]

§1° A exigência de índices limitar-se-á à demonstração da capacidade financeira do licitante com vistas aos compromissos que terá que assumir caso lhe seja adjudicado o contrato, vedada a exigência de valores mínimos de faturamento anterior, índices de rentabilidade ou lucratividade. (Redação dada pela Lei n.º 8.883, de 1994)

Exigir o índice de demonstração da capacidade financeira do licitante é verificar se, caso o objeto lhe seja adjudicado, terá condições de assumir com o que será estipulado no contrato. Contudo, não poderá a Administração exigir mais documentos do que aqueles capazes de avaliar de forma suficiente a situação financeira do licitante.

[**Definição dos índices demonstrativos da capacidade financeira do licitante.**] Ora, parece claro que o legislador, nos citados dispositivos, pretendeu deixar margem para que os índices solicitados fossem subjetivamente analisados em face das características do objeto licitado. Não fosse assim, teria fixado quais seriam os índices admitidos (de liquidez corrente, de liquidez geral, de insolvência, etc.) e estabelecidas as alíquotas consideradas limítrofes, como fez no §3º do art. 31 e nos §§ 2º e 3º do art. 56 da Lei n. 8.666/93 [...]. Dessa forma, se fosse o caso de só se poder utilizar os índices de liquidez corrente e geral e, caso esses índices estivessem limitados a uma unidade, como pretendem alguns, o próprio legislador teria imposto esses limites, como fez nos citados dispositivos. No entanto, entendeu por bem deixar a questão dos índices contábeis ao arbítrio dos 'compromissos que terá que assumir caso lhe seja adjudicado o contrato', como determina, *in litteris*, o art. 31, §1º, da Lei de Licitações. Esse mesmo legislador restringiu os índices contábeis apenas aos que podem ser considerados 'usualmente adotados para correta avaliação de situação financeira suficiente ao cumprimento das obrigações decorrentes da licitação', desde que justificados nos autos do processo administrativo que deu origem ao certame, nos termos do §5º do citado artigo. No caso em comento, como os índices se encontram devidamente justificados, [...] resta saber se esses índices seriam os usuais em licitações para instalação de rede elétrica e cabeamento estruturado em prédios da Administração Pública estadual, cujos valores parecem oscilar em torno de R$500.000,00. Sobre os patamares de tais índices, a doutrina determina que: 'Não se pode falar em índice ideal propriamente. O índice ideal é aquele que proporciona à empresa a capacidade de saldar os seus compromissos em tempo certo, e que lhe possibilita financiar o seu cliente e ser financiada pelos seus fornecedores de recursos, pelo menos em condição de igualdade com as empresas que operam no seu ramo de atividades'. (ALMEIDA, Fábio Silva; FAVARIN, Antônio Marcos. *Liquidez das Empresas*: *Uma Visão Crítica da Avaliação da Saúde Financeira, por Intermédio das Demonstrações Financeiras*. In: *Cadernos da Faceca*, Campinas, v.12, n.2, jul/ dez 2003. p.15) Assim, [...] os índices contábeis devem ser valorados de acordo com o ramo das atividades desenvolvidas. [Representação n. 739.754. Rel. Conselheira Adriene Andrade. Sessão do dia 02/10/2007]

[**Índice de liquidez corrente.**] Outra questão que merece esclarecimentos por parte da representada é o que diz respeito ao índice de liquidez corrente, igual ou superior a 2,5. É sabido que o mesmo está relacionado diretamente aos custos do empreendimento e aos riscos do negócio, de forma a resguardar a Administração contra eventualidades indesejáveis, evitando que empresas sem condições financeiras adequadas possam participar do certame. Contudo, ainda que se considere o alto valor estimado para a contratação: R$7.882.211,74, [...] entendo que tal índice merece a justificativa técnica da Prefeitura [...], de modo que fique assentada a sua compatibilidade, de forma objetiva, no processo administrativo relativo à fase interna da licitação. [Representação n. 710.647. Rel. Conselheiro Wanderley Ávila. Sessão do dia 11/04/2006]

§2° A Administração, nas compras para entrega futura e na execução de obras e serviços, poderá estabelecer, no instrumento convocatório da licitação, a exigência de capital mínimo ou de patrimônio líquido mínimo, ou ainda as garantias previstas no §1º do art. 56 desta Lei, como dado objetivo de comprovação da qualificação econômico-financeira dos licitantes e para efeito de garantia ao adimplemento do contrato a ser ulteriormente celebrado.

A Administração busca com essas exigências garantir o adimplemento da obrigação.

[**Comprovação de capital social integralizado. Cumulação de capital social mínimo e garantia de proposta.**] De fato, a demonstração de capital social integralizado não garante que a empresa disponha dos recursos financeiros necessários para o cumprimento das obrigações contratuais. Contudo, não se trata de exigência descabida, pois possibilita aferir se o porte econômico da empresa condiz com a dimensão do objeto do contrato. Ademais, os §§ 2º e 3º do art. 31 da Lei n. 8.666/93 permitem à Administração estabelecer, no ato convocatório, a exigência de capital mínimo, não superior a 10% do valor estimado da contratação. Portanto, isoladamente, a exigência não constitui infração à norma. Quanto à cumulação de capital social mínimo e garantia de proposta [...]. [...] Não há dúvida de que as hipóteses elencadas no §2º do art. 31 constituem alternativas disponibilizadas à Administração para assegurar o adimplemento contratual e não podem ser exigidas cumulativamente, conforme reiterada jurisprudência deste Tribunal. Mas as duas espécies de garantia tratadas na Lei — de proposta e de execução — não se confundem. A garantia de proposta, prevista no inciso III do art. 31 da Lei de Licitações, é limitada a 1% do valor estimado da contratação, enquanto a garantia de execução, tratada no §2º do mesmo artigo, é limitada a 5% do valor do contrato, conforme dispõe o §2º do art. 56 do referido diploma. [...] Observa-se, por fim, que a apresentação de garantia de execução da obra, hipótese de que trata o §2º do art. 31 da Lei n. 8.666/93, é exigida, no presente caso, apenas para o contratado, conforme previsto na cláusula sexta da minuta contratual (fls. 70) e não para efeito de habilitação no certame. Nesses termos, entendo que o ato convocatório não incorreu em cumulação de garantias, não havendo excesso quanto à qualificação econômico-financeira, nem contrariedade à reiterada jurisprudência deste Tribunal. [Edital de Licitação n. 875.554. Rel. Conselheiro Cláudio Couto Terrão. Sessão do dia 19/12/2012]

[**Licitação. Pagamento de garantia na fase de habilitação. Impossibilidade.**] De fato, o item [...], da qualificação econômico-financeira, traz que a empresa licitante deverá fazer o depósito da garantia [...] na tesouraria da prefeitura até o 5º dia útil antes da data designada para apresentação da documentação e proposta. Tal exigência na fase de habilitação, a princípio, é ilegal, uma vez que a garantia a ser exigida, ou seja, a garantia a que se refere o art. 31, §2º, III, da Lei n. 8.666/93, com remissão ao art. 56, §1º, pode ser feita ao contratado, não ao licitante, em uma análise perfunctória. Esse entendimento encontra respaldo inclusive no fato de que a regulamentação da previsão de exigência de garantia encontrar-se no Capítulo III, "Dos Contratos", na Lei de Licitações, devendo estar prevista no edital, existindo divergência doutrinária e jurisprudencial quanto à possibilidade de exigir-se depósito em dinheiro antes da habilitação. Isto posto, em face da existência do *fumus boni iuris* e do *periculum in mora*, consubstanciada na infringência aos princípios legais pertinentes à licitação e à contratação, e considerando a possibilidade de prejuízo ao erário, determino cautelarmente, *ad referendum* da Primeira Câmara, nos termos do §1º do art. 264 da Resolução n. 12/2008, a suspensão liminar da Concorrência [...] na fase em que se encontra, até que este Tribunal decida acerca do mérito desta Denúncia. [Denúncia n. 873.821. Rel. Conselheira Adriene Andrade. Sessão do dia 08/05/2012]

[**Exigência cumulativa de requisitos do §2º do art. 31 da Lei de Licitações.**] [...] merece registro a decisão proferida pelo Plenário do Tribunal de Contas da União, consubstanciada no Acórdão n. 170/2007, de relatoria do ministro Valmir Campelo: 'É ilegal a exigência simultânea, nos instrumentos convocatórios, de requisitos de capital social mínimo e garantias para a [comprovação] [...] da qualificação econômico-financeira dos licitantes'. Na mesma esteira, aquela Corte de Contas manifestou, em linhas gerais, no Acórdão n. 808/2003 e na Decisão n. 681/1998, que as hipóteses previstas em lei não são cumulativas, mas permitem, tão somente, uma atuação discricionária do gestor na escolha da melhor forma de comprovar a qualificação econômico-financeira dos licitantes. Assim, não podem ser utilizadas de forma concomitante, sob pena de transformar a discricionariedade legítima em arbitrariedade vedada por lei. Frisou-se, ainda, que o objetivo da lei foi evitar que fossem efetuadas imposições demasiadas, que porventura ensejassem a inibição do caráter competitivo do certame. Ademais, vale citar *decisum* do Superior Tribunal de Justiça, no seguinte sentido: 'O artigo 31, §2°, da Lei de Licitações determina que a Administração eleja um dos três requisitos, na fase de habilitação, em termos de exigência de comprovação da qualificação econômico-financeira da empresa licitante, para depois estabelecer que tal requisito também será suficiente a título de garantia ao contrato a ser posteriormente celebrado' (Resp n. 822.337/MS, 1ª T., Rel. Ministro Francisco Falcão, DJ 1°.6.2006, p. 168). [Denúncia n. 751.534. Rel. Conselheiro Eduardo Carone Costa. Sessão do dia 05/06/2008]

[**Exigência de capital mínimo integralizado.**] A Lei de Licitações não exige capital social mínimo integralizado, o que impede a Administração, mesmo no uso de seu poder discricionário, de exigi-lo. Nesse mesmo sentido, tem apontado a jurisprudência pátria, como se depreende no seguinte julgado: '[...] Fixação de capital mínimo integralizado, à guisa de prova de capacidade financeira. Relacionamento com o momento do certame e não com instantes prefixados em demasia inútil. Exclusão anti-isonômica de interessados no certame. Resultado antagônico à finalidade da licitação' (Apelação em Mandado de Segurança n. 101.692 – PE (3498344), DJ 28/6/84). [Representação n. 712.424. Rel. Conselheira Adriene Andrade. Sessão do dia 13/05/2008]

[**Caráter alternativo dos elementos de comprovação da qualificação econômico-financeira.**] [...] ante o disposto no §2° do art. 31 da Lei de Licitações, observa-se que a Administração poderá estabelecer, no instrumento convocatório da licitação, a exigência de capital mínimo ou de patrimônio líquido mínimo, ou ainda as garantias previstas no §1º do art. 56, como dado objetivo de comprovação da qualificação econômico-financeira dos licitantes. Assim, a Administração poderá estabelecer a exigência de comprovação limitada a um dos elementos previstos no parágrafo, visto que esses são alternativos e não cumulativos. [Representação n. 742.151. Rel. Conselheiro Antônio Carlos Andrada. Sessão do dia 11/12/2007]

[**Supressão de uma das vias de comprovação da qualificação econômico-financeira.**] Pessoalmente, tenho o entendimento de que todo licitante poderia comprovar a sua capacitação econômico-financeira ao Estado, em processo licitatório, por uma das três vias contidas no art. 31, §2º, da Lei n. 8.666/93, hipótese em que, sendo suprimida a única via que lhe poderia conceder acesso à licitação, restringida estaria a sua participação. Ainda que o Estado alegue dispor de poder discricionário para usar uma ou duas das vias contempladas no art. 31, §2º, a expressa supressão de qualquer um dos três canais no certame licitatório implicaria, a meu ver, em última análise, restrição imposta a uma parcela do universo dos licitantes, indo, pois, contra os princípios teleológicos da Lei de Licitação. Todavia, jungido às regras de direito objetivo até este momento, o que transparece do citado texto da Lei de Licitação é a outorga efetiva de faculdade ao Estado para impor [...], [entre os elementos do art. 31, §2º], a regra suficiente de escolha de seu fornecedor, ao considerar e avaliar a sua situação econômico-financeira. Diante da objetividade da lei, entendo que a construção de uma jurisprudência no sentido da tese do autor e do meu sentimento ainda carece de nascimento. [Representação n. 725.895. Rel. Conselheiro Simão Pedro Toledo. Sessão do dia 03/04/2007]

§3º O capital mínimo ou o valor do patrimônio líquido a que se refere o parágrafo anterior não poderá exceder a 10% (dez por cento) do valor estimado da contratação, devendo a comprovação ser feita relativamente à data da apresentação da proposta, na forma da lei, admitida a atualização para esta data através de índices oficiais.

Não poderá a Administração exigir como garantia, valor superior a 10% (dez por cento) do valor estimado da contratação. O valor a ser exigido deverá constar do instrumento convocatório e a comprovação da garantia deverá ser feita no momento da apresentação da proposta.

[**Licitação. Pneus. Cláusulas editalícias restritivas. Irregularidade.**] [...] a exigência contida no objeto do Pregão Presencial[...], item 2.1 do referido edital (fls. 29), restringe o caráter competitivo do certame, dada a imprecisão do conceito "1ª linha de montagem do fabricante" para a efetivação do princípio do julgamento objetivo do certame [...] para que o objeto licitado possa ser regularmente contratado, a Administração Pública deve defini-lo, de forma clara, precisa e suficiente, bem como estipular as condições básicas de contratação, ainda na fase interna do certame, para, só depois, "realizar uma ampla pesquisa de mercado, na qual fiquem observados os requisitos da generalidade, da atualidade e, principalmente, da efetividade e da parametrização", como bem salientou o MPTC, em seu parecer a fl. 280–293. [...] o termo de referência é componente inafastável da etapa preparatória do pregão, que se atrela às demais fases procedimentais dessa modalidade licitatória, irradiando efeitos para todo o ciclo da contratação. [...] a exigência de atestado para qualificação técnica [...] afronta diretamente o art. 30, §1º, I e §3º da Lei de Licitações e Contratos, razão pela qual cabe à Administração corrigi-la, adequando-a aos mandamentos legais que limitam a demonstração da capacidade técnico-profissional a atestados de responsabilidade técnica por execução de obra ou serviço de características semelhantes, restringindo-se, exclusivamente, às parcelas de maior relevância e valor significativo do objeto da licitação, vedadas exigências de quantidades mínimas ou prazos máximos. [...] No processo de licitação em exame não se mostraram consistentes, ou nem mesmo existentes, os fundamentos necessários ao suporte das diversas cláusulas editalícias consideradas restritivas ao longo da instrução, quais sejam: a) exigência de que os produtos sejam de fabricação nacional; b) exigência de que os produtos sejam de primeira linha de montagem do fabricante; c) não realização de pesquisa de mercado ampla, insuficiência na definição do objeto e não estipulação das condições básicas de contratação; d) ausência do termo de referência; e) ausência de indicação do orçamento estimado em planilha; e f) exigência de atestado para qualificação técnica. [...] razão pela qual determino que o prefeito de Paraopeba [...] e a pregoeira oficial do município,[...] com base no art. 64, IV, da Lei Complementar n. 102/2008, de 17/01/2008, e no art. 277 do Regimento Interno, se abstenham, definitivamente, de concretizar a contratação pretendida, na forma do edital impugnado, devendo anular o certame e encaminhar ao Tribunal, no prazo de 15 dias, a publicação do ato de anulação, sob pena de incorrerem em multa, nos termos do inciso I do art. 83, combinado com art. 85, III, da mesma Lei Complementar, sem prejuízo de outras cominações legais. [Denúncia n. 862.583. Rel. Conselheiro Sebastião Helvecio. Sessão do dia 04/10/2012]

[**Multa por ausência de valor estimado da contratação no edital da licitação.**] Com relação ao argumento do denunciante, de que o item 1.2 do instrumento convocatório restringiu a participação de interessados, ao exigir pneus de primeira linha, com certificado de garantia do fabricante. O item 1.2 deve ser analisado juntamente com o item 15.1 do edital, que exige a apresentação do certificado de garantia apenas pelo licitante vencedor, não havendo, dessa forma, restrição à competitividade. [...] o valor estimado da contratação fornece parâmetros para os licitantes formularem suas propostas, evitando propostas excessivas ou inexequíveis, possibilita que a Administração avalie a compatibilidade entre as propostas ofertadas pelos licitantes e os preços praticados no mercado e verifique a razoabilidade do valor a ser desembolsado. O valor estimado da contratação também serve de parâmetro para a definição da documentação relativa à qualificação-financeira, nos termos do art. 31, III, da Lei n. 8.666/93 e do seu §3°. O valor estimado da contratação deve constar do edital como uma condição indispensável para o julgamento das propostas, fazendo-se imprescindível. [...] Embora a Administração tenha realizado cotação de preços, não constou do edital a estimativa do valor da contratação, imprescindível para que os interessados apresentem propostas mais adequadas ao interesse público, configurando, portanto, a irregularidade. [Denúncia n. 838.976. Rel. Conselheira Adriene Andrade. Sessão do dia 06/03/2012]

[**Percentual de 10% é máximo.**] O §3° do art. 31 da Lei n. 8.666/93 estabelece que o capital mínimo ou o valor do patrimônio líquido exigido com o objetivo de comprovação da qualificação econômico-financeira dos licitantes e para efeito de garantia ao adimplemento do contrato não poderá exceder a 10% do valor estimado da contratação. [...] O professor Paulo Sérgio de Monteiro Reis, a respeito do assunto, entende: 'O que o legislador dispôs, então, no *caput* dos artigos 30 e 31 da chamada Lei de Licitações, não pode ser interpretado de outra forma: ali estão relacionadas as exigências máximas que poderão ser feitas, no que se refere à qualificação técnica e econômico-financeira. Terá, então, o licitador a obrigação de examinar, nesse rol de exigências máximas, o que é, efetivamente, indispensável ao cumprimento das obrigações que serão contratadas naquele caso específico. E limitar a essas indispensáveis as exigências a serem feitas no edital. Não pode, portanto, ultrapassar o limite estabelecido nos artigos 30 e 31; mas pode e deve, obrigatoriamente, exigir, dentro das relações que eles trazem, tão somente o que for indispensável naquela licitação específica. Agir de outro modo parece-nos descumprir preceito constitucional.' (EDITORA ZÊNITE — Doutrina/ Parecer — 996/82/DEZ/2000). [Representação n. 733.824. Rel. Conselheiro Antônio Carlos Andrada. Sessão do dia 03/07/2007]

§4º Poderá ser exigida, ainda, a relação dos compromissos assumidos pelo licitante que importem diminuição da capacidade operativa ou absorção de disponibilidade financeira, calculada esta em função do patrimônio líquido atualizado e sua capacidade de rotação.

A Administração, a fim de ter uma garantia de que o licitante terá condições de arcar com o que pretende assumir, poderá solicitar deste a relação dos compromissos assumidos. O contratado deverá executar o objeto com seus próprios recursos e só depois da prestação realizada é que a Administração o reembolsará. Por esse motivo, é válida a análise da capacidade de rotação do licitante.

§5º A comprovação de boa situação financeira da empresa será feita de forma objetiva, através do cálculo de índices contábeis previstos no edital e devidamente justificados no processo administrativo da licitação que tenha dado início ao certame licitatório, vedada a exigência de índices e valores não usualmente adotados para correta avaliação de situação financeira suficiente ao cumprimento das obrigações decorrentes da licitação. (Redação dada pela Lei n.º 8.883, de 1994)

Os índices deverão ser estabelecidos no edital. Ademais, não cabe a utilização de valores não adotados usualmente no mercado.

[Fixação de índices econômico-financeiros. Limitação legal.] [...] de acordo com o art. 37, XXI, da Constituição Federal, nos processos de licitação, somente são permitidas exigências de qualificação econômica indispensáveis ao cumprimento das obrigações. Por sua vez, o art. 31, §5º, da Lei n. 8.666/93, veda a utilização de índices não usuais, que restrinjam a competitividade do certame. Assim, é vedada a atuação que escape aos limites e previsões previamente estabelecidos pela respectiva legislação. Como se constata, a tal discricionariedade atribuída ao gestor para fixar os índices econômicos não pode ser confundida com arbitrariedade, cuja liberdade é ilimitada. No caso, o regime jurídico constitucional e administrativo vincula a fixação dos índices econômicos à indispensabilidade para o desempenho satisfatório das obrigações do futuro contrato. [...] A exigência dos índices apostos no edital, quais sejam índice de liquidez corrente maior ou igual a 2.00, Índice de liquidez geral maior ou igual a 2.00 e o Grau de Endividamento menor ou igual a 0,30, podem ser até usuais no município, porém, a usualidade somente poderá ser adotada se mostrar tecnicamente aplicável ao caso concreto, ou seja, ao objeto do contrato, sob pena de infringir o disposto no art. 31, §5º, da Lei n. 8.666/93. [...] Ademais, conforme demonstrado pelo Ministério Público junto ao Tribunal de Contas, os resultados alcançados não se coadunam com as conclusões atingidas em pesquisa semelhante, realizada pela Revista Exame. De acordo com esta, no ano de 2008, o Índice de Liquidez Geral médio das empresas do setor de construção foi de 1,6 e o Grau e Endividamento Geral foi, em média, de 0,467. [Denúncia n. 793.164. Rel. Conselheiro Eduardo Carone Costa. Sessão do dia 24/06/2010]

[**Índice ideal.**] Sobre os patamares de tais índices, a doutrina determina que: 'Não se pode falar em índice ideal propriamente. O índice ideal é aquele que proporciona à empresa a capacidade de saldar os seus compromissos em tempo certo, e que lhe possibilita financiar o seu cliente e ser financiada pelos seus fornecedores de recursos, pelo menos em condição de igualdade com as empresas que operam no seu ramo de atividades' (ALMEIDA, Fábio Silva; FAVARIN, Antônio

Marcos. *Liquidez das Empresas: Uma Visão Crítica da Avaliação da Saúde Financeira, por Intermédio das Demonstrações Financeiras.* In: *Cadernos da Faceca*, Campinas, v.12, n.2, jul/dez 2003. p.15). [Representação n. 712.424. Rel. Conselheira Adriene Andrade. Sessão do dia 13/05/2008]

[**Justificativa na fixação do índice de liquidez.**] Carlos Pinto Coelho Motta enfatiza que 'a obrigatoriedade de o índice de liquidez ser usual no mercado, e ser motivado na fase interna do processo é prevista [...] como garantia da competição saudável e do não-comprometimento do universo de licitantes' (In *Eficácia nas Licitações e Contratos*, 9. ed. Belo Horizonte: Del Rey, 2002, p. 304). Nessa linha é o pensamento do professor Jessé Torres Pereira Júnior: 'A fixação deste índice [de liquidez] deve ser acompanhada obrigatoriamente de justificativa, o que em grande parte irá inibir a fixação de índices altos, capazes de afastar interessados' [...]. [Representação n. 742.290. Rel. Conselheiro Simão Pedro Toledo. Sessão do dia 28/11/2007]

[**Índices contábeis.**] Com relação à não indicação, no edital, de parâmetros objetivos para aferição dos índices contábeis, que demonstrassem a boa situação financeira da empresa no balanço patrimonial, [...] entendo que tal falha é igualmente grave, ferindo o §5º do art. 31 da Lei n. 8.666/93 [...]. A ausência, no edital, de parâmetros objetivos para aferição dos índices contábeis, além de flagrante infringência legal, colocou em risco o erário, pois, embora não se trate de obras, os serviços objeto desta contratação têm alto custo, visto que as máquinas que devem ser disponibilizadas exigem grandes dispêndios para sua manutenção, cujos valores a empresa contratada terá que suportar, devendo, portanto, comprovar sua boa situação financeira. Com isso, estaria assegurada sua capacidade para a execução de um serviço que, pela sua relevância, não poderia, de modo algum, ser interrompido ou prestado inadequadamente. Sem os cuidados devidos quanto à habilitação das empresas licitantes, portanto, o administrador não só infringiu o §5° do art. 31, como atentou gravemente contra seu dever de zelar pelo cumprimento dos contratos por ele firmados e pela consequente prestação de serviços, que são essenciais a seus administrados. [Processo Administrativo n. 690.536. Rel. Conselheira Adriene Andrade. Sessão do dia 31/07/2007]

§6° (Vetado). (Redação dada pela Lei n.° 8.883, de 1994)

Art. 32. Os documentos necessários à habilitação poderão ser apresentados em original, por qualquer processo de cópia autenticada por cartório competente ou por servidor da administração ou publicação em órgão da imprensa oficial. (Redação dada pela Lei n.° 8.883, de 1994)

Os documentos necessários à habilitação deverão ser apresentados em versão original, em cópia autenticada por cartório ou servidor da Administração Pública ou ainda por publicação em órgão da imprensa oficial. Caso seja apresentada cópia de documento sem a devida autenticação, este se torna impróprio para fins de habilitação.

As certidões, de órgãos da administração fiscal e tributária, obtidas por meio da internet são válidas, conforme disciplinado pela Lei n. 10.522/2002.

§1º A documentação de que tratam os arts. 28 a 31 desta Lei poderá ser dispensada, no todo ou em parte, nos casos de convite, concurso, fornecimento de bens para pronta entrega e leilão.

A critério da Administração a documentação relativa aos artigos 28 a 31 poderão ser dispensadas. A Administração deverá solicitar aquilo que é suficiente para comprovar a habilitação.

[Documentos. Dispensa nas hipóteses do art. 32, §1°, da Lei n. 8.666/93.] [...] mesmo que a Administração, utilizando de seu poder discricionário, dispense os documentos concernentes à habilitação jurídica (art. 28), à qualificação técnica (art. 30) e à econômico-financeira (art. 31), a documentação referente à regularidade fiscal (art. 29) poderá ser dispensada, somente em relação aos incisos I a III, posto que a prova de regularidade relativa à Seguridade Social e ao Fundo de Garantia por Tempo de Serviço (FGTS) demonstrando situação regular no cumprimento dos encargos sociais instituídos por lei (inciso IV), deverá ser feita, obrigatoriamente, nos casos de convite, concurso, fornecimento de bens para pronta entrega e leilão, haja vista a vedação constitucional constante do art. 195, §3°, da Carta Federal, devendo tal exigência, consequentemente, ser inserida no Edital correspondente. [Consulta n. 453.071. Rel. Conselheiro Simão Pedro Toledo. Sessão do dia 10/09/1997]

[**Habilitação indevida de licitantes.**] [...] a comissão de licitação habilitou indevidamente as três empresas licitantes, ata as fls. 423, que não apresentaram a certidão negativa de débito municipal da sede do licitante, conforme exigência do item VI, subitem 1.5 do ato convocatório. A comissão poderia ter fixado o prazo de três ou oito dias úteis para que as empresas licitantes apresentassem a documentação faltante, conforme previsto no §3° do art. 48 da Lei n. 8.666, de 1993. De fato, o §1° do art. 32 mencionado admite a possibilidade de dispensa dos documentos de habilitação dos licitantes, e o §3° do mesmo artigo expressa que tais documentos podem ser substituídos pelo certificado de registro cadastral, desde que previsto no ato convocatório e desde que o registro tenha sido realizado na forma da lei [...] Visto isso, entendo que, na ausência de apresentação de documento de habilitação, previamente estabelecido no ato convocatório, caberia à comissão de licitação aplicar o inciso I do art. 48. Não o fazendo ficou caracterizada a violação ao inciso V do art. 43 da Lei n. 8.666, de 1993. [Processo Administrativo n. 689.083. Rel. Auditor Gilberto Diniz. Sessão do dia 13/09/2012]

[**Necessidade de comprovação documental.**] Apesar da dispensa a que se refere o art. 32, §1°, da Lei de Licitações], lembro, no entanto, que não se encontram igualmente dispensados, em nenhum contrato administrativo, o cumprimento [...] [ao] art. 195, §3°, da CR/88 c/c o art. 47 da Lei n. 8.212/91 e ao art. 2° da Lei n. 9.012/95, uma vez que [...] estes são procedimentos que ultrapassam a Lei de Licitações, mostrando, inclusive, abrigo constitucional. [Processo Administrativo n. 715.979. Rel. Conselheira Adriene Andrade. Sessão do dia 30/10/2007]

[**Não há dispensa dos documentos de regularidade com a seguridade social e com o FGTS.**] Observa-se que o art. 32, §1°, da Lei n. 8.666/93 permite que os documentos relativos à habilitação jurídica, regularidade fiscal, qualificação técnica e qualificação econômico-financeira possam ser dispensados nos casos de convite. Contudo, os comprovantes de regularidade com a Seguridade Social e FGTS, por determinação da Constituição da República, no art.195, §3°, e da lei especial, Lei Federal n. 9.012/95, art. 2°, respectivamente, não podem ser dispensados, em face da supremacia da Constituição Federal/88 e ao princípio de que a norma especial prevalece sobre a norma geral. Em face do exposto, considero irregular o procedimento licitatório, em face da ausência dos comprovantes de regularidade com a Seguridade Social e FGTS. [Processo Administrativo n. 612.455. Rel. Conselheiro Antônio Carlos Andrada. Sessão do dia 21/11/2006]

§2° O certificado de registro cadastral a que se refere o §1° do art. 36 substitui os documentos enumerados nos arts. 28 a 31, quanto às informações disponibilizadas em sistema informatizado de consulta direta indicado no edital, obrigando-se a parte a declarar, sob as penalidades legais, a superveniência de fato impeditivo da habilitação. (Redação dada pela Lei n.° 9.648, de 1998)

§3° A documentação referida neste artigo poderá ser substituída por registro cadastral emitido por órgão ou entidade pública, desde

que previsto no edital e o registro tenha sido feito em obediência ao disposto nesta Lei.

Ambos os parágrafos tratam sobre a substituição de documentação pelo registro cadastral que será elucidado nos comentários do artigo 36 desta Lei. Contudo, nenhum documento deixará de ser apresentado, vez que para a obtenção do CRC – Certificado de Registro Cadastral, todos os documentos devem ser anteriormente relacionados.

§4º As empresas estrangeiras que não funcionem no País, tanto quanto possível, atenderão, nas licitações internacionais, às exigências dos parágrafos anteriores mediante documentos equivalentes, autenticados pelos respectivos consulados e traduzidos por tradutor juramentado, devendo ter representação legal no Brasil com poderes expressos para receber citação e responder administrativaou judicialmente.

Este parágrafo trata da participação de empresas estrangeiras em licitações no Brasil. Para tanto, elas devem obedecer às mesmas regras atinentes as empresas brasileiras.

Entretanto, a aplicação da lei do domicílio da pessoa jurídica é reafirmada. Ao colocar no dispositivo a expressão "tanto que possível", demonstra que a legislação nacional não será utilizada para regular a constituição e o funcionamento de pessoas jurídicas constituídas em território estrangeiro.

O Superior Tribunal de Justiça já se manifestou sobre a validade de tradução para o português realizada por tradutor juramentado.

§5º Não se exigirá, para a habilitação de que trata este artigo, prévio recolhimento de taxas ou emolumentos, salvo os referentes a fornecimento do edital, quando solicitado, com os seus elementos constitutivos, limitados ao valor do custo efetivo de reprodução gráfica da documentação fornecida.

Não será cobrada qualquer taxa ou emolumento necessário à habilitação. A única cobrança admitida é aquela relativa aos custos de documentos fornecidos pela Administração Pública.

[**Valor abusivo cobrado para o fornecimento do edital de certame licitatório.**] [...] o valor de R$50,00 (cinquenta reais) cobrado, em 2004, para o fornecimento do instrumento convocatório, de fato, apresenta-se abusivo, uma vez que o edital é composto de dezesseis folhas, sendo que cada cópia foi fornecida pelo valor de R$3,12, muito superior aos preços de cópias reprográficas praticados à época. [...] a venda de edital de licitação não pode assumir contornos de fonte de receita para a Administração Pública, haja vista o disposto no §5º do art. 32 da Lei n. 8.666, de 1993, que é taxativo ao prescrever que o limite do valor do custo do edital deve se ater ao custo da reprodução gráfica da documentação fornecida. Desse modo, considerando que foram inobservadas as normas que regem o processo licitatório, entendo que a Tomada de Preços [...] deve ser tida como irregular, cabendo a imputação de multa aos responsáveis. [Processo Administrativo n. 694.373. Rel. Auditor Gilberto Diniz. Sessão do dia 30/10/2012]

[**Aquisição de cópia de edital e taxa de expediente.**] [Quanto à] cobrança de valores para a aquisição de cópia do edital e taxa de expediente, [...] o doutrinador Marçal Justen Filho elucida de forma cristalina a matéria: '[...] é inválido tornar obrigatória a aquisição de pastas, cadernos etc. para participar na licitação. Ou seja, a expressão quando solicitado, [constante do §5º do art. 32], deve interpretar-se em favor do particular. É a ele que cabe a faculdade de solicitar o fornecimento do edital. Não é possível que o próprio edital imponha a compra do edital. Obviamente, se tal ocorresse, não haveria solicitação, mas uma espécie de pré-qualificação para participar da licitação. Isso ofenderia aos princípios fundamentais regedores da licitação'. (JUSTEN FILHO, Marçal. Comentários à Lei de Licitações e Contratos Administrativos.

9. ed. São Paulo: Dialética, 2002). Nesses termos, encontra vedação na norma a exigência de pagamento do edital, nos termos exigidos pela Administração, e mais ainda, por condicionar a participação dos licitantes a esses pagamentos. [Representação n. 712.925. Rel. Conselheiro Antônio Carlos Andrada. Sessão do dia 29/06/2006]

[**Ilegal exigência de compra de cópia do edital e cobrança de taxa abusiva.**] [A] exigência de comprovação do recolhimento da taxa de edital, na Tesouraria Municipal, no valor de R$1.000,00 (mil reais), [...] afronta o princípio da legalidade, especificamente o disposto no art. 32, §5º, da Lei n. 8.666/93, que versa sobre a cobrança e fornecimento [de cópia] do edital, que está limitada ao valor do custo efetivo de reprodução gráfica da documentação fornecida. No caso dos autos, tal reprodução não atinge a tão elevado custo, que se mostra exorbitante em relação ao número de cópias a serem extraídas e restringe o universo dos participantes. [Licitação n. 705.613. Rel. Conselheiro Moura e Castro. Sessão do dia 06/12/2005]

§6º O disposto no §4º deste artigo, no §1º do art. 33 e no §2º do art. 55, não se aplica às licitações internacionais para a aquisição de bens e serviços cujo pagamento seja feito com o produto de financiamento concedido por organismo financeiro internacional de que o Brasil faça parte, ou por agência estrangeira de cooperação, nem nos casos de contratação com empresa estrangeira, para a compra de equipamentos fabricados e entregues no exterior, desde que para este caso tenha havido prévia autorização do Chefe do Poder Executivo, nem nos casos de aquisição de bens e serviços realizada por unidades administrativas com sede no exterior.

O dispositivo não isenta todas as exigências do § 4º neste artigo. Trata-se da parte final do §4º que dispõe sobre a necessidade de aplicação das leis brasileiras e de um procurador com poderes para receber citação da justiça brasileira. Esses dois requisitos, se obrigatórios, poderiam inviabilizar a execução do contrato, principalmente se este fosse executado fora do Brasil.

Art. 33. Quando permitida na licitação a participação de empresas em consórcio, observar-se-ão as seguintes normas:

A Lei das Sociedades por Ações – Lei 6.404 de 1976 dispõe em seu título XXII sobre Consórcio. De acordo com a referida Lei, as companhias e quaisquer outras sociedades podem constituir consórcio para executar determinado empreendimento. Consórcios devem ser entendidos como uma associação de empresas, de forma não permanente, na qual, cada empresa mantém sua autonomia e personalidade jurídica, que visam à execução de determinado empreendimento.

Ao contrário do previsto na Lei das Sociedades por Ações, no Direito Administrativo, especialmente no que tange a licitação, as empresas consorciadas são solidariamente responsáveis pelos atos praticados.

Como todas as regras da licitação devem ser previstas em edital, a participação de empresas consorciadas não é diferente.

[**Vedação à participação de consórcios. Ausência de justificação. Irregularidade.**] De fato o item [...] do instrumento convocatório veda, expressamente, a formação de consórcios. Entretanto, o art. 33 da Lei n. 8.666/93 prevê a possibilidade de participação em licitação das empresas reunidas em consórcio, desde que observadas as normas dispostas em seus incisos e parágrafos. [...] A vedação à participação de empresas em consórcio pode, em dadas circunstâncias, contribuir para a ocorrência de restrição ao caráter competitivo das licitações, impossibilitando a Administração de obter a proposta mais vantajosa para a contratação almejada. Portanto, a Administração, para impor tal rejeição, deve observar rigorosamente os princípios da motivação e da razoabilidade. Contudo, ao examinar os documentos juntados à denúncia pelos responsáveis, verifiquei que não há nenhuma justificativa nos autos do procedimento licitatório para que não fosse permitida a participação de consórcios. Impende observar, ainda, que a cumulação da contratação isolada — sem parcelamento do objeto - com a vedação expressa à participação de empresas consorciadas potencializa a restrição ao caráter competitivo do certame. Adicionada a ausência de justificativa para essas múltiplas restrições, configurada está a ofensa aos princípios da competitividade, da razoabilidade e da motivação, portanto, ao art. 3º da Lei n. 8.666/93. [...] Indubitável, portanto, que a adoção de contratação isolada somada à rejeição à participação de consórcios representam impeditivo à participação de maior número de interessados no certame. Não estando devidamente justificada a vedação à formação de consórcio, entendo que remanesce a irregularidade, sendo procedente a denúncia nesse item. [Denúncia n. 838.601. Rel. Conselheiro Sebastião Helvecio. Sessão do dia 05/07/2012]

[**Possibilidade ou não de participação de empresas em consórcio.**] Como regra, importa frisar de plano que é na fase interna da licitação que se busca coletar subsídios para a elaboração do edital, quando a Administração irá avaliar detidamente as características do objeto que pretende contratar e observar as particularidades específicas de cada mercado. Sendo o edital a lei que rege o procedimento licitatório, como tal, suas exigências devem ser elaboradas sempre buscando a ampliação da competitividade do certame, em face do disposto no inc. I do §1º do art. 3º da Lei n. 8.666/93 e à própria finalidade da licitação. Por isso, num primeiro momento, a admissão de consórcios nas licitações, também, deve considerar esse objetivo. Por outro lado, a previsão da participação de consórcios em licitação pública, também, não é a regra. O usual é que a Administração prestigie a participação da pluralidade de licitantes com propostas individuais, havendo, assim, maior número de ofertas e, por conseguinte, maiores chances de se obter a proposta mais vantajosa para a execução do objeto licitado, observando, assim, o princípio básico constitucional da isonomia e considerando, no julgamento, os princípios básicos da legalidade, da impessoalidade, da moralidade, da igualdade, entre outros. [...] o artigo 33 da Lei n. 8.666/93 não prevê [como obrigatória a] [...] previsão da possibilidade de participação de consórcios no edital da licitação, apresentando-se como uma opção discricionária da Administração diante da avaliação de conveniência e oportunidade no caso concreto. [...] não há como comprovar que o impedimento de participação de empresas em consórcios restringe a competição em processo licitatório. [...] a seguir, trechos de acórdãos que evidenciam o entendimento do Tribunal de Contas da União acerca da matéria: Acórdão n. 22/2003 — Plenário — 'No mesmo sentido é a regra insculpida no art. 33 da Lei n. 8.666/93, que estipula as normas a serem seguidas pela Administração nas hipóteses em que for permitida a participação de consórcios na licitação. Trata-se de escolha discricionária da Administração, a ser verificada caso a caso. Muitas vezes, a formação de consórcio pode ensejar redução no caráter competitivo, pois facilitaria que empresas, que seriam naturalmente competidoras entre si, acordassem para participar da licitação. Em regra, a formação de consórcios é admitida quando o objeto a ser licitado envolve questões de alta complexidade ou de relevante vulto, em que empresas, isoladamente, não teriam condições de suprir os requisitos de habilitação do edital. Nestes casos, a Administração, com vistas a aumentar o número de participantes admite a formação de consórcio'. Acórdão n. 1.094/2004 — Plenário — 'Em geral, entende-se que o art. 33 da Lei n. 8.666/93 deixa à discricionariedade do gestor a decisão de admitir, ou não, a participação de empresas organizadas em consórcio na licitação. No entanto, se as circunstâncias concretas indicarem que o objeto apresenta vulto ou complexidade que tornem restrito o universo de possíveis licitantes, fica o administrador obrigado a prever a participação de consórcios no certame com vistas à ampliação da competitividade e à obtenção da proposta mais vantajosa'. Acórdão

n. 1.946/2006 — Plenário — 'A respeito da participação de consórcios, a jurisprudência desta Corte de Contas tem assentado que o art. 33 da Lei n. 8.666/1993 deixa à discricionariedade do gestor a decisão de admitir ou não a participação de empresas organizadas em consórcio no certame, devendo o desígnio ser verificado caso a caso [...]'. Além do mais, a participação de consórcios em torneios licitatórios não garante aumento de competitividade, consoante aresto do Relatório e Voto que impulsionaram o Acórdão TCU — n. 2.813/2004, — 1ª Câmara, que reproduzo abaixo: 'O art. 33 da Lei de Licitações expressamente atribui à Administração a prerrogativa de admitir a participação de consórcios. Está, portanto, no âmbito da discricionariedade da Administração. Isto porque, ao nosso ver, a formação de consórcio tanto pode fomentar a concorrência (consórcio de empresas menores que, de outra forma, não participariam do certame), quanto cerceá-la (associação de empresas que, caso contrário, concorreriam entre si' [...]. [Processo Administrativo n. 742.289. Rel. Conselheiro Simão Pedro. Sessão do dia 04/03/2008]

[**Discricionariedade na decisão pela possibilidade de participação de empresas em consórcio na licitação.**] [...] a aceitação de participação de empresas em consórcios é ato discricionário da administração, cumprindo trazer à colação o entendimento do doutrinador Marçal Justen Filho, adotado em sua obra *Comentários à Lei de Licitações e Contratos Administrativos*, à p. 360, 11. ed., *in verbis*: 'O ato convocatório admitirá ou não a participação de empresas em consórcio. Trata-se de escolha discricionária da Administração Pública' [...]. [Representação n. 742.284. Rel. Conselheiro Antonio Carlos Andrada. Sessão do dia 19/02/2008]

I — comprovação do compromisso público ou particular de constituição de consórcio, subscrito pelos consorciados;

As empresas que se consorciaram para participar da licitação deverão comprovar esta situação, bem como promover a formalização e o registro do consórcio caso a proposta seja vencedora.

II — indicação da empresa responsável pelo consórcio que deverá atender às condições de liderança, obrigatoriamente fixadas no edital;

A empresa responsável deve ser escolhida devido ao fato do consórcio não ter personalidade jurídica. Esta empresa líder será a responsável por representar o consórcio perante terceiros.

III — apresentação dos documentos exigidos nos arts. 28 a 31 desta Lei por parte de cada consorciado, admitindo-se, para efeito de qualificação técnica, o somatório dos quantitativos de cada consorciado, e, para efeito de qualificação econômico-financeira, o somatório dos valores de cada consorciado, na proporção de sua respectiva participação, podendo a Administração estabelecer, para o consórcio, um acréscimo de até 30% (trinta por cento) dos valores exigidos para licitante individual, inexigível este acréscimo para os consórcios compostos, em sua totalidade, por micro e pequenas empresas assim definidas em lei;

Como cada empresa consorciada mantém sua autonomia e personalidade jurídica e o consórcio não tem essa personalidade jurídica, todas as empresas participantes de um consórcio deverão demonstrar que preenchem os requisitos legais, dispostos nos artigos 28 a 31 desta Lei.

Um dos principais motivos da existência de consórcio em licitação é o preenchimento de determinados requisitos que isoladamente uma empresa não preencheria. Dentre eles, os mais comuns são a qualificação técnica e a qualificação econômico-financeira. Exatamente por isso, a legislação prevê que serão considerados os somatórios das empresas consorciadas nesses dois quesitos.

IV — impedimento de participação de empresa consorciada, na mesma licitação, através de mais de um consórcio ou isoladamente;

Devido à incompatibilidade com os princípios da competitividade e da moralidade, de forma a impedir, que na mesma licitação, uma empresa possa competir em várias frentes, é impedido a participação de empresa consorciada na mesma licitação por meio de mais de um consórcio ou de forma isolada.

[**Restrição à participação de grupo econômico em procedimento licitatório.**] [...] a restrição contida no subitem [...] não inviabiliza a ampla competitividade almejada no certame, porquanto se harmoniza com a vedação contida no inciso IV do art. 3º da Lei n. 8.666/93, que impede a participação de uma empresa consorciada, na mesma licitação, por meio de mais de consórcio ou isoladamente. Logo, por analogia, não se pode admitir que várias empresas controladas pela mesma pessoa natural ou jurídica, participem da disputa, já que haveria, por parte de quem as controla, o conhecimento prévio das respectivas propostas. O regime jurídico brasileiro não admite a formação de cartéis para controlar os preços de mercado, dispondo a Lei antitruste brasileira, Lei n. 8.884, de 11/07/1994, sobre a prevenção e repressão às infrações à ordem econômica, [...]. [...] diante do entendimento desta Corte, entendo como elidida a irregularidade apontada. [Denúncia n. 811.101. Rel. Conselheiro Eduardo Carone Costa. Sessão do dia 22/11/2012]

[**Vedação à participação de empresas do mesmo grupo econômico. Reconhecida, pelo Pleno, a possibilidade de restrição. Irregularidade superada.**] A unidade técnica, em exame inicial, elencou como irregular o item [...] do edital, que veda a participação de mais de uma empresa sob o controle de um mesmo grupo de pessoas físicas e jurídicas, comprometendo a ampla competitividade e a seleção da proposta mais vantajosa. Os responsáveis, ao contrário, assentem que a admissão de sócios comuns em empresas diversas acaba por limitar a competitividade entre os licitantes concorrentes, através de acordos de eliminação da competição. Em reexame, a unidade técnica ressalta, porém, que, no julgamento do Processo n. 837.132, em 10 de novembro de 2010, o Plenário desta Casa, de acordo com o voto do conselheiro, em exercício, Gilberto Diniz, decidiu reconhecer a possibilidade de tal restrição, por analogia ao disposto no inciso IV do art. 33 da Lei de Licitações. Assim, como o relator daquele acórdão, entendo que "não se pode admitir que várias empresas controladas pela mesma pessoa natural ou jurídica participem da disputa, já que haveria, por parte de quem as controla, o conhecimento prévio das respectivas propostas". Isso posto, considero superada a irregularidade. [Denúncia n. 811.915. Rel. Conselheiro Sebastião Helvecio. Sessão do dia 04/10/2012]

V — responsabilidade solidária dos integrantes pelos atos praticados em consórcio, tanto na fase de licitação quanto na de execução do contrato.

Tanto a lei de licitações quanto a Lei 8.797/1995 que dispõe sobre o regime de concessão e permissão da prestação de serviços públicos, estabelecem que todos os integrantes de um consórcio têm responsabilidade solidária, contrariando assim a Lei 6.404/76. Em se tratando de consórcio relativo à licitação e à contratação administrativa, a legislação vai além, estabelece uma sociedade de fato, na qual todos os atos praticados individualmente por qualquer participante do consórcio alcançam a todos.

§1º No consórcio de empresas brasileiras e estrangeiras a liderança caberá, obrigatoriamente, à empresa brasileira, observado o disposto no inciso II deste artigo.

Existindo empresas nacionais e estrangeiras, a liderança caberá a uma empresa nacional.

§2º O licitante vencedor fica obrigado a promover, antes da celebração do contrato, a constituição e o registro do consórcio, nos termos do compromisso referido no inciso I deste artigo.

Comentado no inciso I deste artigo.

SEÇÃO III – DOS REGISTROS CADASTRAIS

Art. 34. Para os fins desta Lei, os órgãos e entidades da Administração Pública que realizem freqüentemente licitações manterão registros cadastrais para efeito de habilitação, na forma regulamentar, válidos por, no máximo, um ano.

O registro cadastral, ou simplesmente cadastro, consiste em um banco de dados mantido por órgãos da Administração Pública que contém uma lista de todos aqueles que, a priori, estão aptos a licitar.

Trata-se de um cadastro geral, no qual os licitantes devem demonstrar de maneira genérica que estão aptos a licitar, por meio do preenchimento dos requisitos presentes no artigo 27 desta Lei. É um cadastro genérico vez que não leva em conta as especificidades de cada licitação, que poderão ser demonstradas quando da habilitação em cada processo licitatório.

[Licitação. Irregularidade. Controle interno.] O órgão técnico constatou que a Administração Municipal instituiu duas comissões de controle interno, com atuação restrita à elaboração de relatório anual, determinada por lei, sendo ela omissa nos atos administrativos de compras, contratação de prestação de serviços, obras e procedimentos licitatórios. Além disso, destacou que não havia cadastro de preços e de fornecedores completo e atualizado, conforme determina o art. 7º, II, da IN n. 05/99 do Tribunal de Contas c/c o art. 34 da Lei n. 8.666/93, tendo sido verificado que ocorreram aquisições com as empresas consideradas inaptas pelo órgão fazendário estadual, conforme notas de empenho [...] Também há falhas no processo de liquidação da despesa, tendo em vista que o servidor que liquida as notas de empenho não tem vínculo direto com o processo de recebimento de materiais. Foi ainda constatado pela equipe técnica a inexistência de um planejamento para as compras, tendo o fato ocasionado aquisições sem a realização de procedimentos licitatórios, [...] E mais, os processos licitatórios relativos a janeiro de 2003 a julho de 2004, que constam no rol, [...], foram devidamente autuados, protocolados e numerados sequencialmente. Já os documentos que compõem as páginas destes processos não foram numerados, o que possibilita a inserção ou subtração de documentos a qualquer tempo. [...] Então, considerando que os itens retrocitados demonstram ausência de observância de dispositivo constitucional e legal, insculpido no art. 74 da Carta Federal c/c o art. 5º, XII, da IN n. 08/03 do Tribunal de Contas, caracterizando fragilidade nos mecanismos de controle, manifesto-me pela aplicação de multa ao gestor, à época. [Processo Administrativo n. 695.230. Rel. Auditor Hamilton Coelho. Sessão do dia 07/08/2008]

§1º O registro cadastral deverá ser amplamente divulgado e deverá estar permanentemente aberto aos interessados, obrigando-se a unidade por ele responsável a proceder, no mínimo anualmente, através da imprensa oficial e de jornal diário, a chamamento público para a atualização dos registros existentes e para o ingresso de novos interessados.

Por se tratar de um cadastramento prévio ao processo de licitação, o cadastro deve obedecer aos mesmos princípios observados quando da licitação. Logo, a todos deve ser ofertada a possibilidade de se cadastrar. A recusa do cadastramento fere o preceito constitucional do artigo 37, inciso XXI da Carta Magna.

A atualização dos cadastros é prevista, vez que quando do cadastramento o interessado pode estar em uma situação e posteriormente em outra. Essa possibilidade de alteração cadastral devido à variação da situação dos licitantes é conhecida como flexibilização dos cadastros. Exatamente por isso, a legislação prevê a validade de um ano para o cadastro, devendo o interessado atualizar sua situação anualmente.

§2º É facultado às unidades administrativas utilizarem-se de registros cadastrais de outros órgãos ou entidades da Administração Pública.

Este parágrafo traz a faculdade de utilização de registro cadastral de outros órgãos. Importante ressaltar que, apesar desta previsão legal, essa utilização de registros cadastrais de outros órgãos, deve estar expressa no ato convocatório do processo licitatório. Se o edital não trouxer essa previsão, não há essa possibilidade.

Art. 35. Ao requerer inscrição no cadastro, ou atualização deste, a qualquer tempo, o interessado fornecerá os elementos necessários à satisfação das exigências do art. 27 desta Lei.

O disposto neste artigo acaba sendo redundante, vez que o cadastro é livre e está condicionado à satisfação das exigências analisadas no artigo 27 desta Lei. Qualquer obstáculo ao cadastro viola direito líquido e certo.

Art. 36. Os inscritos serão classificados por categorias, tendo-se em vista sua especialização, subdivididas em grupos, segundo a qualificação técnica e econômica avaliada pelos elementos constantes da documentação relacionada nos arts. 30 e 31 desta Lei.

Este artigo se preocupa em subdividir os inscritos nos registros cadastrais, de forma a conseguir avaliá-los de forma mais precisa, de acordo com a qualificação técnica e econômica e as peculiaridades de cada processo licitatório. No registro cadastral, o interessado deve comprovar apenas que preenche requisitos gerais. Condições peculiares de uma licitação, não podem ser examinadas quando do cadastramento. Exatamente por isso, o interessado deve comprovar sua habilitação específica para licitações que sejam peculiares.

§1º Aos inscritos será fornecido certificado, renovável sempre que atualizarem o registro.

O Certificado de Registro Cadastral (CRC) conterá todas as informações dos inscritos, e será válido por um ano, de acordo com a redação do artigo 34 desta Lei.

§2º A atuação do licitante no cumprimento de obrigações assumidas será anotada no respectivo registro cadastral.

O CRC deverá funcionar como uma ficha cadastral do licitante, devendo nele constar quaisquer informações sobre o comportamento do licitante no cumprimento de obrigações assumidas com a Administração.

Art. 37. A qualquer tempo poderá ser alterado, suspenso ou cancelado o registro do inscrito que deixar de satisfazer as exigências do art. 27 desta Lei, ou as estabelecidas para classificação cadastral.

O registro já foi explicitado nos comentários ao artigo 34 desta Lei.

Este artigo trata sobre a flexibilidade dos registros, que podem ser a qualquer tempo, alterados, suspensos ou até mesmo cancelados, caso o inscrito deixe de satisfazer as exigências previstas no artigo 27 desta Lei. Essa revisão pode ser feita de ofício pela Administração Pública ou mediante provocação de terceiros. O inscrito que tiver seu registro revisto terá a oportunidade de se manifestar e de produzir provas, sendo que a decisão sobre seu registro só será proferida após o contraditório e a ampla defesa. Acrescenta-se que contra essa decisão caberá recurso administrativo.

SEÇÃO IV – DO PROCEDIMENTO E JULGAMENTO

Art. 38. O procedimento da licitação será iniciado com a abertura de processo administrativo, devidamente autuado, protocolado e numerado, contendo a autorização respectiva, a indicação sucinta de seu objeto e do recurso próprio para a despesa, e ao qual serão juntados oportunamente:

A licitação possui duas fases diversas: fase interna e fase externa. Sendo que este artigo versa sobre a fase externa da licitação, a fase na qual a Administração Pública realiza todos os atos a dar publicidade do procedimento licitatório e visa escolher aquele licitante que apresentará a proposta mais vantajosa.

Apenas a título de exemplificação, a fase interna é aquela em que a licitação é definida e pensada no seio da Administração Pública, sem qualquer divulgação a terceiros. Esta fase é encerrada quando da publicação do edital.

[**Previsão de recursos orçamentários para a contratação do objeto do certame.**] É na fase interna [...] que a Administração verificará o atendimento dos pressupostos legais para a contratação pretendida, entre os quais, a existência de recursos orçamentários. A prévia existência de recursos orçamentários, como requisito necessário à instauração da licitação, ressai com clareza da Lei Federal n. 8.666/93, de 21/06/1993. [...] a existência de dotação orçamentária é condição *sine qua non* para a instauração de procedimento licitatório, tanto para obras e serviços, quanto para compra de bens. [...] na fase interna da licitação, além de observar as disposições contidas na Lei Federal n. 8.666/93, o gestor público deverá acautelar-se com o cumprimento das regras contidas na Lei Complementar n. 101/2000, sobretudo aquelas estatuídas no mencionado art. 16. É que [...] os incisos I e II do *caput* do art. 16 da Lei Complementar n. 101/2000 determinam novas providências a serem observadas na fase interna da licitação, exigências, essas, que deverão se agregar àquelas contidas nos arts. 7º, 14 e 38 da Lei Federal n. 8.666/93. [...] além de comprovar a existência de recursos orçamentários e a adequação da despesa às leis de natureza orçamentária (LOA, LDO e PPA), é preciso que se demonstre a viabilidade financeira para a assunção da nova obrigação, com a possibilidade real de pagamento das obrigações assumidas durante o exercício financeiro, a fim de evitar o desequilíbrio das contas públicas. [...] à Administração Pública é vedado iniciar procedimento licitatório sem prévia dotação orçamentária suficiente para suportar a respectiva despesa, bem como sem verificar a estimativa do impacto orçamentário-financeiro da despesa a ser gerada, no exercício em que deva entrar em vigor e nos dois subsequentes, como também se o aumento da despesa tem adequação orçamentária e financeira com a Lei Orçamentária Anual e compatibilidade com o Plano Plurianual e com a Lei de Diretrizes Orçamentárias. [Consulta n. 706.745. Rel. Conselheiro Antônio Carlos Andrada. Sessão do dia 28/02/2007]

[**Despesas realizadas mediante processos licitatórios irregulares.**] [...] a juntada e a correta autuação de todos os documentos previstos no art. 38 da Lei n. 8.666/93 se mostra imperiosa para a verificação da regularidade do certame. [...] a divergência quanto ao número de linhas para o transporte escolar licitadas informado no anexo à requisição do objeto [...] e o discriminado no anexo I do edital [...] pode induzir os licitantes a erro, colocando em xeque o princípio do julgamento objetivo, previsto no art. 2º da Lei n. 8.666/93. Além da possível afronta ao caráter competitivo do certame, acrescente-se o desrespeito ao estabelecido no art. 40, I, do referido diploma legal, que exige a descrição sucinta e clara do objeto da licitação. [...] no edital devem ser exigidos todos os documentos comprobatórios da habilitação do futuro contratado para a adequada execução do respectivo objeto, sob pena de frustrar o interesse público que se busca satisfazer por meio do contrato firmado. Por conseguinte, tendo em vista que o objeto do certame em apreço, qual seja, a prestação de serviços de transporte escolar, era imprescindível que o respectivo edital exigisse a apresentação de documentos que comprovassem o cumprimento das exigências estabelecidas nos arts. 136 — 138 da Lei n. 9.503/97. [...] a observância do prazo recursal apresenta inegável relevância, visto que esse se encontra diretamente relacionado ao direito de petição, bem como ao direito ao contraditório e à ampla defesa, previstos no art. 5º, XXXIV e LV, da CR/88, respectivamente. [...] A correta autuação do processo, com a juntada dos documentos em ordem cronológica, bem como a descrição do objeto da licitação de forma clara e sucinta e o estabelecimento dos prazos da respectiva entrega são de suma importância para que sejam asseguradas a lisura e a competitividade do certame, tendo tais irregularidades violado o disposto nos arts. 38, *caput*, e 40, I e II, da Lei n. 8.666/93. [...] entendemos irregulares as despesas em questão, visto que a Concorrência n. [...] foi realizada em desacordo com o disposto no art. 38, *caput* e inciso III, arts. 2º e 40, I; art. 43, §2º, art. 109, I, *a*, e art. 24, V, da Lei n. 8.666/93, e o Convite n. [...] foi realizado em desconformidade com o prescrito no art. 38, *caput* e inciso III, arts. 2º e 40, I; art. 43, §2º, e art. 109, I, *a*, da Lei n. 8.666/93 [...]. [Processo Administrativo n. 694.173. Rel. Auditor Licurgo Mourão. Sessão do dia 20/11/2012]

[**Procedimento licitatório julgado irregular em decorrência da ausência de ato formal de autorização de abertura do certame.**] De fato, trata-se de falha que implica vício ao certame como um todo. Não é por ser considerado de natureza formal que a realização de determinado ato do procedimento possa ser desprezada ou considerada de somenos importância. [...] Assim, não pode a Administração negligenciar os aspectos formais atinentes ao certame, sob a alegação de ser ato formal que não implica prejuízo. [...] proponho, no mérito, ao Colegiado da Segunda Câmara que sejam julgados irregulares os procedimentos licitatórios, conforme descrito no item 2, razão pela qual proponho a aplicação de multa no valor total de R$3.250,00 (três mil duzentos e cinquenta reais) a cada um dos responsáveis. [...] Convite [...], *subitem 2.2*, *para* pavimentação, capeamento e recapeamento asfáltico, e uma vez que violado o *caput* do art. 38, bem como a execução do contrato dele decorrente, por inobservância do art. 65, todos da Lei n. 8.666, de 1993, multa no valor de R$2.500,00 (dois mil e quinhentos reais), a cada um dos responsáveis. [Processo Administrativo n. 764.735. Rel. Auditor Gilberto Diniz. Sessão do dia 25/10/2012]

[**Procedimento licitatório. Falhas de controle interno.**] 1 — Falhas no controle interno. Conforme manifestações técnicas, a fls. 8 e 9, 15 e 16, foram constatadas falhas no sistema de controle interno, a saber: a) não houve a devida regulamentação do sistema de controle interno quanto às normas, atribuições e procedimentos específicos; b) não havia manuais e/ou rotinas operacionais, bem como relatórios de acompanhamento e avaliações dos programas, projetos e atividades executados em cada unidade administrativa; c) os processos administrativos, selecionados e analisados, arquivados no setor de compras, estavam em desacordo com o disposto nos arts. 4º e 38, *caput*, da Lei n. 8.666, de 1993 e com o disposto na INTC n. 08, de 2003 do TCEMG; d) os processos não foram devidamente numerados, conforme *caput* do art. 38 da Lei n. 8.666, de 1993; e) foram realizados procedimentos licitatórios sem previsão da quantidade do produto demandado, o que possibilitaria, juntamente com a pesquisa de preços unitários, estimar o valor global das despesas, de forma a identificar a modalidade de licitação a ser escolhida e permitir o bloqueio orçamentário necessário, conforme exigência dos arts. 14 e 23 da Lei n. 8.666, de 1993. Alguns procedimentos licitatórios foram elaborados sem menção de valores na requisição de compras, no edital da licitação, nas atas de abertura de propostas e de adjudicação, no parecer jurídico e, principalmente, no contrato firmado com o fornecedor. [...] Diante do exposto, e em face da fragilidade detectada no controle interno, proponho recomendação ao atual gestor da Prefeitura Municipal de Córrego Fundo, para que adote as ações corretivas adequadas, caso ainda persistam as falhas apontadas, sem prejuízo de averiguação das medidas implementadas em futuras inspeções. [Processo Administrativo n. 694.975. Rel. Auditor Gilberto Diniz. Sessão do dia 30/08/2012]

[**Licitação. Irregularidade. Procedimento licitatório apresentado sem autuação e numeração.**] [...] o *caput* do art. 38 da Lei n. 8.666/93 é claro quanto à necessidade de autuação e numeração sequencial de todos os documentos constantes do processo. Quanto à autorização e indicação do recurso, nada foi alegado pelo recorrente, razão pela qual não deve ser modificada a decisão recorrida. [Recurso Ordinário n. 839.017. Rel. Conselheiro Eduardo Carone Costa. Sessão do dia 28/03/2012]

[**Despesas mediante procedimento licitatório sem a devida autuação e descrição sucinta do objeto.**] [...] o art. 38, *caput*, determina a autuação, o protocolo e a numeração dos processos, bem como dos atos procedimentais que o compõem. [...]não basta a informação na nota de empenho, pois a verificação do recurso próprio para a despesa deve ser prévia à sua realização, na abertura do procedimento licitatório. A inobservância de tais formalidades pode proporcionar terreno fértil para fraudes, inserções intempestivas e adulterações, ameaçando a autenticidade dos documentos. [...] proponho aplicação de multa no total de R$64.600,00 (sessenta e quatro mil e seiscentos reais) ao [...] Prefeito Municipal à época, sendo: a) R$2.600,00 em razão da realização de despesas de R$53.666,78 mediante procedimentos licitatórios promovidos com inobservância de determinações legais, com destaque para: falta das notas de empenho e respectivos comprovantes legais nos autos, inexistência de portaria designando a Comissão Permanente de Licitação, ausência de documentos de habilitação, omissão da numeração processual e da publicação dos instrumentos convocatórios. A sanção ora cominada é objetiva e independe de dano quantificável, que, uma vez materializado, além do ressarcimento, ensejaria também a aplicação de multa, nos termos do art. 316 do Regimento Interno. [Processo Administrativo n. 752.415. Rel. Auditor Hamilton Coelho. Sessão do dia 04/08/2011]

[**Ausência de indicação de recurso para realização de despesa.**] Quanto [...] à ausência de indicação do recurso para a realização da despesa [...].Esta suposta omissão formal, no entanto, é afrontosa à exigência contida no art. 14, bem como no art. 38, *caput*, ambos da Lei de Licitações [...]. Entendo, portanto, tratar-se, essa, de uma exigência relevante. Sua ausência, naturalmente, vicia o processo e afeta a lisura da contratação, tendo em vista que sua finalidade é demonstrar que o órgão terá como honrar com o pagamento da despesa, submetendo-se ao princípio da anterioridade, inafastável em matéria orçamentária. Desse modo, considero grave a falta de indicação do recurso para a realização da despesa, por infringir o art. 14, c/c o art. 38, *caput*, da Lei n. 8.666/93. [Processo Administrativo n. 707.561. Rel. Conselheira Adriene Andrade. Sessão do dia 25/11/2008]

[**Autuação do procedimento.**] Ressalto que a organização dos documentos em volume próprio, autorizado e numerado assegura a fiscalização e o controle da legalidade do procedimento. [...] [Destaca-se como irregularidade a] falta de requisição do objeto da licitação por parte da repartição interessada. [...] A referida requisição é que evidenciará o início do processo licitatório, pois definirá o objeto a ser contratado, que deverá ser autorizado por autoridade competente. A correta instrução do processo consubstancia a prova de que a licitação [era necessária e de que] alcançou o fim de interesse público. [Denúncia n. 438.465. Rel. Conselheiro Antônio Carlos Andrada. Sessão do dia 09/09/2008]

[**Convites. Dispensa de algumas formalidades do art. 38 da Lei de Licitações.**] Entendo que a documentação essencial para compor os autos, no caso de convites, é a que formaliza sua entrega aos interessados, conforme art. 38, I, da Lei de Licitações [...], conforme mostra tender esta Corte de Contas, nos termos da Consulta n. 628.620, respondida pelo conselheiro Elmo Braz, e que lembro aqui, *in verbis*: 'A carta-convite, modalidade simplificada de ato convocatório, destina-se, especificamente, a disciplinar a licitação na modalidade convite. Tem como característica básica o chamamento direto à licitação, que deverá ser processada de forma simples e ágil, visando, efetivamente, a tornar mais econômico para a Administração o custo da sua realização. Entendemos, então, que a carta-convite não estará submetida à exigência contida no parágrafo único do art. 38 da Lei n. 8.666/93' [...]. [Processo Administrativo n. 630.583. Rel. Conselheira Adriene Andrade. Sessão do dia 14/08/2007]

[**Necessidade de formalização do procedimento licitatório.**] [...] foi desrespeitado o art. 38 da Lei n. 8.666/93, mais precisamente em relação à abertura dos processos administrativos, que deveriam estar devidamente autuados, protocolados e numerados e à ausência: das cartas-convite enviadas aos interessados, dos editais relativos aos certames, dos atos de designações das comissões de licitação, das atas das comissões julgadoras, dos pareceres jurídicos, dos atos de adjudicações dos objetos das licitações e das suas respectivas homologações. Nesse sentido, contribui, ainda, a lição de Marçal Justen Filho, segundo o qual: 'A lei determina que todos os atos da licitação sejam documentados por escrito. Mesmo quando os atos sejam formalizados verbalmente ou através de outras condutas, deverá ocorrer sua documentação por escrito (através de atas). Ademais, impõe-se que esses documentos sejam coletados em volume único e organizado sequencialmente (autos). (JUSTEN FILHO, Marçal. *Comentários à Lei de Licitações e Contratos Administrativos*, 4. ed., p. 374 e 375). A lei assim o exigiu, lembra o mesmo autor, com o objetivo de que a documentação por escrito e a organização dos documentos em um único volume assegurem a fiscalização e o controle da legalidade do procedimento, permitindo que a Administração, os licitantes e, mesmo, outros cidadãos possam verificar os eventos ocorridos, reconstruindo, historicamente, a evolução dos fatos, e com isso, a qualquer tempo, poder ser comprovada a ocorrência de vício ou de defeito. Assim sendo, ao observar que o interessado não documentou os processos licitatórios, nos moldes do art. 38 da Lei n. 8.666/93, considero irregulares as despesas. [Processo Administrativo n. 497.041. Rel. Conselheira Adriene Andrade. Sessão do dia 08/05/2007]

[**Autorização para publicação de Aviso de Licitação.**] [...] consta dos autos [...] a autorização para a publicação do 'Aviso de licitação' do Diretor Geral [...], responsável pelo ordenamento das despesas relativas à execução orçamentária da autarquia. Destaca-se que não é necessária a autorização para publicação do edital de licitação, visto que essa decorre, expressamente, da Lei n. 8.666/1993, consoante dispõe o art. 21, o que implica dizer que o documento acima citado constitui, [na verdade], uma forma de autorização para abertura do procedimento licitatório. [Contrato n. 100.082. Rel. Conselheiro Antônio Carlos Andrada. Sessão do dia 13/02/2007]

I — edital ou convite e respectivos anexos, quando for o caso;

Esses documentos irão dispor sobre todas as regras da licitação. São os documentos que, após a abertura do processo administrativo, alavancam a fase externa da licitação.

II — comprovante das publicações do edital resumido, na forma do art. 21 desta Lei, ou da entrega do convite;

Em comum ao edital ou ao convite, deverão ser juntados os comprovantes de que estes documentos foram amplamente divulgados, de forma a dar ciência a todos os possíveis interessados. Sendo que a divulgação se dará de acordo com o previsto no artigo 21 desta Lei.

[**Ausência da comprovação da entrega de convite a um dos participantes do certame licitatório.**] [...] a Administração, ao escolher a modalidade licitatória convite, deve convidar três licitantes, por exigência do §3° do art. 22 da Lei n. 8.666, de 1993, e o comprovante de entrega do convite é fundamental para verificar o cumprimento da norma. Assim, entendo que, no caso dos autos, a ausência de identificação do recebedor no convite encaminhado à *[omissis]*. comprometeu a aferição da ocorrência do terceiro convite, mesmo porque essa empresa não apresentou proposta. [...] Por todo o exposto, entendo que o procedimento licitatório [...] deve ser considerado irregular, porque ficou comprovada violação às normas estabelecidas na Lei n. 8.666, de 1993, cabendo a responsabilização do agente que deu ensejo às ilegalidades perpetradas. [...] Convite [...], subitem 3.1, por violação aos incisos II e VI do art. 38 da Lei n. 8.666, de 1993, [aplicar] multa no valor de R$3.500,00 (três mil e quinhentos reais); [Processo Administrativo n. 695.215. Rel. Auditor Gilberto Diniz. Sessão do dia 04/10/2012]

[**Ausência de comprovante de entrega dos convites.**] O comprovante de entrega do convite ao lado da publicação do edital tem por objetivo a divulgação da licitação e a observância aos prazos e forma fixadas no art. 21 da Lei n. 8.666, de 1993. [...] No caso dos autos, ficou comprovado que três licitantes encaminharam propostas que, segundo o defendente, foram os convidados. Portanto, é forçoso concluir que o número mínimo de convidados foi observado e, por consequência a divulgação foi realizada. Assim, apesar de os comprovantes do recebimento do convite não terem sido anexados ao processo licitatório, a instalação do certame com o número mínimo de licitantes foi observada, razão pela qual entendo que a falha pode ser relevada. [Procedimento Administrativo n. 688.722. Rel. Auditor Gilberto Diniz. Sessão do dia 27/09/2012]

[**Adiantamento de pagamentos a empresas contratadas. Desproporção entre pagamentos efetuados e o atual estado das obras. Responsabilização do gestor.**] A unidade técnica [...] reconheceu a execução das obras em percentuais inferiores aos que corresponderiam os valores já pagos pelo Município (ainda que distintos daqueles afirmados pela representante), constatando, ainda, diversas irregularidades quanto ao procedimento licitatório em si, derivadas da não observância da Lei n. 8.666/93. O responsável pela licitação em análise [...] não refutou a constatação de tais vícios no procedimento. Afirmou, tão somente [...], que meras irregularidades formais — tais como a publicação do resumo do edital apenas em jornal local e a ausência de publicação do extrato do contrato na Imprensa Oficial — não seriam hábeis à invalidação do certame. Além disso, atribuiu eventual responsabilidade decorrente do fato à Comissão de Licitação. A falta de publicação do resumo do edital no *Diário Oficial do Estado* e em jornal de grande circulação em nível estadual feriu três importantes princípios atinentes à licitação, que são os da isonomia, publicidade e competitividade. Deste modo, não foi oportunizado a possíveis licitantes não cadastrados a chance de disputar a licitação e, com isso, deixou-se, ainda que potencialmente, de se ampliar o leque de possíveis propostas mais vantajosas ao Município. Descumpriu-se, outrossim, o disposto no art. 38, II, da Lei n. 8.666/93. [Representação n. 772.601. Rel. Conselheiro Cláudio Couto Terrão. Sessão do dia 27/03/2012]

[**Comprovante de entrega do convite.**] Em que pese ter sido apresentado pelo defendente o ato convocatório e seu anexo, a fls. 376 – 378, reitero que houve infringência ao disposto no inciso II do citado dispositivo legal, entendendo, desta feita, ser essencial o comprovante de entrega dos convites, para que não sejam suscitadas dúvidas quanto à tempestividade e efetiva realização do certame. Sem tais comprovantes, não há como testemunhar a existência do certame, pelo que considero tal irregularidade de natureza grave. [Processo Administrativo n. 700.749. Rel. Conselheira Adriene Andrade. Sessão do dia 09/10/2007]

III — ato de designação da comissão de licitação, do leiloeiro administrativo ou oficial, ou do responsável pelo convite;

Conforme previsto no artigo 51 desta Lei, a habilitação preliminar, a inscrição em registro cadastral, sua alteração ou cancelamento, bem como as propostas, serão julgadas pela comissão de licitação. Todo o procedimento licitatório deve ser conduzido por uma comissão de licitação, e por isso, a importância da juntada oportuna deste ato de designação ao procedimento administrativo. Esta comissão terá no mínimo 3 (três) membros, sem previsão de número máximo.

[**Despesas realizadas mediante processos licitatórios irregulares.**] [...] a juntada e a correta autuação de todos os documentos previstos no art. 38 da Lei n. 8.666/93 se mostra imperiosa para a verificação da regularidade do certame. [...] a divergência quanto ao número de linhas para o transporte escolar licitadas informado no anexo à requisição do objeto [...] e o discriminado no anexo I do edital [...] pode induzir os licitantes a erro, colocando em xeque o princípio do julgamento objetivo, previsto no art. 2º da Lei n. 8.666/93. Além da possível afronta ao caráter competitivo do certame, acrescente-se o desrespeito ao estabelecido no art. 40, I, do referido diploma legal, que exige a descrição sucinta e clara do objeto da licitação. [...] no edital devem ser exigidos todos os documentos comprobatórios da habilitação do futuro contratado para a adequada execução do respectivo objeto, sob pena de frustrar o interesse público que se busca satisfazer por meio do contrato firmado. Por conseguinte, tendo em vista que o objeto do certame em apreço, qual seja, a prestação de serviços de transporte escolar, era imprescindível que o respectivo edital exigisse a apresentação de documentos que comprovassem o cumprimento das exigências estabelecidas nos arts. 136 – 138 da Lei n. 9.503/97. [...] a observância do prazo recursal apresenta inegável relevância, visto que esse se encontra diretamente relacionado ao direito de petição, bem como ao direito ao contraditório e à ampla defesa, previstos no art. 5º, XXXIV e LV, da CR/88, respectivamente. [...] A correta autuação do processo, com a juntada dos documentos em ordem cronológica, bem como a descrição do objeto da licitação de forma clara e sucinta e o estabelecimento dos prazos da respectiva entrega são de suma importância para que sejam asseguradas a lisura e a competitividade do certame, tendo tai s irregularidades violado o disposto nos arts. 38, *caput*, e 40, I e II, da Lei n. 8.666/93. [...] entendemos irregulares as despesas em questão, visto que a Concorrência n. [...] foi realizada em desacordo com o disposto no art. 38, *caput* e inciso III, arts. 2º e 40, I; art. 43, §2º, art. 109, I, *a*, e art. 24, V, da Lei n. 8.666/93, e o Convite n. [...] foi realizado em desconformidade com o prescrito no art. 38, *caput* e inciso III, arts. 2º e 40, I; art. 43, §2º, e art. 109, I, *a*, da Lei n. 8.666/93 [...]. [Processo Administrativo n. 694.173. Rel. Auditor Licurgo Mourão. Sessão do dia 20/11/2012]

[**Edital. Erro formal. Ausência de cópia da portaria que nomeia os membros da Comissão de Licitação ou o responsável pelo convite.**] A falta no instrumento convocatório da portaria que nomeia a Comissão de Licitação não implica falta de nomeação da comissão de licitação, o que constituiria irregularidade insanável no procedimento licitatório. Assim, considero erro formal a juntada tardia da portaria ao instrumento convocatório. [Denúncia n. 743.772. Rel. Conselheira Adriene Andrade. Sessão do dia 29/05/2012]

[**Ato de designação da Comissão.**] Trata-se de documento necessário, visando à legitimidade da atuação dos membros da Comissão de Licitação. [Denúncia n. 438465. Rel. Conselheiro Antônio Carlos Andrada. Sessão do dia 09/09/2008]

IV — original das propostas e dos documentos que as instruírem;

Excetuadas as propostas excluídas e devolvidas aos interessados (artigo 43, inciso II), todas as demais devem ser juntadas ao processo administrativo. Prudente é a juntada dos envelopes nos quais as propostas foram entregues, vez que poderão ser úteis nos esclarecimentos de questionamentos futuros.

V – atas, relatórios e deliberações da Comissão Julgadora;

Todo o histórico do procedimento licitatório deve ser devidamente documentado. Sendo assim, todas as ocorrências durante o curso da licitação deverão ser juntadas aos autos da licitação.

VI — pareceres técnicos ou jurídicos emitidos sobre a licitação, dispensa ou inexigibilidade;

São documentos emitidos por terceiros, estranhos a comissão de licitação, sobre algum aspecto da licitação, dispensa ou inexigibilidade.

O parecer será obrigatório quando a lei determinar que esteja presente para a prática final do ato administrativo. No procedimento licitatório, tal exigência implica na responsabilidade solidária do parecerista, pois sua manifestação fundamenta a decisão do gestor público. Esse é o entendimento do Tribunal de Contas da União, conforme se verifica na jurisprudência colacionada:

> "A emissão de pareceres técnico-jurídicos, no exercício das atribuições de procurador federal, que impliquem a aprovação ou ratificação de termo de termos de convênio e aditivos (art. 38 da Lei 8.666/93), autoriza, em casos de expressa violação da lei, a responsabilidade solidária do emissor, já que a manifestação do setor técnico fundamenta a decisão do administrador'. Precedentes citados: Acórdãos 462/2003 e 137/2006. Acórdão nº 1337/2011 – Plenário, TC-018.887/2008-1, rel. Min. Walton Alencar Rodrigues, 25.05.2011.

[**Ausência de parecer jurídico na composição do procedimento licitatório.**] Ademais, é importante frisar que o parecer jurídico é ato formal que deve compor o processo licitatório; assim, a sua comprovação se faz mediante parecer por escrito que deve ser juntado oportunamente no processo. Desse modo, entendo que ficou caracterizada a violação ao inc. VI do art. 38 da Lei n. 8.666, de 1993. [...] Por todo o exposto, entendo que o procedimento licitatório [...] deve ser considerado irregular, uma vez que ficou comprovada violação às normas estabelecidas na Lei n. 8.666, de 1993, cabendo a responsabilização ao agente que deu ensejo às ilegalidades perpetradas. [...] Convite [...], subitem 3.1, por violação aos incisos II e VI do art. 38 da Lei n. 8.666, de 1993, [aplicar] multa no valor de R$3.500,00 (três mil e quinhentos reais); [Processo Administrativo n. 695.215. Rel. Auditor Gilberto Diniz. Sessão do dia 04/10/2012]

[**Ausência de parecer técnico e jurídico acerca do procedimento licitatório.**] Seguindo a doutrina de Marçal, é razoável entender que o parecer jurídico seria facultativo caso o agente responsável pela homologação da licitação fosse detentor de formação jurídica e possuísse pleno conhecimento acerca das formalidades necessárias aos procedimentos licitatórios. Ora, no caso em análise, os procedimentos licitatórios apresentaram outras falhas, além da ausência do parecer jurídico, que comprometeram as licitações, e que, caso tivessem sido submetidos ao crivo de um profissional da área jurídica, certamente permitiria que elas fossem evitadas e até mesmo sanadas no curso do procedimento. Desse modo, diferentemente do posicionamento da unidade técnica, entendo que ficou caracterizada a violação ao inciso VI do art. 38 da Lei n. 8.666, de 1993. [Processo Administrativo n. 689.083. Rel. Auditor Gilberto Diniz. Sessão do dia 13/09/2012]

[**Razoável coerência da manifestação do parecerista jurídico.**] A doutrina e a jurisprudência dos tribunais de contas estão postos no sentido de que 'a manifestação jurídica, quando obedece a uma razoável coerência técnica ou doutrinária, não poderá ser censurada, tanto pelos controles internos da Administração, como pelo controle externo administrativo (via Tribunal de Contas), ou, ainda, pelo controle judicial. [...] No entanto, quando a manifestação jurídica for inteiramente descabida, desapoiada em qualquer interpretação razoável do texto legal e com isto levar a Administração a realizar contratação ruinosa, o profissional responsável pelo parecer responderá, solidariamente com o administrador, nos termos da legislação'. Nesse sentido são as seguintes decisões do TCU: 'Parecer Jurídico — Tese Juridicamente Razoável — Se o administrador atua seguindo tese razoável firmada pelo órgão jurídico, não pode ser penalizado' — TCU — Proc. 016.626/94-0 Decisão 074/97 — Relator: ministro Carlos Átila — *DOU* 11/03/1997. 'Parecer Jurídico. — Importância — Quando o Administrador age com base em parecer bem fundamentado, que adota tese juridicamente razoável, em princípio, não pode ser condenado. É o entendimento do TCU e da doutrina' — TCU — TC n. 25.707/82-5 — Relator: Ministro Ivan Luz — DOU 19/06/94 [...]. [Processo Administrativo n. 685.019. Rel. Conselheiro Simão Pedro Toledo. Sessão do dia 14/08/2007]

VII — atos de adjudicação do objeto da licitação e da sua homologação;

A adjudicação consiste em ato posterior à escolha das propostas, no qual objeto licitado será adjudicado ao licitante vencedor. Trata-se de ato que atribui ao vencedor o objeto da licitação. A homologação é a ratificação pela autoridade competente da validade do processo licitatório.

ENUNCIADO DE SÚMULA N. 80. Para fim de controle externo, nos contratos precedidos de licitação, é dispensável a juntada aos autos do despacho de homologação de seu resultado, se o instrumento tiver sido firmado pela mesma autoridade que seria competente para homologar o procedimento licitatório.

[**Falta de autorização para o certame quando o objeto decorre de convênio.**] Considero falha formal a falta de autorização para o desenrolar do certame, uma vez que, neste caso, ele já estava pré-autorizado pelo próprio convênio. Do mesmo modo, entendo que o objeto estava implícito no tratado convenial assinado entre a Prefeitura e o Estado, com verbas de Programa específico do Governo Federal, referindo-se à compra de veículos escolares. Quanto ao recurso, não se pode fugir ao mesmo raciocínio desenvolvido até aqui, pois se trata de um convênio e, portanto, a verba era aquela destinada ao fim conveniado. Ainda, sobre o parecer prévio da assessoria jurídica, entendo que, nesta situação, ele estaria prejudicado, restringindo-se a simples ratificação dos termos do convênio firmado com o Estado. Desse modo, seriam estas, também, falhas de natureza formal, pois, embora afrontem dispositivo legal, na realidade concreta, não afetaram o curso da execução contratual ou viciaram o certame em comento. [Processo Administrativo n. 687.135. Rel. Conselheira Adriene Andrade. Sessão do dia 12/06/2007]

[**Consequências da homologação.**] [...] a partir do momento em que ocorre o ato de homologação do procedimento licitatório pela autoridade competente, esta se torna solidariamente responsável pelos atos nele praticados. A homologação consiste na verificação, pela autoridade responsável pelo órgão ou entidade, da legalidade do procedimento e da conveniência da contratação que acarretará a celebração de um contrato administrativo. Trata-se de controle acerca da conformidade legal dos atos realizados pela Comissão de Licitação durante o fluxo decisório do procedimento licitatório. [Recurso de Revisão n. 665.374. Rel. Conselheiro Wanderley Ávila. Sessão do dia 17/08/2005]

[**Ausência de autorização do procedimento, de publicação e dos atos de homologação e adjudicação.**] [...] considerando a ausência da autorização ou justificativa para a realização do procedimento licitatório, a ausência da publicação do 1º termo aditivo, bem como a falta dos atos de adjudicação do objeto da licitação e da homologação do procedimento, contrariando o disposto no art. 38, *caput* e inciso VII, e art. 61, parágrafo único, da Lei n. 8.666/93, Voto pela irregularidade do procedimento licitatório, modalidade tomada de preços, e, em consequência, do instrumento contratual e seus termos aditivos. [Contrato n. 607.599. Rel. Conselheiro Wanderley Ávila. Sessão do dia 03/05/2005]

VIII — recursos eventualmente apresentados pelos licitantes e respectivas manifestações e decisões;

Assim como toda documentação de ocorrência, como as atas, relatórios e deliberações da Comissão Julgadora deverão constar dos autos da licitação, todos os recursos que porventura forem apresentados, bem como as decisões também deverão.

[**Ausência de formalização dos recursos nos autos.**] [Não ficou] esclarecido nos autos se existiram ou não [...] recursos, o que se constitui em falha no processo administrativo e desobediência ao inciso VIII do art. 38 da Lei n. 8.666/93, que impõe a juntada dos recursos eventualmente apresentados pelos licitantes e respectivas manifestações e decisões a respeito. Trata-se de falha de natureza grave, que compromete a lisura do certame, sendo tais peças indispensáveis na composição do processo administrativo e necessárias ao acompanhamento da licitação. [Contrato n. 450.851. Rel. Conselheiro Moura e Castro. Sessão do dia 05/12/2006]

IX — despacho de anulação ou de revogação da licitação, quando for o caso, fundamentado circunstanciadamente;

Quando a licitação não atingir o seu fim, por qualquer motivo, seja por ausência de interessados, por inviabilidade na contratação ou por qualquer outro, o despacho que revoga ou anula o procedimento licitatório deverá ser fundamentado e juntado aos autos. Trata-se do princípio da autotutela da Administração Pública, que pode anular seus atos quando eivados de vícios insanáveis ou revogá-los por questão de conveniência e oportunidade (Súmula 473 do STF).

X — termo de contrato ou instrumento equivalente, conforme o caso;

O termo de contrato junto ao licitante vencedor também deve ser juntado aos autos, como forma de verificar a relação da Administração Pública e o vencedor da licitação.

XI – outros comprovantes de publicações;

XII — demais documentos relativos à licitação.

Todos os documentos relativos à licitação devem ser juntados aos autos.

[**Despesas mediante procedimento licitatório sem juntada das notas de empenho e comprovantes legais.**] O responsável aduziu que a exigência é excesso de formalismo e o Tribunal de Contas não pode atuar como legislador, impondo o que nem mesmo a Lei de Licitações e Contratos impõe. [...] De acordo com a Resolução TC n. 06/09, instrução normativa é ato formal, por meio do qual o Tribunal delibera sobre as normas gerais de orientação externa a serem observadas pelos jurisdicionados, visando assegurar o cumprimento de sua ação fiscalizadora. Assim, demonstrado o descumprimento da regulamentação emanada desta Corte de Contas quanto à documentação que deve instruir os processos licitatórios, fica configurada a infração ao comando do art. 38, XII, da Lei n. 8.666/93. [...] proponho aplicação de multa no total de R$64.600,00 (sessenta e quatro mil e seiscentos reais) ao [...] Prefeito Municipal à época, sendo: R$2.600,00 em razão da realização de despesas de R$53.666,78 mediante procedimentos licitatórios promovidos com inobservância de determinações legais, com destaque para: falta das notas de empenho e respectivos comprovantes legais nos autos, inexistência de portaria designando a Comissão Permanente de Licitação, ausência de documentos de habilitação, omissão da numeração processual e da publicação dos instrumentos convocatórios. A sanção ora cominada é objetiva e independe de dano quantificável, que, uma vez materializado, além do ressarcimento, ensejaria também a aplicação de multa, nos termos do art. 316 do Regimento Interno. [Processo Administrativo n. 752.415. Rel. Auditor Hamilton Coelho. Sessão do dia 04/08/2011]

Parágrafo único. As minutas de editais de licitação, bem como as dos contratos, acordos, convênios ou ajustes devem ser previamente examinadas e aprovadas por assessoria jurídica da Administração. (Redação dada pela Lei n. 8.883, de 1994)

Trata-se de resguardar a Administração Pública, que por meio de sua assessoria jurídica deve analisar, de maneira prévia, e aprovar todas as minutas de editais de licitação, contratos, acordos, convênios ou ajustes.

[**Procedimento licitatório considerado irregular por inobservância aos requisitos formais previstos na Lei de Licitações e na Lei de Responsabilidade Fiscal.**] Não se pode olvidar que o procedimento licitatório caracteriza, por excelência, nos termos da lei, ato administrativo formal, sendo, pois, imprescindível a observância das formalidades impostas pela Lei n. 8.666, de 1993. [...] Pelo exposto, entendo que a Tomada de Preços [...] deve ser considerada irregular, uma vez que foram violados dispositivos da Lei n. 8.666, de 1993, e da Lei Complementar n. 101, de 2000, Lei de Responsabilidade Fiscal, sujeitando-se o prefeito municipal à época, e os membros da comissão de licitação às sanções impostas pela lei. [...] *s*eja julgado irregular o procedimento licitatório, Tomada de Preços[...], bem como o contrato dele decorrente, para aquisição de tubos, blocos e bloquetes, conforme descrito no item 3, por violação ao inciso II do art. 16 da Lei Complementar n. 101, de 2000; e parágrafo único do art. 38, art. 43, inciso III e §2º do art. 21, alínea *a* do inc. I do art. 109, e parágrafo único do art. 61, todos da Lei n. 8.666, de 1993, razão pela qual proponho a aplicação de multa no valor de R$11.300,00 (onze mil e trezentos reais) ao [omissis], bem como multa no valor de R$1.600,00 (um mil e seiscentos reais) a cada um dos membros da Comissão de Licitação, à época. [Processo Administrativo n. 691.703. Rel. Auditor Gilberto Diniz. Sessão do dia 09/10/2012]

[**Ausência de parecer jurídico sobre a minuta do edital.**] Em relação ao apontamento, já tive a oportunidade de me manifestar acerca da matéria, quando proferi voto no Recurso de Revisão nº 684.518, de minha relatoria, em Sessão do dia 08/08/2007, nos seguintes termos: "[...] assiste razão ao defendente quanto a não exigência legal de aprovação prévia da minuta do instrumento de convite porque a Lei de Licitações, no parágrafo único do art. 38, claramente se refere à minuta de editais, pelo que foi excluído o ato convocatório do convite." Assim, desconsidero o apontamento, por não vislumbrar irregularidade na ausência de parecer jurídico sobre a minuta do ato convocatório em questão. [Processo Administrativo n. 689.083. Rel. Auditor Gilberto Diniz. Sessão do dia 13/09/2012]

[**Licitação. Convite. Procedimento licitatório apresentado sem parecer jurídico. Ausência de Irregularidade**] A obrigatoriedade de elaboração de parecer jurídico acerca das minutas de editais e contratos está prevista no art. 38, parágrafo único, da Lei n. 8.666/93. Entretanto, o referido dispositivo refere-se apenas aos editais de licitação, não sendo obrigatória tal exigência no caso dos convites. [Tem sido adotado, no respectivo Tribunal, entendimento de que o ato convocatório, na modalidade convite, e a respectiva minuta de contrato, não exigem parecer jurídico, sendo a exigência do art. 38, parágrafo único, tão somente destinado a editais.] [...] há que se reconhecer a inexistência de irregularidade neste ponto, razão pela qual revejo o posicionamento anterior para entender como sanada a irregularidade. [Recurso Ordinário n. 837.471. Rel. Conselheiro Eduardo Carone Costa. Sessão do dia 28/03/2012]

[**Licitação. Convite. Dispensa do exame e aprovação prévia das minutas de edital e de contrato pela assessoria jurídica da administração.**] O entendimento deste Tribunal de Contas na Consulta n. 628.620 respondida pelo Exmo. conselheiro Elmo Braz, dispensa a apresentação desse exame nos casos de convite, por ser essa uma forma mais simples de licitação, *in verbis*: O parágrafo único do art. 38 determina que "as minutas de editais de licitação, bem como as dos contratos, acordos, convênios ou ajustes devem ser previamente examinadas e aprovadas pelo órgão de assessoria jurídica da unidade responsável pela licitação". Verifica-se que o dispositivo acima apenas explicita o exame das minutas dos editais, não fazendo referência às minutas de carta-convite. O que nos leva a concluir, em princípio, que a obrigatoriedade do exame prévio por assessoria jurídica está indicada apenas quando se tratar de editais. A carta-convite, modalidade simplificada de ato convocatório, destina-se, especificamente, a disciplinar a licitação na modalidade convite. Tem como característica básica o chamamento direto à licitação, que deverá ser processada de forma simples e ágil, visando, efetivamente, a tornar mais econômico para a Administração o custo da sua realização. Entendemos, então, que a carta-convite não estará submetida à exigência contida no parágrafo único do art. 38 da Lei n. 8.666/93. Com escolta no parecer do ilustre conselheiro, entendo dispensável o exame e a aprovação prévia das minutas de edital e de contrato pela assessoria jurídica da administração, quando se tratarem de Convite, visto ser esta uma modalidade de licitação menos formal, e, por isso, desconsidero o apontamento. [Processo Administrativo n. 702.593. Rel. Conselheira Adriene Andrade. Sessão do dia 25/05/2010]

[**Ausência de exame e aprovação do edital por assessoria jurídica.**] A questão de o instrumento contratual contemplar cláusulas que assegurem a plena execução do objeto contratado resguarda a Administração de prejuízos que possam ser ocasionados quando a empresa contratada não puder cumprir o pacto firmado. Daí a importância do parecer jurídico acerca da minuta do contrato, o qual irá assegurar à Administração que o contrato a ser celebrado estaria dentro dos termos legais e destituído de vícios jurídicos. [...] Assim, julgo ilegal o procedimento adotado, tendo em vista a infringência do parágrafo único do art. 38 da Lei n. 8.666/93. Todavia, considerando a morte do gestor, (*omissis*), prefeito municipal à época, que autorizou a licitação, e a natureza personalíssima da multa, não podendo os seus herdeiros suportar esse ônus, deixo de aplicar qualquer sanção pecuniária. [Processo Administrativo n. 695.224. Rel. Conselheiro em exercício Gilberto Diniz. Sessão do dia 27/04/2010]

[**Aprovação pela assessoria jurídica.**] Marçal Justen Filho, [...] no que diz respeito a esta formalidade [do art. 38, parágrafo único], assim leciona: 'Deve reconhecer-se que a regra do parágrafo único destina-se a evitar a descoberta tardia de defeitos. Como a quase totalidade das formalidades, a aprovação pela assessoria jurídica não se trata de formalidade que se exaure em si mesma. Se o edital e as minutas de contratação forem perfeitos e não possuírem irregularidades, seria um despropósito supor que a ausência de prévia aprovação da assessoria jurídica seria suficiente para invalidar a licitação. Portanto, o essencial é a regularidade dos atos, não a aprovação da assessoria jurídica'. (JUSTEN FILHO, Marçal. *Comentários à lei de licitações e contratos administrativos*. 11. ed. São Paulo: Dialética, 2005, p. 378) [...] a intenção maior do parágrafo único do art. 38 da Lei n. 8.666/93, não foi cumprida, pois defeitos outros no edital foram apontados, tal como a ausência de sanções no contrato, em caso de inadimplência do contratado. Assim, o vício que poderia ser evitado, pelo parecer, não o foi, mostrando, no caso em apreço, a importância da fiscalização pela assessoria jurídica, previamente. [Processo Administrativo n. 694.710. Rel. Conselheiro Simão Pedro Toledo. Sessão do dia 16/10/2007]

[**Inexistência de exigência legal de aprovação prévia da minuta do instrumento de convite.**] O recorrente [...] aduz que o ato convocatório, na modalidade convite, e respectiva minuta de contrato, [...] não exigem parecer da assessoria jurídica. [...] assiste razão ao defendente quanto à não exigência legal de aprovação prévia da minuta do instrumento de convite porque a Lei de Licitações, no parágrafo único do art. 38, claramente se refere à minuta de editais, pelo que foi excluído o ato convocatório do convite. Tal exclusão se deve ao reduzido valor do objeto e à simplicidade do procedimento que se estende ao contrato, cujo conteúdo se compatibiliza, obrigatoriamente, com o ato convocatório e, por vezes, segue modelo padronizado já previamente aprovado pelo órgão jurídico. Não faria sentido o legislador dispensar a obrigatoriedade do exame jurídico prévio para o ato convocatório do convite e exigi-lo para o instrumento de contrato, que, pelo princípio da vinculação ao instrumento convocatório, submete-se integralmente às cláusulas e condições estabelecidas na carta-convite. A formalidade exigida no parágrafo único do art. 38 da Lei n. 8.666/93 destina-se, pois, a prevenir irregularidades e defeitos que poderiam comprometer a realização do certame e a futura contratação, não estando o administrador desobrigado a submeter a carta-convite a prévia aprovação do órgão jurídico se peculiaridades do objeto ou mesmo da execução contratual o exigirem. No caso em exame, não há sequer relato da ocorrência de nenhum prejuízo à Administração ou aos licitantes. [Recurso de Revisão n. 684.518. Rel. Conselheiro Substituto Gilberto Diniz. Sessão do dia 08/08/2007]

[**Parecer jurídico no convite.**] Verifica-se que o teor [do art. 38, parágrafo único, não faz] [...] referência às minutas de carta-convite. O que nos leva a concluir, em princípio, que a obrigatoriedade do exame prévio por assessoria jurídica está indicada apenas quando se tratar de editais. A carta-convite, modalidade simplificada de ato convocatório, destina-se, especificamente, a disciplinar a licitação na modalidade convite. Tem como característica básica o chamamento direto à licitação, que deverá ser processada de forma simples e ágil, visando, efetivamente, a tornar mais econômico para a Administração o custo da sua realização. Entendemos, então, que a carta-convite não estará submetida à exigência contida no parágrafo único do art. 38 da Lei n. 8.666/93.

Vale, ainda, observar o entendimento de Maria Sylvia Zanella Di Pietro, *verbis*: 'O instrumento de contrato só é obrigatório nas concorrências e tomadas de preço e nos casos de dispensa e inexigibilidade cujos preços estejam compreendidos nos limites dessas duas modalidades de licitação. Assim, se o art. 38, parágrafo único, só exigiu exame, pela assessoria jurídica, dos editais (o que exclui as cartas-convite), existe coerência no entendimento de que nos convites (em que o instrumento de contrato não é obrigatório), aquela manifestação é igualmente dispensável' [...]. [Processo Administrativo n. 705.142. Rel. Conselheiro Substituto Licurgo Mourão. Sessão do dia 24/07/2007]

Art. 39. Sempre que o valor estimado para uma licitação ou para um conjunto de licitações simultâneas ou sucessivas for superior a 100 (cem) vezes o limite previsto no art. 23, inciso I, alínea "c" desta Lei, o processo licitatório será iniciado, obrigatoriamente, com uma audiência pública concedida pela autoridade responsável com antecedência mínima de 15 (quinze) dias úteis da data prevista para a publicação do edital, e divulgada, com a antecedência mínima de 10 (dez) dias úteis de sua realização, pelos mesmos meios previstos para a publicidade da licitação, à qual terão acesso e direito a todas as informações pertinentes e a se manifestar todos os interessados.

O artigo 39 dispõe que sempre que o valor estimado para uma licitação ou para licitações sucessivas ou simultâneas for superior a R$ 150.000.000,00 (cento e cinquenta milhões de reais), é necessária a realização de audiência pública sob pena de nulidade do processo licitatório. Essa audiência pública serve para que os interessados possam esclarecer dúvidas e pedir esclarecimentos sobre determinados aspectos do edital. Tem por objetivo tão somente dar maior transparência no processo licitatório.

Todos os questionamentos feitos por interessados deverão ser esclarecidos pela Administração Pública em audiência. Reduzir perguntas e respostas a termo não satisfaz o disposto neste artigo. Sendo eivada de vício a audiência meramente formal, em que a Administração Pública não fornece as informações solicitadas.

Diferente é a hipótese que mesmo após as informações da Administração Pública, os interessados não se deem por satisfeitos. Nesse caso, caberá aos interessados o pedido para constar em ata e até recorrer ao Poder Judiciário.

Por fim, a respeito de quem seriam os interessados, estes seriam os cidadãos, ou seja, aquele que possui legitimidade para apresentar uma ação popular.

ENUNCIADO DE SÚMULA N. 16. É exigência legal e medida essencial para se promover a reserva de recursos orçamentários, que, nos instrumentos de contrato, convênio e acordo, em que figurem como partes pessoas jurídicas de direito público interno, seja indicado, ainda que por estimativa, o valor respectivo.

[**Audiência pública em licitação de concessão de serviço público de transporte coletivo.**] [Destacam-se como irregularidades a] não realização de audiência pública e a indefinição do valor estimado da contratação. [...] a determinação do valor é condição para saber se há ou não a necessidade de realização da audiência, pois a lei exige tal procedimento nas licitações acima de R$150.000.000,00 (cento e cinqüenta milhões de reais). Entendo que a audiência pública, no bojo do conceito de ampla publicidade, é um importante instrumento para facilitar o controle da legalidade e da conveniência das licitações e contratações do setor público. Ademais, neste caso, em se tratando de concessão de transporte coletivo, uma vez que os usuários são interessados diretos na avaliação dos percursos das linhas a serem licitadas, a necessidade do procedimento se torna premente. Observo que o Diploma regulador das concessões públicas dispõe que 'as concessões e permissões sujeitar-se-ão à fiscalização, pelo

Poder Concedente responsável, pela delegação, com a cooperação dos usuários' e, nesse sentido, a estimativa do valor dos serviços a serem prestados é informação relevante, ainda mais [tendo em vista] que quem suportará o contrato [será] [...] o usuário. [Denúncia n. 747.230. Rel. Conselheira Adriene Andrade. Sessão do dia 25/03/2008]

[**Audiência pública em licitação para contratação de serviços de coleta e transporte de resíduos sólidos, de limpeza pública.**] A licitação em apreço, além de tratar de serviços públicos essenciais, portanto, de grande relevância pública para toda a coletividade envolvida, é de grande vulto, uma vez que estimada em R$31.112.933,88 anuais, podendo o contrato alcançar o montante de R$ 155.564.669,40, haja vista a forma de prorrogação estabelecida, nos termos do art. 57, II, da Lei de Licitações, qual seja, a prorrogação de serviços contínuos. Por dever de cautela, em contratações desse porte, o artigo 39 da Lei n. 8.666/93 prescreve exigência inafastável e não observada pela municipalidade, qual seja, a de realização prévia de audiência pública [...]. Logo se vê que o processo em análise não observou a exigência legal expressa de realização prévia de audiência pública, motivo por si só bastante para a suspensão do certame. Nesse sentido é a lição de Marçal Justen Filho (*In Comentários à Lei de Licitações e Contratos Administrativos*, 2005, 10. ed., Dialética, p. 375): 'A audiência pública é um dos instrumentos destinados a assegurar a transparência da atividade administrativa. Não se destina a garantir direitos subjetivos de pessoas determinadas, mas a proteger o interesse público, objetivamente. Logo, ausência ou invalidade da audiência acarreta nulidade do procedimento licitatório. Portanto, esse vício pode ser objeto de questionamento segundo os princípios relacionados com os interesses coletivos e difusos. Sujeita-se a controle por via de ação popular, ação civil pública etc.' [...]. [Representação n. 735.337. Rel. Conselheiro Substituto Licurgo Mourão. Sessão do dia 24/07/2007]

[**Audiência pública em licitação para outorga de permissão de serviço de transporte público suplementar de média capacidade.**] Trata-se da alegação de ausência de audiência pública prévia à licitação para permissão de serviços essenciais como o transporte. Entendo que tal procedimento não constitui mera formalidade imposta pela Lei de Licitações, uma vez que possibilita ao cidadão a obtenção de informações das ações da Administração, tornando-se uma forma de efetivação dos princípios do Estado Democrático de Direito e constituindo-se um importante meio de capacitação para o pleno exercício da cidadania, na fiscalização dos negócios da Administração. Desse modo, não foi sem razão que a Lei Geral de Licitações impôs a ocorrência prévia desse evento, nos casos de contratações de obras ou serviços que impliquem investimentos de maior monta, nos termos do art. 39 [...]. No dizer de Jessé Torres: 'O novo estatuto, ao exigir a audiência pública antes da efetivação de concorrência de grande porte, pretendeu colher o assentimento, ou a reprovação, dos seguimentos interessados no objeto (que será, no mais das vezes, obra ou serviço público de envergadura)'. (TORRES, Jessé. *Comentários à Lei de Licitações e Contratações da Administração Pública*. 1997. Renovar. Rio de Janeiro. p. 39.) Não foi outra a intenção do legislador do que aquela de submeter à aprovação do usuário do serviço a ser concedido as decisões mais significativas pertinentes ao procedimento, que não deverá, de forma nenhuma, ocorrer à sua revelia. [...] [Ademais,] verifico que [...] sequer se tornou claro o valor contratual pleiteado, a fim de que pudesse, pela baixa remuneração do mesmo instrumento, prever a dispensa da dita audiência. O exame do edital constante dos autos não permite alcançar os montantes finais da permissão, o que impede verificar a necessidade da realização da audiência pública de que trata o dispositivo acima transcrito. [Representação n. 731.022. Rel. Conselheira Adriene Andrade. Sessão do dia 22/05/2007]

Parágrafo único. Para os fins deste artigo, consideram-se licitações simultâneas aquelas com objetos similares e com realização

prevista para intervalos não superiores a trinta dias e licitações sucessivas aquelas em que, também com objetos similares, o edital subsequente tenha uma data anterior a cento e vinte dias após o término do contrato resultante da licitação antecedente. (Redação dada pela Lei n.º 8.883, de 1994)

Ambos os conceitos possuem dois elementos cumulativos: a semelhança do objeto licitado e o prazo exíguo entre os processos licitatórios.

Art. 40. O edital conterá no preâmbulo o número de ordem em série anual, o nome da repartição interessada e de seu setor, a modalidade, o regime de execução e o tipo da licitação, a menção de que será regida por esta Lei, o local, dia e hora para recebimento da documentação e proposta, bem como para início da abertura dos envelopes, e indicará, obrigatoriamente, o seguinte:

Este artigo contempla toda a forma, requisitos e documentações que devem constar no edital de abertura do processo licitatório. O preâmbulo do edital deve mencionar as informações básicas sobre o processo de licitação.

[**Edital. Ausência de previsão no edital do orçamento e do projeto básico.**] O relatório e o parecer conclusivos respectivamente da unidade técnica e do MPTC, apontam que a ausência de projeto básico e do orçamento, com relevante implicação na execução contratual, violam os arts. 7°, I e §2°, II, e 40 da Lei de Licitações e os arts. 5°, I, e 6°, II, do Decreto Estadual n. 42.408/02, uma vez que são imprescindíveis para a adequada formulação das propostas para contratação de prestação de serviços. Embora haja entendimentos divergentes, nesta Casa, de que o projeto básico é elemento obrigatório a ser anexado ao edital, sendo ele parte integrante para contratações envolvendo obras e serviços de qualquer natureza, entendo que a questão está relacionada à fase interna do certame, sendo o §2° do art. 40 da Lei de Licitações um dispositivo exemplificativo, não vinculante, devendo ser interpretado pelo gestor, caso a caso, conforme suas peculiaridades, como, a propósito, defende Marçal Justen Filho. [...] pode haver casos em que a divulgação da planilha detalhada signifique influência indevida sobre a formulação das propostas de preços pelos licitantes, criando uma espécie de piso e mantendo as propostas indevidamente elevadas. Tanto, que o Tribunal de Contas da União entende como dependente da conveniência e da oportunidade do gestor a decisão de inclusão dos orçamentos no edital: [...] Logo, entendo que para se configurar a irregularidade denunciada, necessária seria a análise da fase interna da licitação, incabível no momento, por desbordar dos limites da controvérsia instalada, devendo ser afastada a alegação denunciada, porém, ratificando a necessidade e a importância de se inserir nos autos do procedimento administrativo da licitação a estimativa e o detalhamento dos serviços a serem executados em planilha orçamentária, o que é absolutamente indispensável, nos termos do art. 7°, §2°, da Lei n. 8.666/1993. [Denúncia n. 724.834. Rel. Conselheiro Sebastião Helvecio. Sessão do dia 03/05/2012

I — **objeto da licitação, em descrição sucinta e clara;**

O objeto da licitação deve ser descrito no edital de forma sucinta e clara, de forma a impedir a existência de todo tipo de dúvida em relação ao que será licitado. A partir da definição do objeto é que os licitantes podem se interessar em participar da licitação e consequentemente, formular suas propostas.

Importante lembrar que apesar de descrever o objeto de forma sucinta, o edital não pode omitir informações detalhadas e minuciosas que se façam importantes. Nesse sentido dispõe a Súmula 177 do TCU.

ENUNCIADO DE SÚMULA N. 8. É irregular a substituição do objeto licitado dos contratos ou convênios, mediante termo aditivo.

[**Impossibilidade de licitar mediante cláusula de opção de compra durante o contrato ou ao seu término.**] A questão n.[...] trata de hipótese semelhante de locação de bens, que propõe estabelecerem-se, contratualmente, ao invés da cláusula obrigatória de doação, as condições para exercício de opção de compra dos bens locados ao final ou durante o contrato, se antecipadas todas as parcelas. Na hipótese descrita, percebo, com a devida vênia, certa confusão entre pagamento de aluguel por locação e de prestação por compra, sendo necessária a separação entre as figuras potencialmente aplicáveis ao questionamento. O que o consulente chama de parcela que seria devida em razão da locação, a toda evidência, na esteira da resposta dada à questão n. [...] desta consulta, também funde as duas figuras, desnaturando o contrato locatício, o que não pode ser admitido frente ao regime estabelecido para as contratações públicas pela Lei n. 8.666/93, que estabelece distinção clara entre serviço e compra, art. 6º, II e III, os quais devem estar transparentemente descritos na definição do objeto a ser licitado, art. 40, I. [...] Não vejo com bons olhos a deflagração de uma licitação para locação de bens que traga embutida uma opção de compra futura dissociada do indispensável prélio licitatório específico, merecendo a questão n. [...] ser respondida também de forma negativa. A inadequação da hipótese aventada se mostra mais evidente quando se analisa a proposição, dentro de um licitado contrato de locação leia-se: serviço, do exercício imediato da opção de compra do bem pela Administração, por meio do pagamento de prestações relativas ao seu custo, concomitantemente aos aluguéis. Revela-se, assim, severa confusão entre as figuras da locação e da operação de compra e venda mediante pagamento em prestações e, por consequência, entre pagamento de despesa de aluguel e preço de compra do bem, que atentaria contra o regime de transparência e de publicidade imposto pela Lei de Licitações e violaria diversos de seus dispositivos que protegem seus procedimentos contra a obscuridade. [Consulta n. 833.285. Rel. Conselheiro Sebastião Helvecio. Sessão do dia 08/08/2012]

[**Despesas realizadas mediante processos licitatórios irregulares.**] [...] a juntada e a correta autuação de todos os documentos previstos no art. 38 da Lei n. 8.666/93 se mostra imperiosa para a verificação da regularidade do certame. [...] a divergência quanto ao número de linhas para o transporte escolar licitadas informado no anexo à requisição do objeto [...] e o discriminado no anexo I do edital [...] pode induzir os licitantes a erro, colocando em xeque o princípio do julgamento objetivo, previsto no art. 2° da Lei n. 8.666/93. Além da possível afronta ao caráter competitivo do certame, acrescente-se o desrespeito ao estabelecido no art. 40, I, do referido diploma legal, que exige a descrição sucinta e clara do objeto da licitação. [...] no edital devem ser exigidos todos os documentos comprobatórios da habilitação do futuro contratado para a adequada execução do respectivo objeto, sob pena de restar frustrado o interesse público que se busca satisfazer por meio do contrato firmado. Por conseguinte, tendo em vista que o objeto do certame em tela, qual seja, a prestação de serviços de transporte escolar, era imprescindível que o respectivo edital exigisse a apresentação de documentos que comprovassem o cumprimento das exigências estabelecidas nos arts. 136 - 138 da Lei n. 9.503/97. [...] a observância do prazo recursal apresenta inegável relevância, visto que esse se encontra diretamente relacionado ao direito de petição, bem como ao direito ao contraditório e à ampla defesa, previstos no art. 5°, XXXIV e LV, da CR/88, respectivamente. [...] A correta autuação do processo, com a juntada dos documentos em ordem cronológica, bem como a descrição do objeto da licitação de forma clara e sucinta e o estabelecimento dos prazos da respectiva entrega são de suma importância para que sejam asseguradas a lisura e a competitividade do certame, tendo tais irregularidades violado o disposto nos arts. 38, *caput*, e 40, I e II, da Lei n. 8.666/93. [...] entendemos irregulares as despesas em questão, visto que a Concorrência n. [...] foi realizada em desacordo com o disposto no art. 38, *caput* e inciso III, arts. 2° e 40, I; art. 43, §2°, art. 109, I, *a*, e art. 24, V, da Lei n. 8.666/93, e o Convite n. [...] foi realizado em desconformidade com o prescrito no art. 38, *caput* e inciso III, arts. 2° e 40, I; art. 43, §2°, e art. 109, I, *a*, da Lei n. 8.666/93 [...]. [Processo Administrativo n. 69.4173. Rel. Auditor Licurgo Mourão. Sessão do dia 20/11/2012]

[**Falta de distinção entre os serviços de trato sucessivo e os de prestação instantânea. Irregularidade.**] Apontou o parecer do MPTC a ausência de objetividade e de transparência diante da falta de distinção entre os serviços de trato sucessivo e os de prestação instantânea, em relação ao prazo de duração do contrato e da possibilidade de sua renovação [...], em afronta ao art. 40, I, da Lei de Licitações. O objeto da licitação está inserido no item [...] e no Anexo [...], Requisitos Obrigatórios e Desejáveis do *Software*, os quais, analisados sistematicamente, levam, a meu ver, à descrição adequada dos serviços propostos, que convergem, em última análise, para a viabilização da efetiva implantação dos seis sistemas informatizados relacionados no edital. Com a devida vênia, os serviços descritos no Anexo [...] são inúmeros e bastante complexos, sempre interligados entre si e demandando coordenação severa, por estarem vinculados à ideia da necessidade de implementação de gestão integrada de todos os sistemas informatizados de controle no município, o que se revela, sem dúvida, moderna e poderosa ferramenta de comando. Não vislumbro, dessa forma, a possibilidade de se considerarem instantâneos alguns dos serviços demandados, sendo o objeto licitado uma ferramenta de natureza sistêmica, que requer responsabilidade continuada. Assim, no caso dos autos, entendo que a solução tecnológica pretendida pelo Município não prescinde da operacionalização integrada, inviabilizando a divisão do objeto em serviços imediatos e sucessivos. Mas, conforme anotou a unidade técnica, recomendo ao Município que estabeleça, neste certame e nos futuros, cuja obrigação seja complexa e abarque obrigação principal (concessão de licença de uso) e obrigações acessórias (assessoria, treinamento, manutenção, etc.), o cronograma físico e financeiro dos serviços para fins de delimitação dos prazos para efetivação de cada etapa, propiciando, assim, melhor estimativa dos custos de execução pela contratada e fiscalização eficiente da Administração. [Denúncia n. 811.915. Rel. Conselheiro Sebastião Helvecio. Sessão do dia 04/10/2012]

[**Cláusula de estimativa de preço e clareza da carta convocatória. Obrigatoriedade. Essencial à aferição da despesa.**] Entendo que a estimativa do preço, feita por um servidor municipal, é obrigação prevista pelo inciso IV do art. 43 da Lei de Licitações, que ressalta a necessidade dessa aferição de preços, [...]. No entanto, o que a Administração não podia fazer, e fez, foi deixar de especificar, no edital, a quantas publicações este valor total corresponderia, faltando, portanto, com a tão conclamada clareza da carta convocatória, invocada pelo inciso I do art. 40 da Lei de Licitações, [...]. Tamanha falta de clareza teria levado, após incerta licitação, à ausência, também no Contrato, de cláusula prevendo o preço a ser pago pelos serviços, sobre o que a defesa não se manifestou. Como já esposado, o preço é exigência de caráter obrigatório, devendo constar em qualquer contrato administrativo, conforme disposto no art. 55, III, da Lei de Licitações, [...]. Considero que a mencionada cláusula, além de exigida por Lei, é essencial à aferição da despesa, na medida em que se torna certo e preciso o valor do gasto, evitando a possibilidade de onerar-se excessivamente o erário. [Processo Administrativo n. 707.561. Rel. Conselheira Adriene Andrade. Sessão do dia 25/11/2008]

[**Objeto ilícito.**] [...] caso o objeto da licitação [...] não seja lícito, ainda que todas as formalidades prescritas em lei sejam cumpridas, ela [a licitação] deverá perecer, jamais podendo ser saneada, [...] [pois] ferida na sua própria essência. [Licitação n. 702.655. Rel. Conselheira Adriene Andrade. Sessão do dia29/05/2007]

[**Imprecisão da descrição do objeto da licitação na contratação de empresa para a prestação de serviços de elaboração de projetos de engenharia e gerenciamento de obras municipais.**] Essa descrição genérica, como por exemplo, escolas nos bairros tais e tais, pavimentação de ruas tais e tais, sem apresentar as quantidades físicas, deixa grande margem de dúvida, inviabilizando a apresentação de propostas técnicas objetivas, bem como dificulta o seu julgamento, comprometendo os princípios licitatórios, notadamente o da vinculação ao instrumento convocatório e do julgamento [objetivo]. [Licitação n. 710.565. Rel. Conselheiro Moura e Castro. Sessão do dia 02/05/2006]

II — prazo e condições para assinatura do contrato ou retirada dos instrumentos, como previsto no art. 64 desta Lei, para execução do contrato e para entrega do objeto da licitação;

Os prazos para a assinatura e execução do contrato ou entrega do objeto licitado devem estar previstos no edital, vez que o descumprimento pode gerar causa de resolução do contrato.

[**Irregularidades. Ausência de prazo para entrega do objeto da licitação. Ausência do orçamento estimado em planilhas de quantitativos e preços unitários no edital. Anulação do certame.**] Pela leitura do inciso II do art. 40 da Lei n. 8.666/93, infere-se que o edital de licitação deverá indicar, obrigatoriamente, o prazo para a entrega do objeto da licitação. [...] Se o objetivo da licitação é possibilitar a participação do maior número de licitantes de todo território nacional, o edital deve estabelecer um prazo razoável para a entrega das mercadorias licitadas como forma de ser respeitado o princípio da livre concorrência. Dessa forma, uma vez ausente a fixação de prazo para a entrega do seu objeto, irregular remanesce o prélio licitatório na questão ora analisada. [...] para a Administração reconhecer a real necessidade/demanda daquilo que pretende contratar, é primordial que formule um orçamento detalhado, consistente e fidedigno, a fim de que realize obras, adquira produtos ou contrate serviços a preços de mercado, de forma econômica, eficiente e vantajosa. [...] tem a Administração o dever de anexar ao edital o orçamento estimado em planilha de quantitativos e preços unitário e global, sendo imprescindível a sua divulgação aos interessados, evitando-se, assim, tratamento desigual aos licitantes interessados. [...] voto pela procedência da denúncia, uma vez que não foram elididas as irregularidades de: a) ausência de prazo para entrega dos pneus licitados e b) ausência do orçamento estimado em planilhas de quantitativos e preços unitários. [...] determino, com base no art. 64, IV, da Lei Complementar n. 102/2008, de 17/01/2008, e no art. 277 do Regimento Interno, que [...], se abstenham, definitivamente, de concretizar a contratação pretendida, na forma do edital impugnado, devendo anular o certame e encaminhar ao Tribunal, no prazo de 15 dias, a publicação do ato de anulação[...]. [Denúncia n. 862.866. Rel. Conselheiro Sebastião Helvecio. Sessão do dia06/12/2012]

III — sanções para o caso de inadimplemento;

Todas as sanções previstas para o caso de inadimplemento estão previstas no artigo 87 desta Lei.

IV — local onde poderá ser examinado e adquirido o projeto básico;

V — se há projeto executivo disponível na data da publicação do edital de licitação e o local onde possa ser examinado e adquirido;

No caso de obras e serviços, o projeto básico é uma peça obrigatória na licitação (artigo 7º, § 2º, inciso I). A aquisição dos projetos pelo licitante é facultativa, mas a Administração Pública não pode se furtar do dever de disponibilizá-lo para exame e consulta, sob pena de nulidade da licitação. As cópias também devem ser fornecidas, sendo possível a cobrança dos custos destas cópias.

[**Disponibilidade do projeto básico e do projeto executivo, mesmo sendo de grande volume.**] [...] o edital deveria informar onde poderiam ser encontrados os citados projetos [básico e executivo], devendo constar do edital, como documentos obrigatórios anexos a ele, como determinam o inciso V do art. 40 da Lei n. 8.666/93 e o inciso I do §2º do mesmo artigo [...]. Consoante o exposto acima, entendo que os projetos poderiam ter até ficado guardados no [órgão] [...], pelo seu volume, mas deveriam ser bem informados os licitantes sobre como encontrá-los e, sobretudo, quando do encaminhamento do edital a esta Corte, jamais poderiam estar faltando estes projetos, uma vez que a lei determina que eles estejam anexos ao edital. [Contrato n.103.302. Rel. Conselheira Adriene Andrade. Sessão do dia 31/07/2007]

VI — condições para participação na licitação, em conformidade com os arts. 27 a 31 desta Lei, e forma de apresentação das propostas;

Os artigos 27 a 31 estabelecem às condições de habilitação, ou seja, as condições para participar da licitação. Além das exigências previstas nos mencionados artigos, cumpre ressaltar que o edital poderá dispor sobre outras condições específicas, que se darão de acordo com a peculiaridade de cada licitação e o interesse da Administração Pública.

Além disso, todas as especificações para participação da licitação devem ser claras, de modo exato, com a relação completa e exaustiva dos documentos.

O edital deverá prever ainda a forma de apresentação das propostas. Usualmente a regra para apresentação das propostas é em envelopes lacrados como forma de manter o sigilo. O edital deve estabelecer não só a forma de apresentação como também a forma de elaboração das propostas.

[**Ausência no edital da exigência de comprovação da qualificação dos licitantes.**] [...] a Lei de Licitações, ao tratar de documentação relativa à qualificação técnica, dispõe sobre aquilo que deve buscar a Administração na persecução do melhor contrato, sendo que a sua finalidade, neste particular, consiste na busca por interessados em firmar contratos com o Poder Público que possuam efetivas condições técnicas de executar o objeto almejado. [...] as exigências de capacitação técnica são indispensáveis para salvaguardar o interesse público. Neste aspecto, o edital é o instrumento por meio do qual a Administração leva ao conhecimento geral a abertura da concorrência e fixa as condições de sua realização, vinculando inteiramente a Administração e os concorrentes às suas condições. No caso vertente, tratando-se de licitação na modalidade Concorrência e, em face da complexidade do objeto da licitação, a Administração Pública teria o dever de verificar, na fase de habilitação, a aptidão do concorrente para garantir o cumprimento das obrigações, objeto do contrato. Pelo exposto, considero como falta grave a omissão da Administração, [...] [ao] não exigir, no edital, a comprovação da capacidade técnica dos interessados em executar o objeto a ser licitado, em afronta ao princípio da finalidade pública, norteador dos atos da Administração Pública. [Licitação n. 704.186. Rel. Conselheira Adriene Andrade. Sessão do dia 06/05/2008]

VII — critério para julgamento, com disposições claras e parâmetros objetivos;

De modo a evitar a ocorrência de desvios na licitação, como o favorecimento pessoal e objetivando a discricionariedade na escolha do licitante vencedor, os critérios para julgamento devem ser claros, com parâmetros objetivos, de forma a afastar a subjetividade no julgamento. Para tal, não basta apenas a indicação dos critérios, sendo necessária a discriminação de como serão avaliados cada um dos critérios e qual a vantagem que a Administração busca. Ao fazê-lo o edital amarra todo o processo licitatório, evitando surpresas durante o procedimento.

[**Julgamento objetivo.**] [...] o julgamento da proposta tem de ser objetivo e obedecer o que preceitua o edital, sob pena de invalidação. Nesse sentido, vale citar a lição de Hely Lopes Meirelles: 'O julgamento das propostas é o ato vinculado às normas legais e ao estabelecido no edital, pelo que não pode a comissão desviar-se do critério fixado, desconsiderar os fatores indicados ou considerar outros não admitidos, sob pena de invalidar o julgamento' (In *Direito Administrativo Brasileiro*. 31. ed., São Paulo: Malheiros. p. 288). [Processo Administrativo n. 640.061. Rel. Conselheira Adriene Andrade. Sessão do dia03/04/2007]

VIII — locais, horários e códigos de acesso dos meios de comunicação à distância em que serão fornecidos elementos, informações e esclarecimentos relativos à licitação e às condições para atendimento das obrigações necessárias ao cumprimento de seu objeto;

Todas as informações necessárias ao procedimento licitatório devem ser fornecidas aos licitantes pela Administração Pública. A Lei 8.666/93 exige que a Administração Pública coloque ainda a disposição dos licitantes, meios de comunicação à distância, como telefone, e-mail, etc., para evitar que a distância impeça o licitante de ter acesso às informações e consequentemente, de participar do processo licitatório.

IX — condições equivalentes de pagamento entre empresas brasileiras e estrangeiras, no caso de licitações internacionais;

A Administração não poderá dar tratamento distinto entre licitantes estrangeiros e brasileiros. Sendo assim, o edital deve prever condições de pagamento equivalentes. Este inciso visa garantir a igualdade de tratamento entre os licitantes.

X — o critério de aceitabilidade dos preços unitário e global, conforme o caso, permitida a fixação de preços máximos e vedados a fixação de preços mínimos, critérios estatísticos ou faixas de variação em relação a preços de referência, ressalvado o disposto nos parágrafos 1º e 2º do art. 48; (Redação dada pela Lei n.º 9.648, de 1998)

O edital da licitação deve ser minuciosamente detalhado sobre a aceitação dos preços unitário e global. O artigo 7º, § 2º, inciso II desta Lei prevê que somente poderá ser instaurada a licitação, se existir a discriminação dos custos e a estimativa dos itens necessários à execução do objeto.

Outra questão relevante é a vedação a fixação de preços mínimos. Se a Administração Pública busca a proposta mais vantajosa, não faz sentido algum fixar preços mínimos.

[**Especificação do preço máximo para contratação.**] O preço máximo para a contratação, que deve refletir o preço de mercado, constitui parâmetro seguro para que o gestor público analise as propostas dos licitantes, conferindo objetividade ao julgamento, motivo pelo qual a ausência de previsão desse item no ato convocatório ofende os princípios que norteiam o procedimento licitatório, em especial, o da publicidade, o da economicidade e o do julgamento objetivo. Na minuta cuja juntada aos autos ora determino, acrescentou-se ao preâmbulo o seguinte critério de aceitabilidade de preços, *verbis*: Critério de aceitabilidade de preço: Não será aceita proposta comercial com valores unitários acima dos preços unitários contidos na planilha de preço apresentada pelo município (Anexo III), sob pena de desclassificação da proposta comercial da licitante [...]. Dessa forma, considero cumprido o requisito legal da especificação do preço máximo, tendo em vista a previsão de valores limites cujo não atendimento tem como consequência a desclassificação da proposta. [Denúncia n. 838.896. Rel. Conselheiro Cláudio Couto Terrão. Sessão do dia 07/08/2012]

[**Edital. Irregularidade. Ausência de informações relevantes no Termo de Referência.**] [...] o Termo de Referência elaborado pela Administração e inserido no edital é deficiente, pois não contém: a) planilhas de quantitativos e preços unitários; b) forma e o prazo de execução dos serviços de alinhamento, balanceamento, caster, cambagem e acessórios. [...] Desse modo, caberá à Administração, para a elaboração do orçamento, em um primeiro momento, definir com precisão e clareza o objeto a ser contratado, assim como suas quantidades, sempre que possível, frente às suas necessidades, considerando o interesse público perseguido. O orçamento daquilo que se está licitando, por óbvio, é ato imprescindível para a condução de todo processo, especialmente para proceder ao controle dos preços propostos à Administração, se excessivos ou inexequíveis. Trata-se, antes de tudo, de ato inerente ao gerenciamento eficaz de recursos, sejam eles públicos ou não. [...] Cumpre ressaltar que, conforme disposto no art. 9ª da Lei n. 10.520/2002, aplicam-se subsidiariamente ao pregão as disposições da Lei n. 8.666/93. Esta, por conseguinte, dispõe em seu art. 40, X, a necessidade de constar no edital o critério de aceitabilidade dos preços unitário e global, conforme o caso, permitida a fixação dos preços máximos e vedada a fixação de preços mínimos, critérios estatísticos ou faixas de variação em relação a preços de referência. Assim, o que o art. 40, X, da referida lei exige é a previsão de uma referência de preços. Aliás, é esta uma das funções do Termo de Referência que deve conter o valor estimado em planilhas de acordo com o preço de mercado, bem como a avaliação do custo pela administração diante do orçamento detalhado. Insta ressaltar que se trata de inobservância dos ditames legais a não indicação do valor estimado da contratação bem como a não anexação do orçamento estimado em planilha de custos unitários ao edital. Contudo, o Poder Público tenta mitigar este rigor deixando à disposição dos interessados que, se quiserem, possam obter cópia dele. Enfatiza-se que isso também é contrario legis, porquanto o inc. II do §2º do art. 40 da Lei n. 8.666/93 exige que o orçamento estimado seja verdadeiramente anexado ao edital: Dessa forma, mesmo na modalidade pregão, entende este órgão técnico ser imprescindível a divulgação do orçamento em planilha de quantitativos e preços unitários, sendo necessária a publicidade do orçamento do procedimento interno aos interessados, e, da mesma forma, tem-se como vital seja o mesmo acostado ao edital de pregão, para dele fazer parte, evitando-se o tratamento desigual dos licitantes interessados. O edital é deficiente, ainda, na medida em que o instrumento convocatório não possui nenhum elemento capaz de identificar disposições relativas à entrega dos serviços, prazo de execução de alinhamento, balanceamento, caster, cambagem e acessórios. [Denúncia n. 875.848. Rel. Conselheiro Eduardo Carone Costa. Sessão do dia 24/05/2012]

[**Licitação. Irregularidade. Inexistência de fixação de preço máximo para a contratação.**] Com efeito, concordo com o Ministério Público de Contas e com a unidade técnica no que se refere à exigência de fixação do preço máximo para a contratação, tendo em vista que este critério é de suma importância para que sejam observados no instrumento convocatório os princípios da publicidade e da transparência, consagrados no Estado Democrático de Direito. A necessidade de fixação do preço máximo encontra-se prevista no art. 40, X da Lei n. 8.666/93 e é essencial, na medida em que orienta a formulação das propostas e seu julgamento. Embora essa norma possa sugerir que o estabelecimento do preço máximo nas licitações se trate de uma faculdade, tanto a doutrina como a jurisprudência são majoritárias em entender que a fixação do preço limite constitui obrigação dos responsáveis pelo certame. Ademais, a fixação do preço máximo para as contrações é essencial para que a Administração possa realizar o planejamento das contratações com base nas despesas autorizas pela Lei Orçamentária Anual (LOA). [...] também deixaram os gestores de fazer constar o valor numérico específico do preço máximo, simbolizando-o com as letras "xxxxxxxxxxx". Contudo, nos mesmos moldes do raciocínio desenvolvido acima, a referida representação não significa irregularidade e sim indicativo de que foi acatado o apontamento feito pelo Ministério Púbico, o que leva a crer que os valores atualizados dos produtos serão lançados na minuta do edital retificado que será publicado. Desse modo, devem os responsáveis serem compelidos a promover a inclusão do preço máximo para a contração em valores reais antes da publicação do instrumento convocatório. [Denúncia n. 839.039. Rel. Conselheiro Cláudio Couto Terrão. Sessão do dia 08/05/2012]

[**Ausência de critério de aceitabilidade de preços unitários e globais. Irregularidade. Não acompanhamento pelo representado. Validade da inspeção.**] A unidade técnica apurou, ainda, que no edital não foram estabelecidos critérios de aceitabilidade de preços unitários e globais, nos moldes do art. 40, X, da Lei n. 8.666/93, permitindo que a contratação se desse em valor superior àquele estimado pelo Município. [...] o representado [...] apresentou defesa [...], entendendo que a conclusão dos engenheiros do Tribunal de Contas não poderia ser levada em conta, uma vez que os trabalhos foram feitos de maneira unilateral e sem qualquer participação do representado. [...] o fato de não terem "participado" da inspeção feita pelos engenheiros deste Tribunal não lhes obsta a produção de prova que contrariasse a conclusão da inspeção, nos termos do art. 188 do Regimento Interno. [Representação n. 772.601. Rel. Conselheiro Cláudio Couto Terrão. Sessão do dia 27/03/2012]

[**Planilha de quantitativos e preços unitários.**] [...] a ausência no edital do orçamento estimado em planilhas de quantitativos e preços unitários, em afronta ao art. 40, X, e §2º, II, da Lei de Licitações e Contratos Administrativos - Lei Federal n. 8.666/93. Esclareceu o órgão técnico que o art. 40, X, da Lei n. 8.666/93 "...

exige a previsão de uma referência de preços a permitir que a Administração Pública possa avaliar a exequibilidade das propostas. Para tanto, é imprescindível a elaboração de um orçamento anterior à publicação do ato convocatório, nos termos do inciso II, do §2º, do art. 40 da Lei n. 8.666/93." [...] Acrescentou que cabe à Administração Pública a elaboração de um orçamento prévio, a fim de definir o objeto licitado. Justificou que o referido orçamento deve servir como parâmetro para a elaboração das propostas pelos interessados, bem como para o julgamento do procedimento licitatório. Além disto, a planilha estimativa de preços, com base em pesquisa de mercado, é o instrumento que permite verificar as dimensões da contratação almejada e sua adequação às necessidades da Administração, bem como a viabilidade orçamentária e a modalidade licitatória. [...] Vale ressaltar que a simples adoção, *in casu*, do "menor preço por item" como critério para a aquisição dos pneus, não se mostra suficiente, por não permitir a comprovação da compatibilidade dos preços contratados com aqueles praticados no mercado, conforme exige o art. 43, IV, da referida lei. Por oportuno, vale transcrever o entendimento do Tribunal de Contas da União sobre a matéria, *verbis*: "A importância da realização de uma ampla pesquisa de preços no mercado e de uma correta estimativa de custos é inconteste, pois fornece os parâmetros para a Administração avaliar a compatibilidade das propostas ofertadas pelos licitantes com os preços praticados no mercado e verificar a razoabilidade do valor a ser desembolsado, afastando a prática de atos possivelmente antieconômicos. O preço estimado é o parâmetro de que dispõe a Administração para julgar licitações e efetivar contratações, e deve refletir adequadamente o preço corrente no mercado e assegurar efetivo cumprimento, dentre outros, dos princípios da economicidade e da eficiência." (Acórdão n. 710/2007, Plenário, rel. Min. Raimundo Carreiro). [...] Assim, encontrando-se preenchidos os requisitos legais do *periculum in mora* e *fumus boni iuris*, determino liminarmente, *ad referendum* da segunda Câmara, a suspensão do procedimento licitatório, com fulcro no art. 76, XIV e XVI, da Constituição Estadual e art. 60 da Lei Complementar n. 102/2008. [Denúncia n. 862.929. Rel. Conselheiro Eduardo Carone Costa. Sessão do dia 09/02/2012]

XI — critério de reajuste, que deverá retratar a variação efetiva do custo de produção, admitida a adoção de índices específicos ou setoriais, desde a data prevista para apresentação da proposta, ou do orçamento a que essa proposta se referir, até a data do adimplemento de cada parcela; (Redação dada pela Lei n.º 8.883, de 1994)

Como a Lei 8.666/93 foi sancionada em uma época onde a inflação galopava, o inciso acima buscou certa estabilidade no custo da produção. Cumpre ressaltar que o artigo 2º, § 1º da Lei 10.192/2001 veda o reajuste em prazo inferior a doze meses.

[**Possibilidade de realização de reajuste quando um contrato administrativo (e o edital de licitação respectivo) não prevê expressamente cláusula que disponha a esse respeito.**] Dentre os princípios que regem o sistema de licitações brasileiro, destaca-se o princípio da manutenção do equilíbrio econômico-financeiro do contrato, pelo qual deve ser mantida a relação entre os encargos do particular e a remuneração prestada pelo Poder Público em contrapartida. [...] Nesse sentido se impõe, especialmente nos contratos de duração superior a 12 meses, o uso de instrumentos de 'alteração' do contrato administrativo: — a Revisão (ou Recomposição), decorrente de eventos imprevisíveis, configurando álea extraordinária; — o Reajuste, decorrente de eventos previsíveis, configurando álea ordinária. [...] quanto à relevância da previsão dos reajustes, como modo legítimo de preservar a equação econômico-financeira dos contratos administrativos, citamos Celso Antônio Bandeira de Mello (BANDEIRA DE MELLO, Celso Antônio. Curso de Direito Administrativo. 13. ed. São Paulo: Malheiros, 2001, p.595), segundo o qual a manutenção da equação econômico-financeira 'é um direito do contratante particular e não lhe pode nem lhe deve ser negado o integral respeito a ela' [...]. Conforme afirma Marçal Justen Filho (JUSTEN FILHO, Marçal. Comentários à Lei de Licitações e Contratos Administrativos. 8. ed. São Paulo: Dialética, 2000, p. 407), o reajuste visa à recomposição do valor real da moeda, ou seja, compensa-se a inflação com a elevação nominal da prestação devida. Afirma o citado jurista: 'Não há benefício para o particular na medida em que o reajustamento do preço tem natureza jurídica similar à da correção monetária'. [...] Portanto, tem-se que, ainda que não haja previsão expressa no edital ou no instrumento contratual quanto à forma como se dará o reajustamento de um contrato de prestação de serviços com prazo de duração superior a 12 meses, não há dúvidas de que é devido o reajuste, tendo-se em vista a preservação do valor real inicialmente contratado. A interpretação literal do art. 40, XI, da Lei n. 8.666/93, neste caso, implicaria admitir a ocorrência de indesejável desequilíbrio contratual, ensejando enriquecimento sem causa do Poder Público. Dessa forma, nosso posicionamento visa privilegiar a principiologia que rege a moderna teoria dos contratos, notadamente o princípio da boa-fé objetiva e o princípio da justiça contratual. Em interessante análise da relação de equilíbrio que deve existir entre os contratantes na seara administrativa, adverte Celso Antônio Bandeira de Mello (BANDEIRA DE MELLO, Celso Antônio. Curso de Direito Administrativo. 13ª ed.. São Paulo: Malheiros, 2001, p.596): 'As avenças entre administração e particular, nominadas contratos administrativos, fazem deste último um colaborador do Poder Público, ao qual não deve ser pago o mínimo possível, mas o normal, donde caber-lhe valor real estipulado no contrato ao tempo do ajuste'. [...] estou convencido de que a realização de reajuste visando à preservação da equação econômico-financeira de um contrato administrativo é um direito do particular, ainda que não haja previsão editalícia ou contratual.

O princípio da vinculação aos termos do edital, apresentado como justificativa central dos defensores da impossibilidade de Reajuste na hipótese ora em exame, pode e deve ser relativizado, excepcionado, tendo em vista o respeito a esse direito subjetivo do particular, explicitado acima. Finalmente, destaco decisão do Tribunal de Justiça de Minas Gerais, em que é tratada especificamente a questão ora em exame, ou seja, a possibilidade de realização de reajuste sem previsão editalícia ou contratual: 'O cerne do litígio cinge-se à verificação do direito da empresa apelada, vencedora da licitação feita pela modalidade concorrência, em ter a recomposição do equilíbrio econômico-financeiro do contrato de prestação de serviços firmado com o Município de Pará de Minas, tendo-se em vista que a execução da obra contratada ultrapassou o prazo de 12 meses inicialmente previstos para o seu término. [...] O Município, contudo, resistiu ao pedido de reajuste, defendendo a ausência de previsão editalícia ou contratual neste sentido. Contudo, tenho que a equação econômico-financeira do contrato administrativo independe de previsão expressa no instrumento contratual, pois sua gênese tem lugar no próprio texto da Constituição, quando prescreve que 'as obras, serviços, compras e alienações serão contratados mediante processo de licitação pública que assegure igualdade de condições a todos os concorrentes, com cláusulas que estabeleçam obrigações de pagamento, mantidas as condições efetivas da proposta...' (CR/88, art. 37, XXI). Daí porque não se pode resistir à pretensão sob o pretexto de observância ao princípio da vinculação ao instrumento convocatório ou ao princípio da legalidade.' [...] (TJ/MG. 3ª Câmara Cível. Apelação Cível n. 1.0471.06.066448-2/001. Relatoria: Des. Albergaria Costa. Julgamento em 03/04/2008). Assim, [...] tenho que a ausência de previsão contratual quanto ao reajustamento de um contrato administrativo não pode ser oposta ao contratado como forma de engessar os valores iniciais da proposta, sob pena de quebra dos deveres advindos do princípio da boa-fé objetiva e consequente enriquecimento sem causa do Poder Público. [Consulta n. 761.137. Rel. Conselheiro Antônio Carlos Andrada. Sessão do dia 24/09/2008]

[**Escolha do índice de variação de preços.**] Em decisão registrada no Acórdão n. 361/2006, o Tribunal de Contas da União determinou '[...] que os reajustes de preços nos contratos que vierem a ser celebrados sejam efetuados com base na efetiva variação de custos na execução desses contratos, mediante comprovação do contratado, admitindo-se a adoção de índice setorial de reajuste, consoante prescreve o art. 40, XI, da Lei n. 8.666/93 [...]'. [...] Analisando-se a trajetória histórica da Ciência Econômica, tem-se que os índices de preços foram criados com o intuito de padronizar a medição da inflação, de modo que a variação dos preços fosse aferida periodicamente e tendo como parâmetro o valor de alguns determinados produtos. [...] Tendo em vista a variedade da cesta de produtos utilizada na metodologia de cálculo do índice, este é classificado como índice geral, ou seja, tenta refletir de maneira ampla a variação inflacionária experimentada no cenário econômico, ou como índice setorial, o qual demonstra a trajetória dos preços em um determinado setor, como a construção civil, o mercado de carros, o varejo de alimentos, etc. [...] Assim, quando o Poder Público aplica [...] [um índice setorial] a uma avença, busca a manutenção do seu equilíbrio financeiro a partir da análise dos efeitos da inflação em um certo setor da economia, no qual se situa o objeto do contrato administrativo a ser reajustado. [...] [...] há um certo espaço de discricionariedade ao administrador, para que este adote um índice geral ou setorial de variação de preços, obviamente, formalizando sua escolha mediante uma exposição dos motivos determinantes da decisão. [...] Dessa forma, podem ser usados como parâmetros para o reajuste dos contratos administrativos índices de preços setoriais ou gerais, produzidos por instituições consagradas de estatística e pesquisa, mediante exposição de motivos, sendo privilegiada a adoção do menor percentual. [...] insta observar que o reajuste pela aplicação de um índice setorial ou específico nunca poderá conduzir a valores que impliquem o aumento dos benefícios do particular para além da relação inicialmente estabelecida na equação econômico-financeira da avença. Dessa forma, apesar de ser admitida pela Lei n. 8.666/93 a adoção de índice setorial ou específico na realização do reajuste de um contrato administrativo, a aplicação de um desses índices não elide o dever da Administração Pública de verificar se está sendo observado o princípio da justiça contratual, se o caráter comutativo do acordo de vontades está sendo preservado.[...] A esse respeito, destaca o jurista Marçal Justen Filho [...]: 'Como se sabe, se o índice de reajuste for inadequado para assegurar a manutenção da equação econômico-financeira original, caberá a qualquer das partes promover a revisão de preços. Logo, nunca se poderia adotar interpretação no sentido de que a aplicação do índice de reajuste impediria a verificação dos custos efetivos incorridos pelo particular. Afinal, aplicar índices setoriais para os contratos de execução continuada conduz ao risco de remuneração ao particular acima ou abaixo do valor necessário para a manutenção do equilíbrio contratual. [...] Por tudo isso, as características dos contratos de serviços continuados conduz à insuficiência da mera e automática aplicação de índice de reajuste previsto contratualmente. A repactuação é um instrumento apto a garantir a manutenção da relação originalmente avençada entre as partes relativamente aos encargos e vantagens assumidos. Para concluir, isso significa que a determinação da obrigatoriedade da previsão de índices contratuais de reajustamento não conduz à eliminação do dever de a Administração examinar, em cada oportunidade em que se verificar a renovação do contrato, os custos efetivamente existentes. [...] E tal se imporá como dever constitucional da Administração Pública nos casos em que a renovação do contrato ampliar as vantagens ou reduzir os encargos do particular' [...]. [Consulta n. 761.137. Rel. Conselheiro Antônio Carlos Andrada. Sessão do dia 24/09/2008]

[**Ausência de critérios para a estipulação dos valores máximos admitidos para a prestação de serviços.**] O art. 40, X, ainda da Lei Geral de Licitações, obriga a fixação no edital dos valores máximos, pelo órgão proponente da licitação, visando, principalmente, refrear a coligação maliciosa de qualquer interessado no intento de superfaturar a licitação e buscar a adequação do gasto da contratação à previsão de numerário empenhado. Segundo Marçal Justen Filho: 'se a Administração apenas pode realizar a licitação se houver previsão de recursos orçamentários, é inevitável a fixação de preços máximos. É o único meio de evitar o risco de contratação destituída de cobertura orçamentária'. (*In Comentários à Lei de Licitação e Contratos Administrativos*. 9. ed., São Paulo: Dialética, 2002. p. 378). No presente caso, vale mencionar que os preços máximos deste certame foram fixados no edital [...], demonstrando o atendimento ao disposto na lei. [...] Contudo, convém [...] ressaltar que os critérios da pesquisa de mercado, originadores dos preços máximos estabelecidos, deveriam constar no instrumento convocatório. [Processo Administrativo n. 640.061. Rel. Conselheira Adriene Andrade. Sessão do dia 03/04/2007]

[**Ausência de previsão do valor global do contrato. Licitação de serviços de leiloeiro oficial.**] [...] ao entrar no certame [...] mediante licitação cujo edital não permite o conhecimento do preço global do contrato a ser celebrado, afrontando-se o art. 40, X, da Lei n. 8.666/93, o [...] interessado não tem meios de obter, pelos termos do seu edital, o conhecimento, ainda que aproximado, do valor ou do *quantum* que auferirá de comissão [...] com a prestação dos seus serviços. [Representação n. 725.743. Rel. Conselheiro Simão Pedro Toledo. Sessão do dia 20/03/2007]

XII — (Vetado). (Redação dada pela Lei n.º 8.883, de 1994)

XIII — limites para pagamento de instalação e mobilização para execução de obras ou serviços que serão obrigatoriamente previstos em separado das demais parcelas, etapas ou tarefas;

A Administração Pública deverá reembolsar o licitante vencedor pelas despesas atinentes à execução de obras ou serviços necessários ao cumprimento do objeto do contrato, tais como deslocamento de máquinas, pessoal e instalações físicas. O limite deste gasto da Administração Pública deverá ser estabelecido no edital.

XIV — condições de pagamento, prevendo:

a) prazo de pagamento não superior a trinta dias, contado a partir da data final do período de adimplemento de cada parcela; (Redação dada pela Lei n.º 8.883, de 1994)
b) cronograma de desembolso máximo por período, em conformidade com a disponibilidade de recursos financeiros;
c) critério de atualização financeira dos valores a serem pagos, desde a data final do período de adimplemento de cada parcela até a data do efetivo pagamento; (Redação dada pela Lei n.º 8.883, de 1994)
d) compensações financeiras e penalizações, por eventuais atrasos, e descontos, por eventuais antecipações de pagamentos;
e) exigência de seguros, quando for o caso;

As condições de pagamento previstas no edital devem ser religiosamente cumpridas pela Administração Pública. Se assim não for, o licitante vencedor terá direito a indenização.

[**Ausência do orçamento básico e do cronograma físico-financeiro no contrato.**] [...] quanto à ausência do Orçamento Básico e do Cronograma Físico-Financeiro, a defesa não se manifestou. Tais exigências estão dispostas, respectivamente, no art. 7º, §2º, II, c/c o art. 40, §2º, II e também, no art. 40, XIV, *b*, todos da Lei de Licitações [...]. Entendo que os dispositivos acima se referem à transparência nas despesas públicas e à eficiência na execução de obras e prestação de serviços, visto que, com o valor dos serviços e suas condições de pagamento dispostos no instrumento convocatório, torna-se bem mais fácil o acompanhamento e fiscalização dos gastos efetuados, o que evitaria oneração desnecessária do Erário ou que o melhor interesse público fosse prejudicado em eventuais descumprimentos de prazos. Desse modo, considero a ausência do Orçamento Básico e do Cronograma Físico-Financeiro como falhas graves, por violarem, respectivamente, o art. 7º, §2º, II, c/c o art. 40, §2º, II e o art. 40, XIV, *b*, todos da Lei de Licitações. [Processo Administrativo n. 707.561. Rel. Conselheira Adriene Andrade. Sessão do dia 25/11/2008]

[**Requisitos. Adiantamento de despesa.**] [...] de ordinário, o pagamento somente é devido após o adimplemento da obrigação a que se refere, sendo esta também a regra do processo de liquidação da despesa pública (Lei n. 4.320/64, art. 63, §2º); nada obstante, haverá a possibilidade de o edital e o contrato autorizarem a antecipação de pagamento em duas hipóteses — em correspondência com a antecipação da execução da obrigação, propiciando descontos para a Administração (art. 40, XIV, d), e nas licitações internacionais, onde poderá prevalecer disposição especial. PEREIRA JÚNIOR, Jessé Torres. *In Comentários à Lei das Licitações e Contratações da Administração Pública*. 7. ed. Rio de Janeiro: Renovar, 2007, p. 493. "Assim, pode-se concluir com segurança que a antecipação de parte do pagamento é possível, desde que prevista no instrumento convocatório, no termo de contrato e que, nos termos do art. 40, XIV, *d*, da Lei Nacional de Licitações e Contratos, redunde em economia ao erário. Além disso, a fim de contingenciar os riscos a que se expõe a Administração, o pagamento antecipado deverá fazer-se acompanhar de prestação de garantia por parte do contratado. [Consulta n. 788.114. Rel. Conselheiro Eduardo Carone Costa. Sessão do dia 01/07/2009]

XV — instruções e normas para os recursos previstos nesta Lei;

Todas as normas pertinentes aos recursos disponíveis aos licitantes deverão ser claras no edital. Quaisquer cláusulas que impeçam, dificultem ou proíbam recursos serão inválidas.

XVI — condições de recebimento do objeto da licitação;

As condições de recebimento são os cuidados que a Administração deve ter quando receber o objeto pelo licitante. A Administração Pública deve verificar que o objeto está perfeitamente igual à descrição feita no edital.

O edital ainda pode prever um prazo de garantia, no qual o contratado deverá responder por vícios ou defeitos no objeto licitado.

XVII — outras indicações específicas ou peculiares da licitação.

O rol do inciso acima é meramente exemplificativo. De acordo com o tipo de licitação podem ser exigidas outras especificações ou indicações.

A Lei 7.174/2010 estabeleceu requisitos específicos na contratação de bens e serviços de informática e automação em âmbito federal.

[**Contratação regulamentada por Lei Especial. Ausência no Edital das exigências do Código de Trânsito Brasileiro.**] [...] entendo que, por se tratar de contratação regulamentada por Lei Especial, a Administração deveria incluir entre as condições de habilitação as exigências para condução de escolares, na forma prevista nos arts. 136 a 139 da Lei n. 9.503, de 1993. [...] além dos requisitos comuns, o edital deve dispor sobre outras indicações específicas ou peculiares da licitação, razão pela qual deve ser considerado também o apontamento descrito na alínea *c*. [...] Desse modo, entendo que o Convite [...]deve ser considerado irregular, por violar os dispositivos da Lei de Licitações, cabendo a responsabilização do gestor à época e dos membros da Comissão de Licitação. [Processo Administrativo n. 694.373. Rel.Auditor Gilberto Diniz. Sessão do dia 30/10/2012]

[Procedimento licitatório considerado irregular em decorrência da ausência de exigências da Portaria Ministerial n.º 3.716/GM.] Quanto ao apontamento descrito na alínea *b,* entendo que, dentre as exigências para habilitação dos licitantes, necessário que a Administração exigisse dos licitantes a apresentação dos documentos previstos na Portaria Ministerial n. 3.716, de 1998. [...] Assim, constatado pela análise ao instrumento convocatório, às fls. 833 a 838, que não foi exigida a documentação relacionada na alínea *b*, entendo que houve violação ao inciso XVII do art. 40 da Lei n. 8.666, de 1993, devendo o Convite [...] ser considerado irregular, com a responsabilização dos agentes envolvidos na prática do ato. [Processo Administrativo n. 694.373. Rel. Auditor Gilberto Diniz. Sessão do dia 30/10/2012]

§1º O original do edital deverá ser datado, rubricado em todas as folhas e assinado pela autoridade que o expedir, permanecendo no processo de licitação, e dele extraindo-se cópias integrais ou resumidas, para sua divulgação e fornecimento aos interessado.

Visa permitir o controle e a fiscalização por parte de todos os interessados.

[Multa decorrente de inúmeros vícios apontados no certame licitatório] a) [...] escolha incorreta de convite, ao invés de tomada de preço — art. 23, II; b) impressão de informação indevida nos convites endereçados aos candidatos — arts. 3º, 21, §2º, IV, 38, II, 44, §1º; c) processo sem autuação, numeração e indicação da dotação orçamentária — arts. 14 e 38, *caput*; d) edital não rubricado em todas as páginas — art. 40, §1º; e) falta do termo de designação da comissão de licitação — art. 51; f) falta de autorização para abertura do processo licitatório — art. 38, parágrafo único; g) falta de validade, condições de pagamento e prazo de entrega — art. 48, I; h) falta de rubrica de todos os licitantes presentes — art. 43, §§ 1º e 2º; i) não consta do processo a publicação do resumo do edital — art. 21, IV; j) em face da desistência do 1º colocado, contratou- se o 2º colocado, mas por preço superior — art. 64, §2º; l) falta de cláusulas necessárias nos contratos — art. 55, V, VI, XII e XIII; m) falta de extrato de publicação do contrato — art. 61, parágrafo único. [...] Nesse sentido é o magistério de Jessé Torres Pereira Júnior: O cumprimento exato do procedimento previsto na lei, no regulamento e no edital é dever da Administração (também por força do princípio da igualdade), ao qual corresponde o direito público subjetivo dos licitantes de exigirem que ela assim se conduza. [...] Ante o exposto, anuindo com os apontamentos do órgão técnico, consideramos irregulares, com a ressalva acima explicitada, o procedimento licitatório sob exame, porquanto restou amplamente comprovada a violação dos supracitados dispositivos legais. [Processo Administrativo n. 715.980. Rel. Auditor Licurgo Mourão. Sessão do dia 09/02/2010]

[**Autoridade competente para expedir edital de licitação.**] Marçal Justen Filho, ao comentar o dispositivo legal supratranscrito [art. 40, §1º], assevera que: 'A competência para expedição do edital apura-se pelas regras comuns de direito administrativo. Nada impede a delegação de competência, no plano administrativo, para que autoridade inferior firme o edital [de licitação]. Discute-se acerca da possibilidade de o edital ser elaborado e firmado pela própria comissão de licitação. Parece que a questão não se enquadra no conceito de norma geral sobre licitações. Cada ente federativo dispõe de competência para regular a questão, no âmbito da [sua] autonomia para dispor sobre sua organização interna'. Com base no entendimento do doutrinador [Marçal Justen Filho], entende-se que a atribuição de expedir editais de licitação pode ser delegada ao Presidente da Comissão de Licitação. [Consulta n. 706.765. Rel. Conselheiro Simão Pedro Toledo. Sessão do dia 05/04/2007]

§2º Constituem anexos do edital, dele fazendo parte integrante:

Com relação à listagem de documentos anexos ao edital, todos já foram tratados em artigos anteriores. A respeito das especificações complementares, este documento é facultativo.

I — o projeto básico e/ou executivo, com todas as suas partes, desenhos, especificações e outros complementos;

[**Projeto básico. Necessidade.**] [...] lição abalizada do professor Jorge Ulisses Jacoby Fernandes em seu artigo intitulado "A nova dimensão do projeto básico nas licitações",[...]: "Entre as boas inovações trazidas pela Lei n. 8.666/93, que disciplinou no âmbito da Administração Pública o tema da licitação e contratos, está a obrigatoriedade do projeto básico, para a contratação de qualquer obra ou serviço." [...] o projeto básico é exigência legal para contratação de obras e serviços, sem qualquer distinção. A inobservância desse requisito, essencial à fase interna e que reflete na fase externa da licitação, pode ensejar a nulidade de todo o certame, haja vista que a ausência desse detalhamento prévio é considerado vício insanável. [Consulta n. 657.018. Rel. Conselheiro Eduardo Carone Costa. Sessão do dia 07/08/2002]

[**Conteúdo do projeto básico e do projeto executivo.**] Por definição, o projeto básico deve conter os estudos preliminares de viabilidade técnica, possibilitando a avaliação do custo da obra ou dos serviços, bem como os métodos de sua execução. Já o projeto executivo contém o conjunto de elementos necessários e suficientes à execução completa da obra ou serviços, de acordo com as normas técnicas pertinentes da ABNT. Verifico que o denominado projeto básico, [...] juntado em cada um dos autos, pelo denunciante, como sendo parte integrante dos editais denunciados, não reúne os elementos técnicos de um verdadeiro projeto básico uma vez que apresenta dados sucintos e superficiais acerca das obras e serviços solicitados à concorrência pela prefeitura. Do ponto de vista técnico, estabelece apenas que 'os serviços serão prestados em áreas geográficas a serem determinadas pela Secretaria de Infra Estrutura Urbana' e que 'deverão ser estabelecidas as especificações contidas neste Projeto'. Fora isso, trata da forma de participação e apresentação das propostas pelos licitantes e indica o valor orçado das obras licitadas. A rigor, não apresenta estudos preliminares de viabilidade técnica e sequer indica as ruas, bairros ou setores em que serão executados os serviços e obras. [Representação n. 741.975. Rel. Conselheiro Simão Pedro Toledo. Sessão do dia 11/12/2007]

[**Natureza exemplificativa do rol do art. 40, §2º, II, da Lei de Licitações.**] Evidentemente, a relação de anexos constantes no §2º, II, do art. 40 da Lei n. 8.666/93 [...] [não é taxativa,] pois a necessidade dos complementos de informações aos proponentes depende do tipo de serviço a ser contratado. [Representação n. 706.503. Rel. Conselheiro Moura e Castro. Sessão do dia 10/10/2006]

II — orçamento estimado em planilhas de quantitativos e preços unitários; (Redação dada pela Lei n.º 8.883, de 1994)

[**Irregularidade por ausência de detalhamento dos custos unitários e da pesquisa de mercado.**] No que se refere tão somente às licitações na modalidade pregão, venho entendendo, com a devida vênia, que tal questão está relacionada à fase interna do certame, não sendo obrigatória a inclusão da planilha de quantitativos e preços unitários no edital, por força dos arts. 3º, I e III e 4º, III, da Lei n. 10.520/2002. Todavia, para as demais modalidades, considero obrigatória sua presença no instrumento convocatório, por força do art. 40, §2º, II, da Lei n. 8.666/93. [...] nos termos do art. 7º, §2º, II, da Lei n. 8.666/93, as obras e serviços somente poderão ser licitadas se "existir orçamento detalhado em planilhas que expressem a composição de todos os seus custos unitários" e, conforme salientou o órgão técnico, não há comprovação da existência desse instrumento imprescindível ao planejamento do certame, bem como da pesquisa de mercado, na fase interna do procedimento. [...] inconteste a falta de zelo da Administração com o planejamento do procedimento, pela falta de determinação dos custos efetivos do objeto a ser contratado. A previsão dos custos detalhados, bem como a pesquisa de mercado são instrumentos balizadores na escolha da proposta mais vantajosa e essenciais para a análise da exequibilidade dos valores ofertados. [...] considero irregular a ausência da planilha com detalhamento dos custos unitários e das obrigações acessórias no edital em análise e na fase preparatória do prélio seletivo, como, também, a ausência de elaboração prévia de pesquisa de mercado. [Denúncia n. 800.679. Rel. Conselheiro Sebastião Helvecio. Sessão do dia 06/12/2012]

[**Contratação irregular. Violação ao art. 40 da Lei n. 8.666, de 1993.**] O defendente não apresentou defesa acerca da falta de descrição sucinta e clara do objeto da licitação, com a indicação de percurso, distância e estimativa de quilometragem mensal, conforme apontado na letra *c*, e entendo confirmada a falha, visto que a necessidade de licitar surge de demanda que requer planejamento e estimativa, a qual deve ser consignada no objeto, de modo a atrair os possíveis interessados. Observo, ainda, que, na condução do julgamento das propostas, [...], não foi apresentada a estimativa de preços de mercado, o que impede avaliar se o preço proposto pelos licitantes é aquele praticado no mercado; portanto, violado o inciso II do §2º do art. 40 da Lei n. 8.666, de 1993. [...] impõe-se que seja considerado irregular o procedimento de licitação, [...], por violação às disposições contidas na Lei n. 8.666, de 1993, devendo ser cominada sanção legal aos responsáveis. [Processo Administrativo n. 701.762. Rel. Auditor Gilberto Diniz. Sessão do dia 08/11/2012]

[**Despesas realizadas mediante procedimentos de inexigibilidade de licitação irregulares.**] Trata-se de contratações de empresas promotoras de eventos, [...], que representam bandas e conjuntos musicais que apresentariam shows em festividades no município. [...] A equipe inspetora apontou como irregularidades a ausência de pesquisa de preço, nos termos dispostos no inciso IV do art. 43, c/c o inciso II do §2° do art. 40 da Lei n. 8.666, de 1993, e o fato de as empresas favorecidas não serem representantes exclusivas das respectivas bandas, o que, fosse o caso, daria ensejo à contratação direta por inexigibilidade licitatória, desde, é claro, que ficassem comprovados os demais requisitos impostos pela mencionada lei. [...] verifico que não há nos autos comprovação de que as bandas contratadas para a realização dos eventos tenham reconhecimento perante a crítica especializada ou opinião pública, ou mesmo currículo que justificasse as contratações diretas sem o devido certame licitatório. Não há sequer comprovação de que essas bandas e conjuntos tenham realizado shows em cidades da região, ou de que há CDs ou DVDs por elas gravados, o que, por si, desconstituem as razões que respaldariam as contratações com base no inciso III do art. 25 da Lei n. 8.666, de 1993. [...] Considerando-se a especificidade da situação, reporto-me à doutrina acerca da matéria, precisamente ao que assevera Diógenes Gasparini em sua obra *Direito Administrativo*, 4. ed., 1995, p. 323: "Por força do estabelecido no inciso III do art. 25 do Estatuto Federal Licitatório, é inexigível a licitação para a contratação de profissional de qualquer setor artístico, diretamente ou através de empresário, desde que consagrado pela crítica especializada ou pela opinião pública. O dispositivo em apreço não traz grandes dificuldades de intepretação, salvo no que concerne à consagração pela crítica especializada. Qual é essa crítica especializada? A local? A regional? A nacional? Cremos que se pode dizer que é a crítica local, regional (estadual) ou nacional, em razão do valor do contrato. Assim, se o contrato estiver dentro do limite de convite, será local; se estiver dentro do limite da tomada de preços, será regional; se estiver dentro do limite de concorrência, será nacional. O mesmo deve-se afirmar em relação à opinião pública." [...] ainda que não fossem equivocadas as contratações em pauta por inexigibilidade, elas estariam eivadas de vícios, pois não há, nos autos, justificativas para a escolha dessas bandas e nem justificativa do preço avençado, em consonância com os incisos II e III do art. 26 da referida lei.[...] As contratações em tela, pois, ocorreram ao arrepio da lei, uma vez que, pelas circunstâncias fáticas, não se comprovando tratar-se de bandas consagradas ou sequer reconhecidas pela opinião pública ou pela crítica especializada, o correto seria proceder às contratações mediante processo licitatório, até para que fosse dada oportunidade de contratar com o Município a outras bandas, em consonância com o inciso XXI do art. 37 da Constituição da República, c/c os arts. 2º e 3º da Lei n. 8.666, de 1993, o que não ocorreu. Sejam julgadas irregulares as contratações diretas formalizadas mediante procedimentos de inexigibilidade, uma vez que deveriam ser precedidas do devido procedimento na modalidade licitatória Convite ou Tomada de Preços, conforme o caso, razão pela qual proponho a aplicação de multas [...], por violação ao inciso XXI do art. 37 da Constituição da República de 1988, c/c os arts. 2º e 3º da Lei n. 8.666, de 1993, [...].[Processo Administrativo n. 703.098. Rel. Auditor Gilberto Diniz. Sessão do dia 08/11/2012]

[**Continuidade e necessidade do serviço público. Revogação da liminar.**] [...] o pregão, modalidade licitatória diferente da concorrência, foi instituído pela Lei n. 10.520/2002 e é utilizado para aquisição de bens e serviços comuns, que são aqueles que podem ser descritos objetivamente no edital, com as especificações usuais no mercado. Não é aplicável às contratações de obras e serviços de engenharia, bem como às locações imobiliárias e alienações em geral, ou seja, deve ser utilizado para as licitações de objetos simples que não demandem especificações técnicas e complexas para serem definidos. [...] a modalidade eleita, concorrência pública, cujo objeto é a contratação de empresa para realização de obras e serviços de engenharia, exige, como determina a Lei n. 8.666/93, projeto básico e orçamento detalhado em planilhas que expressem a composição de todos os custos unitários. [...] a jurisprudência acerca de pregão, colacionada pelo Município agravante, não se adequa ao caso dos autos. No entanto, trata-se de licitação de singular interesse público, em que há necessidade premente da continuidade do serviço, que inclui operação de sepultamento e conservação de cemitério, bem como manutenção de canteiros, calçadas, árvores e jardins, que, com o advento do período das chuvas, causa transtornos como alagamentos, estragos de veículos/imóveis e proliferação de pragas, pelo crescimento rápido da vegetação. Por tais razões, entendo que a liminar [...] pode ser revogada, pois caracterizada situação em que a demora no julgamento por esta Corte pode comprometer a segurança de pessoas, obras, serviços, equipamentos e outros bens, públicos ou particulares. Entretanto, essa medida não obsta a formulação de determinações e recomendações por parte deste Tribunal de Contas, para efeito de fiscalização, nos termos do art. 57, III, da Lei Complementar n. 102/2008 e do art. 278, IV, do Regimento Interno desta Casa, cumprindo lembrar que o direito positivo brasileiro, por meio do art. 40, §2º, II, da Lei n. 8.666, de 21 de junho de 1993, regulamentou a obrigatoriedade do orçamento estimado em planilhas de preços unitários no edital de licitação [...] é dever inarredável da Administração Pública a publicação do orçamento estimado em planilhas de quantitativos e preços unitários, nas modalidades de licitação previstas na Lei n. 8.666/93, de forma a se evitar o "jogo de planilhas". [...] O orçamento de preços [...] deve ser elaborado pelos licitantes com base na composição dos custos unitários de cada serviço que compõe a planilha e preços, de forma que permita a avaliação do custo da obra ou serviços. É importante [...] que se demonstrem os coeficientes de produtividade da mão de obra, ferramentas e equipamentos, os coeficientes de consumo e aproveitamento dos materiais e de todos os insumos, permitindo a formação de custos unitários, além dos valores correspondentes, coletados no mercado. [...] dou provimento ao agravo para suspender os efeitos da liminar concedida, em prol da continuidade e necessidade do serviço público. [Agravo n. 880.311. Rel. Conselheira Adriene Andrade. Sessão do dia 07/11/2012]

[**Edital. Ausência de planilha com detalhamento dos custos unitários e das obrigações acessórias no edital em análise. Irregularidade.**] A irregularidade quanto ao item [...] do edital foi apresentada pela unidade técnica e consiste na ausência de detalhamento dos custos unitários e das obrigações acessórias que orientaria os interessados na formulação das propostas. [...] No que se refere tão somente às licitações na modalidade pregão, venho entendendo, com a devida vênia, que tal questão está relacionada à fase interna do certame, não sendo obrigatória a inclusão da planilha de quantitativos e preços unitários no edital, por força dos arts. 3°, I e III e 4°, III, da Lei n. 10.520/2002. Todavia, para as demais modalidades, considero obrigatória sua presença no instrumento convocatório, por imperativo do art. 40, §2°, II, da Lei n. 8.666/93. [...] Logo, considero irregular a ausência da planilha com detalhamento dos custos unitários e das obrigações acessórias no edital em análise. [Denúncia n. 811.915. Rel. Conselheiro Sebastião Helvecio. Sessão do dia 04/10/2012]

[**Licitação. Exigências excessivas. Restrição à competitividade.**] Decisão monocrática que [o Conselheiro Cláudio Terrão proferiu] no processo em epígrafe, de relatoria do Conselheiro Sebastião Helvecio e [a ele foi] redistribuído em razão do disposto no art. 126 do Regimento Interno[...] Segundo a denunciante, o referido certame estaria eivado de ilegalidade ao exigir "expressamente entre outras características que os pneus tem que ser de linha de montagem e que no caso de produto importado deverá ser apresentado guia de importação junto a entrega dos pneus" (*sic*). Sustenta a denunciante que tal exigência restringe o caráter competitivo do certame, por constituir "mero privilégio concedido aos revendedores de marcas nacionais", o que afrontaria o disposto no art. 3°, II, da Lei n. 10.520/02. [...] Tal circunstância pode ser depreendida da leitura da cláusula II do edital [...] onde se exige "pneus de primeira vida, novos originais de fábrica, linha de montagem dentro das normas da ABNT". Trata-se de exigência excessiva e que afeta o caráter competitivo da licitação, porque afasta a participação de empresas estrangeiras, cujo processo de produção, ou linha de montagem, não se sujeita às normas brasileiras. Apenas seus produtos, quando importados, devem se adequar às especificações das normas técnicas brasileiras. De igual modo, também se revela incompatível com os preceitos licitatórios a exigência de apresentação de Guia de Importação (GI) hoje chamada Licença de Importação (LI) segundo a Portaria n. 10/10, da Secretaria de Comércio Exterior (Secex) tendo em vista o disposto em seu art. 8º, que preconiza: [...] Ademais, a LI é um documento relativo à burocracia de importação e, quando exigível, interessa precipuamente aos órgãos de fiscalização aduaneira e à própria importadora, por ser documento interno da empresa. A exigência de sua apresentação configura, também, cláusula excessiva. Além disso, compulsando os autos constato a inexistência do orçamento estimado em planilha de quantitativos e preços unitários, preconizado pelo art. 40, §2º, II, da Lei n. 8.666/93. A apresentação de orçamento estimado é requisito essencial, cuja ausência constitui, de plano, óbice à participação de interessados por ocultar as dimensões econômicas do objeto licitado. Diante do exposto e em face do poder geral de cautela, nos termos do art. 60 da Lei Orgânica do Tribunal e do art. 264 c/c art. 197 do Regimento Interno determino, a suspensão cautelar do certame, na fase em que se encontra, devendo os responsáveis se absterem de praticar qualquer ato tendente a efetivar a contratação do objeto licitado, sob pena de multa. [Denúncia n. 876.278. Rel. Conselheiro Cláudio Couto Terrão. Sessão do dia 12/06/2012]

[**Suspensão de certame licitatório em virtude da ausência de orçamento global estimado da contratação.**] Compulsando os autos, verifico que não consta, entre os anexos do edital, orçamento estimado em planilha de quantitativos e preços unitários, o que contraria o disposto no inciso II do §2º do art. 40 da Lei n. 8.666/93. A apresentação de orçamento estimado é requisito legal obrigatório, cuja ausência constitui, de plano, óbice à participação de interessados por ocultar as dimensões econômicas do objeto licitado. Além disso, verifico que também não consta no corpo do edital (fls. 44/64) a indicação do valor global estimado da contratação, o que torna temerária a declaração dos proponentes. [...] Em face do exposto, defiro o pedido de medida liminar, nos termos do art. 60 da Lei Orgânica e do art. 197 c/c art. 264 do Regimento Interno, e determino a suspensão cautelar do certame, na fase em que se encontra. [Denúncia n. 876.181. Rel. Conselheiro Cláudio Couto Terrão. Sessão do dia 05/06/2012]

[**Licitação de pneumáticos. Ausência de orçamento.**] [...] a ausência do orçamento estimado em planilhas de quantitativos e preços unitários é irregular, uma vez que contraria o disposto no art. 40, §2º, II, da Lei n. 8.666/93 e no art. 6º, I, *e*, do Decreto Estadual n. 44.786/2008. Acerca dessa irregularidade a jurisprudência do Tribunal de Contas da União é pacífica quanto à obrigatoriedade da anexação ao edital das planilhas de composição dos custos unitários [...]. [Edital de Licitação n. 863.387. Rel. Conselheiro Mauri Torres. Sessão do dia 15/03/2012]

[**Ausência de discriminação de valor por unidade.**] [...] entendo que esta norma [art. 40, §2º, II) se refere à prevenção de situações de compras vultosas, para as quais, efetivamente, a falta do numerário significaria a impossibilidade de verificação das condições da execução contratual em face da previsão orçamentária. [Processo Administrativo n. 687.135. Rel. Conselheira Adriene Andrade. Sessão do dia 12/06/2007]

[**Previsão de custos individualizados.**] [...] transcrevo a seguir a manifestação do órgão técnico: 'Para se permitir a justa remuneração do contrato, o objeto deveria ser descrito com especificação dos serviços a serem prestados com custos individualizados, de modo a garantir a equação e permitir o equilíbrio econômico-financeiro do contrato, requisito sistematicamente consagrado pela Lei de Licitações e Contratos Administrativos nos artigos 57, §1º, art. 58, §2º e art. 65, §6º. Não consta nos autos planilhas orçamentárias, em desacordo com o art. 40, §2º,. II, bem como o art. 7º, §2º, II, da Lei das Licitações. Quanto à questão de ter de constar a respectiva planilha de custos, o jurista Marçal Justen Filho nos ensina que não é lícito à Administração iniciar a licitação sem previsão exata dos valores a desembolsar. (JUSTEN FILHO, Marçal. *Comentários à Lei de Licitações e Contratos Administrativos*, Dialética, 8. ed., p. 110) [...] não seria possível cumprir a regra do inc. II, do §2º, do art. 7º, ou seja, prever os recursos orçamentários, sem pesquisar os custos necessários. Assim, faz-se necessária a verificação da prévia existência de uma equação financeira embasadora do valor contratual e a necessidade de observância de um cronograma econômico-financeiro. Entende-se que o objeto do contrato não se encontra devidamente especificado e a falta de detalhamento e custo dos serviços contraria o disposto na Lei de Licitações'. [...] Esta é a manifestação do órgão técnico, a qual acolho na íntegra. [Representação n. 720.913. Rel. Conselheiro Antônio Carlos Andrada. Sessão do dia 27/02/2007]

[**Irregular divergência entre dotação orçamentária e estimativa de custos.**] O subitem 9.3 trata de norma editalícia atinente à dotação orçamentária, não podendo, pois, haver nenhuma divergência entre ela e a planilha de orçamento e, no caso concreto, a estimativa está significativamente maior do que os recursos disponíveis para a execução do objeto. A Constituição Federal é claríssima ao estabelecer, no art. 167, II, a vedação à realização de despesas ou assunção de obrigações diretas que excedam os créditos orçamentários ou adicionais, assim como o são as Leis n. 4.320/64 e n. 8.666/93. [Licitação n. 698.861. Rel. Conselheiro Moura e Castro. Sessão do dia 03/10/2006]

[**Equívocos nas estimativas de custos.**] O orçamento básico elaborado pela Administração apresentou equívocos nos quantitativos e preços estimados, resultando valores acima dos praticados no mercado, com os elevados percentuais sobreditos, considerando-se as fontes indicadas. Essa discrepância poderá resultar em contratação a preços superfaturados, pois ficarão inexequíveis as propostas mais vantajosas, mesmo que condizentes com valores praticados pelo mercado, em face dos critérios estatuídos no §1º do art. 48 do Estatuto das Licitações. [Representação n. 710.647. Rel. Conselheiro Moura e Castro. Sessão do dia 08/08/2006]

III — a minuta do contrato a ser firmado entre a Administração e o licitante vencedor;

[**Divergências entre a minuta e o contrato efetivamente firmado.**] [...] a existência de contradição entre [...] cláusulas da minuta do contrato e do contrato [efetivamente] celebrado contraria o disposto nos arts. 40 e 41 da Lei n. 8666/93, que vinculam a execução dos contratos, relativos a obras e serviços, ao edital e à minuta contratual, que dele faz parte. [Licitação n. 685.144. Rel. Conselheiro Antônio Carlos Andrada. Sessão do dia 14/10/2008]

[**Alteração indevida nas condições da contratação, realizada após a adjudicação e antes da assinatura do instrumento.**] Trata-se de alteração feita após a adjudicação da licitação e antes da vigência do próprio contrato, circunstância vedada pela Lei Geral de Licitações, que exige a perfeita consonância entre o conteúdo do contrato e as cláusulas editalícias. Para completar o entendimento acima posicionado, é imperioso destacar o pensamento doutrinário representado por Hely Lopes Meirelles: 'O conteúdo do contrato há de ser, basicamente, o do edital e o da proposta aceita pela Administração. Sendo o edital a matriz do contrato, este não pode divergir daquele, sob pena de nulidade do ajuste ou da cláusula discrepante. Nem seria compreensível que a Administração formulasse seu desejo no edital e contratasse em condições diversas do pedido na licitação. Certo é que o contrato não será a repetição pura e simples do edital, mas há de conter tudo aquilo que foi solicitado e mais o que foi proposto pelo licitante e aceito pela Administração como vantagem para o serviço público. O que não se permite é que o contrato se afaste do edital com cláusulas prejudiciais à Administração'. (*In Licitação e Contrato Administrativo*. 13. ed., São Paulo: Malheiros, 2002, p. 206). Desse modo, a alteração só poderia ser procedida após a formalização do contrato, por meio de termo aditivo. [Processo Administrativo n. 640.061. Rel. Conselheira Adriene Andrade. Sessão do dia 03/04/2007]

IV — as especificações complementares e as normas de execução pertinentes à licitação.

§3º Para efeito do disposto nesta Lei, considera-se como adimplemento da obrigação contratual a prestação do serviço, a realização da obra, a entrega do bem ou de parcela destes, bem como qualquer outro evento contratual a cuja ocorrência esteja vinculada a emissão de documento de cobrança.

O adimplemento da obrigação contratual ocorre com a efetivação do objeto da licitação, seja a prestação do serviço, a realização da obra, a entrega do bem ou qualquer outro evento, cuja ocorrência esteja vinculada a emissão de documento de cobrança.

[Utilização do pregão para contratação de instituição financeira para processamento das folhas de pagamento mediante dação em pagamento em bens imóveis.] Admite-se, pois, em princípio, a utilização do pregão para o processamento das folhas de pagamento; e mesmo a utilização do critério de maior valor de oferta, desde que bem justificado e fundamentado, combinando os arts. 4º, VIII, e 9º da

Lei n. 10.520/02 com os arts. 3º e 45, IV, da Lei n. 8.666/93. Esse tipo de certame está sendo denominado, em círculos especializados, como "pregão negativo" [...] sobre a possibilidade de o maior lance ser pago ao Poder Público contratante mediante a transmissão de bem imóvel. Compulsando a Lei Federal n. 10.520/2002 e a Lei Estadual n. 14.167/2002, que regulamentam o pregão, bem como a Lei Federal n. 8.666/93, de aplicação subsidiária, não se encontra diretriz normativa que esclareça o problema [...]. Assim sendo, se a Fazenda Pública pode receber um bem imóvel de contribuinte para o adimplemento de uma obrigação tributária, não vislumbro óbice na utilização do mesmo procedimento na seara administrativa, por analogia, em que o particular contratado pagaria o lance ofertado no "pregão negativo" mediante a transmissão de bem imóvel, desde que a operação atenda ao interesse público da Administração contratante. [...] entendo que o edital da licitação deverá prever como forma de adimplemento do contrato administrativo a dação em pagamento em imóveis, estabelecendo regras referentes à avaliação do bem e sua aceitação, condicionando- se ao consentimento da Administração contratante e ao atendimento do interesse público, além de prévia autorização legislativa no âmbito da respectiva entidade federativa. [Consulta n. 837.554. Rel. Conselheiro Antônio Carlos Andrada. Sessão do dia 25/05/2011]

§4º Nas compras para entrega imediata, assim entendidas aquelas com prazo de entrega até trinta dias da data prevista para apresentação da proposta, poderão ser dispensadas: (Incluído pela Lei n.º 8.883, de 1994)

I — o disposto no inciso XI deste artigo; (Incluído pela Lei n.º 8.883, de 1994)

II — a atualização financeira a que se refere a alínea "c" do inciso XIV deste artigo, correspondente ao período compreendido entre

as datas do adimplemento e a prevista para o pagamento, desde que não superior a quinze dias. (Incluído pela Lei n.º 8.883, de 1994)

As compras com entrega imediata são aquelas que têm prazo de entrega de até trinta dias da data prevista para apresentação da proposta e a estas são dispensadas o critério de reajuste e de atualização financeira, vez que o curto lapso temporal não justifica a presença desses dois critérios.

Art. 41. A Administração não pode descumprir as normas e condições do edital, ao qual se acha estritamente vinculada.

O edital vincula a Administração Pública tanto em relação às regras quanto aos procedimentos durante o processo licitatório. Caso a Administração Pública descumpra regras previstas no edital estará descumprindo os princípios constitucionais da Administração Pública.

Nem mesmo o erro na formulação do edital permite que a Administração Pública o ignore ou o desrespeite. Nesse caso, necessária a utilização da faculdade de desfazimento de ato administrativo, seja por nulidade, seja por conveniência, com a posterior alteração para correção do edital. Assim, como forma de isonomia, deverá ser reiniciado o procedimento licitatório, conforme previsto no artigo 21, § 4º, desta Lei.

[**Impossibilidade de transferência dos direitos previstos em contrato de concessão a terceiros. Respeito à previsão editalícia.**] "De nenhuma dúvida, portanto, o fato de que não há falar em discricionariedadeem face de proibição constante no edital, mas, sim, de vinculação do administrador aos termos nele consignados. Em outras palavras, como consta na hipótese apresentada pelo consulente previsão editalícia em contrário, ou seja, que veda a transferência dos direitos do contratado para terceiros, o administrador se acha vinculado a essa proibição expressa no edital, que, como exposto, serve de fundamento de validade para todos os atos do certame e para o decorrente contrato." [...] Não há na situação hipotética consultada, pois, espaço à discricionariedade administrativa, ainda que não houvesse a pecha de inconstitucionalidade da norma constante no art. 27 da Lei n. 8.987/95. [Consulta n. 837.532. Rel. Conselheiro em exercício Gilberto Diniz. Sessão do dia 22/09/2010]

[**Exigência dos documentos de habilitação no edital do convite.**] [...] embora na modalidade convite a Lei de Licitações, no §2º do art. 32, tenha possibilitado a dispensa no todo ou em parte dos documentos de habilitação, inclusive de regularidade fiscal, no momento em que a Administração optou por exigi-lo no edital, tornou-se obrigatória a sua apresentação por todos os licitantes. O art. 41 da Lei n. 8666/93 dispõe que a Administração não pode descumprir as normas e condições do edital, ao qual se acha estritamente vinculada. [Recurso Ordinário n. 862.265. Rel. Conselheiro Mauri Torres. Sessão do dia 10/10/2012]

[**Vinculação ao instrumento convocatório.**] [...] o instrumento convocatório vincula todo o procedimento licitatório, inclusive a contratação. Não pode o administrador, modificar as regras do procedimento no seu curso para atender condições que não estão explicitadas no bojo do processo. Observe-se que o instrumento convocatório [...], estabelece como critério de julgamento a proposta de menor preço unitário, o que não foi observado.[...] Em que pese o documento juntado atestar que o estabelecimento está em condições de receber o alvará de vigilância sanitária, tal documento não substitui o referido alvará, pois, em conformidade com o instrumento convocatório, cláusula V, fl. 538, ele é o documento necessário à habilitação dos licitantes. Nesse sentido, o descumprimento das regras estabelecidas no instrumento convocatório caracteriza violação ao art. 41 da Lei n. 8.666/93. [Processo Administrativo n. 704.105. Rel. Conselheiro Antônio Carlos Andrada. Sessão do dia 06/04/2010]

[**Exigências não previstas no edital.**] Quanto à licitante fazer exigências não previstas no edital, verificou-se, à fl. 629, que a Comissão desclassificou a única empresa a apresentar proposta, por ter apresentado preço bem superior ao estimado. Em seguida, [...] permitiu que a referida empresa apresentasse nova proposta financeira, dando prosseguimento ao certame. No entanto, a proposta da licitante não atende às exigências feitas no instrumento convocatório (semileigo, com TV, ar condicionado, vídeo) e a proponente ainda faz novas exigências não previstas anteriormente. Neste caso, o novo prazo para apresentação de proposta não poderia se limitar apenas à licitante que apresentou proposta, pois a alteração das condições editalícias poderia permitir que outras empresas tivessem a mesma oportunidade de participação. Segundo Marçal Justen Filho (JUSTEN FILHO, Marçal. *Comentários à Lei de Licitações e Contratos Administrativos* – 8. ed. Dialética, fls. 477 e 478), se [em uma certa licitação], todas as propostas foram desclassificadas, não há fundamento jurídico para restringir a apresentação de novas propostas apenas aos anteriores participantes. [...] essa restrição é 'indevida e ofende os princípios da isonomia, da moralidade e da competitividade'. Acrescenta que o princípio da isonomia impede que a Administração dispense alguns licitantes do cumprimento de requisitos [anteriormente] exigidos de outros. Dessa forma, entende-se que houve cerceamento na participação de interessados no procedimento licitatório em tela. [Processo Administrativo n. 629.667. Rel. Conselheiro Antônio Carlos Andrada. Sessão do dia 14/08/2007]

§1° Qualquer cidadão é parte legítima para impugnar edital de licitação por irregularidade na aplicação desta Lei, devendo protocolar o pedido até 5 (cinco) dias úteis antes da data fixada para a abertura dos envelopes de habilitação, devendo a Administração julgar e responder à impugnação em até 3 (três) dias úteis, sem prejuízo da faculdade prevista no §1° do art. 113.

O artigo 41, § 1º da Lei 8.666/1993, conferiu a qualquer cidadão, a legitimidade para impugnação de edital de licitação por desobediência. Devemos levar em consideração o princípio da legitimidade, que dispõe que ninguém pode exercer em nome próprio direito alheio e o princípio do interesse de agir que prevê que ninguém pode pleitear providência que não alcance o conflito de interesses que esteja envolvido.

Assim sendo, todo aquele que possuir interesse em participar da licitação será legítimo para questionar o edital.

[**Pregão. Observância do prazo para impugnação. Irregularidade afastada.**] O art. 41, §1º e 2º, da Lei n. 8.666/93 estabelece prazos para que "o licitante" ou "qualquer cidadão" possa protocolar pedido de impugnação dos editais de licitação e prazo para que a Administração julgue e responda o pedido. [...] Para a modalidade de licitação denominada "Pregão", o art. 12 do Decreto Federal n. 3.555/2000 [...] aprova o regulamento para essa modalidade de licitação [...] Embora o Decreto Federal n. 3.555/2000 não seja diretamente aplicável à realidade administrativa dos Municípios, diante da autonomia administrativa dos entes da Federação, observa-se que o item [...] do edital do Pregão n. [...], fl. [...], indica que a licitação se regeria também pelos comandos desse dispositivo normativo aplicável, em princípio, à Administração Federal, pelo que, entendo, passou a reger o certame em análise. Diante desse quadro, tem-se que a abertura dos envelopes estava marcada para o dia 27/05/2009, quarta feira, conforme [...]. A data limite para impugnação por parte de qualquer pessoa (licitante ou não), nos termos previstos no art. 12 do Decreto Federal n. 3555/2000, seria de até dois dias úteis antes da data fixada para recebimento das propostas, ou seja, até o dia 22/05/2009, sexta-feira anterior. Tendo-se em vista que as impugnações foram apresentadas em 26/05/2009 pela empresa [...] de material médico-hospitalar Ltda. e em 25/05/2009, pelas empresas [...], conclui-se que foram, portanto, protocoladas fora do prazo estabelecido no citado art. 12 do

Decreto n. 3555/2000. Assim, por serem intempestivas, não haveria obrigatoriedade, por parte do Município, de respondê-las no prazo estabelecido no referido decreto. Desta forma, considero improcedentes as alegações do denunciante quanto à inobservância dos prazos para respostas às impugnações apresentadas. [Denúncia n. 811.281. Rel. Conselheiro Sebastião Helvecio. Sessão do dia 12/03/2013]

[**Exercício da autotutela quanto ao edital.**] [...] a intempestividade da impugnação não esquiva a Administração de exercer a autotutela dos seus atos, sobretudo quando estes se encontram eivados de vício insanável. Neste sentido, como nos informa Maria Sylvia Di Pietro, a anulação feita pela própria Administração independe de provocação, uma vez que, estando vinculada ao princípio da legalidade, ela tem o poder-dever de zelar pela sua observância. [Licitação n. 627.765. Rel. Conselheiro Moura e Castro. Sessão do dia 03/10/2006]

§2° Decairá do direito de impugnar os termos do edital de licitação perante a administração o licitante que não o fizer até o segundo dia útil que anteceder a abertura dos envelopes de habilitação em concorrência, a abertura dos envelopes com as propostas em convite, tomada de preços ou concurso, ou a realização de leilão, as falhas ou irregularidades que viciariam esse edital, hipótese em que tal comunicação não terá efeito de recurso. (Redação dada pela Lei nº 8.883, de 1994)

Trata-se da preclusão do direito de impugnar. Aquele que não o fizer em momento oportuno estará impossibilitado de fazê-lo posteriormente.

Entretanto o procedimento licitatório deve ser interpretado à luz dos princípios constitucionais. Uma ilegalidade não será convalidada simplesmente pela preclusão do direito de impugnar. Após perceber uma ilegalidade/nulidade, a Administração Pública tem o dever de reconhecê-la.

[**Exercício da autotutela quanto ao edital.**] A Administração não necessita ser provocada para o exercício da autotutela. Se incongruências existiam no edital, caberia à representada, de ofício, proceder às necessárias correções, não havendo, pois, [que se] falar em preclusão do direito de licitantes [de] apontar as mencionadas falhas. [Representação n. 708.976. Rel. Conselheiro Moura e Castro. Sessão do dia 05/12/2006]

§3° A impugnação feita tempestivamente pelo licitante não o impedirá de participar do processo licitatório até o trânsito em julgado da decisão a ela pertinente.

É equivocado pensar que se o licitante impugnou o edital, não poderia formular sua proposta. O interessado pode impugnar e participar do processo licitatório. Se assim não fosse, os editais seriam abusivos e ilegais, de modo a excluir os licitantes que impugnassem os abusos e/ou as ilegalidades e aqueles que quisessem participar, teriam que se enquadrar no edital viciado.

Caso o licitante julgue uma disposição do edital abusiva ou ilegal e não reúna essa condição para participar do certame, ele pode apresentar a impugnação com relação a esta disposição e participar normalmente do certame até o julgamento da impugnação. Sendo sua impugnação julgada procedente, continua normalmente no certame. Se a impugnação for improcedente, o licitante será excluído do processo licitatório por não atender as exigências do edital.

Outro ponto a ser observado é que se trata de decisão administrativa, não cabendo a expressão transito em julgado, que é peculiar para as decisões judiciais. Logo, devemos entender que a impugnação feita tempestivamente pelo licitante não o impedirá de participar do processo licitatório até o esgotamento da via administrativa da decisão a ela pertinente.

§4° A inabilitação do licitante importa preclusão do seu direito de participar das fases subsequentes.

Após a inabilitação, o licitante está excluído de toda a licitação, não podendo participar das fases seguintes do processo licitatório. A inabilitação demonstra que o licitante não tem os requisitos que lhe conferem direito a licitar.

O artigo 43, inciso II, desta Lei prevê que serão devolvidos os envelopes fechados com as propostas do licitante inabilitado.

[**Ausência de formalização da inabilitação.**] Ocorre que a inabilitação da melhor proponente não se fez constar da ata de abertura e julgamento das propostas [...] e o defendente [não] trouxe prova do referido veto. Trata-se de ato administrativo formal e insuprimível. A propósito do tema, é o seguinte o magistério de Marçal Justen Filho (JUSTEN FILHO, Marçal. *Comentários à lei de licitações e contratos administrativos*. 11. ed. São Paulo: Dialética, 2005, p. 419): 'As decisões sobre habilitação ou inabilitação serão necessariamente fundamentadas e formalizadas em documento escrito, ainda quando objeto de leitura em Sessão pública' [...]. [Processo Administrativo n. 501.013. Rel. Conselheiro Simão Pedro Toledo. Sessão do dia 22/05/2007]

Art. 42. Nas concorrências de âmbito internacional, o edital deverá ajustar-se às diretrizes da política monetária e do comércio exterior e atender às exigências dos órgãos competentes.

Nas licitações que empresas internacionais possam participar, o edital deverá prever ajustes relacionados à política monetária nacional. A principal questão que surgirá nessas hipóteses é sobre o pagamento, se ele se dará em moeda nacional ou em moeda estrangeira. Caso o edital traga a previsão de pagamento em moeda nacional, tal fato pode afugentar empresas estrangeiras do certame. Entretanto, se o edital trouxer a previsão de pagamento em moeda estrangeira, surge a necessidade de compatibilização desta entrada de moeda estrangeira no país frente a política monetária nacional bem como o controle sobre a moeda exercido pelo Banco Central.

§1° Quando for permitido ao licitante estrangeiro cotar preço em moeda estrangeira, igualmente o poderá fazer o licitante brasileiro.

Importante ressaltar sobre a impossibilidade de existir propostas na mesma licitação em duas moedas distintas. Se o edital permitir que o licitante estrangeiro opte por cotar o preço em moeda estrangeira, assim também deverá fazer o licitante nacional. Se assim não fosse, geraria uma enorme dificuldade na avaliação, comparação e julgamento das propostas.

Sendo assim, o edital deverá prever uma moeda única para que os licitantes elaborem suas propostas, seja ela a moeda nacional ou a moeda estrangeira. Caso a moeda estrangeira seja a escolhida, o edital deverá dispor ainda uma data para a conversão do valor para a moeda nacional. Trata-se de um ato temerário devido a grande variação cambial.

§2° O pagamento feito ao licitante brasileiro eventualmente contratado em virtude da licitação de que trata o parágrafo anterior será efetuado em moeda brasileira, à taxa de câmbio vigente no dia útil imediatamente anterior à data do efetivo pagamento. (Redação dada pela Lei nº 8.883, de 1994)

Ainda que o edital disponha sobre a utilização de moeda estrangeira para formulação de propostas, o licitante brasileiro que vencer o certame será pago em moeda nacional, com a taxa cambial do dia útil anterior à data do efetivo pagamento.

§3° As garantias de pagamento ao licitante brasileiro serão equivalentes àquelas oferecidas ao licitante estrangeiro.

§4° Para fins de julgamento da licitação, as propostas apresentadas por licitantes estrangeiros serão acrescidas dos gravames consequentes dos mesmos tributos que oneram exclusivamente os licitantes brasileiros quanto à operação final de venda.

Tanto o § 3° quanto o § 4° dispõem sobre a igualdade de tratamento entre os licitantes estrangeiros e os licitantes nacionais. Trata-se de isonomia. Isso quer dizer que nenhum tratamento distinto será dado a qualquer licitante, seja ele de onde for. Mesmo numa licitação internacional, o dever da Administração Pública é escolher a proposta mais vantajosa.

O § 4° traz a previsão de igualar as propostas dos licitantes de forma a não beneficiar nenhum participante do processo licitatório. Para isso, o licitante estrangeiro deve observar o edital e a legislação brasileira e levar em conta diversos tributos incidentes sobre as operações que irá realizar, bem como àqueles incidentes sobre a receita. Incumbe ao licitante estrangeiro realizar todos esses cálculos para formulação de sua proposta, vez que somente a ele caberá o pagamento desses tributos.

Caso o licitante estrangeiro não faça a previsão desse custo em sua proposta, ou terá que arcar com esses custos de qualquer maneira, ou será desclassificado devido à inexequibilidade de sua proposta.

§5° Para a realização de obras, prestação de serviços ou aquisição de bens com recursos provenientes de financiamento ou doação oriundos de agência oficial de cooperação estrangeira ou organismo financeiro multilateral de que o Brasil seja parte, poderão ser admitidas, na respectiva licitação, as condições decorrentes de acordos, protocolos, convenções ou tratados internacionais aprovados pelo Congresso Nacional, bem como as normas e procedimentos daquelas entidades, inclusive quanto ao critério de seleção da proposta mais vantajosa para a administração, o qual poderá contemplar, além do preço, outros fatores de avaliação, desde que por elas exigidos para a obtenção do financiamento ou da doação, e que também não conflitem com o princípio do julgamento objetivo e sejam objeto de despacho motivado do órgão executor do contrato, despacho esse ratificado pela autoridade imediatamente superior. (Redação dada pela Lei n° 8.883, de 1994)

A ideia deste artigo é a de que sejam aplicados os critérios contidos nos acordos, protocolos, convenções ou tratados internacionais bem como as normas e procedimentos das entidades que financiaram ou doaram recursos para realização de obras, prestação de serviços ou aquisição de bens. Quando houver regras próprias distintas das constantes da Lei Brasileira, a Lei n.º 8.666/93 será afastada. Contudo, quando a entidade estrangeira realizar a operação e remeter à observância da legislação nacional e ainda estabelecer regras gerais compatíveis, a Lei de Licitações deverá ser observada.

[**Inclusão no edital de exigência de licenciamento ambiental.**] "[...] ficam definitivamente esclarecidos os motivos pelos quais a exigência editalícia do licenciamento ambiental foi incluída no certame. De fato, [...] fica comprovado tratar-se de uma licitação internacional, com recursos provenientes de objeto de negociação entre o Banco Interamericano de Desenvolvimento (BID) e o Município de Belo Horizonte, além da contrapartida local de recursos municipais. [...] Ademais, podemos afirmar que a exigência editalícia de atestado de licença ambiental é norma prevista na Constituição da República de 1988 [...]. Nestes termos, entendo não ter sido lesado, quanto à combatida exigência editalícia, o interesse público. Ao contrário, por todo o exposto, a cláusula demonstra que a proteção da coletividade amparou tal requisito, não havendo nesta Corte oposição que se erga contra ele". [Representação n. 690.804. Rel. Conselheira Adriene Andrade. Sessão do dia 01/04/2008]

[**Definição clara dos critérios em licitações para contratações com recursos do Banco Mundial.**] Compulsando os autos, comprova-se que a cláusula sétima do edital estabelece ser a apresentação de propostas condicionada ao prévio cadastramento das empresas e/ou consórcios, constantes em 'Lista-Curta' aprovada pelo Banco Mundial e emitida pelo BDMG, banco de fomento do Estado que, portanto, realizou a fase de habilitação do procedimento licitatório, selecionando previamente os proponentes, iniciando o certame. [...] não foram definidos os critérios e parâmetros de forma objetiva, a serem utilizados pelo BDMG quando da seleção dos componentes da 'Lista Curta', condição esta explícita no §5º do art. 42 [da Lei n. 8.666/93] [...], o que permite à Administração contemplar, além do preço, outros fatores de avaliação, desde que não conflitem com princípios que regem a atividade administrativa e sejam objeto de despacho motivado do órgão executor do contrato e ratificado pela autoridade imediatamente superior. A esse respeito, vale citar o prof. Marçal Justen Filho, que ensina: 'Em qualquer caso, deverá haver uma precisa definição, no ato convocatório, dos critérios de julgamento e das exigências a serem atendidas pelos interessados — sempre acompanhada da comprovação da necessidade das inovações em face de exigências relacionadas à obtenção dos recursos. A precisa e clara fixação das exigências e dos procedimentos prende-se não apenas aos direitos dos interessados de participar no procedimento licitatório, mas também à objetividade do julgamento. Ressalte-se, por fim, que todas as regras norteadoras da licitação deverão ser expressa e previamente definidas, sendo objeto de exposição justificada por parte da autoridade administrativa e submetidas à autoridade superior. Todas as alterações das exigências legais deverão constar do edital, a cujo texto a Administração estará vinculada' [...].

§6º As cotações de todos os licitantes serão para entrega no mesmo local de destino.

Trata-se de outra questão de isonomia, de forma a igualar as condições entre os licitantes.

Art. 43. A licitação será processada e julgada com observância dos seguintes procedimentos:

É a chamada fase externa da licitação.

I — abertura dos envelopes contendo a documentação relativa à habilitação dos concorrentes, e sua apreciação;

A abertura dos envelopes não necessariamente se dará imediatamente após o recebimento dos mesmos. O edital poderá prever outro local e outra data para abertura dos envelopes. Tal fato não gera qualquer ofensa a legislação. Caso exista a previsão de recebimento e abertura dos envelopes em datas distintas, os envelopes deverão ser rubricados pelos licitantes de forma a garantir quando da abertura dos mesmos, que os envelopes são aqueles que foram entregues anteriormente.

II — devolução dos envelopes fechados aos concorrentes inabilitados, contendo as respectivas propostas, desde que não tenha havido recurso ou após sua denegação;

Importante esclarecer que neste primeiro momento, será feita a habilitação, procedimento este que declara se um licitante cumpriu os requisitos para participar da licitação ou não. Em um segundo momento, que se dará a partir do resultado da habilitação, será realizada a análise das propostas de cada licitante já habilitado. Se o licitante for declarado inabilitado, o envelope com sua proposta será devolvido fechado.

[**Habilitação indevida de empresa licitante.**] [...] a Comissão de Licitação habilitou irregularmente a licitante, visto que a Certidão da Secretaria Estadual da Fazenda está datada de 14/02/2003 e o prazo de validade é de sessenta dias após a emissão, fl. [...], sendo que a abertura dos documentos de habilitação ocorreu em 05/02/2004. Portanto, o documento apresentado pela licitante não era apto a comprovar a sua regularidade com o fisco estadual, cabendo à Comissão de Licitação declará-la inabilitada, procedendo na forma prescrita no inc. II do art. 43 da Lei n. 8.666, de 1993. Desse modo, analisado o procedimento no todo, e confirmada a habilitação indevida da empresa [...], em desconformidade com o edital, subitens [...], e constatada a violação ao art. 41 da Lei n. 8.666, de 1993, impondo, assim seja considerado irregular o procedimento licitatório [...]. [Processo Administrativo n. 701.762. Rel. Auditor Gilberto Diniz. Sessão do dia 08/11/2012]

III — abertura dos envelopes contendo as propostas dos concorrentes habilitados, desde que transcorrido o prazo sem interposição de recurso, ou tenha havido desistência expressa, ou após o julgamento dos recursos interpostos;

O direito do licitante não o trará prejuízo, ou seja, se houver interposição de recurso, as propostas serão abertas após seu julgamento.

[**Impossibilidade de desistência antecipada do direito de interposição de recurso.**] A Lei n. 8.666, de 1993, admite a expressa desistência, por parte do licitante, do direito de interpor recursos. No entanto, nos termos do inc. III do art. 43 da Lei n. 8.666, de 1993, essa declaração deve ser feita após a abertura dos envelopes que contêm a documentação para habilitação dos concorrentes. Assim, não parece lógico que o licitante renuncie ao direito de recorrer antes de exarado algum dos atos dos quais caiba recurso. [...] No caso em análise, ficou comprovado que o termo de renúncia foi datado antes da sessão de abertura das propostas dos procedimentos licitatórios. Por tal razão, entendo que a renúncia na forma ocorrida afronta o direito de recorrer estabelecido no art. 109 da Lei n. 8.666, de 1993. [Processo Administrativo n. 688.722. Rel. Auditor Gilberto Diniz. Sessão do dia 27/09/2012]

[**Abertura de envelopes de propostas de licitantes inabilitados.**] [Destaca-se como irregular a] abertura dos envelopes das propostas após terem sido os licitantes inabilitados, inobservando o procedimento sequencial previsto no art. 43 da Lei n. 8.666/93. [...]

[Não há como escapar do fato de que estavam] todos inabilitados, em desconformidade com a exigência do Convite, mesmo que, após esse fato, o proponente vencedor tenha apresentado documentação que regularizasse sua habilitação. Com efeito, não foi observada a sequência a que alude o art. 43 da Lei n. 8.666/93. [Licitação n. 617.297. Rel. Conselheiro José Ferraz. Sessão do dia 14/08/2003]

[**Abertura de envelopes das propostas sem decurso do prazo recursal quanto à habilitação.**] [...] não foi colhida, mediante termo próprio, a renúncia de todos os concorrentes ao direito de recorrer, após a decisão da fase de habilitação (art. 43, III, da Lei n. 8.666/93), nem foi aguardada a fluência do prazo recursal, [...] o que poderia ter gerado a anulação do procedimento, caso algum licitante se insurgisse contra a decisão que a todos habilitou. [Licitação n. 54.842. Rel. p/ processo Conselheiro Moura e Castro. Sessão do dia 19/06/1997]

IV — verificação da conformidade de cada proposta com os requisitos do edital e, conforme o caso, com os preços correntes no mercado ou fixados por órgão oficial competente, ou ainda com os constantes do sistema de registro de preços, os quais deverão ser devidamente registrados na ata de julgamento, promovendo-se a desclassificação das propostas desconformes ou incompatíveis;

Deverá ser feito um exame detalhado da documentação apresentada, considerando sua regularidade e conteúdo em relação as exigências do instrumento convocatório.

[**Ausência de especificação da data, hora e local da entrega das propostas.**] [...] o inciso IV do art. 43 da Lei n. 8.666, de 1993, não exige que se comprove o dia e a hora em que as propostas foram entregues. A exigência contida no dispositivo legal em comento é de que a proposta esteja em conformidade com os requisitos do edital e, conforme o caso, com os preços correntes no mercado ou fixados por órgão oficial competente, ou ainda com aqueles constantes no registro de preços, os quais deverão ser devidamente registrados na ata de julgamento, promovendo-se a desclassificação das propostas desconformes ou incompatíveis. Assim, estando identificado no ato convocatório o dia, hora e local de apresentação das propostas e consignado na ata da sessão de abertura a entrega dos envelopes da documentação e da proposta, entendo que não houve violação à norma legal nesse aspecto. [Processo Administrativo n. 688.722. Rel. Conselheiro Gilberto Diniz. Sessão do dia 27/09/2012]

[**Ausência de cotação de preços praticados no mercado.**] Trata-se de falha que compromete o procedimento licitatório, uma vez que a Administração fica vulnerável às propostas apresentadas pelos partícipes do certame, impossibilitando, pois, aferir a compatibilidade dos preços ajustados com aqueles praticados no mercado. Ademais, uma das funções precípuas da pesquisa de preço é definir a modalidade licitatória. [...] Assim, a correta forma de se aferir a legitimidade da contratação, seja por dispensa, inexigibilidade ou por certame, é proceder à pesquisa de preço, até para coibir conluios entre licitantes. A pesquisa de preços antes de realizar o certame licitatório, portanto, é procedimento a ser adotado pela Administração, porquanto contribui para a lisura das contratações públicas. [Processo Administrativo n. 701.050. Rel. Auditor Gilberto Diniz. Sessão do dia 13/09/2012]

[**Procedimento licitatório. Falta de comprovação de pesquisa de preços. Irregularidade.**] [...] concluo que a falta de comprovação ou registro de pesquisa de preços, necessária para embasar a estimativa da contratação, ganha relevo e compromete a lisura do certame. É que, sem o devido e necessário registro de valores de referência confiáveis, não há como avaliar a razoabilidade dos preços dos licitantes, sobretudo aqueles da proposta vencedora, e, consequentemente, o cumprimento, entre outros, dos princípios da economicidade e da eficiência. [...] seja julgado irregular o procedimento licitatório, Convite [...], considerando que foi violado o inciso IV do art. 43 da Lei n. 8.666, de 1993, [...] cominando multa no valor de R$ 1.000,00 (mil reais) ao [...] Prefeito Municipal, [...] com fundamento no inciso II do art. 95 da Lei Complementar n. 33, de 1994, vigente à época, cujo correspondente na Lei Complementar n. 102, de 2008, é o inciso II do art. 85. [Processo Administrativo n. 694.963. Rel. Auditor Gilberto Diniz. Sessão do dia 13/09/2012]

[**Irregularidade por ausência de comprovação de pesquisa de preço de mercado.**] Os defendentes reconhecem ter havido a falha, informando que instruíram procedimentos obrigatórios nesse propósito a partir da INTC n. 002/2002. Asseveram que houve parâmetros de preços, contudo, em face de eventual falha, os documentos não foram juntados aos autos, sendo que os preços ofertados ficaram abaixo da estimativa oferecida pela unidade solicitante. [...] Há de se ressaltar que a pesquisa de preço é importante mecanismo para instruir o procedimento licitatório, seja como parâmetro para julgamento dos preços propostos pelos interessados, seja para se definir a modalidade licitatória objeto da contratação. Assim, forçoso concluir que a ausência de preços de mercado implica inobservância ao inciso IV do art. 43 da Lei n. 8.666, de 1993. [...] "Diante do exposto na fundamentação, no mérito, proponho ao Colegiado da Segunda Câmara que: [...] Seja julgado regular com ressalva o procedimento licitatório," Convite n. [...], pois, apesar de ficar comprovada a ausência de pesquisa de preços de mercado, na forma do inciso IV do art. 43 da Lei n. 8.666, de 1993, não há, nos autos, prova de superfaturamento do preço contratado, cabendo recomendação ao atual gestor para que adote a pesquisa de preço como ato necessário a compor os processos licitatórios promovidos pela municipalidade. [Processo Administrativo n. 692.959. Rel. Auditor Gilberto Diniz. Sessão do dia 09/08/2012]

[**Edital. Irregularidade. Ausência de documentação comprobatória dos valores apurados nos mapas de cotações de preços de mercado.**] [...] em que pesem as alegações da defesa de que a Comissão de Licitação tinha conhecimento dos valores de mercado ao analisar as propostas, por tratar-se de serviços rotineiramente utilizados pelo Município, entendo indispensável a realização do procedimento de pesquisa de preços para se chegar ao valor estimado da contratação. Tendo sido constatado que não foi realizada a pesquisa de preços dos itens que compõem o objeto do procedimento licitatório sob exame, considero o procedimento irregular. [Denúncia n. 743.772. Rel. Conselheira Adriene Andrade. Sessão do dia 29/05/2012]

[**Planilha de quantitativos e preços unitários.**] [...] a ausência no edital do orçamento estimado em planilhas de quantitativos e preços unitários, em afronta ao art. 40, X, e §2º, II, da Lei de Licitações e Contratos Administrativos — Lei Federal n. 8.666/93. Esclareceu o Órgão Técnico que o art. 40, X, da Lei n. 8.666/93 "... exige a previsão de uma referência de preços a permitir que a Administração Pública possa avaliar a exequibilidade das propostas. Para tanto, é imprescindível a elaboração de um orçamento anterior à publicação do ato convocatório, nos termos do inciso II, do §2º, do art. 40 da Lei n. 8.666/93." [...] Acrescentou que cabe à Administração Pública a elaboração de um orçamento prévio, a fim de definir o objeto licitado. Justificou que o referido orçamento deve servir como parâmetro para a elaboração das propostas pelos interessados, bem como para o julgamento do procedimento licitatório. Além disto, a planilha estimativa de preços, com base em pesquisa de mercado, é o instrumento que permite verificar as dimensões da contratação almejada e sua adequação às necessidades da Administração, bem como a viabilidade orçamentária e a modalidade licitatória. [...] Vale ressaltar que a simples adoção, *in casu*, do "menor preço por item" como critério para a aquisição dos pneus, não se mostra suficiente, por não permitir a comprovação da compatibilidade dos preços contratados com aqueles praticados no mercado, conforme exige o art. 43, IV, da referida Lei. Por oportuno, vale transcrever o entendimento do Tribunal de Contas da União sobre a matéria, *verbis*: "A importância da realização de uma ampla pesquisa de preços no mercado e de uma correta estimativa de custos é inconteste, pois fornece os parâmetros para a Administração avaliar a compatibilidade das propostas ofertadas pelos licitantes com os preços praticados no mercado e verificar a razoabilidade do valor a ser desembolsado, afastando a prática de atos possivelmente antieconômicos. O preço estimado é o parâmetro de que dispõe a Administração para julgar licitações e efetivar contratações, e deve refletir adequadamente o preço corrente no mercado e assegurar efetivo cumprimento, dentre outros, dos princípios da economicidade e da eficiência." (Acórdão n. 710/2007, Plenário, relator Min. Raimundo Carreiro). [...] Assim, encontrando-se preenchidos os requisitos legais do *periculum in mora* e *fumus boni iuris*, determino liminarmente, *ad referendum* da Segunda Câmara, a suspensão do procedimento licitatório, com fulcro no art. 76, XIV e XVI, da Constituição Estadual e art. 60 da Lei Complementar n. 102/2008. [Denúncia n. 862.929. Rel. Conselheiro Eduardo Carone Costa. Sessão do dia 09/02/2012]

[Licitação. Valor da proposta. Preço constante no sistema de registro.] Com relação à empresa que ofertou o menor preço na pesquisa, e a única a apresentar proposta, não ter mantido o preço inicial quando da formalização do contrato, a defesa alegou que foram convidadas três empresas, porém, apenas uma empresa acorreu ao certame, fato que, em seu entendimento, não maculou o procedimento. O inciso IV do art. 43 da Lei de Licitações determina que a Administração deverá verificar a conformidade de cada proposta com os preços constantes do sistema de registro, promovendo-se a desclassificação das propostas desconformes ou incompatíveis. No presente caso, a empresa modificou o preço apresentado na pesquisa, no valor de [...] para [...], apresentado na proposta, ocasionando uma diferença no importe de [...] em todo o período contratual, o que não deveria ter sido aceito pelo gestor e sim, conforme o que determina o §7° do art. 22 da mesma lei, deveria ter sido deflagrado um novo certame. Assim, pelo descumprimento do inciso IV do art. 43 da Lei de Licitações, responsabilizo o gestor pela diferença entre o valor constante na pesquisa de preços e o efetivamente pago, que corresponde ao valor total de [...] no período inspecionado. [Processo Administrativo n. 702.593. Rel. Conselheira Adriene Andrade. Sessão do dia25/05/2010]

[**Ausência de cotação de preços.**] [...] quanto à ausência de cotações de preços dos produtos a serem adquiridos, [...] afrontou o disposto no já citado art. 43, IV, da Lei de Licitações, conforme acentua Marçal Justen Filho, *in verbis*: 'A validade da Contratação depende da verificação da razoabilidade do preço a ser desembolsado pela Administração Pública. A regra não se vincula precipuamente à contratação direta; afinal, não se admite, em hipótese alguma, que a Administração Pública efetive contratação por valor desarrazoado. Ainda quando exista uma licitação, deve-se verificar se a proposta classificada em primeiro lugar apresenta valor compatível com a realização dos interesses protegidos pelo Direito. Proposta de valor excessivo deverá ser desclassificada (Lei n. 8.666, art. 48)' (JUSTEN FILHO, Marçal. *Comentários à Lei de Licitações e Contratos Administrativos,* 11. ed., São Paulo: Dialética, 2005, p. 295) Dessa forma, considero relevante a irregularidade, tendo em vista que tal falha poderia ter resultado numa contratação economicamente danosa à Administração. [Processo Administrativo n. 691.931. Rel. Conselheira Adriene Andrade. Sessão do dia 30/10/2007]

[**Pesquisa de preços. Dispensa.**] [...] o Tribunal de Contas da União orientou que se realize pesquisa de preços, na contratação por dispensa de licitação, de maneira a cumprir a determinação contida no art. 43, IV, da Lei de Licitações, fazendo constar, formalmente, dos documentos que integram o processo, a informação sobre a equivalência de preços, conforme Acórdão n. 682/2006 — Segunda Câmara [do TCU] [...]. Sobre o mesmo assunto, assevera Marcelo Palavéri: 'Relembre-se que todo o procedimento de contratação, mesmo aquele em que se fará a dispensa pelo pequeno valor, passará pela formalização da fase interna. Assim, deverá a Administração formalizar um procedimento administrativo que documente a contratação, justificando primeiro o fato de o objeto almejado ser aquele definido, deixando claro não se tratar de etapa ou parcela de objeto mais amplo, ou de não se vincular a objetos da mesma natureza a serem executados no mesmo local que pudessem ser realizados conjunta e concomitantemente. Além disso, deverá ficar provado que o preço a ser ajustado é condizente com o de mercado, para o que se impõe a prévia cotação desses preços, documentada de forma idônea no processo' (PALAVÉRI, Marcelo. *Município e Licitações Públicas: análise das licitações municipais à luz da Lei n. 8.666/93 e suas alterações*. São Paulo: Editora Juarez de Oliveira, 2003. p. 112). [Processo Administrativo n. 606.324. Rel. Conselheira Adriene Andrade. Sessão do dia 07/08/2007]

[**O levantamento de preços é necessário, ainda que não haja abuso.**] Embora não tenha sido detectado, pelo órgão técnico, nenhum abuso quanto aos preços contratados, tem-se por necessário o citado levantamento de preços, uma vez que a modalidade convite revela menor abrangência de competição, o que torna relevante a referência de preços do mercado, e não somente dos preços dos fornecedores convidados. Isso posto, considera-se que a falha em tela pôs em risco a economicidade da contratação. [Processo Administrativo n. 705.142. Rel. Conselheiro Substituto Licurgo Mourão. Sessão do dia 24/07/2007]

[**Critérios da pesquisa de preços e registro nos autos.**] [...] as formas de verificar se a proposta está em consonância com o preço praticado no mercado estão dispostas no art.43, IV, da Lei n. 8.666/93 [...]. Entretanto, o critério usado para a pesquisa de mercado deveria constar no corpo do edital, para conhecimento geral, pois, como norma que rege o concurso, deve conter todos os detalhes que irão orientar o processo licitatório, além da necessidade de se ter nos autos os dados da pesquisa feita. [Processo Administrativo n. 640.061. Rel. Conselheira Adriene Andrade. Sessão do dia 03/04/2007]

V — julgamento e classificação das propostas de acordo com os critérios de avaliação constantes do edital;

O edital disporá sobre os critérios de julgamento das propostas. O julgamento será feito de forma objetiva, dentro dos critérios preestabelecidos. A fase do julgamento se encerra com a classificação, na qual a Comissão responsável classifica as propostas de acordo com as condições mais vantajosas para a Administração Pública previstas em edital. Da classificação cabe recurso.

[**Ausência de apresentação pelo licitante do CNPJ e do Contrato Social.**] Os defendentes, da mesma forma que nos demais itens que indicaram ausência de documentos, informaram que, como se tratava de convite, alguns documentos foram dispensados, por força do §1° do art. 32 da Lei n. 8.666, de 1993. Em análise dos documentos que instruíram o Convite [...], verifico que o licitante vencedor, *[omissis]*, não apresentou o Cartão Nacional de Pessoa Jurídica (CNPJ) nem o contrato social. Entendo que, na ausência de apresentação de documento de habilitação, previamente estabelecido no ato convocatório, caberia à comissão de licitação aplicar o inc. I do art. 48. Não o fazendo ficou caracterizada a violação ao inc. V do art. 43 da Lei n. 8.666, de 1993. [Processo Administrativo n. 689.083. Rel. Auditor Gilberto Diniz. Sessão do dia 13/09/2012]

VI — deliberação da autoridade competente quanto à homologação e adjudicação do objeto da licitação.

Homologar é um ato administrativo que reconhece a legalidade do certame, bem como a sua conveniência. Após a homologação adjudica-se o objeto da licitação ao vencedor do certame.

A Comissão de licitação encerra seus trabalhos com a classificação das propostas. Não cabe a esta Comissão homologar e adjudicar o objeto da licitação, a autoridade competente para estes atos é aquela indicada em lei.

ENUNCIADO DE SÚMULA N. 80. Para fim de controle externo, nos contratos precedidos de licitação é dispensável a juntada aos autos do despacho de homologação de seu resultado, se o instrumento tiver sido firmado pela mesma autoridade que seria competente para homologar o procedimento licitatório.

§1° A abertura dos envelopes contendo a documentação para habilitação e as propostas será realizada sempre em ato público previamente designado, do qual se lavrará ata circunstanciada, assinada pelos licitantes presentes e pela Comissão.

A abertura dos envelopes contendo a documentação para habilitação e as propostas, deverá ser feita em ato público e registrada em ata. Normalmente são elaboradas duas atas: uma para o recebimento dos envelopes e outra para a abertura dos mesmos.

O recebimento das propostas em solenidade pública evita riscos de fraudes ou outros riscos que possam comprometer o certame.

De acordo com o artigo 24, inciso VII da lei n° 8.666/93, quando as propostas apresentadas na licitação tiverem os preços bem superiores à média de mercado ou estiverem em desacordo com aqueles fixados por órgãos oficiais, primeiramente, será observado a aplicação do § 3°

do art. 48, que concede nova chance aos licitantes de apresentarem novas propostas, se as anteriores tiverem sido desclassificadas.

Havendo nova desclassificação das propostas apresentadas, aplicar-se-á a adjudicação direta prevista neste inciso.

[**Multa decorrente de inúmeros vícios apontados no certame licitatório.**] a) [...] escolha incorreta de convite, ao invés de tomada de preço — art. 23, II; b) impressão de informação indevida nos convites endereçados aos candidatos — arts. 3°, 21, §2°, IV, 38, II, 44, §1°; c) processo sem autuação, numeração e indicação da dotação orçamentária — arts. 14 e 38, caput; d) edital não rubricado em todas as páginas — art. 40, §1°; e) falta do termo de designação da comissão de licitação — art. 51; f) falta de autorização para abertura do processo licitatório — art. 38, parágrafo único; g) falta de validade, condições de pagamento e prazo de entrega — art. 48, I; h) falta de rubrica de todos os licitantes presentes — art. 43, §§ 1° e 2°; i) não consta do processo a publicação do resumo do edital — art. 21, IV; j) em face da desistência do 1° colocado, contratou- se o 2° colocado, mas por preço superior — art. 64, §2°; l) falta de cláusulas necessárias nos contratos — art. 55, V, VI, XII e XIII; m) falta de extrato de publicação do contrato — art. 61, parágrafo único. [...] Nesse sentido é o magistério de Jessé Torres Pereira Júnior: O cumprimento exato do procedimento previsto na lei, no regulamento e no edital é dever da Administração (também por força do princípio da igualdade), ao qual corresponde o direito público subjetivo dos licitantes de exigirem que ela assim se conduza.[...] Ante o exposto, anuindo com os apontamentos do órgão técnico, consideramos irregulares, com a ressalva acima explicitada, o procedimento licitatório sob exame, porquanto ficou amplamente comprovada a violação dos supracitados dispositivos legais. [Processo Administrativo n. 715.980. Rel. Auditor Licurgo Mourão. Sessão do dia 09/02/2010]

[**Ata da fase de habilitação.**] [...] com relação ao fato de que não foi lavrada ata circunstanciada, referente à fase de habilitação, o defendente alegou [...] que somente uma empresa enviou proposta e que por isso [já] foi lavrada a ata de julgamento [...]. A ata de julgamento não se confunde com a ata circunstanciada que deveria ter sido lavrada por ocasião da fase de habilitação, conforme disposto no art. 43, §1º, da Lei de Licitações. [Processo Administrativo n. 694.133. Rel. Conselheira Adriene Andrade. Sessão do dia 07/08/2007]

[**Ausência dos licitantes no momento da abertura de envelopes.**] [...] nem todos os licitantes estavam presentes e os envelopes das propostas foram abertos imediatamente após a fase de habilitação. [Licitação n. 616.273. Rel. Conselheiro Elmo Braz. Sessão do dia 04/03/2004]

§2º Todos os documentos e propostas serão rubricados pelos licitantes presentes e pela Comissão.

Apesar de o dispositivo estabelecer que todos os documentos e propostas sejam rubricados pelos licitantes presentes e pela Comissão, não há vício algum, caso apenas parte dos licitantes assinem os documentos. A ausência de rubrica dos licitantes trata-se de mera irregularidade. Isto pode ser afirmado partindo do pressuposto de que não é obrigatória a presença de licitantes à sessão. Caso a rubrica dos licitantes fosse essencial ao regular prosseguimento da licitação, a presença deles à sessão também seria.

É válida a escolha de um dos licitantes pelos demais para exercer esta tarefa, de rubricar os documentos e propostas. É aconselhável que esta escolha seja documentada, ou em termo por escrito ou que conste em ata.

É inadmitido o impedimento a algum licitante de rubricar os documentos por parte de algum integrante da Comissão. Caso isto aconteça, a licitação poderá ser invalidada, com a consequente responsabilização da Comissão.

[**Obrigatoriedade. Rubrica dos licitantes e dos membros da Comissão de Licitação na proposta.**] Sobre essa questão, entendo que a rubrica dos licitantes na proposta, embora prevista no art. 43, §2°, da Lei de Licitações, não pode ser considerada procedimento obrigatório, mesmo porque não seria possível obrigá-los a comparecer ao julgamento da licitação, nem tampouco obrigar aqueles presentes a assinarem todos os documentos [...]. Entretanto, no que diz respeito à rubrica dos membros da Comissão de Licitação, entendo que esta tem caráter de obrigatoriedade, na medida em que oficializa o recebimento dos documentos [...]. De fato, a falta da rubrica dos membros da Comissão de Licitação configura um enorme risco de comprometimento da seriedade do certame e, também, evidencia o desprezo do administrador pelas regras de licitação e a negligência na condução dos negócios de sua gestão, além de afrontar os preceitos da Lei de Licitações, em seu art. 43, §2°, e, por esse motivo, considero-o grave. [Processo Administrativo n. 707.561. Rel. Conselheira Adriene Andrade. Sessão do dia 25/11/2008]

[**Ausência de rubrica dos licitantes nos documentos de habilitação e nas propostas apresentadas. Falha formal.**] [...] sobre a ausência das assinaturas dos licitantes, nos documentos de habilitação e nas propostas apresentadas, alegou o defendente que as referidas faltas são simples erros formais, ocorridos em virtude do princípio da economicidade. Entendo que procede a alegação do defendente, pois as ausências das referidas assinaturas, apesar de ferir o art. 43, §2°, da Lei n. 8.666/93, podem ser consideradas falhas formais, que não comprometeram visceralmente o certame, como aconselha Marçal Justen filho, *in verbis:* Trata- se de uma simples irregularidade. A presença dos licitantes à sessão é facultativa. Logo, pode ocorrer de nenhum licitante comparecer. Nem por isso, haveria vício. Se a rubrica do licitante fosse essencial à validade da licitação, também o seria o comparecimento à sessão de abertura de envelopes. Depois, os licitantes podem, inclusive, recursar-se a assinar a ata. Ora, não haveria nenhum fundamento para a ausência de rubrica por alguns ou todos os licitantes acarretar o vício insanável da licitação. Se fosse assim, inclusive, a validade da licitação ficaria na dependência de escolha unilateral de cada licitante. (JUSTEN FILHO, Marçal. *Comentários à Lei de Licitações e Contratos Administrativos.* 11 ed. p. 417. São Paulo: Dialética, 2005). [Processo Administrativo n. 691.934 Rel. Conselheira Adriene Andrade. Sessão do dia23/10/2007]

[**Ausência de rubricas porque os licitantes se retiraram da sessão.**] Com referência ao fato [...] de que a ata de reunião do Pregão não continha as assinaturas de todos os participantes, em contrariedade ao que dispõe a legislação vigente, constatou-se que [...] o prefeito responsável pelo certame apresentou a lista de presenças, [...] onde consta a retirada, antes do término do Pregão, de três pessoas representantes das duas empresas [de cujos representantes não há assinatura na ata], pelo que entendo que a ausência daquelas assinaturas na ata está plenamente justificada. Ademais, entendo também que ninguém pode ser forçado a assinar qualquer documento ou comparecer até o final de uma Sessão, uma vez que pode ter se desinteressado durante o curso da Sessão, como ensina Marçal Justen Filho, em seus comentários à Lei de Licitações: 'Que se fazer, porém, se [...] [alguns] licitantes se recusarem a apor sua rubrica? Trata-se de simples irregularidade. A presença dos licitantes à Sessão é facultativa, logo, pode ocorrer de nenhum licitante comparecer. Nem por isso haveria vício. Se a rubrica do licitante fosse essencial à validade da licitação, também o seria o comparecimento à abertura dos envelopes' (JUSTEN FILHO, Marçal. *Comentários à Lei de Licitações e Contratos Administrativos*. 8. ed., 2000. P. 431). [Representação n. 700.031. Rel. Conselheira Adriene Andrade. Sessão do dia 18/09/2007]

[**Falhas formais na licitação.**] Já Maria Sylvia Zanella Di Pietro observou, quanto à assinatura dos membros da Comissão de Licitação e licitantes nos documentos do processo: 'Essa exigência atende aos interesses dos próprios licitantes, pois impede qualquer substituição posterior, em benefício ou em prejuízo de um ou outro'. (DI PIETRO, Maria Sylvia Zanella. *Direito Administrativo*, 17. ed. São Paulo: Ed. Atlas S.A., 2004. p. 307) [...] Embora, no geral, a defesa tenha enfatizado que [a ausência de rubricas trata-se] de irregularidades de natureza formal, é nosso entendimento que a lei foi editada para ser cumprida e seu cumprimento é condição essencial para a eficácia dos atos, concluindo, portanto, que, sendo de natureza formal, os vícios não deixam de ser ilegais. Neste sentido, este é o entendimento do Tribunal de Justiça do Estado de Minas Gerais, *in verbis*: '[...] Não há de se falar, *in casu*, em irregularidades meramente formais, uma vez que a Lei n. 8.666/93 traçou regras inteiramente formais e rígidas para a realização do procedimento licitatório, de forma a ensejar a escolha da proposta mais vantajosa e a possibilitar a participação equânime de todos que se interessarem em contratar com o Poder Público, sempre visando ao interesse da coletividade' (Ação Popular — Processo n. 1.0000.00.296475-7/000 — Relator: Desembargador Carreira Machado — *DJ* 09/03/2004)". [Processo Administrativo n. 687.137. Rel. Conselheira Adriene Andrade. Sessão do dia 10/04/2007]

§3° É facultada à Comissão ou autoridade superior, em qualquer fase da licitação, a promoção de diligência destinada a esclarecer ou a complementar a instrução do processo, vedada a inclusão posterior de documento ou informação que deveria constar originariamente da proposta.

A Lei veda a inclusão de documentos que deveriam fazer parte dos envelopes. Entretanto, essa disposição legal não deve ser confundida com a proibição de juntada de qualquer documento, caso seja necessário o esclarecimento ou a complementação da instrução. No caso de apresentação de um documento pelo particular que cause dúvida quanto ao seu conteúdo, é possível que seja feita uma convocação do particular para que explicite e comprove a documentação que ensejou a dúvida. Contudo, é melhor oportunizar a juntada de novos documentos que comprovem a documentação anteriormente apresentada que ensejou a dúvida, do que meras palavras do licitante.

A realização de qualquer diligência se submete ao devido processo legal, ao princípio da publicidade e ao contraditório. Todos os interessados devem ser comunicados previamente de modo a permitir o acompanhamento da diligência. É vedada a realização de visitas sigilosas, telefonemas pessoais ou qualquer outro ato que possa causar a falta de transparência no curso da diligência.

Outro ponto importante é sobre a necessidade da realização de diligência caso exista algum documento apresentado que cause dúvida apurada de ofício pela Comissão ou pela provocação de algum outro interessado. Não se trata de um ato discricionário da Administração, ou seja, a realização de diligência não é uma faculdade. Refere-se a um poder-dever. Entretanto, se for manifestamente demonstrada e justificada a ausência de seu cabimento, esta será afastada. Cumpre ressaltar que poderá ser afastada a diligência em 2 (dois) casos: inexistência de dúvida ou controvérsia sobre a documentação e a impossibilidade de sanear o defeito por meio de diligência. Salvo essas hipóteses, a diligência deverá ser realizada independentemente de prévia autorização no edital ou pedido de terceiros, pois é um ato que deverá ser realizado de ofício, o que não exclui a provocação de particular.

[**Realização de procedimento licitatório sem observância de requisitos fundamentais.**] [...] a Administração Pública efetuou procedimento licitatório sem observar requisitos fundamentais, a destacar-se a realização de planejamento que possibilitasse estimar o valor real da contratação e que produzisse um estudo pormenorizado, fundamentando a necessidade de contratação, a economicidade, a relação entre a demanda prevista e a quantidade de serviço a ser contratado. Tais omissões macularam o procedimento, uma vez que o valor aposto no edital não correspondia à realidade fática, podendo ter afastado incontáveis concorrentes. A realização do certame incluindo dois objetos distintos - prestação de serviços e aquisição de medicamentos - também limitou a participação, pois são poucos os que detêm as características que possibilitam a realização dos dois objetos em conjunto. [...] Diante do exposto, manifesto-me, em proposta de voto, pela irregularidade dos atos examinados e, com amparo nos ditames do art. 85, II, da Lei Complementar n. 102/08, por aplicação de multa de R$ 70.000,00 (setenta mil reais) ao *[omissis]*, prefeito municipal à época, sendo: a) R$ 35.000,00 pela inobservância de formalidades exigidas na Lei Nacional de Licitações e Contratos [...] entre as quais destaco a omissão de orçamento detalhado em planilhas de custos (art. 7º, §2º, I), previsão do volume de mão-de-obra a ser contratado (art. 7º, §2º, II e §4º) e a inclusão posterior das cotações dos serviços licitados (art. 43, §3º), bem como a ausência de estimativa do impacto orçamentário-financeiro nos exercícios de 2003 e 2004; de declaração de compatibilidade da despesa decorrente com o Plano Plurianual, a Lei de Diretrizes Orçamentárias e a Lei Orçamentária Anual, com grave transgressão ao comando do art. 16, I e II, e §4º, I, da Lei Complementar n. 101/00 (item 1) [Processo Administrativo n. 701.635. Rel. Auditor Hamilton Coelho. Sessão do dia 12/11/2009]

[**Impossibilidade de sessão reservada.**] O §3º do art. 43 da Lei n. 8.666/93 faculta à Comissão de Licitação, em qualquer fase da licitação, promover diligência destinada a esclarecer ou a complementar a instrução do processo, e não, como pretende o Recorrente, a proceder ao julgamento em Sessão reservada, conforme se verifica da leitura da ata de fl100 do processo administrativo. [...] dispõe o §3º do art. 3º da Lei de Licitações que 'A licitação não será sigilosa, sendo públicos e acessíveis ao público, os atos de seu procedimento, salvo quanto ao conteúdo das propostas, até a respectiva abertura' [...]. [Recurso de Revisão n. 673.354. Rel. Conselheiro Wanderley Ávila. Sessão do dia 21/06/2006]

§4° O disposto neste artigo aplica-se à concorrência e, no que couber, ao concurso, ao leilão, à tomada de preços e ao convite. (Redação dada pela Lei nº 8.883, de 1994)

Deverá observar este artigo para a modalidade concorrência e naquilo que couber às modalidades concurso, leilão, tomada de preços e convite.

§5° Ultrapassada a fase de habilitação dos concorrentes (incisos I e II) e abertas as propostas (inciso III), não cabe desclassificá-los por motivo relacionado com a habilitação, salvo em razão de fatos supervenientes ou só conhecidos após o julgamento.

Quando da decisão da habilitação dos licitantes e a consequente abertura das propostas, encerra-se a oportunidade de desclassificação de licitantes, salvo se em razão de fatos supervenientes ou só conhecidos após o julgamento. A capacidade do licitante para efetivar sua proposta e executá-la pode variar com o decorrer do tempo. Assim sendo, o licitante pode perfeitamente atender as exigências à época da habilitação e posteriormente perder esta capacidade. Se esta situação ocorrer, a Administração, observados o princípio do contraditório e da ampla defesa, pode e deve rever sua decisão de habilitação. Esse parágrafo deve ser interpretado cumulado com o artigo 49 desta Lei, que dispõe que a autoridade competente poderá revogar a licitação por razões de interesse público decorrente de fato superveniente devidamente comprovado.

§6° Após a fase de habilitação, não cabe desistência de proposta, salvo por motivo justo decorrente de fato superveniente e aceito pela Comissão.

A proposta feita em uma licitação vincula o licitante, que será obrigado a cumpri-la caso vença a licitação. Como o momento de elaboração da proposta é distinto e longínquo do momento do julgamento e aceitação pela Administração Pública, o lapso temporal gera a possibilidade de o licitante desistir da proposta formulada. Isto explica a disposição deste parágrafo. A desistência da proposta que seja feita posteriormente à fase de habilitação será desconsiderada e não terá efeito de desvincular o licitante de sua proposta apresentada, salvo em caso de motivo justo, decorrente de fato superveniente e aceito pela Comissão. O motivo para desistência será considerado justo sempre que causar uma situação de desequilíbrio na relação contratual. Importante ressaltar que a aceitação por parte da Comissão é ato discricionário, no qual a Administração Pública deve sopesar a situação do licitante.

A Lei não fixa prazo final para a desistência, mas é necessária atenção nessa situação, vez que a manifestação de desistência tardia pode se caracterizar tão somente na desistência de um licitante vencedor que se arrependeu da proposta elaborada. Outro problema envolvendo esse disposto legal é a interpretação sobre "após a fase de habilitação", a interpretação correta é a de que a desistência é admitida, até a divulgação da Comissão, relativa à habilitação dos licitantes, ainda que desta decisão caiba recurso.

Art. 44. No julgamento das propostas, a Comissão levará em consideração os critérios objetivos definidos no edital ou convite, os quais não devem contrariar as normas e princípios estabelecidos por esta Lei.

O edital ou a carta-convite da licitação deverá dispor sobre os critérios que balizarão o julgamento das propostas apresentadas pelos licitantes, de forma a dar lisura e previsibilidade no processo de análise e julgamento das propostas. Existindo diversos critérios, todos eles serão relevantes quando do julgamento das propostas, que deverão associar os diversos aspectos. A pluralidade de critérios não pode contrariar as normas e princípios estabelecidos na Lei 8.666/1993 e por isso, o edital ou convite deverão ser precisos na elucidação de como cada critério será avaliado.

[**Princípio da competitividade. Critérios objetivos em editais de licitação.**] Com efeito, a objetividade dos termos que são inseridos nos editais de licitação é essencial para que não se dê margem a interpretações que tenham o potencial de afastar licitantes com condição para executar satisfatoriamente o objeto pretendido, e para não macular o princípio da maior competitividade possível. O Tribunal de Contas da União recomenda que o gestor envide esforços de modo a limitar as exigências editalícias ao mínimo necessário para o cumprimento do objeto licitado e a definir de maneira clara os critérios para avaliação dos documentos habilitatórios e das propostas apresentadas pelas licitantes, evitando restrição ao caráter competitivo do certame e julgamento subjetivo na elaboração de seus editais de licitação, em cumprimento ao art. 37, XXI, da Constituição Federal e aos arts. 3º, 27 a 31, 40, VII, 44, *caput* e §1º, e 45 da Lei n. 8.666/1993. (Acórdão 110/2007 Plenário) A simples transcrição, como bem anota a unidade técnica, da primeira parte do inciso II do art. 30 da Lei de Licitações, confere elevado grau de subjetividade para a avaliação da capacidade técnico-operacional dos licitantes, pelo que deve esta cláusula, de fato, ser modificada, para que se definam os requisitos objetivos para a comprovação de aptidão das empresas para a execução do objeto do contrato. [Denúncia n. 812.054. Rel. Conselheiro Sebastião Helvecio. Sessão do dia 27/09/2011]

[**Exigências não previstas no edital.**] Quanto à licitante fazer exigências não previstas no edital, verificou- se, à fl. 629, que a Comissão desclassificou a única empresa a apresentar proposta, por ter apresentado preço bem superior ao estimado. Em seguida, [...] permitiu que a referida empresa apresentasse nova proposta financeira, dando prosseguimento ao certame. No entanto, a proposta da licitante não atende às exigências feitas no instrumento convocatório (semi-leito, com TV, ar condicionado, vídeo) e a proponente ainda faz novas exigências não previstas anteriormente. Neste caso, o novo prazo para apresentação de proposta não poderia se limitar apenas à licitante que apresentou proposta, pois a alteração das condições editalícias poderia permitir que outras empresas tivessem a mesma oportunidade de participação. Segundo Marçal Justen Filho (Comentários à Lei de Licitações e Contratos Administrativos — 8. ed. — Dialética, fls. 477 e 478), se [em uma certa licitação], todas as propostas foram desclassificadas, não há fundamento jurídico para restringir a apresentação de novas propostas apenas aos anteriores participantes. [...] essa restrição é indevida e ofende os princípios da isonomia, da moralidade e da competitividade. Acrescenta que o princípio da isonomia impede que a Administração dispense alguns licitantes do cumprimento de requisitos [anteriormente] exigidos de outros. Dessa forma, entende-se que houve cerceamento na participação de interessados no procedimento licitatório em análise. [Processo Administrativo n. 629.667. Rel. Conselheiro Antônio Carlos Andrada. Sessão do dia 14/08/2007]

[**Julgamento com critérios objetivos.**] [...] tal irregularidade, no descumprimento de critério de julgamento de propostas, é de natureza grave, pois tal negligência contrariou o artigo 44 da Lei n. 8.666/93, que estabelece que a Comissão de Licitação deve processar o julgamento levando em consideração os critérios objetivamente definidos no Edital, e contraria também o §2° do artigo 45 do mesmo diploma legal, que dispõe que, no caso de empate entre duas ou mais propostas e após obedecido o disposto no §2° do artigo 3° da mesma Lei, a classificação se fará, obrigatoriamente, por sorteio, em ato público, para o qual todos os licitantes serão convocados, vedado qualquer outro processo. Extrai-se, portanto, que houve descumprimento objetivo de determinação legal e inobservância do Princípio da Vinculação ao Instrumento Convocatório, ensejando, inclusive, a nulidade do procedimento, como ensina Maria Sylvia Zanella Di Pietro: 'Trata-se de princípio essencial, cuja inobservância enseja nulidade do procedimento. Além de mencionado no artigo 3º da Lei n. 8.666/93, ainda tem seu sentido explicitado no artigo 41, segundo o qual a Administração não pode descumprir as normas e condições do edital, ao qual se acha estritamente vinculada. E o artigo 43, V, ainda exige que o julgamento e classificação das propostas se façam de acordo com os critérios de avaliação constantes no edital. (DI PIETRO, Maria Sylvia Zanella. Direito Administrativo. 14ª ed., 2002. pp. 306 e 307)' [...]. [Processo Administrativo n. 688.478. Rel. Conselheira Adriene Andrade. Sessão do dia 22/05/2007]

§1º É vedada a utilização de qualquer elemento, critério ou fator sigiloso, secreto, subjetivo ou reservado que possa ainda que indiretamente elidir o princípio da igualdade entre os licitantes.

A clareza do edital quando da indicação dos critérios para julgamento das propostas afasta toda e qualquer subjetividade, garantindo assim o princípio da igualdade entre os licitantes. O julgamento de propostas de forma objetiva garante que aquele julgamento será imparcial e que atenderá a finalidade. Dessa maneira, a Administração julgará a melhor proposta de acordo com critérios técnicos e objetivos.

[**Critérios não explicitados de desclassificação de propostas.**] A partir da inteligência do comando normativo em apreço [art. 44, §1º], pode-se afirmar que a norma citada visa preservar o dever da Administração de buscar a proposta mais vantajosa, mais atrelada à preservação do interesse da sociedade e, sobretudo, em perfeita consonância ao princípio constitucional da isonomia e demais princípios básicos elencados no art. 3º da Lei n. 8666/93. Nesses termos, não encontra resguardo na norma o item do edital sob análise, visto que possibilita a desclassificação de propostas por critérios que não se encontram explicitados de forma a possibilitar a aferição pelos licitantes e órgãos de controle, em consonância ao estabelecido no art. 45, *caput*, da Lei n. 8666/93 [...]. A matéria encontra guarida na melhor doutrina, destacando-se os comentários do prof. Marçal Justen Filho [...]: "O edital deverá indicar os critérios que nortearão o julgamento, possibilitando a elaboração das propostas pelos licitantes e dando previsibilidade ao julgamento. [...]Em termos amplos, a objetividade significa imparcialidade mais finalidade. O julgamento objetivo exclui a parcialidade (tomada de posição segundo o ponto de vista de uma parte). Além da imparcialidade, o julgamento tem de ser formulado à luz dos valores protegidos pelo Direito". E continua: "O ato convocatório não pode se restringir a indicar, de modo teórico e abstrato, os critérios que nortearão o julgamento. [...] Os licitantes e a comissão devem saber precisamente como as propostas serão julgadas, de modo a não restarem dúvidas sobre a vantajosidade que apresentem". Nessa linha, o Tribunal de Contas da União, ao apreciar a matéria, tem se manifestado no seguinte sentido: "Ao inserir exigência de capacidade técnica de que trata o art. 30 da Lei n. 8666/93 como requisito indispensável à habilitação das licitantes, [...] [deve-se consignar], expressamente e publicamente, os motivos dessa exigência e [...] [demonstrar], tecnicamente, que os parâmetros fixados são adequados, necessários, suficientes e pertinentes ao objeto licitado, assegurando-se de que a exigência não implica restrição do caráter competitivo do certame". (TCU. Acórdão n. 668/2005 — Plenário) 'Quanto aos critérios de julgamento das propostas técnicas, [...] [deve-se fixar] no edital parâmetros suficientes para a metodologia a ser adotada, conforme determinado no art. 6º, IX, c/c o art. 7º, §2º, I, da Lei n. 8666/93, e [...] [estabelecer], com clareza, a experiência necessária das empresas licitantes, de modo que o julgamento da capacidade técnica seja objetivo'. (TCU. Acórdão n. 1007/2005 — Primeira Câmara) 'Nos futuros processos licitatórios, em observância ao que dispõe o art. 40 da Lei n. 8.666/93, que os editais sejam suficientemente claros e sem inconsistências quanto aos critérios de julgamento, de modo a evitar interpretações dúbias por parte dos licitantes e da CPL e desclassificações por mero rigorismo formal [...]'. (TCU. Acórdão 642/2004 —Plenário) *In casu*, o parecer, em si, nos moldes expostos no edital, por não trazer nenhum elemento objetivo relativo aos requisitos técnicos exigidos no instrumento convocatório que possa servir de critério para eventual inabilitação do licitante, não poderá ser aceito. E isso, mormente porque confere à Administração elevado grau de discricionariedade na seleção das propostas, contrariando a necessidade de julgamento objetivo das mesmas, conforme dispõe a Lei de Licitações. [Representação n. 736.638. Rel. Conselheiro Antônio Carlos Andrada. Sessão do dia 07/08/2007]

[**Necessidade de identificação do objeto ofertado. Licitação para aquisição de veículos.**] [...] no que toca à falta de indicação das marcas dos veículos cotados nas propostas apresentadas, impõe-se a impugnação feita pelo órgão técnico. Com efeito, não se oferece um produto sem identificar o seu fabricante. Esse deveria ter sido descrito pelos licitantes, nas propostas, de modo a permitir à Comissão de Licitação conhecer o objeto que se queria adquirir. Este aspecto — este sim — revela o direcionamento dos Convites a um determinado produto, pois o fato de a Comissão não ter exigido esclarecimentos por parte dos proponentes, acerca da identificação do veículo ofertado, denota que já conhecia o seu conteúdo, de antemão, viciando, destarte, o certame em questão. Assim, reputo de natureza grave a não identificação, nas propostas, do fabricante dos veículos. Saliente-se a omissão da defesa quanto a este aspecto. Ressalte-se que a preferência de marca salvo para uniformização da frota — é vedada à Administração, mas, obviamente, a marca do veículo ofertado deve ser identificada pelo proponente. [Processo Administrativo n. 620.882. Rel. Conselheiro José Ferraz. Sessão do dia 14/08/2003]

§2° Não se considerará qualquer oferta de vantagem não prevista no edital ou no convite, inclusive financiamentos subsidiados ou a fundo perdido, nem preço ou vantagem baseada nas ofertas dos demais licitantes.

O parágrafo segundo completa o parágrafo supracitado vez que traz a mesma ideia de objetividade no estabelecimento dos critérios avaliados nas propostas, de modo a afastar qualquer forma de subjetividade, parcialidade ou desvio quando do julgamento das propostas. Qualquer vantagem não prevista no edital que for ofertada é considerada inexistente, salvo quando a oferta estiver implicitamente autorizada pelo edital. Um exemplo dessa exceção é o oferecimento de desconto.

Desclassificada será a proposta que conste em vantagem ou preço baseada na oferta de algum outro licitante.

§3° Não se admitirá proposta que apresente preços global ou unitários simbólicos, irrisórios ou de valor zero, incompatíveis com os preços dos insumos e salários de mercado, acrescidos dos respectivos encargos, ainda que o ato convocatório da licitação não tenha estabelecido limites mínimos, exceto quando se referirem a materiais e instalações de propriedade do próprio licitante, para os quais ele renuncie a parcela ou à totalidade da remuneração. (Redação dada pela Lei nº 8.883, de 1994)

O preço de mercado demonstra qual a média de gasto para aquisição de determinado produto, dessa forma, a proposta que apresente preços global ou unitários simbólicos, irrisórios ou de valor zero, que são incompatíveis com os preços de mercado, não será aceita. Para se declarar que uma proposta possui preços inexequíveis deverá haver comprovação. Isso é uma forma de se evitar que a Administração por meio de ato discricionário, simplesmente entenda que aquela proposta não tem condições de ser aceita. A Administração deverá comprovar que os preços apresentados pela empresa são manifestamente inexequíveis.

[**Irrisoriedade do valor da proposta.**] [...] transcrevo a seguir a manifestação do órgão técnico [...]. "A desclassificação da proposta por irrisoriedade de preço depende da evidenciação da inviabilidade de sua execução, tendo em vista a compatibilidade entre os custos reconhecidos pelo licitante e aqueles praticados no mercado. De acordo com a nota técnica do pregoeiro, ficou demonstrada, pela licitante vencedora, [...] sua capacidade de gerir o possível contrato administrativo a ser celebrado [...], conforme demonstrações contábeis e financeiras. Entretanto, segundo entendimento de Marçal Justen Filho, a questão não se resolve apenas no plano da pujança econômica, uma vez que poderia caracterizar uma concorrência desleal: 'Haverá inexequibilidade quando a margem do lucro for insuficiente para manutenção da atividade do licitante. E, se o preço ofertado for insuficiente para cobrir os custos, não se afastará a inexequibilidade da proposta. Deverá ser desclassificada, [também], a proposta deficitária (aquela inferior aos custos). A desclassificação deverá ocorrer ainda quando o ofertante demonstrar condições de executar a proposta deficitária. Variará, apenas, o fundamento da desclassificação. A proposta deficitária, formulada por empresa sólida e titular de capacidade financeira, caracteriza abuso de poder econômico reprovável perante o disposto no art. 173, §4º, da Constituição Federal'. (JUSTEN FILHO, Marçal. *Comentários à lei de licitações e contratos administrativos*. 6. ed. São Paulo: Dialética, 1999. pág. 429) [...] Esta é a manifestação do órgão técnico, a qual acolho na íntegra. [Representação n. 720.913. Rel. Conselheiro Antônio Carlos Andrada. Sessão do dia 27/02/2007]

§4° O disposto no parágrafo anterior aplica-se também às propostas que incluam mão-de-obra estrangeira ou importações de qualquer natureza.(Redação dada pela Lei nº 8.883, de 1994)

Para a Administração Pública não basta selecionar a proposta que custe menos aos cofres públicos, mesmo quando adotado o tipo menor preço. Além de buscar a economia de recursos públicos, a Administração busca a efetividade e a executoriedade da licitação. Não faz sentido licitar pelo menor valor se o licitante não conseguir cumprir o que consta na proposta. Exatamente por isso, o edital deverá estabelecer a obrigatoriedade de demonstração por parte dos licitantes da formação de seus custos, bem como a margem de lucro.

Art. 45. O julgamento das propostas será objetivo, devendo a Comissão de licitação ou o responsável pelo convite realizá-lo em conformidade com os tipos de licitação, os critérios previamente estabelecidos no ato convocatório e de acordo com os fatores exclusivamente nele referidos, de maneira a possibilitar sua aferição pelos licitantes e pelos órgãos de controle.

O caput do artigo 45 vem reiterar o disposto no artigo 44 no que tange à objetividade do julgamento da proposta.

Assim, o edital indicará todos os critérios norteadores do julgamento, possibilitando aos licitantes a formulação das propostas.

Os critérios menor preço, melhor técnica, técnica e preço e, maior lance, adotados pela Administração para o julgamento, são discricionários. A partir dessa seleção determinar-se-á o tipo de licitação a ser adotado.

[Contratação. Agência de propaganda. Emissão de notas fiscais em nome do Poder Público contratante.] [...] a contratação de agência de propaganda deve pressupor a necessidade pública de informar, orientar ou educar, respeitando-se o princípio constitucional da impessoalidade, isto é, evitando-se quea publicidade tenha algum caráter de promoção pessoal de responsáveis pela coisa pública, consoante o comando contido no art. 37, §1º, da Constituição da República. [...] é preciso verificar se a Câmara Municipal necessita, efetivamente, da contratação de uma agência de propaganda para a prestação dosserviços no campo da publicidade. [...] Com efeito, é preciso considerar se a natureza dos serviços a serem divulgados exigem ou não concepção mais elaborada. Ora, se o produto a ser divulgado, se a mensagempublicitária visa à divulgação das atividades da Câmara, de natureza menos complexa, é curial verificar anecessidade e a razoabilidade da contratação de uma agência de propaganda para tal fim. [...] chegando-se à conclusão de que não há necessidade da intermediação de uma agência de propaganda, sendo a peça publicitária encaminhada diretamente ao veículo de divulgação pela Câmara Municipal, caberá à Câmaraverificar se não seria o caso de realizar a licitação com o objeto simplificado — apenas a divulgaçãodo material publicitário, de modo a envolver no certame diretamente os veículos de comunicação. [...]caberá à edilidade verificar se os recursos que deverão suportar as despesas decorrentes dessa contrataçãoestão consignados na unidade orçamentária do Poder Legislativo constante da Lei OrçamentáriaMunicipal e se os objetivos contratuais estão em consonância com os termos do §1º do art. 37. [...] é importante que também haja um programa prévio elaborado pela edilidade, identificando as matériasa serem divulgadas durante o exercício. O objeto da licitação deve ser claro e preciso, especificando-se os serviços a serem prestados pela licitante vencedora do certame, com as especificidades que sãopeculiares a cada um deles, evitando-se a sua generalidade, que pode viciar o instrumento editalício. Com efeito, é importante a elaboração de um edital com critérios objetivos, reverenciando-se, destarte,o princípio do julgamento objetivo. A certeza do objeto contratado permitirá aos licitantes ofertarem preços certos dos serviços. [...] se a licitação que pretende a Câmara realizar tiver por objetivo apenasa divulgação de sua atividade legislativa, e o material a ser divulgado puder ser elaborado pela própriaedilidade, sem a necessidade da participação da agência de propaganda, figurando como participantes docertame os veículos de divulgação, evidentemente, o faturamento da despesa realizada com a veiculaçãoserá em nome do próprio Poder Público contratante. Na hipótese de o Poder Público contratante verificar a necessidade da contratação de agência de propaganda para planejar, executar e produzir um material publicitário a ser distribuído, o faturamento da divulgação será feito em nome do cliente ou anunciante,devendo o veículo de divulgação remetê-lo à agência responsável pela propaganda, conforme prevê o art.15 do Decreto n. 57.690/66. Neste caso, destinando-se a licitação, em razão de seu objeto, às agências depropaganda, concluo que: o edital de licitação não poderá prever que os gastos com veículos de divulgaçãoou comunicação corram por conta da agência de propaganda e que a nota fiscal seja emitida em nome daagência de propaganda [...]. caberá ao Poder Público o ônus pelo pagamento ao veículo de divulgação,devendo a nota fiscal ser emitida em seu nome, figurando a agência de propaganda, nesses casos, apenascomo agente intermediador. [...] Assim sendo, a resposta [...] é negativa, uma vez que a nota fiscal passadapelo veículo de comunicação deverá ser emitida em nome do Poder Público contratante, a quem caberáarcar diretamente com os custos da divulgação do material. [Consulta n. 606.416. Rel. Conselheiro FuedDib. Sessão do dia 30/06/1999]

[**Exigência de que os pneus sejam de 1ª linha. Restrição à participação e competitividade. Irregularidade.**] Verifiquei que no item [...] do edital, que descreve o objeto licitado, há a exigência de que os pneus fornecidos sejam de primeira linha', o que, apesar de não ter sido apontado como possível irregularidade na presente denúncia, reputo irregular, considerando que este Tribunal em inúmeras assentadas já decidiu que o conceito de primeira linha carece da precisão necessária para a efetivação do princípio do julgamento objetivo previsto nos artigos 3º e 45 da Lei n. 8.666/93. Nesse contexto, tendo verificado de ofício que o edital continha irregularidade que poderia afetar a competitividade da licitação e, entendendo presentes o perigo da demora e a fumaça do bom direito, adotei de ofício medida cautelar determinando a suspensão do Pregão Eletrônico [...], a ser referendada pela Segunda Câmara, com fulcro no art. 264 §1º, do Regimento Interno. [...] Eis o fundamento da decisão por mim exarada, na íntegra: Diante do acima exposto, entendo que exigência de que os pneus sejam de primeira linha não se mostra razoável porque está posto que desprovida da necessária clareza, devendo ser excluída do instrumento convocatório. [...] Dessa forma, considerando a expressão constante na descrição do objeto do edital de licitação, denota a existência da fumaça do bom direito, e considerando ainda o perigo da demora, [...], entendo ser caso de se proceder à suspensão do Pregão Eletrônico n. [...]. Em face do exposto, determino a suspensão do Pregão Eletrônico n. [...], realizado pela Secretaria Municipal de Saúde de [...], decisão a ser referendada pela Segunda Câmara, com fundamento no art. 267 da citada norma regimental, sob pena de multa. Assim, diante da iminente abertura das propostas [...], determino que se intime com urgência, por fax e e-mail, o secretário municipal de Saúde gestor do SUS [...], e o pregoeiro, para que suspendam o referido procedimento licitatório na fase em que se encontra, mediante comprovação de tal medida a esta Corte, com publicação em diário oficial e jornal de grande circulação, no prazo de cinco dias, contados na forma do art. 168 do Regimento Interno, bem como encaminhem, no mesmo prazo, toda a documentação relativa ao certame (fase interna e externa). Advirtam-se os interessados de que o não cumprimento da determinação acima importará a imposição de multa diária no valor de R$ 500,00 reais. Esta é, portanto, a decisão monocrática que submeto ao referendo deste Colegiado. [Denúncia n. 885.970. Rel. Conselheiro Mauri Torres. Sessão do dia 29/11/2012]

[**Licitação. Irregularidades. Suspensão.**] Após análise do instrumento convocatório e constatada a existência de vício no procedimento licitatório capaz de comprometer a legalidade do certame, determinei, liminarmente, sua suspensão, conforme despacho que agora trago para *referendum* nos seguintes termos: [...] É clarividente que a imposição de prazo tão diminuto para entrega dos produtos inviabiliza a participação de empresas que não estejam nas imediações do município de Itabirito. Ademais, não se mostra razoável que a Administração Municipal, a quem compete o exercício de suas obrigações pautadas em um mínimo de planejamento, submeta empresas com quem contrata a súbitas necessidades, colocando-as em eterno estado de prontidão para atender a demandas em prazo demasiado exíguo. [...] o item 1 e a tabela constante do seu termo de referência também estabelecem que os produtos sejam de primeira linha. Nesse ponto, destaco que o conceito de primeira linha carece de precisão necessária para a efetivação do princípio do julgamento objetivo previsto nos artigos 3º e 45 da Lei n. 8.666/93. [...] Verifica-se, portanto, que nas licitações devem ser abolidas todas as expressões que possam acarretar ausência de parâmetros objetivos para identificar e caracterizar corretamente o bem, assegurando, assim, a devida competitividade. Nesse sentido, vislumbra- se, mais uma vez, o caráter restritivo do procedimento ao reduzir o universo de possíveis interessados em participar do certame. Nesse contexto, retomando a análise do presente processo, constata-se que a Administração Municipal violou as disposições contidas no art. 3º, §1º, I, da Lei n. 8.666/93, [...] Assim, tendo sido averiguado, neste primeiro momento, a existência de vícios no procedimento ora focado, que comprometem a sua legalidade, justifica-se a adoção de medida acautelatória de suspensão do certame, sem prejuízo da análise de outras questões que, posteriormente, possam ser suscitadas nos autos. [...]" Esta é a decisão monocrática que submeto a consideração deste Colegiado para *referendum*. [Denúncia n. 876.489. Rel. Conselheiro Eduardo Carone Costa. Sessão do dia 05/07/2012]

[**Edital. Irregularidade. Exigência de produtos de "primeira linha". Expressão abstrata.**] [...] A estipulação de que os produtos devem ser de primeira linha é subjetiva. O conceito do termo mencionado carece da precisão necessária para a efetivação do princípio do julgamento objetivo previsto nos artigos 3º e 45 da Lei Federal n. 8.666/93. [...] Ao estabelecer que os pneus devem ser de "primeira linha", o edital criou uma descrição obscura e subjetiva dos produtos, contrariando o que dispõem os arts. 14 e 15 da Lei n. 8.666/93, aplicada subsidiariamente a Lei n. 10.520/02, [...]. Nesse sentido, carece o edital de critérios objetivos para balizar o julgamento da melhor proposta ficando ao alvedrio do pregoeiro realizar uma análise eminentemente pessoal acerca das condições dos produtos. Portanto, falta a administração com seu dever de transparência e de proporcionar tratamento isonômico aos licitantes. [Denúncia n. 875.848. Rel. Conselheiro Eduardo Carone Costa. Sessão do dia 24/05/2012]

[**Falha na especificação do objeto. Restrição indevida à competitividade.**] [...] o edital, na especificação do objeto licitado traz a exigência de que os pneus sejam de primeira linha. O conceito de primeira linha carece de precisão necessária para a efetivação do princípio do julgamento objetivo previsto nos artigos 3º e 45da Lei n. 8666/93. Esse tem sido o entendimento majoritário desta Corte de Contas, conforme se verifica no voto do conselheiro em exercício Gilberto Diniz, exarado na Denúncia n. 812.398, sessão do dia 28/09/2010: Cumpre, também, observar que a elaboração do termo de referência, com a especificação do objeto de forma concisa, clara e precisa, como estabelecido pelo inciso II do art. 3º da Lei n. 10.520/02, é muito mais eficaz para garantir a boa qualidade do produto a ser adquirido do que a inclusão de aspectos desprovidos de especificidade como primeira linha e boa qualidade. Dessa forma, constata-se que a regra contida no item 9.7 compromete a clareza do texto e em nada contribui para a eficácia do procedimento, devendo, assim, ser excluída do instrumento convocatório. [...] verifico a existência de vício no procedimento ora focado, com a inclusão de itens que poderiam direcionar o certame, impedindo a participação de maior número de licitantes, em desacordo com o disposto nos artigos 3º e 45 da Lei de Licitações, o que compromete a sua legalidade, justificando a adoção da medida acautelatória de suspensão do certame. [Denúncia n. 875.657. Rel. Conselheiro Eduardo Carone Costa. Sessão do dia 17/05/2012]

[**Imprecisão dos itens técnicos de pontuação na avaliação das propostas.**] [...] a finalidade maior da licitação é escolher a proposta mais vantajosa para a administração, tanto pelo aspecto da exequibilidade de seu objeto, quanto pelo preço a ser contratado. [...] neste caso, não houve uma objetividade no critério de julgamento das propostas, tendo em vista a adoção de itens técnicos imprecisos e de difícil mensuração, prejudicial à lisura do certame. Para corroborar com meu entendimento, trago à baila decisão do Tribunal de Contas da União: '[...] Determinou o Fundo Nacional de Desenvolvimento da Educação que, em futuras licitações de bens e tecnologia de informática, abstenha-se de incluir quesitos de pontuação imprecisos ou que prejudiquem o julgamento objetivo das propostas, a exemplo de pontuação por horas de serviços prestados, tempo de experiência, número de clientes, ou aqueles que valorem apenas a quantidade de serviços realizados em experiências passadas dos licitantes, sem considerar o desempenho destes ou a complexidade dos serviços realizados. (Acórdãos n. 126/2007, 116/2006, 786/2006 e 1.094/2004 — Plenário). [...] considero grave a inclusão, no edital, de itens técnicos de pontuação imprecisos que frustrem o julgamento objetivo das propostas, em afronta ao art. 45, *caput*, da Lei de Licitações. [Licitação n. 704.186. Rel. Conselheira Adriene Andrade. Sessão do dia 06/05/2008]

§1º Para os efeitos deste artigo, constituem tipos de licitação, exceto na modalidade concurso: (Redação dada pela Lei nº 8.883, de 1994)

Quando a Administração define o tipo de licitação, tanto o julgamento quanto as propostas e o procedimento sentirão seus reflexos. As diversas fases externas dos procedimentos licitatórios dependerão do tipo de licitação escolhido na fase interna e deverão seguir os ritos próprios de cada uma.

Por exemplo, em uma licitação do tipo menor preço, não há que se aprofundar em questões técnicas, neste tipo, o critério relevante será o menor preço (global ou unitário). Por outro lado, quando a licitação for do tipo melhor técnica, o julgamento dar-se-á mediante análise criteriosa acerca de critérios científicos, metodológicos e tecnológicos.

Em todas as vezes que o tipo de licitação tiver como critério a técnica, os procedimentos serão mais complexos que as que envolvam apenas o menor preço.

A objetividade, clareza e adequação do procedimento ao tipo da licitação evitarão confusões e controvérsias. Havendo qualquer subjetividade quanto ao tipo e à adequação do procedimento, o melhor caminho será anular a licitação, iniciando por outra via ato convocatório, adotando o procedimento correto.

[Edital. Criação de nova modalidade de licitação. "Menor Fator". Aumento da receita para a Administração.] Nos itens [...] do instrumento convocatório foi adotado o critério de "menor fator" na formulação e no julgamento das propostas, [...] Em que pesem os órgãos técnicos desta Casa e o MPTC apontarem que a Seplag violou o disposto no §1º do art. 45 da Lei n. 8.666/93, ao criar um novo tipo de licitação "menor fator" — que consiste na oferta de porcentagem sobre o repasse recebido pelo leiloeiro do arrematante do bem —, entendo que a hipótese encontra-se em consonância com os princípios básicos da administração pública. A uma, porque esse critério objetivo denominado menor fator — calculado com referência em um percentual de repasse, contido nas propostas comerciais dos participantes e que consiste na transferência à Seplag de determinado valor sobre a remuneração de 5% obtida pelo leiloeiro no leilão — não configura lucro sobre o serviço do leiloeiro, senão uma reversão dos ganhos para otimização das ações da Seplag. O direito dos leiloeiros ao recebimento da taxa de comissão paga pelos arrematantes está previsto no parágrafo único do art. 24 do Decreto n. 21.981/32, que regula a profissão de leiloeiro em todo o território nacional. [...] Observa-se que a comissão paga pelos arrematantes ao leiloeiro é de, obrigatoriamente, cinco por cento sobre o valor arrematado. Logo, não há margem para nenhum tipo de acordo entre o leiloeiro e o arrematante acerca do *quantum* da taxa de comissão que melhor lhes aprouver. A duas, porque de acordo com a nota técnica emitida pela Diretoria Central de Logística e Serviços Gerais da Seplag, [...], que elucida a necessidade de contratação de leiloeiro oficial, "aquele participante cujo fator calculado for o menor, será considerado o vencedor que firmará, com a Seplag, contrato de prestação de serviços com prazo determinado", sendo que o valor a ser decotado da remuneração do leiloeiro será transferido para a Seplag, em conta identificada no Tesouro Estadual, cuja quantia será revertida para melhoria de processos de gestão e demais ações correlatas, além de investimentos de novas tecnologias para a modernização das ações da Secretaria. Logo, repita-se, a quantia a ser entregue à Seplag não configura lucro sobre o serviço do leiloeiro, mas uma reversão dos ganhos para otimização da infraestrutura e condições de execução de suas atividades. Vale dizer que a profissão de leiloeiro é atividade econômica e, como tal, está sujeita às chamadas leis de mercado, pelo que, entendo, revela-se possível a análise da questão sob esse enfoque. A remuneração do leiloeiro é direito disponível e essa disponibilidade pode ser utilizada para adequação dos contratos às características do mercado específico. Ou seja, se, deflagrado o edital, acorrerem interessados suficientes a configurar-se ampla competitividade inerente aos procedimentos licitatórios, mesmo com a adoção da hipótese do "menor fator", não vislumbro mácula ao regime nacional das licitações. [...] Ademais, cumpre destacar que o critério de julgamento menor fator, se as circunstâncias de mercado revelarem-se favoráveis, pode até mesmo gerar contratações que representem ganhos financeiros ao poder público, como vem sendo o caso nas hipóteses de folha de pagamento, vales alimentação, entre outras. A modalidade vem sendo adotada amplamente por outras entidades da administração pública do Estado de Minas Gerais. [Denúncia n. 724.834. Rel. Conselheiro Sebastião Helvecio. Sessão do dia 03/05/2012]

I — a de menor preço — quando o critério de seleção da proposta mais vantajosa para a Administração determinar que será vencedor o licitante que apresentar a proposta de acordo com as especificações do edital ou convite e ofertar o menor preço;

A princípio, o menor preço representa o fator de maior relevância no julgamento de qualquer proposta, à medida que a licitação visa sempre obter a melhor proposta pelo menor custo. Vários fatores na licitação são variáveis, mas o menor custo será sempre um ponto comum em qualquer licitação.

[**Licitação tipo menor preço global restringe participação de outros licitantes.**] [...] considerando as espécies de carne, salsicha, frango e linguiça a serem fornecidas pelo licitante vencedor, o tipo de licitação "menor preço global" parece, numa análise inicial, não ser o mais vantajoso para resguardar a competitividade do certame, já que algumas empresas que atuam no ramo só o fazem em uma ou duas das espécies de carnes licitadas, restringindo, assim, a participação dessas empresas. Pela análise do instrumento convocatório, acostado às fls. 6 - 21, entendo que a adoção do tipo "menor preço global" restringe a participação de licitantes, já que a licitação por item aumentaria a competitividade, o que seria mais vantajoso para a administração. Portanto, verifico a existência de vício no procedimento licitatório, o que pode comprometer a legalidade do mesmo, razão pela qual determino, liminarmente, a suspensão do procedimento licitatório, com fulcro no art. 76, XIV e XVI, da Constituição Estadual e art. 60 da Lei Complementar n. 102/2008. Intimem-se, por e-mail, fac-símile e AR, o prefeito municipal [...]e o pregoeiro para que suspendam o certame na fase em que se encontra, encaminhando, no prazo de cinco dias, cópia da publicação da suspensão ora determinada, bem como, no prazo de dez dias, comprovem a inviabilidade técnica e econômica do parcelamento do objeto licitado, ou proceda ao fracionamento do objeto no maior número de parcelas técnica e economicamente possíveis, encaminhando cópia da minuta retificatória, adequando, assim, o edital aos termos da lei, advertindo de que o descumprimento dessas imposições poderá importar na aplicação de multa pessoal no valor de R$ 5.000,00 (cinco mil reais), nos termos do artigo 85, III da Lei Complementar n. 102/2008. [Denúncia n. 774.341. Rel. Conselheiro Elmo Braz Soares. Sessão do dia 19/02/2009]

[**Especificação técnica em licitação 'tipo menor preço'.**] Vale relevar que a modalidade de licitação de menor preço não implica aquisições de qualidade inferior tecnicamente, pois as especificações dos produtos é que vão traduzir qual a melhor opção do mercado. Este também é o pensamento do prof. Marçal Justen Filho, que considera ser profundamente incorreto reputar que a licitação de menor preço destina-se a adquirir produtos de qualidade inferior e, ainda, [afirma que] far-se-á licitação de menor preço, mas com especificação técnica que determina a melhor alternativa disponível no mercado. Sintetiza o renomado professor que o fundamental é identificar a natureza do interesse a ser satisfeito e, muito mais, eleger critérios de qualidade mínima e de julgamento satisfatório. [Representação n. 633.045. Rel. Conselheiro Moura e Castro. Sessão do dia 05/12/2006]

II — a de melhor técnica;

Na licitação do tipo melhor técnica, deve observar a proposta de melhor qualidade técnica. Nestes casos, a qualidade técnica auferirá elevação nas notas, elevando a nota média global e ampliando as chances de vitória no julgamento.

[**Critérios de apuração da classificação dos licitantes para serviço de táxi. Licitação tipo melhor técnica.**] A permissão para exploração de serviço de táxi deve ocorrer por meio de processo de licitação, podendo ser adotado o tipo melhor técnica e estipulado, como critério de classificação técnica, pontuação relativa ao tempo de efetivo exercício como motorista profissional, desde que não seja fixada restrição territorial, [...]. Não é possível a estipulação de reserva de vaga, por meio de cláusula de preferência a condutor com determinado tempo de experiência, nos procedimentos licitatórios para permissão do serviço de táxi, devendo o administrador evitar cláusulas restritivas injustificadas ou inadequadas que estabeleçam condições que beneficiem alguns particulares, haja vista a obrigação de respeitar o princípio da ampla competitividade. [Consulta n. 841.512. Rel. Conselheiro Mauri Torres. Sessão do dia 16/11/2011]

III — a de técnica e preço.

Quando a licitação for do tipo técnica e preço, a qualidade técnica será analisada e dentre as propostas com a melhor qualidade técnica será vencedora aquela que oferecer a melhor proposta financeira, observados os critérios de valoração dispostos no edital.

[**Valoração da proposta de preço e da proposta técnica.**] Quanto ao tipo de licitação 'menor preço e técnica', constatou-se que o critério de pesos adotado pela Administração, quando dispõe a valoração da proposta técnica (70%) em relação à proposta preço (30%) na nota final, deve ser reconsiderada, principalmente levando-se em conta um cenário em que se caminha para uma 'padronização' no fornecimento de bens e serviços envolvendo controle e monitoramento de tráfego. [Denúncia n. 749.054. Rel. Conselheiro Eduardo Carone Costa. Sessão do dia 18/09/2008]

[Contratação de software e equipamentos de informática. Julgamento de ordem técnica. Descaracterização da modalidade pregão.] De fato, exigências que possam tecnicamente diferenciar licitantes, como é o caso dos presentes autos, descaracterizam a modalidade pregão, uma vez que a qualidade do objeto é aferida por meio do efetivo cumprimento da especificação requerida no edital, não comportando, pois, julgamento de ordem técnica. De acordo com o *caput* do art. 1º da Lei n. 10.520/2002, c/c o art. 4º, X, o pregão pode ser utilizado na aquisição de bens e serviços comuns e não permite outro critério de julgamento que não o de menor preço por se tratar de modalidade licitatória simplificada. Até que ponto a aquisição em análise se enquadra no rol desses bens e serviços, haja vista a complexidade da implementação do Sistema de Gestão SAP? Por que não se enquadrar a licitação na forma preceituada no §4º do art. 45 e §1º, III, da Lei n. 8.666/93 — técnica e preço — e nesse caso pontuar ambas as exigências. [Representação n. 707.621. Rel. Conselheiro Moura e Castro. Sessão do dia 14/02/2006]

IV — a de maior lance ou oferta - nos casos de alienação de bens ou concessão de direito real de uso. (Incluído pela Lei nº 8.883, de 1994)

A de maior oferta ou lance corresponde à licitação usada para a alienação de bens ou concessão de direito real de uso, tendo como melhor proposta aquela de maior valor econômico, na medida em que trouxer um maior numerário aos cofres públicos.

Nesse tipo de licitação, o edital deverá prever um valor mínimo para o lance inicial, resultante de uma prévia avaliação do objeto da licitação.

[Utilização do pregão para contratação de instituição financeira para processamento das folhas de pagamento mediante dação em pagamento em bens imóveis.] Admite-se, pois, em princípio, a utilização do pregão para o processamento das folhas de pagamento; e mesmo a utilização do critério de maior valor de oferta, desde que bem justificado e fundamentado, combinando os arts. 4°, VIII, e 9° da Lei n. 10.520/02 com os arts. 3° e 45, IV, da Lei n. 8.666/93. Esse tipo de certame está sendo denominado, em círculos especializados, como "pregão negativo" [...] sobre a possibilidade de o maior lance ser pago ao Poder Público contratante mediante a transmissão de bem imóvel. Compulsando a Lei Federal n. 10.520/2002 e a Lei Estadual n. 14.167/2002, que regulamentam o pregão, bem como a Lei Federal n. 8.666/93, de aplicação subsidiária, não se encontra diretriz normativa que esclareça o problema [...]. Assim sendo, se a Fazenda Pública pode receber um bem imóvel de contribuinte para o adimplemento de uma obrigação tributária, não vislumbro óbice na utilização do mesmo procedimento na seara administrativa, por analogia, em que o particular contratado pagaria o lance ofertado no "pregão negativo" mediante a transmissão de bem imóvel, desde que a operação atenda ao interesse público da administração contratante. [...] entendo que o edital da licitação deverá prever como forma de adimplemento do contrato administrativo a dação em pagamento em imóveis, estabelecendo regras referentes à avaliação do bem e sua aceitação, condicionando-se ao consentimento da administração contratante e ao atendimento do interesse público, além de prévia autorização legislativa no âmbito da respectiva entidade federativa. [Consulta n. 837.554. Rel. Conselheiro Antônio Carlos Andrada. Sessão do dia 25/05/2011]

§2° No caso de empate entre duas ou mais propostas, e após obedecido o disposto no §2° do art. 3° desta Lei, a classificação se fará, obrigatoriamente, por sorteio, em ato público, para o qual todos oslicitantes serão convocados, vedado qualquer outro processo.

Esgotados todos os critérios de preferência, inclusive aqueles dispostos pela Lei n. 123 de 14 de dezembro de 2006, permanecendo o empate, não há outro critério a ser utilizado que não o sorteio, independente da nota técnica.

Após divulgação ampla, o sorteio será realizado em solenidade pública. A Administração deverá adotar medidas acautelatórias que assegurem a imparcialidade do resultado, e, a fiscalização ampla por parte dos interessados será permitida.

[**Julgamento com critérios objetivos.**] [...] tal irregularidade, no descumprimento de critério de julgamento de propostas, é de natureza grave, pois tal negligência contrariou o artigo 44 da Lei n. 8.666/93, que estabelece que a Comissão de Licitação deve processar o julgamento levando em consideração os critérios objetivamente definidos no edital, e contraria também o §2° do artigo 45 do mesmo diploma legal, que dispõe que, no caso de empate entre duas ou mais propostas e após obedecido o disposto no §2° do artigo 3° da mesma lei, a classificação se fará, obrigatoriamente, por sorteio, em ato público, para o qual todos os licitantes serão convocados, vedado qualquer outro processo. Extrai-se, portanto, que houve descumprimento objetivo de determinação legal e inobservância do Princípio da Vinculação ao Instrumento Convocatório, ensejando, inclusive, a nulidade do procedimento, como ensina Maria Sylvia Zanella Di Pietro: 'Trata-se de princípio essencial, cuja inobservância enseja nulidade do procedimento. Além de mencionado no artigo 3° da Lei n. 8.666/93, ainda tem seu sentido explicitado no artigo 41, segundo o qual a Administração não pode descumprir as normas e condições do edital, ao qual se acha estritamente vinculada. E o artigo 43, V,ainda exige que o julgamento e classificação das propostas se façam de acordo com os critérios de avaliação constantes no edital. (DI PIETRO, Maria Sylvia Zanella. *Direito Administrativo.* 14. ed., 2002. pp. 306 e 307)' [...]. [Processo Administrativo n. 688.478. Rel. Conselheira Adriene Andrade. Sessão do dia22/05/2007]

§3° No caso da licitação do tipo "menor preço", entre os licitantes considerados qualificados a classificação se dará pela ordem

crescente dos preços propostos, prevalecendo, no caso de empate, exclusivamente o critério previsto no parágrafo anterior. (Redação dada pela Lei nº 8.883, de 1994)

A classificação final dos licitantes no tipo de licitação "menor preço" se dará por ordem crescente de preços propostos, quanto maior o preço oferecido maior sua possibilidade de melhor classificação. Em caso de empate, a solução será o sorteio que deverá ser feito em solenidade pública, com ampla publicidade.

§4° Para contratação de bens e serviços de informática, a administração observará o disposto noart. 3º da Lei nº 8.248, de 23 de outubro de 1991, levando em conta os fatores especificados em seu parágrafo 2º e adotando obrigatoriamente o tipo de licitação "técnica e preço", permitido o emprego de outro tipo de licitação nos casos indicados em decreto do Poder Executivo. (Redação dada pela Leiº 8.883, de 1994)

O disposto no §4° reflete a época do início da evolução tecnológica, já muito distante. Atualmente, encontramos para venda, equipamentos de informática e softwares padronizados, em vários estabelecimentos especializados, papelarias e até mesmo em supermercados, onde são comercializados em larga escala. Para aquisição destes bens é perfeitamente cabível a licitação do tipo menor preço, visto que não a que se falar em melhor técnica para bens padronizados e sem variações de desempenho e qualidade, evitando o desembolso de valores desnecessários por parte da Administração.

Por outro lado, nos momentos em que a Administração necessitar de recursos com características especiais, com qualidade técnica e desempenho diferenciados, impossíveis de serem satisfeitos por softwares padronizados, nestes casos o tipo de licitação a ser adotado será o de técnica e preço.

O Decreto Federal 7.174 de 12 de maio de 2010, em seu artigo 9° dispõe que as contratações no setor de informática deverão ser realizadas mediante licitação do tipo menor preço ou técnica e preço, neste norte, fica vedado a utilização de licitação do tipo melhor técnica.

[**Revogação parcial do §4º do art. 45 da Lei de Licitações. Possibilidade de aquisição de bens de informática na modalidade pregão.**] A Lei Federal n. 10.520, de 17/07/2002, instituiu nova modalidade de licitação denominada pregão, contendo normas gerais que se aplicam à União, Estados, Distrito Federal e Municípios. A nova modalidade é considerada um aperfeiçoamento da competitividade, [permitindo] a ampliação das oportunidades de participação de interessados, com a consequente agilização nas aquisições e redução de despesas para a administração. A citada Lei estabelece, no *caput* do art. 1º, que o pregão pode ser utilizado para aquisição de bens e serviços comuns, definidos no parágrafo único do mesmo artigo, [como] aqueles cujos padrões de desempenho e qualidade possam ser objetivamente definidos pelo edital por meio de especificações usuais no mercado. [...] No âmbito estadual, a matéria encontra-se regulamentada pela Lei n. 14.167/2002. O Decreto Estadual n. 42.408/2003, modificado pelo Decreto Estadual n. 43.653/2003, regulamentou a nova modalidade de licitação e incluiu, no rol de bens e serviços comuns, os bens de informática. [Assim como fez o Estado de Minas Gerais,] os municípios poderão, mediante normas próprias, estabelecer procedimentos específicos e suplementar lacunas deixadas na lei [de normas gerais], bem como adotar o rol de bens e serviços comuns existente [no citado decreto estadual ou no decreto federal], ou criar outro, desde que condizente com a Lei [Federal] n. 10.520/2002. [...] Sob esse ângulo, pode-se dizer que os bens e serviços de informática, cujos padrões de desempenho e qualidade possam ser objetivamente definidos pelo edital por especificações conhecidas pelos agentes administrativos, geralmente oferecidos por diversos fornecedores e que são facilmente comparáveis entre si, de modo a permitir a decisão de compra com base no menor preço, devem ser considerados comuns e, portanto, podem ser licitados por pregão. Assim como outros bens e serviços de informática, com elevada complexidade técnica e sofisticação, com especificações e soluções não padronizadas, não devem ser qualificados como comuns, e, portanto, não podem ser licitados por meio de pregão. Outro aspecto a ser ressaltado é quanto ao critério de julgamento para bens e serviços de informática. [...] A única exceção admitida pela lei diz respeito a hipóteses previstas em decreto. Ora, pode-se arguir que tais exceções foram indicadas no Decreto Federal n. 3.555/2000, que qualifica como comuns certos bens e serviços de informática e admite o critério de julgamento do menor preço, que é o único compatível com a referida modalidade. A respeito da 'técnica e preço', entendo, sendo esta também a posição do Tribunal de Contas da União, que a Lei n. 10.520/2002, norma mais recente, revogou parcialmente o §4º do art. 45 da Lei n. 8.666/93, que impõe esse tipo de licitação [técnica e preço] para as aquisições de bens e serviços de informática (Proc. 012678/2002-5. Rel. Min. Benjamin Zymler. Acórdão 313/04, publ. no DOU de 07/04/04). Desta feita, a contratação de bens e serviços de informática de natureza comum pode ser licitada por meio da modalidade pregão, adotando o tipo menor preço. A própria Lei n. 10.520/2002, em seu art. 9º, dispõe que as normas da Lei n. 8.666/93 apenas se aplicam subsidiariamente para a modalidade pregão. [Consulta n. 698.919. Rel. Conselheiro Moura e Castro. Sessão do dia 05/04/2006]

[**Tipo de licitação na contratação de serviços de informática.**] [...] está com razão o *decisum* combatido, ao afirmar que a regra para [a] contratação em apreço deve ser a licitação que assegure técnica e preço. No entanto, o próprio dispositivo supramencionado abre possibilidade de exceção à obrigatoriedade de licitação para bens e serviços de informática, conforme leciona Jessé Torres Pereira Junior, transcrito *in litteris*: 'A única indicação expressa que a Lei n. 8.666/93 oferece para as licitações de informática é a de que devem ser do tipo "*técnica e preço*", salvo hipótese que decreto regulamentar venha a instituir. Tal ainda pretende ser o Decreto federal n. 1.070, de 02.03.94, de cujas normas, também revogadas, em sua maioria, pela Emenda Constitucional n. 6/95, decorrem outras duas indicações procedimentais: (a) é possível a contratação direta de bens e serviços de informática, isto é, sem licitação, nos casos em que se configurarem as hipóteses de dispensa e inexigibilidade definidas nos arts. 24 e 25 da Lei n. 8.666/93, ou em outra geral veiculada por lei federal; (b) se a modalidade de licitação for o convite — que a Lei n. 8.666/93 define em função do pequeno valor estimado do objeto (arts. 22, III, e 23, II, a) não é obrigatório o tipo *"técnica e preço"* [na contratação de bens e serviços de informática], [...] [de modo que] se admitirá o tipo menor preço. [Licitação n. 695.862. Rel. Conselheira Adriene Andrade. Sessão do dia 30/10/2007]

[**Contratação de software e equipamentos de informática. Julgamento de ordem técnica. Descaracterização da modalidade pregão.**] De fato, exigências que possam tecnicamente diferenciar licitantes, como é o caso dos presentes autos, descaracterizam a modalidade pregão, uma vez que a qualidade do objeto é aferida por meio do efetivo cumprimento da especificação requerida no edital, não comportando, pois, julgamento de ordem técnica. De acordo com o *caput* do art. 1° da Lei n. 10.520/2002, c/c o art. 4°, X, o pregão pode ser utilizado na aquisição de bens e serviços comuns e não permite outro critério de julgamento que não o de menor preço por se tratar de modalidade licitatória simplificada. Até que ponto a aquisição sob análise se enquadra no rol desses bens e serviços, haja vista a complexidade da implementação do Sistema de Gestão SAP? Por que não se enquadrar a licitação na forma preceituada no §4° do art. 45 e §1°, III, da Lei n. 8.666/93 - técnica e preço- e nesse caso pontuar ambas as exigências. [Representação n. 707.621. Rel. Conselheiro Moura e Castro. Sessão do dia 14/02/2006]

§5º É vedada a utilização de outros tipos de licitação não previstos neste artigo.

[**Impossibilidade de criação de novo tipo de licitação, exceto por norma geral.**] Na melhor interpretação deste dispositivo, leciona Marçal Justen Filho, *in litteris*: A enumeração do art. 45 é de *numerus clausus*. O ato convocatório não poderá criar novo tipo de licitação, que não se subsuma ao referido elenco. Mais precisamente, não é possível adotar critério de julgamento que não possa ser reconduzido a umas das espécies arroladas no dispositivo enfocado. (JUSTEN FILHO, Marçal. *Comentários à Lei de Licitações e Contratos Administrativos*, 11. ed., 2005, ps. 434 - 435). Especialmente quanto às licitações julgadas pelo menor preço, [...], na escolha da proposta mais adequada, o fator predominante é a economia para a administração, devendo, no entanto, serem observadas as exigências contidas no instrumento convocatório, o que significa que, ao perseguir o melhor preço, a administração não está impedida de aferir a qualidade do produto ou serviço a ser contratado. Por tal razão, a licitação pelo melhor preço é a regra, devendo ser adotado tal critério em todo procedimento licitatório no qual não esteja envolvida maior complexidade. Corroborando esse entendimento, trago à baila a brilhante lição [de] Marçal Justen Filho, *in litteris*: "O preço representa o fator de maior relevância, em princípio, para seleção de qualquer proposta. A licitação visa obter a melhor proposta pelo [menor] custo possível. Esse fator (menor custo possível) é ponto comum em toda e qualquer licitação. As exigências quanto à qualidade, prazo, etc. podem variar caso a caso". [...] Deste modo, a Lei das Licitações estabelece que a regra de julgamento dos certames licitatórios é a escolha da proposta de menor preço, enquanto a exceção será definida nos termos do *caput* do art. 46. [Representação n. 742.308. Rel. Conselheira Adriene Andrade. Sessão do dia 04/03/2008]

§6º Na hipótese prevista no art. 23, §7º, serão selecionadas tantas propostas quantas necessárias até que se atinja a quantidade demandada na licitação. (Incluído pela Lei nº 9.648, de 1998)

Na admissão de ofertas parciais, deverá ser considerada a solução mais vantajosa para o interesse da Administração Pública, mesmo que resulte em diversos vencedores da licitação, com propostas de conteúdos distintos.

Art. 46. Os tipos de licitação "melhor técnica" ou "técnica e preço" serão utilizados exclusivamente para serviços de natureza predominantemente intelectual, em especial na elaboração de projetos, cálculos, fiscalização, supervisão e gerenciamento e de engenharia consultiva em geral e, em particular, para a elaboração de estudos técnicos preliminares e projetos básicos e executivos, ressalvado o disposto no §4° do artigo anterior. (Redação dada pela Lei nº 8.883, de 1994)

Licitações do tipo melhor técnica e do tipo técnica e preço, nunca deverão ser utilizadas como regra. Essas modalidades foram criadas como exceções, reservadas para demandas especiais da Administração.

O uso da licitação do tipo melhor técnica ou do tipo técnica e preço são adequados para os momentos em que a Administração necessite da maior técnica disponível no mercado visando à satisfação de uma demanda específica.

Quando a Administração satisfaz seu interesse observando critérios de qualidade mínimos, o tipo de licitação adotado poderá ser o de menor preço, uma vez que não é aceitável que a Administração desembolse valores acima dos valores praticados no mercado para atender a real necessidade administrativa. Em licitações do tipo menor preço, as especificações de qualidade mínima devem ser observadas para que não sejam adquiridos bens imprestáveis.

[**Critérios de apuração da classificação dos licitantes para serviço de táxi. Licitação tipo melhor técnica.**] A permissão para exploração de serviço de táxi deve ocorrer por meio de processo de licitação, podendo ser adotado o tipo melhor técnica e estipulado, como critério de classificação técnica, pontuação relativa ao tempo de efetivo exercício como motorista profissional, desde que não seja fixada restrição territorial [...]. Não é possível a estipulação de reserva de vaga, por meio de cláusula de preferência a condutor com determinado tempo de experiência, nos procedimentos licitatórios para permissão do serviço de táxi, devendo o administrador evitar cláusulas restritivas injustificadas ou inadequadas que estabeleçam condições que beneficiem alguns particulares, haja vista a obrigação de respeitar o princípio da ampla competitividade,[...]. [Consulta n. 841.512. Rel. Conselheiro Mauri Torres. Sessão do dia 16/11/2011]

[**Irregularidade por adoção do tipo de licitação técnica e preço.**] Entendo que o art. 46 da Lei n. 8.666/93 é taxativo ao determinar a adoção do tipo de licitação "técnica e preço", tão somente, para serviços de natureza predominantemente intelectual, ou seja, em situações especialíssimas em que o objeto a ser licitado deva ser dotado da melhor técnica possível. Ausentes as justificativas pormenorizadas de que o serviço demandado é predominantemente intelectual de modo que ensejem a obtenção de proposta de maior qualidade e menor preço possível, é irregular a escolha do tipo de licitação técnica e preço. [Denúncia n. 800.679. Rel. Conselheiro Sebastião Helvecio. Sessão do dia 06/12/2012]

[**Escolha do tipo de licitação. Técnica e preço. Inadequação.**] **Identifica o relatório técnico** [...] a impropriedade na escolha do tipo de licitação, técnica e preço, pois o objeto licitado — ainda que complexo e necessite de adaptações das soluções já existentes — não se configura como serviço em que a arte e a racionalidade humanas são essenciais para sua execução satisfatória e, sim, como locação ou aquisição de licença de uso de *software* que se pressupõe existente no mercado. [...] Entendo que o art. 46 da Lei n. 8.666/93 é taxativo ao determinar a adoção do tipo de licitação "técnica e preço", tão somente, para serviços de natureza predominantemente intelectual, ou seja, em situações especialíssimas em que o objeto a ser licitado deva ser dotado da melhor técnica possível. [...] Ausentes as justificativas pormenorizadas de que o serviço demandado é predominante intelectual a ensejar a obtenção de proposta de maior qualidade e menor preço possível e diante das ressalvas feitas pelo órgão técnico de que há soluções de TI prontas, amplamente comercializadas, que exercem várias das funções especificadas nos [...], senão todas, [...] irregular a escolha do tipo de licitação técnica e preço. [Denúncia n. 811.915. Rel. Conselheiro Sebastião Helvecio. Sessão do dia 04/10/2012]

[**Obrigatoriedade de a licitação de transporte coletivo de média capacidade considerar como critério o menor preço (menor tarifa).**] [...] acerca do [fato de o] edital atrelar o reajuste dos pagamentos ao de transporte coletivo de passageiros de alta capacidade, quando se trata de transporte complementar, entendo ser relevante considerar não somente a questão atinente ao preço, mas também e, principalmente, o tipo da licitação escolhido, qual seja, melhor técnica [...]. Esse tipo [melhor técnica] não se aplicaria ao objeto licitado, já que [o serviço de transporte coletivo] não se configura como eminentemente intelectual, nos termos do art. 46 da Lei n. 8.666/93, aplicável subsidiariamente [neste caso, conforme art. 124 da Lei de Licitações] [...]. Portanto, sendo o serviço de transportes um serviço não afeto ao esforço intelectual e, em se tratando de objeto que será, ao fim, suportado pela tarifa cobrada ao usuário, o preço é que deveria ser o critério de aferição dos melhores classificados. [Representação n. 731.022. Rel. Conselheira Adriene Andrade. Sessão do dia 14/10/2008]

[**Licitação tipo menor preço é a regra geral.**] [...] a licitação pelo melhor preço é a regra, devendo ser adotado tal critério em todo procedimento licitatório no qual não esteja envolvida maior complexidade. Corroborando esse entendimento, trago à baila a brilhante lição [de] Marçal Justen Filho, *in litteris*: O preço representa o fator de maior relevância, em princípio, para seleção de qualquer proposta. A licitação visa obter a melhor proposta pelo [menor] custo possível. Esse fator (menor custo possível) é ponto comum em toda e qualquer licitação [...]. Deste modo, a Lei das Licitações estabelece que a regra de julgamento dos certames licitatórios é a escolha da proposta de menor preço, enquanto a exceção será definida nos termos do *caput* do art. 46. [Representação n. 742.308. Rel. Conselheira Adriene Andrade. Sessão do dia 04/03/2008]

[**Uso da licitação tipo menor preço na contratação de serviços de publicidade institucional.**] [...] a Lei das Licitações estabelece que a regra de julgamento dos certames licitatórios é a escolha da proposta de menor preço, enquanto a exceção será definida nos termos do *caput* do art. 46 [...]. Não se deve, da dicção de tal artigo [art. 46], entender que a Lei n. 8.666/93 obriga as contratações de serviços de natureza intelectual a serem precedidas por licitação do tipo 'melhor técnica' ou 'técnica e preço'; ao contrário, o que a lei estabelece é que, nessas situações específicas, pode o administrador, excepcionalmente, fugir à regra do critério 'menor preço'. Este é o entendimento que encerra a jurisprudência do Tribunal de Contas da União no seguinte julgado, que trago, *in verbis*:"[...] Caso o administrador decida contratar serviços intelectuais, poderá utilizar licitação do tipo técnica e preço ou melhor técnica, mas não está obrigado a adotar as referidas modalidades. É certo que, para a contratação de serviços intelectuais, a adoção do tipo A ou B de licitação pressupõe a devida motivação, tendo sempre como parâmetro o interesse público. Assim sendo, se o interesse público o exigir, parece-me perfeitamente legítimo o critério do menor preço para julgar licitação de serviços intelectuais". (Processo n. TC-008.818/2003-0. Acórdão n 838/2-4 — Plenário). Diante deste entendimento, não há que se alegar a irregularidade de um certame, cujo objeto é serviço intelectual, mas que, por conveniência administrativa, decidiu não utilizar da modalidade permitida pela lei, valendo-se da regra geral [para usar o tipo menor preço], igualmente autorizada pelo ordenamento jurídico. [Representação n. 742.308. Rel. Conselheira Adriene Andrade. Sessão do dia 04/03/2008]

§1° Nas licitações do tipo "melhor técnica" será adotado o seguinte procedimento claramente explicitado no instrumento convocatório, o qual fixará o preço máximo que a Administração sepropõe a pagar:

I — serão abertos os envelopes contendo as propostas técnicas exclusivamente dos licitantes previamente qualificados e feita então a avaliação e classificação destas propostas de acordo com os critérios pertinentes e adequados ao objeto licitado, definidos com clareza e objetividade no instrumento convocatório e que considerem a capacitação e a experiência do proponente, a qualidade técnica da proposta, compreendendo metodologia, organização, tecnologias e recursos materiais a serem utilizados nos trabalhos, e a qualificação das equipes técnicas a serem mobilizadas para a sua execução;

[**Exigência de apresentação de atestados de capacitação para fins de apresentação da proposta técnica.**] [...] foi defendido pelo jurisdicionado que não há impedimento para que seja utilizado como critério para pontuação técnica os itens referentes à habilitação. [...] entendo que os critérios relativos à capacitação técnica operacional e técnico-profissional utilizados para fins de utilização como critério de julgamento "técnica e preço" não desvirtuam a natureza jurídica do julgamento das propostas técnicas, pois, de fato, os critérios estabelecidos pelo Edital, preveem a análise de capacidade técnica para a execução do objeto da licitação de forma objetiva, por meio da valoração da experiência da licitante comprovada por meio de atestados.[...] Do exposto, entendo que a justificativa apresentada pela prefeitura de Belo Horizonte pode ser acolhida, uma vez que a previsão editalícia relacionada à exigência de apresentação de atestados de capacitação técnica operacional e técnico-profissional para fins de apresentação da proposta técnica não ofende a legislação em vigor. [Edital de Licitação n. 863.753. Rel. Conselheiro Eduardo Carone Costa. Sessão do dia 28/03/2012]

[**Possibilidade de uso dos itens da habilitação também como critérios de valoração da proposta técnica.**] Acrescento, [...] a esta análise, o texto do art. 46, §1°, I, da Lei de Licitações, que não obsta a forma de pontuação adotada. [...] não há, neste tipo de licitação, oposição legal a que os mesmos itens integrantes da habilitação sejam lançados em uma tabela classificatória [quanto à valoração da técnica], desde que estejam em consonância com o objeto licitado, o que se comprovou [no caso em exame] da análise técnica acostada aos autos. [Representação n. 712.804. Rel. Conselheira Adriene Andrade. Sessão do dia 07/08/2007]

[**Licitação para contratação da prestação de serviços de transporte coletivo.**] É verdade que o art. 30 da Lei de Licitações, que trata de exigências de habilitação no certame, estabelece, no inciso II, que não se exigirá comprovação de aptidão de desempenho em prazos e quantidades que não sejam compatíveis com o objeto da licitação. Ocorre que, de acordo com o art. 46, §1°, I, da Lei n. 8.666/93, os critérios da proposta técnica observarão a capacitação e a experiência do proponente, o que significa dizer que a melhor pontuação advém da maior comprovação de experiência. [Representação n. 706.931. Rel. Conselheiro Moura e Castro. Sessão do dia 19/09/2006]

[**Distinção entre qualificação técnica e critérios de julgamento da proposta técnica.**] [...] existem diferenças entre a qualificação técnica, requisito de habilitação no certame, previsto no art. 30 da Lei de Licitações, e a proposta técnica, instrumento utilizado nas licitações do tipo técnica ou técnica e preço, para a aferição da qualidade técnica proposta para execução do objeto, nos termos do art. 46, §1°, I, da citada lei. A qualificação técnica consiste na aptidão formal e prática para a execução do objeto e deve ser investigada em fase anterior ao exame das propostas, ou seja, deve ser comprovada devidamente na fase de habilitação. A Lei n. 8.666/93 exige que o edital defina todos os critérios de julgamento. O art. 45 dispõe que o julgamento das propostas será objetivo, devendo a Comissão de Licitação realizá-lo em conformidade com os tipos de licitação e critérios previamente estabelecidos no ato convocatório. Esses critérios não são livremente estipulados, devem seguir o mesmo crivo de razoabilidade e motivação que levou a administração a decidir pela licitação do tipo técnica e preço, e, portanto, estar em conformidade com o tipo adotado. [...] Ao estabelecer critérios de pontuação quantitativos do tipo 'preenche' [...] ou 'não preenche' [...], a Administração deixa de atribuir qualificativo técnico intermediário, impedindo que proponentes com experiência aproximada [...] sejam avaliados como potenciais prestadores, o que se afigura contrário aos princípios da isonomia, da ampla competitividade e da razoabilidade. [...] A licitação do tipo técnica e preço é espécie notoriamente de difícil manejo, cuja utilização quase sempre desborda para o subjetivismo ou para o exame de quesitos inócuos na busca da proposta tecnologicamente mais vantajosa para a administração. [...] Na forma estabelecida no edital [em exame], os critérios técnicos têm natureza eliminatória, sugerindo indícios de direcionamento à licitante que comprove, estritamente, os quantitativos mínimos exigidos, em detrimento das demais, o que desatende o fim de toda a licitação, uma vez que, nem para a habilitação, a lei admite quantitativos mínimos e, sim, compatíveis e pertinentes com o objeto da licitação (art. 30, II, da Lei n. 8.666/93)". [Licitação n. 701.595. Rel. Conselheiro Moura e Castro. Sessão do dia 23/05/2006]

II — uma vez classificadas as propostas técnicas, proceder-se-á à abertura das propostas de preço dos licitantes que tenham atingido a valorização mínima estabelecida no instrumento convocatório

e à negociação das condições propostas, com a proponente melhor classificada, com base nos orçamentos detalhados apresentados e respectivos preços unitários e tendo como referência o limite representado pela proposta de menor preço entre os licitantes que obtiveram a valorização mínima;

III — no caso de impasse na negociação anterior, procedimento idêntico será adotado, sucessivamente, com os demais proponentes, pela ordem de classificação, até a consecução de acordo para a contratação;

IV — as propostas de preços serão devolvidas intactas aos licitantes que não forem preliminarmente habilitados ou que não obtiverem a valorização mínima estabelecida para a proposta técnica.

§2° Nas licitações do tipo "técnica e preço" será adotado, adicionalmente ao inciso I do parágrafo anterior, o seguinte procedimento claramente explicitado no instrumento convocatório:

I — será feita a avaliação e a valorização das propostas de preços, de acordo com critérios objetivos preestabelecidos no instrumento convocatório;

II — a classificação dos proponentes far-se-á de acordo com a média ponderada das valorizações das propostas técnicas e de preço, de acordo com os pesos preestabelecidos no instrumento convocatório.

O edital deverá conter critérios objetivos de julgamento das propostas de preços, não podendo haver no julgamento a utilização de critérios não definidos no instrumento convocatório.

Deverá ser eliminada a adoção do subjetivismo na escolha dos critérios objetivos de julgamento.

[**Valoração da proposta de preço e da proposta técnica.**] Quanto ao tipo de licitação 'menor preço e técnica', constatou-se que o critério de pesos adotado pela administração, quando dispõe a valoração da proposta técnica (70%) em relação à proposta preço (30%) na nota final, deve ser reconsiderada, principalmente levando em conta um cenário em que se caminha para uma 'padronização' no fornecimento de bens e serviços envolvendo controle e monitoramento de tráfego. [Denúncia n. 749.054. Rel. Conselheiro Eduardo Carone Costa. Sessão do dia 18/09/2008]

[**Pesos na valoração das propostas de técnica e de preço.**] A Lei n. 8.666/93, em seu art. 46, possibilita como critério de julgamento das propostas o do tipo de licitação "técnica e preço", que deverá ser utilizado, exclusivamente para serviços de natureza predominantemente intelectual, entre os quais pode-se incluir os serviços [especializados] de consultoria advocatícia, sendo as propostas classificadas segundo a média ponderada das valorizações das propostas de técnica e preço de acordo com os pesos preestabelecidos no edital. [...] Por óbvio, [...] cabe à Administração justificar os critérios estabelecidos para aferição das propostas, exatamente indo ao encontro da diretriz do instituto da licitação, qual seja, a seleção da proposta mais vantajosa, que preserve o interesse público e os princípios da administração pública. [...] a indicação acerca de quais pesos devem ser atribuídos a quais propostas deverá ser feita caso a caso, de conformidade com um juízo de adequabilidade que obrigatoriamente deverá levar em consideração a natureza e a importância do objeto licitado. Não há, pois, vedação a que a proposta técnica seja valorada com um peso maior do que a proposta de preço e vice-versa. Nesse sentido, a ponderação da técnica e [do] preço é um ato discricionário da administração, a qual deve atentar para a importância de cada um desses fatores, conforme as finalidades do objeto da licitação [...]. [Representação n. 715.952. Rel. Conselheiro Antônio Carlos Andrada. Sessão do dia 10/10/2006]

§3° Excepcionalmente, os tipos de licitação previstos neste artigo poderão ser adotados, por autorização expressa e mediante justificativa circunstanciada da maior autoridade da Administração promotora constante do ato convocatório, para fornecimento de bens e execução de obras ou prestação de serviços de grande vulto majoritariamente dependentes de tecnologia nitidamente sofisticada e de domínio restrito, atestado por autoridades técnicas de reconhecida qualificação, nos casos em que o objeto pretendido admitir soluções alternativas e variações de execução, com repercussões significativas sobre sua qualidade, produtividade, rendimento e durabilidade concretamente mensuráveis, e estas puderem ser adotadas à livre escolha dos licitantes, na conformidade dos critérios objetivamente fixados no ato convocatório.

[**Irregularidade por indevida escolha da modalidade convite na contratação de *softwares*.**] [...] esta Corte tem entendido, bem como o Tribunal de Contas da União, que "complexo" não descaracteriza o " comum" como pré requisito para a licitação de bens por meio de Pregão, o que seria uma alternativa adequada ao caso em exame. Ademais, [...] o convite é a modalidade licitatória mais simples, sendo a qualificação dos licitantes presumida ou verificada por meio de cadastramento prévio, não comportando, portanto, habilitação preliminar. [...] o tipo de licitação "melhor técnica e preço" só pode ser adotado para fornecimento de bens e execução de obras ou prestação de serviços de grande vulto (art. 46, §3°, da Lei n. 8.666/93). Logo, a simplicidade da licitação na modalidade "convite" e os valores de contratação a que se atrela não admitem as condições que, por via de regra, surgem nas licitações do tipo "técnica e preço". Assim, pela sua natureza, incompatível a aplicabilidade do "convite", cujo valor pressupõe obras e serviços de pequeno vulto, com o julgamento do tipo "melhor técnica e preço" para bens ou serviços licitados, por se encontrarem em polos inconciliáveis de aplicação dentro da lei. Por essa razão, mantenho a irregularidade apontada. [Denúncia n. 811.101. Rel. Conselheiro Eduardo Carone Costa. Sessão do dia22/11/2012]

[**Contratação de empresa para prestação de serviços de detecção, medição e registro de imagens de infrações de trânsito, mediante a utilização de equipamentos eletrônicos.**] [...] o serviço a ser contratado depende nitidamente de tecnologia sofisticada e de domínio aparentemente restrito, o que, em face da existência de mais de uma solução tecnológica, indicaria, em princípio, a utilização do tipo 'técnica e preço', conforme disposto no §3º do art. 46 da Lei n. 8.666/93. O procedimento licitatório tem por objetivo viabilizar à Administração Pública a contratação do objeto pretendido alcançando o melhor custo benefício, dentro dos princípios norteadores da matéria. Assim, mesmo que a escolha do 'tipo' ou critério de julgamento esteja adstrito à conveniência administrativa e [à] adequação ao objeto do certame, o fato de se tratar de tecnologia de domínio restrito e de o edital especificar o serviço em grau de detalhamento muito elevado, reduz ainda mais o universo de possíveis participantes, o que é vedado por inteligência do disposto no inciso XXI do art. 37 da Carta Federal. [Representação n. 714.111. Rel. Conselheiro Moura e Castro. Sessão do dia 08/08/2006]

[**Itens pontuados na valoração da proposta técnica.**] [O] instrumento convocatório traz a relação dos itens pontuados na proposta técnica e os respectivos critérios de pontuação, em sua maioria, estabelecidos apenas como "atende" e "não atende". [...] os quesitos de 'experiência da empresa', além de simplesmente pontuáveis ou não, não se configuram adequados à espécie, pois não têm nenhuma relação com o objetivo do tipo 'técnica e preço', qual seja, a busca da solução técnica que melhor atenda à necessidade da Administração. [...] Já [quanto] aos quesitos relacionados ao 'fator qualidade', na forma em que o edital estabeleceu critérios de pontuação, ou seja 'atende' ou 'não atende', para os itens relacionados, [tenho que] a quase absoluta ausência de margem de aceitabilidade torna, a meu sentir, a utilização do tipo 'técnica e preço' desnecessária, como também lança suspeita de direcionamento do certame". [Licitação n. 703.631. Rel. Conselheiro Moura e Castro. Sessão do dia 08/11/2005]

§4º (Vetado). (Incluído pela Lei nº 8.883, de 1994)

Art. 47. Nas licitações para a execução de obras e serviços, quando for adotada a modalidade de execução de empreitada por preço global, a Administração deverá fornecer obrigatoriamente, junto com o edital, todos os elementos e informações necessários para que os licitantes possam elaborar suas propostas de preços com total e completo conhecimento do objeto da licitação.

O artigo 47 é claro e óbvio ao dispor sobre a obrigatoriedade da Administração Pública detalhar o objeto licitado, oferecendo informações completas e permitindo aos interessados a formulação de propostas corretas e exequíveis.

[**Fornecimento de elementos para subsidiar a elaboração das propostas de preços.**] Prestação de serviços de engenharia, para a construção de escolas municipais. "[...] a Administração tem o dever de prestar todas as informações, quando contrata a execução da obra por um preço certo e total, pois, com isso, evita os possíveis riscos de sua incompleta ou desconforme realização, como ensina Marçal Justen Filho: 'A Administração tem o dever de apurar todas as circunstâncias que possam influenciar na execução do futuro contrato, especialmente quando a empreitada for por preço global. É nulo o edital que albergue fatores ocultos ou aleatórios acerca da execução do objeto licitado'. [Representação n. 706.390. Rel. Conselheira Adriene Andrade. Sessão do dia 17/04/2007]

Art. 48. Serão desclassificadas:

I — as propostas que não atendam às exigências do ato convocatório da licitação;

[**Ausência de apresentação pelo licitante do CNPJ e do contrato social.**] Os defendentes, da mesma forma que nos demais itens que indicaram ausência de documentos, informaram que, como se tratava de convite, alguns documentos foram dispensados, por força do §1º do art. 32 da Lei n. 8.666, de 1993. Em análise aos documentos que instruíram o Convite [...], verifico que o licitante vencedor, *[omissis]*, não apresentou o Cartão Nacional de Pessoa Jurídica (CNPJ) nem o contrato social. Entendo que, na ausência de apresentação de documento de habilitação, previamente estabelecido no ato convocatório, caberia à Comissão de Licitação aplicar o inciso I do art. 48. Não o fazendo ficou caracterizada a violação ao inciso V do art. 43 da Lei n. 8.666, de 1993. [Processo Administrativo n. 689.083. Rel. Auditor Gilberto Diniz. Sessão do dia 13/09/2012]

[**Exigências não previstas no edital.**] Quanto à licitante fazer exigências não previstas no edital, verificou- se, a fl. 629, que a Comissão desclassificou a única empresa a apresentar proposta, por ter apresentado preço bem superior ao estimado. Em seguida, [...] permitiu que a referida empresa apresentasse nova proposta financeira, dando prosseguimento ao certame. No entanto, a proposta da licitante não atende às exigências feitas no instrumento convocatório (semi-leito, com TV, ar condicionado, vídeo) e a proponente ainda faz novas exigências não previstas anteriormente. Neste caso, o novo prazo para apresentação de proposta não poderia se limitar apenas à licitante que apresentou proposta, pois a alteração das condições editalícias poderia permitir que outras empresas tivessem a mesma oportunidade de participação. Segundo Marçal Justen Filho (*Comentários à Lei de Licitações e Contratos Administrativos* — 8. ed. — Editora Dialética, fl. 477 e 478), se [em uma certa licitação], todas as propostas foram desclassificadas, não há fundamento jurídico para restringir a apresentação de novas propostas apenas aos anteriores participantes. [...] essa restrição é 'indevida e ofende os princípios da isonomia, da moralidade e da competitividade'. Acrescenta que o princípio da isonomia impede que a Administração dispense alguns licitantes do cumprimento de requisitos [anteriormente] exigidos de outros. Dessa forma, entende-se que houve cerceamento na participação de interessados no procedimento licitatório. [Processo Administrativo n. 629.667. Rel. Conselheiro Antônio Carlos Andrada. Sessão do dia 14/08/2007]

II — propostas com valor global superior ao limite estabelecido ou com preços manifestamente inexequíveis, assim considerados aqueles que não venham a ter demonstrada sua viabilidade através de documentação que comprove que os custos dos insumos são coerentes com os de mercado e que os coeficientes de produtividade são compatíveis com a execução do objeto do contrato, condições estas necessariamente especificadas no ato convocatório da licitação. (Redação dada pela Lei nº 8.883, de 1994)

Entende-se por julgamento a análise das propostas em seus critérios formais e materiais, divididos em dois momentos. No primeiro momento é analisado a regularidade formal e os critérios de admissibilidade material. Superada essa fase é feita a análise da proposta mais vantajosa, atendendo os critérios dispostos no instrumento convocatório.

Qualquer interessado que não atenda aos critérios formais, aos critérios materiais ou à melhor proposta, serão desclassificados.

Ainda, poderão ser desclassificadas as propostas de preço irrisório. Não por acaso a Lei 8.883/1994 alterou a redação do inciso II, especificamente no que tange a fixação das condições para apurar o preço irrisório, visto que este impede a executoriedade do objeto.

Da desclassificação, em qualquer das fases do julgamento, cabe recurso.

[Previsão no edital das condições mínimas de executoriedade.] Outro aspecto a ser abordado é o fato de o edital [...] omitir a necessária especificação do que viria a ser uma proposta manifestamente inexequível, em desobediência ao inciso II do art. 48 da Lei n. 8.666/93, o qual estabelece que o ato convocatório deve necessariamente veicular as condições mínimas de executoriedade do objeto contratado. Tal imposição visa coibir a desclassificação das propostas por motivos subjetivos e incomprovados. Portanto, deverão ser evidenciados no edital os prováveis fatores que irão desclassificar as propostas. Impõe observar que o presente dispositivo deve ser lido [relacionado] com os incisos VII e X do art. 40 da Lei de Licitações, os quais preveem, respectivamente, que o instrumento convocatório deve obrigatoriamente explicitar o critério de julgamento com disposições claras e parâmetros objetivos e o critério de aceitabilidade dos preços unitário e global, conforme o caso, permitindo a fixação de preços máximos e vedando a fixação de preços mínimos, critérios estatísticos ou faixas de variação em relação a preços de referência, ressalvado o disposto nos §§ 1° e 2° do art. 48. [Licitação n. 696.169. Rel. Conselheiro Moura e Castro. Sessão do dia 20/12/2005]

[**Falta de estimativa de preços unitários.**] A falta de planilhas de quantitativos e preços unitários compromete a fase de julgamento, quanto aos critérios de classificação das propostas, conforme dispõe o art. 48, II, da Lei n. 8.666/93. [Licitação n. 616.273. Rel. Conselheiro Elmo Braz. Sessão do dia 04/03/2004]

§1° Para os efeitos do disposto no inciso II deste artigo consideram-se manifestamente inexequíveis, no caso de licitações de menor preço para obras e serviços de engenharia, as propostas cujos valores sejam inferiores a 70% (setenta por cento) do menor dos seguintes valores: (Incluído pela Lei n° 9.648, de 1998)

A Lei 9.648/1998 veio estabelecer critérios objetivos e numéricos para a aferição da exequibilidade do objeto frente os preços propostos, sejam por excesso, sejam por inexequibilidade.

Para que a aferição dos preços seja realizada de forma mais objetiva, importante constar no instrumento convocatório o valor máximo admitido pela Administração.

Quando o objeto da licitação for obras e serviços de engenharia, obrigatoriamente, a planilha orçamentária, deverá constar no projeto básico.

[**Equívocos nas estimativas de custos.**] O orçamento básico elaborado pela Administração apresentou equívocos nos quantitativos e preços estimados, resultando valores acima dos praticados no mercado, com os elevados percentuais sobreditos, considerando-se as fontes indicadas. Essa discrepância poderá resultar em contratação a preços superfaturados, pois estarão inexequíveis as propostas mais vantajosas, mesmo que condizentes com valores praticados pelo mercado, em face dos critérios estatuídos no §1° do art. 48 do Estatuto das licitações. [Representação n. 710.647. Rel. Conselheiro Moura e Castro. Sessão do dia 08/08/2006]

a) média aritmética dos valores das propostas superiores a 50% (cinqüenta por cento) do valor orçado pela administração, ou (Incluído pela Lei nº 9.648, de 1998)

b) valor orçado pela administração. (Incluído pela Lei nº 9.648, de 1998)

§2º Dos licitantes classificados na forma do parágrafo anterior cujo valor global da proposta for inferior a 80% (oitenta por cento) do menor valor a que se referem as alíneas "a" e "b", será exigida, para a assinatura do contrato, prestação de garantia adicional, dentre as modalidades previstas no §1º do art. 56, igual a diferença entre o valor resultante do parágrafo anterior e o valor da correspondente proposta. (Incluído pela Lei nº 9.648, de 1998)

§3º Quando todos os licitantes forem inabilitados ou todas as propostas forem desclassificadas, a administração poderá fixar aos licitantes o prazo de oito dias úteis para a apresentação de nova documentação ou de outras propostas escoimadas das causas referidas neste artigo, facultada, no caso de convite, a redução deste prazo para três dias úteis. (Incluído pela Lei nº 9.648, de 1998)

Propostas inexequíveis são aquelas que possuem preços abaixo do mercado - outras propostas - ou dos valores estipulados no instrumento convocatório ou na lei de licitação.

Havendo inabilitação de todas as propostas, a Administração poderá fixar o prazo de oito dias pra renovação das propostas. Entretanto, deve ser observado que a contagem do referido prazo não precisa aguardar eventuais recursos dos licitantes.

[**Convite. Inabilitação ou não comparecimento dos convidados, restando menos de três participantes.**] [...] se proceder o administrador, ao licitar por convite, com todas as cautelas aqui recomendadas, e ainda assim um número inferior a três licitantes comparecer apresentando proposta válida, será possível contratar com um desses ofertantes, se devidamente justificada e comprovada nos autos a configuração de uma das excepcionalidades previstas no art. 22, §7º, do Estatuto Nacional de Licitações e Contratos. A par disto, convém anotar que, se, à mesma licitação, não acudirem interessados (nenhum licitante com proposta válida), estar-se-á diante da hipótese de dispensa prevista no art. 24, V, da Lei n. 8.666/93, uma vez comprovados outros requisitos, a saber: a) risco de prejuízo determinado ou agravado pela demora inerente à repetição do certame; b) afastamento desta possibilidade de prejuízo pela contratação direta; c) manutenção das condições anteriormente estabelecidas no edital. [...] não é possível subordinar a validade da licitação à escolha, totalmente subjetiva e arbitrária, dos particulares a quem foi dirigido o convite. Se os particulares não desejarem apresentar proposta ou se o fizerem em termos inadequados, não se pode atribuir a consequência da automática invalidação do certame. [...] a expressa referência à figura do convite, contida no art. 48, §3º, impõe o raciocínio de que a licitação deverá continuar normalmente quando existir pelo menos uma proposta válida e formalmente aceitável. [Consulta n. 778.098. Rel. Conselheiro Eduardo Carone Costa. Sessão do dia 10/06/2009]

[**Habilitação indevida de licitantes.**] [...] a Comissão de Licitação habilitou indevidamente as três empresas licitantes, ata a fl. 423, que não apresentaram a certidão negativa de débito municipal da sede do licitante, conforme exigência do item VI, subitem 1.5, do ato convocatório. A Comissão poderia ter fixado o prazo de três ou oito dias úteis para que as empresas licitantes apresentassem a documentação faltante, conforme previsto no §3º do art. 48 da Lei n 8.666, de 1993. De fato, o §1º do art. 32 mencionado admite a possibilidade de dispensa dos documentos de habilitação dos licitantes, e o §3º do mesmo artigo expressa que tais documentos podem ser substituídos pelo certificado de registro cadastral, desde que previsto no ato convocatório e desde que o registro tenha sido realizado na forma da lei [...] Visto isso, entendo que, na ausência de apresentação de documento de habilitação, previamente estabelecido no ato convocatório, caberia à Comissão de Licitação aplicar o inciso I do art. 48. Não o fazendo ficou caracterizada a violação ao inciso V do art. 43 da Lei n 8.666, de 1993. [Processo Administrativo n. 689.083. Rel. Auditor Gilberto Diniz. Sessão do dia 13/09/2012]

[**Exigências não previstas no edital.**] Quanto à licitante fazer exigências não previstas no edital, verificou-se, à fl. 629, que a Comissão desclassificou a única empresa a apresentar proposta, por ter apresentado preço bem superior ao estimado. Em seguida, [...] permitiu que a referida empresa apresentasse nova proposta financeira, dando prosseguimento ao certame. No entanto, a proposta da licitante não atende às exigências feitas no instrumento convocatório (semi-leito, com TV, ar condicionado, vídeo) e a proponente ainda faz novas exigências não previstas anteriormente. Neste caso, o novo prazo para apresentação de proposta não poderia se limitar apenas à licitante que apresentou proposta, pois a alteração das condições editalícias poderia permitir que outras empresas tivessem a mesma oportunidade de participação. Segundo Marçal Justen Filho (*Comentários à Lei de Licitações e Contratos Administrativos* — 8. ed. Editora Dialética. fl. 477 - 478), se [em uma certa licitação], todas as propostas foram desclassificadas, não há fundamento jurídico para restringir a apresentação de novas propostas apenas aos anteriores participantes. [...] essa restrição é 'indevida e ofende os princípios da isonomia, da moralidade e da competitividade'. Acrescenta que o princípio da isonomia impede que a Administração dispense alguns licitantes do cumprimento de requisitos [anteriormente] exigidos de outros. Dessa forma, entende-se que houve cerceamento na participação de interessados no procedimento licitatório. [Processo Administrativo n. 629.667. Rel. Conselheiro Antônio Carlos Andrada. Sessão do dia 14/08/2007]

Art. 49. A autoridade competente para a aprovação do procedimento somente poderá revogar a licitação por razões de interesse público decorrente de fato superveniente devidamente comprovado, pertinente e suficiente para justificar tal conduta, devendo anulá-la por ilegalidade, de ofício ou por provocação de terceiros, mediante parecer escrito e devidamente fundamentado.

Primeiramente, importante dizer que revogação e anulação não se confundem. Neste ínterim, o artigo 49 pacificou o controle dos atos administrativos.

Entende-se por anulação, os momentos em que a própria Administração reconhece o vício do ato administrativo desfazendo-o e consequentemente, cessando seus efeitos, caso existam.

Enquanto que a revogação pode ser compreendida como sendo a modalidade de extinção de ato administrativo quando presentes razões de oportunidade e conveniência para a Administração. Nos casos de revogação, os atos deverão ser perfeitos e válidos.

Em ambos os casos a ampla defesa e o contraditório deverão ser resguardados.

[**Licitação. Revogação. Perda do objeto. Arquivamento.**] Compulsados os autos, e nos termos da informação obtida pela CAEL, em consulta realizada no *site* oficial do município, verifico que a Administração, valendo-se do poder de autotutela, procedeu ao desfazimento do certame em questão, com base no art. 49, *caput*, da Lei n. 8.666/93, por meio do Aviso de Revogação de Licitação, [...]. Os elementos contidos nos autos levam a crer, entretanto, que a medida a ser adotada, *in casu*, seria a anulação do certame, e não a sua revogação, tendo em vista que esta só pode ocorrer por motivos de conveniência e oportunidade, quando a Administração com base em fato superveniente, entender quea licitação não deva ser realizada. No exame destes autos, não se vislumbra, contudo, a desnecessidade superveniente da contratação, principalmente, diante da informação de que a empresa [...] foi contratada,por dispensa, para garantir a prestação do serviço de fornecimento de "marmitex". Dessa forma, conquanto inapropriada a nomenclatura utilizada para o desfazimento do procedimento licitatório, verifica-se queo ato administrativo cumpriu sua função de retirar do mundo jurídico o edital potencialmente eivado de vícios. [...]Verificada a perda de objeto da denúncia, em face do desfazimento do certame, voto pelaextinção do processo, sem resolução do mérito, nos termos do inciso III do art. 176 c/c o §3° do art. 196 eo parágrafo único do art. 305 do Regimento Interno. Tendo em vista que a contratação direta realizadatem vigência prevista até 23/01/13, determino ao Senhor [...] Secretário Municipal de Saúde [...], que, quando da deflagração da nova licitação para contratação do objeto versado nestes autos, encaminhe a esta Corte de Contas, no primeiro dia subsequente à publicação do edital, cópia do ato convocatório, escoimado da falha remanescente apontada pela unidade técnica em reexame, informando o número deste processo,sob pena de aplicação de multa diária de R$1.000,00 (mil reais), nos termos do art. 90 da Lei Orgânicado Tribunal. Recomendo ao gestor que observe, quanto à forma de extinção dos atos administrativos, o disposto no art. 49 da Lei n. 8.666/93, bem como informe, sempre que iniciado o processo de fiscalizaçãopelo Tribunal, sobre a eventual adoção de medidas que tenham o condão de alterar o andamento do certame, com vistas a evitar a configuração de fuga ao controle externo. [...] Após o trânsito em julgado epromovidas as medidas cabíveis à espécie, arquivem-se os autos. [Denúncia n. 874.063. Rel. Conselheiro Cláudio Couto Terrão. Sessão do dia 18/12/2012]

[**Desfazimento superveniente do certame. Perda do objeto. Arquivamento.**] [...] a publicação juntada aos autos pelo Ministério Público [...] comprova que o município [...] pôs fim ao Pregão Presencial n[...], sob o argumento de não haver tempo hábil para prosseguimento do certame, haja vista o encerramento do exercício financeiro [...]. Não obstante a prefeitura municipal ter utilizado termo impróprio para o desfazimento da licitação, qual seja, "encerramento", entendo, assim como o Ministério Público junto ao Tribunal de Contas, que o procedimento licitatório tratado nesta denúncia somente poderia sofrer o controle externo deste Tribunal enquanto estivesse ativo e com potencialidade lesiva aos princípios e regras legais e constitucionais. [...] a superveniência da extinção de licitação objeto do procedimento administrativo de denúncia, nas hipóteses de revogação ou de anulação da licitação, vem sendo causa, segundo entendimento dessa Segunda Câmara, de arquivamento dos autos. [...] há sensível diferença entre a revogação e a anulação dos procedimentos licitatórios. Nos termos do art. 49 da Lei n. 8.666/93, a revogação se dá por razões de interesse público decorrente de fato superveniente devidamente comprovado e a anulação, em caso de ilegalidade. [...] Impõe-se reconhecer, portanto, que o desfazimento da licitação questionada nestes autos com base no inciso VI e no §3º do art. 267 do Código de Processo Civil, aplicável supletivamente ao Regimento Interno deste Tribunal de Contas significa a perda do interesse processual, ensejando o arquivamento dos autos. [...] com base no inciso VI e no §3º do art. 267 do Código de Processo Civil, aplicável supletivamente ao Regimento Interno desta Casa, por força de seu art. 379, voto pela extinção do processo, sem resolução de mérito, pela perda de seu objeto, em razão do desfazimento superveniente do certame. [Denúncia n. 862.640. Rel. Conselheiro Sebastião Helvecio. Sessão do dia 06/12/2012]

[**Anulação da licitação. Perda do objeto. Arquivamento.**] [...] a superveniência da extinção de licitação objeto do procedimento administrativo de denúncia, nas hipóteses de revogação ou de anulação da licitação, vem sendo causa, segundo entendimento dessa Corte de Contas, de arquivamento dos autos. [...] há sensível diferença entre a revogação e a anulação dos procedimentos licitatórios. Nos termos do art. 49 da Lei n. 8.666/93, a revogação se dá por razões de interesse público decorrente de fato superveniente devidamente comprovado, e a anulação, em caso de ilegalidade. [...] a licitação, como qualquer outro procedimento administrativo, é passível de anulação, quando eivada de vícios que a torne ilegal; ou de revogação, por motivo de conveniência ou oportunidade, com fundamento na Lei de Licitações e nas Súmulas n. 346 e 473 do Supremo Tribunal Federal. [...] Impõe-se reconhecer, portanto, que a anulação da licitação questionada - com base no inciso VI e no §3º do art. 267 do Código de Processo Civil, aplicável supletivamente ao Regimento Interno deste Tribunal de Contas - significa a perda do interesse processual, ensejando, pois, o arquivamento dos autos [...]. [...] com base no inciso VI e no §3º do art. 267 do Código de Processo Civil, aplicável supletivamente ao Regimento Interno desta Casa, por força de seu art. 379, voto pelo arquivamento do processo [...], pela perda de seu objeto, em razão da anulação superveniente do Pregão Presencial n. [...] Processo Licitatório n. [...]. [Denúncia n. 862.994. Rel. Conselheiro Sebastião Helvecio. Sessão do dia 06/12/2012]

[**Extinção do processo sem resolução de mérito em decorrência de revogação superveniente do certame licitatório.**] Consoante dispõe o art. 49 da Lei n. 8.666/93, o processo licitatório poderá ser revogado pela Administração, por motivos de interesse público, mas deverá ser anulado, de ofício ou por determinação, em caso de vício ou defeito. [...] Tendo sido comprovada pelo *[omissis]* a anulação do Edital de Licitação relativo à Tomada de Preços[...], conforme documentos de fl. 492 e de fl. 500-507, o que resultou na perda do objeto da presente denúncia, voto pela extinção do processo sem resolução de mérito, com fundamento no que dispõe o art. 267, IV, do CPC, aplicado subsidiariamente por força do disposto no art. 379 do Regimento Interno, e determino o arquivamento dos autos. [Denúncia n. 805.964. Rel. Conselheira Adriene Andrade. Sessão do dia 16/10/2012]

[**Edital de licitação anulado. Perda do objeto. Extinção do processo.**] [...] Apresentando a denunciada a formalização da anulação da licitação tem-se que nos termos a teor do art. 49 da Lei n. 8.666/93, o processo licitatório poderá ser revogado ou anulado pela Administração, na primeira hipótese, por motivos de interesse público e, na segunda hipótese, da anulação, nos casos de vício ou defeito, [...]. Tendo sido comprovados pela Prefeitura [...] a anulação do Processo Licitatório [...], Tomada de Preços [...], resultando na perda do objeto da presente denúncia, determino o arquivamento dos autos, intimando-se a denunciante e os representantes da denunciada acerca do teor desta decisão. Determino, ainda, a intimação do Prefeito [...] Presidente da Comissão de Licitação para que, no caso de promoverem nova licitação cujo objeto seja idêntico ou semelhante ao do certame examinado nestes autos, enviem a esta Corte cópia do Edital, no prazo máximo de cinco dias úteis, contados de sua publicação ou do recebimento dessa intimação. [Denúncia n. 811.944. Rel. Conselheira Adriene Andrade. Sessão do dia 05/06/2012]

[**Anulação da licitação. Perda do objeto. Arquivamento.**] No caso sob exame, não cabe a discussão se ocorreu [...] revogação ou anulação do certame, pois, apesar de constituírem instrumentos jurídicos distintos, ambos conduzem à invalidação do ato administrativo. O primeiro por motivos de conveniência e oportunidade, o segundo em virtude da existência de vício de legalidade. No presente caso, o município anulou o certame porque este se configurou como deserto. [...] Tendo sido comprovada [...] a anulação do Edital de Licitação [...] resultou na perda do objeto da presente denúncia, determino o arquivamento dos autos, intimando-se a denunciante e os representantes da denunciada acerca do teor desta decisão. [Denúncia n. 837.098. Rel. Conselheira Adriene Andrade. Sessão do dia 08/05/2012]

[**Anulação e revogação da licitação.**] A distinção entre revogação e anulação é também explicada por Maria Sylvia Zanella Di Pietro, *in litteris*: 'A anulação pode ser feita pela Administração Pública, com base no seu poder de autotutela sobre os próprios atos, conforme o entendimento já consagrado pelo STF, por meio das Súmulas n. 346 e 473. Pela primeira, a Administração Pública pode declarar a nulidade de seus próprios atos; e nos termos da segunda, a Administração pode anular seus próprios atos, quando eivados de vícios que os tornem ilegais, porque deles não se originam direitos, ou revogá-los, por motivo de conveniência ou oportunidade, respeitados os direitos adquiridos e ressalvada, em todos os casos, a apreciação judicial'. [Denúncia n. 747.403. Rel. Conselheira Adriene Andrade. Sessão do dia 13/05/2008]

[**Anulação da licitação no exercício da autotutela.**] [...] a intempestividade da impugnação [ao edital de licitação] não esquiva a Administração de exercer a autotutela dos seus atos, sobretudo quando estes se encontram eivados de vício insanável. Neste sentido, como nos informa Maria Sylvia Di Pietro, a anulação feita pela própria Administração independe de provocação, uma vez que, estando vinculada ao princípio da legalidade, ela tem o poder-dever de zelar pela sua observância. [Licitação n. 627.765. Rel. Conselheiro Moura e Castro. Sessão do dia 03/10/2006]

[**Licitação deserta ou fracassada.**] Trata-se, portanto, de licitação deserta. Fracassada ou deserta [a licitação], entendo que nenhuma das situações exige revogação do procedimento, que somente pode ocorrer 'por razões de interesse público decorrente de fato superveniente devidamente comprovado', nos termos do art. 49 da Lei Federal n. 8.666/93. Este é o entendimento da administrativista Maria Sylvia Zanella Di Pietro, *verbis*: 'Nenhuma das duas hipóteses — de licitação deserta ou fracassada exige revogação do procedimento, que está prevista no artigo 49 e só pode ocorrer por razões de interesse público decorrente de fato superveniente devidamente comprovado. A revogação supõe que o procedimento esteja sendo realizado, com a participação de licitantes interessados e dentro das normas legais (se não, seria caso de anulação), porém a Administração quer sustar o seu prosseguimento por motivos de interesse público (oportunidade e conveniência, devidamente demonstradas). Na licitação deserta, não é de iniciativa da Administração a sustação do procedimento, uma vez que a Comissão de Licitação ou o responsável pelo convite estará diante de uma situação de fato — ausência de interessados na licitação — que terá apenas que declarar. É apenas um ato declaratório, que deve ficar constando no processo para servir de fundamento ou à abertura de nova licitação, ou à sua dispensa com base no artigo 24, V, da Lei Federal n. 8.666/93, desde que estejam presentes os requisitos exigidos por este dispositivo: que se mantenham, na contratação direta, as mesmas condições que constavam do ato convocatório da licitação declarada deserta e que se justifique a impossibilidade de repetir a licitação sem prejuízo para a Administração. No caso de licitação fracassada, o procedimento encerra-se na fase de habilitação, se nenhum licitante estiver com a documentação em ordem, ou na fase de julgamento, se todos forem desclassificados. Tais resultados devem ficar constando da ata pertinente à habilitação ou ao julgamento. Não se cogita de ato de revogação'. A invalidação do procedimento, a meu ver, efetivou-se de modo impróprio. A Administração pode revogar a licitação por motivo de conveniência ou oportunidade, mas a conveniência ou oportunidade há de se referir ao objeto da concorrência, não à forma por que esta se processa. Assim, a Administração não deveria revogar o certame [em exame], mas, sim, declará-lo deserto, devendo, ainda, pelo princípio da publicidade, publicar o ato na imprensa oficial e, não persistindo o interesse pelo objeto, deixar de repeti-lo ou de proceder à contratação direta facultada no sobredito art. 24, V". [Representação n. 693.306. Rel. Conselheiro Moura e Castro. Sessão do dia 29/06/2006]

[**Revogação indevida de licitação diante da habilitação de um só licitante.**] [...] o gestor entendeu por bem proceder à revogação do Convite [...], em razão de a Comissão de Licitação ter considerado inviável o caráter competitivo do procedimento, visto que foi habilitado um único licitante. [...] a justificativa para invalidação do certame não encontra amparo no art. 49 da Lei de Licitações, o qual prevê que a autoridade competente somente poderá revogar a licitação por motivos de interesse público em decorrência de fato superveniente devidamente comprovado, suficiente para justificar tal conduta. Como se vê, a revogação do procedimento não se efetivou de forma própria, ficando prejudicado o direito do único licitante habilitado, o qual, após confirmada a exequibilidade de sua proposta, deveria ter sido considerado vencedor. [Licitação n. 343.124. Rel. Conselheiro Moura e Castro. Sessão do dia 20/06/2006]

[**Competência para anulação de procedimento licitatório.**] [...] a autoridade legitimada para anular a licitação, conforme disposto no *caput* do art. 49 da Lei n. 8.666/93, é a mesma a quem compete aprovar o procedimento. [...] a Comissão de Licitação não possui poder para [...] anular o procedimento licitatório, cabendo-lhe apenas a condução dos trabalhos atinentes ao cadastramento, recebimento de documentação e julgamento das propostas, consoante dispõe a Lei n. 8.666/93. [Licitação n. 698.748. Rel. Conselheiro Moura e Castro. Sessão do dia 20/12/2005]

§1° A anulação do procedimento licitatório por motivo de ilegalidade não gera obrigação de indenizar, ressalvado o disposto no parágrafo único do art. 59 desta Lei.

§2° A nulidade do procedimento licitatório induz à do contrato, ressalvado o disposto no parágrafo único do art. 59 desta Lei.

Na anulação da licitação por motivo de ilegalidade, o vencedor não terá direito a indenização. É notório que se o Estado deu causa a anulação do procedimento licitatório, este não pode abster-se de sua responsabilidade por perdas e danos gerados por condutas inadequadas de seus agentes públicos.

[Contrato. Nulidade.] [...] nos termos do que dispõe o art. 59 da referida lei [de licitações], a 'declaração de nulidade do contrato administrativo opera retroativamente, impedindo os efeitos jurídicos que ele, ordinariamente, deveria produzir, além de desconstituir os já produzidos'. [...] a nulidade é decorrente da ausência de licitação prescrita na lei de regência, presente a lesividade aos interesses públicos e a violação dos princípios constitucionais alusivos à legalidade e à moralidade, pelos quais deve se pautar a administração pública. Havendo, assim, ilegalidade na licitação, provocadora de lesão ao patrimônio público, não é crível considerar como válido o contrato dela decorrente, sob pena de reduzir a pó a imposição da licitação, pela *Lex Fundamentalis* da República e pela Lei n. 8.666/93, raciocínio jurídico inadmissível, pois não há espaço para essa hermenêutica. [Licitação n. 695.860. Rel. Auditor Hamilton Coelho. Sessão do dia 28/08/2008]

§3° No caso de desfazimento do processo licitatório, fica assegurado o contraditório e a ampla defesa.

São princípios constitucionais que devem estar presentes em qualquer procedimento administrativo.

[**Contraditório e ampla defesa em processo licitatório. Não apreciação pela comissão de licitação de recurso tempestivamente interposto.**] A ampla defesa, como princípio constitucional, está inserido no art. 5°, LV, da Constituição Federal, e expressa que "os litigantes, em processo judicial ou administrativo, e aos acusados em geral são assegurados o contraditório e a ampla defesa, com os meios e recursos a ela inerentes". Fundamentado neste princípio, o julgador, em decorrência do seu indispensável dever de imparcialidade, insere-se entre as partes, mas de forma equidistante a elas. Assim, quando ouvir uma das partes, deve, obrigatoriamente ouvir a outra, possibilitando a ambas a exposição das suas razões e a apresentação de suas provas, a fim de facilitar o convencimento do julgador no caso concreto. Assim, entendo que, em homenagem aos princípios constitucionais do contraditório e da ampla defesa, os recursos interpostos, dentro do prazo legal, devem ser apreciados pelo julgador. [...] Diante do exposto, voto pela irregularidade da não apreciação do recurso interposto pelo representante, violando o art. 5°, LV, da Constituição Federal, e art. 109, §3°, da Lei n. 8.666/93, e proponho, por tal ilicitude, nos termos do art. 318, II, do RITCEMG, a aplicação de multa ao [*omissis*], Presidente da Comissão de Licitação à época [...]. [Representação n. 648.238. Rel. Conselheira Adriene Andrade. Sessão do dia 17/02/2009]

§4° O disposto neste artigo e seus parágrafos aplica-se aos atos do procedimento de dispensa e de inexigibilidade de licitação.

Art. 50. A Administração não poderá celebrar o contrato com preterição da ordem de classificação das propostas ou com terceiros estranhos ao procedimento licitatório, sob pena de nulidade.

A licitação resulta um contrato firmado entre a Administração e o licitante que apresenta a proposta mais vantajosa, cujo resultado, necessariamente, é vinculante para a Administração que nunca poderá ignorá-lo.

A Administração está proibida de contratar com terceiros estranhos ao procedimento licitatório ou preterir a ordem de classificação, ofendendo direito líquido e certo do vencedor.

Art. 51. A habilitação preliminar, a inscrição em registro cadastral, a sua alteração ou cancelamento, e as propostas serão processadas e julgadas por comissão permanente ou especial de, no mínimo, 3 (três) membros, sendo pelo menos 2 (dois) deles servidores qualificados pertencentes aos quadros permanentes dos órgãos da Administração responsáveis pela licitação.

Todas as fases do procedimento licitatório deverão ser conduzidas por uma comissão - permanente ou especial - composta por no mínimo, 3 (três) membros, sendo pelo menos 2 (dois) deles servidores qualificados pertencentes aos quadros permanentes dos órgãos da Administração responsáveis pela licitação.

A Lei atribui número mínimo de componentes da comissão, mas não estabelece número máximo.

A comissão será nomeada pela Autoridade competente em representar a Administração. O mesmo ato que nomear a comissão atribuirá às funções da mesma.

[**Autonomia financeira da Câmara Municipal.**] Para viabilizar o exercício de suas importantes atribuições, com a autonomia necessária ao munus que lhe é conferido, a Câmara deverá dispor de recursos consignados no Orçamento Municipal, exercendo, assim, sua autonomia financeira. A administração financeira, a contabilidade e a elaboração da proposta orçamentária da Câmara, que irá integrar o Orçamento Anual do Município é de responsabilidade do presidente da Edilidade, que deverá receber assessoria contábil e técnica de seus servidores. Assim, em primeiro lugar, é preciso que haja previsão orçamentária, em programa próprio com vistas à estruturação material da Câmara, para acobertar as despesas com aquisição de bens móveis e imóveis para uso próprio do Legislativo. Neste passo, atendendo ao comando constitucional, conforme disposto no seu art. 165, §§ 1º e 2º, anote-se, ainda, que tais aquisições devem constar do Plano Plurianual e na Lei de Diretrizes Orçamentárias do Município, visto que a aquisição de bens duráveis, inclui-se nas despesas de capital. Além dos requisitos de natureza orçamentária, impõe-se acrescentar que a aquisição de bens imóveis, a título oneroso, por compra, permuta ou desapropriação, depende de requisitos de natureza administrativo-financeira, à luz da Lei n. 8.666/93. Consoante se infere do art. 6º da citada lei, em princípio, toda compra ou locação de bens, quer móveis ou imóveis, depende de prévia licitação, salvo nas excepcionais hipóteses de dispensa ou inexigibilidade, previstas nos arts. 23 e 24 da Lei de Licitações. No caso de aquisição de imóvel, destaco a dispensabilidade tratada no inciso X do art. 24, quando as necessidades de sua instalação e localização para abrigar as atividades precípuas do órgão, condicionarem a sua escolha. Neste caso, há que se verificar a compatibilidade com o valor do mercado e a avaliação prévia. Portanto, quanto à possibilidade de aquisição de bens diretamente pela Câmara, observados os requisitos acima mencionados, respondo afirmativamente. No tocante à possibilidade de a Câmara se valer da Comissão Permanente de Licitação do Poder Executivo para realizar as tarefas concernentes ao procedimento licitatório, desde a habilitação até a classificação final, tenho como negativa a resposta. Com efeito, o art. 51 dispõe que no mínimo dois servidores qualificados pertencentes ao órgão responsável pela licitação devem integrar a referida Comissão. Além desse óbice legal, entendo que há que se buscar preservar a autonomia do Poder Legislativo e a profissionalização de seu quadro próprio de pessoal. [Consulta n. 726.250. Rel. Conselheiro Wanderley Ávila. Sessão do dia 16/05/2007]

[**Multa decorrente de inúmeros vícios apontados no certame licitatório.**] a) [...] escolha incorreta de convite, ao invés de tomada de preço — art. 23, II; b) impressão de informação indevida nos convites endereçados aos candidatos — arts. 3°, 21, §2°, IV, 38, II, 44, §1°; c) processo sem autuação, numeração e indicação da dotação orçamentária — arts. 14 e 38, *caput*; d) edital não rubricado em todas as páginas — art. 40, §1°; e) falta do termo de designação da comissão de licitação — art. 51; f) falta de autorização para abertura do processo licitatório — art. 38, parágrafo único; g) falta de validade, condições de pagamento e prazo de entrega — art. 48, I; h) falta de rubrica de todos os licitantes presentes — art. 43, §§ 1° e 2°; i) não consta do processo a publicação do resumo do edital — art. 21, IV; j) em face da desistência do 1° colocado, contratou-se o 2° colocado, mas por preço superior — art. 64, §2°; l) falta de cláusulas necessárias nos contratos - art. 55, V, VI, XII e XIII; m) falta de extrato de publicação do contrato - art. 61, parágrafo único. [...] Nesse sentido é o magistério de Jessé Torres Pereira Júnior: O cumprimento exato do procedimento previsto na lei, no regulamento e no edital é dever da Administração (também por força do princípio da igualdade), ao qual corresponde o direito público subjetivo dos licitantes de exigirem que ela assim se conduza. [...] Ante o exposto, anuindo com os apontamentos do órgão técnico, consideramos irregulares, com a ressalva acima explicitada, o procedimento licitatório sob exame, porquanto ficou amplamente comprovada a violação dos supracitados dispositivos legais. [Processo Administrativo n. 715.980. Rel. Auditor Licurgo Mourão. Sessão do dia 09/02/2010]

[**Apresentação da Comissão de Licitação quando da abertura do procedimento.**] Este artigo [art. 51], claramente, visa proteger a Administração, impondo que pelo menos dois dos guardiões de suas licitações mantenham intimidade funcional com a máquina administrativa, zelando, com mais empenho, pela preservação do melhor interesse municipal. [...] [No caso em exame, a irregularidade refere-se à] não apresentação dos integrantes da Comissão de Licitação, nos documentos de abertura da referida tomada de preços. Sendo assim, não se detecta o vício material deste administrador, e, sim, observa-se que, sem prejuízo comprovado ao erário, sua conduta obstaculizou a função fiscal desta Corte, impedindo que ela obtivesse mais informações sobre a licitação por ele patrocinada. [Processo Administrativo n. 687.135. Rel. Conselheira Adriene Andrade. Sessão do dia 12/06/2007]

[**Funções da Comissão de Licitação.**] Inicialmente, ressalto a responsabilidade da Comissão de Licitação, consoante previsão da Lei n. 8.666/93, art. 51, §3º [...]. Consoante entendimento de Jessé Torres Pereira Júnior, em *Comentários à Lei das Licitações e Contratações da Administração Pública*, '[...] três são as incumbências precípuas de uma Comissão de licitação: (a) decidir sobre pedidos de inscrição no registro cadastral, bem como sua alteração ou cancelamento; (b) decidir sobre a habilitação preliminar dos interessados em participar de cada certame; (c) julgar e classificar as propostas dos licitantes habilitados'. O autor ressalta, ainda, que '[...] essas funções constituem o núcleo legal da competência da Comissão, mas não lhe esgotam a pauta de cometimentos possíveis, que poderão elastecer-se de acordo com a orientação do órgão ou entidade em cuja estrutura organizacional se insiram' [...]. [Recurso de Reconsideração n. 693.330. Rel. Conselheiro Antônio Carlos Andrada. Sessão do dia 10/04/2007]

[**Composição irregular da Comissão de Licitação, com todos os membros ocupantes de cargo eletivo.**] [...] verifica-se que importantes passos do procedimento licitatório em questão foram realizados ao arrepio da Lei n. 8.666/93 [...], [como] o fato de os membros da Comissão serem todos ocupantes de cargo eletivo. O §1° do art. 51 permite a substituição da comissão por servidor formalmente designado pela autoridade competente, [excepcionalmente]. [...] Foi nomeada uma nova comissão, pela Portaria n. 38/98, mas todos os membros que a integraram são exercentes de mandato eletivo, contrariando o disposto no art. 51, *caput*, da Lei n. 8.666/93. Conforme assinala Marçal Justen Filho, 'como regra, os membros da Comissão deverão ser agentes públicos, integrados na estrutura da Administração Pública'. [Licitação n. 617.297. Rel. Conselheiro José Ferraz. Sessão do dia 14/08/2003]

§1° No caso de convite, a Comissão de licitação, excepcionalmente, nas pequenas unidades administrativas e em face da exiguidade de pessoal disponível, poderá ser substituída por servidor formalmente designado pela autoridade competente.

[**Substituição da Comissão por um servidor que permanece na função em exercícios distintos.**] Não vislumbro [...] irregularidade na designação de um mesmo servidor para responder pelos convites em mais de um exercício. A lei não contempla tal vedação. Só a recondução de todos os membros das comissões permanentes, no período subsequente, está proibida. Deve, contudo, a Administração municipal evitar que, com as designações sucessivas, surja um 'especialista em convites', como bem pondera Antônio Roque Citadini (*Comentários e jurisprudência sobre a Lei de Licitações Públicas*, Ed. Max Limonad, 1996, p. 305), já que a faculdade do julgamento por um só servidor deve ser vista como exceção à regra do julgamento por comissão e deverá ser utilizada, com parcimônia, nas pequenas unidades administrativas, que dispõem de pouco pessoal disponível. [Processo Administrativo n. 476.078. Rel. Conselheiro Murta Lages. Sessão do dia 31/08/2000]

§2° A Comissão para julgamento dos pedidos de inscrição em registro cadastral, sua alteração ou cancelamento, será integrada

por profissionais legalmente habilitados no caso de obras, serviços ou aquisição de equipamentos.

§3º Os membros das Comissões de licitação responderão solidariamente por todos os atos praticados pela Comissão, salvo se posição individual divergente estiver devidamente fundamentada e registrada em ata lavrada na reunião em que tiver sido tomada a decisão.

Os membros da comissão de licitação deverão, em regra, ser agentes públicos, com conhecimentos técnicos compatíveis com as exigências do instrumento convocatório. Estes responderão solidariamente por todos os atos praticados pela comissão, exceto se sua discordância estiver formalmente manifestada e fundamentada.

[**Legitimidade passiva dos membros da Comissão de Licitações.**] Não prevalece a preliminar arguida pelos defendentes, pois a responsabilidade dos membros da Comissão de Licitação foi estabelecida no §3º do art. 51 da Lei n. 8.666, de 1993. [...] Ressalto que a responsabilidade dos membros da Comissão de licitação decorre da nomeação efetivada mediante ato normativo municipal, que lhes confere autonomia para atuar nos procedimentos licitatórios a serem realizados para atender às necessidades da Administração Pública, em conformidade com as prescrições estabelecidas na lei. Portanto, cada agente público responde por ato próprio, *in casu*, os defendentes pelos atos praticados nos processos licitatórios, como membros da Comissão de Licitação, e o Prefeito Municipal como autoridade superior, responsável pela homologação da licitação. [Processo Administrativo n. 689.083. Rel. Auditor Gilberto Diniz. Sessão do dia 13/09/2012]

[**Adiantamento de pagamentos a empresas contratadas. Desproporção entre pagamentos efetuados e o atual estado das obras.**

Responsabilização do gestor.] A unidade técnica [...] reconheceu a execuçãodas obras em percentuais inferiores aos que corresponderiam os valores já pagos pelo município (ainda que distintos daqueles afirmados pela representante), constatando, ainda, diversas irregularidades quanto ao procedimento licitatório em si, derivadas da não observância da Lei n. 8.666/93. O responsável pela licitação em análise [...] não refutou a constatação de tais vícios no procedimento. Afirmou, tão somente [...], que meras irregularidades formais — tais como a publicação do resumo do edital apenas em jornal local e a ausência de publicação do extrato do contrato na imprensa oficial - não seriam hábeis à invalidação do certame. Além disso, atribuiu eventual responsabilidade decorrente do fato à Comissão de Licitação. A falta de publicação do resumo do edital no Diário Oficial do Estado e em jornal de grande circulação em nível estadual feriu três importantes princípios atinentes à licitação, que são o da isonomia, o da publicidade e o da competitividade. Deste modo, não foi oportunizado a possíveis licitantes não cadastrados a chance de disputar a licitação e, com isso, deixou-se, ainda que potencialmente, de se ampliar o leque de possíveis propostas mais vantajosas ao município. Descumpriu-se, outrossim, o disposto no art. 38, II, da Lei n. 8.666/93. [Representação n. 772.601. Rel. Conselheiro Cláudio Couto Terrão. Sessãodo dia 27/03/2012]

[**Despesas mediante procedimento licitatório sem a portaria que designou a Comissão de Licitações.**][...] deve constar do procedimento licitatório a indicação da composição da Comissão de Licitação responsável, uma vez que seus integrantes têm responsabilidade solidária pelos atos por ela praticados. Portanto, a posterior juntada de documentos não sanou a impropriedade apontada pela equipe de inspeção. [...] proponho aplicação de multa no total de R$64.600,00 (sessenta e quatro mil e seiscentos reais) ao [...] Prefeito Municipal à época, sendo: a) R$2.600,00 em razão da realização de despesas de R$53.666,78 mediante procedimentos licitatórios promovidos com inobservância de determinações legais, com destaque para: falta das notas de empenho e respectivos comprovantes legais nos autos, inexistência de portaria designando a Comissão Permanente de Licitação, ausência de documentos de habilitação, omissão da numeração processual e da publicação dos instrumentos convocatórios. A sanção ora cominada é objetiva e independe de dano quantificável, que, uma vez materializado, além do ressarcimento, ensejaria também a aplicação de multa, nos termos do art. 316 do Regimento Interno. [Processo Administrativo n. 752.415. Rel. Auditor Hamilton Coelho. Sessão do dia 04/08/2011]

§4º A investidura dos membros das Comissões permanentes não excederá a 1 (um) ano, vedada a recondução da totalidade de seus membros para a mesma comissão no período subsequente.

[**Suplente não é membro efetivo da Comissão.**] [...] a obrigatoriedade da troca de um dos membros da Comissão de Licitação, anualmente, é determinada pelo art. 51, §4º, da Lei n. 8.666/93, bem como entendo que o suplente não é membro efetivo da comissão permanente. Segundo Marçal Justen Filho: 'A lei busca evitar o continuísmo no exercício da atividade de membro de comissão de licitação. O §4º reflete a preocupação em eliminar o risco de desmandos. A lei presume que a rotatividade na composição das comissões permanentes reduz a possibilidade de desmandos ou atitudes reprováveis' [...]. [Processo Administrativo n. 611.232. Rel. Conselheiro José Ferraz. Sessão do dia 28/08/2003]

[**Capacitação de servidores para integrarem a Comissão de Licitação.**] [Alega a defesa que] a prefeitura dispõe de quadro reduzido, com poucos servidores em condições de participar da Comissão de Licitação, [tornando inviável a rotatividade exigida pela lei]. [...] Carece de fundamento a justificativa apresentada pela defesa. Ciente da carência de pessoal habilitado para atuar na Comissão, caberia ao administrador planejar o treinamento de servidores, com vistas à composição da Comissão do ano seguinte. [Processo Administrativo n. 613.001. Rel. Conselheiro Sylo Costa. Sessão do dia 07/08/2003]

[**Substituição da Comissão por um servidor que permanece na função em exercícios distintos.**] Não vislumbro [...] irregularidade na designação de um mesmo servidor para responder pelos convites em mais de um exercício. A lei não contempla tal vedação. Só a recondução de todos os membros das comissões permanentes, no período subsequente, está proibida. Deve, contudo, a Administração municipal evitar que, com as designações sucessivas, surja um 'especialista em convites', como bem pondera Antônio Roque Citadini (*Comentários e jurisprudência sobre a Lei de Licitações Públicas*, Ed. Max Limonad, 1996, p. 305), já que a faculdade do julgamento por um só servidor deve ser vista como exceção à regra do julgamento por comissão e deverá ser utilizada, com parcimônia, nas pequenas unidades administrativas, que dispõem de pouco pessoal disponível. [Processo Administrativo n. 476.078. Rel. Conselheiro Murta Lages. Sessão do dia 31/08/2000]

§5º No caso de concurso, o julgamento será feito por uma comissão especial integrada por pessoas de reputação ilibada e reconhecido conhecimento da matéria em exame, servidores públicos ou não.

Art. 52. O concurso a que se refere o §4º do art. 22 desta Lei deve ser precedido de regulamento próprio, a ser obtido pelos interessados no local indicado no edital.

§1º O regulamento deverá indicar:

I — a qualificação exigida dos participantes;

II — as diretrizes e a forma de apresentação do trabalho;

III — as condições de realização do concurso e os prêmios a serem concedidos.

§2º Em se tratando de projeto, o vencedor deverá autorizar a Administração a executá-lo quando julgar conveniente.

Art. 53. O leilão pode ser cometido a leiloeiro oficial ou a servidor designado pela Administração, procedendo-se na forma da legislação pertinente.

O leilão poderá ser executado por leiloeiros públicos ou por agentes designados pela administração. Sendo impossível escolher terceiros sem vínculos com a Administração ou que não sejam habilitados para o exercício da profissão de leiloeiro.

Não é permitido a participação de servidores da administração "em processos de alienação de bens do patrimônio da entidade, sob pena de violar os princípios da moralidade e da impessoalidade". (TCU. Processo nº TC 625.194/1996-9. Decisão nº116/1996 -2ª Câmara)

O Decreto 21.981/1932 regulamenta a profissão de leiloeiro público, inclusive no que tange a remuneração.

§1º Todo bem a ser leiloado será previamente avaliado pela Administração para fixação do preço mínimo de arrematação.

Tal regra já se encontra prevista no artigo 17 desta lei.

[**Necessidade de formalização da avaliação realizada para subsidiar a fixação de preços mínimos.**] Não se pode simplesmente deduzir que tenha havido avaliação dos bens apenas porque o edital atribui preços mínimos aos lotes levados a leilão, nem que tenha havido publicidade porque houve comparecimento de interessados ao certame e muito menos que houve ampla divulgação do resultado porque o recorrente diz que houve. O ato administrativo é formal por excelência, e a formalidade, como tenho dito, não deriva do capricho do legislador, mas da necessidade de se registrar o ato. A natureza pública impõe ao administrador o dever de prestar contas de seus atos e a demonstração da lisura com que se procede só é possível por meio documental. A importância dada à formalidade pelo legislador revela-se na medida em que este reputa criminosa sua inobservância, conforme capitulado no art. 89 do Estatuto das Licitações. [Recurso de Revisão n. 640.463. Rel. Conselheiro Moura e Castro. Sessão do dia 13/08/2003]

§2º Os bens arrematados serão pagos à vista ou no percentual estabelecido no edital, não inferior a 5% (cinco por cento) e, após a assinatura da respectiva ata lavrada no local do leilão, imediatamente entregues ao arrematante, o qual se obrigará ao pagamento do restante no prazo estipulado no edital de convocação, sob pena de perder em favor da Administração o valor já recolhido.

§3º Nos leilões internacionais, o pagamento da parcela à vista poderá ser feito em até vinte e quatro horas. (Redação dada pela Lei n.º 8.883, de 1994)

§4º O edital de leilão deve ser amplamente divulgado, principalmente no município em que se realizará. (Incluído pela Lei n.º 8.883, de 1994)

O instrumento convocatório deverá fixar a forma de pagamento, considerando as condições estipuladas na lei de licitação.

A ampla publicidade do edital de leilão é obrigatória, devendo ser feita principalmente na circunscrição onde será realizado o certame.

[**Necessidade de comprovação da divulgação do edital.**] Não se pode simplesmente deduzir que tenha havido avaliação dos bens apenas porque o edital atribui preços mínimos aos lotes levados a leilão, nem que tenha havido publicidade porque houve comparecimento de interessados ao certame e muito menos que houve ampla divulgação do resultado porque o recorrente diz que houve. O ato administrativo é formal por excelência, e a formalidade, como tenho dito, não deriva do capricho do legislador, mas da necessidade de se registrar o ato. A natureza pública impõe ao administrador o dever de prestar contas de seus atos e a demonstração da lisura com que se procede só é possível por meio documental. A importância dada à formalidade pelo legislador revela-se na medida em que este reputa criminosa sua inobservância, conforme capitulado no art. 89 do Estatuto das Licitações. [Recurso de Revisão n. 640.463. Rel. Conselheiro Moura e Castro. Sessão do dia 13/08/2003]

CAPÍTULO III

DOS CONTRATOS

SEÇÃO I – DISPOSIÇÕES PRELIMINARES

Art. 54. Os contratos administrativos de que trata esta Lei regulam-se pelas suas cláusulas e pelos preceitos de direito público, aplicando-se-lhes, supletivamente, os princípios da teoria geral dos contratos e as disposições de direito privado.

Finalizada a licitação, em qualquer dos seus tipos, a Administração providenciará a celebração do contrato.

A Lei 8.666/1993 entende como contrato todos os acordos firmados pela Administração Pública, seja com outros órgãos públicos seja com particulares.

Todo contrato administrativo deverá se regular pelas normas dispostas na Lei de Licitações e pelos princípios norteadores do direito público. Quando houver lacunas legais, os princípios da teoria geral dos contratos poderão ser aplicados.

Os contratos firmados entre a Administração Pública e o particular são distintos dos contratos celebrados entre particulares. Tal diferença ocorre em razão do princípio da supremacia do interesse público, onde o interesse da coletividade sempre prevalecerá.

Diferentemente dos contratos celebrados entre particulares, nos contratos administrativos, a Administração poderá rescindir unilateralmente o contrato, porém, deverá respeitar os direitos do particular.

Nos contratos administrativos é proibida a presença de terceiros estranhos ao procedimento licitatório sob pena de nulidade do ato.

[**Cláusula penal. Previsão apenas em favor da administração pública.**] A cláusula penal [...] se caracteriza pelo caráter preestimativo dos prejuízos que podem advir de eventual inexecução ou mora no cumprimento da obrigação pactuada. [...] De início, cumpre ressaltar que o particular contratado não poderia ser beneficiário de cláusula penal em contrato administrativo, em virtude da incompatibilidade com o regime jurídico administrativo, que sobreleva a supremacia do interesse público e a indisponibilidade da coisa pública. [...] De outro lado, é de se observar que a impossibilidade de a cláusula penal beneficiar o contratado não implica a vedação da referida convenção em favor da Administração Pública, considerando que, neste ponto, há congruência com o regime jurídico-administrativo e com as normas de direito público. [...] descabida a inclusão de cláusula que preveja a aplicação de multa à Administração Pública em virtude de inexecução ou rescisão contratuais, além de inexistir, *a priori*, vício e / ou nulidade no contrato que estabeleça cláusula penal (multa) somente em favor da Administração Pública. [Consulta n. 837.374. Rel. Conselheiro Elmo Braz Soares. Sessão do dia 24/08/2011]

[**Regime jurídico dos contratos administrativos.**] [O contrato administrativo] não se verga aos princípios privatistas do *pacta sunt servanda* ou da livre negociação, sendo suas cláusulas, em nome da supremacia do interesse público sobre o particular, restritas aos termos da Lei n. 8.666/93, como doutrina José dos Santos Carvalho Filho, em suas próprias palavras: '[...] pode-se conceituar o contrato administrativo como o ajuste firmado entre a Administração e um particular, regulado basicamente pelo direito público, e tendo por objeto uma atividade que, de alguma forma, traduza interesse público. [...] Portanto, os contratos administrativos são regulados pela Lei n. 8.666/93, de 21/6/1993 [...]'.

(CARVALHO FILHO, José dos Santos. *Manual de Direito Administrativo*. 17. ed. Rio de Janeiro: Lumen Juris. 2007. p. 160, 162 e 163). [...] Há de ser, portanto, absolutamente previsto o valor de um contrato com a Administração, não se admitindo, nele, as oscilações de valores, que, no ambiente da negociação privada são comuns, porque, no campo da Administração Pública, todos os gastos licitados têm que ser previstos, hermeticamente, no orçamento próprio, como determina o art. 7º, §2º, II e III, da Lei n. 8.666/93. [Consulta n. 743.662. Rel. Conselheira Adriene Andrade. Sessão do dia 10/09/2008]

[**Regime jurídico dos contratos administrativos.**] [...] trata-se de uma espécie de contrato que requer a aplicação de princípios e regras típicas do Direito Administrativo, o qual impõe restrições e prerrogativas decorrentes da natureza pública da atividade administrativa. Especificamente, quando se trata de assegurar a continuidade do serviço público, não se invocam as normas que norteiam os contratos privados; pelo contrário, aplica-se um regime jurídico especial — o regime jurídico de direito público, exorbitante e derrogatório do direito comum — aos pactos em que estão presentes questões de interesse público. [Consulta n 742.467. Rel. Conselheiro Antônio Carlos Andrada. Sessão do dia 12/12/2007]

[**Contratos administrativos. Impossibilidade de negociação de cláusulas contratuais.**] Não obstante o art. 54 da Lei n. 8.666/93 prever a aplicação supletiva dos princípios da teoria geral dos contratos e das disposições de direito privado, entendo que a liberalidade alegada pelo agravante não pode ser entendida de forma absoluta, na medida em que, nos procedimentos licitatórios, as cláusulas contratuais são previamente estipuladas pela Administração, não podendo o particular negociá-las, como ocorre nos contratos privados. Assim, nos contratos administrativos, o contratado adere ou não ao instrumento contratual, cujas cláusulas são previamente estabelecidas no edital. [Agravo n. 872.252. Rel. Conselheiro Eduardo Carone Costa. Sessão do dia 25/04/2012]

§1º Os contratos devem estabelecer com clareza e precisão as condições para sua execução, expressas em cláusulas que definam os direitos, obrigações e responsabilidades das partes, em conformidade com os termos da licitação e da proposta a que se vinculam.

[**Licitação. Edital. Exigência de que a Administração pague os custos referentes ao período de deslocamento entre a sede da contratada e o município. Irregularidade.**] Considerou o órgão técnico desproporcional e não razoável a exigência, contida no item [...] do edital, de que a Administração pague, com horas de assistência técnica prestada *in loco*, o período de deslocamento dos técnicos da contratada até a sede dos licitantes, uma vez que os custos de um eventual deslocamento devem estar inseridos no preço oferecido para a prestação do serviço. [...] entendo como irregular o item [...] do instrumento convocatório, devendo o município se abster de inserir, em seus editais, cláusulas que disponham sobre a obrigação da remuneração de despesas com deslocamento dos técnicos da contratada, que majorem ou reajustem irregularmente o valor do contrato, contrariando os arts. 54, § 1º, e 55, III, da Lei de Licitações. [Denúncia n. 811.915. Rel. Conselheiro Sebastião Helvecio. Sessão do dia 04/10/2012]

[**Alteração indevida nas condições da contratação, realizada antes da assinatura do instrumento.**] Trata-se de alteração feita após a adjudicação da licitação e antes da vigência do próprio contrato, circunstância vedada pela Lei Geral de Licitações, que exige a perfeita consonância entre o conteúdo do contrato e as cláusulas editalícias. Para completar o entendimento acima posicionado, é imperioso destacar o pensamento doutrinário representado por Hely Lopes Meirelles: 'O conteúdo do contrato há de ser, basicamente, o do edital e o da proposta aceita pela Administração. Sendo o edital a matriz do contrato, este não pode divergir daquele, sob pena de nulidade do ajuste ou da cláusula discrepante. Nem seria compreensível que a Administração formulasse seu desejo no edital e contratasse em condições diversas do pedido na licitação. Certo é que o contrato não será a repetição pura e simples do edital, mas há de conter tudo aquilo que foi solicitado e mais o que foi proposto pelo licitante e aceito pela Administração como vantagem para o serviço público. O que não se permite é que o contrato se afaste do edital com cláusulas prejudiciais à Administração'. (*In Licitação e Contrato Administrativo*. 13. ed., São Paulo: Malheiros, 2002, p. 206). Desse modo, a alteração só poderia ser procedida após a formalização do contrato, por meio de termo aditivo. [Processo Administrativo n. 640.061. Rel. Conselheira Adriene Andrade. Sessão do dia 03/04/2007]

§2º Os contratos decorrentes de dispensa ou de inexigibilidade de licitação devem atender aos termos do ato que os autorizou e da respectiva proposta.

O contrato administrativo deverá estar vinculado ao procedimento que lhe deu causa sob pena de nulidade. Os termos antecedentes são condicionantes para o conteúdo da contratação.

[**Contrato com data retroativa.**] Vê-se, pois, que se trata de serviços a serem executados de forma contínua. A essencialidade dos serviços de informática impede a paralisação da máquina administrativa. Nesse sentido, a Administração Municipal poderia estender a duração do contrato que expirava em 31/3/01, por igual período, limitada a 60 meses.[...] Portanto, o novo contrato não poderia ter cláusula com data retroativa para acobertar o período de "vacância contratual", haja vista que o instrumento de contrato deve ser formulado exatamente nos termos do ato que autorizou a sua celebração, bem como da respectiva proposta para que a data do pacto contratual não fique divergente da data da dispensa de licitação. Julgo ilegal o procedimento adotado por violação do art. 2º e do § 2º do art. 54 ambos da Lei n. 8.666/93, consequentemente, aplico multa de R$1.000,00 ao *[omissis]*, que assinou o contrato. [Processo Administrativo n. 695.224. Rel. Conselheiro em exercício Gilberto Diniz. Sessão do dia 27/04/2010]

Art. 55. São cláusulas necessárias em todo contrato as que estabeleçam:

Todo contrato, e não diferente nos contratos administrativos, dispõem cláusulas que enumeram as condições de execução.

Referidas cláusulas contratuais estabelecem o objeto do contrato, o preço, os direitos, as obrigações, as responsabilidades das partes, dentre outras que deverão, necessariamente, harmonizar com o edital e com a proposta, a qual está vinculada.

Questões consideradas importantes pela Administração deverão constar do contrato, visando garantir a execução do objeto, resguardando os direitos e os deveres das partes.

[**Contrato. Cláusulas necessárias.**] Considero que as mencionadas cláusulas, além de exigidas por lei, são essenciais à fiscalização do cumprimento dos compromissos assumidos com a Administração contratante, bem como à aferição de satisfatoriedade e responsabilização pela execução do contrato, como ressalta Hely Lopes Meirelles: 'Todo contrato administrativo possui cláusulas essenciais ou necessárias e cláusulas acessórias ou secundárias. Aquelas fixam o objeto do ajuste e estabelecem as condições fundamentais para sua execução; estas complementam e esclarecem a vontade das partes, para melhor atendimento do avençado. As primeiras não podem faltar no contrato, [sob] pena de nulidade, tal seja a impossibilidade de se definir seu objeto e de se conhecer, com certeza jurídica, os direitos e obrigações de cada uma das partes; as segundas, por sua irrelevância, não afetam o conteúdo negocial, podendo ser omitidas sem invalidar o ajuste'. [Processo Administrativo n. 715.979. Rel. Conselheira Adriene Andrade. Sessão do dia 30/10/2007]

I — o objeto e seus elementos característicos;

ENUNCIADO DE SÚMULA N. 86. É irregular a substituição do objeto licitado dos contratos ou convênios, mediante termo aditivo.

[**Convênio entre o Estado de Minas Gerais e municípios/entidades sem fins lucrativos. Objeto e finalidade.**] [...] respondo [...] nos termos do pronunciamento da Diretoria de Análise Formal de Contas [...], do qual extraio [...]: "Quanto ao objeto do convênio e sua alteração, [...]: [...] o objeto do convênio é o seu núcleo, contendo a essência da execução do instrumento. [...] substituição seria a mudança do núcleo da finalidade do instrumento e, não, a sua ampliação. [...] mantido o núcleo da finalidade do instrumento, a alteração é permitida. A Lei n. 8.666/93, em seu art. 65, permite alterações quantitativas, para contratos regidos por esta norma. Portanto, a ampliação do núcleo do contrato é acobertada pela legislação em referência. [...] o art. 116, *caput*, estende as disposições desta Lei, no que couber, aos convênios. '[...] a lacuna aberta pelo legislador (ampliação do objeto do contrato) pode ser aplicada aos convênios [...]. A ampliação do núcleo do convênio deve obedecer aos ditames exigidos pela legislação em vigor [...], observando a vigência dos instrumentos, a comprovação de utilização da conta específica, a apresentação de comprovantes de despesas, etc. [...] entende este órgão técnico [...] ser possível o aditamento do instrumento de convênio, para a aquisição de maior quantidade de bens ou prolongamento do objeto além daquele apresentado no projeto', desde que: . o plano de trabalho [...] apresente coerência entre o valor orçado pelo convenente e os valores de mercado [...]; . que a citada economia [...], ao obterem preços inferiores aos propostos nos planos de trabalho, seja [...] não decorrente de orçamento mal elaborado;. que o aditamento seja norteado pelos princípios que regem a Administração Pública, [...] e obedecendo aos ditames exigidos pela legislação em vigor. [Consulta n. 751.507. Rel. Conselheiro Simão Pedro Toledo. Sessão do dia 25/06/2008]

[**Relevância da descrição do objeto.**] [...] a perfeita descrição do objeto tem a intenção de evitar que a Administração venha a arcar com soluções não previstas no contrato, ou ainda, que venha a sofrer o ônus de custear atividade não prestada ou fornecida, o que constituiria enriquecimento ilícito do prestador, e, por certo, dano ao erário. [Licitação n. 695.862. Rel. Conselheiro Moura e Castro. Sessão do dia 10/10/2006]

[**Ilicitude do objeto na contratação de empresa visando à prestação de serviços de monitoramento de trânsito, detecção, registro e processamento de infrações de trânsito.**] Do exame da especificação do objeto e, principalmente, da descrição das obrigações e responsabilidades do contratado, depreende-se que os contratos abrangem não só o fornecimento de equipamentos, mas a quase completa outorga das atividades de fiscalização de trânsito, uma vez que esses irão também 'elaborar' os autos de infração informatizados, [...] o que inclui o processamento das informações registradas pelos equipamentos, emissão de autos de infração, com fornecimento de equipe técnica para operacionalizar o sistema. [...] Não se pode olvidar que as atividades que estão sendo terceirizadas devem ser, necessariamente, exercidas por autoridade pública, pois a validade dos atos administrativos resultantes imprescinde da fé pública, atributo esse que não pode ser conferido por forma contratual ao prestador de serviço. Logo, mesmo que, em algum momento, a autuação seja aprovada pela autoridade municipal, o ato ficará inválido *ab initio*, por vício de competência. Dessa forma, o objeto do certame é, em grande parte, atividade fim do órgão municipal de trânsito, não lhe sendo lícito, portanto, outorgá-la à iniciativa privada. [Licitação n. 703.631. Rel. Conselheiro Moura e Castro. Sessão do dia 08/11/2005]

II — o regime de execução ou a forma de fornecimento;

[**Possibilidade de credenciamento conferindo tratamento diferenciado para microempreendedores individuais.**] [...] a) A Administração Pública pode promover o credenciamento conferindo tratamento diferenciado aos microempreendedores individuais, bem como às micro e pequenas empresas, nos termos dos arts. 170, IX, e 179, ambos da CR/88, e do art. 47 da LC n. 123/06, desde que observado o requisito constante da parte final deste artigo de haver previsão e regulamentação do tratamento diferenciado na legislação do respectivo ente. Saliente-se que a cessão de mão de obra só pode ser realizada por microempreendedores individuais que prestem os serviços de hidráulica, eletricidade, pintura, alvenaria, carpintaria e de manutenção ou reparo de veículos, nos termos do §5º do art. 6º da Resolução CGSN n. 58/09, bem como por micro e pequenas empresas que não optem pelo Simples Nacional, consoante inciso XII do art. 17 da LC n. 123/06. b) O credenciamento, por consistir em hipótese especial de inexigibilidade de licitação, não deve ser tratado como regra, mas adotado em caráter suplementar, de modo que tal sistema de contratação não viole as regras do concurso público e observe os preceitos contidos na Lei de Licitações, notadamente os princípios da isonomia, impessoalidade, publicidade, eficiência e vinculação ao instrumento convocatório, além do regime de execução do contrato e o valor pago pelo serviço credenciado. c) Quanto ao critério de escolha dos credenciados, [...] recomenda-se o uso de sistema de sorteio entre os credenciados, com exclusão dos contemplados nos sorteios anteriores. [...] aceita-se o credenciamento quando o cargo não é previsto no quadro permanente, mas enquanto não se realiza o concurso. O Tribunal sempre fixa que havendo vaga, e por uma questão de emergência, admite-se o credenciamento, enquanto não se ultima o concurso. [Consulta n. 812.006. Rel. Conselheiro Elmo Braz Soares. Sessão do dia 30/03/2011]

III — o preço e as condições de pagamento, os critérios, data-base e periodicidade do reajustamento de preços, os critérios de atualização monetária entre a data do adimplemento das obrigações e a do efetivo pagamento;

ENUNCIADO DE SÚMULA N. 16. É exigência legal, e medida essencial para se promover a reserva de recursos orçamentários, que, nos instrumentos de contrato, convênio e acordo, em que figurem como partes pessoas jurídicas de direito público interno, seja indicado, ainda que por estimativa, o valor respectivo.

[**Celebração de contrato aleatório e de risco para a empresa contratada.**] [...] merece destaque a inadmissibilidade do pagamento do contratado corresponder a uma percentagem dos valores da compensação previdenciária efetivamente recebidos, tendo em vista a impossibilidade de os entes públicos firmarem contrato com valor indeterminado, bem como o princípio da moralidade administrativa. De fato, tal previsão afronta o prescrito no art. 55, III, da Lei n. 8.666/93 e, também, no art. 16 da Lei Complementar n. 101/00, caso tal despesa venha a ser suportada por meio da abertura de créditos adicionais. Acrescente-se, ainda, o desrespeito ao princípio da moralidade, inserto no art. 37, *caput*, da CR/88, visto que a entabulação de contrato com a mencionada cláusula de pagamento faria com que os riscos recaíssem exclusivamente sobre o contratado, permitindo ao ente público usufruir de serviços sem a correspondente contraprestação ao particular. [...] De outra sorte, a modalidade de contratação ventilada na inicial, realizada sem licitação, fere, ainda, os princípios constitucionais da isonomia e impessoalidade, também de observância inafastável pela Administração Pública. [Consulta n. 784.367. Rel. Conselheiro em exercício Licurgo Mourão. Sessão do dia 05/08/2009]

[**Possibilidade de realização de reajuste quando um contrato administrativo (e o edital de licitação respectivo) não prevê ex-**

pressamente cláusula que disponha a esse respeito.] E entre os princípios que regem o sistema de licitações brasileiro, destaca-se o princípio da manutenção do equilíbrio econômico-financeiro do contrato, pelo qual deve ser mantida a relação entre os encargos do particular e a remuneração prestada pelo Poder Público em contrapartida. [...] Nesse sentido se impõe, especialmente nos contratos de duração superior a 12 meses, o uso de instrumentos de 'alteração' do contrato administrativo: — a Revisão (ou Recomposição), decorrente de eventos imprevisíveis, configurando álea extraordinária; — o Reajuste, decorrente de eventos previsíveis, configurando álea ordinária. [...] quanto à relevância da previsão dos Reajustes, como modo legítimo de preservar a equação econômico-financeira dos contratos administrativos, citamos Celso Antônio Bandeira de Mello (BANDEIRA DE MELLO, Celso Antônio. *Curso de Direito Administrativo*. 13. ed. São Paulo: Malheiros, 2001, p. 595), segundo o qual a manutenção da equação econômico-financeira 'é um direito do contratante particular e não lhe pode nem lhe deve ser negado o integral respeito a ela' [...]. Conforme afirma Marçal Justen Filho (JUSTEN FILHO, Marçal. *Comentários à lei de licitações e contratos administrativos*. 8. ed.. São Paulo: Dialética, 2000, p.407), o Reajuste visa à recomposição do valor real da moeda, ou seja, compensa-se a inflação com a elevação nominal da prestação devida. Afirma o citado jurista: 'Não há benefício para o particular na medida em que o reajustamento do preço tem natureza jurídica similar à da correção monetária'. [...] Portanto, tem-se que, ainda que não haja previsão expressa no edital ou no instrumento contratual quanto à forma como se dará o reajustamento de um contrato de prestação de serviços com prazo de duração superior a 12 meses, não há dúvidas de que é devido o Reajuste, tendo-se em vista a preservação do valor real inicialmente contratado. A interpretação literal do art. 40, XI, da Lei n. 8.666/93, neste caso, implicaria admitir a ocorrência de indesejável desequilíbrio contratual, ensejando enriquecimento sem causa do Poder Público. Dessa forma, nosso posicionamento visa privilegiar a principiologia que rege a moderna teoria dos contratos, notadamente o princípio da boa-fé objetiva e o princípio da justiça contratual. Em interessante análise da relação de equilíbrio que deve existir entre os contratantes na seara administrativa, adverte Celso Antônio Bandeira de Mello (BANDEIRA DE MELLO, Celso Antônio. *Curso de Direito Administrativo*. 13. ed. São Paulo: Malheiros, 2001, p. 596): 'As avenças entre Administração e particular, nominadas contratos administrativos, fazem deste último um colaborador do Poder Público, ao qual não deve ser pago o mínimo possível, mas o normal, donde caber-lhe valor real estipulado no contrato ao tempo do ajuste'. [...] estou convencido de que a realização de Reajuste visando à preservação da equação econômico-financeira de um contrato administrativo é um direito do particular, ainda que não haja previsão editalícia ou contratual. O princípio da vinculação aos termos do edital, apresentado como justificativa central dos defensores da impossibilidade de reajuste na hipótese ora em exame, pode e deve ser relativizado, excepcionado, tendo em vista o respeito a esse direito subjetivo do particular, explicitado acima. Finalmente, destaco decisão do Tribunal de Justiça de Minas Gerais, em que é tratada especificamente a questão ora em exame, ou seja, a possibilidade de realização de Reajuste sem previsão editalícia ou contratual: 'O cerne do litígio cinge-se à verificação do direito da empresa apelada, vencedora da licitação feita pela modalidade concorrência, em ter a recomposição do equilíbrio econômico- financeiro do contrato de prestação de serviços firmado com o Município de Pará de Minas, tendo-se em vista que a execução da obra contratada ultrapassou o prazo de 12 (doze) meses inicialmente previstos para o seu término. [...] O município, contudo, resistiu ao pedido de reajuste, defendendo a ausência de previsão editalícia ou contratual neste sentido. Contudo, tenho que a equação econômico-financeira do contrato administrativo independe de previsão expressa no instrumento contratual, pois sua gênese tem lugar no próprio texto da Constituição, quando prescreve que 'as obras, serviços, compras e alienações serão contratados mediante processo de licitação pública que assegure igualdade de condições a todos os concorrentes, com cláusulas que estabeleçam obrigações de pagamento, mantidas as condições efetivas da proposta...' (CR/88, art. 37, XXI). Daí porque não se pode resistir à pretensão sob o pretexto de observância ao princípio da vinculação ao instrumento convocatório ou ao princípio da legalidade.' [...] (TJMG. 3. Câmara Cível. Apelação Cível n. 1.0471.06.066448-2/001. Relatoria: des. Albergaria Costa. Julgamento em 03/04/2008). Assim, [...] tenho que a ausência de previsão contratual quanto ao reajustamento de um contrato administrativo não pode ser oposta ao contratado como forma de engessar os valores iniciais da proposta, sob pena de quebra dos deveres advindos do princípio da boa-fé objetiva e consequente enriquecimento sem causa do Poder Público. [Consulta n. 761.137. Rel. Conselheiro Antônio Carlos Andrada. Sessão do dia 24/09/2008]

[Licitação. Edital. Exigência de que a Administração pague os custos referentes ao período de deslocamento entre a sede da contratada e o município. Irregularidade.] Considerou o órgão técnico desproporcional e não razoável a exigência, contida no item [...] do edital, de que a Administração pague, com horas de assistência técnica prestada *in loco*, o período de deslocamento dos técnicos da contratada até a sede dos licitantes, uma vez que os custos de um eventual deslocamento devem estar inseridos no preço oferecido para a prestação do serviço. [...] entendo como irregular o item [...] do instrumento convocatório, devendo o município se abster de inserir, em seus editais, cláusulas que disponham sobre a obrigação da remuneração de despesas com deslocamento dos técnicos da contratada, que majorem ou reajustem irregularmente o valor do contrato, contrariando os art. 54 §1º, e 55, III, da Lei de Licitações. [Denúncia n. 811.915. Rel. Conselheiro Sebastião Helvecio. Sessão do dia 04/10/2012]

[**Ausência de cláusulas contendo previsão de penalidades por atraso nos pagamentos pela Administração. Irregularidade formal. Sem prejuízo à execução do contrato.**] [...] decorre das normas que regem a Administração Pública a obrigatoriedade de se atualizar monetariamente os valores devidos por esta e pagos em atraso, independentemente de previsão expressa no edital e no contrato. De toda sorte, como o §1º do art. 5º, o §7º do art. 7º e o inciso III do art. 55, todos da Lei n. 8.666/93, estabelecem a obrigatoriedade de tal cláusula no edital e nos contratos da Administração, [...] a ausência de sua previsão nesses instrumentos configura irregularidade formal que [...] não justificaria por si só a suspensão liminar do certame ou a aplicação de multa. Isso porque essa falha não tem o condão de cercear a competitividade do procedimento licitatório, nem de gerar potencial prejuízo ao contratado na execução do contrato. Todavia, entendo ser válida a recomendação apontada pela CAEL para que o denunciado adote em futuras licitações todas as cautelas legais previstas [Denúncia n. 862.880. Rel. Conselheiro Mauri Torres. Sessão do dia 04/10/2012]

[**Prazo para reajuste do contrato e ausência de estimativa das despesas.**] Conforme se infere dos autos, a correção monetária do contrato se deu em período inferior a um ano, em flagrante violação ao disposto no art. 2º da Lei n. 10.192/2001. Verifica-se, ainda, que na fixação do preço contratual não foi feita a estimativa das despesas realizadas com o deslocamento dos profissionais da contratada para a execução do objeto do contrato, tornando o preço indeterminado e contrariando o art. 8º e inc. III do art. 55 da Lei n. 8.666/93. Conclusão: Desse modo, considero irregular o contrato [...], visto que violado o art. 2º, §1º, da Lei n. 10.192/2001, bem como o art. 8º e inc. III do art. 55 da Lei de Licitações. [Processo Administrativo n. 704.105. Rel. Conselheiro Antônio Carlos Andrada. Sessão do dia 06/04/2010]

[**Cláusula de estimativa de preço e clareza da carta convocatória. Obrigatoriedade. Essencial à aferição da despesa.**] Entendo que a estimativa do preço, feita por um servidor municipal, é obrigação prevista pelo inciso IV do art. 43 da Lei de Licitações, que ressalta a necessidade dessa aferição de preços, [...]. No entanto, o que a Administração não podia fazer, e fez, foi deixar de especificar, no edital, a quantas publicações este valor total corresponderia, faltando, portanto, com a tão conclamada clareza da carta convocatória, invocada pelo inciso I do art. 40 da Lei de Licitações, [...]. Tamanha falta de clareza teria levado, após incerta licitação, à ausência, também no contrato, de cláusula prevendo o preço a ser pago pelos serviços, sobre o que a defesa não se manifestou. Como já esposado, o preço é exigência de caráter obrigatório, devendo constar em qualquer contrato administrativo, conforme disposto no art. 55, III, da Lei de Licitações, [...]. Considero que a mencionada cláusula, além de exigida por Lei, é essencial à aferição da despesa, na medida em que se torna certo e preciso o valor do gasto, evitando a possibilidade de onerar-se excessivamente o Erário. [Processo Administrativo n. 707.561. Rel. Conselheira Adriene Andrade. Sessão do dia 25/11/2008]

[**Ausência de cláusulas necessárias quanto a valor total do contrato, critérios de reajuste e de atualização monetária.**] No tocante à inexistência do preço total estimado, critérios, data-base, periodicidade de reajustamento de preços, bem como os critérios de atualização monetária entre a data do adimplemento das obrigações e a do efetivo pagamento no instrumento de contrato de assessoria jurídica, [...] entendo que as cláusulas acima citadas são necessárias em todo contrato [...]. Assim, se é verdade, como alega o defendente, que a infringência ao dispositivo supracitado não trouxe dano efetivo ao erário, certamente, a falta [de previsão contratual] do preço pôs em risco os cofres públicos, que, sem essa definição, ficaram à mercê da boa-fé do contratado, negligência essa digna de séria repreensão, nos termos do Regimento Interno desta Corte. [Processo Administrativo n. 711.171. Rel. Conselheira Adriene Andrade. Sessão do dia 07/08/2007]

[**Aquisição de combustível por inexigibilidade de licitação. Único posto de gasolina no Município. Irregularidade. Valor pago superior ao valor contratado.**] Quanto à irregularidade [...], referente à Inexigibilidade de Licitação n. [...], para aquisição de combustível na empresa [...], sob o argumento de inviabilidade de competição, tendo em vista que existia apenas um posto de gasolina no município, há que se acrescentar algumas observações aos apontamentos do órgão técnico. Verifica-se que, embora o contrato firmado em 06/02/04, com vigência até 31/12/04, não tenha demonstrado o preço final, em infringência ao art. 55, III, da Lei n. 8.666/93, o valor acordado, conforme a soma dos itens [...] da cláusula [...] do contrato acostado a fl. [...], seria de R$9.252,00 (nove mil duzentos e cinqüenta e dois reais). No entanto, de acordo com as notas fiscais presentes na documentação de fls. [...], somente de janeiro a maio foram despendidos R$42.848,45 (quarenta e dois mil oitocentos e quarenta e oito reais e quarenta e cinco centavos), observando-se, aqui, mais uma vez, o descumprimento ao art. 66 da citada Lei de Licitações, pois o contrato não estava sendo executado fielmente pelas partes. Não bastasse o valor excessivo a que chegou tal contratação, ainda pesa contra ela o seguinte entendimento desta Corte, expresso na Consulta n. 610.717, respondida em 13/12/00, pelo relator à época, conselheiro Elmo Braz: *É exigível a licitação para a aquisição de combustíveis, cabendo ao administrador observar, além do preço e condições de pagamento, se o custo final do produto não anula tais fatores, em decorrência do deslocamento da frota para abastecimento.* Conclui-se, portanto, que a Administração equivocou-se ao contratar o fornecimento de combustível por inexigibilidade de licitação e, também, que demonstrou falta de controle com seus gastos ao adquirir quantidades superiores às previstas, pagando valores superiores ao planejado, demonstrando, assim, descuido para com seu patrimônio e infringindo, respectivamente, o art. 2º da Lei n. 8.666/93, o art. 37, XXI, da CR/88, o art. 55, III, da Lei de Licitações e o art. 66 da mesma

Lei. [Processo Administrativo n. 705.142. Rel. Conselheiro Adriene Andrade. Sessão do dia 24/07/2007]

IV — os prazos de início de etapas de execução, de conclusão, de entrega, de observação e de recebimento definitivo, conforme o caso;

[**Prazo de vigência do contrato é cláusula essencial à satisfatoriedade da execução do objeto.**] Entendo que a presença do prazo de vigência do contrato tem caráter obrigatório, devendo constar em qualquer contrato administrativo, por força do art. 55 da Lei de Licitações [...]. Além de exigida por lei, a mencionada cláusula contratual é essencial à satisfatoriedade de execução do objeto da licitação, tendo em vista que, com base nesse prazo, a Administração pode realizar uma análise qualitativa periódica dos serviços prestados, bem como exigir determinadas adequações ao ajuste, se necessário. [Processo Administrativo n. 707.561. Rel. Conselheira Adriene Andrade. Sessão do dia 25/11/2008]

V — o crédito pelo qual correrá a despesa, com a indicação da classificação funcional programática e da categoria econômica;

ENUNCIADO DE SÚMULA N. 23. A indicação da dotação orçamentária, que irá comportar os gastos públicos decorrentes da execução de convênios, contratos, acordos ou ajustes firmados pelo Estado, é exigência legal que não pode ser desprezada, uma vez que visa a demonstrar e promover, respectivamente, a existência e a reserva de recursos e acompanhar a execução do plano plurianual, o cumprimento das diretrizes orçamentárias, bem como do respectivo orçamento.

[**Irregularidades contratuais. Ausência de classificação funcional programática e categoria econômica.**] Em relação ao contrato, foi apontado que a sua cláusula quinta não indicou a classificação funcional programática e a categoria econômica que iria custear os gastos decorrentes da execução, em desacordo com o disposto no art. 55, V, da Lei Federal n. 8.666/93 e na Súmula n. 23 deste Tribunal. No silêncio do defendente em relação a esse apontamento, considero irregular a presente cláusula contratual, por infringir os dispositivos legais citados. [Processo Administrativo n. 702.593. Rel. Conselheira Adriene Andrade. Sessão do dia 25/05/2010]

[**Previsão orçamentária do valor do contrato.**] [...] a previsão orçamentária dos dispêndios que administra é requisito essencial à lisura e prudência de sua Administração. Sem tal denotação de crédito, o cidadão fica impossibilitado de conferir a retidão dos gastos públicos, o que é um direito constitucionalmente assegurado a todos, e fica a própria Administração à mercê dos efeitos nefastos de sua própria desorganização contábil. [Processo Administrativo n. 688.478. Rel. Conselheira Adriene Andrade. Sessão do dia22/05/2007]

[**Ausência de indicação dos recursos orçamentários.**] [Não procede a] justificativa de que não houve indicação dos recursos orçamentários para pagamento da compra por esta ter sido à vista e ainda por se tratar de despesas extra-orçamentárias e com recursos vinculados a sua realização, [...] uma vez que o art. [14] [...] da Lei n. 8.666/93 é claro ao dizer que: 'nenhuma compra será feita sem a adequada caracterização de seu objeto e indicação dos recursos orçamentários para seu pagamento' [...]. [Licitação n. 24.013. Rel. Conselheiro José Ferraz. Sessão do dia 07/11/1996]

VI — as garantias oferecidas para assegurar sua plena execução, quando exigidas;

[**Garantia contratual. Restituição.**] [...] cumpridas as disposições estabelecidas em contrato administrativo, caberá ao gestor público restituir as importâncias provenientes de garantias contratuais, sem a necessidade de prévia autorização do Tribunal de Contas do Estado de Minas Gerais, uma vez que, com o advento da LC n. 102/2008, foi extinta tal exigência. Cumpre ressaltar, contudo, que a extinção da referida exigência não afasta o papel fiscalizador desta Corte quanto à legalidade dos atos que ensejarem a restituição de garantia contratual. O exercício dessa competência pode se dar em virtude de denúncia, representação, ou mesmo de atuação de ofício, através de inspeções *in loco* e de processos de prestação de contas, sendo obrigação dos órgãos e entidades sob a jurisdição do TCEMG manter organizados e à disposição da Corte todos os documentos relativos aos contratos administrativos e respectivas garantias. [Consulta n. 747.451. Rel. Conselheiro Antônio Carlos Andrada. Sessão do dia 10/12/2008]

[**Suposta ausência de previsão contratual quanto a garantias.**] Quanto à ausência de cláusula contratual relativa à prestação de garantia contratual, considero pertinentes os esclarecimentos apresentados, uma vez que o instrumento contratual, a fl. 96, em sua cláusula primeira, reportou-se ao edital do certame licitatório, onde estão relacionadas as obrigações assumidas pela contratada. A cláusula primeira do contrato estabelece que as instruções contidas no edital, no que não conflitarem com o contrato, passam a fazer parte integrante do instrumento contratual independentemente de transcrições. Portanto, [...] tendo em vista que o instrumento convocatório, que trata da garantia contratual, é parte integrante do processo [e suas cláusulas foram consideradas incorporadas ao contrato], fica descaracterizada a falha inicialmente apontada. [Contrato n. 629.609. Rel. Conselheiro Elmo Braz. Sessão do dia 29/05/2003]

VII — os direitos e as responsabilidades das partes, as penalidades cabíveis e os valores das multas;

VIII — os casos de rescisão;

IX — o reconhecimento dos direitos da Administração, em caso de rescisão administrativa prevista no art. 77 desta Lei;

[**Ilegal vedação à rescisão administrativa.**] [As irregularidades em exame], além de comprovadamente contrariarem a lei, também depõem contra a obrigação de cautela administrativa, pois, em um contrato sem os direitos da Administração, não [...] há possibilidade de fiscalizar seu devido cumprimento. Do mesmo modo, a ausência de cláusulas sobre rescisão fragiliza o administrador, sobretudo [...] neste caso, em que tais cláusulas foram teratologicamente substituídas pela vedação da desistência unilateral do contrato, por parte da Administração. Ora, o simples fato de não existir a previsão da rescisão [administrativa] já seria violentador da lei, mas o fato de [neste caso] estar vedada [tal rescisão] à Administração atenta contra o art. 79 da Lei de Licitações [...], [expõe] o erário a risco de perdas por insatisfatórias execuções, falta esta inadmissível, portanto. [Processo Administrativo n. 687.922. Rel. Conselheira Adriene Andrade. Sessão do dia 29/05/2007]

X — as condições de importação, a data e a taxa de câmbio para conversão, quando for o caso;

XI— a vinculação ao edital de licitação ou ao termo que a dispensou ou a inexigiu, ao convite e à proposta do licitante vencedor;

[**Impossibilidade de transferência dos direitos previstos em contrato de concessão a terceiros. Respeito à previsão editalícia.**] "De nenhuma dúvida, portanto, o fato de que não há falar em discricionariedade em face de proibição constante no edital, mas, sim, de vinculação do administrador aos termos nele consignados. Em outras palavras, como consta na hipótese apresentada pelo consulente previsão editalícia em contrário, ou seja, que veda a transferência dos direitos do contratado para terceiros, o administrador se acha vinculado a essa proibição expressa no edital, que, como exposto, serve de fundamento de validade para todos os atos do certame e para o decorrente contrato." [...] Não há na situação hipotética consultada, pois, espaço à discricionariedade administrativa, ainda que não houvesse a pecha de inconstitucionalidade da norma constante no art. 27 da Lei n. 8.987/95. [Consulta n. 837.532. Rel. Conselheiro em exercício Gilberto Diniz. Sessão do dia 22/09/2010]

XII — a legislação aplicável à execução do contrato e especialmente aos casos omissos;

[Irregularidade trabalhista. Óbice à contratação.] [...] a inadimplência da empresa em relação aos débitos trabalhistas é óbice à sua contratação, ainda que se trate de hipótese de contratação direta. Deverá ainda a Administração, durante toda a execução contratual e, em especial, anteriormente à realização dos pagamentos e para fins de prorrogação, verificar a regularidade trabalhista [...] segundo o qual o contratado é obrigado a manter as condições de habilitação regulares durante a vigência do contrato. [Consulta n. 863.637. Rel. Conselheiro Cláudio Couto Terrão. Sessão do dia 05/09/2012]

XIII— a obrigação do contratado de manter, durante toda a execução do contrato, em compatibilidade com as obrigações por ele assumidas, todas as condições de habilitação e qualificação exigidas na licitação.

[Necessidade de expressa previsão no contrato de cláusula impondo obrigação de o contratado manter as obrigações por ele assumidas e as condições de habilitação e qualificação exigidas na licitação.] [...] uma cláusula estabelecendo a obrigação de a contratada cumprir as demais obrigações prescritas em lei e regulamento [...] não dispensa a exigência do inciso XIII do art. 55 da Lei de Licitações, pois se trata de cláusula obrigatória e específica. [Licitação n. 682.852. Rel. Conselheiro Antônio Carlos Andrada. Sessão do dia 28/10/2008]

§1º (Vetado). (Redação dada pela Lei n.º 8.883, de 1994)

§2º Nos contratos celebrados pela Administração Pública com pessoas físicas ou jurídicas, inclusive aquelas domiciliadas no estrangeiro, deverá constar necessariamente cláusula que declare competente o foro da sede da Administração para dirimir qualquer questão contratual, salvo o disposto no §6º do art. 32 desta Lei.

Essa cláusula institui a competência da jurisdição brasileira para decidir sobre conflito contratual que envolva pessoa domiciliada no estrangeiro. Daí a necessidade de se tutelar a soberania nacional.

[**Obrigatoriedade de eleição do foro.**] [...] a cláusula que declara competente o foro da sede da administração para dirimir qualquer questão contratual é imperiosa a todo instrumento firmado pelo Poder Público [...]. Ressalte-se que a alteração de tal foro não é medida discricionária do Administrador, uma vez que, levando os litígios que, porventura, pudessem surgir a partir da contratação, para fora dos limites da cidade, o administrador trouxe o risco de encargos desnecessários com deslocamento e sustento de uma lide em local alhures, desfavorecendo a administração potencialmente. [...] como se mostra evidente, a infringência à lei, por parte da administração, representa encargos desnecessariamente assumidos por ela, em favor de particulares, razão pela qual constitui falha de natureza grave. [Processo Administrativo n. 711.171. Rel. Conselheira Adriene Andrade. Sessão do dia 07/08/2007]

§3º No ato da liquidação da despesa, os serviços de contabilidade comunicarão, aos órgãos incumbidos da arrecadação e fiscalização de tributos da União, Estado ou Município, as características e os valores pagos, segundo o disposto no art. 63 da Lei nº 4.320, de 17 de março de 1964.

Art. 56. A critério da autoridade competente, em cada caso, e desde que prevista no instrumento convocatório, poderá ser exigida prestação de garantia nas contratações de obras, serviços e compras.

É facultado à Administração Pública, exigir a prestação de garantia nas contratações de obras, serviços e compras, visando assegurar a completa execução do contrato e minimizar a possibilidade de prejuízos ao erário público.

A necessidade de garantia ao erário deverá ser analisada pela Administração Pública considerando-se para tal, a complexidade do objeto do contrato.

Ao contratado caberá optar por uma das seguintes modalidades de garantia:

- caução em dinheiro;
- caução em títulos da dívida pública;
- seguro-garantia;
- fiança bancária.

A exigência de prestação de garantia deverá estar prevista no edital convocatório, obedecendo aos limites previstos nesta lei que variam entre 5% (cinco por cento) e 10% (dez por cento), sendo devolvida após a completa execução do objeto do contrato.

[**Procedimento junto ao TCE para restituição de garantia contratual.**] [...] não obstante o inciso XXIV do art. 3º da Lei Complementar n. 102/08 tratar de garantias contratuais, deixou de impor o exame de legalidade quanto à sua devolução, atribuindo a esta Corte de Contas tão somente a competência de: "verificar a legalidade de fianças e demais garantias contratuais". [...] em face da nova Lei Orgânica desta Casa, refoge da competência deste Tribunal apreciar a autorização para devolução de documento garantidor que visa a assegurar o cumprimento de obrigação oferecida ao Poder Público incluída a hipótese aventada, isto é, de uma das garantias previstas no art. 56, §1°, I a III, da Lei Federal n. 8.666/93. [Consulta n. 763.313. Rel. Conselheiro Eduardo Carone Costa. Sessão do dia 10/12/2008]

[**Garantia da proposta e do contrato.**] Quanto [à alegação de que] [...] o Índice de Risco Financeiro [...] seria incomum em licitações e que não poderia a Administração exigir, como teria feito, além destes índices, também uma garantia da proposta, no valor de R$5.000,00 (cinco mil reais), entendo que [...] não lhes assiste qualquer razão, uma vez que o Índice de Risco Financeiro é um índice contábil e, portanto, sua exigência não pode ser contestada e, quanto à solicitação de caução das propostas, considero que a Administração não estabeleceu exigências cumulativas, conforme se vê limitado pelo art. 56 da Lei de Licitações [...]. Nesse caso, não se referem os índices e a caução a exigências cumulativas para a habilitação, uma vez que uma delas diz respeito ao contrato e a outra diz respeito à proposta, sendo que o sentido da última é assegurar que a empresa proponente não denunciará sua proposta no correr do certame, deixando a Administração sem ter com quem contratar. [Representação n. 739.754. Rel. Conselheira Adriene Andrade. Sessão do dia 02/10/2007]

[**Prazo de validade da garantia.**] [...] apesar de a Lei de Licitações não fazer menção expressa à necessidade de que a sua extensão englobe todo o período contratual, é de boa lógica compreender que o prazo de validade da garantia deve alcançar todo esse período [de vigência do contrato]. [Licitação n. 627.765. Rel. Conselheira Adriene Andrade. Sessão do dia 29/05/2007]

[**Exigência de garantia é escolha discricionária.**] Em um primeiro instante, pode-se deduzir que a exigência de garantia tem caráter discricionário pois, sempre que necessário à garantia da execução do contrato, a Administração pode estabelecer requisitos mínimos de participação, determinando, de acordo com o caso concreto, o que deverá ser comprovado pelos interessados em participar da licitação, sempre visando ao atendimento de seus interesses e respeitando a isonomia entre os licitantes. Entretanto, no caso em exame, o edital prevê a obrigatoriedade de o contratado prestar garantia. Nesse particular, o edital é a lei que rege o certame e deve ser rigorosamente observado pelos participantes, em todas as suas fases, não se permitindo que a autoridade pública possa dispensar a sua exigibilidade de nenhum licitante. E ainda, a minuta do contrato deve seguir as normas contidas no edital. Ou seja, a minuta do contrato não poderia conter cláusula com conteúdo diferente daquilo que estava previsto no edital. Mas, independentemente da garantia referente à execução do contrato, foi dada a garantia em relação à habilitação, conforme dispõe o item 6.13 do edital e esta substitui plenamente aquela referente ao contrato. Para ênfase dessa assertiva, é válido colacionar a ideia de Jessé Torres Pereira Junior: "Se a higidez financeira do licitante bastar à execução do contrato, satisfaz às cautelas da lei e às exigências do edital, ainda que os indicadores mostrem situação modesta". [Processo Administrativo n. 640.061. Rel. Conselheira Adriene Andrade. Sessão do dia 03/04/2007]

§1º Caberá ao contratado optar por uma das seguintes modalidades de garantia: (Redação dada pela Lei n.º 8.883, de 1994)

[**Licitação. Pagamento de garantia na fase de habilitação. Impossibilidade.**] De fato, o item [...], da qualificação econômico-financeira, prevê que a empresa licitante deverá fazer o depósito da garantia [...] na tesouraria da Prefeitura até o quinto dia útil antes da data designada para apresentação da documentação e proposta. Tal exigência na fase de habilitação, a princípio, é ilegal, uma vez que a garantia a ser exigida, ou seja, a garantia a que se refere o art. 31, §2°, III, da Lei n. 8666/93, com remissão ao art. 56, §1°, pode ser feita ao contratado, não ao licitante, em uma análise perfunctória. Esse entendimento encontra respaldo inclusive no fato de que a regulamentação da previsão de exigência de garantia encontrar-se no Capítulo III, "Dos Contratos", na Lei de Licitações, devendo estar prevista no edital, existindo divergência doutrinária e jurisprudencial quanto à possibilidade de exigir-se depósito em dinheiro antes da habilitação. Isto posto, em face da existência do *fumus boni iuris* e do *periculum in mora*, consubstanciada na infringência aos princípios legais pertinentes à licitação e à contratação, e considerando a possibilidade de prejuízo ao erário, determino cautelarmente, *ad referendum* da Primeira Câmara, nos termos do §1° do art. 264 da Resolução n. 12/2008, a suspensão liminar da Concorrência n. [...] na fase em que se encontra, até que este Tribunal decida acerca do mérito desta Denúncia. [Denúncia n. 873.821. Rel. Conselheira Adriene Andrade. Sessão do dia 08/05/2012]

[**Suspensão de certame licitatório devido as exigências de garantia da proposta que contrariam a Lei n. 8666/93.**] Deferi a suspensão pleiteada, cognição sumária, por considerar que o edital continha vício que poderia comprometer o caráter competitivo do certame. A representante apresenta impugnação contra os itens 8.1 e 10.4/c, 10.5/c e 12.5 do edital, os quais tratam das exigências de garantia da proposta, de capital social mínimo integralizado, da exigência de qualificação técnica profissional e da interposição de recurso, respectivamente. [...] Quanto à primeira razão, exigência de capital mínimo concomitante com a garantia prevista no §1° do art. 56 da Lei n. 8.666/93, a representante traz a baila trecho de voto proferido pelo Ministro Humberto Guimarães Souto, relator da Decisão n. 681/1998 — TCU. [...] concluiu que, pela legislação pertinente, as exigências de capital social mínimo, patrimônio líquido mínimo e prestação de garantia não podem ser utilizados de forma concomitante. Quanto à apresentação da garantia em até sete dias antes da data de entrega dos envelopes, a representante argumentou que, certamente, poderá prejudicar a busca da proposta mais vantajosa [...] observa-se que a administração poderá estabelecer, no instrumento convocatório da licitação, a exigência de capital mínimo ou de patrimônio líquido mínimo, ou ainda as garantias previstas no §1° do art. 56, como dado objetivo de comprovação da qualificação econômico- financeira dos licitantes. Assim, a administração poderá estabelecer a exigência de comprovação limitada a um dos elementos previstos no parágrafo, visto que estes são alternativos e não cumulativos. [...] Verifica-se que cabe razão ao representante quanto à ilegalidade da antecipação da garantia da proposta, uma vez que a Lei n. 8.666/93 prevê que a garantia da proposta poderá ser exigida na fase de habilitação como qualificação econômico-financeira, de acordo com art. 31, III, não havendo na mesma qualquer previsão de antecipação de apresentação de documentos. [...] Entendo, também, que a antecipação da garantia pode prejudicar a busca da proposta mais vantajosa, tendo em vista que se eventualmente apenas um licitante souber que prestou garantia, pode elevar o preço. [...] Desta forma, caso a administração prossiga com essa exigência, deverá efetuá-la como requisito de habilitação econômico-financeira nos termos do art. 31, III, da Lei n. 8.666/93, não a cumulando com a exigência de capital social mínimo. [Representação n. 742.151. Rel. Conselheiro Antônio Carlos Andrada. Sessão do dia 11/12/2007]

[**Determinação indevida no edital do tipo de garantia a ser prestada.**] [...] a discriminação editalícia do tipo de garantia fere a liberalidade prevista pelo art. 56, [§1°], da Lei n. 8.666/93. [Contrato n. 100.624. Rel. Conselheira Adriene Andrade. Sessão do dia 31/07/2007]

[**Determinação indevida no edital do tipo de garantia a ser prestada.**] O item 11.3 do ato convocatório prevê modalidade de garantia fora das hipóteses estabelecidas no art. 56 da Lei n. 8.666/93, em 5% do valor de cada fatura emitida, que ficaria retida por ocasião do pagamento. [...] a Lei de Licitações prevê três espécies de garantia de execução do contrato: caução em dinheiro ou títulos da dívida pública, seguro garantia e fiança bancária, cuja escolha compete ao licitante e não à administração, de modo que especificar a forma de garantia contratual [a ser prestada] constitui ingerência sobre a conveniência do licitante, sem amparo legal. Por essas razões, o item relativo à garantia contratual deve ser alterado para possibilitar que os proponentes a ofereçam [escolhendo] dentre aquelas previstas no art. 56 da Lei n. 8.666/93. [Licitação n. 696.088. Rel. Conselheiro Moura e Castro. Sessão do dia 20/09/2005]

I — caução em dinheiro ou em títulos da dívida pública, devendo estes ter sido emitidos sob a forma escritural, mediante registro em sistema centralizado de liquidação e de custódia autorizado pelo Banco Central do Brasil e avaliados pelos seus valores econômicos, conforme definido pelo Ministério da Fazenda; (Redação dada pela Lei n.º 11.079, de 2004)

[Entrega antecipada da garantia e demonstração de liquidez dos títulos.] Relativamente à exigência da prestação de garantia antes da entrega dos envelopes de documentação e propostas técnica e comercial, o defendente entende não haver violação do sigilo, pois o valor da garantia é fixo, não representando também ofensa a esse princípio o fato de tal exigência antecipar o conhecimento das empresas que participarão do certame. Assiste razão ao defendente nesses aspectos. A exigência de demonstração de liquidez e exequibilidade dos títulos oferecidos em garantia de proposta ou de execução de contrato conta com a previsão legal de avaliação pelos respectivos valores econômicos, conforme alteração introduzida no inciso I do §1º do art. 56 da Lei n. 8.666/93, pela Lei n. 11.079 de 2004. [Representação n. 706.695. Rel. Conselheiro Moura e Castro. Sessão do dia 08/08/2006]

II — seguro-garantia; (Redação dada pela Lei n.º 8.883, de 1994)

III — fiança bancária. (Redação dada pela Lei n.º 8.883, de 8.6.1994)

§2º A garantia a que se refere o caput deste artigo não excederá a cinco por cento do valor do contrato e terá seu valor atualizado nas mesmas condições daquele, ressalvado o previsto no parágrafo 3º deste artigo. (Redação dada pela Lei n.º 8.883, de 1994)

[**Comprovação de capital social integralizado. Cumulação de capital social mínimo e garantia de proposta.**] De fato, a demonstração de capital social integralizado não garante que a empresa disponha dos recursos financeiros necessários para o cumprimento das obrigações contratuais. Contudo, não se trata de exigência descabida, pois possibilita aferir se o porte econômico da empresa condiz com a dimensão do objeto do contrato. Ademais, os §§ 2º e 3º do art. 31 da Lei n. 8.666/93 permitem à Administração estabelecer, no ato convocatório, a exigência de capital mínimo, não superior a 10% do valor estimado da contratação. Portanto, isoladamente, a exigência não constitui infração à norma. Quanto à cumulação de capital social mínimo e garantia de proposta [...]. Não há dúvida de que as hipóteses elencadas no § 2º do art. 31 constituem alternativas disponibilizadas à Administração para assegurar o adimplemento contratual e não podem ser exigidas cumulativamente, conforme reiterada jurisprudência deste Tribunal. Mas as duas espécies de garantia tratadas na lei — de proposta e de execução — não se confundem. A garantia de proposta, prevista no inciso III do art. 31 da Lei de Licitações, é limitada a 1% do valor estimado da contratação, enquanto a garantia de execução, tratada no §2º do mesmo artigo, é limitada a 5% do valor do contrato, conforme dispõe o §2º do art. 56 do referido diploma. Observa-se, por fim, que a apresentação de garantia de execução da obra, hipótese de que trata o §2º do art. 31 da Lei n. 8.666/93, é exigida, no presente caso, apenas para o contratado, conforme previsto na cláusula sexta da minuta contratual (fl. 70) e não para efeito de habilitação no certame. Nesses termos, entendo que o ato convocatório não incorreu em cumulação de garantias, não havendo excesso quanto à qualificação econômico-financeira, nem contrariedade à reiterada jurisprudência deste Tribunal. [Edital de Licitação n. 875.554. Rel. Conselheiro Cláudio Couto Terrão. Sessão do dia 19/12/2012]

[**Incidência do percentual da garantia.**] O item 11.3 do ato convocatório prevê modalidade de garantia fora das hipóteses estabelecidas no art. 56 da Lei n. 8.666/93, em 5% do valor de cada fatura emitida, que ficaria retida por ocasião do pagamento. [...] o §2º do art. 56 da Lei n. 8.666/93 é taxativo quanto ao percentual de garantia incidir sobre o valor do contrato, o que não significa incidir sobre valor de parcela executada do contrato. Demais disso, a retenção sobre cada fatura, conforme prevista no edital, gera garantia contratual posterior a cada parcela executada, em nada acobertando a plena execução contratual. [Licitação n. 696.088. Rel. Conselheiro Moura e Castro. Sessão do dia 20/09/2005]

§3º Para obras, serviços e fornecimentos de grande vulto envolvendo alta complexidade técnica e riscos financeiros consideráveis, demonstrados através de parecer tecnicamente aprovado pela autoridade competente, o limite de garantia previsto no parágrafo anterior poderá ser elevado para até dez por cento do valor do contrato. (Redação dada pela Lei n.º 8.883, de 1994)

§4º A garantia prestada pelo contratado será liberada ou restituída após a execução do contrato e, quando em dinheiro, atualizada monetariamente.

[**Garantia contratual. Restituição.**] [...] cumpridas as disposições estabelecidas em contrato administrativo, caberá ao gestor público restituir as importâncias provenientes de garantias contratuais, sem a necessidade de prévia autorização do Tribunal de Contas do Estado de Minas Gerais, uma vez que, com o advento da LC n. 102/2008, foi extinta tal exigência. Cumpre ressaltar, contudo, que a extinção da referida exigência não afasta o papel fiscalizador desta Corte quanto à legalidade dos atos que ensejarem a restituição de garantia contratual. O exercício dessa competência pode se dar em virtude de denúncia, representação, ou mesmo de atuação de ofício, mediante de inspeções *in loco* e de processos de prestação de contas, sendo obrigação dos órgãos e entidades sob a jurisdição do TCE/MG manter organizados e à disposição da Corte todos os documentos relativos aos contratos administrativos e respectivas garantias. [Consulta n. 747.451. Rel. Conselheiro Antônio Carlos Andrada. Sessão do dia 10/12/2008]

§5º Nos casos de contratos que importem na entrega de bens pela Administração, dos quais o contratado ficará depositário, ao valor da garantia deverá ser acrescido o valor desses bens.

Art. 57. A duração dos contratos regidos por esta Lei ficará adstrita à vigência dos respectivos créditos orçamentários, exceto quanto aos relativos:

Durante o prazo de vigência dos contratos, as cláusulas ali dispostas, produziram direitos e obrigações entre as partes contratantes.

Sendo clausula obrigatória, a vigência ou prazo, deverá constar de todo contrato, estando limitada aos respectivos créditos orçamentários, observados o princípio da anualidade do orçamento, exceto nas hipóteses admitidas na lei:

- projetos de longo prazo, contemplados nas metas estabelecidas no Plano Plurianual, que podem ser prorrogadas quando de interesse da Administração e previsto no edital de convocação;
- serviços executados de forma contínua, considerados como sendo serviços necessários e auxiliares à Administração Pública que,

se interrompidos, poderão comprometer o bom desempenho e a continuidade das atividades, sendo-lhes permitido prorrogar por até 60 (sessenta) meses;

- aluguel de equipamentos e programas de informática, os quais poderão ser prorrogados por até 48 (quarenta e oito) meses;
- nas hipóteses previstas nos incisos IX, XIX, XXVIII e XXXI do artigo 24, cuja vigência dos contratos poderão ser de até 120 (cento e vinte) meses quando houver interesse da Administração Pública.

Toda prorrogação deverá ser justificada em processo administrativo.

ENUNCIADO DE SÚMULA N. 47. A validade da prorrogação dos contratos, convênios, acordos ou ajustes, nos limites estabelecidos em lei, dependerá de justificativa por escrito, de prévia autorização da autoridade competente e de prévia formalização mediante termo aditivo específico, excetuando-se os contratos de locação regidos por norma federal própria.

ENUNCIADO DE SÚMULA N. 59. Em se tratando de relação contratual — contrato de locação de bem imóvel — submetida à legislação federal específica, que admite sua prorrogação, independentemente de formalização em instrumento próprio, salvo expressa manifestação em contrário de uma das partes, não é imprescindível termo aditivo para efeito de anotação da despesa e controle da legalidade da execução financeira e orçamentária.

ENUNCIADO DE SÚMULA N. 113. O lapso temporal a ser considerado como parâmetro de definição da modalidade licitatória cabível às contratações relativas a parcelas de um mesmo objeto ou a objetos de natureza semelhante, cuja duração encontra-se regida pelo "caput" do art. 57 da Lei n. 8.666/93, deverá corresponder ao próprio exercício financeiro, adotando-se, nesses casos, a modalidade licitatória compatível com o valor global das contratações.

[**Contratação de combustível. Impossibilidade de classificação como serviços contínuos.**][...] não se pode dar interpretação extensiva ao inciso II do artigo 57 da Lei n. 8.666/93, para fornecimento de combustível das viaturas da Polícia Civil, pois a expressão "prestação de serviços" há de ser tomada no sentido estrito de obrigação de fazer. Não há possibilidade, portanto, de se tentar mascarar contratos de compra em prestação de serviço, se o objetivo do contrato é uma prestação de dar e não de fazer, mesmo porque a motivação da contratação é a aquisição do domínio sobre o produto (combustível) e não a obtenção da prestação de transportar (viaturas). [...] o artigo 57 da Lei n. 8.666/93 é de caráter financeiro, e a regra geral é que os contratos não podem ser prorrogados em razão da anualidade do orçamento público, sendo que os incisos I, II e IV do referido artigo são exceções à regra geral, devendo ser interpretadas restritivamente, como ensina a boa hermenêutica. [Consulta n. 805.979. Rel. Conselheiro Elmo Braz Soares. Sessão do dia 25/08/2010]

[**Hipóteses excepcionais de vigência contratual superior a 12 meses.**] Como se sabe, a regra geral, aplicável a todos os contratos firmados pelo Poder Público, é que a duração deles não pode ultrapassar a vigência do crédito orçamentário. Nota-se, pelo teor do dispositivo transcrito, que o legislador impediu, doravante, a Administração de poder contratar sem previsão de recursos orçamentários. No entanto, o comando do *caput* do art. 57 não deve ser interpretado de modo absoluto, mesmo porque o legislador da Lei n. 8.666/93, atento a peculiaridades, admitiu as exceções constantes nos incisos I a IV, pelos quais a duração do contrato não se encontra atrelada à vigência do correspondente crédito orçamentário. Destarte, fulcrada nos quatro incisos do art. 57, pode a Administração pactuar vigência contratual superior a doze meses, inclusive formalizar sucessivas prorrogações até o limite legal. Contudo, não se olvide que as exceções enumeradas no citado dispositivo têm por fim resguardar as obrigações estatais de execução diferida, ou seja, aquelas que não se exaurem num único exercício financeiro, incumbindo ao administrador, em cumprimento às leis de responsabilidade fiscal e de licitações, assegurar a existência de disponibilidade financeira suficiente para suportar os custos do contrato celebrado, ainda que, no momento de sua formalização, se preveja duração por prazo superior à vigência do respectivo crédito orçamentário. Todavia, em que pese os arts. 109 e 110 da Lei n. 4.320/64 preverem a aplicação das normas instituídas por essa lei às [empresas estatais] [...], pela Constituição de 1988, elas se sujeitam ao regime jurídico próprio das empresas privadas, inclusive aos direitos e obrigações comerciais, o que as impede de adotar o sistema público de contabilidade, bem como a vinculação de seus registros contábeis ao seu orçamento. Observa-se, ainda, que a contabilidade pública é composta de três distintos sistemas (orçamentário, patrimonial e financeiro) e a comercial, por sua vez, de um único, denominado patrimonial-financeiro. Por conseguinte, as empresas estatais, tendo elas regime único de contabilidade e não tripartite como ocorre na pública, o que as exclui do sistema orçamentário de registros contábeis, estão, em razão dessas peculiaridades, isentas das limitações do art. 57, *caput*, da Lei n. 8.666/93, excepcionalidade essa que deve, em respeito ao princípio da publicidade, constar no ato convocatório de licitação. Em razão desta natureza peculiar das empresas governamentais, bem assim da necessidade de se conciliar o regime de direito privado ao qual se submetem tais entidades, é que os legisladores federal, estadual, distrital e municipal vêm insculpindo nas leis sobre as diretrizes para a elaboração orçamentária o comando de que não se aplicam às empresas públicas e às sociedades de economia mista as normas gerais da Lei n. 4.320/64, no que concerne ao regime contábil, à execução do orçamento e ao demonstrativo de resultado, excetuando-se dessa ressalva a aplicação, no que couber, dos arts. 109 e 110 citados. E o porquê de tudo isso? Porque não se pode burocratizar as paraestatais [empresas estatais] a tal ponto de emperrar sua atividade mercantil com as rígidas normas dirigidas à administração pública direta, autárquica e fundacional. Nesta óptica, acolhendo a doutrina do prof. Celso Antônio Bandeira de Mello, entendo que, em inúmeros casos, alguns dispositivos da lei nacional de licitações, *exempli gratia*, o do art. 57, são incompatíveis com a natureza das empresas estatais que adotam o regime contábil estabelecido pela Lei n. 6.404/76 (*Curso de Direito Administrativo*. 12. ed., 2. tiragem. São Paulo: Malheiros, 2000, p. 467). Em qualquer caso, não se pode desconsiderar que a nova redação do art. 173, §1°, II, da Constituição da República, procurou minimizar o sistema de licitação das empresas governamentais, submetendo-as aos princípios básicos da Lei n. 8.666/93 e, também, permitindo que elas, segundo as suas especificidades, editem regulamento próprio de forma a simplificar a contratação de obras, serviços e compras, principalmente quando exploram atividade econômica. [Consulta n. 654.717. Rel. Conselheiro Moura e Castro. Sessão do dia 03/11/2004]

[**Prazo de duração contratual. Possibilidade de prorrogação.**] [...] o *caput* do art. 57 do Estatuto das Licitações prescreve que a duração dos contratos deve ficar adstrita à dos créditos orçamentários, o que acarreta a fixação do prazo contratual pelo período máximo de 12 meses. [...] embora a regra seja a limitação da vigência do contrato aos respectivos créditos orçamentários, o ordenamento jurídico vigente prevê exceções e permite, em algumas hipóteses, que o prazo contratual ultrapasse o exercício financeiro, e mais, autoriza a prorrogação da vigência desses contratos. Essas exceções encontram-se disciplinadas nos incisos I, II e IV do art. 57 da Lei n. 8.666/93. [...] o gestor municipal, quando da prorrogação do prazo contratual, deve excluir do preço os custos referentes aos serviços de prestação instantânea, que não mais serão prestados. [Denúncia n. 804.626. Rel. Conselheiro Cláudio Couto Terrão. Sessão do dia 11/12/2012]

[**Contrato. Duração anual é regra geral.**] [...] tendo em vista que as quantias não foram estimadas no contrato e no seu valor total no exercício de 2005, seu curso foi elastecido até o exercício seguinte, em desacordo com as regras da legislação vigente, havendo, pois, ilegalidade na contratação. A propósito, Jessé Torres Pereira Júnior assim se posiciona: 'Os créditos orçamentários são anuais; em cada contrato é obrigatória a inserção de cláusula que identifique o crédito orçamentário que responderá pelas respectivas despesas (art. 55, V); logo, como regra geral, a duração dos contratos também será anual'. Ainda no dizer do citado mestre, 'A Lei Federal n. 4.320/64, que consolida as normas gerais de direito financeiro brasileiro, estabelece, em seu art. 34, que o 'exercício financeiro coincidirá com o ano civil'. Por conseguinte, os contratos da Administração Pública brasileira devem acomodar-se a tais termos inicial e final do exercício financeiro, que são os mesmos do ano civil' [...]. [Licitação n. 695.860. Rel. Auditor Hamilton Coelho. Sessão do dia 28/08/2008]

[**Duração do contrato e vigência do crédito orçamentário.**] Apreciando com a mesma gravidade que percebo em tais desrespeitos legais, apresento o voto do Ministro Adhemar Paladini Ghsi do TCU: 'O *caput* do art. 57 da Lei n. 8.666/93 [...] tem o claro objetivo de impedir que se faça uma contratação sem a necessária previsão de recursos orçamentários, em consonância com outros dispositivos da mesma Lei, como o art. 14, que veda a realização de compras sem a indicação de recursos orçamentários para seu pagamento [...]'. (Decisão TCU 298/99, de 21/07/99). Deste modo, os preceitos instituídos no artigo 57 da Lei de Regência das Licitações vedam a contratação por prazo indeterminado, ficando a duração do contrato adstrita à vigência do crédito orçamentário, que, em regra, segue o exercício financeiro. Este cuidado se deve a prevenir desrespeito à contabilidade municipal, que precisa se pautar por organização e transparência fiscal muito maiores do que as que devem apresentar as entidades privadas, [...]

[pois] os gastos administrativos operam-se sob crédito público. Desta feita, omitir o prazo e ultrapassar o crédito orçamentário, em uma contratação, são infringências graves ao artigo 57 da Lei n. 8.666/93, além de obstaculizarem, seriamente, os controles externo e interno municipal. [Processo Administrativo n. 688.478. Rel. Conselheira Adriene Andrade. Sessão do dia 22/05/2007]

[**Irregular fixação do prazo de vigência contratual em 60 meses.**] Encontra-se estabelecido no [...] edital e na [...] minuta do contrato que o prazo de vigência do contrato será de 60 meses, podendo ser prorrogado ou não, de acordo com os critérios da administração. Em consonância com o art. 57 da Lei n. 8666/93, a duraçãodoscontratosfica adstrita à vigência do respectivo crédito orçamentário. Assim a vigência inicial do instrumento contratual deverá corresponder à do respectivo crédito autorizado, configurando-se, portanto, como irregular o prazo de duração fixado no edital em 60 meses. [Representação n. 711.879. Rel. Conselheiro Moura e Castro. Sessão do dia 08/08/2006]

I — aos projetos cujos produtos estejam contemplados nas metas estabelecidas no Plano Plurianual, os quais poderão ser prorrogados se houver interesse da Administração e desde que isso tenha sido previsto no ato convocatório.

II — à prestação de serviços a serem executados de forma contínua, que poderão ter a sua duração prorrogada por iguais e sucessivos períodos com vistas à obtenção de preços e condições mais vantajosas para a administração, limitada a sessenta meses; (Redação dada pela Lei n.º 9.648, de 1998)

[**Contratação de fornecimento de combustível. Impossibilidade de classificação como serviços contínuos.**] [...] não se pode dar interpretação extensiva ao inciso II do artigo 57 da Lei n. 8.666/93, para fornecimento de combustível das viaturas da Polícia Civil, pois a expressão prestação de serviços há de ser tomada no sentido estrito de obrigação de fazer. Não há possibilidade, portanto, de se tentar mascarar contratos de compra em prestação de serviço, se o objetivo do contrato é uma prestação de dar e não de fazer, mesmo porque a motivação da contratação é a aquisição do domínio sobre o produto (combustível) e não a obtenção da prestação de transportar (viaturas). [...] o artigo 57 da Lei n. 8.666/93 é de caráter financeiro, e a regra geral é que os contratos não podem ser prorrogados em razão da anualidade do orçamento público, sendo que os incisos I, II e IV do referido artigo são exceções à regra geral, devendo ser interpretadas restritivamente, como ensina a boa hermenêutica. [Consulta n. 805.979. Rel. Conselheiro Elmo Braz Soares. Sessão do dia 25/08/2010]

[**Prorrogação Contratual. Interpretação restritiva da expressão "prestação de serviços".**] [...] descabe cogitar de dar interpretação extensiva aos incisos do retrotranscrito art. 57, aí incluído o inciso II, explicitamente referido na consulta. Nele, a expressão prestação de serviços há de ser tomada no sentido estrito, de obrigação de fazer, não podendo, por isso, abranger o significado — que lhe pretendeu atribuir o consulente — de "fornecimento ininterrupto de bens, alguns essenciais a manutenção de atividades específicas como, por exemplo, na área de saúde" (*sic*). Registro, ademais, que o elastecimento do conceito de prestação de serviços para abarcar a compra de bens e centros de saúde, por serem eles essenciais à manutenção de hospitais e centros de saúde, seria, além de ofensivo à melhor técnica hermenêutica, também inconveniente sob o ponto de vista prático, pois nenhuma razão plausível poderia ser oposta à extensão do mesmo critério às compras de muitíssimos outros bens, também adquiridos pela administração pública sob o signo da essencialidade. [Consulta n. 833.225. Rel. Conselheiro Elmo Braz Soares. Sessão do dia 07/07/2010]

[Contrato. Prorrogação por período inferior ou superior à vigência. Previsão orçamentária] O professor Marçal Justen Filho (*Comentários à Lei de Licitações e Contratos Administrativos*. 11. ed. São Paulo: Dialética, 2005. p. 504), ao tratar a matéria, posiciona-se: "[...] A continuidade do serviço retrata, na verdade, a permanência da necessidade pública a ser satisfeita. Ou seja, o dispositivo abrange os serviços destinados a atender necessidades públicas permanentes, cujo atendimento não exaure prestação semelhante no futuro. Estão abrangidos não apenas os serviços essenciais, mas também compreendidas necessidades públicas permanentes relacionadas com atividades que não são indispensáveis. [...]". [...] a lei de licitações não exige que todo serviço contínuo seja necessariamente essencial. Caso pretendesse vincular a aplicação da regra aos casos de serviços essenciais, assim teria explicitado no dispositivo. Dessa forma, podemos exemplificar [...]: limpeza pública, segurança, publicidade institucional, manutenção de elevadores, etc. [...] Em função das características especiais do serviço contínuo, ou de uma demanda imprevisível, pode a Administração deparar-se com o término do contrato pelo esgotamento do objeto ou mesmo do recurso antes davigência inicial pactuada. Nesse caso, em decorrência dessa natureza híbrida relativa à sua extinção, o contrato poderá ser prorrogado antes de qualquer dos termos de extinção (escopo/vigência), nos moldes do art. 57, II, da Lei n. 8.666/93, exatamente para não desnaturar o caráter contínuo da prestação — desde que imprescindivelmente a previsão da prorrogação esteja inserta no edital da respectiva licitação. [...] Assim, cumpre trazer ao debate a melhor doutrina acerca da matéria, sustentada pelo professor Marçal Justen Filho (*Comentários à Lei de Licitações e Contratos Administrativos*. 11. ed. São Paulo: Dialética, 2005. p.506), que leciona com propriedade: 'É obrigatório respeitar, na renovação, o mesmo prazo da contratação original? A resposta é negativa, mesmo que o texto legal aluda a "iguais". Seria um contrassenso impor a obrigatoriedade de renovação por período idêntico. Se é possível pactuar o contrato por até 60 meses, não seria razoável subordinar a administração ao dever de estabelecer períodos idênticos para vigência. Isso não significa autorizar o desvio de poder. Não se admitirá que a administração fixe períodos diminutos para a renovação, ameaçando o contratado que não for simpático. [...] Ora, qual o impedimento lógico-jurídico a que a administração contrate por três meses e, no início do exercício orçamentário posterior, promova a renovação por doze meses? Nenhum princípio ou dispositivo legal seria sacrificado. O único obstáculo é a redação literal do art. 57, II [...]'. [...] É necessário, contudo, que a administração evidencie a real vantagem da renovação contratual. A exemplo disso, o TCU Decisão n. 25/2000 Plenário — admitiu contratos de serviços contínuos pelo prazo de 60 meses, decidindo, ainda, no Acórdão n. 740/2004 Plenário: '[...] no caso de prorrogação de serviços de execução continuada, instruir os processos administrativos comprovando que a prorrogação é mais vantajosa para a administração, nos termos do art. 57, II, da Lei n. 8.666/93'. Na mesma esteira, Jessé Torres Pereira Júnior (*Comentários à Lei de Licitações e Contratações*. 6. ed. Renovar, 2003. p. 593), sobre o tema ensina: '[...] a prorrogabilidade passa a ser a regra, desde que implementado o requisito a que vinculada, qual seja o de que, na prorrogação, obtenham-se preço e condições mais vantajosas. Sendo este o caso, nenhum obstáculo a lei opõe à prorrogação, salvo o limite de 60 meses. [...] É evidente que a prestação não pode sofrer solução de continuidade, devendo ser providenciada a prorrogação da execução antes daquele termo final'. [...] Deve-se observar que a execução contratual tem de fazer-se em função do orçamento existente e em vigência. Essa regra é aplicada, em tese, a qualquer contrato, seja de execução instantânea, seja de execução continuada, o que não se confunde com o prazo de vigência estipulado no contrato. A realização da despesa pública caracteriza-se pelo empenho da despesa (art. 35, II, da Lei n. 4.320/64) e, para a sua emissão, utilizam-se dotações consignadas na Lei Orçamentária Anual. Em relação à prorrogação contratual, todavia, a mera indicação de que os recursos estão previstos já confere relativa segurança ao processo. [...] Tendo em vista todo o acima exposto, [...] [entendo que é] possível a renovação do contrato de prestação de serviço contínuo por período inferior ou superior ao prazo inicial avençado — cuja natureza de extinção seja híbrida (extinção em razão do escopo e/ou pelo termo final do prazo de vigência) – antes do término do prazo inicial pactuado, desde que a prorrogação esteja prevista no edital da respectiva licitação, e que reste demonstrada a característica especial do serviço ou demanda imprevisível de serviço, a previsibilidade orçamentária, e a efetiva vantagem da prorrogação contratual para a administração. [Consulta n. 742.467. Rel. Conselheiro Antônio Carlos Andrada. Sessão do dia 12/12/2007]

[**Contratos de publicidade.**] Indaga o consulente, no primeiro quesito, se os contratos de publicidade estão contemplados no disposto no art. 57, II, da Lei n. 8.666/93. [...] A lei nacional de licitações refere-se à prestação de serviços a serem executados de forma contínua, mas não oferece critérios para se apreender o que pode ser considerado como tal. A doutrina, por seu turno, ao tratar do dispositivo em questão, considera que o contrato de prestação de serviço de forma contínua se caracteriza pela impossibilidade de sua interrupção ou suspensão, sob pena de acarretar prejuízos ou danos insuperáveis. [...] Em regra, os contratos de publicidade não se encaixam nesse quadro de contrato de duração continuada, haja vista que visam tão somente divulgar uma determinada atividade pública, que se esgota com o seu cumprimento, sem obrigação de continuidade. Neste sentido, o contrato de publicidade não possui natureza típica de serviço contínuo, cuja atividade, como bem lembrou a Auditoria, tem por fim resguardar as obrigações estatais de execução diferida, ou seja aquelas que não se exaurem num único exercício financeiro. Cumpre destacar, outrossim, que os contratos de publicidade firmados pelo Poder Público com agências de publicidade, devem respeitar o disposto no art. 37, §1°, da Constituição Federal [...]. Com essas breves considerações, concluo, em tese, acerca das duas indagações formuladas: 1 — os contratos realizados pelo Poder Público com agências de publicidade devem observar o disposto no §1º do art. 37 da Constituição Federal, ficando adstritos, quanto ao prazo, à vigência dos respectivos créditos orçamentários, não estando contemplados no disposto no art. 57, II, da Lei n. 8.666/93; 2 — quanto à segunda indagação, dirigida para a hipótese de os contratos em questão serem considerados de duração continuada, e concernente à obrigatoriedade de observarem o disposto no art. 65, §1º, ficando adstritos, no que tange ao valor, à porcentagem de 25%, a resposta à mesma fica prejudicada, diante do parecer negativo à primeira indagação. [Consulta n. 736.572. Rel. Conselheiro Wanderley Ávila. Sessão do dia 28/11/2007]

[**Prorrogação. Contrato. Fornecimento de mão de obra.**] [...] questiona-se sobre a possibilidade de prorrogação de um contrato para atender a situação excepcional. Em casos tais [...], a lei de licitações prevê a prorrogação de um prazo contratual, em caráter excepcional, devidamente justificado e mediante autorização da autoridade superior, limitada ao prazo de doze meses, conforme disposto no §4º do art. 57, [...]. O citado §4º foi acrescido ao art. 57 do Estatuto das Licitações, exatamente para atender o tipo de situação descrita pelo consulente nos contratos de prestação de serviços executados de forma contínua, de cujo objeto não pode prescindir a Administração, conforme previsto no inciso II do *caput* daquele artigo. Esta Corte, [...], tem se deparado com processos de contratação de serviços [...] terceirizados, nos quais verifica-se com grande frequência a oposição de impugnações aos editais, de recursos administrativos em todas as fases da licitação, bem como ações judiciais, tudo a interromper e procrastinar a conclusão do certame. [...] não se pode determinar, com alguma margem de precisão, quando de fato será encerrado o procedimento, daí o porquê de a mencionada lei prever a possibilidade de prorrogação em até doze meses. Este prazo é mais do que razoável para que o administrador público com o mínimo de planejamento possa superar as dificuldades inerentes a este tipo de contratação. Cumpre observar que, se o contrato já ultrapassou o seu termo final ou o prazo máximo para prorrogação, não pode ser novamente prorrogado, na forma do §4º do art. 57, porquanto extinto o contrato. Neste caso, a solução para a situação emergencial advinda da não finalização do processo de contratação seria firmar novo ajuste, [...] na forma do inciso IV do art. 24 da Lei de Licitações. Tal hipótese, entretanto, configura falta de organização e planejamento, conforme ressaltado no parecer da Auditoria, o que importa em responsabilização do gestor. [Consulta n. 649.440. Rel. Conselheiro Moura e Castro. Sessão do dia 29/08/2001]

[**Contratação de veículos para transporte escolar.**] [...] observando a natureza dos serviços prestados à municipalidade — transporte escolar — cuja solução de continuidade comprometeria o comparecimento dos alunos nas escolas rurais, entendo que não há óbice legal a impedir a contratação correspondente, mediante prévia licitação, pelo prazo máximo de sessenta dias, permitida a sua prorrogação por até doze meses, e desde que satisfeitas as seguintes condições: I — estipulação prévia do prazo contratual no edital respectivo; II — existência de recursos suficientes para acobertar as despesas consectárias, os quais devem estar consignados nas leis orçamentárias; e III — justificativa fundamentada e autorização prévia da autoridade superior, no caso, do prefeito, na hipótese de prorrogação do contrato por mais doze meses, (art. 57, §4º, da Lei n. 8666/93), além dos sessenta dias previstos no art. 57, II. [Consulta n. 453.788. Rel. Conselheiro Simão Pedro Toledo. Sessão do dia 10/09/1997]

[**Contrato com data retroativa.**] Vê-se, pois, que se trata de serviços a serem executados de formacontínua. A essencialidade dos serviços de informática impede a paralisação da máquina administrativa. Nesse sentido, a administração municipal poderia estender a duração do contrato que expirava em 31/03/01, por igual período, limitada a 60 meses. [...] Portanto, o novo contrato não poderia ter cláusula com data retroativa para acobertar o período de vacância contratual, haja vista que o instrumento de contrato deve ser formulado exatamente nos termos do ato que autorizou a sua celebração, bem como da respectiva proposta para que a data do pacto contratual não fique divergente da data da dispensa de licitação. Julgo ilegal o procedimento adotado por violação do art. 2º e do §2º do art. 54 ambos da Lei n. 8.666/93, consequentemente, aplico multa de R$1.000,00 ao *[omissis]*, que assinou o contrato. [Processo Administrativo n. 695.224. Rel. Conselheiro em exercício Gilberto Diniz. Sessão do dia 27/04/2010]

[**Exceção à anualidade dos contratos.**] [...] podem ser registradas exceções à anualidade dos contratos em situações nas quais o Poder Público não disponha dos meios necessários ou adequados para a execução de serviços específicos, desde que o objeto contratado não se inclua entre as atividades de sua competência exclusiva. Todavia, essa previsão não autoriza à Administração a utilização do artifício da renovação contínua dos ajustes. [...] a compra de remédios não pode ser considerada serviço e, portanto, não se enquadra em nenhuma das hipóteses de exceção para prorrogação contratual (art. 57, II). A prorrogação de contrato de prestação de serviços somente é viável quando tem por objeto atividades contínuas e se encontra lastreada em dotação orçamentária suficiente para fazer frente às despesas adicionais. [Processo Administrativo n. 701.635. Rel. Auditor Hamilton Coelho. Sessão do dia 12/11/2009]

[**Enquadramento incorreto do objeto do contrato como prestação de serviço ao invés de fornecimento de bens.**] [...] o objeto do contrato, qual fora o fornecimento de peças, ter sido considerado como prestação de serviços [...] entendo ser esta uma irregularidade grave, pois, diferentemente da prestação de serviços, o fornecimento de um bem se exaure com a entrega deste e não pode ser prorrogado, conforme determina o art. 57 da Lei de Licitações [...]. Neste caso específico, vale destacar que a margem deixada pelo enquadramento incorreto do objeto contratual gerou, de fato, consequências nefastas, pois verifiquei que a assinatura do Contrato ocorreu no exercício de 2002, tendo sido este prorrogado para o exercício de 2003. Entendo que a prorrogação foi indevida, pois o objeto não tinha natureza contínua, o que, obrigatoriamente, levaria à necessidade de produzir-se um novo procedimento licitatório para a compra das referidas peças automotivas. [...] No caso em exame, como há decorrências para a imperfeição, considero grave a má adequação do objeto contratual, por infringência ao art. 57, II, da Lei de Licitações, bem como a sua prorrogação, por afronta ao art. 37, XXI, da CR/88 e ao art. 2º, *caput*, da Lei n. 8.666/93. [Processo Administrativo n. 707.561. Rel. Conselheira Adriene Andrade. Sessão do dia 25/11/2008]

[**Indevida caracterização de serviços advocatícios como serviços contínuos.**] Cumpre observar, ainda, que [no caso em exame,] a forma de prorrogação do contrato é outro vício cometido, [...] [pois] além de tratar-se de serviços rotineiros de advocacia, foi [indevidamente] dado ao objeto o caráter de serviço contínuo, em face da previsão de prorrogação automática baseada no art. 57, II, da Lei n. 8.666/93, mais uma vez ofendendo o princípio constitucional da licitação. [Processo Administrativo n. 705.142. Rel. Conselheiro Subst. Licurgo Mourão. Sessão do dia 24/07/2007]

[**Definição do valor da contratação. Escolha da modalidade e verificação da obrigatoriedade da realização de audiência pública.**] Cabe observar que a hipótese da audiência pública se subordina à disciplina do art. 57, II, da Lei de Licitações, uma vez que, na hipótese de contratação com a execução de forma continuada, o valor estimado da licitação deverá considerar a vigência total do contrato, ou seja, o prazo de 60 meses. Em análise do dispositivo supramencionado (in Vade Mecum de Licitações e Contratos, 2006, Editora Fórum, p. 810) Jorge Ulisses Jacoby Fernandes traz entendimento do STJ (Resp n.º

474.781/DF. Registro n.º 20020147971, publicado no DJ de 12 de maio de 2003) que definiu: 'A melhor interpretação, contudo, deve admitir que a qualificação financeira seja correspondente a 60 meses, quando o contrato for desde logo ajustado por este período, porque as verbas rescisórias incidirão sobre o total do contrato, obrigando o licitante a possuir maior capacidade financeira.' [...] No mesmo espeque, Marçal Justen Filho ensina: "Outra questão que desperta dúvida envolve contratos de duração continuada, que comportam prorrogação. A hipótese se relaciona com o disposto no art. 57, II. Suponha-se previsão de contrato por doze meses, prorrogáveis até sessenta meses. Imagine-se que o valor estimado para 12 meses conduz a uma modalidade de licitação, mas a prorrogação produzirá superação do limite previsto para a modalidade. Em tais situações, parece que [a] melhor alternativa é adotar a modalidade compatível com o valor correspondente ao prazo total possível de vigência do contrato. Ou seja, adota-se a modalidade adequada ao valor dos sessenta meses". (*Comentários à Lei de Licitações e Contratos Administrativos*, 2005, 10. ed., Dialética, p. 208). O Tribunal de Contas da União se situa nessa mesma linha, [...] [pois], no Acórdão 2048/2006, referente a contrato com prazo mínimo de vigência de 24 meses para prestação de serviços contínuos, [definiu que] o valor da licitação [...] [deveria] ser estimado considerando-se o prazo total de sessenta meses. [Representação n. 735.337. Rel. Conselheiro Subst. Licurgo Mourão. Sessão do dia 24/07/2007]

[**Acréscimos contratuais.**] [...] o art. 65 limita o acréscimo contratual em 25% (vinte e cinco por cento) do valor inicial atualizado do contrato, o que não se aplica aos contratos de prestação de serviço, a serem executados de forma contínua (art. 57, II). [Licitação n. 613.854. Rel. Conselheiro José Ferraz. Sessão do dia 02/09/2004]

[**Fornecimento de alimento. Serviço contínuo.**] [...] embora omissa a legislação de regência, predomina, na doutrina, entendimento segundo o qual a natureza jurídica do fornecimento de alimento é de prestação de serviços e não [de] compra. Na espécie, os ingredientes, *exempli gratia*, o arroz, feijão, carne, etc., não são objetos do contrato licitado, mas sim o esforço pessoal do licitante no preparo e fornecimento da refeição, o que configura um serviço a ser prestado. [...] não devemos confundir compras de natureza ininterrupta com serviços de caráter contínuo, pois os contratos desses, ao contrário dos daquelas, que têm prazo de vigência limitados aos respectivos exercícios financeiros (art. 57, *caput*), podem ser celebrados por períodos superiores (Lei n. 8.666/93, art. 57, II). [...] Este tipo de serviço [...] enquadra-se nos contratos de execução continuada, que admitem a prorrogação por iguais e sucessivos períodos até o limite máximo de sessenta meses (art. 57, II), desde que prevista expressamente no termo de ajuste, justificada por escrito e previamente autorizada pela autoridade competente (§2º, art. 57). [Consulta n. 678.606. Rel. Conselheiro Moura e Castro. Sessão do dia 13/08/2003]

III — (Vetado). (Redação dada pela Lei n.º 8.883, de 1994)

IV — ao aluguel de equipamentos e à utilização de programas de informática, podendo a duração estender-se pelo prazo de até 48 (quarenta e oito) meses após o início da vigência do contrato.

V — Às hipóteses previstas nos incisos IX, XIX, XXVIII e XXXIII do art. 24, cujos contratos poderão ter vigência por até 120 (cento e vinte) meses, caso haja interesse da administração.

[Contratação direta. Ausência de excepcionalidade prevista em lei.] [...] verifica-se que a contratação em exame foi realizada por meio de processo de inexigibilidade de licitação homologado em 16/6/97[...] com fundamento no art. 25, III, da Lei n. 8.666/93, tendo havido sucessivas prorrogações contratuais. Cumpre observar, primeiramente, que tal contratação não se ajusta ao disposto no referido dispositivo legal, que se refere à contratação de profissionais do setor artístico, e não à concessão de direito de uso de *software*, prestação de serviços de suporte técnico e consultoria em programas e sistemas, objeto do contrato firmado. Ademais, além da ausência de justificativa para as diversas prorrogações contratuais, a duração do contrato extrapolou os 48 meses, o que contraria, respectivamente, o art. 57, §2º, e o art. 57, IV, da Lei n. 8666/93. Tendo em vista que as despesas examinadas nos presentes autos se referem ao período posterior a dezembro de 2000, realizadas com base em contrato indevidamente prorrogado, mostra-se pertinente concluir por sua irregularidade em face da ausência de processo licitatório. Destaca-se que a alegação do responsável [...] de que a contratação atendia às necessidades do sistema de informática da Contabilidade e do Setor de Pessoal do Município e de que a empresa contratada seria nacionalmente conhecida, possuindo preço razoável e compatível com os serviços prestados, o que ensejou a formalização de reiterados termos aditivos ao contrato, não merece prosperar. Insta ressaltar que a realização de processo licitatório constitui exigência constitucional, nos termos do art. 37, XXI, da Constituição da República de 1988, somente sendo admitida a contratação direta em situações excepcionais previstas em lei, o que não ficou demonstrado no caso em análise, uma vez que não foi comprovada a presença de hipótese de dispensa ou de inexigibilidade que pudesse respaldar a não realização do certame. [Processo Administrativo n. 694.174. Rel. Auditor Licurgo Mourão. Sessão do dia 31/07/2012]

[**Exceção à limitação da vigência do contrato.**] [...] embora a regra seja a limitação da vigência do contrato aos respectivos créditos orçamentários, o ordenamento jurídico vigente prevê exceções e permite, em algumas hipóteses, que o prazo contratual ultrapasse o exercício financeiro, e mais, autoriza a prorrogação da vigência desses contratos. [...] verifica-se que a contratação em exame encontra-se amparada pela exceção do inciso IV em referência, segundo o qual o aluguel de equipamentos e a utilização de programas de informática podem ter sua duração estendida pelo prazo de até 48 meses após o início da vigência do contrato. [...] *In* *casu*, constata-se que a complexidade do objeto e as características da contratação exigem a celebração de contrato com prazo de vigência superior a 12 meses, razão pela qual considero regular a cláusula 12.8 do ato convocatório. [Denúncia n. 812.464. Rel. Conselheiro Cláudio Couto Terrão. Sessão do dia 24/04/2012]

§1° Os prazos de início de etapas de execução, de conclusão e de entrega admitem prorrogação, mantidas as demais cláusulas do contrato e assegurada a manutenção de seu equilíbrio econômico-financeiro, desde que ocorra algum dos seguintes motivos, devidamente autuados em processo:

[**Aditamento do contrato. Alteração de prazo. Excepcionalidade.**] Somente em situações excepcionais e ocorrendo uma das hipóteses elencadas no §1° do artigo 57 da Lei Federal n. 8.666/93, os contratos celebrados com a Administração Pública poderão ter seus prazos alterados. Diz, ainda o referido dispositivo "que o motivo deve ser devidamente autuado em processo". Já o §2° do mesmo artigo diz que "toda prorrogação de prazo deverá ser justificada por escrito e previamente autorizada pela autoridade competente para celebrar o contrato." Trata-se, pois, de formalidades imprescindíveis e obrigatórias para o aditamento contratual, não podendo a Administração pública se abster de praticá-las, quando da aditivação dos contratos. A ausência de justificativa e da devida autuação em processo, quando da edição de termo aditivo ao contrato, constitui grave infração à lei e afronta os princípios constitucionais da legalidade e da transparência dos atos administrativos públicos. [Processo Administrativo n. 682.700. Rel. Conselheiro Antônio Carlos Andrada. Sessão do dia 23/10/2007]

I — alteração do projeto ou especificações, pela Administração;
II — superveniência de fato excepcional ou imprevisível, estranho à vontade das partes, que altere fundamentalmente as condições de execução do contrato;

III — interrupção da execução do contrato ou diminuição do ritmo de trabalho por ordem e no interesse da Administração;
IV — aumento das quantidades inicialmente previstas no contrato, nos limites permitidos por esta Lei;
V — impedimento de execução do contrato por fato ou ato de terceiro reconhecido pela Administração em documento contemporâneo à sua ocorrência;
VI — omissão ou atraso de providências a cargo da Administração, inclusive quanto aos pagamentos previstos de que resulte, diretamente, impedimento ou retardamento na execução do contrato, sem prejuízo das sanções legais aplicáveis aos responsáveis.

§2º Toda prorrogação de prazo deverá ser justificada por escrito e previamente autorizada pela autoridade competente para celebrar o contrato.

[Procedimento licitatório julgado irregular em decorrência da falta de justificativa para prorrogação dos termos aditivos.] [...] os documentos carreados aos autos não elucidam os motivos que deram ensejo ao atraso na execução da obra, bem como à prorrogação do prazo de vigência do contrato. Logo, não teria havido a devida justificativa técnica para respaldar o termo aditivo.[...] A justificativa precede a autorização e é o motivo determinante para a prática do aditamento que se segue. Sem a apresentação da justificava, o ato de autorização do aditamento emitido pela autoridade competente se torna insubsistente. [...] proponho, no mérito, ao Colegiado da Segunda Câmara que sejam julgados irregulares os procedimentos licitatórios, conforme descrito no item 2, razão pela qual proponho a aplicação de multa no valor total de R$3.250,00 (três mil duzentos e cinquenta reais) a cada um dos responsáveis. [...] Convite [...], subitem 2.2, *para* pavimentação, capeamento e recapeamento asfáltico, uma vez que foi violado o *caput* do art. 38, bem como a execução do contrato dele decorrente, por inobservância do art. 65, todos da Lei n. 8.666, de 1993, multa no valor de R$2.500,00 (dois mil e quinhentos reais), a cada um dos responsáveis. [Processo Administrativo n. 764.735. Rel. Auditor Gilberto Diniz. Sessão do dia 25/10/2012]

[**Prorrogação contratual. Ausência de comprovação de devido processo licitatório anterior. Irregularidade.**] [...] O defendente alegou que os seguros estavam vigentes à época e que a renovação com as empresas ficaria menos onerosa, tendo em vista o "bônus" e o desconto. Defendeu ainda que o seguro é prestação de serviço e, por esse motivo, pode ser prorrogado, conforme disposto no inciso II do art. 57 da Lei n. 8.666, de 1993, e que, além disso, o preço era condizente com os praticados no mercado. Não procede a alegação da ocorrência de prorrogação contratual prevista no inciso II do art. 57 da Lei n. 8.666, de 1993, tendo em vista que os instrumentos originais não foram apresentados, não ficando comprovada que a primeira contratação tenha sido precedida de procedimento licitatório, validando, assim, as prorrogações contratuais. Considero, pois, que essa circunstância maculou a legalidade das contratações em análise, uma vez que foi descumprido requisito essencial, tornando até mesmo desnecessárias quaisquer considerações a respeito das prorrogações efetivadas. Ressalto, ainda, que o §2° do art. 57 da Lei n. 8.666, de 1993, dispõe que toda prorrogação de prazo deverá ser justificada por escrito e previamente autorizada pela autoridade competente para celebrar o contrato, procedimento que também não ficou caracterizado nos autos. Pelo exposto, entendo que a contratação de seguro de veículos sem a prévia realização do certame licitatório deve ser considerada irregular, sujeitando-se o responsável às sanções impostas pela lei. [Processo Administrativo n. 715.981. Rel. Auditor Gilberto Diniz. Sessão do dia 30/08/2012]

[**Contratação direta. Ausência de excepcionalidade prevista em lei.**] [...] verifica-se que a contratação em exame foi realizada por meio de processo de inexigibilidade de licitação homologado em 16/6/97 [...] com fundamento no art. 25, III, da Lei n. 8.666/93, tendo havido sucessivas prorrogações contratuais. Cumpre observar, primeiramente, que tal contratação não se ajusta ao disposto no referido dispositivo legal, que se refere à contratação de profissionais do setor artístico, e não à concessão de direito de uso de *software*, prestação de serviços de suporte técnico e consultoria em programas e sistemas, objeto do contrato firmado. Ademais, além da ausência de justificativa para as diversas prorrogações contratuais, a duração do contrato extrapolou os 48 meses, o que contraria, respectivamente, o art. 57, §2º, e o art. 57, IV, da Lei n. 8666/93. Tendo em vista que as despesas examinadas nos presentes autos se referem ao período posterior a dezembro de 2000, realizadas com base em contrato indevidamente prorrogado, mostra-se pertinente concluir por sua irregularidade em face da ausência de processo licitatório. Destaca-se que a alegação do responsável [...] de que a contratação atendia às necessidades do sistema de informática da Contabilidade e do Setor de Pessoal do Município e de que a empresa contratada seria nacionalmente conhecida, possuindo preço razoável e compatível com os serviços prestados, o que ensejou a formalização de reiterados termos aditivos ao contrato, não merece prosperar. Insta ressaltar que a realização de processo licitatório constitui exigência constitucional, nos termos do art. 37, XXI, da Constituição da República de 1988, somente sendo admitida a contratação direta em situações excepcionais previstas em lei, o que não ficou demonstrado no caso em análise, uma vez que não foi comprovada a presença de hipótese de dispensa ou de inexigibilidade que pudesse respaldar a não realização do certame. [Processo Administrativo n. 694.174. Rel. Auditor Licurgo Mourão. Sessão do dia 31/07/2012]

[**Contrato. Prorrogação contratual. Estado de calamidade pública.**] Quanto ao fato de o contratofirmado ter sido prorrogado por meio de termos aditivos por mais dois anos, a defesa argumentou que a prorrogação do contrato não contrariou a legislação licitatória, pois, estava abalizado pelo decreto de calamidade pública. Não assiste razão à defesa que se fundamentou no estado de calamidade pública, declarado no Decreto n. [...], tendo em vista que o art. 24, IV, da Lei de Licitações, estabelece o prazo de 180 dias para a conclusão das obras e serviços necessários ao atendimento da situação emergencial ou calamitosa, vedada a prorrogação dos respectivos contratos. Ademais, o §2° do art. 57 da mesma lei determina que toda a prorrogação de prazo deverá ser justificada por escrito e previamente autorizada pela autoridade competente. Sendo assim, considero irregular a prorrogação do contrato em comento. [...] considero irregular o Convite n. [...], bem como o contrato dele decorrente, por contrariarem o disposto no inciso IV do art. 24 c/c o §2° do art. 57 [...]. [Processo Administrativo n. 702.593. Rel. Conselheira Adriene Andrade. Sessão do dia 25/05/2010]

[**Contrato. Prorrogação contratual sem justificativa prévia.**] O §2° do art. 57 da Lei n. 8.666/93 determina que toda a prorrogação de prazo deverá ser justificada por escrito e previamente autorizada pela autoridade competente. Também, a cláusula quarta do contrato firmado para o fornecimento de combustível ao município de [...], à fl. [...], estabeleceu que o prazo do contrato poderia ser prorrogado, desde que houvesse necessidade e mediante acordo entre as partes. Como no presente caso o gestor não apresentou a devida justificativa para a prorrogação contratual, nem demonstrou a real necessidade para assim o fazer, considero irregular a dilatação do prazo contratual, por infringir o disposto no §2° do art. 57 da Lei de Licitações. Por todo o exposto, julgo irregular a Tomada de Preços n.° [...], que teve por objeto a aquisição de combustível para utilização na frota de veículos do município, no período de outubro de 2003 a fevereiro de 2004, pelo descumprimento do disposto [...] no §2° do art. 57 da Lei de Licitações. [Processo Administrativo n. 702.593. Rel. Conselheira Adriene Andrade. Sessão do dia 25/05/2010]

[**Aditamento do contrato. Alteração de prazo. Excepcionalidade.**] Somente em situações excepcionais e ocorrendo uma das hipóteses elencadas no §1° do artigo 57 da Lei Federal n. 8.666/93, os contratos celebrados com a Administração Pública poderão ter seus prazos alterados. Diz ainda o referido dispositivo "que o motivo deve ser devidamente autuado em processo". Já o §2° do mesmo artigo diz que "toda prorrogação de prazo deverá ser justificada por escrito e previamente autorizada pela autoridade competente para celebrar o contrato." Trata-se, pois, de formalidades imprescindíveis e obrigatórias para o aditamento contratual, não podendo a administração pública se abster de praticá-las, quando da aditivação dos contratos. A ausência de justificativa e da devida autuação em processo, quando da edição de termo aditivo ao contrato, constitui grave infração à lei e afronta os princípios constitucionais da legalidade e da transparência dos atos administrativos públicos. [Processo Administrativo n. 682.700. Rel. Conselheiro Antônio Carlos Andrada. Sessão do dia 23/10/2007]

[**Justificativa para prorrogação.**] Marçal Justen Filho (JUSTEN FILHO, Marçal, *Comentários à lei de licitações e contratos administrativos*, 11. ed., São Paulo: Dialética, 2005, p. 503), em sua obra, leciona: "A regra geral para os contratos administrativos é de que não podem ultrapassar os limites de vigência dos créditos orçamentários correspondentes. A regra é consentânea com outras disposições da Lei. Não se admite a licitação ou a contratação sem previsão de recursos orçamentários para seu custeio. Se fosse possível uma contratação com longo prazo de vigência, estar-se-ia frustrando esse princípio, pois a contratação far-se-ia sem previsão de recursos orçamentários. Surgiria uma situação de difícil equação se o orçamento do exercício posterior não consignasse recursos para custeio das despesas derivadas daquele contrato. O particular teria direito de exigir o pagamento (invocando a avença firmada), enquanto a Administração teria o dever de recusá-lo (tendo em vista a ausência de previsão orçamentária)". [...] Não havendo justificativa para aditamento ou prorrogação contratual, os referidos contratos estariam sendo prorrogados por tempo indeterminado. [...] É vedado o contrato com prazo de vigência indeterminado e toda prorrogação de prazo deverá ser justificada por escrito e previamente autorizada pela autoridade competente para celebrar o contrato. [Recurso de Revisão n. 689.028. Rel. Conselheiro Subst. Gilberto Diniz. Sessão do dia 23/05/2007]

[**Prorrogação deve ocorrer antes de expirada a vigência do contrato.**] [...] o I termo aditivo foi assinado após ter sido expirado o contrato inicial, o mesmo ocorrendo com o II termo aditivo, em relação ao primeiro aditamento. [...] [No entanto,] o contrato deveria ter sido prorrogado antes de expirado o prazo de sua validade. [Contrato n. 118.489. Rel. Conselheiro Fued Dib. Sessão do dia 20/03/1997]

§3º É vedado o contrato com prazo de vigência indeterminado.

ENUNCIADO DE SÚMULA N. 38. Por tratar-se de exigência legal, os contratos, convênios, ajustes e outros instrumentos congêneres celebrados pela administração pública, direta e indireta, estadual e municipal, incluídas as fundações instituídas ou mantidas pelo Poder Público, os fundos especiais, e demais entidades controladas pelo Estado e pelos municípios, terão o prazo de vigência determinado.

[**Relevância do prazo determinado dos contratos, inclusive para fins de controle.**] É imperioso que este Tribunal de Contas indique o §3º do art. 57 da Lei n. 8.666/93, como parâmetro de vedação de realização de contrato administrativo com prazo indeterminado. Não é apenas norma de cogência obrigatória mas, também, se presta à gestão planejada e estruturada em orçamentos, que contemplam instrumentos geradores de despesas, cuja previsão é rigorosamente observada pelos órgãos de controle interno da administração. [Processo Administrativo n. 501.013. Rel. Conselheiro Simão Pedro Toledo. Sessão do dia 22/05/2007]

§4° Em caráter excepcional, devidamente justificado e mediante autorização da autoridade superior, o prazo de que trata o inciso II do *caput* deste artigo poderá ser prorrogado por até doze meses. (Incluído pela Lei n.° 9.648, de 1998)

[Prorrogação. Contrato. Fornecimento de mão de obra.] [...] questiona-se sobre a possibilidade de prorrogação de um contrato para atender a situação excepcional. Em casos tais [...], a Lei de Licitações prevê a prorrogação de um prazo contratual, em caráter excepcional, devidamente justificado e mediante autorização da autoridade superior, limitada ao prazo de doze meses, conforme disposto no §4° do art. 57, [...]. O citado §4° foi acrescido ao art. 57 do Estatuto das Licitações, exatamente para atender o tipo de situação descrita pelo consulente nos contratos de prestação de serviços executados de forma contínua, de cujo objeto não pode prescindir a Administração, conforme previsto no inciso II do *caput* daquele artigo. Esta Corte, [...], tem se deparado com processos de contratação de serviços [...] terceirizados, nos quais verifica-se com grande frequência a oposição de impugnações aos editais, de recursos administrativos em todas as fases da licitação, bem como ações judiciais, tudo a interromper e procrastinar a conclusão do certame. [...] não se pode determinar, com alguma margem de precisão, quando de fato será encerrado o procedimento, daí o porquê de a mencionada lei prever a possibilidade de prorrogação em até doze meses. Este prazo é mais do que razoável para que o administrador público com o mínimo de planejamento possa superar as dificuldades inerentes a este tipo de contratação. Cumpre observar que, se o contrato já ultrapassou o seu termo final ou o prazo máximo para prorrogação, não pode ser novamente prorrogado, na forma do §4º do art. 57, porquanto extinto o contrato. Neste caso, a solução para a situação emergencial advinda da não finalização do processo de contratação seria firmar novo ajuste, [...] na forma do inciso IV do art. 24 da Lei de Licitações. Tal hipótese, entretanto, configura falta de organização e planejamento, conforme ressaltado no parecer da Auditoria, o que importa em responsabilização do gestor. [Consulta n. 649.440. Rel. Conselheiro Moura e Castro. Sessão do dia 29/08/2001]

[**Contratação de veículos para transporte escolar.**] [...] observando a natureza dos serviços prestados à municipalidade — transporte escolar — cuja solução de continuidade comprometeria o comparecimento dos alunos nas escolas rurais, entendo que não há óbice legal a impedir a contratação correspondente, mediante prévia licitação, pelo prazo máximo de sessenta dias, permitida a sua prorrogação por até doze meses, e desde que satisfeitas as seguintes condições: I — estipulação prévia do prazo contratual no edital respectivo; II — existência de recursos suficientes para acobertar as despesas consectárias, os quais devem estar consignados nas leis orçamentárias; e III — justificativa fundamentada e autorização prévia da autoridade superior, no caso, do prefeito, na hipótese de prorrogação do contrato por mais doze meses, (art. 57, §4º, da Lei n. 8666/93), além dos sessenta dias previstos no art. 57, II. [Consulta n. 453.788. Rel. Conselheiro Simão Pedro Toledo. Sessão do dia 10/09/1997]

Art. 58. O regime jurídico dos contratos administrativos instituído por esta Lei confere à Administração, em relação a eles, a prerrogativa de:

Os contratos administrativos são regidos não apenas pelas cláusulas neles dispostas, mas também pelos princípios norteadores do direito público.

Neste sentido, a Administração Pública, por meio das chamadas cláusulas exorbitantes que extrapolam os limites do direito privado, está constituída pela prerrogativa do poder-dever, ficando autorizada a modificar e/ou rescindir os contratos administrativos unilateralmente para melhor atender o interesse público, que é supremo frente ao particular.

A execução dos contratos administrativos deverá ser acompanhada e fiscalizada pela Administração Pública desde seu termo inicial até a completa execução do objeto.

Poderá a Administração Pública, nas hipóteses previstas na Lei restabelecer o equilíbrio econômico financeiro que se justificam quando houver:

• fato imprevisível que retardem ou impeçam a execução do contrato;

• fato previsível mas com consequências incalculáveis, que retardem ou impeçam a execução do contrato;

• caso de força maior, caso fortuito ou fato do príncipe configurando pela álea econômica extraordinária e extracontratual.

O reequilíbrio econômico-financeiro deverá ser concedido pela Administração Pública quando se apresentar necessário o restabelecimento da relação econômica entre as partes contratadas inicialmente.

I — modificá-los, unilateralmente, para melhor adequação às finalidades de interesse público, respeitados os direitos do contratado;
II — rescindi-los, unilateralmente, nos casos especificados no inciso I do art. 79 desta Lei;
III — fiscalizar-lhes a execução;
IV — aplicar sanções motivadas pela inexecução total ou parcial do ajuste;

[**Acompanhamento da execução do contrato permite providências antecipadas.**] [...] os incisos III e IV do art. 58 da Lei n. 8.666/93 conferem à Administração o dever de fiscalizar a execução contratual e aplicar sanções motivadas pela inexecução total ou parcial do ajuste, como comenta Marçal Justen Filho: "A Administração tem o poder-dever de acompanhar atentamente a atuação do particular. O dever de promover os direitos fundamentais não se coaduna com uma atuação passiva da Administração. Se o particular não executar corretamente a prestação contratada, a Administração deverá atentar para isso de imediato. A atividade permanente de fiscalização permite à Administração detectar, de antemão, práticas irregulares ou defeituosas. Poderá verificar, antecipadamente, que o cronograma previsto não será cumprido. Enfim, a Administração poderá adotar com maior presteza as providências necessárias para resguardar os interesses fundamentais". [Representação n. 723.250. Rel. Conselheira Adriene Andrade. Sessão do dia 08/05/2007]

V — nos casos de serviços essenciais, ocupar provisoriamente bens móveis, imóveis, pessoal e serviços vinculados ao objeto do contrato, na hipótese da necessidade de acautelar apuração administrativa de faltas contratuais pelo contratado, bem como na hipótese de rescisão do contrato administrativo.

§1º As cláusulas econômico-financeiras e monetárias dos contratos administrativos não poderão ser alteradas sem prévia concordância do contratado.

§2º Na hipótese do inciso I deste artigo, as cláusulas econômico-financeiras do contrato deverão ser revistas para que se mantenha o equilíbrio contratual.

Art. 59. A declaração de nulidade do contrato administrativo opera retroativamente, impedindo os efeitos jurídicos que ele, ordinariamente, deveria produzir, além de desconstituir os já produzidos.

Os vícios verificados na contratação não anulam, necessariamente, os atos anteriormente praticados, podendo, eventualmente, aproveitá-los, renovando a contratação. Por outro lado, a nulidade do procedimento licitatório provoca a nulidade do contrato.

Nos casos em que for declarada a nulidade do contrato, a Administração deverá indenizar o contratado pelo que já tenha executado, sem prejuízo das perdas e danos sofridos, visto que em muitos casos não é possível restituir, ao contratado, o bem nos mesmos moldes anteriores à contratação.

Não será cabível indenização, se restar comprovada a responsabilidade do contratado no vício que contaminar o contrato.

[**Nulidade do contrato.**] [...] dispõe o art. 59 da referida lei [de licitações], que a "declaração de nulidade do contrato administrativo opera retroativamente, impedindo os efeitos jurídicos que ele, ordinariamente, deveria produzir, além de desconstituir os já produzidos". [...] a nulidade é decorrente da ausência de licitação prescrita na lei de regência, presente a lesividade aos interesses públicos e a violação dos princípios constitucionais alusivos à legalidade e à moralidade, pelos quais deve se pautar a Administração Pública. Havendo, assim, ilegalidade na licitação, provocadora de lesão ao patrimônio público, não é crível considerar como válido o contrato dela decorrente, sob pena de reduzir a pó a imposição da licitação, pela *Lex Fundamentalis* da República e pela Lei n. 8.666/93, raciocínio jurídico inadmissível, pois não há espaço para essa hermenêutica. [Licitação n. 695.860. Rel. Auditor Hamilton Coelho. Sessão do dia 28/08/2008]

Parágrafo único. A nulidade não exonera a Administração do dever de indenizar o contratado pelo que este houver executado até a data em que ela for declarada e por outros prejuízos regularmente comprovados, contanto que não lhe seja imputável, promovendo-se a responsabilidade de quem lhe deu causa.

SEÇÃO II – DA FORMALIZAÇÃO DOS CONTRATOS

Art. 60. Os contratos e seus aditamentos serão lavrados nas repartições interessadas, as quais manterão arquivo cronológico dos seus autógrafos e registro sistemático do seu extrato, salvo os relativos a direitos reais sobre imóveis, que se formalizam por instrumento lavrado em cartório de notas, de tudo juntando-se cópia no processo que lhe deu origem.

A Lei 8.666/93 determina que os contratos e seus aditivos sejam elaborados pela Administração Pública, formalmente redigidos, nos termos estabelecidos pela legislação, devidamente numerados e arquivados, respeitando a sequência das datas de assinatura dos mesmos.

Em casos que os contratos administrativos versem sobre direitos reais sobre bens imóveis, os mesmos serão formalizados via instrumento público em cartórios de notas.

Todo processo administrativo que originar uma contratação deverá ser instruído com uma cópia do contrato.

É nulo o contrato verbal firmado pela Administração Pública não produzindo qualquer efeito jurídico, exceto as pequenas compras de pronto pagamento que não ultrapassem o valor de R$ 4.000,00 (quatro mil reais), efetuadas pelo regime de adiantamento.

Parágrafo único. É nulo e de nenhum efeito o contrato verbal com a Administração, salvo o de pequenas compras de pronto pagamento, assim entendidas aquelas de valor não superior a 5% do limite estabelecido no art. 23, inciso II, alínea *a* desta lei, feitas em regime de adiantamento.

O contrato administrativo exige a forma escrita para produzir seus efeitos, com exceção da hipótese prevista neste parágrafo.

Qualquer terceiro que contratar a Administração Pública de forma verbal, não poderá arguir boa-fé ou desconhecimento da norma para qualquer tipo de indenização.

[**Irregularidades nas contratações realizadas pela municipalidade. Falta de licitação e formalização dos contratos.**] [...] a soma dos valores pagos em cada contratação apontada ultrapassou o limite do valor de dispensa de licitação. [...] não é possível admitir que a Administração haja realizado as contratações sem a licitação, pois todos os objetos contratuais correspondem a despesas rotineiras na administração e, portanto, passíveis de planejamento. [...] não se concebe ao gestor que prescinda do planejamento da totalidade das despesas realizadas no exercício financeiro, pois esse é necessário para otimizar o dispêndio dos recursos públicos, garantir o aumento da competitividade entre os interessados a contratar com a Administração, buscando, assim, a redução dos gastos efetuados pelo Poder Público. [...] não bastasse a ausência dos certames, não foram formalizados os contratos, na forma no art. 60 da Lei n. 8.666, de 1993, cabendo destacar que a execução das despesas analisadas neste item não se enquadra na exceção estabelecida no parágrafo único do mesmo artigo, qual seja, "pequenas compras de pronto pagamento". [...] proponho, no mérito, ao Colegiado da Segunda Câmara que [...] sejam julgadas irregulares as contratações realizadas sem o devido procedimento licitatório [...] por afronta ao disposto no inciso XXI do art. 37 da

Constituição da República e nos arts. 2º, 3º e 60 da Lei n. 8.666, de 1993, cominando multa no valor total de R$24.900,00 (vinte e quatro mil e novecentos reais) ao *[omissis]*, prefeito municipal, no período de [...], com fundamento no inciso II do art. 95 da Lei Complementar n. 33, de 1994, então vigente, cujo correspondente na Lei Complementar n. 102, de 2008, é o inciso II do art. 85. [Processo Administrativo n. 705.829. Rel. Auditor Gilberto Diniz. Sessão do dia 22/11/2012]

[**Ausência de arquivo com autógrafos.**] Sobre a ausência de arquivo cronológico dos autógrafos, com infringência ao art. 60 da Lei n. 8.666/93, considero que tal procedimento é necessário como medida para melhorar o controle e a fiscalização do cumprimento dos contratos, evitando-se, assim, o extravio ou ocultação desses instrumentos, conforme salienta Marçal Justen Filho, *in verbis*: 'As exigências contidas no art. 60 destinam-se a assegurar a possibilidade de fiscalização sobre o cumprimento das formalidades legais. Impõe-se a lavratura dos contratos por instrumento escrito, na repartição interessada, arquivados em ordem cronológica, com registro de seu extrato. Logo, não se admite a escusa do extravio ou desconhecimento sobre a existência do contrato'. [Processo Administrativo n. 691.931. Rel. Conselheira Adriene Andrade. Sessão do dia 30/10/2007]

[**Cópia da publicação do extrato. Ausência de obrigatoriedade.**] [...] o parágrafo único do art. 61 da Lei Federal n. 8.666/93 não obriga a juntada de cópia da publicação do extrato de contrato no procedimento licitatório, mas tão somente que ela seja providenciada pela Administração até o quinto dia útil do mês seguinte ao da assinatura do contrato, para ocorrer no prazo de vinte dias daquela data. O dispositivo que trata da formalização dos procedimentos licitatórios é o art. 38 da lei, e nele não consta tal determinação. Assim, aplica-se no caso o art. 60 da referida Lei n. 8.666/93, que determina que as repartições que lavrarem os contratos e seus aditamentos, mantenham o arquivo cronológico dos seus autógrafos e registro sistemático dos extratos. [Processo Administrativo n. 682.700. Rel. Conselheiro Antônio Carlos Andrada. Sessão do dia 23/10/2007]

[**Instrumento contratual. Contrato verbal.**] [...] reputo indispensável a publicação de todo instrumento contratual, ainda quando seja dispensável a lavratura do termo, conforme faculta o §4º do art. 62, em observância ao princípio maior da publicidade, que é imperativo aos entes da administração pública.[...] as demais modalidades instrumentais previstas no art. 62 da Lei n. 8.666/93, que podem substituir o termo de contrato, equiparam-se aos contratos administrativos e, por conseguinte, estão sujeitos à publicação. O que a lei dispensa é a lavratura do termo e não a exigência da publicidade, o que, aliás, nem poderia fazê-lo por se tratar de um princípio constitucional inarredável. [...] A publicação resumida do extrato do instrumento há de ser providenciada pela administração, uma vez que a lei, ao possibilitar a substituição do termo pelos documentos mencionados no art. 62, conferiu a eles a eficácia de verdadeiros contratos administrativos, e por isso precisam ser publicados. Cumpre-me apenas acrescentar que a publicação do documento será feita resumidamente, devendo conter apenas as condições essenciais de todo contrato, previstas no art. 55 da Lei n. 8666/93, no que couber. [...] Verifica-se pela redação do parágrafo único do art. 60, que a hipótese mencionada pelo consulente [contrato verbal para as pequenas compras de pronto pagamento, nas condições do parágrafo único do art. 60] é totalmente distinta da do §4º, do art. 62, porque na primeira, a lei dispensou a exigência de qualquer formalização, seja por meio de termo de contrato ou de qualquer outro documento; o contrato, neste caso, não é escrito, é verbal. Além do que se aplica apenas aos casos daquelas despesas de pequeno valor feitas em regime de adiantamento. Já na hipótese do §4º do art. 62 há exigência de formalização contratual, que pode se dar através do "termo" ou dos demais documentos mencionados no art.

62, que foram pela lei equiparados àquele. Por essa razão, precisam de ser publicados. Contudo, na hipótese do contrato verbal, entendo que a publicação não é necessária, porque inexistente qualquer forma instrumental. [Consulta n. 454.477. Rel. Conselheiro Sylo Costa. Sessão do dia 25/11/1998]

[**Contrato verbal com a Administração Pública.**] Observa-se que o parágrafo único do art. 60 da Lei Federal n. 8.666/93 considera nulo e de nenhum efeito o contrato verbal com a Administração e que a própria defesa atestou a situação irregular da continuidade do fornecimento sem a devida cobertura contratual, assim como o conhecimento e autorização do respectivo pagamento à empresa fornecedora. Tal situação decorreu da ausência de planejamento por parte da Autarquia, como apontado no item anterior. [Processo Administrativo n. 691.229. Rel. Conselheiro Elmo Braz. Sessão do dia 12/05/2011]

[**Contrato verbal. Aditivos escritos. Irregularidades.**] O parágrafo único do art. 60 da Lei n. 8.666/93 dispõe que é nulo e de nenhum efeito o contrato verbal, dele infere-se que os contratos e, consequentemente, os termos aditivos sejam escritos. Logo, as formalidades exigidas nesse artigo visam a possibilitar a efetividade dos mecanismos de controle. [Processo Administrativo n. 695.230. Rel. Auditor Hamilton Coelho. Sessão do dia 07/08/2008]

Art. 61. Todo contrato deve mencionar os nomes das partes e os de seus representantes, a finalidade, o ato que autorizou a sua lavratura, o número do processo da licitação, da dispensa ou da inexigibilidade, a sujeição dos contratantes às normas desta Lei e às cláusulas contratuais.

Além das cláusulas essenciais dispostas no artigo 55, todo contrato administrativo deverá conter as seguintes informações:

- nome do órgão contratante e qualificação do representante legal;
- nome do particular contratado e qualificação do representante legal;
- finalidade do contrato;
- ato autorizativo para celebração do contrato;
- número do processo licitatório, dispensa ou inexigibilidade;
- sujeição dos celebrantes às regras da Lei 8.666/93
- submissão dos celebrantes ao contrato.

Para que haja eficácia legal do contrato, indispensável seja publicado o extrato do mesmo ou do aditamento na imprensa oficial, independentemente do valor envolvido, sendo vedado contrato com prazo indeterminado.

Todo extrato de contrato deverá conter necessariamente, no mínimo, os seguintes elementos, nos termos disposto no artigo 33, §2º, do Decreto nº 93.872/1986:

- espécie;
- o nome das partes contratantes;
- resumo do objeto do contrato;
- modalidade da licitação ou, se for o caso, a dispensa ou inexigibilidade devidamente fundamentados;
- crédito pelo qual correra a despesa;
- número e data do empenho da despesa;
- valor do contrato ou valor a ser pago no exercício corrente e em cada um dos subsequentes, se for o caso;
- prazo;
- data de assinatura do contrato.

A Administração Pública deverá encaminhar para a imprensa oficial, o extrato do contrato até o quinto dia útil do mês subsequente ao da assinatura do termo.

Recebido o extrato, a imprensa oficial terá até vinte dias para efetivar sua publicação.

ENUNCIADO DE SÚMULA N. 28. Os representantes de entidades que celebrarem convênio, contrato ou acordo com o Poder Público devem anexar ao processo submetido ao exame do Tribunal de Contas o instrumento de mandato ou documentação que lhes confira o poder de representação.

[**Edital. Ausência de indicação do número de licitação na publicação do extrato do contrato.**] A unidade técnica e o MPTC apontam irregularidade na publicação do extrato do contrato, decorrente da falta de indicação do número da licitação a que se refere. É certo que, para que os contratos administrativos produzam efeitos jurídicos e regulares devem ser dado a eles publicidade, visando dar transparência aos atos da administração e garantir os seus efeitos externos. Sua omissão poderá acarretar a invalidação dos contratos e, por via de consequência, a não fluência dos prazos, o que ocasiona a ineficácia desses atos e contratos, isto é, a não produção dos seus efeitos. Apesar de erigida pela Lei n. 8.666/93 como condição indispensável para a eficácia dos contratos administrativos, entendo que o defeito na publicação do extrato do contrato, no caso dos autos, não é causa bastante para sua invaldade, já que tal defeito não afeta a contratação já formalizada. Nesse ponto, filio-me ao entendimento, de que, uma nova publicação supre a falha ou defeito da anterior, regularizando-a em consonância com esse entendimento, cabe, no caso em questão, a recomendação à gestora da Seplag para que faça constar nas futuras licitações, comprovante da publicação, em imprensa oficial, do extrato do contrato e de seus termos de aditamento, na forma do art. 61, parágrafo único, da Lei n. 8.666/1993, observando-se, para tanto, os prazos entre a publicação e a data da abertura da licitação, previstos no art. 21 da norma de regência. [Denúncia n. 724.834. Rel. Conselheiro Sebastião Helvecio. Sessão do dia 03/05/2012]

Parágrafo único. A publicação resumida do instrumento de contrato ou de seus aditamentos na imprensa oficial, que é

condição indispensável para sua eficácia, será providenciada pela Administração até o quinto dia útil do mês seguinte ao de sua assinatura, para ocorrer no prazo de vinte dias daquela data, qualquer que seja o seu valor, ainda que sem ônus, ressalvado o disposto no art. 26 desta Lei. (Redação dada pela Lei nº 8.883, de 1994)

O contrato administrativo somente produzirá efeitos após a publicação na imprensa oficial, a forma pela qual a Administração publica seus atos oficiais. A publicação é condição de eficácia. A vigência por sua vez se inicia no dia da sua formalização, ou seja, na data da assinatura.

ENUNCIADO DE SÚMULA N. 46. A eficácia de contratos, convênios e acordos e seus aditamentos celebrados pelos órgãos e entidades públicas, estaduais e municipais, qualquer que seja o seu valor, dependerá da publicação de seu resumo no Órgão Oficial do Estado ou no Diário Oficial local, a qual deverá ser providenciada pela Administração até o quinto dia útil do mês seguinte ao da sua assinatura, para ocorrer no prazo de 20 dias daquela data.

[**Publicação de dispensa de licitação.**] O parágrafo único do art. 61 da Lei n. 8.666 de 21/06/1993 [...] se aplica aos casos de dispensa de licitação previstos nos incisos I e II do art. 24 da mesma lei. Por sua vez, o art. 6º da Lei de Licitações versa: [...] "Para os fins desta Lei, considera-se: [...] XIII — Imprensa Oficial — veículo oficial de divulgação da Administração Pública, sendo para a União o Diário Oficial da União, e, para os Estados, o Distrito Federal e os Municípios, o que for definido nas respectivas leis". Nas palavras do i. professor Marçal Justen Filho, (*Comentários à Lei de Licitação e Contratos Administrativos*. São Paulo: Dialética, 2000. 8 ed. p. 107), 'A Lei n. 8.883 acolheu os protestos generalizados contra a indevida intromissão na órbita de peculiar interesse dos Estados, do Distrito Federal e dos Municípios. Cada uma dessas entidades dispõe de autonomia para determinar o órgão que exercitará as funções de 'Imprensa Oficial' [...]. De fato, como bem sinaliza o trecho da doutrina citada, o dispositivo legal reproduzido explicita a competência outorgada, *in casu*, aos municípios, no inciso I do art. 30 da Constituição da República de 1988, de legislar sobre assuntos de interesse local. Assim, a imprensa oficial do Município deverá ser definida por lei municipal e, estando assim fixada, este será o veículo de publicação dos atos praticados pela Administração, incluídos aqueles assim determinados na Lei de Licitações. [Consulta n. 688.118. Rel. Conselheiro Eduardo Carone Costa. Sessão do dia 01/12/2004]

[**Data em que se considera iniciada a vigência do contrato.**] [...] vigência diz respeito à obrigatoriedade da observância de um determinado ato ou negócio jurídico, no qual é fixado prazo para as partes implementarem as prestações que lhes incumbem; a eficácia, por sua vez, está ligada aos efeitos que o instrumento administrativo irá produzir. [...] a aptidão para irradiar efeitos jurídicos válidos só surge com a publicação do resumo do contrato no diário oficial; a vigência, porém, se inicia no dia da sua formalização. [...] Então, para a norma de licitações, o contrato pode existir, isto é, estar vigente, embora permaneça ineficaz, sem aptidão para produzir efeitos jurídicos concretos, [se não houver ocorrido publicação do seu extrato], pois 'a publicação na imprensa é condição suspensiva da eficácia do contrato'. (JUSTEN FILHO, Marçal. *Comentários à lei de licitações e contratos administrativos*. Rio de Janeiro: AIDE Editora, 1996, p. 383). Por isso, embora vigente o contrato, os direitos e deveres dele decorrentes não se encontram eficazes antes de ocorrida a publicação. Nesse sentido, publicado o extrato do contrato ou de seu aditivo, no prazo legal ou fora dele, uma vez que o descumprimento não vicia ou desfaz a contratação, apenas acarreta ao agente público as sanções administrativas, civis e criminais previstas em lei, seus efeitos (eficácia) retroagem à data de sua formalização; vale afirmar: em que pese a publicidade tornar o contrato eficaz, a vigência ocorre desde sua assinatura. Por conseguinte, depreende-se da norma de regência que a omissão e o retardamento do administrador em divulgar na imprensa oficial o resumo do contrato celebrado impedem que o instrumento produza efeitos jurídicos, valendo perante as partes e terceiros somente depois de implementada essa necessária e indispensável condição, nominada por Hely Lopes Meirelles de 'requisito de eficácia'. Assim, [...] publicado [o extrato] no órgão oficial, os efeitos jurídicos do contrato retroagem à data de sua vigência, que é a da assinatura. [Consulta n. 654.717. Rel. Conselheiro Moura e Castro. Sessão do dia 03/11/2004]

[**Publicação resumida dos instrumentos de contratos e de seus aditamentos na imprensa oficial.**] [...] a publicação resumida na imprensa oficial é exigência do artigo 61, parágrafo único, da Lei n. 8.666/93, não sendo possível a publicação apenas nos quadros de aviso da Prefeitura. [...] sugiro o encaminhamento ao consulente das Consultas ns. 676.780 [...] e 454.477. [Consulta n. 681.358. Rel. Conselheiro Elmo Braz Soares. Sessão do dia 12/05/2004]

[**Condição de eficácia.**] O art. 61 da Lei n. 8.666/93, em seu parágrafo primeiro, estabelece, de forma clara, que é condição de eficácia do instrumento contratual a sua publicação resumida na imprensa oficial, a qual deverá ser providenciada pela Administração. [Consulta n. 676.780. Rel. Conselheiro Sylo Costa. Sessão do dia 24/09/2003]

[**Princípio da publicidade. Inobservância.**] Como é trivialmente sabido, os atos e contratos administrativos devem, por força do princípio da supremacia constitucional, reverência aos dispositivos da Constituição da República e, por força do princípio da legalidade administrativa, obediência à Lei n. 8.666, de 1993. No que concerne ao caso em análise, cabe lembrar que a Administração deve estrita obediência aos princípios insertos na Constituição da República, nomeadamente no caput do art. 37, e também aos princípios da Lei n. 8.666, de 1993, especificamente àqueles constantes do art. 3º e no §1º do art. 61, dispositivos que fazem explícita referência ao princípio da publicidade, o qual decorre do princípio democrático. [...] Nos termos do §1º do art. 61, a publicação resumida do instrumento de contrato ou de seus aditamentos na imprensa oficial, condição indispensável para sua eficácia, será providenciada pela Administração até o quinto dia do mês seguinte à sua assinatura, qualquer que seja o seu valor, ainda que sem ônus. Assim, os contratos administrativos, para produzirem efeitos jurídicos e regulares, devem ser dados à publicidade. [...] Em regra, a omissão ou retardamento do agente quanto à publicação resumida do instrumento de contrato impede ou adia a produção de seus efeitos na ordem jurídica, porquanto, como sabido, a publicação é condição de eficácia. No caso em análise, o contrato foi executado e, portanto, não há como negar que produziu efeitos na ordem jurídica. Ocorre que o descumprimento dos dispositivos constitucionais e legais acima referenciados também produz efeitos ou consequências jurídicas, visto que provoca a responsabilização do agente público. [...] A publicação resumida do termo do contrato e de aditamentos na imprensa oficial, qualquer que seja o valor envolvido, ainda que se trate de contrato sem ônus é condição indispensável para eficácia legal e para o asseguramento do controle social da moralidade administrativa. Entendo que são relevantes as irregularidades apontadas no contrato, as quais, a meu juízo, são absorvidas pela ilegalidade mais grave, no caso, a contratação mediante procedimento licitatório irregular, como sobejamente demonstrado. Assim, deve ser considerado irregular o procedimento licitatório, Concorrência n.[...] uma vez que violadas disposições da Lei n. 8.666, de 1993, devendo ser cominada sanção legal ao responsável. [Processo Administrativo n. 766.551. Rel. Auditor Gilberto Diniz. Sessão do dia 30/10/2012]

[**Ausência de publicação dos instrumentos de contrato.**] [...] a omissão ou retardamento do agentequanto à publicação resumida do instrumento de contrato impede ou adia a produção de seus efeitos na ordem jurídica, porquanto, como sabido, a publicação é condição de eficácia. [...] Desse modo, a falta da publicação do instrumento contratual é outra ilegalidade que torna irregular o contrato por violação ao parágrafo único do art. 61 da Lei n. 8.666, de 1993, com a responsabilização do Prefeito Municipal à época. [...] sejam julgados irregulares os procedimentos licitatórios, conforme descrito no item 3, razão pela qual proponho a aplicação de multa aos responsáveis [...] conforme discriminado a seguir: Convite [...], e contrato dele decorrente, subitem 3.1, considerando que foram violados os arts. 8º, 23 e parágrafo único do art. 61 da Lei n. 8.666, de 1993, multa no valor de R$5.600,00 (cinco mil e seiscentos reais) ao *[omissis]*. [Processo Administrativo n. 694.373. Rel. Auditor Gilberto Diniz. Sessão do dia 30/10/2012]

[**Convite. Irregularidade. Ausência de comprovação da publicação resumida.**] No mérito, proponho que: sejam julgados irregulares os instrumentos contratuais decorrentes dos Convites n.s [...], por violação ao parágrafo único do art. 61 da Lei n. 8.666, de 1993, relativamente à ausência de comprovação da publicação resumida, cominando multa no valor total de R$1.000,00 (mil reais), ao [...], Prefeito Municipal à época, com fundamento no inciso II do art. 95 da Lei Complementar n. 33, de 1994, então vigente, cujo correspondente na Lei Complementar n. 102, de 2008, é o inciso II do art. 85, sendo R$500,00 (quinhentos reais) para cada um dos instrumentos de contrato. Proponho seja recomendado ao atual gestor que adote as providências necessárias às correções das falhas detectadas no sistema de controle interno, [...], e que observe, na formalização dos procedimentos licitatórios e dos contratos deles decorrentes, as normas estabelecidas na Lei n. 8.666, de 1993, a fim de evitar reincidência das irregularidades constantes do exame relativo ao [...], sobretudo o parágrafo único do art. 61, que determina a publicação resumida do termo do contrato e de aditamentos na imprensa oficial, porquanto essa é condição indispensável para sua eficácia e moralidade, até o quinto dia útil do mês seguinte ao de sua assinatura, qualquer que seja o seu valor, ainda que sem ônus. E, mais, que se comunique à Diretoria competente tais deficiências, para que sejam incluídas na matriz de risco do planejamento das ações de fiscalização desta Corte na municipalidade. Transitada em julgado a decisão, cumpram-se as disposições do parágrafo único do art. 364 do Regimento Interno, Resolução TC n. 12, de 2008, e encaminhem-se os autos ao Ministério Público junto ao Tribunal, para adoção das medidas que entender cabíveis na esfera de sua atuação legal. Após, arquivem-se os autos. [Licitação n. 688.736. Rel. Auditor Gilberto Diniz. Sessão do dia 09/10/2012]

[**Ausência da publicação resumida do contrato da imprensa oficial.**] É importante esclarecer que o apontamento não questiona o modo de publicação dos atos administrativos, mas sim a inexistência da publicação. Observo que o convite foi publicado no quadro de avisos da prefeitura, conforme atestado a fl. 365, contudo, em relação ao extrato de contrato, não vislumbro a mesma providência, conforme se infere do contrato de fls. 426 a 430. Assim, não havendo comprovação da publicação do extrato contratual na imprensa oficial, definida pela Lei Orgânica do Município, é forçoso concluir que foi inobservado o parágrafo único do art. 61 da Lei n. 8.666, de 1993. [Processo Administrativo n. 689.083. Rel. Auditor Gilberto Diniz. Sessão do dia 13/09/2012]

[**Cópia da publicação do extrato. Ausência de obrigatoriedade.**] [...] o parágrafo único do art. 61 da Lei Federal n. 8.666/93 não obriga a juntada de cópia da publicação do extrato de contrato no procedimento licitatório, mas tão somente que ela seja providenciada pela Administração até o quinto dia útil do mês seguinte ao da assinatura do contrato, para ocorrer no prazo de vinte dias daquela data. O dispositivo que trata da formalização dos procedimentos licitatórios é o art. 38 da lei, e nele não consta tal determinação. Assim, aplica-se no caso o art. 60 da referida Lei n. 8.666/93, que determina que as repartições que lavrarem os contratos e seus aditamentos, mantenham o arquivo cronológico dos seus autógrafos e registro sistemático dos extratos. [Processo Administrativo n. 682.700. Rel. Conselheiro Antônio Carlos Andrada. Sessão do dia 23/10/2007]

[**Cumprimento do prazo para publicação do extrato.**] Marçal Justen Filho, quanto ao disposto no art. 61, parágrafo único, da Lei n. 8.666/93, assim se manifesta: '[...] A Administração tem dever de promover a publicação dentro desse prazo. Nada impede que o faça em prazo menor, até mesmo pelo interesse em que os prazos contratuais iniciem seu curso imediatamente. E se o fizer fora do prazo superior? O descumprimento a esse prazo não vicia a contratação, nem desfaz o vínculo. Acarreta a responsabilidade dos agentes administrativos que descumpriram tal dever e adia o início do cômputo dos prazos contratuais' [...]. [Contrato n. 310.079. Rel. Conselheiro José Ferraz. Sessão do dia 23/09/2004

Art. 62. O instrumento de contrato é obrigatório nos casos de concorrência e de tomada de preços, bem como nas dispensas e inexigibilidades cujos preços estejam compreendidos nos limites destas duas modalidades de licitação, e facultativo nos demais em que a Administração puder substituí-lo por outros instrumentos hábeis, tais como carta-contrato, nota de empenho de despesa, autorização de compra ou ordem de execução de serviço.

O contrato é obrigatório quando a licitação for do tipo concorrência pública e tomada de preço, bem como nas dispensas e inexigibilidades, sendo facultativo nas demais onde a Administração Pública poderá substituí-lo por outros instrumentos mais simples, porém hábeis para formalizar a contratação, tais como:

- carta-contrato - instrumento mais enxuto que o contrato, seu formato é simplificado, nem por isso é menos eficaz, devendo sempre fazer remissão às disposições da Lei 8.666/93;
- nota de empenho – documento emitido pela Administração Pública o qual gera a obrigação de pagamento;
- autorização de compra;
- ordem de serviço.

Independentemente da complexidade do instrumento, todos deverão ser precedidos de nota de empenho, aplicando-se no que couberem as exigências do contrato.

A minuta do contrato a ser celebrado, após exame e aprovação prévia da assessoria jurídica, integrará o edital de convocação.

Nas aquisições que não resultem em obrigações futuras, com entrega integral e imediata dos bens adquiridos, poderão ser dispensadas do termo de contrato por parte da Administração Pública, independentemente do valor e da modalidade realizada.

[**Falta de edital e instrumento contratual quando há entrega imediata dos bens.**] [...] alega a defesa que para a presente aquisição com entrega imediata, não haveria necessidade de edital e nem contrato, bastando somente execução do rito processual de aquisição, por licitação na modalidade exigida, o empenho prévio, o faturamento, recebimento do objeto licitado e o respectivo pagamento. Com efeito, o termo de contrato é facultativo, independentemente do valor, no caso de compra com entrega imediata e integral dos bens adquiridos, que não resultem em obrigações futuras, de acordo com o art. 62 da Lei n. 8.666/93. [Processo Administrativo n. 616.207. Rel. Conselheiro Wanderley Ávila. Sessão do dia 11/04/2006]

§1° A minuta do futuro contrato integrará sempre o edital ou ato convocatório da licitação.

[**Alteração no edital e na minuta do contrato.**] [...] a lei dispõe que 'a minuta do contrato integrará sempre o edital ou ato convocatório', sendo que qualquer alteração ocorrida no edital [...] deve alterar a minuta do contrato. O jurisconsulto Jessé Torres Pereira Júnior assim escreve acerca da questão: 'a minuta é peça acessória do edital, seguindo-lhe a mesma sorte, isto é, se não houve alteração tempestiva e válida no edital, tampouco poderá ocorrer no contrato; se houve alteração [no edital], então, a minuta do contrato deverá acompanhá-la, nos mesmos termos'. [Processo Administrativo n. 640.061. Rel. Conselheira Adriene Andrade. Sessão do dia 03/04/2007]

§2° Em "carta contrato", "nota de empenho de despesa", "autorização de compra", "ordem de execução de serviço" ou outros instrumentos hábeis aplica-se, no que couber, o disposto no art. 55 desta Lei. (Redação dada pela Lei nº 8.883, de 1994)

§3° Aplica-se o disposto nos arts. 55 e 58 a 61 desta Lei e demais normas gerais, no que couber:

I — aos contratos de seguro, de financiamento, de locação em que o Poder Público seja locatário, e aos demais cujo conteúdo seja regido, predominantemente, por norma de direito privado;

[**Possibilidade de licitar mediante arrendamento mercantil/*leasing*.**] O Código Civil de 2002, art. 104, estabelece que os negócios jurídicos serão válidos caso seja capaz o agente, se o objeto for lícito, possível, determinado ou determinável e se a forma for a prescrita ou não defesa em lei. O negócio jurídico descrito somente poderia ser aceitável — ou válido — se formalmente enquadrado na conhecida figura do arrendamento mercantil/*leasing*, modalidade contratual de financiamento que conta com detalhada e específica regulamentação oficial e com ampla aceitação no mercado, pelo que este parecer responderá aos questionamentos [...], considerando a hipótese como se *leasing* o fosse. Esses contratos de arrendamento mercantil, por natureza, são regidos predominantemente por normas de direito privado, conforme a disciplina do inciso I do §3º do art. 62 da Lei n. 8.666/93, na qual o legislador cita casos em que há possibilidade de a Administração Pública celebrar contratos considerando as normas aplicáveis às relações entre particulares. Esses casos são exemplificativos, o que nos permite concluir que outros, como o contrato de *leasing*, possam ser incluídos nesta relação. Em diversas consultas respondidas por este Tribunal, o entendimento que prevalece é o de que a Administração Pública pode realizar contratos de arrendamento mercantil/*leasing*. [Consulta n. 833.285. Rel. Conselheiro Sebastião Helvecio. Sessão do dia 08/08/2012]

[**Locação de veículos pelo município com cláusula de doação ao final do contrato.**] Em suma, entendo que a modalidade de locação com doação ao final do contrato não se coaduna com o princípio básicoda licitação, que é imprescindível para a contratação, e o qual corresponde à ampla competitividade docertame, podendo ocasionar, sobretudo, verdadeira restrição à oferta da proposta mais vantajosa para a Administração. [...] O entendimento do Tribunal sobre a matéria, em linhas gerais, é de que o município pode celebrar contrato de arrendamento mercantil ou "leasing", desde que, observados os seguintes pré-requisitos: autorização legislativa e procedimento licitatório. [...] Nesse caso, sem sombra de dúvidas, seria atendido o princípio da economicidade pela Administração municipal, o que não ocorrerá na situação hipotética ora colocada. [Consulta n. 748.953. Rel. Conselheiro Eduardo Carone Costa. Sessão do dia 30/03/2011]

[**Realização de arrendamento mercantil pelo município.**] [...] que o arrendamento mercantil ou leasing é um contrato complexo, haja vista que encerra num único ajuste objetos inerentes a locação ou arrendamento, operação de crédito e eventual possibilidade de compra e venda de bem. Pela natureza dos objetos, ou objeto, dessa avença, pode-se concluir que é regido, precipuamente, por normas de direito privado. Nesse diapasão, no âmbito do Poder Público, o contrato de arrendamento mercantil ou *leasing* pode ser nominado como espécie do gênero "semi-público", [...] Por isso, para a formalização dessa espécie contratual, pela Administração Pública, devem ser observadas as normas contidas na Res. n. 69/95, do Senado Federal, bem como imperar os princípios fundamentais e as normas de direito público que regem os contratos administrativos, em especial aquelas contidas na Lei n. 8666/93, conforme dispõe o §3°, I, de seu art. 62. Nesse passo, considerado também como uma operação de crédito, por força das disposições da Res. n. 69/95, em regra de longo prazo, a contratação do arrendamento mercantil deve ser previamente autorizada pela Casa Legislativa correspondente, [...] Além de autorização legislativa prévia, o projeto deverá estar incluído nas Leis do Plano Plurianual, das Diretrizes Orçamentárias, como também o orçamento deverá consignar dotação própria para fazer em face das despesas mensais inerentes ao arrendamento mercantil. Em suma, para a contratação de arrendamento mercantil com entidade de direito interno (operação interna), desde que não exija a elevação temporária de limites, não há necessidade de autorização prévia do Senado Federal, apenas do órgão legislativo local. Por outro lado, para a celebração de arrendamento mercantil com entidade externa (operação externa), faz-se mister sempre a autorização do legislativo local e do Senado Federal. [...] obrigatoriedade de observância das normas da Res. n. 69/95, do Senado Federal, e da Lei n. 8666/93, com as alterações posteriores, no que se refere, precipuamente, às prerrogativas da Administração e à formalização e cláusulas essenciais do contrato, mesmo sendo do gênero semi-público; e 3°) forma de contabilização do contrato, a fim de figurar na Prestação de Contas apresentada anualmente pelo Prefeito Municipal. [Consulta n. 463.736. Rel. Conselheiro Simão Pedro Toledo. Sessão do dia 24/06/1998]

I — aos contratos em que a Administração for parte como usuária de serviço público.

§4º É dispensável o "termo de contrato" e facultada a substituição prevista neste artigo, a critério da Administração e independentemente de seu valor, nos casos de compra com entrega imediata e integral dos bens adquiridos, dos quais não resultem obrigações futuras, inclusive assistência técnica.

Compra de entrega imediata é aquela em que o contratante deverá cumprir sua obrigação imediatamente após a contratação. Não deve ser confundida com a compra para entrega em prazo reduzido, trinta dias, por exemplo.

[**Instrumento contratual. Contrato verbal.**] [...] reputo indispensável a publicação de todo instrumento contratual, ainda quando seja dispensável a lavratura do "termo", conforme faculta o §4º do art. 62, em observância ao princípio maior da publicidade, que é imperativo aos entes da Administração Pública. [...] as demais modalidades instrumentais previstas no art. 62 da Lei n. 8666/93, que podem substituir o "termo de contrato", equiparam-se aos contratos administrativos e, por conseguinte, estão sujeitos à publicação. O que a lei dispensa é a lavratura do "termo" e não a exigência da publicidade, o que, aliás, nem poderia fazê-lo por se tratar de um princípio constitucional inarredável. [...] A publicação resumida do extrato do instrumento há de ser providenciada pela Administração, uma vez que a lei, ao possibilitar a substituição do "termo" pelos documentos mencionados no art. 62, conferiu a eles a eficácia de verdadeiros contratos administrativos, e por isso precisam ser publicados. Cumpre-me apenas acrescentar que a publicação do documento será feita resumidamente, devendo conter apenas as condições essenciais de todo contrato, previstas no art. 55 da Lei n. 8666/93, no que couber. [...] Verifica-se pela redação do parágrafo único do art. 60, que a hipótese mencionada pelo consulente [contrato verbal para as pequenas compras de pronto pagamento, nas condições do parágrafo único do art. 60] é totalmente distinta da do §4º do art. 62, porque, na primeira, a lei dispensou a exigência de qualquer formalização, seja através de termo de contrato ou de qualquer outro documento; o contrato, neste caso, não é escrito, é verbal. Além do que se aplica apenas aos casos daquelas despesas de pequeno valor feitas em regime de adiantamento. Já na hipótese do §4º do art. 62 há exigência de formalização contratual, que pode se dar através do "termo" ou dos demais documentos mencionados no art. 62, que foram pela lei equiparados àquele. Por essa razão, precisam de ser publicados. Contudo, na hipótese do contrato verbal, entendo que a publicação não é necessária, porque inexistente qualquer forma instrumental. [Consulta n. 454.477. Rel. Conselheiro Sylo Costa. Sessão do dia 25/11/1998]

[**Termo de contrato. Publicidade.**] [...] entendo que devem ser publicadas todas as contratações que estejam sujeitas a procedimentos licitatórios ou ainda dispensáveis ou inexigíveis, exceto as dispensáveis por valor. Portanto, se o parágrafo único do art. 61 determina a publicação resumida do instrumento, sem distinguir qual o tipo de instrumento, não cabe ao intérprete distinguir, conforme nos lembra o brocado hermenêutico, além de ser a publicidade condição indispensável à eficácia do ato administrativo, nos termos do caput do art. 37 da Constituição Federal. Pelo exposto, [...] deve a Administração Pública publicar o resumo dos termos de contrato, inclusive aqueles que podem ser substituídos por outros instrumentos, conforme prevê o art. 62 e seu §4º, exceto aqueles cujo procedimento licitatório está dispensado em face do valor, nos termos do art. 24, I e II, da Lei n. 8.666/93. [Consulta n. 489.571. Rel. Conselheiro Moura e Castro. Sessão do dia 02/09/1998]

[**Ausência de instrumento apenas pode ocorrer quando não há obrigações futuras.**] O termo de contrato é facultativo, independentemente do valor, nos casos de compra com entrega imediata e integral dos bens adquiridos, dos quais não resultem obrigações futuras, compreendida entre elas a assistência técnica. [...] Segundo Hely Lopes Meirelles, a 'ausência de contrato escrito, a falta de requisitos essenciais e outros defeitos de forma podem viciar a manifestação de vontade das partes e comprometer irremediavelmente o conteúdo obrigacional do ajuste' [...]. [Processo Administrativo n. 607.419. Rel. Conselheiro Elmo Braz. Sessão do dia 11/11/2004]

Art. 63. É permitido a qualquer licitante o conhecimento dos termos do contrato e do respectivo processo licitatório e, a qualquer interessado, a obtenção de cópia autenticada, mediante o pagamento dos emolumentos devidos.

A regra disposta no artigo 63 reitera o princípio da publicidade, garantindo o acesso ao conteúdo do procedimento licitatório.

Art. 64. A Administração convocará regularmente o interessado para assinar o termo de contrato, aceitar ou retirar o instrumento equivalente, dentro do prazo e condições estabelecidos, sob pena de decair o direito à contratação, sem prejuízo das sanções previstas no art. 81 desta Lei.

A Administração Pública convocará formalmente o adjudicatário, nas condições e prazos previstos no edital convocatório.

A referida convocação deverá ser realizada por meio de comunicado escrito, mediante protocolo, diretamente ao interessado, legalmente constituído, sendo impossível fazê-lo mediante contato telefônico ou fax.

O prazo poderá ser prorrogado uma vez, mediante pedido formal e justificado do particular, devidamente aceito pela Administração.

A recusa injustificada do proponente em firmar o contrato, implicará na perda do direito à contratação estando sujeito às sanções previstas no artigo 81 da Lei no 8.666/1993.

Quando o convocado não assinar o termo de contrato ou não aceitar ou retirar o instrumento equivalente no prazo e condições estabelecidos, fica facultada à Administração Pública a convocação dos licitantes remanescentes, respeitando a ordem de classificação, para, querendo, fazê-lo em igual prazo, ou revogar a licitação.

§1° O prazo de convocação poderá ser prorrogado uma vez, por igual período, quando solicitado pela parte durante o seu transcurso e desde que ocorra motivo justificado aceito pela Administração.

§2° É facultado à Administração, quando o convocado não assinar o termo de contrato ou não aceitar ou retirar o instrumento equivalente no prazo e condições estabelecidos, convocar os licitantes remanescentes, na ordem de classificação, para fazê-lo em igual prazo e nas mesmas condições propostas pelo primeiro classificado, inclusive quanto aos preços atualizados de conformidade com o ato convocatório, ou revogar a licitação independentemente da cominação prevista no art. 81 desta Lei.

[**Não observação do prazo para retirada da nota de empenho.**] De fato, o edital recomenda a retirada da nota de empenho dois dias após o comunicado do resultado do certame, como se depreende do item 6.1, o que não ocorreu, contudo não se justifica imprimir rigor exacerbado pelo descumprimento dessa cláusula, até porque não se configurou prejuízo às partes o atraso em questão, não havendo nenhum comprometimento à Administração a inobservância dessa exigência. [...] Assim, no caso sob análise, a Administração estaria resguardada a tomar as devidas providências, caso entendesse necessário, o que não o fez, certamente porque não houve prejuízo aos interessados, nem mesmo ao município. Dessa forma, deixo de propor sanção ao jurisdicionado, visto que seria impor rigor exacerbado, em flagrante desconsideração ao princípio da razoabilidade. [Processo Administrativo n. 701.050. Rel. Auditor Gilberto Diniz. Sessão do dia 13/09/2012]

[**Multa decorrente de inúmeros vícios apontados no certame licitatório.**] [...] escolha incorreta de convite, ao invés de tomada de preço — art. 23, II; b) impressão de informação indevida nos convites endereçados aos candidatos — arts. 3°, 21, §2°, IV, 38, II, 44, §1°; c) processo sem autuação, numeração e indicação da dotação orçamentária — arts. 14 e 38, *caput*; d) edital não rubricado em todas as páginas — art. 40, §1°; e) falta do termo de designação da comissão de licitação — art. 51; f) falta de autorização para abertura do processo licitatório — art. 38, parágrafo único; g) falta de validade, condições de pagamento e prazo de entrega — art. 48, I; h) falta de rubrica de todos os licitantes presentes — art. 43, §§ 1° e 2°; i) não consta do processo a publicação do resumo do edital — art. 21, IV; j) em face da desistência do 1° colocado, contratou-se o 2° colocado, mas por preço superior — art. 64, §2°; l) falta de cláusulas necessárias nos contratos —art. 55, V, VI, XII e XIII; m) falta de extrato de publicação do contrato — art. 61, parágrafo único. [...] Nesse sentido é o magistério de Jessé Torres Pereira Júnior: "o cumprimento exato do procedimento previsto na lei, no regulamento e no edital é dever da Administração (também por força do princípio da igualdade), ao qual corresponde o direito público subjetivo dos licitantes de exigirem que ela assim se conduza." [...] Ante o exposto, anuindo com os apontamentos do órgão técnico, consideramos irregulares, com a ressalva acima explicitada, o procedimento licitatório sob exame, porquanto ficou amplamente comprovada a violação dos supracitados dispositivos legais. [Processo Administrativo n. 715.980. Rel. Auditor Licurgo Mourão. Sessão do dia 09/02/2010]

§3° Decorridos 60 (sessenta) dias da data da entrega das propostas, sem convocação para a contratação, ficam os licitantes liberados dos compromissos assumidos.

SEÇÃO III – DA ALTERAÇÃO DOS CONTRATOS

Art. 65. Os contratos regidos por esta Lei poderão ser alterados, com as devidas justificativas, nos seguintes casos:

Nos casos permitidos por lei, os contratos administrativos podem ser modificados por meio de termo de aditamento contratual, efetuando acréscimos ou supressões no objeto, prorrogações, repactuações, dentre outras admitidas em lei. Poderão ser atos unilaterais da Administração Pública ou de comum acordo entre as partes. São hipóteses de alteração do contrato:

a) quando houver modificação do projeto ou das especificações, para melhor adequação técnica aos seus objetivos;

b) quando necessária a modificação do valor contratual em decorrência de acréscimo ou diminuição quantitativa de seu objeto;

c) quando houver conveniência na substituição da garantia de execução;

d) quando necessária a modificação do regime de execução da obra ou serviço, bem como do modo de fornecimento, em face de verificação técnica da inaplicabilidade dos termos contratuais originários;

e) quando necessária a modificação da forma de pagamento, por imposição de circunstâncias supervenientes, mantido o valor inicial atualizado, vedada a antecipação do pagamento, com relação ao cronograma financeiro fixado, sem a correspondente contraprestação de fornecimento de bens ou execução de obra ou serviço;

f) para restabelecer a relação que as partes pactuaram inicialmente entre os encargos do contratado e a retribuição da administração para a justa remuneração da obra, serviço ou fornecimento, objetivando a manutenção do equilíbrio econômico-financeiro inicial do contrato, na hipótese de sobrevirem fatos imprevisíveis, ou previsíveis porém de consequências incalculáveis, retardadores ou impeditivos da execução do ajustado, ou, ainda, em caso de força maior, caso fortuito ou fato do príncipe, configurando álea econômica extraordinária e extracontratual.

Nas hipóteses descritas nas letras a e b, os aditamentos contratuais serão atos discricionários e unilaterais da Administração Pública, portanto, impositivos para o particular contratado. Independentemente de serem atos discricionários por parte da Administração, deverão resguardar todos os direitos do particular.

As demais hipóteses serão acordadas entre as partes, propostas por qualquer uma das partes contratantes, desde que demonstrada a conveniência e a necessidade.

Toda alteração contratual que implique na modificação quantitativa do objeto contratado, não poderá ultrapassar os limites dispostos na Lei que são:

- 25% do valor inicial atualizado;
- 50% nos casos de reforma de edifício ou equipamentos.

Não são consideradas alterações contratuais:

- modificação do valor do contrato em face de reajuste de seus preços;
- atualizações, compensações ou penalizações decorrentes das condições de pagamento;
- empenho de dotações orçamentárias suplementares até o limite do valor contratual corrigido.

Os contratos poderão ser aditados para assegurar o equilíbrio econômico financeiro, assegurado na Constituição Federal de 1988, cujo objetivo consiste na manutenção das condições de pagamento estabelecidas no momento da assinatura do contrato, para manter a estabilidade da relação entre as obrigações do contratado e sua justa remuneração por parte da Administração Pública pelo fornecimento de bem, execução de obra ou prestação de serviço.

A Administração Pública poderá nas hipóteses previstas na Lei restabelecer o equilíbrio econômico-financeiro que se justifica quando houver:

- fato imprevisível que retardem ou impeçam a execução do contrato;
- fato previsível mas com consequências incalculáveis, que retardem ou impeçam a execução do contrato;
- caso de força maior, caso fortuito ou fato do príncipe, configurando pela álea econômica extraordinária e extracontratual.

O reequilíbrio econômico-financeiro deverá ser concedido pela Administração Pública quando se apresentar necessário ao restabelecimento da relação econômica entre as partes contratadas inicialmente.

A Administração Pública, somente poderá autorizar e conceder o reequilíbrio econômico-financeiro do contrato depois de verificados:

- os custos dos itens constantes da proposta contratada, confrontados com a planilha de custos que acompanharem o requerimento de reequilíbrio econômico-financeiro;
- a demonstração dos itens da planilha de custos que estão economicamente defasados ocasionando o desequilíbrio do contrato;
- ocorrência de fato imprevisível,
- ocorrência de fato previsível porém de consequências incalculáveis, que justifique modificações do contrato para mais ou para menos.

[Convênio entre o Estado de Minas Gerais e Municípios/Entidades sem fins lucrativos. Objeto e finalidade.] [...] respondo [...] nos termos do pronunciamento da Diretoria de Análise Formal de Contas [...], do qual extraio [...]: "Quanto ao objeto do convênio e sua alteração, [...]: [...] o objeto do convênio é o seu núcleo, contendo a essência da execução do instrumento.[...] substituição seria a mudança do núcleo da finalidade do instrumento e, não, a sua ampliação. [...] mantido o núcleo da finalidade do instrumento, a alteração é permitida. A Lei n. 8.666/93, em seu art. 65, permite alterações quantitativas, para contratos regidos por essa norma. Portanto, a ampliação do núcleo do contrato é acobertada pela legislação em referência. [...] o art. 116, *caput*, estende as disposições desta Lei, no que couber, aos convênios´. [...] a lacuna aberta pelo legislador (ampliação do objeto do contrato) pode ser aplicada aos convênios [...]. A ampliação do núcleo do convênio deve obedecer aos ditames exigidos pela legislação em vigor [...], observando a vigência dos instrumentos, a comprovação de utilização da conta específica, a apresentação de comprovantes de despesas, etc. [...] entende este órgão técnico [...] ser possível o aditamento do instrumento de convênio, para a aquisição de maior quantidade de bens ou prolongamento do objeto além daquele apresentado no projeto', desde que: . o plano de trabalho [...] apresente coerência entre o valor orçado pelo convenente e os valores de mercado [...]; . que a citada economia [...], ao obterem preços inferiores aos propostos nos planos de trabalho, seja [...] não decorrente de orçamento mal elaborado; . que o aditamento seja norteado pelos princípios que regem a Administração Pública, [...] e obedecendo aos ditames exigidos pela legislação em vigor." [Consulta n. 751.507. Rel. Conselheiro Simão Pedro Toledo. Sessão do dia 25/06/2008]

[Falta de justificativa para prorrogação dos termos aditivos. Procedimento licitatório julgado irregular.] [...] os documentos carreados aos autos não elucidam os motivos que deram ensejo ao atraso na execução da obra, bem assim à prorrogação do prazo de vigência do contrato. Logo, não teria havido a devida justificativa técnica para respaldar o termo aditivo.[...] A justificativa precede a autorização e é o motivo determinante para a prática do aditamento que se segue. Sem a apresentação da justificava, o ato de autorização do aditamento emitido pela autoridade competente se torna insubsistente. [...] proponho, no mérito, ao Colegiado da Segunda Câmara que sejam julgados irregulares os procedimentos licitatórios, conforme descrito no item 2, razão pela qual proponho a aplicação de multa no valor total de R$3.250,00 (três mil duzentos e cinquenta reais) a cada um dos responsáveis. [...] Convite [...], subitem 2.2, *para* pavimentação, capeamento e recapeamento asfáltico, uma vez que violado o *caput* do art. 38, bem como a execução do contrato dele decorrente, por inobservância do art. 65, todos da Lei n. 8.666, de 1993, multa no valor de R$2.500,00 (dois mil e quinhentos reais), a cada um dos responsáveis. [Processo Administrativo n. 764.735. Rel. Auditor Gilberto Diniz. Sessão do dia 25/10/2012]

[**Qualquer alteração contratual deve ser feita por termo aditivo com a devida justificativa.**] [...] Entendo que qualquer alteração contratual deva ser feita por termo aditivo, com a devida justificativa por escrito e autorizada pela autoridade competente, o que não ocorreu no presente caso. Diante do exposto, considero parcialmente irregular o apontamento elencado, por infringir o art. 65 da Lei n. 8.666/93. [Processo Administrativo n. 707.561. Rel. Conselheira Adriene Andrade. Sessão do dia25/11/2008]

I — unilateralmente pela Administração:

a) quando houver modificação do projeto ou das especificações, para melhor adequação técnica aos seus objetivos;
b) quando necessária a modificação do valor contratual em

decorrência de acréscimo ou diminuição quantitativa de seu objeto, nos limites permitidos por esta Lei;

[**Alteração dos quantitativos antes da assinatura do contrato é alteração no edital e não no contrato.**] Acerca da previsão no edital de alteração dos quantitativos contratuais no momento da assinatura do contrato, em desacordo com o art. 65, I, alínea *b*, §§ 1º e 2º, da Lei Federal n. 8.666/93, tenho a dizer que, na hipótese vertente, [não se trata de alteração do contrato, mas de alteração do edital de licitação. No caso, falar em] 'possibilidade de alteração do quantitativo da frota quando da assinatura do contrato' equivale dizer 'possibilidade de mudança no quantitativo fixado no objeto do edital' [...], pois o contrato seria assinado já com a referida alteração. Vale mencionar que o próprio Edital previa a possibilidade de se proceder a essa alteração. E ainda, a lei dispõe que 'a minuta do contrato integrará sempre o edital ou ato convocatório', sendo que qualquer alteração ocorrida no edital [...] deve alterar a minuta do contrato. O jurisconsulto Jessé Torres Pereira Júnior assim escreve acerca da questão: 'a minuta é peça acessória do edital, seguindo-lhe a mesma sorte, isto é, se não houve alteração tempestiva e válida no edital, tampouco poderá ocorrer no contrato; se houve alteração, então, a minuta do contrato deverá acompanhá-la nos mesmos termos' (*In Comentários à Lei das Licitações e Contratações*. Rio de Janeiro: Renovar, 1994. p. 379). [Processo Administrativo n. 640.061. Rel. Conselheira Adriene Andrade. Sessão do dia 03/04/2007]

[**Alteração unilateral do objeto pela Administração.**] Faculta-se à Administração Pública alterar unilateralmente o contrato, com as devidas justificativas, quando necessária a modificação do valor contratual em decorrência da diminuição quantificativa de seu objeto, nos termos do art. 65, I, alínea *b*, da Lei n. 8.666/1993. [...] [No caso em exame], a homologação da concorrência [...] e sua correspondente publicação [...]

apresentavam quantificativo correspondente às propostas oferecidas pelos licitantes. Nesse passo, cabia ao gestor firmar os contratos nos termos da concorrência homologada e, [após], [...] realizar aditamento prevendo a redução dos quantificativos. [Contrato n. 301.423. Rel. Conselheiro Antônio Carlos Andrada. Sessão do dia 13/02/2007]

II — por acordo das partes:

a) quando conveniente a substituição da garantia de execução;
b) quando necessária a modificação do regime de execução da obra ou serviço, bem como do modo de fornecimento, em face de verificação técnica da inaplicabilidade dos termos contratuais originários;
c) quando necessária a modificação da forma de pagamento, por imposição de circunstâncias supervenientes, mantido o valor inicial atualizado, vedada a antecipação do pagamento, com relação ao cronograma financeiro fixado, sem a correspondente contraprestação de fornecimento de bens ou execução de obra ou serviço;

[**Adiantamento de recursos financeiros à empresa contratada para execução de serviços. Convênio. Tomada de contas especial.**] Na suposição versada nos autos, além de ter infringido a norma acima citada [art. 116, §4°, Lei n. 8.666/93], o convenente antecipou pagamento sem a correspondente contraprestação da execução de serviço, procedimento esse vedado pelo art. 65, II, alínea *c, in fine*, aplicado por analogia aos convênios, uma vez que a seção no qual está inserido o artigo refere-se à alteração dos contratos. A secretaria, na qualidade de órgão repassador dos recursos, deve acompanhar e fiscalizar a execução do contrato, e, via de conseqüência, do convênio, por força do disposto no art. 67, *caput*, permitida a contratação de terceiros para assisti-la e subsidiá-la de informações pertinentes ao desempenho desse mister. [...] em não existindo a comprovação da regular aplicação da parcela recebida pelo convenente, em face do descumprimento do art. 65, II, alínea c, e do art. 116, §4°, do diploma licitatório, o órgão consulente encontra-se expressamente autorizado pela lei a proceder à retenção das parcelas vincendas, até que sejam sanadas as irregularidades detectadas. [...] a secretaria deve proceder à instauração da tomada de contas especial para apuração dos fatos e quantificação do dano, quando caracterizadas as hipóteses previstas nos incisos I a IV do art. 40 da Lei Complementar n. 33/94, sob pena de responsabilidade solidária; se não atendida tal determinação, o Tribunal, de ofício, instaurará a tomada de contas, de acordo com o fixado no parágrafo único. [Consulta n. 617.952. Rel. Conselheiro Simão Pedro Toledo. Sessão do dia 09/02/2000]

d) para restabelecer a relação que as partes pactuaram inicialmente entre os encargos do contratado e a retribuição da administração para a justa remuneração da obra, serviço ou fornecimento, objetivando a manutenção do equilíbrio econômico-financeiro inicial do contrato, na hipótese de sobrevirem fatos imprevisíveis, ou previsíveis porém de conseqüências incalculáveis, retardadores ou impeditivos da execução do ajustado, ou, ainda, em caso de força maior, caso fortuito ou fato do príncipe, configurando álea econômica extraordinária e extracontratual. (Redação dada pela Lei nº 8.883, de 1994)

[Contrato administrativo de fornecimento de combustíveis. Revisão para recomposição da equação econômico-financeira.] A concretização da equação econômico-financeira [...] ocorre [...] no momento em que a proposta do licitante é aceita pela Administração contratante [...]. A partir de então, a própria Constituição da República passa a proteger o equilíbrio da relação contratual formalizada [...]. A Lei de Licitações, [...], prevê, na alínea d do inciso II do seu art. 65, que o contrato administrativo pode ser alterado, mediante acordo, "[...] objetivando a manutenção do equilíbrio econômico-financeiro inicial do contrato". [...] a recomposição do equilíbrio econômico-financeiro [...] consiste em obrigação legal relativa à gestão do contrato administrativo [...]. [...] passo agora ao estudo das causas que podem desequilibrar a relação estabelecida na formalização da avença. [...] A álea ordinária remete a eventos afetos ao comportamento do contratado, pelos quais não responde a Administração Pública. [...] A falha no planejamento e na quantificação dos encargos relativos à execução do contrato não pode servir de argumento para se pleitear o aumento da remuneração devida pela Administração [...]. A álea administrativa [...] decorre do comportamento da Administração Pública e pode ser subdividida em fato da administração e fato do príncipe. [...] O §5º do artigo 65 da Lei n. 8.666/93 disciplina a mais clássica hipótese de fato do príncipe, que é a elevação da carga tributária. [...] a álea extraordinária remete às causas estranhas à vontade das partes que alteram a equação econômico-financeira do contrato administrativo. [...] agruparemos esses eventos nos gêneros caso fortuito ou força maior, fatos supervenientes imprevistos e sujeições imprevistas. [...] O reajuste ou reajustamento é utilizado para compensar os efeitos da inflação [...]. A revisão, recomposição ou realinhamento de preços, em linhas gerais, é utilizada em razão de alteração extraordinária nos valores, desvinculada da inflação [...]. O instrumento resulta da aplicação da cláusula *rebus sic stantibus* ou teoria da imprevisão [...]. [...] não há exigência de prazo para a aplicação da revisão, visto que ela decorre de evento imprevisível ou, se previsível, de efeitos incalculáveis [...]. A repactuação, por fim, assemelha-se ao reajuste no sentido de ser prevista para ocorrer a cada doze meses, mas aproxima-se da revisão de preços no que toca ao seu conteúdo, visto que se trata de negociação entre as partes sobre as variações efetivamente ocorridas nos encargos do contratado [...]. [...] a alteração contratual deve ser formalizada por meio de termo aditivo devidamente justificado [...]. [...] O contrato administrativo de fornecimento de combustíveis pode ser revisto para a recomposição da equação econômico-financeira, caso se verifique a ocorrência de eventos que desequilibrem a relação inicialmente estabelecida entre os encargos do contratado e a remuneração devida pela Administração

Pública, excetuando-se os fatos correspondentes à álea ordinária, pelos quais responde apenas o particular contratante. [Consulta n. 811.939. Rel. Conselheiro Antônio Carlos Andrada. Sessão do dia 26/05/2010]

[**Revisão de cláusulas econômico-financeiras. Recomposição dos preços. Combustível.**] Tratando o objeto contratual de transporte de passageiros realizado por veículos automotores, o custo dos combustíveis há de ser considerado para efeito de apresentação das propostas, de acordo com o que dispuser o instrumento convocatório e seus anexos, a não ser que o custeio fique a cargo da municipalidade, hipótese em que o aumento dos preços não repercutirá na equação econômico-financeira do contrato. Assim sendo, se por ocasião da definição do vencedor do certame, os preços dos combustíveis integrarem o bojo das propostas, o futuro aumento refletirá no seu conteúdo, de modo a implicar o reequilíbrio econômico-financeiro inicial do contrato. Nesse caso, a recomposição dos valores, a manutenção da equação econômico-financeira, constitui verdadeiro direito fundamental dos que ajustam com o Poder Público, consoante assevera Marcel Waline (Droit Administratif, 9. ed., Paris, 1963, p. 617). De se ressaltar que não é qualquer desequilíbrio que autoriza a revisão do contrato — há riscos inerentes a qualquer atividade econômica, insuficientes para motivá-la. Somente a álea extraordinária justifica a revisão. É a dicção do art. 65, II, *d*, da Lei n. 8.666/93 [...]. [...] Conselheiro Murta Lages: Sr. Presidente, estou inteiramente de acordo, mas quando o Relator afirma: "Para fins de aferição do montante a ser recomposto, por meio de termo aditivo acordado entre as partes, deverão ser consideradas as planilhas constantes dos anexos ao instrumento convocatório que descrevam os preços unitários dos combustíveis", eu acrescentaria na exata medida do seu reflexo sobre o preço global. [Consulta n. 612.523. Rel. Conselheiro José Ferraz. Sessão do dia 22/09/1999]

§1° O contratado fica obrigado a aceitar, nas mesmas condições contratuais, os acréscimos ou supressões que se fizerem nas obras,

serviços ou compras, até 25% (vinte e cinco por cento) do valor inicial atualizado do contrato, e, no caso particular de reforma de edifício ou de equipamento, até o limite de 50% (cinqüenta por cento) para os seus acréscimos.

São prerrogativas extraordinárias da Administração modificar o quantitativo do valor inicial atualizado do contrato, em face da supremacia do interesse público. Entretanto, deve ser observado que a modificação contratual não deve descaracterizar o objeto do contrato para não terminar numa possível frustração do procedimento licitatório.

[**Aplicabilidade dos limites previstos no art. 65, §1º, da Lei n. 8.666/93 aos reajustes realizados em contratos administrativos.**] [...] é cediço que tal norma [art. 65, §1º] destina-se apenas às hipóteses em que há efetiva alteração do objeto do contrato administrativo. Não se referem os seus limites aos procedimentos de Revisão e de Reajuste das avenças, nos quais, em verdade, busca-se a manutenção da equação econômico- financeira do contrato, e não a modificação da prestação devida pelo particular contratado. Nesse sentido, citamos posicionamento do professor Joel de Menezes Niebuhr: 'Tanto as alterações realizadas para manter o equilíbrio econômico-financeiro do contrato propriamente dito, quanto as decorrentes de reajuste, não devem obedecer os limites dos 25% dos valores inicias devidamente atualizados, prescritos no §1º do art. 65 da Lei n. 8.666/93. O limite de 25% é para as situações em que se acresce o objeto.' [...] Pelas razões elencadas, respondo a esta Consulta, em suma, nos seguintes termos: [...] O reajuste do contrato administrativo, visando à manutenção da equação econômico-financeira da avença, não está sujeito aos percentuais máximos de que trata o art. 65, §1º, da Lei n. 8.666/93, visto que esse dispositivo se refere às alterações quantitativas do objeto acordado. [Consulta n. 761.137. Rel. Conselheiro Antônio Carlos Andrada. Sessão do dia 24/09/2008]

[**Possibilidade de alteração unilateral pela Administração do pacto inicial prorrogado, implementando-se o acréscimo permitido pelo art. 65, §1º, da Lei de Licitações.**] Ressalte-se previamente que 'a modificação contratual é institucionalizada e não caracteriza rompimento dosprincípios aplicáveis. É o reflexo jurídico da superposição dos interesses fundamentais, que traduzem anecessidade de o Estado promover os direitos fundamentais por meio de atuação ativa'. (JUSTEN FILHO,Marçal. *Comentários à Lei de Licitações e Contratos Administrativos*. 11. ed. São Paulo: Dialética, 2005. p. 537). E acrescento: a alteração contratual não se confunde com a sua renovação. Considerando as contratações com fundamento no art. 57, II , e o limite de 25% do art. 65, §1º, da Lei em referência, [...] [estou convencido de que o] escopo/montante [que] deverá ser adotado como base para cálculo do acréscimo pretendido [...] coincide com a soma [dos valores dos objetos] das diversas prorrogações [do contrato]. Ou seja, o limite de 25% será calculado sobre o objeto 'ampliado' em função das prorrogações[...] (devidamente atualizado e, se for o caso, revisto). Dessa forma, evidente que a Administração poderá considerar que o limite de 25% não precisará ser calculado em face do objeto/valor contratual de um único período, pois a renovação do contrato produz o efeito de ampliação do objeto ou elevação domontante monetário a ser transferido por uma parte à outra. Por isso, elevando-se a 'base de cálculo', oresultado é o aumento do acréscimo permitido. Assim, havendo um contrato prorrogado, a Administração Pública está autorizada a promover a alteração de 25% calculada sobre o todo, frisando-se que deverá ser obrigatoriamente tomada em conta a vinculação à modalidade de licitação que abranja o novo montante prorrogado. Cumpre ressaltar que, considerando-se agora como referencial o novo objeto/montante oriundo do contrato prorrogado e aditado, poderá a Administração — desde que apresente justificativas fundamentadas, observada a real disponibilidade orçamentária de cada período de execução, bem como os limites disciplinados na Lei de Responsabilidade Fiscal — utilizar o acréscimo legal permitido de forma diluída no curso da vigência contratual estendida, da maneira que convier ao melhor interesse público. [Consulta n. 742.467. Rel. Conselheiro Antônio Carlos Andrada. Sessão do dia 12/12/2007]

[**Acréscimos em obras. Limite do artigo 65, §1º, da Lei n. 8.666/93. Comprovação da necessidade.**] — O art. 65, §1º, da Lei n. 8.666/93 estabelece limites para os acréscimos ou supressões que se pretendem fazer nas obras, serviços ou compras, fixando o máximo de 25% do valor inicial atualizado do contrato. — Entretanto, excepcionando aquele teto, permitiu o legislador, no caso particular de reforma de edifício ou de equipamento, até 50% de acréscimos. — Por sua vez, consta no §2º do sobredito dispositivo [...] que nenhum acréscimo ou supressão poderá exceder os patamares estabelecidos no parágrafo anterior, salvo "as supressões resultantes de acordo firmado entre a Administração e os contratados". — Já no §4º do mesmo artigo, temos que, no caso de supressão de obras, bens ou serviços, se o contratado adquiriu os materiais e os depositou no local da obra, estes serão pagos pelo contratante, no limite dos custos de aquisição, regularmente comprovados e atualizados monetariamente. — Então, somente no caso concreto e, dependendo dos motivos justificadores da medida, harmonizados com as hipóteses que a lei, em tese, agasalha é que se poderão efetivar acréscimos ou supressões em contrato público. — Vale dizer, fora dos casos legais, não haverá possibilidade de modificação contratual, não cabendo a esta Casa dizer se podem ou não ser efetivados este acréscimo ou aquela supressão, pois tal mister se insere na atribuição do administrador, sendo reservado ao Tribunal, quando do exame da legalidade do ato, julgá-lo nos termos e limites da legislação de regência. — Lado outro, não se deve olvidar que os acréscimos legalmente autorizados têm por objetivo acobertar superveniência de fato excepcional e imprevisível, estranho à vontade das partes que, fundamentalmente, altere as condições de execução do contrato. [Consulta n. 692.307. Rel. Conselheiro Moura e Castro. Sessão do dia 06/04/2005] [Termos aditivos. Valor limite para contratação na modalidade convite.] Verifica-se que o valor total [...] não ultrapassou o limite de 25%, conforme §1º do art. 65 da Lei n. 8.666/93, porém o valor aditado acrescido do valor contratado eleva o valor da contratação [...], ultrapassando, assim, o limite para a modalidade convite, que, de acordo com a tabela de licitação publicada no DOU em 28.05.98, é de R$80.000,00. Impõe-se deixar claro que o inciso II do §7º do art. 15 da Lei de Licitações dispõe que nas compras deverão ser observadas "a definição das unidades e das quantidades a serem adquiridas em função do consumo e utilização prováveis, cuja estimativa será obtida, sempre que possível, mediante adequadas técnicas quantitativas de estimação." A finalidade da disposição legal é otimizar o dispêndio dos recursos públicos e impor a programação das compras em sua totalidade, o que implica em aquisição mediante a realização do devido processo licitatório, com a escolha da modalidade licitatória própria, garantindo o aumento da competitividade, com a redução dos gastos despendidos pelo Poder Público. Assim, a falta de programação da totalidade da compra, com escolha de modalidade licitatória inadequada, viola o §5º do art. 23 da Lei n. 8.666/93. [Processo Administrativo n. 704.105. Rel. Conselheiro Antônio Carlos Andrada. Sessão do dia 06/04/2010]

[**Acréscimos contratuais.**] [...] o art. 65 limita o acréscimo contratual em 25% do valor inicial atualizado do contrato, o que não se aplica aos contratos de prestação de serviço, a serem executados de forma contínua (art. 57, II). [Licitação n. 613.854. Rel. Conselheiro José Ferraz. Sessão do dia 02/09/2004]

[**Alterações autorizadas pelo art. 65 da Lei n. 8.666/93 só podem ocorrer após a celebração do contrato.**] [...] é exigência formal definir e estipular a quantidade do objeto a ser licitado (art. 14 e §7º, II, do art. 15 da Lei n. 8.666/93), quando da formulação de um edital. Alterá-lo quantitativamente durante o curso do certame, após conhecida a proposta do licitante, é desrespeitar não só ao mandamento legal, mas a um conjunto de princípios (vinculação ao ato convocatório, igualdade entre os licitantes, impessoalidade, legalidade). Só é cabível promover acréscimos e supressões, nos limites estipulados no §1º do art. 65 da Lei n. 8.666/93, após a contratação, ou seja, após o encerramento do procedimento licitatório. [Licitação 54.842. Rel. Conselheiro Moura e Castro. Sessão do dia 19/06/1997]

§2º Nenhum acréscimo ou supressão poderá exceder os limites estabelecidos no parágrafo anterior, salvo: (Redação dada pela Lei nº 9.648, de 1998)

[**O valor contratual pode ser alterado mediante justificativas.**] A Lei de Licitações, em seu art. 65 estabelece que o valor contratual pode ser alterado, mediante justificativas, nos casos elencados naquele dispositivo legal. Apesar de plausíveis as razões apresentadas pela Administração, tendo em vista a relevância do ensino público, compulsando os autos, não constatei a comprovação das referidas justificativas, pelo que considero uma irregularidade grave o acréscimo do valor inicialmente contratado, acima do percentual permitido, por infringir o art. 65, §2º, da Lei n. 8.666/93. [Processo Administrativo n. 707.561. Rel. Conselheira Adriene Andrade. Sessão do dia 25/11/2008]

I — (VETADO) (Incluído pela Lei nº 9.648, de 1998)

II — as supressões resultantes de acordo celebrado entre os contratantes. (Incluído pela Lei nº 9.648, de 1998)

§3º Se no contrato não houverem sido contemplados preços unitários para obras ou serviços, esses serão fixados mediante acordo entre as partes, respeitados os limites estabelecidos no §1º deste artigo.

§4° No caso de supressão de obras, bens ou serviços, se o contratado já houver adquirido os materiais e posto no local dos trabalhos, estes deverão ser pagos pela Administração pelos custos de aquisição regularmente comprovados e monetariamente corrigidos, podendo caber indenização por outros danos eventualmente decorrentes da supressão, desde que regularmente comprovados.

§5° Quaisquer tributos ou encargos legais criados, alterados ou extintos, bem como a superveniência de disposições legais, quando ocorridas após a data da apresentação da proposta, de comprovada repercussão nos preços contratados, implicarão a revisão destes para mais ou para menos, conforme o caso.

[Contrato administrativo de fornecimento de combustíveis. Revisão para recomposição da equação econômico-financeira.] A concretização da equação econômico-financeira [...] ocorre [...] no momento em que a proposta do licitante é aceita pela Administração contratante [...]. A partir de então, a própria Constituição da República passa a proteger o equilíbrio da relação contratual formalizada [...]. [...] A Lei de Licitações, [...], prevê, na alínea *d* do inciso II do seu art. 65, que o contrato administrativo pode ser alterado, mediante acordo, "[...] objetivando a manutenção do equilíbrio econômico-financeiro inicial do contrato". [...] a recomposição do equilíbrio econômico-financeiro [...] consiste em obrigação legal relativa à gestão do contrato administrativo [...]. [...] passo agora ao estudo das causas que podem desequilibrar a relação estabelecida na formalização da avença. [...] A álea ordinária remete a eventos afetos ao comportamento do contratado, pelos quais não responde a Administração Pública. [...] [...] A falha no planejamento e na quantificação dos encargos relativos à execução do contrato não pode servir de argumento para se pleitear o aumento da remuneração devida pela Administração [...]. A álea administrativa [...] decorre do comportamento da

Administração Pública e pode ser subdividida em fato da administração e fato do príncipe. [...] O §5º do artigo 65 da Lei n. 8.666/93 disciplina a mais clássica hipótese de fato do príncipe, que é a elevação da carga tributária. [...] a álea extraordinária remete às causas estranhas à vontade das partes que alteram a equação econômico-financeira do contrato administrativo. [...] agruparemos esses eventos nos gêneros caso fortuito ou força maior, fatos supervenientes imprevistos e sujeições imprevistas.[...] O reajuste ou reajustamento é utilizado para compensar os efeitos da inflação [...]. [...] A revisão, recomposição ou realinhamento de preços, em linhas gerais, é utilizada em razão de alteração extraordinária nos valores, desvinculada da inflação [...]. O instrumento resulta da aplicação da cláusula *rebus sic stantibus* ou teoria da imprevisão [...]. [...] não há exigência de prazo para a aplicação da revisão, visto que ela decorre de evento imprevisível ou, se previsível, de efeitos incalculáveis [...]. A repactuação, por fim, assemelha-se ao reajuste no sentido de ser prevista para ocorrer a cada doze meses, mas aproxima-se da revisão de preços no que toca ao seu conteúdo, visto que se trata de negociação entre as partes sobre as variações efetivamente ocorridas nos encargos do contratado [...]. [...] a alteração contratual deve ser formalizada por meio de termo aditivo devidamente justificado [...]. [...] O contrato administrativo de fornecimento de combustíveis pode ser revisto para a recomposição da equação econômico-financeira, caso se verifique a ocorrência de eventos que desequilibrem a relação inicialmente estabelecida entre os encargos do contratado e a remuneração devida pela Administração Pública, excetuando-se os fatos correspondentes à álea ordinária, pelos quais responde apenas o particular contratante. [Consulta n. 811.939. Rel. Conselheiro Antônio Carlos Andrada. Sessão do dia 26/05/2010]

[**Revisão dos contratos em razão de alteração tributária, como 'fato do príncipe'.**] [...] o fato causador do rompimento do equilíbrio econômico-financeiro pode ser a instituição de exações fiscais que onerem, de modo específico, o cumprimento da prestação pelo particular. Conclui-se que o incremento tributário, considerado 'fato do príncipe' na dicção da lei e da doutrina, desajusta o equilíbrio econômico-financeiro dos contratos administrativos existentes, cabendo a transferência do ônus ao Poder Público contratante, mediante a fixação de novo valor contratual. Insta frisar, no entanto, nos termos dos ditames da Carta Federal, que resta apurada a equação econômico-financeira do contrato administrativo no momento em que a Administração Pública aceita a melhor proposta, entre as várias que lhe foram apresentadas. Nessa linha é o ensinamento de Hely Lopes Meirelles, após asseverar: 'Portanto, é a partir da proposta apresentada pelo contratado que se inicia a proteção da equação econômico-financeira do contrato', que deverá permanecer até o final do ajuste. Porém, a necessidade do vínculo direto entre o encargo e a prestação contratada é imprescindível. Nesse sentido, o auditor Licurgo Mourão, fl. 07, em seu parecer, aduziu com propriedade que só é cabível a revisão dos contratos, em razão de alteração tributária, — *in casu,* a majoração do tributo Cofins [...] – quando demonstrado que a alteração repercutiu na execução do objeto contratual, ensejando desequilíbrio da equação econômico-financeira. O auditor invergou, ainda, ao debate, a lição de Marçal Justen Filho sobre a matéria, *verbis*: '[...] Haverá quebra da equação econômico-financeira quando o tributo (instituído ou majorado) recair sobre atividade desenvolvida pelo particular ou por terceiro necessária à execução do objeto da contratação. Mais precisamente, cabe investigar se a incidência tributária configura-se como um 'custo' para o particular executar sua prestação. A resposta positiva a esse exame impõe o reconhecimento da quebra do equilíbrio econômico-financeiro. Diversa a situação quando a incidência recai sobre a riqueza já apropriada pelo particular, incidindo economicamente sobre os resultados extraídos da *exploração*'. [...] Desse modo, procedendo-se à análise do art. 65, §5°, aliado ao exposto, verifica-se que os pressupostos inafastáveis do direito à recomposição do equilíbrio econômico-financeiro do contrato são caracterizados pela concretização de um evento posterior à formulação da proposta, identificável como causa do agravamento da posição do particular, e pelo vínculo de causalidade entre o evento ocorrido e a majoração dos encargos do contratado. [...] a recomposição da equação é um direito subjetivo do contratado, inexistindo discricionariedade da Administração, que deverá manter o equilíbrio econômico-financeiro do contrato, uma vez caracterizados os pressupostos necessários de garantia do reequilíbrio. [Consulta n. 724 728. Rel. Conselheiro Antônio Carlos Andrada. Sessão do dia 27/06/2007]

[**Alteração tributária deve ser imprevisível e implicar efetivo aumento dos encargos do contratado, para que haja revisão do contrato.**] [...] a Lei n. 8.666/93, em seu art. 65, §5°, autoriza o apostilamento para aumento do valor contratual apenas na hipótese de criação ou majoração de tributo, imprevisível no momento da contratação, e que eleve os encargos do contratado. [Contrato n. 100.454. Rel. Conselheiro Elmo Braz. Sessão do dia 01/04/2004]

§6° Em havendo alteração unilateral do contrato que aumente os encargos do contratado, a Administração deverá restabelecer, por aditamento, o equilíbrio econômico-financeiro inicial.

Uma das premissas do contrato administrativo é a existência do equilíbrio econômico-financeiro em relação aos encargos impostos ao particular e a sua remuneração correspondente.

Ocorrendo uma alteração unilateral do contrato por parte da Administração que venha a majorar o encargo do particular, esta tem o dever de ampliar a sua remuneração de forma proporcional à majoração do encargo.

[**Contrato administrativo de fornecimento de combustíveis. Revisão para recomposição da equação econômico-financeira.**] A concretização da equação econômico-financeira [...] ocorre [...] no momento em que a proposta do licitante é aceita pela Administração contratante [...]. A partir de então, a própria Constituição da República passa a proteger o equilíbrio da relação contratual formalizada [...]. [...] A Lei de Licitações, [...], prevê, na alínea *d* do inciso II do seu art. 65, que o contrato administrativo pode ser alterado, mediante acordo, "[...] objetivando a manutenção do equilíbrio econômico financeiro inicial do contrato". [...] a recomposição do equilíbrio econômico-financeiro [...] consiste em obrigação legal relativa à gestão do contrato administrativo [...]. [...] passo agora ao estudo das causas que podem desequilibrar a relação estabelecida na formalização da avença. [...] A álea ordinária remete a eventos afetos ao comportamento do contratado, pelos quais não responde a Administração Pública. [...] [...] A falha no planejamento e na quantificação dos encargos relativos à execução do contrato não pode servir de argumento para se pleitear o aumento da remuneração devida pela Administração [...]. A álea administrativa [...] decorre do comportamento da Administração Pública e pode ser subdividida em fato da administração e fato do príncipe.[...] O §5º do artigo 65 da Lei n. 8.666/93 disciplina a mais clássica hipótese de fato do príncipe, que é a elevação da carga tributária. [...] a álea extraordinária remete às causas estranhas à vontade das partes que alteram a equação econômico-financeira do contrato administrativo. [...] agruparemos esses eventos nos gêneros caso fortuito ou força maior, fatos supervenientes imprevistos e sujeições imprevistas. [...] O reajuste ou reajustamento é utilizado para compensar os efeitos da inflação [...]. [...] A revisão, recomposição ou realinhamento de preços, em linhas gerais, é utilizada em razão de alteração extraordinária nos valores, desvinculada da inflação [...]. O instrumento resulta da aplicação da cláusula *rebus sic stantibus* ou teoria da imprevisão [...]. [...] não há exigência de prazo para a aplicação da revisão, visto que ela decorre de evento imprevisível ou, se previsível, de efeitos incalculáveis [...]. A repactuação, por fim, assemelha-se ao reajuste no sentido de ser prevista para ocorrer a cada doze meses, mas aproxima-se da revisão de preços no que toca ao seu conteúdo, visto que se trata de negociação entre as partes sobre as variações efetivamente ocorridas nos encargos do contratado [...]. [...] a alteração contratual deve ser formalizada por meio de termo aditivo devidamente justificado [...]. [...] O contrato administrativo de fornecimento de combustíveis pode ser revisto para a recomposição da equação econômico-financeira, caso se verifique a ocorrência de eventos que desequilibrem a relação inicialmente estabelecida entre os encargos do contratado e a remuneração devida pela Administração Pública, excetuando-se os fatos correspondentes à álea ordinária, pelos quais responde apenas o particular contratante. [Consulta n. 811.939. Rel. Conselheiro Antônio Carlos Andrada. Sessão do dia 26/05/2010]

§7° (VETADO)

§8° A variação do valor contratual para fazer face ao reajuste de preços previsto no próprio contrato, as atualizações, compensações ou penalizações financeiras decorrentes das condições de pagamento nele previstas, bem como o empenho de dotações orçamentárias suplementares até o limite do seu valor corrigido, não caracterizam alteração do mesmo, podendo ser registrados por simples apostila, dispensando a celebração de aditamento.

ENUNCIADO DE SÚMULA N. 86. É irregular a substituição do objeto licitado dos contratos ou convênios, mediante termo aditivo.

SEÇÃO IV – DA EXECUÇÃO DOS CONTRATOS

Art. 66. O contrato deverá ser executado fielmente pelas partes, de acordo com as cláusulas avençadas e as normas desta Lei, respondendo cada uma pelas conseqüências de sua inexecução total ou parcial.

Os contratos administrativos, assim como qualquer acordo de vontade, deverão ser rigorosamente cumpridos, observando as disposições ajustadas e definidas na minuta firmada entre as partes.

A Administração Pública deverá acompanhar e fiscalizar a execução do contrato, buscando garantir que o serviço, a obra ou o fornecimento, sejam realizados nos termos pactuados. O particular contratado está obrigado a executar o objeto do contrato observando as especificações e condições estabelecidas pela Administração Pública.

[**Recebimento da obra fora da especificação prevista. Procedimento licitatório irregular.**] [...] o projeto básico acompanhado dos desenhos ou projetos e a efetiva participação de um fiscal no canteiro de obras teriam permitido detectar a falha durante a execução da obra, não ao final da apresentação da medição concluída, como ocorreu. [...] sem adentrar na questão da conveniência e oportunidade do recebimento da obra no estado em que foi entregue, entendo que agiu mal a Administração, ao permitir que a execução ocorresse fora das especificações ajustadas no instrumento contratual. [...] proponho, no mérito, ao Colegiado da Segunda Câmara que sejam julgados irregulares os procedimentos licitatórios, conforme descrito no item 2, razão pela qual proponho a aplicação de multa no valor total de R$3.250,00 (três mil duzentos e cinquenta reais) a cada um dos responsáveis. [...] Convite [...], subitem 2.1, para execução de obra de pavimentação asfáltica, visto que violado o inc. IX do art. 6º; inc. I do §2º do art. 7º; inc. I do §2º do art. 40, bem como o contrato e sua execução, por inobservância do inc. VII do art. 38, VI do art. 43, *caput* do art. 41, *caput* do art. 67 e art. 66, todos da Lei n. 8.666, de 1993, multa no valor de R$750,00 (setecentos e cinquenta reais), a cada um dos responsáveis. [Processo Administrativo n. 764.735. Rel. Auditor Gilberto Diniz. Sessão do dia 25/10/2012]

[**Aquisição de combustível por inexigibilidade de licitação. Único posto de gasolina no Município. Irregularidade. Valor pago superior ao valor contratado.**] Quanto à irregularidade [...], referente à Inexigibilidade de Licitação n. [...], para aquisição de combustível na empresa [...], sob o argumento de inviabilidade de competição, tendo em vista que existia apenas um posto de gasolina no município, há que se acrescentar algumas observações aos apontamentos do órgão técnico. Verifica-se que, embora o contrato firmado em 06/02/04, com vigência até 31/12/04, não tenha demonstrado o preço final, em infringência ao art. 55, III, da Lei n. 8.666/93, o valor acordado, conforme a soma dos itens [...] da cláusula [...] do contrato acostado a fl. [...], seria de R$ 9.252,00 (nove mil duzentos e cinqüenta e dois reais). No entanto, de acordo com as notas fiscais presentes na documentação de fls. [...], somente de janeiro a maio foram despendidos R$42.848,45 (quarenta e dois mil oitocentos e quarenta e oito reais e quarenta e cinco centavos), observando-se, aqui, mais uma vez, o descumprimento ao art. 66 da citada Lei de Licitações, pois o contrato não estava sendo executado fielmente pelas partes. Não bastasse o valor excessivo a que chegou tal contratação, ainda pesa contra ela o seguinte entendimento desta Corte, expresso na Consulta nº 610.717, respondida em 13/12/00, pelo Relator à época, Conselheiro Elmo Braz: *É exigível a licitação para a aquisição de combustíveis, cabendo ao administrador observar, além do preço e condições de pagamento, se o custo final do produto não anula tais fatores, em decorrência do deslocamento da frota para abastecimento.* Conclui-se, portanto, que a Administração se equivocou ao contratar o fornecimento de combustível por inexigibilidade de licitação e, também, que demonstrou falta de controle com seus gastos ao adquirir quantidades superiores às previstas, pagando valores superiores ao planejado, demonstrando, assim, descuido para com seu patrimônio e infringindo, respectivamente, o art. 2º da Lei n. 8.666/93, o art. 37, XXI, da CR/88, o art. 55, III, da Lei de Licitações e o art. 66 da mesma Lei. [Processo Administrativo n. 705.142. Rel. Conselheira Adriene Andrade. Sessão do dia 24/07/2007]

[**Contrato. Princípio da obrigatoriedade.**] O art. 66 da Lei n. 8.666/93 dispõe que 'o contrato deverá ser executado fielmente pelas partes, de acordo com as cláusulas avençadas e as normas desta lei, respondendo cada uma pelas consequências de sua inexecução total ou parcial'. Nessa esteira, Marçal Justen Filho, ao escrever sobre o princípio da obrigatoriedade, assim se pronunciou: 'O dispositivo consagra o princípio geral da obrigatoriedade das convenções. Cada parte tem o dever de cumprir com as prestações que lhe incumbem na forma, tempo e local previstos contratualmente'. (*In Comentários à Lei de Licitações e Contratos Administrativos*. São Paulo: Dialética, 2000. p. 561). Ressalto, ainda, a responsabilidade solidária da Administração pelos encargos previdenciários resultantes da execução do contrato, em caso de inadimplência da contratada, conforme dispõe o art. 71, §2º, do mesmo dispositivo legal, que impõe à Administração Pública o dever de fiscalização do recolhimento, pela contratada, dos encargos tributários decorrentes da execução do contrato. [Processo Administrativo n. 640.061. Rel. Conselheira Adriene Andrade. Sessão do dia 03/04/2007]

Art. 67. A execução do contrato deverá ser acompanhada e fiscalizada por um representante da Administração especialmente designado, permitida a contratação de terceiros para assisti-lo e subsidiá-lo de informações pertinentes a essa atribuição.

A Administração Pública deverá acompanhar e fiscalizar a execução dos contratos administrativos, observando especialmente:

- a subcontratação;
- a qualidade dos materiais empregados nas obras;
- a qualidade dos serviços prestados;
- a quantidade dos materiais empregados ou serviços executados;
- danos causados à Administração Pública ou a terceiros em decorrência da execução do contrato, responsabilizando o contratado.

A fiscalização deverá ser feita por representante da Administração que manterá profissional habilitado, tecnicamente qualificado e com experiência, para acompanhar e controlar o objeto contratado durante toda a execução. Os fiscais, preferencialmente, serão servidores públicos, podendo ser terceiros contratados especificamente para esse fim.

As ocorrências relacionadas à execução do contrato serão anotadas pelos representantes da Administração Pública, em livro próprio, determinando o que for necessário à regularização das faltas ou defeitos observados, seguido da assinatura das partes contratantes.

Havendo decisões ou providências que extrapolem a competência do representante da Administração Pública, estas serão solicitadas, tempestivamente, ao superior competente para as providências cabíveis.

[**Ausência da designação de servidor para acompanhamento do contrato. Procedimento licitatório considerado irregular.**] [...] a equipe de inspeção apontou a ausência do ato de designação do responsável, que, diferentemente do alegado pelos defendentes, é ato imprescindível, até para respaldar o estágio de liquidação de despesa de forma inequívoca. [...] proponho, no mérito, ao Colegiado da Segunda

Câmara que sejam julgados irregulares os procedimentos licitatórios, conforme descrito no item 2, razão pela qual proponho a aplicação de multa no valor total de R$3.250,00 (três mil duzentos e cinquenta reais) a cada um dos responsáveis. [...] Convite [...], subitem 2.1, para execução de obra de pavimentação asfáltica, visto que violado o inc. IX do art. 6º; inc. I do §2º do art. 7º; inc. I do §2º do art. 40, bem como o contrato e sua execução, por inobservância do inc. VII do art. 38, VI do art. 43, *caput* do art. 41, *caput* do art. 67 e art. 66, todos da Lei n. 8.666, de 1993, multa no valor de R$750,00 (setecentos e cinquenta reais), a cada um dos responsáveis. [Processo Administrativo n. 764.735. Rel. Auditor Gilberto Diniz. Sessão do dia 25/10/2012]

[**Da ausência de fundamentação para inclusão nas despesas indiretas de itens relacionados à fiscalização, pela Secretaria Municipal de Meio Ambiente, dos serviços prestados.**] O item [...] do edital em questão traz previsão de que as licitantes deverão considerar, em suas despesas indiretas, três veículos populares e três celulares, destinados à Secretaria Municipal de Meio Ambiente, para a fiscalização dos serviços prestados. O MPTC aponta que a exigência é excessiva e, ainda, que não há justificativa que demonstre a necessidade de todos esses veículos, o que também não foi abordado pelos responsáveis na defesa apresentada. [...] As compras, obras e serviços devem ser fiscalizados de forma estruturada, independente e organizada, nos termos do citado dispositivo legal, e essa fiscalização é de suma importância no regime das contratações públicas, especialmente no que se refere à busca da efetividade e à demonstração da lisura de todo o procedimento, desde a concepção da despesa pública até quando ela se exaure pela liquidação. Não se pode olvidar que a fiscalização da execução contratual é essencial ao seu regular desenvolvimento, sendo a sua escorreita observância um pressuposto para a eficácia dos art. 69 e seguintes da Lei n. 8.666/93, especialmente para os casos de rescisão contratual previstos nos incisos I a VIII de seu art. 78. Além de não estar devidamente motivada nos autos, essa mistura de recursos públicos e privados na fiscalização contratual atenta contra o princípio da segregação das funções e da independência funcional, devendo ser evitada. Diante das razões expendidas, a denúncia, também neste aspecto, merece prosperar. [Denúncia n. 838.601. Rel. Conselheiro Sebastião Helvecio. Sessão do dia 05/07/2012]

§1° O representante da Administração anotará em registro próprio todas as ocorrências relacionadas com a execução do contrato, determinando o que for necessário à regularização das faltas ou defeitos observados.

[**Pagamentos devidos pela municipalidade a credor inadimplente. Alteração da ordem cronológica dos pagamentos. Encargos oriundos do contrato. Responsabilidade da Administração Pública e do contratante.**] [...] ressalva-se expressamente a inexistência de responsabilidade da Administração Pública por encargos trabalhistas, fiscais e comerciais e dívidas pessoais do contratado. No concernente aos encargos previdenciários, entretanto, a Administração Pública responde solidariamente. Assim sendo, em relação à primeira indagação, os pagamentos devidos pela municipalidade, a favor de credor inadimplente junto à Previdência social e ao FGTS, poderão ser depositados judicialmente, até que seja regularizada a situação pelo contratado ou até que haja o seu comparecimento para receber. Outra solução mais drástica, porém, a qual não pode ser desconsiderada, na hipótese de o contratado persistir no descumprimento de suas obrigações previdenciárias, em relação às quais responde solidariamente a Administração Pública, e perante o FGTS, seria a promoção da rescisão do contrato pela Administração, segundo o art. 79, e conforme o motivo previsto no art. 78, VIII, que corresponde "ao cometimento reiterado de faltas na execução do instrumento, anotadas na forma do §1° do art. 67" [...]. [...] oportuna se apresenta a reprodução do entendimento do auditor, Eduardo Carone Costa [...] em seu parecer [...], em relação ao qual manifesto a minha concordância .[...] "No caso em apreço, se ficar documentadamente comprovada a impossibilidade do pagamento, por culpa exclusiva do credor, é evidente que a falta cometida por ele não pode resultar em prejuízo aos demais. Todavia, os impedimentos provocados pelo credor não se caracterizam apenas através de simples alegações do Administrador. Em casos dessa natureza, o [...] responsável pelo pagamento deve comprovar, documentadamente, que intimou, deu conhecimento pleno ao credor para que lhe apresentasse a documentação necessária para legitimar o pagamento que lhe fará o Poder Público, assinando-lhe prazo razoável para exibição daquilo que a legislação em vigor estabelece como exigência a ser suprida por quem tem crédito a receber dos cofres públicos.[...] toda vez que a ordem cronológica dos pagamentos sofrer alteração, o ato do gestor deverá ser motivado e publicado, tendo em vista o princípio da publicidade a que a Administração está sujeita [...]. [Consulta n. 470.269. Rel. Conselheiro Simão Pedro. Data da sessão 18/03/1998]

[**Ausência do livro de anotações para registo diário de ocorrências relacionadas à execução do contrato.**] Em que pese não terem sido realizados os registros diários da execução dos contratos, nos exatos termos da referida lei, informa o Laudo Técnico de Engenharia desta Corte que foram feitas as observações em relação ao cumprimento do contrato, existindo um fiscal representante da Administração designado para tal fim. A equipe de inspeção atestou que a fiscalização dos serviços foi adequada, a fl. 494, razão pela qual considero que a falha constatada não comprometeu a execução dos contratos. [Processo Administrativo n. 695.224. Rel. Conselheiro em exercício Gilberto Diniz. Sessão do dia 27/04/2010]

[Exigência de acompanhamento da obra pela Administração.] Quanto à ausência do Diário de Obras ou Livro de Ocorrências, apontada pela equipe de Engenharia [...] destaco que a referida obra decorre de um contrato, do qual a Administração Pública é uma das partes, e a exigência de acompanhamento está contida no art. 67, §1°, da Lei n. 8.666/93 [...]. A regra acima transcrita refere-se ao poder-dever da Administração de fiscalizar a execução do contrato, sendo indispensável a designação de um representante para verificação da regularidade contratual. [Processo Administrativo n. 707.561. Rel. Conselheira Adriene Andrade. Sessão do dia 25/11/2008]

§2° As decisões e providências que ultrapassarem a competência do representante deverão ser solicitadas a seus superiores em tempo hábil para a adoção das medidas convenientes.

Art. 68. O contratado deverá manter preposto, aceito pela Administração, no local da obra ou serviço, para representá-lo na execução do contrato.

O contratado deverá manter um representante que deverá ser aceito pela Administração. Toda a comunicação entre a Administração e o contratado será feita por esse representante.

A importância desse preposto é estabelecida na medida em que seus atos de representação vinculam o particular.

Art. 69. O contratado é obrigado a reparar, corrigir, remover, reconstruir ou substituir, às suas expensas, no total ou em parte, o objeto do contrato em que se verificarem vícios, defeitos ou incorreções resultantes da execução ou de materiais empregados.

Independentemente da fiscalização e acompanhamento da execução do contrato, o particular contratado está obrigado a reparar, corrigir, reconstruir ou substituir por conta própria, as falhas cometidas e apontadas pela fiscalização, nos prazos estabelecidos.

Art. 70. O contratado é responsável pelos danos causados diretamente à Administração ou a terceiros, decorrentes de sua culpa ou dolo na execução do contrato, não excluindo ou reduzindo essa responsabilidade a fiscalização ou o acompanhamento pelo órgão interessado.

A responsabilidade do contratado independe da fiscalização e acompanhamento do contrato. Assim, danos causados à Administração Pública ou a terceiros, decorrente de culpa ou dolo na execução do contrato, são de responsabilidade do contratado.

Art. 71 O contratado é responsável pelos encargos trabalhistas, previdenciários, fiscais e comerciais resultantes da execução do contrato.

O contratado é responsável pelos seguintes encargos:

- fiscais, comerciais, previdenciários e obrigações sociais previstos na legislação social e trabalhista em vigor, estando obrigado a quitá-las tempestivamente;
- qualquer demanda trabalhista, civil ou penal, relacionada com a execução do contrato;
- todas as providências e obrigações para a prevenção de acidentes do trabalho, estabelecidas na legislação especifica.

Ainda que o contratado esteja inadimplente em relação aos encargos supracitados, a responsabilidade pelos pagamentos não é transferida para a Administração Pública.

Por disposição legal - artigo 31 da Lei 8.212/1991 - a Administração Pública responde solidariamente pelos encargos previdenciários resultantes da execução do contrato, por isso a importância da obrigatoriedade da apresentação dos documentos relativos à regularidade com a Seguridade Social nas contratações e pagamentos decorrentes de quaisquer procedimentos licitatórios, nas dispensas e inexigibilidades, independente do objeto.

§1º A inadimplência do contratado, com referência aos encargos trabalhistas, fiscais e comerciais não transfere à Administração Pública a responsabilidade por seu pagamento, nem poderá onerar o objeto do contrato ou restringir a regularização e o uso das obras e edificações, inclusive perante o Registro de Imóveis. (Redação dada pela Lei n.º 9.032, de 1995)

§2º A Administração Pública responde solidariamente com o contratado pelos encargos previdenciários resultantes da execução do contrato, nos termos do art. 31 da Lei n.º 8.212, de 24 de julho de 1991. (Redação dada pela Lei n.º 9.032, de 1995)

A falta de fiscalização por parte da Administração Pública nos contratos com terceiros implica na sua responsabilidade subsidiária referente aos encargos trabalhistas (Enunciado 331 do TST).

[Rescisão pela ausência de pagamento de encargos previdenciários pelo contratado.] No concernente aos encargos previdenciários [decorrentes da execução do contrato administrativo], [...] a Administração Pública responde solidariamente. [...] solução [...] drástica, porém, a qual não pode ser desconsiderada, na hipótese de o contratado persistir no descumprimento de suas obrigações previdenciárias, em relação às quais responde solidariamente a Administração Pública, e perante o FGTS, seria a promoção da rescisão do contrato pela Administração, segundo o art. 79, e conforme o motivo previsto no art. 78, VIII, que corresponde 'ao cometimento reiterado de faltas na execução do instrumento, anotadas na forma do §1º do art. 67' [...]. Aplicável na espécie o inciso VIII, e não o inciso I, que discrimina 'o não cumprimento de cláusulas contratuais, especificações, projetos ou prazos' como uma das causas de rescisão do contrato. [Consulta n. 740.269. Rel. Conselheiro Simão Pedro Toledo. Sessão do dia 18/03/1998]

[**Fiscalização e apresentação de certidões negativas.**] O referido dispositivo [art. 71, §2º], a meu ver, impõe à Administração Pública o dever de fiscalização em relação ao ato praticado pela contratada. Nesse contexto, e como não poderia ser de outra forma, a licitante vencedora estaria obrigada a apresentar as certidões negativas de recolhimento dos encargos trabalhistas e previdenciários ou ainda certidões positivas com efeito negativo e a Administração Pública estaria, igualmente, obrigada a exigi-las, o que, neste caso, foi negligenciado, constituindo falta grave da Administração. [Processo Administrativo n. 627801. Rel. Conselheira Adriene Andrade. Sessão do dia 08/05/2007]

[**Contrato. Princípio da obrigatoriedade.**] O art. 66 da Lei n. 8.666/93 dispõe que 'o contrato deverá ser executado fielmente pelas partes, de acordo com as cláusulas avençadas e as normas desta Lei, respondendo cada uma pelas consequências de sua inexecução total ou parcial'. Nessa esteira, Marçal Justen Filho, ao escrever sobre o princípio da obrigatoriedade, assim se pronunciou: 'O dispositivo consagra o princípio geral da obrigatoriedade das convenções. Cada parte tem o dever de cumprir com as prestações que lhe incumbem na forma, tempo e local previstos contratualmente'. (*In Comentários à Lei de Licitações e Contratos Administrativos*. São Paulo: Dialética, 2000. p. 561). Ressalto, ainda, a responsabilidade solidária da Administração pelos encargos previdenciários resultantes da execução do contrato, em caso de inadimplência da contratada, conforme dispõe o art. 71, §2º, do mesmo dispositivo legal, que impõe à Administração Pública o dever de fiscalização do recolhimento, pela contratada, dos encargos tributários decorrentes da execução do contrato. [Processo Administrativo n. 640.061. Rel. Conselheira Adriene Andrade. Sessão do dia 03/04/2007]

§3º (Vetado). (Incluído pela Lei n.º 8.883, de 1994)

Art. 72. O contratado, na execução do contrato, sem prejuízo das responsabilidades contratuais e legais, poderá subcontratar partes

da obra, serviço ou fornecimento, até o limite admitido, em cada caso, pela Administração.

A lei autoriza a subcontratação de partes da obra, serviço ou fornecimento, para que terceiros executem em nome do contratado item, etapa ou parcela do objeto avençado. O subcontratado deverá apresentar para a Administração Pública todos os documentos exigidos pelo edital convocatório na fase de habilitação, principalmente os relativos a regularidade jurídica, idoneidade fiscal, qualificação técnica, qualificação econômico-financeira e o cumprimento do disposto no inciso XXXIII do artigo 7º da Constituição da República de 1988.

Contudo, a subcontratação de parte do contrato, não exime o contratado das responsabilidades legais e contratuais, permanecendo a responsabilidade pela parte subcontratada perante a Administração Pública e terceiros.

[Licitação. Edital. Ausência de previsão de subcontratação. Irregularidade.] [...] entendo que a Administração deve dispor adequadamente da possibilidade de subcontratação no edital e no contrato, definindo claramente seus parâmetros, quando aceitável, pela interpretação dos art. 72 e 78, VI, da Lei n. 8.666/93, pelo que considero irregular a ausência, no edital de Tomada de Preços n. [...] dos limites para a subcontratação ali autorizada. [Denúncia n. 811.915. Rel. Conselheiro Sebastião Helvecio. Sessão do dia 04/10/2012]

[Excepcionalidade da possibilidade de subcontratação.] [...] até determinado limite, fixado, em cada caso, pela Administração, o contratado, durante o tempo de execução do contrato, sem prejuízo, porém, das responsabilidades contratuais e legais, poderá recorrer à subcontratação parcial da obra do serviço ou do fornecimento. Para o Tribunal de Justiça do Estado de São Paulo, a subcontratação é permitida, desde que prevista no edital: 'O contrato administrativo é um contrato *intuitu personae*, de natureza pessoal. É celebrado, por via de regra, após licitação pública, na qual a Administração examina, de forma criteriosa, a capacidade e idoneidade do contratado, cabendo-lhe assim, executar pessoalmente o objeto pactuado, sem que possa transferir a terceiros as responsabilidades assumidas. Não pode subcontratar, a não ser mediante autorização da entidade administrativa contratante'. (Apelação Cível n. 206.091-5/4 — TJSP) No presente caso, o edital proibiu qualquer tipo de subcontratação. Entretanto, o contratado terceirizou parcialmente o serviço objeto do contrato, o que ensejaria a rescisão motivada do contrato em epígrafe e/ou a aplicação de outras penalidades, em virtude de descumprimento de cláusula contratual. [Processo Administrativo n. 640.061. Rel. Conselheira Adriene Andrade. Sessão do dia 03/04/2007]

Art. 73. Executado o contrato, o seu objeto será recebido:

O recebimento do objeto é a aceitação por parte da Administração Pública do produto licitado, o que não exclui a responsabilidade civil do contratado, nos limites estabelecidos, seja por lei, seja pelas disposições pactuadas.

Após a execução completa do contrato, seu objeto será recebido provisória ou definitivamente.

As obras e serviços serão recebidas:

• provisoriamente, por meio de termo circunstanciado assinado pelas partes, em até quinze dias da comunicação escrita feita pelo contratado do término da execução ao representante da Administração;

• definitivamente, após finalizado o prazo de observação ou vistoria, que comprove a adequação do objeto aos termos contratuais, por servidor ou comissão designada pela autoridade competente;

As compras ou de locação de equipamentos serão recebidas:

• provisoriamente, para verificação posterior da conformidade do material com a especificação;

• definitivamente, após verificação da qualidade e quantidade do material em conformidade com o objeto;

Nos casos de aquisição de equipamentos de grande vulto, cujo valor superar a quantia de R$ 37.500.000,00 (trinta e sete milhões e quinhentos mil reais), o recebimento do objeto será feito por meio de termo circunstanciado, nos demais casos o recebimento será mediante recibo.

O recebimento de materiais adquiridos pela Administração Pública, onde o valor exceder o estabelecido na modalidade convite, ou seja, R$ 80.000,00 (oitenta mil reais), o recebimento será confiado à comissão de, no mínimo, três membros.

O contratado deverá comunicar a Administração Pública, com antecedência mínima de 15 (quinze) dias, para proceder termo circunstanciado ou a verificação da conformidade, em não sendo realizados nos prazos fixados, esses procedimentos serão considerados concluídos.

O recebimento definitivo não exime o contratado da responsabilidade de reparar, corrigir, remover, reconstruir ou substituir, por conta própria, no todo ou em parte, objeto que apresente vícios, defeitos ou incorreções resultantes da execução e/ou de materiais empregados.

I — em se tratando de obras e serviços:

a) provisoriamente, pelo responsável por seu acompanhamento e fiscalização, mediante termo circunstanciado, assinado pelas partes em até 15 (quinze) dias da comunicação escrita do contratado;

b) definitivamente, por servidor ou comissão designada pela autoridade competente, mediante termo circunstanciado, assinado pelas partes, após o decurso do prazo de observação, ou vistoria que comprove a adequação do objeto aos termos contratuais, observado o disposto no art. 69 desta Lei;

[É importante a manifestação expressa da Administração no recebimento do objeto do contrato.] Entendo que a manifestação expressa da Administração no que se refere ao recebimento do objeto do contrato é importante, na medida em que esta poderá promover os exames, testes e verificações necessárias acerca da perfeita realização da obra. Caso encontre algum defeito, é obrigação da Administração rejeitar a obra executada, devolvendo ao contratado para que promova as devidas correções. Destarte, considero o presente apontamento como irregularidade relevante, por infringir o disposto no art. 73, I, alíneas *a* e *b*, da Lei n. 8.666/93. [Processo Administrativo n. 707.561. Rel. Conselheira Adriene Andrade. Sessão do dia 25/11/2008]

[**Procedimentos necessários quando do recebimento do objeto.**] Quanto à ausência da relação dos serviços prestados, que deveriam acompanhar as notas de empenho, na execução do mencionado contrato, o defendente não se manifestou. A referida relação de serviços serviria para comprovar se a obrigação acordada foi rigorosamente cumprida, conforme dispõe o art. 73, I, alínea *b* e § 2º da Lei n. 8.666/93 [...]. Sob esse aspecto, é dever indisponível da Administração Pública verificar, quando do recebimento do objeto, se os serviços foram realmente prestados de forma satisfatória, pois, caso contrário, tem a Administração Pública o poder/dever de rescindir o contrato administrativo, unilateralmente, sem qualquer possibilidade de indenização do contratado, podendo, inclusive, exigir deste a restituição dos valores já pagos. [Processo Administrativo n. 715.979. Rel. Conselheira Adriene Andrade. Sessão do dia 30/10/2007]

II — em se tratando de compras ou de locação de equipamentos:

a) provisoriamente, para efeito de posterior verificação da conformidade do material com a especificação;

b) definitivamente, após a verificação da qualidade e quantidade do material e conseqüente aceitação.

§ 1º Nos casos de aquisição de equipamentos de grande vulto, o recebimento far-se-á mediante termo circunstanciado e, nos demais, mediante recibo.

§ 2º O recebimento provisório ou definitivo não exclui a responsabilidade civil pela solidez e segurança da obra ou do serviço, nem ético-profissional pela perfeita execução do contrato, dentro dos limites estabelecidos pela lei ou pelo contrato.

§ 3º O prazo a que se refere a alínea "b" do inciso I deste artigo não poderá ser superior a 90 (noventa) dias, salvo em casos excepcionais, devidamente justificados e previstos no edital.

§ 4º Na hipótese de o termo circunstanciado ou a verificação a que se refere este artigo não serem, respectivamente, lavrado ou procedida dentro dos prazos fixados, reputar-se-ão como realizados, desde que comunicados à Administração nos 15 (quinze) dias anteriores à exaustão dos mesmos.

Art. 74. Poderá ser dispensado o recebimento provisório nos seguintes casos:
I — gêneros perecíveis e alimentação preparada;
II — serviços profissionais;
III — obras e serviços de valor até o previsto no art. 23, inciso II, alínea "a", desta Lei, desde que não se componham de aparelhos, equipamentos e instalações sujeitos à verificação de funcionamento e produtividade.

Parágrafo único. Nos casos deste artigo, o recebimento será feito mediante recibo.

Art. 75. Salvo disposições em contrário constantes do edital, do convite ou de ato normativo, os ensaios, testes e demais provas

exigidos por normas técnicas oficiais para a boa execução do objeto do contrato correm por conta do contratado.

Art. 76. A Administração rejeitará, no todo ou em parte, obra, serviço ou fornecimento executado em desacordo com o contrato.

Toda vez que a Administração Pública recebe o objeto contratado, significa que aceita o produto licitado, assim, ao atestar o recebimento do objeto, deve o responsável se certificar se o bem foi entregue, se a obra foi executada ou se o serviço foi prestado em conformidade com o contrato.

Verificada a conformidade do objeto contratado a atestação será concretizada com a declaração e assinatura do responsável no verso da nota fiscal/fatura ou documento equivalente.

Ao servidor do órgão ou entidade contratante, ao fiscal de obra ou de serviços, ou à pessoa previamente designada pela Administração para esse fim, caberá à atestação.

SEÇÃO V – DA INEXECUÇÃO E DA RESCISÃO DOS CONTRATOS

Art. 77. A inexecução total ou parcial do contrato enseja a sua rescisão, com as consequências contratuais e as previstas em lei ou regulamento.

Sempre que restar constatada a inexecução total ou parcial dos termos avençados, estarão configuradas situações que podem acarretar rescisão do contrato, seja pela via amigável e administrativa ou pela via judicial, conforme dispõe os artigos 77 a 80 da Lei 8.666/1993.

Art. 78. Constituem motivo para rescisão do contrato:

Os contratos poderão ser rescindidos por atos do contratado ou por atos da administração.

São motivos para rescisão contratual, motivados pelo contratado:

• não cumprimento ou cumprimento irregular de cláusulas contratuais, especificações, projetos ou prazos ou seu cumprimento de forma irregular;

• lentidão do cumprimento do objeto, levando a Administração a comprovar a impossibilidade do fornecimento do bem, conclusão da obra ou prestação do serviço nos prazos estipulados;

• atraso injustificado no início do fornecimento do bem, conclusão da obra ou prestação do serviço;

• paralisação do fornecimento do bem, execução da obra ou prestação do serviço, sem justa causa e prévia comunicação para a Administração;

• subcontratação total ou parcial do objeto, associação do contratado com outrem, cessão ou transferência, total ou parcial;

• fusão, cisão ou incorporação não admitidas no ato convocatório e no contrato;

• desatendimento de determinações regulares da autoridade designada para acompanhar e fiscalizar a execução do contrato, bem como as dos superiores;

• cometimento reiterado de faltas na execução;

• decretação de falência ou instauração de insolvência civil;

• dissolução da sociedade ou falecimento do contratado;

• alteração social ou modificação da finalidade ou da estrutura da empresa, que prejudique a execução do contrato;

São motivos para rescisão contratual motivados pela Administração Pública:

• razões de interesse público, de elevada relevância e ampla publicidade, devidamente justificadas e determinadas pela autoridade competente e exaradas no processo administrativo a que se refere o contrato;

• supressão, por parte da Administração, de fornecimentos, obras ou serviços, que acarretem modificação do valor inicial do contrato além do limite permitido, ou seja 25% do valor inicial do contrato atualizado para obras, serviços ou compras e 50% nos casos específicos de reforma de edifício ou equipamentos;

• suspensão de execução do contrato, por ordem escrita da Administração, por prazo superior a 120 dias, salvo em caso de calamidade pública, grave perturbação da ordem interna ou guerra, ou ainda por repetidas suspensões que totalizem igual prazo, independentemente de pagamento obrigatório de indenizações pelas sucessivas e contratualmente imprevistas desmobilizações e mobilizações e outras previstas. Assegura-se ao contratado, nesses casos, o direito de optar pela suspensão do cumprimento das obrigações assumidas até que seja normalizada a situação;

• atraso superior a 90 dias de pagamentos devidos pela Administração decorrentes do fornecimento de bens, execução de obras ou prestação de serviços ou parcelas destes, já recebidos ou executados, salvo em caso de calamidade pública, grave perturbação da ordem interna ou guerra assegurando ao contratado o direito de optar pela suspensão do cumprimento das obrigações até que seja normalizada a situação;

• não liberação, por parte da Administração, de área, local ou objeto para fornecimento do bem, execução da obra ou prestação dos serviços, nos prazos contratuais, também das fontes de materiais naturais especificadas no projeto;

• ocorrência de caso fortuito ou de forca maior, regularmente comprovada, impeditiva de execução do contrato.

Independentemente do motivo que ensejou a rescisão contratual, é necessário lavrar termo de encerramento de contrato, devidamente fundamentado, assegurando-se ao contratado a ampla defesa e o contraditório.

I — o não cumprimento de cláusulas contratuais, especificações, projetos ou prazos;

[**Cláusula penal. Previsão apenas em favor da Administração Pública.**] A cláusula penal [...] se caracteriza pelo caráter preestimativo dos prejuízos que podem advir de eventual inexecução ou mora no cumprimento da obrigação pactuada. [...] De início, cumpre ressaltar que o particular contratado não poderia ser beneficiário de cláusula penal em contrato administrativo, em virtude da incompatibilidade com o regime jurídico administrativo, que sobreleva a supremacia do interesse público e a indisponibilidade da coisa pública. [...] De outro lado, é de se observar que a impossibilidade de a cláusula penal beneficiar o contratado não implica a vedação da referida convenção em favor da Administração Pública, considerando que, neste ponto, há congruência com o regime jurídico-administrativo e com as normas de direito público. [...] descabida a inclusão de cláusula que preveja a aplicação de multa à Administração Pública em virtude de inexecução ou rescisão contratuais, além de inexistir, *a priori*, vício e/ou nulidade no contrato que estabeleça cláusula penal (multa) somente em favor da Administração Pública [Consulta n. 837.374. Rel. Conselheiro Elmo Braz Soares. Sessão do dia 24/08/2011]

[Da ausência de fundamentação para inclusão nas despesas indiretas de itens relacionados àfiscalização, pela Secretaria Municipal de Meio Ambiente, dos serviços prestados.] O item [...] do edital em questão traz previsão de que as licitantes deverão considerar, em suas despesas indiretas, três veículos populares e três celulares, destinados à Secretaria Municipal de Meio Ambiente, para a fiscalização dos serviços prestados. O MPTC aponta que a exigência é excessiva e, ainda, que não há justificativa que demonstre a necessidade de todos esses veículos, o que também não foi abordado pelos responsáveis na defesa apresentada. [...] As compras, obras e serviços devem ser fiscalizados de forma estruturada, independente e organizada, nos termos do citado dispositivo legal, e essa fiscalização é de suma importância no regime das contratações públicas, especialmente no que se refere à busca da efetividade e à demonstração da lisura de todo o procedimento, desde a concepção da despesa pública até quando ela se exaure pela liquidação. Não se pode olvidar que a fiscalização da execução contratual é essencial ao seu regular desenvolvimento, sendo a sua escorreita observância um pressuposto para a eficácia dos art. 69 e seguintes da Lei n. 8.666/93, especialmente para os casos de rescisão contratual previstos nos incisos I a VIII de seu art. 78. Além de não estar devidamente motivada nos autos, essa mistura de recursos públicos e privados na fiscalização contratual atenta contra o princípio da segregação das funções e da independência funcional, devendo ser evitada. Diante das razões expendidas, a denúncia, também neste aspecto, merece prosperar. [Denúncia n. 838.601. Rel. Conselheiro Sebastião Helvecio. Sessão do dia 05/07/2012]

II — o cumprimento irregular de cláusulas contratuais, especificações, projetos e prazos;

III — a lentidão do seu cumprimento, levando a Administração a comprovar a impossibilidade da conclusão da obra, do serviço ou do fornecimento, nos prazos estipulados;

IV — o atraso injustificado no início da obra, serviço ou fornecimento;

V — a paralisação da obra, do serviço ou do fornecimento, sem justa causa e prévia comunicação à Administração;

VI — a subcontratação total ou parcial do seu objeto, a associação do contratado com outrem, a cessão ou transferência, total ou parcial, bem como a fusão, cisão ou incorporação, não admitidas no edital e no contrato;

[Licitação. Edital. Ausência de previsão de subcontratação. Irregularidade.] [...] entendo que a Administração deve dispor adequadamente da possibilidade de subcontratação no edital e no contrato, definindo claramente seus parâmetros, quando aceitável, pela interpretação dos art. 72 e 78, VI, da Lei n. 8.666/93, pelo que considero irregular a ausência, no edital de Tomada de Preços n. [...], dos limites para a subcontratação ali autorizada. [Denúncia n. 811.915. Rel. Conselheiro Sebastião Helvecio. Sessão do dia 04/10/2012]

[**Contratação. Subcontratação sem previsão editalícia. Rescisão contratual.**] O art. 78, VI, da Lei n. 8.666/93 prevê expressamente a rescisão contratual no caso de subcontratação não admitida em contrato ou no edital. Considero, portanto, irregular a subcontratação de caminhões autorizada pelo prefeito municipal, por estar em discordância com o dispositivo legal acima mencionado. [...] considero irregular o Convite n. [...], bem como o contrato dele decorrente, por contrariarem o disposto no [...] inciso VI do art. 78 da Lei de Licitações. [Processo Administrativo n. 702.593. Rel. Conselheira Adriene Andrade. Sessão do dia 25/05/2010]

VII — o desatendimento das determinações regulares da autoridade designada para acompanhar e fiscalizar a sua execução, assim como as de seus superiores;

VIII — o cometimento reiterado de faltas na sua execução, anotadas na forma do § 1º do art. 67 desta Lei;

[**Rescisão pela ausência de pagamento de encargos previdenciários pelo contratado.**] Solução mais drástica, porém, a qual não pode ser desconsiderada, na hipótese de o contratado persistir no descumprimento de suas obrigações previdenciárias, em relação às quais responde solidariamente a Administração Pública, e perante o FGTS, seria a promoção da rescisão do contrato pela Administração, segundo o art. 79, e conforme o motivo previsto no art. 78, VIII [...]. Aplicável na espécie o inciso VIII, e não o inciso I, que discrimina 'o não-cumprimento de cláusulas contratuais, especificações, projetos ou prazos' como uma das causas de rescisão do contrato. [Consulta n. 470.269. Rel. Conselheiro Simão Pedro Toledo. Sessão do dia 18/03/1998]

[**Da ausência de fundamentação para inclusão nas despesas indiretas de itens relacionados à fiscalização, pela Secretaria**

Municipal de Meio Ambiente, dos serviços prestados.] O item [...] do edital em questão traz previsão de que as licitantes deverão considerar, em suas despesas indiretas, três veículos populares e três celulares, destinados à Secretaria Municipal de Meio Ambiente, para a fiscalização dos serviços prestados. O MPTC aponta que a exigência é excessiva e, ainda, que não há justificativa que demonstre a necessidade de todos esses veículos, o que também não foi abordado pelos responsáveis na defesa apresentada. [...] As compras, obras e serviços devem ser fiscalizados de forma estruturada, independente e organizada, nos termos do citado dispositivo legal, e essa fiscalização é de suma importância no regime das contratações públicas, especialmente no que se refere à busca da efetividade e à demonstração da lisura de todo o procedimento, desde a concepção da despesa pública até quando ela se exaure pela liquidação. Não se pode olvidar que a fiscalização da execução contratual é essencial ao seu regular desenvolvimento, sendo a sua escorreita observância um pressuposto para a eficácia dos art. 69 e seguintes da Lei n. 8.666/93, especialmente para os casos de rescisão contratual previstos nos incisos I a VIII do art. 78. Além de não estar devidamente motivada nos autos, essa mistura de recursos públicos e privados na fiscalização contratual atenta contra o princípio da segregação das funções e da independência funcional, devendo ser evitada. Diante das razões expendidas, a denúncia, também neste aspecto, merece prosperar. [Denúncia n. 838.601. Rel. Conselheiro Sebastião Helvecio. Sessão do dia 05/07/2012]

IX — a decretação de falência ou a instauração de insolvência civil;

X — a dissolução da sociedade ou o falecimento do contratado;

XI — a alteração social ou a modificação da finalidade ou da estrutura da empresa, que prejudique a execução do contrato;

XII — razões de interesse público, de alta relevância e amplo conhecimento, justificadas e determinadas pela máxima autoridade da esfera administrativa a que está subordinado o contratante e exaradas no processo administrativo a que se refere o contrato;

XIII — a supressão, por parte da Administração, de obras, serviços ou compras, acarretando modificação do valor inicial do contrato além do limite permitido no § 1º do art. 65 desta Lei;

XIV — a suspensão de sua execução, por ordem escrita da Administração, por prazo superior a 120 (cento e vinte) dias, salvo em caso de calamidade pública, grave perturbação da ordem interna ou guerra, ou ainda por repetidas suspensões que totalizem o mesmo prazo, independentemente do pagamento obrigatório de indenizações pelas sucessivas e contratualmente imprevistas desmobilizações e mobilizações e outras previstas, assegurado ao contratado, nesses casos, o direito de optar pela suspensão do cumprimento das obrigações assumidas até que seja normalizada a situação;

XV — o atraso superior a 90 (noventa) dias dos pagamentos devidos pela Administração decorrentes de obras, serviços ou fornecimento, ou parcelas destes, já recebidos ou executados, salvo em caso de calamidade pública, grave perturbação da ordem interna ou guerra, assegurado ao contratadoo direito de optar pela suspensão do cumprimento de suas obrigações até que seja normalizada a situação;

[Contrato administrativo suspenso por inadimplemento da Administração Pública.] Os contratos administrativos, revestidos de características próprias, divergentes dos contratos comuns, caracterizam-se pelas chamadas cláusulas exorbitantes, que facultam à Administração prerrogativas especiais, podendo alterar ou extinguir unilateralmente o pactuado, desde que respeitados os limites estabelecidos na legislação. [...] diante da utilização abusiva do poder exorbitante pela Administração, o legislador ampliou as garantias do contratado, facultando-lhe a rescisão ou a suspensão da execução dos serviços [...]. A Lei n. 8.666/93, ao autorizar a rescisão ou a suspensão do contrato, o faz nos seguintes termos: [...] Optando o contratado pela suspensão temporária da execução do contrato, instala-se a possibilidade de prorrogação contratual, de acordo com o previsto no art. 57, § 1°, VI, da Lei n. 8.666/93, que trata do efeito da suspensão sobre o prazo de vigência do contrato. [...] Uma vez cessada a inadimplência por parte da Administração, e não tendo o contratado optado pela rescisão contratual, admite-se a retomada do contrato, em conformidade com o disposto no citado inciso XV, *in fine*, do art. 78 da Lei n. 8.666/93. Cumpre destacar a necessidade de atenção especial ao disposto na Lei Complementar n. 101/00 (Lei de Responsabilidade Fiscal), [...] no sentido de que a retomada do contrato traz impactos no orçamento, uma vez que a prorrogação de despesa criada por prazo determinado também é considerado aumento de despesa, em função do que disciplina o art. 16 daquela lei. [Consulta n. 644.714. Rel. Conselheiro Elmo Braz Soares. Sessão do dia 30/05/2001]

XVI — a não liberação, por parte da Administração, de área, local ou objeto para execução de obra, serviço ou fornecimento, nos prazos contratuais, bem como das fontes de materiais naturais especificadas no projeto;

XVII — a ocorrência de caso fortuito ou de força maior, regularmente comprovada, impeditiva da execução do contrato.

Parágrafo único. Os casos de rescisão contratual serão formalmente motivados nos autos do processo, assegurado o contraditório e a ampla defesa.

XVIII — descumprimento do disposto no inciso V do art. 27, sem prejuízo das sanções penais cabíveis. (Incluído pela Lei n. 9.854, de 1999)

Art. 79. A rescisão do contrato poderá ser:

São tipos de rescisão contratual:

• rescisão unilateral ou administrativa - são rescisões efetivadas via ato administrativo unilateral e devidamente motivadas e fundamentadas pela Administração Pública, fundamentadas pelo descumprimento de cláusulas contratuais por parte do contratado, lentidão, atraso, paralisação ou por razões de interesse público;

• rescisão amigável – são rescisões efetivadas mediante acordo entre as partes, desde que haja conveniência para a Administração Pública, devidamente formalizado no processo;

• rescisão judicial – são rescisões discutidas na via judicial e se dá conforme os termos de sentença transitada em julgado.

Seja a rescisão unilateral ou amigável, necessariamente, estará instruída de autorização prévia, escrita e fundamentada pela autoridade competente.

Se a rescisão ocorrer fundamentada nos incisos XII a XVII do artigo 78 da Lei 8.666/1993, sem que haja culpa do contratado, este será ressarcido dos prejuízos desde que regularmente comprovados. Ainda, o contratado terá direito a:

• devolução da garantia apresentada;

• pagamento devido pela execução do contrato até a data da rescisão;

• pagamento do custo de desmobilização.

I — determinada por ato unilateral e escrito da Administração, nos casos enumerados nos incisos I a XII e XVII do artigo anterior;

[**Rescisão pela ausência de pagamento de encargos previdenciários pelo contratado.**] Solução mais drástica,porém,a qual não pode ser desconsiderada, na hipótese de o contratado persistir no descumprimento de suas obrigações previdenciárias, em relação às quais responde solidariamente a Administração Pública, e perante o FGTS, seria a promoção da rescisão do contrato pela Administração, segundo o art. 79, e conforme o motivo previsto no art. 78, VIII [...]. Aplicável na espécie o inciso VIII, e não o inciso I, que discrimina 'o não-cumprimento de cláusulas contratuais, especificações, projetos ou prazos' como uma das causas de rescisão do contrato. [Consulta n. 470.269. Rel. Conselheiro Simão Pedro Toledo. Sessão do dia 18/03/1998]

II — amigável, por acordo entre as partes, reduzida a termo no processo da licitação, desde que haja conveniência para a Administração;

III — judicial, nos termos da legislação;

IV — (Vetado). (Redação dada pela Lei n. 8.883, de 1994)

§ 1º A rescisão administrativa ou amigável deverá ser precedida de autorização escrita e fundamentada da autoridade competente.

§ 2º Quando a rescisão ocorrer com base nos incisos XII a XVII do artigo anterior, sem que haja culpa do contratado, será este ressarcido dos prejuízos regularmente comprovados que houver sofrido, tendo ainda direito a:

[**Licitação. Edital. Irregularidade. Parcelamento. Indenização. Visita ao local de fornecimento dos serviços.**] [...] em síntese, que os editais contêm as seguintes irregularidades: 1. disputa por lotes únicos e não divididos em parcelas, na forma do § 1º do art. 23 da Lei de Licitações; 2. [...] 3. ausência de previsão de indenização na hipótese de rescisão contratual sem culpa do contratado, além de cláusula de responsabilidade da contratante; 4. ausência de menção à obrigatoriedade da visita aos locais de fornecimento dos serviços. [...] A apresentação das denúncias na véspera do oferecimento das propostas não permite que se faça a análise aprofundada das questões suscitadas pela denunciante, tampouco de aspectos outros do Edital que demandariam a suspensão acautelatória do certame, especialmente, tratando-se de pregão eletrônico, de tramitação notoriamente célere. [...] Com efeito, o § 1º do art. 23 da norma geral das licitações, ao determinar que as contratações "serão divididas em tantas parcelas quantas se comprovarem técnica e economicamente viáveis", estabeleceu critério discricionário de fracionamento da licitação, pois é necessário que o administrador sopese diversos aspectos de conveniência e oportunidade na busca do melhor custo/ benefício, tal qual a economia de escala. [...] A falta de previsão de visita técnica também não configura ofensa a disposição da lei nem comprometimento à competitividade, tratando-se de exigência de habilitação facultada à Administração, conforme se depreende do disposto no inciso III do art. 30 da Lei n. 8.666/93. [...] De igual forma, a ausência de cláusula, determinando a indenização ao contratado no caso de rompimento do contrato sem sua culpa, também não demanda a suspensão da licitação, pois a hipótese é tratada no § 2º do art. 79 do referido diploma, que prevê o direito à indenização, além do pagamento pelas parcelas executadas do contrato, custos de desmobilização e devolução da garantia. O ressarcimento ao contratado, assim, é direito assegurado em lei, independentemente de previsão em cláusula contratual ou editalícia, o que desautoriza a suspensão do certame por tal motivo. [...] considero juridicamente viável determinar medida acautelatória de suspensão dos certames antes que o contrato seja firmado, a fim de que seja o edital devidamente examinado e determinadas correções por esta Corte de Contas, nos termos do § 2º do art. 113 da Lei n. 8.666/93. [Denúncia n. 803.343. Rel. Conselheiro Gilberto Diniz. Sessão do dia 18/08/2009]

I — devolução de garantia;

[**Procedimento junto ao TCE para restituição de garantia contratual.**] [...] não obstante o inciso XXIV do art. 3º da Lei Complementar n. 102/08 tratar de garantias contratuais, deixou de impor o exame de legalidade quanto à sua devolução, atribuindo a esta Corte de Contas tão somente a competência de: "verificar a legalidade de fianças e demais garantias contratuais". [...] em face da nova Lei Orgânica desta Casa, refoge da competência deste Tribunal apreciar a autorização para devolução de documento garantidor que visa a assegurar o cumprimento de obrigação oferecida ao Poder Público incluída a hipótese aventada, isto é, de uma das garantias previstas no art. 56, § 1º, I a III, da Lei Federal n. 8.666/93. [Consulta n. 763.313. Rel. Conselheiro Eduardo Carone Costa. Sessão do dia 10/12/2008]

II — pagamentos devidos pela execução do contrato até a data da rescisão;

III — pagamento do custo da desmobilização.

§3º (Vetado).(Redação dada pela Lei n.º 8.883, de 1994)

§4º (Vetado).(Redação dada pela Lei n.º 8.883, de 1994)

§5º Ocorrendo impedimento, paralisação ou sustação do contrato, o cronograma de execução será prorrogado automaticamente por igual tempo.

Art. 80. A rescisão de que trata o inciso I do artigo anterior acarreta as seguintes consequências, sem prejuízo das sanções previstas nesta Lei:

Havendo rescisão unilateral ficam assegurados à Administração Pública os seguintes direitos:

1. assumir imediatamente o objeto do contrato, independente de intervenção judicial, no estado e no local em que se encontrar;

2. ocupar e utilizar local, instalações, equipamentos, material e pessoal empregados na execução do contrato, necessários a continuidade de execução do objeto;

3. executar a garantia do contrato;

4. reter créditos decorrentes do contrato até o limite dos prejuízos causados a Administração pelo contratado.

Na hipótese 1, a Administração Pública poderá dar continuidade à obra ou ao serviço por execução direta ou indireta.

Nos casos de ocupação e utilização do local, das instalações, dos equipamentos, do material e do pessoal, empregados na execução do contrato, a Administração Pública deverá ter autorização expressa do Ministro de Estado competente, ou do Secretario Estadual ou Municipal, conforme o caso aplicável.

I — assunção imediata do objeto do contrato, no estado e local em que se encontrar, por ato próprio da Administração;

II — ocupação e utilização do local, instalações, equipamentos, material e pessoal empregados na execução do contrato, necessários à sua continuidade, na forma do inciso V do art. 58 desta Lei;

III — execução da garantia contratual, para ressarcimento da Administração, e dos valores das multas e indenizações a ela devidos;

IV — retenção dos créditos decorrentes do contrato até o limite dos prejuízos causados à Administração.

§ 1º A aplicação das medidas previstas nos incisos I e II deste artigo fica a critério da Administração, que poderá dar continuidade à obra ou ao serviço por execução direta ou indireta.

§ 2º É permitido à Administração, no caso de concordata do contratado, manter o contrato, podendo assumir o controle de determinadas atividades de serviços essenciais.

§ 3º Na hipótese do inciso II deste artigo, o ato deverá ser precedido de autorização expressa do Ministro de Estado competente, ou Secretário Estadual ou Municipal, conforme o caso.

§ 4º A rescisão de que trata o inciso IV do artigo anterior permite à Administração, a seu critério, aplicar a medida prevista no inciso I deste artigo.

CAPÍTULO IV
DAS SANÇÕES ADMINISTRATIVAS E DA TUTELA JUDICIAL

SEÇÃO I – DISPOSIÇÕES GERAIS

Art. 81. A recusa injustificada do adjudicatário em assinar o contrato, aceitar ou retirar o instrumento equivalente, dentro do prazo estabelecido pela Administração, caracteriza o descumprimento total da obrigação assumida, sujeitando-o às penalidades legalmente estabelecidas.

Parágrafo único. O disposto neste artigo não se aplica aos licitantes convocados nos termos do art. 64, § 2° desta Lei, que não aceitarem a contratação, nas mesmas condições propostas pelo primeiro adjudicatário, inclusive quanto ao prazo e preço.

Art. 82. Os agentes administrativos que praticarem atos em desacordo com os preceitos desta Lei ou visando a frustrar os objetivos da licitação sujeitam-se às sanções previstas nesta Lei e nos regulamentos próprios, sem prejuízo das responsabilidades civil e criminal que seu ato ensejar.

Art. 83. Os crimes definidos nesta Lei, ainda que simplesmente tentados, sujeitam os seus autores, quando servidores públicos, além das sanções penais, à perda do cargo, emprego, função ou mandato eletivo.

Art. 84. Considera-se servidor público, para os fins desta Lei, aquele que exerce, mesmo que transitoriamente ou sem remuneração, cargo, função ou emprego público.

§ 1° Equipara-se a servidor público, para os fins desta Lei, quem exerce cargo, emprego ou função em entidade paraestatal, assim consideradas, além das fundações, empresas públicas e sociedades de economia mista, as demais entidades sob controle, direto ou indireto, do Poder Público.

§ 2° A pena imposta será acrescida da terça parte, quando os autores dos crimes previstos nesta Lei forem ocupantes de cargo em comissão ou de função de confiança em órgão da Administração direta, autarquia, empresa pública, sociedade de economia mista, fundação pública, ou outra entidade controlada direta ou indiretamente pelo Poder Público.

Art. 85. As infrações penais previstas nesta Lei pertinem às licitações e aos contratos celebrados pela União, Estados, Distrito Federal, Municípios, e respectivas autarquias, empresas públicas, sociedades de economia mista, fundações públicas, e quaisquer outras entidades sob seu controle direto ou indireto.

Os princípios licitatórios são de obediência obrigatória. Qualquer forma de descumprimento leva a aplicação de sanção, inclusive administrativa.

A recusa injustificada do adjudicatário em assinar o contrato, aceitar ou retirar o instrumento equivalente estabelecido pela Administração, caracteriza o descumprimento total da obrigação, sujeitando-o às penalidades legais. Significa dizer que o adjudicatário está vinculado ao chamamento da Administração para assinar o contrato, sob pena de aplicações de sanções legais. Pode ainda, sob o crivo da responsabilidade civil, ter a obrigação de reparação do dano, considerando os prejuízos causados a Administração. Na convocação de licitantes remanescentes, na ordem de classificação, a norma deste artigo não se aplica a esses convocados.

Os agentes administrativos que praticarem atos em desacordos com a Lei de Licitações, estarão sujeitos às sanções legalmente nela previstas, independente das responsabilidades civil e criminal que também possam ser incorridos. Nesse contexto tanto os licitantes como os agentes administrativos estarão sujeitos às sanções previstas nesta lei.

SEÇÃO II – DAS SANÇÕES ADMINISTRATIVAS

Art. 86. O atraso injustificado na execução do contrato sujeitará o contratado à multa de mora, na forma prevista no instrumento convocatório ou no contrato.

O edital convocatório deverá prever a aplicação de multa de mora por atraso injustificado na execução do objeto contratado.

Não se confunde a aplicação de multa de mora com a rescisão do contrato, assim como impor simultaneamente ao contratado penas de advertência, suspensão temporária ou declaração de inidoneidade.

Em relação à cobrança de multas, o contrato deverá dispor especificações mínimas, tais como:

- percentual;
- base de cálculo;
- condição e valor;
- prazo máximo para recolhimento.

As cláusulas contratuais que especificarem a aplicação da multa deverão ter redações claras, preferencialmente evitando o uso de expressões dúbias e/ou imprecisas.

A aplicação da multa deverá ser comunicada ao contratado formalmente, garantindo o direito ao contraditório e à ampla defesa.

[Cláusula penal. Previsão apenas em favor da administração pública.] A cláusula penal [...] se caracteriza pelo caráter preestimativo dos prejuízos que podem advir de eventual inexecução ou mora no cumprimento da obrigação pactuada. [...] De início, cumpre ressaltar que o particular contratado não poderia ser beneficiário de cláusula penal em contrato administrativo, em virtude da incompatibilidade com o regime jurídico administrativo, que sobreleva a supremacia do interesse público e a indisponibilidade da coisa pública. [...] De outro lado, é de se observar que a impossibilidade de a cláusula penal beneficiar o contratado não implica a vedação da referida convenção em favor da Administração Pública, considerando que, neste ponto, há congruência com o regime jurídico-administrativo e com as normas de direito público. [...] descabida a inclusão de cláusula que preveja a aplicação de multa à Administração Pública em virtude de inexecução ou rescisão contratuais, além de inexistir, *a priori*, vício e / ou nulidade no contrato que estabeleça cláusula penal (multa) somente em favor da Administração Pública [Consulta n. 837.374. Rel. Conselheiro Elmo Braz Soares. Sessão do dia 24/08/2011]

§ 1° A multa a que alude este artigo não impede que a Administração rescinda unilateralmente o contrato e aplique as outras sanções previstas nesta Lei.

§ 2° A multa, aplicada após regular processo administrativo, será descontada da garantia do respectivo contratado.

§ 3° Se a multa for de valor superior ao valor da garantia prestada, além da perda desta, responderá o contratado pela sua diferença, a qual será descontada dos pagamentos eventualmente devidos pela Administração ou ainda, quando for o caso, cobrada judicialmente.

Art. 87. Pela inexecução total ou parcial do contrato a Administração poderá, garantida a prévia defesa, aplicar ao contratado as seguintes sanções:

Havendo inexecução total ou parcial do objeto do contrato, a Administração Pública poderá aplicar ao contratado, sem prejuízos das demais sanções civis e penais previstas em lei, as sanções a seguir:

- advertência;
- multa de mora, nos termos previstos no edital convocatório e contrato;
- suspensão temporária de participar de licitação e impedimento de contratar com a Administração, pelo prazo de até dois anos;
- declaração de inidoneidade para licitar ou contratar com a Administração Pública enquanto perdurarem os motivos determinantes da punição ou até que seja promovida a reabilitação perante a própria autoridade que aplicou a penalidade.

Havendo ressarcimento do erário pelo contratado por prejuízos causados, será concedida a reabilitação.

Serão publicados na imprensa oficial a intimação dos atos correspondentes à pena de suspensão temporária e à declaração de inidoneidade, garantindo o direito ao contraditório e à ampla defesa, no prazo de cinco dias úteis.

A inidoneidade poderá ser declarada pelo TCU (artigo 46 da Lei nº 8.443/1992) e/ou pelo TCEMG (§ 1° do artigo 315 da Resolução nº 12/2008) quando verificada e comprovada fraude à licitação, suspendendo o licitante fraudador, de contratar com a Administração Pública, por até cinco anos.

As sanções aplicadas pelo TCU e/ou TCEMG não se confundem com a pena de inidoneidade prevista na Lei no 8.666/1993, que pode ser aplicada pela própria Administração contratante.

Sanções resultantes de processos administrativos poderão ser revistos, a qualquer tempo sempre que surgirem fatos novos ou circunstâncias relevantes que justifiquem a inadequação da sanção aplicada, podendo ser a pedido ou de ofício.

O licitante declarado inidôneo, fundamentada na Lei 8.666/93, poderá reabilitar-se mediante ressarcimento dos prejuízos ao erário e após transcurso do prazo de dois anos.

As declarações de inidoneidade emitidas pelo TCU e/ou TCEMG, serão revistas através da interposição dos recursos cabíveis e dispostos nas normas que regem os processos desses tribunais.

[Habilitação. Necessidade de comprovação da regularidade fiscal. Responsabilidade.] [...] que é necessária a comprovação de regularidade fiscal do licitante como requisito para sua habilitação, [...]. No entanto, a Administração Pública não pode negar a devida contraprestação pecuniária por bens ou serviços contratados que lhe foram efetivamente prestados ou disponibilizados a contento, ainda que o fornecedor dos bens ou o prestador de serviço se encontre em dívida com a Fazenda Nacional, Estadual ou Municipal, pois além de não encontrar amparo legal, configura enriquecimento ilícito da Administração Pública. A Administração poderá, em razão de descumprimento de cláusula contratual, imputar as sanções previstas no art. 87 da Lei n. 8.666/93 ou, até mesmo, rescindir o contrato. Todavia, a retenção de pagamento em razão de o contratado não manter a regularidade fiscal perante a Fazenda Pública ofende o princípio da legalidade insculpido na Constituição Federal, por não constar do rol das condições para o pagamento [Consulta n. 862.776. Rel. Conselheira Adriene Andrade. Sessão do dia 29/08/2012]

I — advertência;

II — multa, na forma prevista no instrumento convocatório ou no contrato;

III — suspensão temporária de participação em licitação e impedimento de contratar com a Administração, por prazo não superior a 2 (dois) anos;

IV — declaração de inidoneidade para licitar ou contratar com a Administração Pública enquanto perdurarem os motivos determinantes da punição ou até que seja promovida a reabilitação perante a própria autoridade que aplicou a penalidade, que será concedida sempre que o contratado ressarcir a Administração pelos prejuízos resultantes e após decorrido o prazo da sanção aplicada com base no inciso anterior.

[**Previsão editalícia de impedimento de participação de inidôneos.**] Segundo informa o órgão técnico, o impedimento de participação no certame para empresas declaradas inidôneas, previsto no edital de forma genérica, sem identificar o órgão da Administração Pública que expediu a declaração, extrapola a legalidade, por possibilitar que o impedimento se aplique além da circunscrição administrativa da declaração. De fato, a penalidade prevista no inciso IV do art. 87 da Lei de Licitações não pode ter alcance além da circunscrição administrativa da autoridade que a [aplica]. [Representação n. 706.931. Rel. Conselheiro Moura e Castro. Sessão do dia 19/09/2006]

§ 1° Se a multa aplicada for superior ao valor da garantia prestada, além da perda desta, responderá o contratado pela sua diferença, que será descontada dos pagamentos eventualmente devidos pela Administração ou cobrada judicialmente.

§ 2° As sanções previstas nos incisos I, III e IV deste artigo poderão ser aplicadas juntamente com a do inciso II, facultada a defesa prévia do interessado, no respectivo processo, no prazo de 5 (cinco) dias úteis.

§ 3° A sanção estabelecida no inciso IV deste artigo é de competência exclusiva do Ministro de Estado, do Secretário Estadual ou Municipal, conforme o caso, facultada a defesa do interessado no respectivo processo, no prazo de 10 (dez) dias da abertura de vista, podendo a reabilitação ser requerida após 2 (dois) anos de sua aplicação.

Art. 88. As sanções previstas nos incisos III e IV do artigo anterior poderão também ser aplicadas às empresas ou aos profissionais que, em razão dos contratos regidos por esta Lei:

I — tenham sofrido condenação definitiva por praticarem, por meios dolosos, fraude fiscal no recolhimento de quaisquer tributos;
II — tenham praticado atos ilícitos visando a frustrar os objetivos da licitação;
III — demonstrem não possuir idoneidade para contratar com a Administração em virtude de atos ilícitos praticados.

SEÇÃO III – DOS CRIMES E DAS PENAS

Art. 89. Dispensar ou inexigir licitação fora das hipóteses previstas em lei, ou deixar de observar as formalidades pertinentes à dispensa ou à inexigibilidade:
Pena — detenção, de 3 (três) a 5 (cinco) anos, e multa.

ENUNCIADO DE SÚMULA N. 89. Quem ordenar despesa pública sem a observância do prévio procedimento licitatório, quando este for exigível, poderá ser responsabilizado civil, penal e administrativamente, sem prejuízo da multa pecuniária a que se referem os artigos 71, VIII, da Constituição Federal e 76, XIII, da Carta Estadual.

[**Necessidade de formalização da avaliação realizada para subsidiar a fixação de preços mínimos.**] Não se pode simplesmente deduzir que tenha havido avaliação dos bens apenas porque o edital atribui preços mínimos aos lotes levados a leilão, nem que tenha havido publicidade porque houve comparecimento de interessados ao certame e muito menos que houve ampla divulgação do resultado porque o recorrente diz que houve. O ato administrativo é formal por excelência, e a formalidade, comotenho dito, não deriva do capricho do legislador, mas da necessidade de se registrar o ato.

A natureza pública impõe ao administrador o dever de prestar contas de seus atos e a demonstração da lisura comque se procede só é possível por meio documental. A importância dada à formalidade pelo legisladorrevela-se na medida em que esse reputa criminosa sua inobservância, conforme capitulado no art. 89 do Estatuto das Licitações. [Recurso de Revisão n. 640.463. Rel. Conselheiro Moura e Castro. Sessão do dia13/08/2003]

Parágrafo único. Na mesma pena incorre aquele que, tendo comprovadamente concorrido para a consumação da ilegalidade, beneficiou-se da dispensa ou inexigibilidade ilegal, para celebrar contrato com o Poder Público.

Art. 90. Frustrar ou fraudar, mediante ajuste, combinação ou qualquer outro expediente, o caráter competitivo do procedimento licitatório, com o intuito de obter, para si ou para outrem, vantagem decorrente da adjudicação do objeto da licitação:
Pena — detenção, de 2 (dois) a 4 (quatro) anos, e multa.

Art. 91. Patrocinar, direta ou indiretamente, interesse privado perante a Administração, dando causa à instauração de licitação ou à celebração de contrato, cuja invalidação vier a ser decretada pelo Poder Judiciário:
Pena — detenção, de 6 (seis) meses a 2 (dois) anos, e multa.

Art. 92. Admitir, possibilitar ou dar causa a qualquer modificação ou vantagem, inclusive prorrogação contratual, em favor do adjudicatário, durante a execução dos contratos celebrados com o Poder Público, sem autorização em lei, no ato convocatório da licitação ou nos respectivos instrumentos contratuais, ou, ainda, pagar fatura com preterição da ordem cronológica de sua exigibilidade, observado o disposto no art. 121 desta Lei: (Redação dada pela Lei n.º 8.883, de 1994)

Pena — detenção, de dois a quatro anos, e multa. (Redação dada pela Lei n.º 8.883, de 1994)

[**Ordem cronológica de pagamentos. Valores inscritos em restos a pagar de exercícios anteriores. Realização dos investimentos previstos na lei orçamentária.**] [...] não devem ser preteridos os valores inscritos em Restos a Pagar originários, especialmente, das despesas processadas, isto é, as que já estavam em fase de pagamento quando se esgotou o exercício financeiro em favor da realização de investimentos previstos na lei orçamentária, sob pena de infringência do preceito licitatório correspondente à observância da ordem cronológica das datas de exigibilidade das obrigações. [...] Por oportuno, registro que o art. 42, *caput*, da Lei Complementar n. 101, de 04/05/00, proíbe ao titular de Poder ou órgão referido no art. 20, nos últimos dois quadrimestres do seu mandato, contrair obrigação de despesa que não possa ser cumprida integralmente dentro deles, ou que tenha parcelas a serem pagas no exercício seguinte sem que haja suficiente disponibilidade de caixa para este efeito. [...] Considerando, então, a disponibilidade de caixa para o pagamento dos Restos a Pagar, não há fundamento legal da ocorrência de sua preterição a favor da realização de investimentos previstos na lei orçamentária. [Consulta n. 635.993. Rel. Conselheiro Simão Pedro Toledo. Sessão do dia 07/03/2001]

Parágrafo único. Incide na mesma pena o contratado que, tendo comprovadamente concorrido para a consumação da ilegalidade, obtém vantagem indevida ou se beneficia, injustamente, das modificações ou prorrogações contratuais.

ENUNCIADO DE SÚMULA N. 47. A validade da prorrogação dos contratos, convênios, acordos ou ajustes, nos limites estabelecidos em lei, dependerá de justificativa por escrito, de prévia autorização da autoridade competente e de prévia formalização mediante termo aditivo específico, excetuando-se os contratos de locação regidos por norma federal própria.

ENUNCIADO DE SÚMULA N. 59. Em se tratando de relação contratual — contrato de locação de bem imóvel — submetida à legislação federal específica, que admite sua prorrogação, independentemente de formalização em instrumento próprio, salvo expressa manifestação em contrário de uma das partes, não é imprescindível termo aditivo para efeito de anotação da despesa e controle da legalidade da execução financeira e orçamentária.

Art. 93. Impedir, perturbar ou fraudar a realização de qualquer ato de procedimento licitatório:
Pena — detenção, de 6 (seis) meses a 2 (dois) anos, e multa.

ENUNCIADO DE SÚMULA N. 89. Quem ordenar despesa pública sem a observância do prévio procedimento licitatório, quando este for exigível, poderá ser responsabilizado civil, penal e administrativamente, sem prejuízo da multa pecuniária a que se referem os artigos 71, VIII, da Constituição Federal e 76, XIII, da Carta Estadual.

Art. 94. Devassar o sigilo de proposta apresentada em procedimento licitatório, ou proporcionar a terceiro o ensejo de devassá-lo:
Pena — detenção, de 2 (dois) a 3 (três) anos, e multa.

Art. 95. Afastar ou procura afastar licitante, por meio de violência, grave ameaça, fraude ou oferecimento de vantagem de qualquer tipo:
Pena — detenção, de 2 (dois) a 4 (quatro) anos, e multa, além da pena correspondente à violência.

Parágrafo único. Incorre na mesma pena quem se abstém ou desiste de licitar, em razão da vantagem oferecida.

Art. 96. Fraudar, em prejuízo da Fazenda Pública, licitação instaurada para aquisição ou venda de bens ou mercadorias, ou contrato dela decorrente:

I — elevando arbitrariamente os preços;
II — vendendo, como verdadeira ou perfeita, mercadoria falsificada ou deteriorada;
III — entregando uma mercadoria por outra;
IV — alterando substância, qualidade ou quantidade da mercadoria fornecida;
V — tornando, por qualquer modo, injustamente, mais onerosa a proposta ou a execução do contrato:
Pena — detenção, de 3 (três) a 6 (seis) anos, e multa.

Art. 97. Admitir à licitação ou celebrar contrato com empresa ou profissional declarado inidôneo:
Pena — detenção, de 6 (seis) meses a 2 (dois) anos, e multa.

Parágrafo único. Incide na mesma pena aquele que, declarado inidôneo, venha a licitar ou a contratar com a Administração.

Art. 98. Obstar, impedir ou dificultar, injustamente, a inscrição de qualquer interessado nos registros cadastrais ou promover indevidamente a alteração, suspensão ou cancelamento de registro do inscrito:
Pena — detenção, de 6 (seis) meses a 2 (dois) anos, e multa.

Art. 99. A pena de multa cominada nos arts. 89 a 98 desta Lei consiste no pagamento de quantia fixada na sentença e calculada

em índices percentuais, cuja base corresponderá ao valor da vantagem efetivamente obtida ou potencialmente auferível pelo agente.

§ 1º Os índices a que se refere este artigo não poderão ser inferiores a 2% (dois por cento), nem superiores a 5% (cinco por cento) do valor do contrato licitado ou celebrado com dispensa ou inexigibilidade de licitação.

§ 2º O produto da arrecadação da multa reverterá, conforme o caso, à Fazenda Federal, Distrital, Estadual ou Municipal.

De acordo com o Código Penal Brasileiro considera-se crime a infração penal a que a lei comina pena de reclusão ou de detenção, quer isoladamente, quer alternativa ou cumulativamente com a pena de multa. A Lei de Licitações define os crimes e as penas daqueles que transgredirem a lei de licitações. Dessa forma, o sujeito passivo é o Estado (União, Estado, Distrito Federal e Municípios) e o sujeito ativo é, na maioria das vezes, o servidor público.

SEÇÃO IV – DO PROCESSO E DO PROCEDIMENTO JUDICIAL

Art. 100. Os crimes definidos nesta Lei são de ação penal pública incondicionada, cabendo aoMinistério Público promovê-la.

Art. 101. Qualquer pessoa poderá provocar, para os efeitos desta Lei, a iniciativa do Ministério Público, fornecendo-lhe, por escrito, informações sobre o fato e sua autoria, bem como as circunstâncias em que se deu a ocorrência.

Parágrafo único. Quando a comunicação for verbal, mandará a autoridade reduzi-la a termo, assinado pelo apresentante e por duas testemunhas.

Art. 102. Quando em autos ou documentos de que conhecerem, os magistrados, os membros dos Tribunais ou Conselhos de Contas ou os titulares dos órgãos integrantes do sistema de controle interno de qualquer dos Poderes verificarem a existência dos crimes definidos nesta Lei, remeterão ao Ministério Público as cópias e os documentos necessários ao oferecimento da denúncia.

Art. 103. Será admitida ação penal privada subsidiária da pública, se esta não for ajuizada no prazo legal, aplicando-se, no que couber, o disposto nos arts. 29 e 30 do Código de Processo Penal.

Art. 104. Recebida a denúncia e citado o réu, terá este o prazo de 10 (dez) dias para apresentação de defesa escrita, contado da data do seu interrogatório, podendo juntar documentos, arrolar as testemunhas que tiver, em número não superior a 5 (cinco), e indicar as demais provas que pretenda produzir.

Art. 105. Ouvidas as testemunhas da acusação e da defesa e praticadas as diligências instrutórias deferidas ou ordenadas pelo juiz, abrir-se-á, sucessivamente, o prazo de 5 (cinco) dias a cada parte para alegações finais.

Art. 106. Decorrido esse prazo, e conclusos os autos dentro de 24 (vinte e quatro) horas, terá o juiz 10 (dez) dias para proferir a sentença.

Art. 107. Da sentença cabe apelação, interponível no prazo de 5 (cinco) dias.

Art. 108. No processamento e julgamento das infrações penais definidas nesta Lei, assim como nos recursos e nas execuções que lhes digam respeito, aplicar-se-ão, subsidiariamente, o Código de Processo Penal e a Lei de Execução Penal.

Os crimes previstos na Lei de Licitações são de ação penal incondicionada e esta deverá ser interposta pelo Ministério Público Federal ou Estadual.

Ação Penal Incondicionada é a regra do direito penal. O oferecimento da denúncia independe de qualquer condição específica. Quando a lei é silenciosa em relação a ação penal, esta será pública incondicionada (artigo 100 do Código Penal Brasileiro). Na ação pública impera o princípio da obrigatoriedade, isto é, havendo indícios suficientes, cabe ao Ministério Público o dever de propor a ação.

Os crimes previstos na Lei de Licitações sujeitam os servidores públicos, quando autores, às sanções penais, além da perda de mandato, cargo, emprego ou função pública, conforme dispuser a legislação pertinente.

CAPÍTULO V
DOS RECURSOS ADMINISTRATIVOS

Art. 109. Dos atos da Administração decorrentes da aplicação desta Lei cabem:

São passíveis de recurso os atos da Administração Pública que decorram da realização de licitações nos casos de:

- habilitação ou inabilitação do licitante;
- julgamento das propostas;
- anulação ou revogação da licitação;
- indeferimento de pedido de inscrição em registro cadastral, alteração ou cancelamento;
- rescisão do contrato por ato unilateral da Administração;
- aplicação das penas de advertência, multa ou suspensão temporária.

Dos recursos interpostos, cabe impugnação a ser interposta pelos demais licitantes, devidamente instruída das razões recursais nos seguintes prazos:

- 05 (cinco) dias úteis para tomada de preços e concorrência;
- 02 (dois) dias úteis para convite.

Todo licitante tem direito garantido de vista imediata dos autos e de fornecimento dos subsídios necessários para formular as razões recursais e/ou as contrarrazões a serem apresentadas.

A contagem de prazos somente se iniciará quando os autos estiverem disponíveis para vista e consulta dos licitantes.

O recurso administrativo será interposto por meio de requerimento escrito, com a exposição de motivos e fundamentos da insatisfação, instruído dos documentos que julgar conveniente, dirigido à autoridade competente, por intermédio da que praticou o ato recorrido, que poderá reconsiderar a decisão em cinco dias úteis, prazo que deverá fazê-lo subir à instância superior.

No prazo de cinco dias úteis contados do recebimento do recurso, a autoridade superior deverá proferir a decisão sob pena de responsabilidade.

O recurso administrativo relativo a habilitação ou inabilitação de licitante ou ao julgamento das propostas tem efeito suspensivo, independentemente da modalidade de licitação adotada. Poderá a autoridade competente quando motivada, desde que presentes razões de interesse público, atribuir eficácia suspensiva aos demais recursos.

Não serão conhecidos os seguintes recursos administrativos:

- intempestivo (interposto fora do prazo);
- interposto perante órgão incompetente;
- interposto por quem não seja legitimado;
- ou interposto após exaurida a via administrativa.

Atos administrativos que apresentem defeitos sanáveis poderão ser convalidados pela própria Administração Pública, desde que não haja prejuízo ao interesse público e/ou a terceiros.

I — recurso, no prazo de 5 (cinco) dias úteis a contar da intimação do ato ou da lavratura da ata, nos casos de:

[**Impossibilidade de desistência antecipada do direito de interposição de recurso.**] A Lei n. 8.666, de 1993, admite a expressa desistência, por parte do licitante, do direito de interpor recursos. No entanto, nos termos do inciso III do art. 43 da Lei n. 8.666, de 1993, essa declaração deve ser feita após a abertura dos envelopes que contêm a documentação para habilitação dos concorrentes. Assim, não parece lógico que o licitante renuncie ao direito de recorrer antes de exarado algum dos atos dos quais caiba recurso. [...] No caso em análise, ficou comprovado que o termo de renúncia foi datado antes da sessão de abertura das propostas dos procedimentos licitatórios. Por tal razão, entendo que a renúncia na forma ocorrida afronta o direito de recorrer estabelecido no art. 109 da Lei n. 8.666, de 1993. [Processo Administrativo n. 688.722. Rel. Auditor Gilberto Diniz. Sessão do dia 27/09/2012]

[**Previsão editalícia de prazo recursal menor que o previsto em lei. Impossibilidade.**] Outro vício encontrado pelo órgão técnico foi a não observância do prazo de cinco dias para fins de interposição de recurso contra a habilitação ou inabilitação de licitante, uma vez que antes do término deste prazo houve o julgamento das propostas apresentadas [...]. O responsável à época [...] defendeu-se [...] sob o argumento de que tal prazo é favorável aos licitantes e não à Administração. Assim, se nenhum licitante se insurgiu contra a não observância do prazo legal, não caberia à Administração fazê-lo. [...] a não insurgência —por quem quer que seja — quanto a um vício no procedimento licitatório não tem o condão de tornar válido o certame. [Representação n. 772.601. Rel. Conselheiro Cláudio Couto Terrão. Sessão do dia 27/03/2012]

a) habilitação ou inabilitação do licitante;

b) julgamento das propostas;

[Desobediência ao prazo recursal contrariando dispositivo legal.] Em análise às atas de abertura e julgamento das propostas e os atos de homologação de fls. 423 e 425, 513 e 515, 607 e 609, verifico que não houve registro de que as licitantes participantes dos certames estavam presentes à sessão de abertura e julgamento das propostas. E ainda, o ato de homologação foi assinado na mesma data. Portanto, de fato, não foi cumprido o disposto na alínea *b* do inc. I do art. 109 c/c o § 6º do mesmo artigo da Lei n. 8.666, de 1993. [Processo Administrativo n. 689.083. Rel. Auditor Gilberto Diniz. Sessão do dia 13/09/2012]

c) anulação ou revogação da licitação;

d) indeferimento do pedido de inscrição em registro cadastral, sua alteração ou cancelamento;

e) rescisão do contrato, a que se refere o inciso I do art. 79 desta Lei; (Redação dada pela Lei nº 8.883, de 1994)

f) aplicação das penas de advertência, suspensão temporária ou de multa;

II — representação, no prazo de 5 (cinco) dias úteis da intimação da decisão relacionada com o objeto da licitação ou do contrato, de que não caiba recurso hierárquico;

III — pedido de reconsideração, de decisão de Ministro de Estado, ou Secretário Estadual ou Municipal, conforme o caso, na hipótese do § 4º do art. 87 desta Lei, no prazo de 10 (dez) dias úteis da intimação do ato.

§1º A intimação dos atos referidos no inciso I, alíneas "a", "b", "c" e "e", deste artigo, excluídos os relativos a advertência e multa de mora, e no inciso III, será feita mediante publicação na imprensa

oficial, salvo para os casos previstos nas alíneas "a" e "b", se presentes os prepostos dos licitantes no ato em que foi adotada a decisão, quando poderá ser feita por comunicação direta aos interessados e lavrada em ata.

[**Procedimento licitatório considerado irregular pela não observância do prazo recursal.**] [...] não foi respeitado o interstício mínimo de dois dias úteis para interposição de recursos contra os atos praticados na licitação. Pelo exposto, não assiste razão ao defendente, persistindo a irregularidade. [...] proponho, no mérito, ao Colegiado da Segunda Câmara que seja julgado irregular o procedimento licitatório [...] razão pela qual proponho a aplicação de multa no valor de R$850,00 (oitocentos e cinquenta reais) ao [*omissis*]. [Processo Administrativo n. 769.095. Rel. Auditor Gilberto Diniz. Sessão do dia 25/10/2012]

§2° O recurso previsto nas alíneas "a" e "b" do inciso I deste artigo terá efeito suspensivo, podendo a autoridade competente, motivadamente e presentes razões de interesse público, atribuir ao recurso interposto eficácia suspensiva aos demais recursos.

§3º Interposto, o recurso será comunicado aos demais licitantes, que poderão impugná-lo no prazo de 5 (cinco) dias úteis.

[**Contraditório e ampla defesa em processo licitatório. Não apreciação pela Comissão de Licitação de recurso tempestivamente interposto.**] A ampla defesa, como princípio constitucional, está inserido no art. 5°, LV, da Constituição Federal, e expressa que "aos litigantes, em processo judicial ou administrativo, e aos acusados em geral são assegurados o contraditório e a ampla defesa, com os meios e recursos a ela inerentes". Fundamentado neste princípio, o julgador, em decorrência do seu indispensável dever de imparcialidade, insere-se entre as partes, mas de forma equidistante. Assim, quando ouvir uma das partes, deve, obrigatoriamente ouvir a outra, possibilitando a ambas a exposição das suas razões e a apresentação de suas provas, de modo a facilitar o convencimento do julgador no caso concreto. Assim, entendo que, em homenagem aos princípios constitucionais do contraditório e da ampla defesa, os recursos interpostos, dentro do prazo legal, devem ser apreciados pelo julgador. [...] Diante do exposto, voto pela irregularidade da não apreciação do recurso interposto pelo representante, violando o art. 5°, LV, da Constituição Federal, e art. 109, § 3°, da Lei n. 8.666/93, e proponho, por tal ilicitude, nos termos do art. 318, II, do RITCEMG, a aplicação de multa ao [*omissis*], Presidente da Comissão de Licitação, à época [...]. [Representação n. 648.238. Rel. Conselheira Adriene Andrade. Sessão do dia 17/02/2009]

§4° O recurso será dirigido à autoridade superior, por intermédio da que praticou o ato recorrido, a qual poderá reconsiderar sua decisão, no prazo de 5 (cinco) dias úteis, ou, nesse mesmo prazo, fazê-lo subir, devidamente informado, devendo, neste caso, a decisão ser proferida dentro do prazo de 5 (cinco) dias úteis, contado do recebimento do recurso, sob pena de responsabilidade.

§5° Nenhum prazo de recurso, representação ou pedido de reconsideração se inicia ou corre sem que os autos do processo estejam com vista franqueada ao interessado.

§6° Em se tratando de licitações efetuadas na modalidade de "carta convite" os prazos estabelecidos nos incisos I e II e no parágrafo 3° deste artigo serão de dois dias úteis. (Incluído pela Lei nº 8.883, de 1994)

[Desobediência ao prazo recursal contrariando dispositivo legal.]
Em analise às atas de abertura e julgamento das propostas e dos atos de homologação de fls. 423 e 425, 513 e 515, 607 e 609, verifico que não houve registro de que as licitantes participantes dos certames

estavam presentes à sessão de abertura e julgamento das propostas. E ainda, o ato de homologação foi assinado na mesma data. Portanto, de fato, não foi cumprido o disposto na alínea *b* do inc. I do art. 109 c/c o § 6º do mesmo artigo da Lei n. 8.666, de 1993. [Processo Administrativo n. 689.083. Rel. Auditor Gilberto Diniz. Sessão do dia 13/09/2012]

CAPÍTULO VI
DISPOSIÇÕES FINAIS E TRANSITÓRIAS

Art. 110. Na contagem dos prazos estabelecidos nesta Lei, excluir-se-á o dia do início e incluir-se-á o do vencimento, e considerar-se-ão os dias consecutivos, exceto quando for explicitamente disposto em contrário.

Prazos começam a correr da intimação do ato recorrível ou da lavratura da ata, excluindo-se o primeiro dia do ato ou de sua divulgação e incluindo-se o último como dia de vencimento, aplicando-se as regras do direito civil e processo civil.

O termo inicial e final da contagem dos prazos respeitará dia de expediente no órgão ou entidade contratante.

Parágrafo único. Só se iniciam e vencem os prazos referidos neste artigo em dia de expediente no órgão ou na entidade.

Art. 111. A Administração só poderá contratar, pagar, premiar ou receber projeto ou serviço técnico especializado desde que o autor ceda os direitos patrimoniais a ele relativos e a Administração possa utilizá-lo de acordo com o previsto no regulamento de concurso ou no ajuste para sua elaboração.

Parágrafo único. Quando o projeto referir-se a obra imaterial de caráter tecnológico, insuscetível de privilégio, a cessão dos direitos incluirá o fornecimento de todos os dados, documentos e elementos de informação pertinentes à tecnologia de concepção, desenvolvimento, fixação em suporte físico de qualquer natureza e aplicação da obra.

Art. 112. Quando o objeto do contrato interessar a mais de uma entidade pública, caberá ao órgão contratante, perante a entidade interessada, responder pela sua boa execução, fiscalização e pagamento.

Existem situações onde várias entidades da Administração Pública são partes interessadas em determinada contratação específica. Nesses casos, Marçal Justen Filho afirma que *"uma única dentre essas entidades promoverá a licitação e firmará o contato, mesmo quando possam existir convênios ou ajustes entre as entidades. O relacionamento jurídico do particular far-se-á exclusivamente com a entidade que o tiver contratado."*[4]

§1° Os consórcios públicos poderão realizar licitação da qual, nos termos do edital, decorram contratos administrativos celebrados por órgãos ou entidades dos entes da Federação consorciados. (Incluído pela Lei nº 11.107, de 2005)

[**Associações de municípios. Consórcios públicos. Regime de licitação e contratação, de pessoal, de recebimento de recursos.**] [...] as associações de municípios, que são entidades de direito privado (controladas e mantidas pelos municípios) estão sujeitas à

---

[4] Justen Filho, Marçal. Comentários à lei de licitações e contratos administrativos. 16 edição. Ed revista dos Tribunais, 2014.

licitação para contratar com municípios, bem como com terceiros. [...] em sendo os recursos públicos, as entidades referidas, em que pese instituídas como pessoas de direito privado, ao aplicá-los, estão obrigadas a observar os princípios básicos constitucionais da legalidade, impessoalidade, moralidade e publicidade, incluindo o dever de licitar, que são impostergáveis a todos aqueles que utilizem ou administrem bens e valores públicos. [...] O Consórcio Público, criado com prazo de duração determinado ou indeterminado, pode adotar personalidade jurídica de direito público ou de direito privado. Na primeira hipótese, cria-se uma autarquia especial, chamada de "associação pública" e, na segunda, cria-se uma fundação ou uma associação. Em quaisquer dessas hipóteses, os servidores do Consórcio são regidos pelas normas da CLT. [...] por receber e gerir dinheiro público, não têm as associações microrregionais de municípios como fugir da incidência dos princípios constitucionais estatuídos no art. 37 da Constituição da República, devendo contratar pessoal por meio de concurso público e reger-se, nas hipóteses de contratações com terceiros, pela lei que regulamenta a licitação e os contratos administrativos, princípios assecuratórios da moralidade administrativa. [...] sendo as associações microrregionais mantidas com recursos públicos, além de prestar contas aos municípios repassadores, os seus respectivos responsáveis legais têm o dever de prestar contas ao Tribunal de Contas, nos termos constitucionais e legais citados. [Consulta n. 731.118. Rel. Conselheiro Eduardo Carone Costa. Data da sessão 10/12/2008]

§2° É facultado à entidade interessada o acompanhamento da licitação e da execução do contrato. (Incluído pela Lei nº 11.107, de 2005)

Art. 113. O controle das despesas decorrentes dos contratos e demais instrumentos regidos por esta Lei será feito pelo Tribunal de Contas competente, na forma da legislação pertinente, ficando

os órgãos interessados da Administração responsáveis pela demonstração da legalidade e regularidade da despesa e execução, nos termos da Constituição e sem prejuízo do sistema de controle interno nela previsto.

Controle é a fiscalização sobre todos os atos do processo licitatório, ou de dispensa ou inexigibilidade de licitação, e sobre a execução dos contratos firmados, visando garantir a legalidade, legitimidade e economicidade dos atos praticados e a perfeita aplicação dos recursos públicos nas contratações realizadas pela Administração Pública.

Referido controle pode ser interno, sendo exercido pelo próprio Poder que pratica o ato fiscalizado, ou externo, quando executado pelo Poder Legislativo com auxílio do Tribunal de Contas competente e pela própria sociedade.

Tanto o controle interno como o externo poderão ser exercidos por iniciativa própria da Administração Pública ou mediante provocação.

Vícios e irregularidades quanto à aplicação da Lei 8.666/93, poderão ser representadas junto a Corte de Contas competente ou aos órgãos integrantes do sistema de controle interno, por qualquer licitante, contratado ou pessoa física ou jurídica.

As despesas, decorrentes dos contratos administrativos regidos pela Lei 8.666/1993, serão controlados pelo Tribunal de Contas União, Tribunais de Contas dos Estados e dos Municípios, dependendo da origem do recurso.

Às Cortes de Contas e órgãos integrantes do sistema de controle interno é garantido o direito de solicitar para exame, até o dia útil imediatamente anterior à data de recebimento das propostas, cópia de edital de licitação já publicado. Dessa análise caberá a adoção das medidas corretivas pertinentes determinadas em função da análise obrigando os órgãos ou entidades da Administração Pública interessada.

§1° Qualquer licitante, contratado ou pessoa física ou jurídica poderá representar ao Tribunal de Contas ou aos órgãos integrantes do sistema de controle interno contra irregularidades na aplicação desta Lei, para os fins do disposto neste artigo.

§2° Os Tribunais de Contas e os órgãos integrantes do sistema de controle interno poderão solicitar para exame, até o dia útil imediatamente anterior à data de recebimento das propostas, cópia de edital de licitação já publicado, obrigando-se os órgãos ou entidades da Administração interessada à adoção de medidas corretivas pertinentes que, em função desse exame, lhes forem determinadas. (Redação dada pela Lei nº 8.883, de 1994)

[**Licitação. Pneus. Revogação da suspensão do certame. Edital. Supressão das exigências indevidas.**] O Tribunal acatou as razões do denunciante e determinou [...] a suspensão do Pregão Presencial [...], na fase em que se encontrava, como preceitua o art. 76, XIV, da Constituição Estadual e o art. 113, § 2º, da Lei n. 8.666/93 c/c o art. 267 do RITCMG, até que esta Corte se pronunciasse definitivamente acerca da matéria. Em face das retificações do edital apresentadas pelos responsáveis, quais sejam, supressão das exigências de que os pneus sejam de primeira linha, originais das montadoras e com certificação ISO, aumento do prazo de entrega dos pneus para cinco dias e apresentação dos orçamentos que embasaram a licitação, considero sanadas a irregularidades apontadas. [...] Assim sendo, julgo parcialmente procedente a presente denúncia e revogo a liminar concedida, de suspensão do certame [...]. [Denúncia n. 862.788. Rel. Conselheira Adriene Andrade. Sessão do dia 14/02/2012]

[**Licitação. Edital. Irregularidade. Isenção ICMS.**] [...] em síntese, que os editais contêm as seguintes irregularidades: 1. isenção de ICMS para os fornecedores estabelecidos no Estado de Minas Gerais, nos termos do Decreto n. 43.349, de 305/03; [...] A apresentação das denúncias na véspera do oferecimento das propostas não permite que se faça a análise aprofundada das questões suscitadas pela denunciante, tampouco de aspectos outros do edital que demandariam a suspensão acautelatória do certame, especialmente, tratando-se de pregão eletrônico, de tramitação notoriamente célere. [...] Quanto à isenção de imposto para os fornecedores sediados no Estado de Minas Gerais, por outro lado, embora esteja prevista no regulamento do ICMS, à primeira leitura, se revela ofensiva ao caráter competitivo, pois fere a vedação expressamente contida no § 1º do art. 3º da Lei n. 8.666/93. O Decreto Estadual n. 43.080, de 13/12/02, prevê, em seu art. 6º, a isenção do ICMS para as operações e prestações previstas no Anexo I, [...]. Assim, a isenção de imposto para o contratado sediado em Minas Gerais, estabelece, por evidente, preferência em razão da sede, prática vedada expressamente pelo mencionado dispositivo da Lei de Licitações, observando que o item 6.3 dos instrumentos convocatórios prevê como critério de julgamento das propostas apenas o menor preço, sem estabelecer qualquer forma de compensação ao desequilíbrio causado pela isenção do ICMS para os proponentes mineiros. Dessa forma, os editais sob exame contêm cláusula de preferência ao proponente sediado no Estado, conduta não permitida pela Lei de Licitações, ferindo o princípio da isonomia, e frustrando, por conseguinte, o caráter competitivo dos certames. [...] considero juridicamente viável determinar medida acautelatória de suspensão dos certames antes que o contrato seja firmado, a fim de que seja o edital devidamente examinado e determinadas correções por esta Corte de Contas, nos termos do § 2º do art. 113 da Lei n. 8.666/93. [Denúncia n. 803.343. Rel. Conselheiro em exercício Gilberto Diniz. Sessão do dia 18/08/2009]

Art. 114. O sistema instituído nesta Lei não impede a pré-qualificação de licitantes nas concorrências, a ser procedida sempre que o objeto da licitação recomende análise mais detida da qualificação técnica dos interessados.

§1° A adoção do procedimento de pré-qualificação será feita mediante proposta da autoridade competente, aprovada pela imediatamente superior.

§2° Na pré-qualificação serão observadas as exigências desta Lei relativas à concorrência, à convocação dos interessados, ao procedimento e à análise da documentação.

Art. 115. Os órgãos da Administração poderão expedir normas relativas aos procedimentos operacionais a serem observados na execução das licitações, no âmbito de sua competência, observadas as disposições desta Lei.

[**SICAF. Não restrição da licitação a licitantes cadastrados.**] A matéria está definida no artigo 34 da Lei n. 8.666/93, quando determina que os órgãos e entidades da administração pública — aqui incluídos, também, os municípios — que realizem freqüentemente licitações manterão registros cadastrais para efeito de habilitação, na forma regulamentar, válidos por, no máximo, um ano. [...] O cadastramento é de grande utilidade operacional; entretanto, sua obrigatoriedade, adotada na esfera federal como condição de habilitação e qualificação de fornecedores, não encontra apoio nem na doutrina, nem na jurisprudência e muito menos na Lei n. 8.666/93; ao contrário, agride algumas de suas diretrizes, como os artigos 3°, § 1°, I; 22, §§ 1°, 2° e 3°; 27; e 115. É certo que a lei autoriza os órgãos da administração pública, inclusive os municípios, a regulamentarem aspectos operacionais em matéria de licitações, mas daí a vedar a ampla participação de licitantes é contrariar o princípio da igualdade, pressuposto constitucional que rege o instituto das licitações. [...] aos municípios, não é vedada a adoção de um sistema de cadastro, como aquele adotado pela União visando operacionalizar com rapidez e eficiência as licitações; entretanto, incluir cláusula, em ato convocatório, que venha a restringir a participação de licitantes, fere o princípio constitucional da igualdade e afronta, literalmente e especificamente, diretrizes da Lei n. 8.666/93 [Consulta n. 680.805. Rel. Conselheiro Elmo Braz Soares. Sessão do dia 17/12/2003]

Parágrafo único. As normas a que se refere este artigo, após aprovação da autoridade competente, deverão ser publicadas na imprensa oficial.

Art. 116. Aplicam-se as disposições desta Lei, no que couber, aos convênios, acordos, ajustes e outros instrumentos congêneres celebrados por órgãos e entidades da Administração.

Convênios são instrumentos formais disciplinadores de transferência de recursos entre os entes federados ou entidades particulares, objetivando a execução de programas de governo, que envolva realização de projeto, atividade, serviço, aquisição de bens ou evento de interesse recíproco, em regime de mútua cooperação.

Característica dos contratos administrativos:

• o interesse é diverso;

• existência de contraprestação, vantagem ou benefício pelo objeto avençado.

Característica dos convênios:

• o interesse comum entre das partes;

• cooperação mútua visando a consecução de objeto de interesse comum.

Os convênios, normalmente, envolvem quatro fases:

1. proposição;
2. celebração/formalização;
3. execução;
4. prestação de contas.

As fases se desdobram em muitos procedimentos, os quais são necessários para efetivar celebração dos convênios, os quais serão formalizados mediante termo previamente analisado pelo setor técnico e assessoria jurídica do órgão concedente.

Todo instrumento que formalizar, renovar ou aditar convênios que envolvam repasses de recursos públicos voluntários, necessariamente, deverão conter cláusula obrigando que as contratações de compras, obras e serviços sejam feitas mediante processo de licitação.

Os convenentes deverão manter conta bancária específica para os recursos transferidos, sendo autorizados saques somente para pagamento de despesas previstas no Plano de Trabalho ou para aplicação no mercado financeiro.

Enquanto não utilizados, os saldos de convênio devem ser aplicados obrigatoriamente:

- caderneta de poupança de instituição financeira oficial, se a previsão de uso for igual ou superior a um mês;
- no mercado aberto desde que lastreada em título da dívida pública federal, quando a utilização estiver prevista em prazos inferiores a um mês.

As receitas financeiras creditadas na conta específicas oriundas de aplicação financeira dos recursos devem ser obrigatoriamente computadas a crédito do convênio e empregadas exclusivamente no objeto do convênio, constando de demonstrativo específico será parte integrante da prestação de contas do ajuste.

Havendo saldo financeiro remanescente, por ocasião da conclusão, denúncia, rescisão ou extinção do convênio, inclusive oriundos de receitas obtidas pelas aplicações financeiras, deverão ser devolvidos ao ente concedente no prazo improrrogável de trinta dias. Caso não seja feita a devolução no prazo previsto, a autoridade competente do órgão ou entidade titular dos recursos deverá instaurar processo de tomada de contas especial.

Ainda, o convenente deverá prestar contas dos recursos recebidos no prazo máximo de trinta dias contados da data do término de vigência do instrumento firmado ou do último pagamento efetuado.

Havendo mais de duas transferências financeiras, as contas deverão ser prestadas, condicionando a liberação da parcela seguinte (terceira parcela) a apresentação da prestação de contas parcial referente a primeira parcela liberada, e assim sucessivamente. Finalizada a aplicação da última parcela, deverá o responsável apresentar a prestação de contas referente ao montante total dos recursos recebidos.

[**Convênio entre o Estado de Minas Gerais e municípios/Entidades sem fins lucrativos. Objeto e finalidade.**] [...] respondo [...] nos termos do pronunciamento da Diretoria de Análise Formal de Contas [...], do qual extraio [...]: "Quanto ao objeto do convênio e sua alteração, [...]: [...] o objeto do convênio é o seu núcleo, contendo a essência da execução do instrumento. [...] substituição seria a mudança do núcleo da finalidade do instrumento e, não, a sua ampliação. [...] mantido o núcleo da finalidade do instrumento, a alteração é permitida. A Lei n. 8.666/93, em seu art. 65, permite alterações quantitativas, para contratos regidos por esta norma. Portanto, a ampliação do núcleo do contrato é acobertada pela legislação em referência. [...] o art. 116, *caput*, estende as disposições desta lei, no que couber, aos convênios´. [...] a lacuna aberta pelo legislador (ampliação do objeto do contrato) pode ser aplicada aos convênios [...]. A ampliação do núcleo do convênio deve obedecer aos ditames exigidos pela legislação em vigor [...], observando a vigência dos instrumentos, a comprovação de utilização da conta específica, a apresentação de comprovantes de despesas, etc. [...] entende este órgão técnico [...] ser possível o aditamento do instrumento de convênio, para a aquisição de maior quantidade de bens ou prolongamento do objeto além daquele apresentado no projeto', desde que: . o plano de trabalho [...] apresente coerência entre o valor orçado pelo convenente e os valores de mercado [...]; . que a citada economia [...], ao obterem preços inferiores aos propostos nos planos de trabalho, seja [...] não decorrente de orçamento mal elaborado; . que o aditamento seja norteado pelos princípios que regem a administração pública, [...] e obedecendo aos ditames exigidos pela legislação em vigor." [Consulta n. 751.507. Rel. Conselheiro Simão Pedro Toledo. Sessão do dia 25/06/2008]

[**Associação de Municípios. Relação obrigacional requer licitação para contratar com terceiros e com o Poder Público. Relação de cooperação requer convênio.**] [...] o Tribunal firmou seu posicionamento de que as Associações de Municípios, que são entidades de direito privado (controladas pelos municípios) estão sujeitas à licitação para contratar com terceiros, [...]. Quanto à forma pela qual devem se relacionar com os municípios, entendeu esta Corte que o instrumento mais adequado, em sendo estabelecida relação de cooperação, é a celebração de convênio, observadas as formalidades legais arroladas no art. 116 da Lei n. 8.666/93. De outra feita, para que possam estabelecer relação de caráter obrigacional com os municípios (contrato com obrigações recíprocas - objeto e contraprestação), devem se submeter à licitação. [Consulta n. 703.949. Rel. Conselheiro Simão Pedro Toledo. Sessão do dia 21/12/2005]

[**Aplicação da Lei de Licitações às Oscips.**] [...] as ONGs, qualificadas com Organização da Sociedade Civil de Interesse Público pelo Ministério da Justiça, não se submetem ao regramento comum da Lei n. 8.666/93, mas ao regramento especial da Lei n. 9.790/99 e do Decreto n. 3.100/99. Todavia convém asseverar que, considerando a regra do art. 116 da Lei n. 8.666/93, de utilização subsidiária, aplicam-se, no que couber, as disposições dessa lei aos convênios, acordos, ajustes e instrumentos congêneres, inclusive ao Termo de Parceria por ser ele um instrumento similar aos convênios. [Consulta n. 683.832. Rel. Conselheiro Moura e Castro. Sessão do dia 04/02/2004]

[Parceria entre o Estado e os Consórcios intermunicipais de saúde.] No âmbito dos municípios, mais precisamente na área de saúde, esse instrumento de cooperação, que permite a conjugação de esforços para realizar o que sozinho um ente local não conseguiria, vem recebendo o nome de consórcios intermunicipais de saúde. A formação desses consórcios encontra respaldo no próprio texto do art. 241 da Constituição da República, alterado pela Emenda n. 19/98, verbis: [...] esta disposição autoriza, expressamente, a possibilidade de cooperação entre os entes da federação, na gestão dos serviços públicos e transferência de encargos. No caso da saúde pública, constam da Lei n. 8.080/90 os seguintes comandos [art. 10, §1°, art. 18, VII]: [...] a formação de tais consórcios é de iniciativa autônoma de municípios contíguos. Esta espécie de consórcio público é uma forma inovadora e descentralizada de gestão do Sistema Único de Saúde (SUS). Sua operacionalização é possível graças à combinação de recursos financeiros dos próprios municípios consorciados, do SUS e da Secretaria Estadual de Saúde. E mais, os consórcios, por permitirem uma administração mais flexível das ações de saúde, facilitam a implementação do SUS, reduzem custos e padronizam os procedimentos médicos, na medida em que interligam diferentes municípios. Em assim sendo, os consórcios intermunicipais, além de promoverem a articulação e a integração dos serviços de saúde municipais, são um tipo novo e eficiente de oferta de serviços públicos. Nesse passo, [...] os consórcios, legalmente previstos em lei, são partes integrantes do plano nacional de unificação da saúde, cabendo ao Estado-membro, por meio de sua Secretaria de Saúde, não contratá-los, mas conveniar com eles, pois aqui não há interesses antagônicos e sim convergentes. Logo, a vedação inserta no inciso III do art. 9° do Estatuto Nacional de Licitação não alcança tais consórcios, porque o caso não é de contratação. E o que a citada norma proíbe é a participação, na licitação, de servidor ou dirigente de órgão ou entidade contratante ou responsável pela licitação; [...] o referido impedimento é dirigido aos serviços precedidos de licitação e os consórcios em discussão não participam de licitação para poderem prestar serviços de saúde ao SUS, do qual fazem parte por determinação da Lei Nacional de Saúde (8.080/90). Nesta circunstância, o convênio, ou qualquer outro ajuste de parceria, a ser celebrado entre os consórcios intermunicipais de saúde e a Secretaria Estadual da Saúde não atentará contra o princípio da moralidade pública e muito menos contra o disposto no inciso III do art. 9º da Lei n. 8.666/93, pelo contrário, irá ao encontro dos direitos sociais inscritos nos arts. 196 e seguintes da Constituição de 1988. Igualmente, convém não esquecer que as normas da Lei de Licitação retrocitada são aplicáveis aos convênios, no que couber, como se depreende do art. 116. [...] A dúvida do consulente está no fato de que os conselhos de municípios ou de diretores, que fazem parte da estrutura administrativa dos consórcios, são compostos pelos prefeitos ou secretários municipais de saúde. Em verdade, tais conselhos, [...] congregam os representantes dos municípios consorciados e são os responsáveis pela condução da política do consórcio. Logo, a vedação inserida no § 4º do art. 26 [da Lei n. 8.080/90] [...] não alcança os membros daqueles conselhos, pois eles atuam como representantes dos municípios nos consórcios. [...] os proprietários, administradores e dirigentes de entidades privadas, contratadas para prestação de serviços de saúde de forma complementar, não poderão exercer cargo de chefia ou função de confiança no Sistema Único de Saúde (SUS). [...] Assim, vislumbrando nos consórcios intermunicipais não um fim em si próprio, mas indispensável meio para a consolidação do SUS, no que se refere à administração e orientação das ações e serviços de saúde, entendo que a Secretaria de Estado da Saúde pode com eles formar parceira para desenvolverem, em conjunto, serviços ligados ao SUS, não se aplicando as vedações contidas no inciso III do art. 9º da Lei n. 8.666/93 e no § 4º do art. 26 da Lei n. 8.080/90. [Consulta n. 657.031. Rel. Conselheiro Moura e Castro. Sessão do dia 18/09/2002]

[**Alienação de bem adquirido com recursos estatais por associação beneficente.**] [...] as transferências voluntárias de recursos públicos a instituições públicas ou privadas de caráter assistencial ou cultural, sem finalidade lucrativa, devem ser realizadas mediante termo de convênio firmado entre os partícipes, que estabeleça regras relacionadas ao objeto, ao valor, às condições de aplicação dos recursos, à dotação orçamentária, ao prazo para prestação de contas, etc., conforme determina a Lei n. 8.666/93 — que, além de estabelecer normas próprias às licitações e contratos, também contém regras pertinentes aos convênios, especialmente em seu art. 116. Tratando-se de repasse de numerário destinado à aquisição de bem, é importante que do instrumento conste a finalidade dessa aquisição, de maneira a evitar-se que, oportunamente, a entidade favorecida dê alcance diverso àquele que foi pactuado no instrumento. [...] as regras pactuadas no instrumento poderão dispor sobre a fixação de prazo para a utilização do bem na finalidade prevista, obrigando o partícipe ao seu cumprimento, sob pena de devolução do bem. Pode ocorrer, no entanto, que o convênio nada disponha neste sentido, ou, por outro lado, que o instrumento contenha previsão de que o partícipe beneficiário utilize o bem por um determinado tempo, para, depois, se quiser, darlhe fim diverso. [...] na hipótese de não haver previsão no instrumento de convênio de condições para a alienação do bem, como, por exemplo, cláusula de inalienabilidade e de reversão, em razão da desnecessidade ou do desuso do bem pela instituição beneficiada, o veículo poderá ser alienado diretamente pela instituição, devendo o produto da venda ser utilizado para os fins previstos no seu estatuto. Com relação à segunda indagação sobre a obrigatoriedade de se realizar leilão público para a venda do bem, cumpre assinalar que se subordinam ao regime da Lei n. 8.666, de 21.06.93, além dos órgãos da administração direta, os fundos especiais, as autarquias, as fundações públicas, as empresas públicas, as sociedades de economia mista e demais entidades controladas direta ou indiretamente pela União, Estados, Distrito Federal e

Município, consoante estabelece o parágrafo único do seu art. 1°. Admitindo, então, que o bem possa ser alienado, sou de parecer, quanto às regras para sua alienação, que, não se enquadrando a entidade na hipótese do parágrafo único do art. 1° da Lei n. 8.666/93, e, sendo pessoa jurídica de direito privado, como o são as associações civis, o bem incorporado ao seu patrimônio não está sujeito à observância da lei de licitações, não sendo, portanto, obrigatória a alienação do veículo pelas regras do direito público. Ressalto, porém, que a instituição beneficiada pode se ver obrigada à realização de leilão público, se pactuar nesse sentido, fazendo constar essa previsão em cláusula do instrumento de convênio firmado pelos partícipes. [Consulta n. 622.253. Rel. Conselheiro José Ferraz. Sessão do dia 29/11/2000]

[**Convênios entre sociedades de economia mista e fundações. Sujeição às Leis Federais nº. 8.666/93 e n. 6.404/76.**] [...] ainda que revestida a empresa da personalidade jurídica de direito privado não está ela isenta, porque integrante da administração pública municipal, da observância dos princípios constitucionais consignados na Constituição Federal. A Lei Federal n. 8.666/93, por sua vez, prevê em seu art. 1°, parágrafo único, que se subordinam ao seu regime, além dos órgãos da administração direta, os fundos especiais, as autarquias, as fundações públicas, as empresas públicas, as sociedades de economia mista e demais entidades controladas direta ou indiretamente pela União, Estados, Distrito Federal e Municípios. E o art. 116 da mesma lei prevê que as suas disposições, no que couber, aplicam-se aos convênios, acordos, ajustes e outros instrumentos congêneres celebrados por órgãos e entidades da administração. Por fim, o art. 235 da Lei Federal n. 6.404/76, Lei das Sociedades Anônimas, estabelece que as companhias mistas estão sujeitas às suas normas, sem prejuízo das disposições especiais da lei federal, caso em que se enquadra a Lei n. 8.666/93. De forma que, ainda que se trate de convênio objetivando o repasse de contribuições e doações, a empresa está sujeita às normas e procedimentos previstos na Lei n. 8.666/93 e alterações posteriores, no que couber, frise-se, naqueles aspectos que seriam aplicáveis aos convênios. [...] visando o convênio ao repasse financeiro de contribuições e doações de entidade pública, tem a beneficiária o dever de prestar contas ao ente repassador [...] para posterior fiscalização desta Corte de Contas, no exercício imprescindível de suas atribuições constitucionais. [Consulta n. 485.143. Rel. Conselheiro Sylo Costa. Sessão do dia 30/09/1998]

[**Consórcio administrativo sem personalidade jurídica. Aquisição de equipamentos mediante licitação.**] [...] os municípios poderão se associar mediante a celebração de consórcio administrativo, sem personalidade jurídica, obedecendo, no que couber, às disposições do art. 116, da Lei Federal n. 8.666/93. Sugeriu que deve ser bem analisada a questão da aquisição em comum de imóvel pelos três municípios, em face de outras possibilidades de exploração da terra, tal como, por exemplo, o arrendamento, mais adequado a uma situação transitória. [...] não [...] vedada a aquisição imobiliária pelo regime de quota condominial, desde que haja prévia autorização legislativa, mediante lei específica, bem como avaliação prévia, recursos orçamentários e necessário processo formal demonstrativo da inexigibilidade de licitação. [...] os municípios poderão se associar por meio de consórcio administrativo, sem personalidade jurídica, com a criação de uma entidade de direito privado para a aquisição, mediante licitação, dos equipamentos necessários à realização do interesse público em comum, observada a Lei n. 8.666/93, somente se possuírem o direito de exploração do mineral, nos termos do art. 176 da Constituição da República e do Código de Mineração. Devendo, ainda, essa entidade de direito privado atender, também, àquelas outras exigências próprias das entidades de direito público, tais como: submissão da contabilidade às exigências da Lei n. 4.320/64, sujeição da fiscalização e de prestação de contas ao Tribunal de Contas, bem como exigência a contratação de seu pessoal ao concurso público; [Consulta n. 448.950. Rel. Conselheiro Fued Dib. Sessão do dia 11/03/1998]

[**Prorrogação do prazo de vigência. Art. 116 da Lei n. 8.666/93. Exigência de elaboração de novo cronograma.**] O termo aditivo celebrado em 01/12/1998, que prorrogou o prazo de vigência por mais doze meses (vigente até 27/12/1999), não estabeleceu novo cronograma de desembolso para liberação das duas parcelas restantes, não realizadas até aquela data, e um novo cronograma para a execução física da obra, contrariando o disposto no art. 116 da Lei n. 8666/93. [Convênio n. 642.642. Rel. Conselheiro Elmo Braz Soares. Sessão do dia 28/04/2011]

§ 1° A celebração de convênio, acordo ou ajuste pelos órgãos ou entidades da Administração Pública depende de prévia aprovação de competente plano de trabalho proposto pela organização interessada, o qual deverá conter, no mínimo, as seguintes informações:

[**Município. Execução de obra em imóvel pertencente a outro ente político.**] [...] para que o Município assuma a obrigação de colaborar financeiramente para a realização de obra em imóvel pertencente a outro ente político, faz-se necessária a demonstração de que a execução de tal obra se destina efetivamente à satisfação do interesse dos munícipes. Exige-se, também, a autorização na lei de diretrizes orçamentárias e na lei orçamentária anual, bem como a formalização de convênio com o ente político ao qual pertença o imóvel [...]. [...] não nos parece haver óbice legal à assunção por parte do gestor municipal da execução de obra em imóvel não pertencente ao Município, por meio de convênio, desde que presente o interesse público local e a dotação orçamentária, respeitada as competências dos entes convenentes e preservado o caráter sinalagmático do pacto, ou seja, a reciprocidade de direitos e obrigações. [...] É possível que o gestor municipal assuma a execução de obra em imóvel não pertencente ao Município, devendo esse ato ser formalizado mediante convênio, desde que presentes a conveniência, a oportunidade, o interesse público local, a existência de dotação orçamentária, o estabelecimento da bilateralidade de direitos e obrigações e presentes os requisitos do artigo 62 da Lei Complementar n. 101/00 e do art. 116, § 1º, da Lei n. 8.666/93. [Consulta n. 777.729. Rel. Conselheiro Eduardo Carone Costa. Sessão do dia 09/09/2009]

I — identificação do objeto a ser executado;
II — metas a serem atingidas;
III — etapas ou fases de execução;
IV — plano de aplicação dos recursos financeiros;
V — cronograma de desembolso;
VI — previsão de início e fim da execução do objeto, bem assim da conclusão das etapas ou fases programadas;

[**Prazo de duração de convênios entre entidades de direito público.**] No entendimento desta Corte, portanto, consoante a Súmula TC n. 67, o prazo de vigência dos convênios firmados entre órgãos ou entidades de direito público é determinado, ou seja, é determinado pelo prazo necessário à execução do objeto então conveniado, a fim de que prevaleça o interesse público comum. [...] Portanto [...] infere-se que o prazo de vigência dos convênios regidos pela Lei n. 8.666/93 é determinado ao tempo necessário à execução do respectivo objeto conveniado, exatamente, a mesma interpretação consubstanciada na Súmula sob comento. [Consulta n. 440.512. Rel. Conselheiro Eduardo Carone Costa. Sessão do dia 06/09/2000]

VII — se o ajuste compreender obra ou serviço de engenharia, comprovação de que os recursos próprios para complementar a execução do objeto estão devidamente assegurados, salvo se o custo total do empreendimento recair sobre a entidade ou órgão descentralizador.

§ 2° Assinado o convênio, a entidade ou órgão repassador dará ciência do mesmo à Assembléia Legislativa ou à Câmara Municipal respectiva.

§ 3° As parcelas do convênio serão liberadas em estrita conformidade com o plano de aplicação aprovado, exceto nos casos a seguir, em que as mesmas ficarão retidas até o saneamento das impropriedades ocorrentes:

I — quando não tiver havido comprovação da boa e regular aplicação da parcela anteriormente recebida, na forma da legislação aplicável, inclusive mediante procedimentos de fiscalização local, realizados periodicamente pela entidade ou órgão descentralizador dos recursos ou pelo órgão competente do sistema de controle interno da Administração Pública;
II — quando verificado desvio de finalidade na aplicação dos recursos, atrasos não justificados no cumprimento das etapas ou fases programadas, práticas atentatórias aos princípios fundamentais de Administração Pública nas contratações e demais atos praticados na execução do convênio, ou o inadimplemento do executor com relação a outras cláusulas conveniais básicas;
III — quando o executor deixar de adotar as medidas saneadoras apontadas pelo partícipe repassador dos recursos ou por integrantes do respectivo sistema de controle interno.

§ 4° Os saldos de convênio, enquanto não utilizados, serão obrigatoriamente aplicados em cadernetas de poupança de instituição financeira oficial se a previsão de seu uso for igual ou superior a um mês, ou em fundo de aplicação financeira de curto prazo ou operação de mercado aberto lastreada em títulos da dívida pública, quando a utilização dos mesmos verificar-se em prazos menores que um mês.

[**Adiantamento de recursos financeiros à empresa contratada para execução de serviços. Convênio. Tomada de contas especial.**] Na suposição versada nos autos, além de ter infringido a norma acima citada [art. 116, § 4º, Lei n. 8.666/93], o convenente antecipou pagamento sem a correspondente contraprestação da execução de serviço, procedimento esse vedado pelo art. 65, II, alínea *c*, *in fine*, aplicado por analogia aos convênios, uma vez que a seção no qual está inserido o artigo refere-se à alteração dos contratos. A secretaria, na qualidade de órgão repassador dos recursos, deve acompanhar e fiscalizar a execução do contrato, e, consequentemente do convênio, por força do disposto no art. 67, *caput*, permitida a contratação de terceiros para assisti-la e subsidiá-la de informações pertinentes ao desempenho desse mister. [...] em não existindo a comprovação da regular aplicação da parcela recebida pelo convenente, em face do descumprimento dos arts. 65, II, alínea *c* e o § 4º do art. 116 do diploma licitatório, o órgão consulente encontra-se expressamente autorizado pela lei a proceder à retenção das parcelas vincendas, até que sejam sanadas as irregularidades detectadas. [...] a secretaria deve proceder à instauração da tomada de contas especial para apuração dos fatos e quantificação do dano, quando caracterizadas as hipóteses previstas nos incisos I a IV do art. 40 da Lei Complementar n. 33/94, sob pena de responsabilidade solidária; se não atendida tal determinação, o Tribunal, de ofício, instaurará a tomada de contas, de acordo com o fixado no parágrafo único. [Consulta n. 617.952. Rel. Conselheiro Simão Pedro Toledo. Sessão do dia 09/02/2000]

[**Aplicação financeira de recursos oriundos de convênios.**] [...] mister ressaltar a prevalência da lei federal sobre qualquer tipo de contrato, ajuste, convênio ou instrumento congênere firmados no âmbito da administração direta e indireta, em todas as esferas, os quais deverão adequar-se às disposições da Lei de Licitações. [...] se a lei preceitua que os saldos de convênios serão obrigatoriamente aplicados, enquanto não utilizados [...], este é o comando legal que deverá ser obedecido, mormente se se considerar a intenção do legislador federal, que é preservar o poder aquisitivo da moeda enquanto o recurso liberado não estiver sendo utilizado para o fim a que se destina. [...] a aplicação não poderá ultrapassar o lapso de tempo em que o recurso não puder ser utilizado, sob pena de infringência à mesma norma legal que autoriza o expediente. [...] o Município não estará descumprindo o convênio da Secretaria de Estado da Educação quando aplicar os recursos liberados e ainda não utilizados, devendo, ao revés, utilizar-se do expediente, conforme preceituado na Lei de Licitações, de modo a preservar o poder aquisitivo da moeda. [Consulta n. 600.003. Rel. Conselheiro José Ferraz. Sessão do dia 17/03/1999]

§ 5° As receitas financeiras auferidas na forma do parágrafo anterior serão obrigatoriamente computadas a crédito do convênio e aplicadas, exclusivamente, no objeto de sua finalidade, devendo constar de demonstrativo específico que integrará as prestações de contas do ajuste.

§ 6° Quando da conclusão, denúncia, rescisão ou extinção do convênio, acordo ou ajuste, os saldos financeiros remanescentes, inclusive os provenientes das receitas obtidas das aplicações financeiras realizadas, serão devolvidos à entidade ou órgão repassador dos recursos, no prazo improrrogável de 30 trinta dias do evento, sob pena da imediata instauração de tomada de contas especial do responsável, providenciada pela autoridade competente do órgão ou entidade titular dos recursos.

[Não aplicação da contrapartida do município na execução de convênio celebrado com entidade estadual.] [...] a celebração dependerá de prévia aprovação de competente plano de trabalho [...], contendo [...] plano de aplicação dos recursos financeiros; cronograma de desembolso [...]. Destaca-se o § 6º do art. 116, objeto da presente consulta, que prevê a devolução dos saldos financeiros remanescentes à entidade ou órgão repassador dos recursos, no entanto, não se adequando o caso em análise a ele, por se tratar de contrapartida não-aplicada. [Consulta n. 643.373. Rel. Conselheiro Murta Lages. Sessão do dia 06/06/2001]

Art. 117. As obras, serviços, compras e alienações realizados pelos órgãos dos Poderes Legislativo e Judiciário e do Tribunal de Contas regem-se pelas normas desta Lei, no que couber, nas três esferas administrativas.

Art. 118. Os Estados, o Distrito Federal, os Municípios e as entidades da administração indireta deverão adaptar suas normas sobre licitações e contratos ao disposto nesta Lei.

Art. 119. As sociedades de economia mista, empresas e fundações públicas e demais entidades controladas direta ou indiretamente pela União e pelas entidades referidas no artigo anterior editarão regulamentos próprios devidamente publicados, ficando sujeitas às disposições desta Lei.

O regulamento próprio das entidades da Administração Indireta está sujeito aos ditames desta Lei, conforme disposição contida no artigo 173, §1° da Constituição da República de 1988.

[**Sociedade de economia mista. Direito de uso de seu patrimônio à terceiros.**] [...] Em face do exposto, conclui-se que: empresas estatais criadas para execução de atividade econômica podem utilizar, onerar ou alienar seus bens na forma estatutária, independentemente de autorização legislativa, e suas licitações e contratações sujeitam-se apenas aos princípios da administração pública; empresas estatais prestadoras de serviços públicos só poderão ter seus bens onerados, penhorados ou alienados se houver autorização de lei específica e suas contratações de obra, serviços e compras, bem como a alienação de seus bens ficam sujeitas a licitação, nos termos do art. 119 da Lei n. 8.666/93. [Consulta n. 644.080. Rel. Conselheiro Elmo Braz Soares. Sessão do dia 12/12/2001]

Parágrafo único. Os regulamentos a que se refere este artigo, no âmbito da Administração Pública, após aprovados pela autoridade de nível superior a que estiverem vinculados os respectivos órgãos, sociedades e entidades, deverão ser publicados na imprensa oficial.

Art. 120. Os valores fixados por esta Lei poderão ser anualmente revistos pelo Poder Executivo Federal, que os fará publicar no Diário Oficial da União, observando como limite superior a variação geral dos preços do mercado, no período. (Redação dada pela Lei n. 9.648, de 1998)

Art. 121. O disposto nesta Lei não se aplica às licitações instauradas e aos contratos assinados anteriormente à sua vigência, ressalvado o disposto no art. 57, nos parágrafos 1°, 2° e 8° do art. 65, no inciso XV do art. 78, bem assim o disposto no "caput" do art. 5º, com relação ao pagamento das obrigações na ordem cronológica, podendo esta ser observada, no prazo de noventa dias contados da vigência desta Lei, separadamente para as obrigações relativas aos contratos regidos por legislação anterior à Lei n° 8.666, de 21 de junho de 1993. (Redação dada pela Lei n. 8.883, de 1994)

Parágrafo único. Os contratos relativos a imóveis do patrimônio da União continuam a reger-se pelas disposições do Decreto-lei n· 9.760, de 5 de setembro de 1946, com suas alterações, e os relativos a operações de crédito interno ou externo celebrados pela União ou a concessão de garantia do Tesouro Nacional continuam regidos pela legislação pertinente, aplicando-se esta Lei, no que couber.

Art. 122. Nas concessões de linhas aéreas, observar-se-á procedimento licitatório específico, a ser estabelecido no Código Brasileiro de Aeronáutica.

Art. 123. Em suas licitações e contratações administrativas, as repartições sediadas no exterior observarão as peculiaridades locais e os princípios básicos desta Lei, na forma de regulamentação específica.

As repartições brasileiras no exterior, nas licitações e contratos, deverão observar as regras locais, considerando os princípios basilares da lei de licitações. Segundo Marçal Justen Filho: *"os princípios fundamentais do direito das licitações deverão ser atendidos. Ainda quando possa ser questionável que, em tais casos, a licitação vise atender o princípio da isonomia, elevar-se-á acima de tudo o princípio da seleção da melhor contratação, a ser firmado com particular idôneo"*.

Art. 124. Aplicam-se às licitações e aos contratos para permissão ou concessão de serviços públicos os dispositivos desta Lei que não conflitem com a legislação específica sobre o assunto. (Redação dada pela Lei n. 8.883, de 1994)

Parágrafo único. As exigências contidas nos incisos II a IV do § 2º do art. 7º serão dispensadas nas licitações para concessão de serviços com execução prévia de obras em que não foram previstos desembolso por parte da Administração Pública concedente. (Incluído pela Lei n. 8.883, de 1994)

Art. 125. Esta Lei entra em vigor na data de sua publicação. (Renumerado por força do disposto no art. 3º da Lei nº 8.883, de 1994)

Art. 126. Revogam-se as disposições em contrário, especialmente os Decretos-leis nos 2.300, de 21 de novembro de 1986, 2.348, de 24

de julho de 1987, 2.360, de 16 de setembro de 1987, a Lei n. 8.220, de 4 de setembro de 1991, e o art. 83 da Lei n. 5.194, de 24 de dezembro de 1966. (Renumerado por força do disposto no art. 3º da Lei n. 8.883, de 1994)

A Lei de Licitações estabelece taxativamente a sua observância por parte dos Poderes Legislativo e Judiciário, Tribunais de Contas e Poder Executivo.

A sociedade de economia mista, empresa pública, fundação pública e demais entidades controladas direta e indiretamente pela União, Estados, Distrito Federal e Municípios editarão regulamentos próprios que estarão sujeitos aos ditames da Lei de Licitações.

REFERÊNCIAS

BRANDÃO, Antônio José, *apud* MEIRELLES, Hely Lopes. **Direito administrativo brasileiro**. 36. ed. São Paulo: Malheiros, 2010. 872p.

BRASIL. Constituição (1988). **Constituição da República Federativa do Brasil**. Brasília, DF: Senado Federal, 2014. 480p.

BRASIL. **Códigos Penal ; Processo Penal e Constituição Federal.** 10. ed. São Paulo, SP: Saraiva, 2014. 1018 p..

BRASIL, **Lei Complementar n.º 147/2014**. Disponível em: http://www.planalto.gov.br/ccivil_03/leis/lcp/Lcp147.htm. Acesso em: 19 dez. 2014.

BRASIL, **Decreto n.º 7892/2013**. Disponível em: http://www.planalto.gov.br/ccivil_03/_ato2011-2014/2013/Decreto/D7892.htm. Acesso em: 02 fev. 2015.

BRASIL. Tribunal de Contas da União. **Licitações e contratos – Orientações e jurisprudência do TCU/ Tribunal de Contas da União.** 4. ed. rev., atual. e ampl. Brasília: TCU, Secretaria Geral da Presidência: Senado Federal, Secretaria Especial de Editoração e Publicações, 2010.

BRAZ, Petrônio. **Processo de Licitação**. Contrato Administrativo e Sanções Penais. 3ª Edição. Ed. JH Mizuno. São Paulo. 2012.

CARVALHO FILHO, José dos Santos. **Manual de Direito Administrativo**. 26. ed. Rio de Janeiro: Atlas, 2013. 1328p.

DI PIETRO, Maria Sylvia Zanella. **Direito Administrativo**. 26. ed. São Paulo: Atlas, 2013. 938p.

_____. **Do direito privado na administração pública**, São Paulo: Atlas, 2013.

_____. **Temas polêmicos de licitações e contratos**. 5. ed. São Paulo: Malheiros, 2001. 386p.

FERNANDES, Jorge Ulisses Jacoby. **Sistema de Registro de Preços e Pregão Presencial e Eletrônico**. 5. ed. Belo Horizonte: Fórum, 2013. 602p.

_____. **Vade-Mécum de Licitações e Contratos**. 6. ed. Belo Horizonte: Fórum, 2013. 2234p.

_____. **Contratação Direta sem Llicitação**. 8. ed. Belo Horizonte: Fórum, 2009. 782p.

FERRAZ, Luciano. **Licitações Estudos e Práticas**. 2. ed. Rio de Janeiro: Esplanada, 2002. 272p.

_____. **Função regulatória da licitação. Revista Direito Administrativo e Constitucional**. Belo Horizonte: Fórum, jul-set. 2009.

GRAU, Eros Roberto. **Inexigibilidade de licitação: serviços técnico-profissionais especializados; notória especialização. Revista de Direito Público**. v. 25, n. 99, jul./set. 1991. p. 70-77.

_____. **Licitação e contrato administrativo:** Estudos sobre a interpretação da lei. São Paulo: Malheiros, 1995. 132p.

JUSTEN FILHO, Marçal. **Comentários à Lei de Licitações e Contratos Administrativos**. 16. ed. São Paulo: Revista dos Tribunais, 2014. 1280p.

LIMA, Luiz Henrique (Coord.). **Tribunais de Contas: temas polêmicos: na visão de Ministros e Conselheiros Substitutos**. Belo Horizonte: Fórum, 2014. 248p.

Marçal Justen Filho, Cesar a. Guimarães Pereira. **Regime Diferenciado de Contratações** Públicas – RDC. Editora Fórum. 2014. 515p.

Manual de Licitação e Contratos – Orientações Básicas – 3. ed. Brasília: Tribunal de Contas da União

MEIRELLES, Hely Lopes. **Direito administrativo brasileiro**. 39. ed. São Paulo: Malheiros, 2013. 925p.

MELLO, Celso Antônio Bandeira de. **Curso de direito administrativo.** 30. ed. São Paulo: Malheiros, 2013. 1136p.

MENDES, Renato Geraldo. **Lei de Licitações e Contratos anotada.** 8. ed. Curitiba: Zênite, 2011. 1173p.

MINAS GERAIS, Tribunal de Contas do Estado de. **Cartilha do gestor / Tribunal de Contas de Minas Gerais.** Belo Horizonte: TCEMG, 2012.

_____. **Revista do Tribunal de Contas de Minas Gerais Edição Especial – A Lei 8.666/93 e o TCEMG.** Belo Horizonte: Tribunal de Contas do Estado de Minas Gerais, 2014.

MOTTA, Carlos Pinto Coelho. **Eficácia nas Licitações e Contratos.** 11. ed. Belo Horizonte: Del Rey, 2008. 1089p.

MUKAI, Toshio. **Contratos públicos**. Rio de Janeiro: Forense Universitária, 1995. 120p.

NOVELINO, Marcelo. **Direito constitucional.** São Paulo: Método, 2010. 796p.

PEREIRA JÚNIOR, Jessé Torres. **Comentários a lei de licitações e contratos**. 7. ed. Rio de Janeiro: Renovar, 2007. 1265p.

ROCHA, Cármen Lúcia Antunes. **Princípios constitucionais da administração pública.** Belo Horizonte: Del Rey, 1994. 308p.

Esta obra foi composta no texto principal em fonte Dante MT, corpo 14;
o título em fonte Book Antiqua, corpo 18; notas de rodapé em fonte Dante MT,
corpo 12 e impressa em papel Offset 63g (miolo) e Supremo 250g (capa)
pela Gráfica Expressão e Arte.